SFV

Carl Zuckmayer · Meisterdramen

CARL ZUCKMAYER

MEISTERDRAMEN

Mit einem Nachwort
von Gerhard F. Hering

S. FISCHER

31. bis 32. Tausend

Lizenzausgabe der S. Fischer Corporation, New York
Nebenrechte nur durch S. Fischer Verlag GmbH, Frankfurt am Main
Druck: Georg Wagner, Nördlingen
Bindung: G. Lachenmaier, Reutlingen
Printed in Germany 1983
ISBN 3 10 696504 5

INHALT

DER FRÖHLICHE WEINBERG

Lustspiel in drei Akten

Personen

Jean Baptiste Gunderloch, Weingutsbesitzer
Eismayer, Landskronenwirt
Klärchen Gunderloch
Babettchen Eismayer
| deren Töchter
Knuzius, Klärchens Verlobter
Jochen Most, Rheinschiffer
Annemarie Most, seine Schwester
Rindsfuss
Vogelsberger
Stenz
| Weinhändler
Frau Rindsfuss
Fräulein Stenz
Hahnesand
Löbche Bär
| Weinreisende
Kurrle, Standesbeamter
Raunz, Küfermeister
Bruchmüller, Studienassessor
Chinajockel
Stopski
Ulaneschorsch
| Veteranen
Weinbauern, Musikanten, Polizei

Das Stück spielt in Rheinhessen, im Weinherbst, Anno Einundzwanzig. Es beginnt am Spätnachmittag und endet in der nächsten Morgenfrühe. Was den Dialekt betrifft, so kommt es nicht auf philologische Genauigkeit, sondern auf die Melodie und den Charakter an, der keineswegs idyllisch ist, sondern wie die Landschaft der Weinberge eher spröd, rostig, holperig und von einer eignen geruchstarken herbstlich heiteren Luft umweht.
Alle Lieder des Stückes haben ihre eigene Singweise.

ERSTER AKT

Sonniger Herbstnachmittag im Weinberg. Steiler Weg. Bald näher, bald ferner hört man während des ganzen Aktes den Gesang der jungen Leute bei der Lese und beim Keltern. Die Weinhändler Stenz, Rindsfuß, Vogelsberger mit Frau Rindsfuß und Fräulein Stenz, die Weinreisenden Hahnesand und Löbche Bär, Herr Knuzius im schwarzen Cut, Kurrle mit Aktenmappe treten auf. In aller Mitte Jean Baptiste Gunderloch

GUNDERLOCH Kurz und gut, meine Herrn, ihr habt ja Auge im Kopp, überzeugt euch selbst, wie's mit meine Weinberg steht.

HAHNESAND Für jed reif Traub möcht ich en Taler hawwe.

STENZ *im Kölschen Tonfall* Die Lag ist jut, aber wie steht's mit de Rebläus?

GUNDERLOCH Wie überall, ma muß nur Vitriol spritze.

STENZ Det teure Zeug für die bettelige Lüs!

FRAU RINDSFUSS Die lohnende Aussicht, wo man hier hat! Und die erhebende Natur! Seht nur, wie der Rhein fließt!

HAHNESAND Ja, er kann's nit lasse.

FRÄULEIN STENZ Wirklich, eine hochromantische Natur!

RINDSFUSS *leise* Lobt nit so laut, sonst geht er mit dem Preis in die Höh!

VOGELSBERGER *mürrisch zu Kurrle* Hat die Domän schon e Aug drauf geworfe?

KURRLE Darüber wird amtlicherseits noch nichts verlautbart.

VOGELSBERGER *zu Rindsfuß* Der hat auch e Mundwerk wie en Regierungspräsident. *Zu Kurrle* Herr Diplomat, ich dank Ihne für Ihr Aufklärung.

KURRLE Wollen Sie mehr wissen? Kaufen Sie sichs amtliche Verordnungsblatt.

RINDSFUSS Da haste dei Fett.

HAHNESAND Meine Herrn, mich juckt die Gurgel. Wie wär's jetzt mit dem Weinpröbche?

GUNDERLOCH Ein Augenblick, verehrte Anwesende! Nachdem wir nun den Heiligkreuzwingert, den Rote Weg und den Kapelleberg besichtigt haben, kenne Sie den Umfang und die Beschaffenheit meines Besitztums. Ich erkläre also noch einmal vor amtlichen Zeugen, daß ich gesonnen bin, die Hälfte meines Weinguts zum Schätzungswert zu verkaufen, ebenso die Hälfte meiner Kellereibestände an den Meistbietenden zu versteigern. Herr Kurrle vertritt bei dieser Handlung die Behörde. *Kurrle verbeugt sich.*

STENZ Un wat jeschieht mit der andere Hälft?

GUNDERLOCH Ja, wenn's jetzt ernst wird mit meim Klärche, die ist nämlich so gut wie verlobt, dann hat sie da eine Mitgift, die sich gewasche hat!

LÖBCHE BÄR Mit Zins- und Rentenwasser!

GUNDERLOCH Ich hingege habe die Absicht, wenn die junge Leut in mein Haus ziehe, mir von dem Erlös der anderen Hälft in Wiesbaden oder Homburg vor der Höh ein' bescheidenen Lebensabend zu gönne.

HAHNESAND Bravo!

VOGELSBERGER Wer lang hot, läßt lang hänge.

FRAU RINDSFUSS Vornehm! Das nenn ich vornehm!

RINDSFUSS Lob nit so laut, es kost mei Geld!

GUNDERLOCH Also meine Herrn, rechts herunter führt der Weg in die Kellerei! Küfermeister Raunz steht schon am Eingang! Darf ich bitten! *Alles setzt sich in Bewegung.*

HAHNESAND Jetzt kommt unser Ressort!

LÖBCHE BÄR Passe Se auf, mit was die Brötcher belegt sin! Wenn's Lachs un Sardelle gibt, hat er sich angestrengt, dann könne wirn drücke. Wenn's nur Käs gibt, is er en Gannef!

VOGELSBERGER *zu Kurrle* Geht der Herr Präsident per pedes oder werde die Pferd erst gesattelt?

KURRLE Sie allerdings werde sich wohl Blase in die Füß laufe, wo Sie nix wie Autofahrn gewöhnt sin!

VOGELSBERGER E Schlappmaul wie en Einquartierungschef!

Alle ab, außer ...

KNUZIUS, *der Gunderloch zurückhält* Auf ein Wort, mein lieber Herr Gunderloch, wenn ich Sie nicht schon anders nennen darf ...

GUNDERLOCH Wie denn?

KNUZIUS Schwiegerpapa!

GUNDERLOCH Halt emal die Luft! So schnell wird bei uns nit geschosse!

KNUZIUS Aber Herr Gunderloch!

GUNDERLOCH Sie wisse Bescheid! Sie kenne mei Bedingung!

KNUZIUS Ich kenn sie genau, und ich bin selbstverständlich im Begriff ...

GUNDERLOCH Wenn Sie zu mir komme un sage mir: Ihr Klärche kriegt e Kind, un ich bin de Vatter: Dann hawwe Sie mein Sege un mein halbe Weinberg. Vorausgesetzt daß das Mädche freiwillig un mit Vergnüge bei der Sach is. Solang Sie herumscharwenzle wie en gepickte Welschhahn, der kei Eier lege kann, un sich auch sonst nit nützlich mache als mit seim Fett im Topp, solang will ich von Verlobung nix wisse!

KNUZIUS Aber Herr Gunderloch, es besteht begründete Hoffnung, daß ... unter Männern, Herr Gunderloch!

GUNDERLOCH Nix da mit Schmuuß! Entweder – oder! Ein Wort genügt! Laufe Se ruhig herum un erzähle Se: Der alt Gunderloch is en Narr un hat en Sparre zuviel! Ich weiß, was ich will! Ich pfeif auf die öffentliche Meinung! Ich hab mei Sach beisamme, ich kann mir's leiste! Was wolle denn die Leut? Wenn se Wein kaufe, wird e Prob gemacht, sonst kann ich ja Firnessig für Meßwein verkloppe! Wenn einer e Sau kauft, muß er wisse, daß se ferkelt. Dafür gibt's die öffentliche Deckung von Gemeindewegen. Wenn aber einer heirat, wo das beiderseitige Leib- un Seeleheil damit verbunde is, da soll er Blindekuh spiele, he?

KNUZIUS Keineswegs, keineswegs!

GUNDERLOCH Ich hab's am eigne Leib erfahre, was das heißt! Mei Frau wars schönste Mädche von Lerzweiler, aber sie hat kei Kinder kriegt, ich konnt mache, was ich wollt! Das ganze Dorf hat schon gestichelt. Da hab ich das Klärche hinterrücks mit eme Schiffermädche bekomme, un hab's adoptiert, damit's kein Bankert bleibt. So was wirkt in der Ehe, wie der Schimmel im Traubefaß! Geärgert un geschimpft un geschmisse hawwe wir uns gegenseitig, mei Frau un ich, das war gesundheitsschädlich, und ich hab immer gesagt: Eins von uns kommt frühzeitig unner die Erd, jetzt liegt se drunner! Meinem Kinde soll das nicht passieren. Basta! Da hawwe Se's.

KNUZIUS Aber mein lieber Herr Gunderloch! Aber gewiß! Aber selbstverständlich! Hol's der Teufel, ich hab studiert, Herr Gunderloch, ich war Couleurstudent, Herr Gunderloch! Couleurstudent!

GUNDERLOCH Couleur oder Schnippedilles, nenne Sie's wie Sie wolle, ohne Kinder gibt's kein eheliches Glück, un das muß zuerst bewiese werde!

ANNEMARIE MOST *tritt auf* Herr Gunderloch, die Herrschaften warten im Keller.

GUNDERLOCH Ja, ja. Also junger Mann: Sie wisse Bescheid!

KNUZIUS Ich weiß Bescheid! Ich weiß Bescheid! Verlassen Sie sich ganz auf mich! Manneswort, Herr Gunderloch! Manneswort und Mannestat! Ich bin im Bilde! Ich weiß Bescheid!

GUNDERLOCH Also.

KNUZIUS Wird gemacht, Herr Gunderloch, wird gemacht! *Ab*

GUNDERLOCH *sieht ihm nach, mit gerunzelten Brauen.*

ANNEMARIE Kommen Sie mit, Herr Gunderloch?

GUNDERLOCH Sage Sie mal: Wie gefällt Ihne der Bursch?

ANNEMARIE Gott, offen gesagt ...

GUNDERLOCH Natürlich offe gesagt, sonst brauch ich ja nit zu frage!

ANNEMARIE Vielleicht hat er sein geheime Wert. Ich möcht ihn nit heirate.

GUNDERLOCH Ich auch nit!

ANNEMARIE Aber warum kriegt er dann Ihr Klärche?

GUNDERLOCH Jedweder hat sein Gustibus. Sie hat sich's ja mit ihm angefange. Wenn er mei Bedingung erfüllt, geht mich der Rest nix an.

ANNEMARIE Was für Bedingung denn?

GUNDERLOCH Das geht Sie nix an.

ANNEMARIE Pardon! *Will gehen.*

GUNDERLOCH Bleibe Sie da, Annemarie, bleibe Sie da. Sie kenne mich ja, ich mein's nit so bös, ich bin en alter Schrullekopp, es ist Zeit, daß ma mich zum rostige Eise schmeißt: Sie werde auch froh sein, wenn ich hier verkauft hab un Sie sin die Stellung bei mir los!

ANNEMARIE Ach, Herr Gunderloch, brauche Sie denn in Wiesbaden oder Homburg vor der Höh keine Hausdame?

GUNDERLOCH Nein, mein Kind, da muß ich in so ein Hotel oder Pensionat, wo das alles schon mitbezahlt ist. Ach ...
Er macht ein angewidertes Gesicht.

ANNEMARIE Muß es denn sein, Herr Gunderloch?

GUNDERLOCH He?

ANNEMARIE Ich meine: Muß es denn sein, das alles, mit dem Verkaufen und Wegziehen ...

GUNDERLOCH Natürlich! Was denke Sie denn! Meine Sie, ich wollt als alter Krüppel dene junge Leut zur Last falle?

ANNEMARIE Aber es wär doch auch möglich, daß Ihr Klärche vom Weinberg wegheuert, in einen andren Stand, und dann bleibt Ihnen alles ganz allein!

GUNDERLOCH So ganz allein, das is auch nix mehr für mich. Ich bin en alter Mann.

ANNEMARIE Herr Gunderloch! Sie sind noch ein Mann wie ein Baum! Da könnt sich mancher freun!

GUNDERLOCH Meine Sie? Na, es is ja was Wahres dran. Es gibt Momente, da fühl ich mich noch völlig auf der Höh! Un gerad deshalb. Mit dem Alleinsein, das is nix.

ANNEMARIE Sie könnten wieder heiraten.

GUNDERLOCH So? Und woher die Frau nehme? Das müßt noch eine sein, die mir gefällt! ... Jung müßt sie natürlich sein, un doch kei Stallkälbche mehr – un gescheit müßt sie sein – als Weingutsfrau in dene schwierige Geschäftsläufte, ja und vor allem, so eine Sonnenhaut ums Gesicht, so richtig braun und rot, wie so e Borsdorfer Äpfelche, oder e Goldreinettche von meiner beste Zucht, so müßt nämlich auch der Hals sein un die Schultern, ja, un dunkle Haar, un helle Augen, das hab ich nämlich gern – un sehe Sie: So eine, die nimmt mich nit mehr!

ANNEMARIE Wer weiß ...?

GUNDERLOCH Nein, nein mei Herzche, nein mei Herzche ... macht euch keine Sorg: In vierzehn Tag seid ihr mich los! Da bleibt's dabei! *Er geht.*

ANNEMARIE Herr Gunderloch! Wie er herabsteigt, so flott! Wie ein Hirsch im Wald! Und seine Stimme, die ist so schwer und rauh und holprig, wie wenn man im Obstkarren übers Land fährt, das rüttelt durchs ganze Blut, und wenn er lacht, da kitzelt's, und wenn er mich anguckt, springt mir ein roter Fuchs ins Gesicht, und wenn er mich anfaßt, mein ich immer, er merkt's – weil's mich ganz heiß über die Haut schreckt ... aber er will's nicht sehn! Er will's nicht sehn. *Sie läuft rasch davon. Inzwischen ist der Winzergesang immer näher gekommen, teils rauh, teils nasal, teils kreischend, teils schleppend, teils munter; jetzt rücken, mit Traubenbottichen auf dem Rücken und Körben am Arm, schepp und grad, dick und dünn, die Weinleser und Weinleserinnen an, unter ihnen Babettchen Eismayer und Klärchen Gunderloch. Sie verteilen sich, beerenlesend, die meisten in stupider Arbeitshaltung, über den Hintergrund der Bühne, man hört ihre Rufe von überallher, während Klärchen und Babettchen im Vordergrund allein bleiben.*

GESANG »Charlottchen, Charlottchen, gehst mit mir ins Gras!
Ach nein, ach nein, das macht mich so naß.
Hab ich dir's, hab ich dir's,
Hab ich dir's gleich nicht gesagt,
Daß uns die Liebe
Glücklich macht.«

BABETTCHEN Ei, Klärchen, du singst ja gar nit.

KLÄRCHEN Laß mich. Mir ist nicht drum.

BABETTCHEN Du bist komisch. Wo euch doch der ganze Weinberg gehört.

KLÄRCHEN Ach Babettche, was hab ich davon.

BABETTCHEN Ich weiß schon, alles wegen dem lumpigen Schiffig, der jetzt wieder in unserem Gasthaus wohnt.

KLÄRCHEN Aber er ist gar kein gewöhnlicher Schiffig! Sein Vater hat schon seine eigne Flözerei besessen, und der Jochen hat sich verbessert, er fährt Schleppkahn von Basel bis Rotterdam, er hat ein Häuschen auf dem Vorderschiff, wo man zu zweit drin wohne kann.

BABETTCHEN Schiffer bleibt Schiffer. Ein feiner Beruf ist das nicht. Die meisten haben blaue Anker auf dem Arm. Wenn sie beim Tanzen die Ärmel hochstreifen, muß man sich genieren.

KLÄRCHEN Der Jochen schwitzt überhaupt nie beim Tanzen. Der geht so leicht wie ein Segelboot.

BABETTCHEN Aber dein Knuzius tanzt viel moderner. Er hat's bei den Studenten gelernt.

KLÄRCHEN Das hat mir ja auch zuerst so imponiert an ihm!

BABETTCHEN Un den steifen Kragen wo er trägt, und den schwarzen Rock, Kuttaweh, wie man's nennt, und wie er riecht, das ist die Kopfpomad, wie die französischen Offizier in Mainz!

KLÄRCHEN Soll er doch nach Mainz gehn!

BABETTCHEN Der ist viel zu schad fürs Land! Ich versteh dich gar nit. Wenn ich so einen Herrn hätte!

KLÄRCHEN Weiß Gott, wie gern möcht ich ihn dir lasse!

BABETTCHEN Du hast gut rede, wo du im Geriß stehst mit deim reichen Vater! Student is er gewese, der Deinige, un so schön wie er ist, die reine Photographie!

KLÄRCHEN Aber ich lieb ihn nicht!

BABETTCHEN Ei warum hast du dann mit ihm angefange?

KLÄRCHEN Hab ich ja gar nit! Er hat angefange!

BABETTCHEN Aber du, du hast natürlich ja gesagt.

KLÄRCHEN Gar nichts hab ich gesagt. Dazu kam's gar nicht. So schnell geht das, und dann sitzt man drin. Es war in der Stadt, auf der Hochzeit von meiner Cousine. Schließlich ist man ja auch neugierig drauf – er hat mir in einemfort Likör gegeben. Da ist es passiert.

BABETTCHEN Sei froh! Unsereinem passiert's ohne Likör. Höchstens Most oder Faßwein.

KLÄRCHEN Ich wußte ja noch gar nicht, was die Liebe ist.

BABETTCHEN Dein Vater sagt: Das erfährt man erst nach sieben Jahr.

KLÄRCHEN Der hat gut reden. Hinterher!

BABETTCHEN Du, da kommt dein Schiffig! Ich mach fort. Aber sei gescheit, Klärchen, laß dich mit dem nit ein! Der Knuzius! Das ist ein Mann!

KLÄRCHEN Bleib doch, Babettchen, bleib doch …

BABETTCHEN Komm doch mit, wenn du ihn nit treffe willst!
Sie läuft fort.

KLÄRCHEN Jetzt bleib ich!! Jetzt grad!?

JOCHEN MOST *tritt auf* Hallo! Klärche! Wie geht's! Lang nit mehr gesehn!

KLÄRCHEN Ei, Herr Most! Wo komme Sie denn her!?

JOCHEN Direkt von Holland. Frisch gelade. Ich lieg mit meim Kahn im Auhafe, bleib e paar Tag, hab Quartier in der Landskron genomme.

KLÄRCHEN Ach! Daß mir die Babett kei Wörtche gesagt hat!

JOCHEN Na, jetzt wisse Ses ja. Un sonst? Wie geht's bei euch? Was gibt's Neues?

KLÄRCHEN Ein schöner Herbst.

JOCHEN Ja, en sakramentsschöner Herbst. En gottverdippelt schöner Herbst. So recht zum Anbeiße. Darf man emal?

KLÄRCHEN Was denn?

JOCHEN E Träubche?

KLÄRCHEN Aber natürlich! *Sie greift in den Korb.*

JOCHEN Komm her. Gleich ins Maul. *Hält ihr sein Maul hin.*

KLÄRCHEN *steckt ihm eine Beere ins Maul, lachend* Ei, da geht ja de halbe Finger mit!

JOCHEN *frißt* Ahh ... so gut hat mir noch nie im Lebe e Traub geschmeckt!

KLÄRCHEN Noch eine?

JOCHEN Natürlich!

KLÄRCHEN Da! Aber Herr Most! Pfui Deufel!!

JOCHEN *faßt ihre Hand und drückt seinen Mund innen hinein, küßt heftig, dann zerkaut er die Traube und hält die Hand fest* Die Traub, sehe Sie, die hat mir noch besser geschmeckt.

KLÄRCHEN Aber nein!

JOCHEN Aber ja!

KLÄRCHEN Das ist lieb von Ihnen, daß Ihnen die Trauben so gut schmecken!

JOCHEN *versucht, sie zu umarmen* Das ist lieb von Ihnen, denn sie schmecke mir nur wege Ihrer Hand so gut!

KLÄRCHEN *macht sich los* Das ist lieb von Ihne ... *Sie weiß kaum mehr, was sie sagt.*

JOCHEN Von Ihne ... *Ganz ernst*

KLÄRCHEN *benebelt* Von Ihne ...

JOCHEN *plötzlich lachend* Von Ihne!

KLÄRCHEN *lachend* Von Ihne!

JOCHEN *läuft ihr nach* Klärche!

KLÄRCHEN Jochen! Jochen!

JOCHEN Klärchen! Klärchen!

KLÄRCHEN Jochen! *Sie packen sich.*

ANNEMARIE MOST *tritt auf, sieht das Paar, das sich umschlungen hält, läuft schnell wieder weg und ruft aus einiger Entfernung* Juhu! Klärchen! *Jochen und Klärchen fahren auseinander.*

JOCHEN Mei Schwester!

KLÄRCHEN Ein Glück, daß sie nix gesehe hat!

JOCHEN Klärche, ich bleib nur kurz hier! Klärche, so geh ich nit wieder fort! Klärche, ich hab dich lieb! Klärche, sag doch was!

KLÄRCHEN Ich dich auch.

ANNEMARIE *tritt wieder auf* Ei Jochen, bist du auch schon in die Weinberg gestiege? Hilfst du Traube lese?

JOCHEN Ja, ich helf e bißje. Komm, Klärche.

ANNEMARIE Da mußt du schon einer andren helfe, denn das Klärche hol ich grad; sie soll zu ihrm Vater, der hat Besuch.

JOCHEN Was fürn Besuch?

ANNEMARIE Große Weinhändler und sachverständige Leut, es geht ums halbe Besitztum und um die Mitgift fürs Klärche.

JOCHEN Mitgift? Soll denn das Klärche heuern?

ANNEMARIE Ei weißt du's nit? Sie ist doch so gut wie verlobt!

KLÄRCHEN Ach, das is dummes Zeug ...

JOCHEN Adieu. *Er geht dröhnend.*

ANNEMARIE Aber Jochen! Was ist denn los?

JOCHEN *geht, ohne sich umzudrehen, ab.*

ANNEMARIE Was ist denn das für Benehme? Wenn er das bei seine Schiffer lernt, kann mir ganz Holland gestohle bleibe!

KLÄRCHEN Annemarie, sei ihm nit bös! Es geht ihm nah!

ANNEMARIE Was geht ihm nah?

KLÄRCHEN Was du da gesagt hast, daß ich verlobt bin ...

ANNEMARIE Ach so, da pfeift's her. Und du? Was sagst du dazu?

KLÄRCHEN Annemarie, quält mich nicht! Ich geh in de Rhein.

ANNEMARIE Aber Klärche! Der is ja schon so kalt, wo's im Schwarzwald die viele Gewitter hat!

KLÄRCHEN Auch noch verhohnepippele! Du falsch Katz! Dein leiblicher Bruder is es, um den ich sterb!

ANNEMARIE Komm her, Klärche, wir wolle mal das Sterbe für de Tod aufsparn, un lieber überlege, was da zu mache is.

KLÄRCHEN Der Knuzius! Wenn ihm nur sein steife Krage de Hals zudrücke deet!

ANNEMARIE So is recht, Klärche! Ein junger Kerl soll nit jammern, sondern die Wut soll er hawwe, wenn's gege de Wind geht!

KLÄRCHEN Die hab ich! Aber was hilft's?

ANNEMARIE Wir wolle mal schnell überlege. In fünf Minute is die ganz Gesellschaft da.

KLÄRCHEN Wenn ich nur die paar Tag, solang der Jochen da is, die Arm frei hätt. – Aber er läßt mir ja Tag un Nacht kei Ruh!

ANNEMARIE Der Knuzius?

KLÄRCHEN Ja, du weißt ja wie mein Vater is. Er hat die Bedingung gestellt, daß sich keiner mit mir verlobe darf, wenn ich nit ... *Sie sagt ihr was ins Ohr.*

ANNEMARIE Ich hab mir's gedacht.

KLÄRCHEN Un deshalb is der Knuzius wie verrückt dahinter her.

ANNEMARIE Dem sticht auch der reiche Weinberg mehr in die Nas als dei Schönheit, Klärche.

KLÄRCHEN Sicherlich. Denn für die Lieb hat der überhaupt kein richtige Sinn, und Talent hat er auch keins dazu.

ANNEMARIE Und der Jochen, glaubst du, hat mehr.

KLÄRCHEN Ich weiß ja noch nit, aber ich seh's ihm an de Auge an, un spür's, wenn er mich küßt.

ANNEMARIE Ein echter Most!

KLÄRCHEN Der Knuzius, der is überhaupt nur auf die Bedingung aus, sonst fühlt der gar nix dabei.

ANNEMARIE Und bist du ganz gewiß, daß er die Bedingung noch nit ... erfüllt hat?

KLÄRCHEN Ha! So dumm bin ich auch nit mehr. Ich geb schon acht. Und außerdem schläft er immer gleich ein.

ANNEMARIE Einschlafen tut er gleich?

KLÄRCHEN *nickt verzweifelt und geniert, flüstert ihr was zu. Sie lachen beide, bis Klärchen seufzt.*

ANNEMARIE Nein Klärchen, das ist kein Mann für dich.

KLÄRCHEN Ich halt's auch nit mehr aus. Es gibt e Unglück, eher beiß ich ihm die Gurgel durch, als daß ich mich noch einmal von ihm anrühre laß. Jetzt wo der Jochen da is ...

ANNEMARIE Un wo die Bedingung fällig is ...

KLÄRCHEN Aber was soll ich denn mache. Ich war doch so dumm un hab mich mit ihm eingelasse. Wie soll ich's denn anstelle, daß er mich wenigstens ohne Skandal in Ruh läßt.

ANNEMARIE Ganz einfach. Sag ihm was ins Ohr.

KLÄRCHEN Wie?

ANNEMARIE Geh hin, wenn er kommt, un sag ihm was ins Ohr, verstehst du, so... *Sie umarmt Klärchen komisch, wie eine junge Frau den Ehemann, und sagt ihr was ins Ohr.*

KLÄRCHEN Annemarie...

ANNEMARIE Dann hast du dei Ruh, un die Arm frei, er muß dich zart behandeln, verstehst du, du kannst früher fortgehen, wann du willst, kannst allein bleiben, kannst Launen haben, es kann dir immer schlecht werden, verstehst du, und vor allen Dingen gewinnst du Zeit.

KLÄRCHEN Aber ich glaub, man soll mit so was kein Witz treiben, man könnt's verschwören, es könnt sich später rächen.

ANNEMARIE Lieb Kind, glaub mir: es rächt sich nichts, was du mit Witz machst, un mit Spott oder Lust und Schwindel, wenn das Herz echt ist dabei, und inwendig der Ernst und die wahre Lieb, da gibt's fürs Auswendige keine Straf und kein Katechismus, nicht im Himmel und erst recht auf der Erd nicht – *sie faßt Klärchens Hand und beginnt auf und ab zu laufen mit ihr* –, sondern nur bei den Menschen, die zu krumm sind fürs Krautschießen und zu eng fürs Blätterwehn, und die nicht spüren, wie uns der Herbst heiß macht mit Knall und Fall und Gejohl, und mit Obst und Nüß und Most und zerquetschten Trauben, und wie er zum Frühling braust!

KLÄRCHEN *beinah im Tanz mit ihr* Du hast recht, Annemarie, recht hast du, recht... fürs Inwendige, da gibt's keine Straf... Ich kann's nicht so sagen, aber ich fühl's grad so wie du, und es dreht mich herum ganz wirblig, als hättst du mir viel zu trinken gegeben, aus unserm großen Kirschwasserkrug, ei hörst du nicht, wie mein Herz laut ist, oder die Küfer machen's, die die Faßreifen hämmern, und der Schmied, der die Gäul beschlägt, und der Specht und die Hund und die Treiber im Hasenfeld, hörst du, die hämmern alle mit, nein, nein, die Heilig Jungfrau selbst kann's mir nit übelnehmen, weil's doch aus Lieb geschieht, Annemarie, ich tu's! Ich sag ihm was ins Ohr!

ANNEMARIE Fang's mutig an. Fang's leicht an. Fang's fröhlich an. Dann kann dir nichts geschehen.

KLÄRCHEN Annemarie, wie dank ich dir, daß du mir hilfst. Wie lieb hab ich dich dafür.

ANNEMARIE Vielleicht brauch ich dich auch bald ...

KLÄRCHEN Immer! Immer! *Sie läuft lachend, jauchzend, der Gesellschaft Gunderlochs bergab entgegen, die man laut schwätzend kommen hört.*

ANNEMARIE, *da sie Knuzius kommen sieht* Dem gönn ich's mit Pech und Schwefel.

KNUZIUS *kommt mit Klärchen den andern voraus* Mein Bräutchen mit dem Traubenkorb. So recht ein rheinisches Mädchen. Immer frisch. Immer fidel.

KLÄRCHEN Ja, Gustav, das heißt eigentlich... ich wollt dir eigentlich was sagen...

KNUZIUS Später, später mein Kind. Jetzt komm her. *Die Weinhändler werden sichtbar.* Gib mir mal rasch en Kuß.

KLÄRCHEN Aber Gustav, vor alle Leut.

KNUZIUS Komm her. Ein rheinisches Mädchen schämt sich seiner Liebe nicht.

KLÄRCHEN Du Protz, du willst nur, daß ma dich bewundert.

KNUZIUS Klärchen! *Wütend* Wart nur, wenn wir allein sind. *Auftreten: Gunderloch, Kurrle, Stenz, Rindsfuß, Vogelsberger, Frau Rindsfuß, Fräulein Stenz, Hahnesand, Löbche Bär. Alle von der Weinprobe schon etwas angesäuselt. Gunderloch voll Stolz, die Weinhändler nicht ohne Mißgunst*

GUNDERLOCH Die zwanziger Spätles, das is e Weinche, was?

STENZ E sauber Weinche, e Prachtweinche.

GUNDERLOCH Edelfäule, meine Herrn, Edelfäule. Das ist es.

RINDSFUSS *betont skeptisch* Er kann schwer fallieren, wenn de neue gegore hat.

GUNDERLOCH Das ist ein Napoleonswein, ein Siegeswein. Der falliert nit.

VOGELSBERGER *mießmacherisch* Ob er sich hält.

GUNDERLOCH Der wird hundert Jahr alt.

RINDSFUSS In Ihrem Keller, wenn Se mit dem Preis nit erunner gehn.

GUNDERLOCH Ich kann's abwarte. Nun, meine Damen, wie hat's Ihne gefalle in meim Keller?

FRAU RINDSFUSS Ich sage nur, hochmodern.

FRÄULEIN STENZ Ach, und so gruselig.

FRAU RINDSFUSS Das möcht ich wisse, was da gruselig war. *Sie streiten leise miteinander.*

GUNDERLOCH Annemarie, laufen Se in die Landskron, und sage Se, wir käme jetzt all zum Abendesse, un möchte die klei Gaststub reserviert hawwe.

ANNEMARIE Jawohl, Herr Gunderloch.

GUNDERLOCH Un daß Sie mir nit fehle beim Schmaus. Un hernach wird e Dänzje gesprunge, gell.

ANNEMARIE Mit Ihne, Herr Gunderloch! Jetzt lauf ich schnell. *Ab*

GUNDERLOCH E Prachtmädche, das. So stramm, un so hell im Kopp.

RINDSFUSS Für mei Schönheitsgefühl is de Poppo e bißje zu dick.

GUNDERLOCH Ihne kann ma's aber auch gar nit recht mache.

VOGELSBERGER *schnuppert mißtrauisch und gereizt an einzelnen Trauben herum* Edelfaul möcht ich das nit nenne.

GUNDERLOCH Ei wolle Se vielleicht behaupte, mei Traube wärn pelzig, riwwele Se doch emal ei zwische die Finger un rieche Se dran, ob das nit e Düftche is.

Vogelsberger tut's. Die andren treten sachverständig dazu. Gunderloch steht beleidigt abseits.

LÖBCHE BÄR *zu Hahnesand heimlich und hastig* Für mei Firma is es zu hoch. Herunterhandele is e tot Sach. Bei dene lumpige Käsbrödcher.

HAHNESAND Es is e Geschäft. Es is e aufgelegt Geschäft. Mei Firma könnt's zahle, aber es is e Mordsstück. Meine Se, ich soll kaufe?

LÖBCHE BÄR Als Geschäftsmann sag ich Ihne nix, weil ich's Ihrer Firma nit gönn. Als Judd zu eme Judd sag ich: kaufe Se.

VOGELSBERGER Die Judde stehn da beisamme und hecke Unheil.

GUNDERLOCH *mürrisch* Es ist Zeit, daß ma zum Esse komme, mir scheint, ihr habt all Hunger.

STENZ Dat will ich meine, auf dat Pröbchesjesöff.

RINDSFUSS *versucht, Kurrle beiseite zu ziehn* Meine Sie, Herr Stadtrat, ma könnt's bei geeignetem Entgegekomme durch die Behörde billiger hawwe?

KURRLE Ich hab nicht genau verstanden.

RINDSFUSS Vielleicht verstehe Se später, wir spreche beim Wein nochemal drüwwer. Ich laß en Fuffzehner springe. Die annern sin lauter filzige Drecksäck.

VOGELSBERGER Herr Rindsfuß, die Behörde wärn hier unbestechlich, hab ich gehört.

KURRLE Die Herrn können offenbar nicht viel vertragen.

STENZ Da jönnt einer dem andern det Pfefferkörnche nich. Halte Se sich an mich, Herr Gunderloch. Kölle is flott un solid.

RINDSFUSS Bei dir, Stenz, is scheint's auch kein Weihwasser mehr im Kesselche, daß de gleich dei Tochter mit auf die Versteigerung genomme hast.

STENZ Halt de Schmüß, alt Muffel.

GUNDERLOCH Um auf die zwanziger Spätles zurückzukomme, ich hab da e prima Angebot von England.

VOGELSBERGER Ei wie national, nix wie übers Meer mit unserm deutsche Wein.

GUNDERLOCH Wenn ihrn in Mainz an die Franzose verkloppt, is besser. Das könnt euch so passe, als durchs Loch im Weste rolle lasse.

HAHNESAND, *der lang mit sich gerungen hat, stürzt plötzlich vor* Herr Gunderloch, ich nehm Ihrn Preis an. Ich kauf e Stück.

LÖBCHE BÄR Platze sollste.

GUNDERLOCH E Mann, e Wort. In der Wirtschaft mache mer's gültig.

HAHNESAND Topp, topp.

Sie schütteln sich die Hände. Die andern werfen sich boshaft-mißtrauisch-verständnisvoll-schadenfroh-gehässige Blicke zu.

GUNDERLOCH Um jetzt vom geschäftliche Teil abzuschweife, möcht ich die Herrschafte mit meim Töchterche bekanntmache. Komm her, Klärchen, mach dei Reverenz.

FRAU RINDSFUSS Ein entzückendes Mädchen! Und noch so kindlich!

FRÄULEIN STENZ Wie heißt du denn, ich heiße Mieze, wir wollen du zueinander sagen, wie alt bist du, ich bin schon achtzehn, aber noch so kindhaft.

STENZ Das is wohl der Herr Oberkandidat hier der Herr Bräutigam. He, darf ma jratuliere.

KNUZIUS Na, man hofft ...

GUNDERLOCH Halt! Das ist noch nicht ganz eraus.

RINDSFUSS Warum, hawwe Se Ihrer Tochter e paar zur Auswahl zugelegt?

FRAU RINDSFUSS Aber Schorsch! Education!

RINDSFUSS Rutsch mir de Buckel enunner.

VOGELSBERGER *lauschend* Ei was is denn das für e Gebumms. Da kann ja en Tauber lebendig werde un laufe lerne. *Das blökende Gesinge des Veteranenmarsches kommt näher.*

KURRLE Das sind unsere Veteranen.

STENZ Was für Ahnen?

KURRLE Kriegsveteranen. Aber keine gewöhnlichen vom Weltkrieg, wo jeder dabei sein konnte, sondern was Besseres. China, Südwest, Kiautschau.

VOGELSBERGER Habt ihr auch en Zoologische Garte hier?

KURRLE Nein, aber die Affen kommen öfters von auswärts.

VOGELSBERGER E Schnauz wie en Etappegeneral.

GUNDERLOCH Das ist eine alte Sitte hier, un ma macht se mit, weil ma sich schwer drum drücke kann. Jedes Jahr bei der Weinles kriege die Ortsveterane vom reichste Winzer ihrn Freimost.

FRAU RINDSFUSS Es geht nichts über die alten Sitten des Volkes. So interessante Sitten.

FRÄULEIN STENZ Ach, und der himmlische Gesang.

DIE VETERANEN, *an der Spitze Chinajockel, Stopski und Ulaneschorsch, marschieren in langsamem Tempo auf; ihr Gesang spottet jeder Beschreibung*

»Ach was hätte mer Heidelbeern,
Wenn se nit so teuer wärn,
Un so schrecklich klaa, klaa, klaa.
Guckt emol de Schutzmann Schmidt,
Brech de Hals und stolper nit,
Mit de scheppe Baa, Baa, Baa.
Guckt emol de klääne Kohn,
Wie er steht am Telephon,
Un er kann nit draa, draa, draa.«

CHINAJOCKEL Herr Gunderloch, der gütige und edle Stifter unseres heutigen Freimostes, er soll noch viele lange und gute Weinjahre leben: Hoch! Hoch! Hoch!

DIE VETERANEN *brüllen mit.*

CHINAJOCKEL Und jetzt: Satteln und Schirren! Aufgesessen! Das Ganze marsch in die Landskron!

GUNDERLOCH Meine Herrschaften, schließen wir uns an!

DIE VETERANEN *abziehend, singend*

»Ach was hätte mer Heidelbeern,
Wenn se nit so teuer wärn,
Un so schrecklich klaa, klaa, klaa«.

Die ganze Gesellschaft folgt ihnen nach.

HAHNESAND *im Abgehen* Was meine Se, wieviel Perzent Provision?

LÖBCHE BÄR Judd oder Christ, der Schambes Gunderloch bescheißt uns all.

HAHNESAND Gott verzeih's ihm.

Alle ab, außer Knuzius und Klärchen

KNUZIUS *läuft umher* Das sind mir schöne Geschichten! Schöne Geschichten! Schöne Geschichten! Er blamiert mich! Er macht mich zum Gespött! Hab ich das nötig? Ich!? Wer bin ich denn?! Ich werd's ihm zeigen! Ich verbitte mir das!! Sakrament!! Herr Gunderloch, werd ich sagen, Herr, Sie ... Herrgottsakrament!!!!!! Sie ... *Er schnappt nach Luft.*

KLÄRCHEN Jetzt oder nie ... *Zu Knuzius, mit dem Mut der Verzweiflung* Gustav! Ich muß dir was ins Ohr sage!!

KNUZIUS Ins Ohr? Was heißt ins Ohr, Hysterie! Hört doch gar keiner zu!

KLÄRCHEN Gustav, das geht nit anders, das geht nur ins Ohr, das . . . *Sie faßt beinah mit Gewalt seinen Kopf, zieht ihn an sich, sagt ihm was ins Ohr.*

KNUZIUS *mit offenem Mund, stammelnd, stotternd, fassungslos, . . . plötzlich rennt er los, rufend, schreiend* Hee!!! Gunderloch!!! Schwiegervater!!! *Er läuft noch einmal zurück, küßt Klärchen flüchtig aufs Haar* Schon dich, mein Kind, schon dich, komm ganz langsam nach, ganz langsam! *Schreiend, rennend* Schwiegerpapa! Großpapa! Gunderloch! *Ab*

KLÄRCHEN *steht wie angewurzelt.*

ZWEITER AKT

Nachts in der Landskron, Eismayers Wirtshaus, kleine Gaststube, an der Tür ein Schild: Reserviert. Vor den niedrigen Fenstern stehen Blumentöpfe mit großen bunten Herbstblumen. Im Hintergrund breite Flügeltür zum großen Saal, in dem getanzt wird. Mehrere Tische sind so verteilt, daß sich getrennte Gruppen bilden. An einem Tisch, auf dem noch die Reste vom Essen stehn und eine Menge leerer Flaschen, sitzen mit roten Köpfen, zum Teil in Hemdsärmeln, Stenz, Rindsfuß, Vogelsberger, Frau Rindsfuß, Fräulein Stenz, Annemarie Most, Gunderloch. An einem kleinen Extratisch, weiter vorne, Knuzius mit Klärchen. An einem dritten Tisch sitzen Hahnesand, Löbche Bär, Kurrle, Studienassessor Bruchmüller, Küfermeister Raunz. Eismayer, der Wirt, thront hinter einem kleinen Schanktisch. Babettchen geht mit Wein und Gläsern ab und zu. Die, welche nicht reden, hocken ziemlich stumpfsinnig beieinander. Die Veteranen Chinajockel, Stopski und Ulaneschorsch treiben sich angetrunken und aufdringlich bald im großen, bald im kleinen Saal herum. Sie haben allerlei Orden und Abzeichen auf der Brust, große Blumensträuße im Knopfloch, Zigarren im Mund, hinterm Ohr, an der Mütze, und trinken überall die halbvollen Gläser aus.

HAHNESAND Jetzt wolle wir emal e Lied singe. *Er stimmt an*
»Wenn alles rar un teuer is,
Dann esse mer wääche Kees.
Wenn Schuh un Strümp verrisse sin,
Dann fahre mer in de Chaise.

CHOR Nobel muß die Gaaß krepiern,
Holderi mit Heidelbiern.
Nobel muß die Gaaß krepiern,
Holderijaho.«

CHINAJOCKEL *am Weinhändlertisch* Es geht nichts über ein gemütliches Beisammensein im trauten Heimatlande und unter gebildeten Persönlichkeiten. Prosit, meine Damen! *Er trinkt ein Glas aus.*

LÖBCHE BÄR Wenn die nur saufe könne, wo se nix bezahlt hawwe.

KURRLE Dafür haben sie auch unser Vaterland verteidigt.

HAHNESAND Bei der Feldküch in Buxtehude.

LÖBCHE BÄR Beim dumme Schinnöserverein in Afrika.

BRUCHMÜLLER, *der beim Sprechen heftig mit der Zunge anstößt* Das können Sie als Fremdrassiger überhaupt nicht beurteilen.

KURRLE Ausnahmsweise ein verständiges Wort, Herr Assessor.

DER ALTE RAUNZ Trinkt, un schwätzt nit so viel.

Im Nebenzimmer beginnt die Tanzmusik.

HAHNESAND *steht auf* Gehüpft wie gesprunge, ich riskier ein. *Er engagiert Fräulein Stenz.*

VOGELSBERGER Macht doch die Tür zu, ma versteht ja sei eige Wort nit.

RINDSFUSS Wolle Sie e Red halte?

VOGELSBERGER Nein, aber der Wein schmeckt besser, wenn nit so viel Radau herrscht. *Babettchen schließt die Tür, die Musik wird leiser.*

STENZ Wie steht's jetzt mit der Versteigerung?

GUNDERLOCH Nix mehr von Geschäfte heut, meine Herren! Ich hab eine freudige Mitteilung zu machen. Eine Familiennachricht sozusagen.

KLÄRCHEN *versucht, ihm abzuwinken.*

ANNEMARIE Herr Gunderloch, die Herrn hawwe kein Wein mehr im Glas.

GUNDERLOCH Ja, da müsse wir erst emal die Gläser fülle, Eismayer!

EISMAYER *kommt mit neuen Flaschen zum Tisch* Bei uns wird morge geschlacht. E prima Sau. Mindestens fuffzig Würscht.

STENZ Da möcht ich mich höflichst zu Metzelsupp einjelade han!

EISMAYER Für zwei Mark zwanzig sin se eingelade un kriege nochs Wellfleisch umsunst.

VOGELSBERGER E teuer Vergnüge.

RINDSFUSS Was kost denn die Schweinsblas von eurer Sau? Ich möcht meiner Frau e neu Korsett mache lasse.

FRAU RINDSFUSS Schorsch! Du übertreibst!

BRUCHMÜLLER *zu Babettchen, die an seinem Tisch einschenkt* Mein schönes Fräulein, darf ich's wagen, Ihnen Hand und Fuß zum Tanze anzutragen?

BABETTCHEN Lasse Sie sich zuerst emal Ihrn Zungefehler operiern.

LÖBCHE BÄR Gratis abgestunke...

BRUCHMÜLLER Sie sin überhaupt gar nit gefragt.

LÖBCHE BÄR Ihne hätt ich auch nix geantwort!

BRUCHMÜLLER Gehen Sie doch nach Zion, Sie unverschämter Mensch!

KURRLE Wacker, wacker.

LÖBCHE BÄR Sie als Amtsperson sollte die Hetzerei sein lasse!

KURRLE Wie's in den Wald hereinschallt, so schallt's heraus. Auf einen groben Klotz gehört ein grober Keil.

LÖBCHE BÄR Bei Ihne paßt jedenfalls besser: Wer gut schmärt, der gut fährt.

BRUCHMÜLLER Das ist eine Beamtenbeleidigung. Das brauchen Sie sich nicht zu gefallen zu gelassen!

DER ALTE RAUNZ Halt die Schnäwwel un trinkt!

KNUZIUS *zu Klärchen* Iß tüchtig, mein Kind, du ißt jetzt für zwei!!

KLÄRCHEN Sei doch ruhig, Gustav!

GUNDERLOCH *tritt an ihren Tisch* Na wie wär's, wenn wir jetzt die Verlobung publik mache deete?

KNUZIUS Ich bitte sogar darum!

KLÄRCHEN Ach lieber Vater, laß es doch heut noch sein.

KNUZIUS Warum denn, warum denn?

KLÄRCHEN Morge, wenn die Versteigerung glücklich zu End is, da geht doch alles in einem hin. Heut sin ja die meiste schon zu betrunke, die verstehe ja dei Red nit mehr.

GUNDERLOCH Da is was Wahres dran.

ANNEMARIE *ist dazu getreten* Wo all die Veteranen un überflüssige Winzerleut dabei sin, kost Sie's heut auch zu viel. Morge wird's um die Hälft billiger!

GUNDERLOCH Du bist e Prachtmädche, Annemarie! So e Frau hätt ich gebraucht, da wär ich heut Millionär!

KLÄRCHEN *sieht Annemarie dankbar an.*

KNUZIUS Das versteh ich nicht, wie man das warme Gefühl mit kalter Berechnung ersticken kann! Wo ist da das deutsche Gemüt und die rheinische Frohnatur?

GUNDERLOCH Sie scheine's ja recht eilig zu hawwe!

KNUZIUS Natürlich! Es drängt mich, Ihre Tochter ehrlich zu machen!

GUNDERLOCH Die is ehrlich zur Welt komme, auch ohne Pfaff un Doktor! *Er geht ärgerlich mit Annemarie zum Weinhändlertisch zurück.*

KNUZIUS *knurrend* Ist das der Dank? Ist das der Dank? Ist das ein Familiensinn? Ein schöner Familiensinn ist mir das! Iß wenigstens tüchtig, damit's ein Bub gibt!

KLÄRCHEN *ißt verzweifelt*

Die Tür zum Tanzsaal geht wieder auf, die Musik klingt laut und blechern.

HAHNESAND *tanzt mit Fräulein Stenz ins Zimmer, schwitzend, mit offenem Kragen. Er singt zur Musik*

»Hopp Karlinche, hopp Karlinche,
Morje is Sankt Josephstag ...«

FRÄULEIN STENZ Heiße Sie Joseph, Herr Hahnesand?

HAHNESAND Ich? Mein Name is Jakob, der Joseph muß erst gemacht werde!

FRÄULEIN STENZ Wie meine Sie das, Herr Hahnesand?

HAHNESAND Wie der Pfarrer in der Kirch: seid fruchtbar, wachset und mehret euch!

FRÄULEIN STENZ Pfui, da muß ich ja rot werde!

HAHNESAND Schwitze tun mer sowieso, da merkt ma's nit!

Die Musik hört auf, er führt Fräulein Stenz mit Kratzfuß zu ihrem Platz zurück.

EISMAYER So e Sau hab ich seit zehn Jahr nit mehr im Stall gehabt! Die Fettschwarte hänge der nur so am Bauch herunner!

HAHNESAND *an seinem Tisch* Jetz wolle wir e Lag auszähle! Wer hält mit?

BRUCHMÜLLER Allemal, allemal!

HAHNESAND Ich zähl! Achtung:

»Ene ... dene ... dorz
De Teufel läßt en ...
Drache steige,
Die Kordel is zu korz!« Sie sin dran!

BRUCHMÜLLER *mit heftigem Zungenstoßen* Das ist Schwindel, das ist, wei, weil Sie bei sich angefangen haben, hätten Sie bei mir angefangen! wären Sie dran!

HAHNESAND Also nochemal, jetzt fange ich bei Ihne an:

»Ich will der was erzähle,
Von de alte Beele,
Wie se beienanner hocke
Un Kartoffel schäle.« Sie sin wieder dran!

BRUCHMÜLLER Unerhört! Betrug! Gaunerei!

LÖBCHE BÄR Bezählese, bezählese!!

BRUCHMÜLLER Die Hebräer sauge mich aus!

KURRLE *schadenfroh* Wer sich mit der Flöt einläßt, muß blase.

BRUCHMÜLLER *bezahlt empört eine Runde.*

EISMAYER Ich laß die Sau photographiern vorm Schlachte, sonst glaubt mir's keiner, wenn ich's später erzähl.

RINDSFUSS Die Sau soll lebe, es is doch ihr letzte Nacht!

ALLE Bravo, die Sau soll lebe!

RINDSFUSS *steht auf, singt*
»Seht ihr nit die Säu im Garte,
Seht ihr wie se wühle,
Seht ihr wie se Löcher grabe
In de gelbe Rübe.

CHOR Spitz komm eraus
Un beiß en in die Baa.
Die Oser fresse die Dickworz aus,
Sie sin schon korz und klaa.

RINDSFUSS Ei guckt emol die Sau im Garte,
Guckt emol was duutse,
's hot se en großer Hund gebisse,
Ei guckt emol was bluutse!!

CHOR Spitz komm eraus
Und beiß en in die Baa...« *Und so weiter.*

ALLE Bravo!! Prosit!! Uff die Sau!! Die Sau soll lebe!!

Die Veteranen kommen herein, um sich rasch am Anstoßen zu beteiligen.

LÖBCHE BÄR Wenn die e Glas klinge höre, rücke se geschlosse zum Angriff.

HAHNESAND Das is dene ihr Attacke-Signal!

LÖBCHE BÄR *ahmt ein Signal nach* »Geschenkte Most, geschenkte Most, nix als wie geschenkte Most, de ganze Tag!«

HAHNESAND *ebenso* »Schenkt mer e Kirschwasser gleich, oder ich kreisch!!«

LÖBCHE BÄR »Steckt emol, steckt emol, steckt emol die Nos ins Glos!«

Gelächter

DIE VETERANEN *rücken drohend zusammen.*

CHINAJOCKEL Gebt acht, ihr Judde, gleich sing ich euch auch e Lied!

KURRLE *meckert schadenfroh.*

LÖBCHE BÄR *nicht mehr ganz sicher, aber noch recht frech* Sie könne ja gar nit singe, sie hawwe ja ihr Stimm bei de Schinnöser liege lasse!

CHINAJOCKEL Ja, die Schinnöser, die hawwe mich e Lied gelernt, grad als ob se Sie gekennt hätte! Soll ich's emal zum beste gewwe?

BRUCHMÜLLER Gib ihm, gib ihm!

ZURUFE Druff! Uff die Judde!

CHINAJOCKEL *singt*
»De Izzig kommt geritte,
Mit Zizz, Kattun un Band,
O wei ihr arme Jidde,
Die Cholera is im Land.«

LÖBCHE BÄR *leise* Hättst du se am Hals!

CHOR »Drum juchheidi, juchheida,
Schnaps is gut für die Cholera,
Juchheidi, juchheida,
Judde sin kei da!«

CHINAJOCKEL *durch den Erfolg kühner gemacht, kommt jetzt unverschämt nah an Löbches Tisch* Jetzt noch einer für die Kalle un de klää Kinderlich. *Er singt*

»Der Izzig Bär fährt mit der Sara
Zum Vergnügen übern Rhein.
Da steckt die Sara de Hintern rüber,
Un fällt in das Wasser rein.
Ei Gott der gerechte, ruft Izzig munter,

CHOR Bimbre, bimbre beh, bimbre, bimbre beh,
Ein echter Jidd, der geht nit unter,
Bimbre, bimbre, bimbre, bimbre beh!!«

Hahnesand und Löbche Bär, wütend, dicht zusammengerückt, rächen sich durch spöttische Blicke und Handbewegungen.

DER ALTE RAUNZ *erwacht plötzlich aus seinem Stumpfsinn und beginnt, sich an der Judenverfolgung zu beteiligen, grölend mit Bierbaß*

»In Frankfurt in der Juddegaß
Da wohnt der Bäcker Beck.
Der steckt de Leut sein Arsch heraus
Und sagt, es wär en Weck!«

Er fällt wieder in Stumpfsinn. Brüllendes Gelächter

GUNDERLOCH *steht auf, haut mit der Faust auf den Tisch* Schluß! Genug!! Laßt die Judde in Ruh! Sie sind zwar beschnitte, sonst aber Mensche wie wir.

DIE VETERANEN *retirieren.*

LÖBCHE BÄR E gerechter Mann, sei Kinder solle alt werde.

HAHNESAND Der weiß warum! Ohne die Judde könnt der sei Geschäft mit dem liebe Herrgott mache!

CHINAJOCKEL Nix für ungut! Die Hauptsach is, daß ma sich amüsiert.

LÖBCHE BÄR Uff meim Buckel!

VOGELSBERGER E Glück, daß der Radau aufhört, ma kann ja kei verständig Wort mehr über de Wein wechsele.

FRAU RINDSFUSS Ich kann auch die Juden nicht leiden, sie haben so was Tierisches.

FRÄULEIN STENZ Aber es gibt doch so temperamentvolle Männer dabei!

FRAU RINDSFUSS Davon sollte ein junges Mädchen in deinem Alter überhaupt noch nichts wissen.

VOGELSBERGER Die junge Leut heutzutag, die hawwe gar kei Schamgefühl mehr im Leib. Nix wie hockele, als nix wie hockele! Wo sich e Meedche un en Bursch begegent, nix wie druff un gehockelt! Es is wirklich e Schand!

STENZ In Kölle, in Kölle passieren in der Beziehung die dollste Jeschichte, dat soll ma gar nich für möglich halte! Pfui Deubel nochemal! Bei der Jelegenheit möcht ich nich unterlasse han, Ihne det neuste Krätzje zu erzähle, Sie lache sich kapott! *Er setzt sich in Positur* De Hennes hätt emal in de Botz jetresse, da trifft er am Ring de Tünnes un de Maritzebill . . .

RINDSFUSS *mitten hinein* Rede Sie lateinisch?

VOGELSBERGER Ich glaub, das is aus'm Neue Testament!

STENZ Dat is keine Bildung! Wissen Se was dat is? Einem Mitmenschen sein angefangene Witz zerstückele! Dat is ene hundsjemeine Schinderei!

EISMAYER Redde Se ruhig weiter, ich übersetze es dene Herrn, die kei fremde Sprache könne. Da hat auf Hochdeutsch einer in die Hos gemacht.

VOGELSBERGER *haut auf den Tisch* Ich merk's doch schon die ganze Zeit!

RINDSFUSS Du Simpel, im Stenz sein Witz!

Gelächter. Die Tanzmusik hat wieder begonnen.

STENZ *setzt sich beleidigt* Un dat wolle Kulturvölker sein.

JOCHEN MOST *tritt auf.*

KLÄRCHEN *möchte in den Boden versinken.*

KNUZIUS *merkt nichts.*

ANNEMARIE *will aufstehn und zu Jochen gehn.*

GUNDERLOCH *hält sie zurück* Na, wohin denn, Meedche?

ANNEMARIE Da is mein Bruder, Herr Gunderloch!

GUNDERLOCH Zu dem kannste jeden Abend gehn! Heut wird bei mir gebliwwe!

ANNEMARIE Zu gütig Herr Gunderloch!

JOCHEN *geht patzig auf Klärchens Tisch zu, setzt sich ohne Gruß an ihre freie Seite, Knuzius gegenüber, den er herausfordernd ansieht.*

GUNDERLOCH *spricht weiter* Seht ihr, heut is mein erster Abschiedstag. Ich hab mir's zwar schon seit eme halbe Jahr vorgenomme, aber der Ernst der Sache ist mir nie so recht klar geworde. Jetzt, wo ihr all gekomme seid, um mich sozusage hier zu liquidiere, un wo mei Klärche glücklich is un sich ihrem zukünftige Lebensinhalt widmet, da gehn mir eigentlich erst die Auge auf! Vierzehn Tag bleibe mir noch, aber da heißt's jeden Tag Abschied nehme, von dem un von jenem, von Haus, Garten, Weinberg, Freunde, Wirtschaft, Ochs, Esel – *er sieht Annemarie an* –, na, un von so mancherlei, was ma vorher kaum angeguckt hat.

FRÄULEIN STENZ Ja, so ist es im Leben eben, daß man den Wert dessen, was man hat, häufig erst erkennt, sobald man es verliert.

GUNDERLOCH Das habe Sie wunderschön gesagt, mei Fräulein, könnte Sie mir das emal aufschreibe?

FRÄULEIN STENZ Es ist im Leben häßlich eingerichtet, daß man vom Liebsten, was man hat...

GUNDERLOCH Hört auf, Kinder hört auf ... das sin alles echte Dichterworte, das geht eim durch un durch, wenn man so was nicht gewöhnt is, ei hol's der Teufel, ich bin ganz gerührt...

ANNEMARIE Also Prosit, Herr Gunderloch! Aufs neue Leben!

GUNDERLOCH Ja, trinke ma drauf! Sein ma nochemal fidel! Lasse ma uns de Wein schmecke, liebe Leut. de Wein, wo unsereiner sein halbe Lebenszweck drin hat, un noch den von seine Vätter un Vorvorvätter, un wo wächst wie anderswo der Rogge oder die Kohle im Berg oder sonst was Gott walt un schalt, er is zwar vielleicht kein lebenswichtige Betrieb, wie ma heutzutag sagt, aber allzeit e Stückche Natur, e Stückche Element, e Stückche Kindstauf un Himmelfahrt, beim scheppe Bildche von Dotzem! 1920er Spätles, da stickt auch das letzte Feuer vom vergangene Herbst drein, das is so recht en Schluck für unsereiner, so en reifgewordene, so recht zum Abschiednehme!

ANNEMARIE Und zum Wiedersehen!

GUNDERLOCH Prosit Prosit, allerseits! Sage ma lieber gleich: Auf frohes glückliches Wiedersehn!

LÖBCHE BÄR Ich seh komme, der bleibt noch da.

EISMAYER Wenn ma die nächstjährige Sau schlachte, besuche Se uns.

RINDSFUSS Der kommt von seine Säu nit los!

GUNDERLOCH Prosit!, Prosit!!

Alle sind leicht gerührt und stoßen mit ihm an. Es wird herzhaft getrunken.

JOCHEN MOST *hat inzwischen drohende Blicke mit Knuzius gewechselt.*

KNUZIUS *rutscht unruhig auf seinem Stuhl herum, begreift die Situation noch nicht, fühlt sich aber in seiner Burschenehre gekränkt.*

BABETTCHEN *nähert sich scheu und vorsichtig dem Tisch.*

KLÄRCHEN *sitzt auf heißen Kohlen.*

KNUZIUS *zu Babettchen* Bei euch verkehren sonderbare Leut. Da gibt's Kerle, die habe nit grüße gelernt! *Er dreht Jochen ostentativ den Rücken.*

KLÄRCHEN *versucht sofort, hinter seinem Rücken Jochen Zeichen zu geben.*

JOCHEN *tut, als merkte er nichts.*

BABETTCHEN Scheren Se sich nit drum, Herr Knuzius. Tanze Se lieber emal mit Ihrer Braut!

KNUZIUS Leider nicht möglich. Mein Fräulein Braut ist vorläufig aus Gesundheitsrücksichten verhindert. Nicht wahr, mein Kind? *Er versucht, sie zu tätscheln.*

KLÄRCHEN Gustav, sei doch still!

JOCHEN *senkt den Kopf, mit geballten Fäusten.*

KNUZIUS Aber mit Ihne, Fräulein, möcht ich mal ein schwinge! Erlaube Sie?

BABETTCHEN Mit Vergnügen, Herr Doktor!

KNUZIUS *zu Klärchen* Du gestattest doch.

Er klappt die Hacken vor Babettchen zusammen Darf ich bitten? *Führt sie in den Tanzsaal.*

GUNDERLOCH Deshalb wolle wir aber die Köpp nit hänge lasse! Seht ihr: Da geht e Paar zum Tanze, lasset uns dies ein gutes Beispiel sein! Alleh, Annemarie, so jung sin ma doch nit mehr beisamme! Springe ma eins! Hoppla! Gedanzt, wer kein Lump is!

Er singt »Heut is Kerb, morge is Kerb,
Bis de Dienstag abend!«

Geht mit Annemarie in den Tanzsaal.

STENZ Dat wär jelacht, wenn wa det Tanzbein nicht mehr schwinge könnte!

Er fordert Frau Rindsfuß auf, die gravitätisch annimmt.

HAHNESAND *zum Löbche* Meinste, ma kann's wieder riskiern?

LÖBCHE BÄR Uff dei Kapp! Ich will mei Ruh hawwe.

HAHNESAND De Kopp kann's nit koste. *Er engagiert Fräulein Stenz.*

EISMAYER *zu Kurrle* Bei meine Säu kann von Trichine gar kei Red nit sei.

KURRLE Darüber wird die amtliche Fleischbeschau entscheiden.

EISMAYER *leise* Für de Magistrat hab ich noch en Schinke in der Eß un e ganz Bütt voll Geräuchertes.

RINDSFUSS *zu Vogelsberger* De Schambes Gunderloch besäuft sich. Ob man jetzt nochemal die Preisfrag aufwirft?

VOGELSBERGER Die Rass kenn ich! Die wird vom Saufen immer härter wie e Kommißbrot im kalte Wasser.

RINDSFUSS Wie e Gäulsmaul vom Zügelroppe!

Sie tuscheln leise miteinander.

KLÄRCHEN *zaghaft* Jochen.

JOCHEN Schweig du! Wenn ich dich nit lieb hätt, würd ich en harte Ausdruck gebrauche.

KLÄRCHEN Jochen! Sei doch nit so grimmig! Hör mich doch erst an!

JOCHEN Aber den Kerl, mit seine angelaufene Schnitt im Gesicht und seine Wurschtfinger, den Saukerl, den mach ich kalt, dem hau ich die Himmelfahrt in Fetze, dem zerbrech ich jed Knöchelche im Leib!

KLÄRCHEN Aber Jochen! Du bist ja ganz falsch dran! Du weißt ja gar nit ...

JOCHEN Nimmst dun auch noch in Schutz? Desto schlimmer ergeht's ihm! Jed gut Wort von dir kost ihm e Aug oder e Ripp!

KLÄRCHEN Jochen, ich hab doch nur dich lieb!

JOCHEN Ei, du verloge Nachteul, Gott verzeih mer's!

KLÄRCHEN Jochen, es is die Wahrheit! Jochen, hör mich doch an! Jochen!!

JOCHEN Ich will nix wisse. *Er steht auf, setzt sich zu Küfermeister Raunz an den Tisch, der ihn stumpfsinnig anglotzt.*

Gunderloch und Annemarie kommen vom Tanz zurück.

GUNDERLOCH Na, das geht noch für en alte Mann, he?

ANNEMARIE Herr Gunderloch, Sie tanze wie en Spanier!

GUNDERLOCH Ja, wie en spanische Krage so steif! Aber heiß wird's eim dabei! *Am Tisch, gießt sich ein Glas voll.*

ANNEMARIE *rasch zu Klärchen* Was is denn? Warum sitzt er da drüwwe?

KLÄRCHEN Er is wütig! Er läßt sich nix sage! Er will de Knuzius verhaue!

ANNEMARIE Das beste is, du gehts so schnell wie möglich fort! Erwarte mich im Gärtche hinterm Haus. Ich bring en zur Vernunft.

KLÄRCHEN Ich glaub auch, ich geh besser, sonst gibt's noch e Stecherei wege mir, Mut hat er genug.

ANNEMARIE Im Gärtche warteste, bis ich komm!

KLÄRCHEN Auf alle Fäll!

Sie will gehen, aber die Musik hört plötzlich auf, die Tänzer kommen aus dem Saal und versperren den Ausgang.

KNUZIUS *verbeugt sich mit Hackenklappen vor Babettchen* Man dankt, gnädiges Fräulein.

BABETTCHEN Oh, es war mir ein Vergnügen!

KNUZIUS *tritt zum Tisch Gunderlochs und der Weinhändler, ergreift ein Glas* Darf ich mir erlauben, aufs ganz Spezielle der hochverehrlichen p. p. Honoratioren einen kräftigen sine sine cum cum h. c. h. c. zu kommen?

VOGELSBERGER In der Zeit hätt ich e Faß ausgesoffe!

KNUZIUS *trinkt unter allerlei Faxen. Die anderen tun ihm mürrisch Bescheid.*

BABETTCHEN *bei Klärchen* Ich kann nix dafür. Sei mir nit bös. Er ist ja so scharf auf mich. Siehste nit? Er ist ganz außer sich, seit er mit mir getanzt hat.

KNUZIUS *zu Jochen, der ihn höhnisch und haßerfüllt betrachtet* Herr, wollen Sie mich fixieren?

JOCHEN Dazu sind Sie mir viel zu gering.

KNUZIUS Herr, ich darf Sie mal auf die Toilette bitten?

JOCHEN Sie können Ihr Seng auch hier beziehe.

KNUZIUS Sie, sind Sie denn überhaupt satisfaktionsfähig?

JOCHEN Ich zeig dir's gleich! *Will auf ihn los.*

GUNDERLOCH Was fällt euch denn ein? Krakeele, solang wir noch nüchtern sin? Wo ich de Wein bezahlt hab? Schlagt euch anderswo die Nase blutig, aber nit auf meim Freimost! Wenn hier einer rauft, dann rauf ich!! Verstande?!

KNUZIUS Man hat doch schließlich sein Ehrgefühl.

GUNDERLOCH Laß dir's einsalze!

KLÄRCHEN Vater, ich geh heim. Mir isses nit gut.

GUNDERLOCH Leg dich schlafe, mei Böppche.

KNUZIUS Immer tief und ruhig atmen, tief und ruhig atmen, da wird's wieder besser. Gute Nacht, mein Kind!

ANNEMARIE Ich begleit sie heim. *Ab mit Klärchen*

RINDSFUSS Meine Herrn, es muß was geschehn, es muß was geschehn, so geht das nit weiter! *Er schlägt ein paar Tenortöne an.*

VOGELSBERGER Als nix wie Radau. Ich bin froh, wenn die Tanzerei aufhört.

GUNDERLOCH Der Rindsfuß hat recht, mir vergesse sonst ganz, daß mir hier einen unvergeßlichen Moment durchlebe! Das kann nit so sang- un klanglos abgehe!

RINDSFUSS Ich schlage vor ›Teure Heimat‹ mit Tenorsolo.

GUNDERLOCH Ja, daß Sie mit Ihrer klößhälsig Kehl protze könne. Ich sage: ›Das Rehlein‹.

VOGELSBERGER Macht's kurz, von jedem die Hälft.

GUNDERLOCH Das Rehlein, da weiß ma, was ma hat.

FRAU RINDSFUSS Mein Mann ist ausgebildet, bei ihm sitzt der Ton ganz vorne, es hat die Stund fünf Mark gekost!

RINDSFUSS Es liegt eine Krone, mit Einlage.

GUNDERLOCH Ei, singe Sie doch Ihr Einlag daheim!

RINDSFUSS Ich kann's ja lasse.

VOGELSBERGER Gut, lasse ma's!

GUNDERLOCH Schafsköpp. *Er trinkt empört.*

DIE VETERANEN *tauchen wieder auf, schwer betrunken.*

CHINAJOCKEL Bei Tsching-sau, da hawwe mir dene Schinnöser die Zöpp abgeschnitte, un hawwe unser Gewehrläuf damit geputzt!

BRUCHMÜLLER *wird wach* Ein Held! Ein echter Held!

CHINAJOCKEL Ein so'n Zopp hab ich als Trophä mitgebracht, mei Frau trägt en als Unterlag, aber schon so lang, daß ma's von ihre natürliche Haar nit mehr unterscheide kann!

STOPSKI *singt*

»Wir tre-e-ten a-an die Hei-eimatreise,
Mit ei-einem Re-heservistenstock.«

CHINAJOCKEL *fällt ein*

»So leb denn wohl, du Vater Philipp,
Du Vater Philipp lebe wohl.«

BEIDE

»Bei dir hab ich so oft gesessen, gesessen
Mit Wasser und mit trocken Brot,
Trallallallala,
Mit Wasser und mit trocken Brot!«

ULANESCHORSCH *fällt mit heiserer Stimme ein*

»So leb denn wohl, du Futtermeisterlein,
Schneide dir deine Häcksel selber klein.«

ALLE DREI

»So leb denn wohl, du Wachtmeisterlein,
Ich bin nicht mehr dein altes Schwein.«

Sie ziehen grölend wieder ab.

BRUCHMÜLLER Es geht doch nichts über echten deutschen Männergesang!

STENZ Jesang! Dat nennt der Jung Jesang!

GUNDERLOCH Ich hab ja gesagt, das Rehlein! Da hat wenigstens noch en beherzigenswerte Text!

RINDSFUSS Ich bin kein Spielverderber. Aber ich mein, wir wärn auch unserm Vaterland en Sung schuldig!

GUNDERLOCH Bei dene neue Weinsteuern? Dafür solle mir auch noch singe? Das Rehlein, hab ich gesagt!

FRAU RINDSFUSS Schorsch, gib nach.

RINDSFUSS Da kann ich aber nur die zweit Stimm!

GUNDERLOCH Wisse Sie, was Sie sin? Ein Querulant sin Sie!

RINDSFUSS So was hat mir noch niemand gesagt.

GUNDERLOCH Da wisse Se's jetzt.

Sie drehn einander die Rücken.

DER ALTE RAUNZ *hat sich aufgerappelt, haut plötzlich auf den Tisch und singt in einem Ton*

»Dominus nostrus däus,
– *Sprich däus wie Läus!* –
Sankt Florian und Prospera,
Bewahr uns vor de Rebläus,
Und vor der Peronospera!«

HAHNESAND Bravo, Meister!

ALLE Bravo!

BRUCHMÜLLER Großartig, großartig! Dominus däus, großartig!

RAUNZ Hawwe Sie was gesagt?

BRUCHMÜLLER Ich mein: ein guter Wein, ein großartiger Wein!

RAUNZ Das wollt ich nur wisse. *Verfällt in Stumpfsinn.*

BRUCHMÜLLER *zu Kurrle* Ein guter Wein, ein schlechtes Latein!

KURRLE Wem sagen Sie das?!

KNUZIUS *ist währenddessen zu Babettchen getreten und poussiert* Sehe Sie, Babettche, mei Braut is mir durchgange.

BABETTCHEN Ach, Sie Schlimmer, Sie!

KNUZIUS Wolle Sie mich nit e bißje tröste?

BABETTCHEN Ich wollt schon, aber ich darf nit.

KNUZIUS Sie dürfe, Babettche, wenn ich's Ihne erlaub, dürfe Sie!

BABETTCHEN Sie mache ja nur Uz mit mir.

KNUZIUS Habe Sie nit gesehe, wie eifersüchtig das Klärche schon war? Die weiß warum! Du schönste Blüte vom Mittelrhein!!

BABETTCHEN Leise! Daß es keiner hört!!

ANNEMARIE *kommt zurück, zieht Jochen beseite* Geh hinaus in de Hof, ich komm nach, ich hab dir was zu bestelle!

JOCHEN, *der unentwegt Knuzius anstiert, verbohrt* Erst muß ich den Kerl verdrosche hawwe!

ANNEMARIE Du Esel!

GUNDERLOCH Annemarie, komm her, der Rindsfuß kann die Melodie nit, du mußt mir helfe, daß ich die erst Stimm nit verpatz! Meine Herrn, das Rehlein!

RINDSFUSS *steht mürrisch auf* Teure Heimat wär besser gewese!

GUNDERLOCH Jetzt wird's Maul gehalte un gesunge!!

STENZ Ich hab mei Stimmjäbelche vergesse!

GUNDERLOCH Da singe Se mit dem Messer! Alleh!

VOGELSBERGER Erst nochemal die Gurgel geschwenkt!

GUNDERLOCH Ich geb de Ton an: Achtung!!

DIE MÄNNER *singen, vierstimmig, stehend*

»Im grünen Wald, da wo das Rehlein springt,
Rehlein springt,
Und im Gebüsch so mancher Vogel singt,
Vogel singt,
Wo Tann und Fichte grünt am Waldessaum,
Waldessaum,
Verlebt ich meiner Jugend schönsten Traum,
Schönsten Traum.«

STOPSKI *erscheint mit den anderen Veteranen in der Saaltür, grölt mitten hinein in den schrillsten Tönen*

»Reich mir ein Weib vom Stamme der Tscherkessen,
Doch eine Jungfrau muß es sein!!«

GUNDERLOCH Ruhe!!

DIE MÄNNER *singen weiter*

»Der Jäger schoß, da lag das Rehlein da,
Rehlein da,
Das man zuvor noch munter springen sah,
Springen sah ...«

STOPSKI *noch lauter grölend*

»Und laßt mich ihre Brüste pressen ... «

GUNDERLOCH Jetzt ist's zuviel! Raus mit euch Hundsfotzegesindel!

ULANESCHORSCH Mir sin kei Gesindel! Mir hawwes Vaterland verteidigt!

KNUZIUS Haben se auch! Haben se auch!

JOCHEN Das sin mir die rechte Verteidiger, die der verteidige muß.!

BRUCHMÜLLER Der Volkes Stimme ist auch eine Stimme! Was dem einen recht ist, ist dem andren ...

GUNDERLOCH Ruu-hee!! Wer noch ein Ton redt, den schmeiß ich handgreiflich hinaus!

ANNEMARIE Rege Se sich nit auf, Herr Gunderloch!

CHINAJOCKEL Das Maul will er uns verbiete? So gut war sein Wein nit gewese!

EISMAYER *nimmt Babettchen bei der Hand, hastig* Komm, nix wie enaus! Wenn's so anfängt, geht ma als Wirt am beste beiseit! Ich brauch mei Kräft morge beim Säusteche! *Ab mit Babettchen*

Es hat sich bereits wüster Lärm erhoben, und von jetzt ab geschieht alles in wildem Tempo, zum Teil gleichzeitig.

BRUCHMÜLLER *versucht immer, piepsend und zungenstoßend durchzudringen* Was dem einen recht ist, ist dem ...

GUNDERLOCH Wer mir hier mein Gesang verhunzt, das ist ein Hundsfott und bleibt ein Hundsfott und hat keine Kultur im Leibe!!

ULANESCHORSCH *ganz heiser* Zum Singe muß ma vor alle Dinge Stimm hawwe! Daran fehlt's euch!!

RINDSFUSS Da kann ma doch die puddelnackig Kränk kriege! Mir hätte kei Stimm! Raus mit dem Lümmel! Raus!

GUNDERLOCH Wer sagt hier raus! Hier hat keiner raus zu sage, eh ich sag raus: raus!!!

VOGELSBERGER Der hat de Cäsarewahn.

STOPSKI Ihr traurige Ziviliste! Ihr habt ja nix erlebt! Ihr könnt überhaupt nit mitredde!

KNUZIUS Oho, oho!! Zwölf Bestimmungsmensuren, zwo schwere Säbel!

JOCHEN *immer gegen Knuzius* Das sin die lauteste Schreihäls, die ganz hinte gesesse hawwe un die Hose voll gehabt!

KNUZIUS Ehrenvolle Narben!!

JOCHEN Ihne hat en Bäcker mit dem Brotmesser de Backebart rasiert!

KNUZIUS Sie ordinärer Schiffig!!

JOCHEN Wart nur, ich komm dir!! *Auf ihn los*

GUNDERLOCH *dazwischen* Schwerhacker noch enei! Alles sitze bleibe! *Es sitzt längst keiner mehr.*

BRUCHMÜLLER Ich sage, was dem einen recht ist, ist auch dem andren...

STOPSKI Nix erlebt habt ihr!! Mich hawwe die Hottentotten mit Giftpfeil beschosse! Die Kaffern hawwe mich mit Gnus un Känguruhs gehetzt!

STENZ Selbst Kaffer! Selbst Kaffer!

STOPSKI Ein Zeh hawwe mir die Engländer abgeschosse! Mein große Zeh hab ich meinem Kaiser gegeben!

RINDSFUSS Der wird e Freud gehabt hawwe!

STOPSKI Mein große Zeh!! Aber ich klopp mit vier Fußzehn noch besser Parademarsch wie ihr mit eure zwanzig!! Mit vier Fußzehn!! *Er kloppt.*

VOGELSBERGER Ei was gehn uns denn dem sei dreckig Fußzehe an!

STOPSKI Zweifle Sie? Ich zieh mein Stiffel aus!

RINDSFUSS E gefährlicher Mensch!

BRUCHMÜLLER Der Mann hat fürs Vaterland geblutet! Ich sage: Was dem einen recht ...

ULANESCHORSCH Schweige Sie!! Wer mein Kamerad beleidigt, der beleidigt mich!!

KNUZIUS Ehrensache! Ehrensache!

JOCHEN Sei du nur ruhig!!

GUNDERLOCH Hab ich euch dafür de Wein bezahlt! *Er zieht seinen Rock aus.*

RINDSFUSS Sie können ja wieder aus de Bäuch herauszappe.

GUNDERLOCH Sie hawwe am meiste gesoffe!

RINDSFUSS Hawwe Se was dagege? Ich scheiß auf Ihrn saure Wein!

FRAU RINDSFUSS Schorsch! Misch dich nicht hinein! Sie schlage dich zum Krüppel!!

CHINAJOCKEL *hat durch schrille Pfiffe andere Veteranen und Gäste herbeigerufen, die aus dem großen Saal unter seiner Führung hereindrängen* Druff! Da sitze die Schieber!! Uff se! Haut se! Balbiert se! Kriegsgewinnler! Kapitaliste! Blutsauger!!

GUNDERLOCH Wer noch en Mann is, packt zu!!! *Er packt einen Stuhl, schwingt ihn überm Kopf, geht auf die Veteranen los.*

STOPSKI *singt grölend*

»Ihr wolln wir treu ergeben sein in Südwestafrika,
Ihr wolln wir unser Leben weihn in Südwestafrika, Hurra!!«

GUNDERLOCH Dir geb ich Hurra!! *Er schmeißt ihn hinaus.*

Wildes Getümmel

RUFE Krie die Kränk aufm Christkindchemarkt! Gott verhaach die Äppelkist! 's bös Kreuz soll eneifahre! *Und so weiter*

RAUNZ *hat sich erhoben, schmeißt ein Glas nach den Kämpfenden, trifft.*

VOGELSBERGER Au! das sollste büße!!

RINDSFUSS Druff! Helft ihm!

STENZ Druff! Druff! Haut se! Haut se! *Er schreit am lautesten und hält sich am weitesten zurück.*

Kampf aller gegen alle

FRAU RINDSFUSS Hilfe! Hilfe! Polizei!!

RAUNZ *wirft jetzt mit vollen Gläsern und Flaschen, deren Inhalt umherspritzt.*

ANNEMARIE *macht ein Fenster auf, hilft Frau Rindsfuß und Fräulein Stenz hinaus. Sämtliche Blumentöpfe fallen in die Stube. Annemarie bleibt und wirft mit Blumenerde und Scherben nach den Veteranen.*

JOCHEN *hat endlich Knuzius erwischt, im Vordergrund* Hab ich dich endlich! Du Spatzekopp! Du Hoseschisser! Du Hutschebebbes!

KNUZIUS *versucht auszukommen* Herr... Sie werden mir... mit der Waffe in der Hand ...

JOCHEN Da haste mei Waff! Schleif se! *Sie kämpfen verbittert wie die Hahnen, schon mit zerrissenen Röcken.*

BRUCHMÜLLER *völlig mit Wein begossen, zeternd* Gerechtigkeit! Abstimmung! Gerechtigkeit! Was dem einen recht ist, ist dem andern ...

GUNDERLOCH *mächtig kämpfend* Hierher, wer kein Lump is! In de Saal hinaus, da hammer Platz!!

Er, Stenz, Rindsfuß, Vogelsberger und Raunz drängen die Veteranen in den Saal, wo der Kampf in verdoppelter Wut entbrennt.

LÖBCHE BÄR UND HAHNESAND *haben sich hinter Eismayers verlassenen Schänktisch verkrochen, jetzt stecken sie die Köpfe vor.*

HAHNESAND Was sagst du dazu?

LÖBCHE BÄR Goyim naches ...

HAHNESAND Nur nit sehe lasse, sonst ziehe se uns auch hinein!

STIMMEN *draußen* Wo sin denn die Judde? Die Judde hawwe sich gedrückt!

HAHNESAND Hörste?

LÖBCHE BÄR *bleich und zitternd* Der Herr sucht sei Volk heim.

Sie verschwinden wieder unterm Tisch.

JOCHEN UND KNUZIUS *kämpfen wie die Hähne immer noch allein.*

ANNEMARIE Jochen!! *Faßt ihn an.*

JOCHEN Weg!! *Schüttelt sie ab.*

ANNEMARIE Du Lump! Du Rauhbauz! Du Flözer! Glaubst du, so kriegst du e Frau, daß de dich wie en Büffel benimmst?!

KNUZIUS *verschanzt sich hinter sie* Schäme Sie sich vor Ihrer Schwester? Nehme Se doch Vernunft an! Was hab ich Ihne denn getan?

JOCHEN Kein Pardon! Tod oder Lebe!

Draußen scheinen die Veteranen wieder Oberhand zu gewinnen. Kämpfende Gruppen in der Tür, darunter Musikanten, die mit Trompete, Waldhorn und Bombardon draufschlagen.

BRUCHMÜLLER *in erbärmlichem Zustand, steht hinter der Tür und hetzt.*

GUNDERLOCH *erscheint jetzt mächtig in der Tür, drängt alle anderen zurück* Raus! Raus! Raus! Raus! *Er kommt allein rückwärts in die Stube gestampft.*

STENZ *will mit ihm hineinschlüpfen* Wir zwei, wir zwei haben's jeschafft!

GUNDERLOCH Auch raus!! *Stößt ihn mit dem Knie zurück, schmeißt die Tür zu* So jetzt hammer die Arm frei!

STENZ *jammert draußen* Mein Rockschoß! Mein Rockschoß is einjeklemmt!

GUNDERLOCH Schneid ihn ab!

Er gewahrt Jochen und Knuzius, die sich um Annemarie herum wieder zu packen suchen, stürzt mit geschwungenen Fäusten drauflos, drängt sie zum Fenster, beide springen hinaus, purzeln übereinander in die Nacht.

GUNDERLOCH Als eraus mit euch! Raus mit euch!

BRUCHMÜLLER *steht plötzlich hinter ihm* Unerhört! Was dem einen recht ist, ist dem andren billig!

GUNDERLOCH Sollst du haben! *Noch im gleichen Schwung wie Jochen und Knuzius fliegt Bruchmüller auch hinaus.*

GUNDERLOCH *steht allein mitten in der Stube, keuchend, mit strahlendem Gesicht.*

ANNEMARIE Herr Gunderloch! Wie stark Sie sind!

GUNDERLOCH Hach! Ich fühl mich wie neugebore!

KURRLE, *der während des ganzen Kampfes ruhig sitzenblieb und Aufzeichnungen machte* Herr Gunderloch, ich habe die Ehre, Ihnen die Anerkennung der Behörden für Ihr tapferes Einschreiten auszusprechen. Alle andren sind zur Bestrafung notiert.

GUNDERLOCH Recht so! Hier muß einmal ein Exempel statuiert werde!

ANNEMARIE *bringt ihm seinen Rock und ein volles Glas.*

LÖBCHE BÄR UND HAHNESAND *stecken die Köpfe hinterm Schanktisch vor* Herzlichen Glückwunsch, Herr Gunderloch!

Die Schlacht geht draußen weiter.

DRITTER AKT

Nacht. Mondschein. Aber schon rötlich im Osten. Eismayers Hof, links das Wirtshaus mit erleuchteten Fenstern, dahinter verworrener Lärm. Rechts die Scheune, der Schweinestall, der mächtige Misthaufen. Hintergrund: Obstgarten, ansteigende Weinberge. Jochen sitzt auf einem Prellstein, hat das Hosenbein aufgekrempelt, hantiert mit seinem Sacktuch.

JOCHEN Knie verschmisse. Das kommt davon. Warum hawwe die Wirte auch Eckstein vorm Haus, wo so leicht einer dran verunglücke kann. Besonders wenn ma die Gaststub durchs Fenster verläßt. Wenigstens hat der Knuzius auch sei Fett. Das Herz lacht mir im Leib, wenn ich bedenk, wie dem sei Nas geblut hat! So en hochgestochene Säubutz!! Schnappt mir mei Klärche vorm Schnawwel eweg! *Er steht auf* Ma meint, so e Mädche hätt kei Auge im Kopp. Da braucht nur einer herzukomme, der große Boge spuckt, mit eme Storchehals un Manschette un ranzig Pumad uffm Kopp, gleich glaubt se auch, er hätt de längste! Wart nur ab! Du wirst dich noch vergucke mit der Aristokratie!! *Er läuft umher* Schluß. Amen. Sela. Deckel druff! Was da!! Es gibt mehr Mädcher auf der Welt!! Obschon kaum e anderes die ranke Brustspitzjer hat, un der Lewwerfleck, der goldig Lewwerfleck im Genick, ei da klappt eims Taschenmesser im Sack auf, wenn ma dran denkt. Weg damit!! Für die unglücklich Lieb sin mer nit geschaffe! Ma kann's nit ändern un kann sich nit aufhänge. Dadefür sin die Häls zu gut un die Strick zu schlecht! Erfrorn is erfrorn, verhagelt is verhagelt. Vielleicht hat sie in einem Jahr schon en Faltebauch, un Schlabbertitze bis auf die Knie herunter. Wer kann das vorher wisse? *Stampfend* Krieg Drilling mit deim Knuzius!! *Er setzt sich wieder* Wenn ma's recht bedenkt, lebt ma nit anders, wie e Mück, die überm Wasser tanzt, oder e Weinbergschneck. Ma soll nit die Hand drum wende! Gefresse, gesoffe, getanzt und gestorbe. *Er denkt nach.*

Annemarie und Klärchen erscheinen am Gartenzaun und beobachten ihn. Dann tritt Klärchen in den Schatten zurück und Annemarie in den Hof.

ANNEMARIE Ei Jochen, was machst denn du so allein?

JOCHEN Ich weiß nit. Ich denk nach.

ANNEMARIE Das is ma doch bei dir gar nit gewöhnt! Was denkst du denn?

JOCHEN Weißt du noch, wie unsern selige Vater gesagt hat: Wenn ma bei Mainz in de Rhein spuckt, da spuckt ma auch in die Nordsee, weil's doch im Lauf der Zeit hinuntergeschwemmelt wird. Da stickt en tiefere Sinn drin, aber es will mir nit in de Kopp.

ANNEMARIE Was redst du da?

JOCHEN Ach, laß mich in Ruh. Mir is ganz schwibbelig.

ANNEMARIE Jochen, ich glaub das is die Lieb.

JOCHEN *springt auf* Du bist verrückt.

ANNEMARIE Jochen, ich hab dir was zu bestelle.

JOCHEN Ich will nix höre! Gute Nacht!

ANNEMARIE Das Klärche will dir was erklären!

JOCHEN Schlechte Trostsprüch! Da dank ich dafür! Die Hintenachschlepperei is nit mei Sach! Immer gelöscht un frisch gelade, heißt en alte Rheinschifferspruch.

ANNEMARIE Sie hört alles! Sie ist ganz in der Näh!

JOCHEN Meinetwege im Säustall! *Ab*

ANNEMARIE Jochen, du Narr! Da läuft er ...

KLÄRCHEN *kommt aus dem Garten* Ich lauf ihm nach!

ANNEMARIE Das geht nit, er is ins Wirtshaus zurück.

KLÄRCHEN Jetzt is mir alles gleich! Ich muß ihn sprechen!

ANNEMARIE Morge is auch noch en Tag!

KLÄRCHEN Dich möcht ich sehn, wenn du bis morge warte sollst!

ANNEMARIE Ich? Auf was sollt ich denn warte?

KLÄRCHEN Sicher nit auf de Heilige Geist!

ANNEMARIE Du frech Oos!

KLÄRCHEN Schimpf nit, oder ich kratz dir die Auge aus!! *Sie küßt sie ungestüm.*

Die Wirtshaustür geht auf.

GUNDERLOCH *tritt heraus, lugt in die Nacht* Heda! Annemarie!

KLÄRCHEN Mein Vater, der darf mich nit sehn!

ANNEMARIE Da, geh hinter die Buchsbäum.

KLÄRCHEN *verschwindet im Garten*

Der Mond geht unter, es wird stockdunkel, nur das Rostrot im Osten nimmt langsam zu. Man hört jetzt die Stimmen, fast ohne die Sprecher zu sehn.

GUNDERLOCH Is da jemand?

ANNEMARIE Suche Sie mich, Herr Gunderloch?

GUNDERLOCH Justament, was machst denn du so allein im Dunkel?

ANNEMARIE Ich weiß nit. Ich denk nach.

GUNDERLOCH Das is ma doch bei dir gar nit gewöhnt! Was denkst du denn?

ANNEMARIE Mein seliger Vater hat da immer so was gesagt ... von der Mainzer Straßebrück ... aber ich glaub, es hat sich auf was anderes bezoge. Ach Herr Gunderloch, das is ja alles nit wahr ...

GUNDERLOCH Was?

ANNEMARIE Ich weiß nit, ich bin nur so erschrocke, wie Sie mich plötzlich gerufe hawwe ...

GUNDERLOCH *kommt näher* Aber Annemarie! Warum erschrickst de denn vor mir? Hab ich dir jemals was getan?

ANNEMARIE Das nit, aber ...

GUNDERLOCH Was für aber? Heraus damit!

ANNEMARIE Sie könnte doch bös sein, weil ich nit in der Stub war.

GUNDERLOCH Ach, in der Miststub! Die feiern Versöhnung da drin, auf mei Koste, nachdem die Veteranen vor mir ausgerisse sin, un komme sich vor wie die geschundene Helde von Gravelott, weil se e paar Beule am Schwelles hawwe. Das sin mir alles kei richtige Mensche. Du hast ganz recht, daß du nit hineingehst. Besoffe sin se auch, un eh du dich verguckst, knutscht dich einer ab.

ANNEMARIE Das würd ich mir gar nit gefalle lasse.

GUNDERLOCH Das könnt ich auch gar nit mitansehn. Das gäb Tote!

ANNEMARIE Wirklich? Ach, is das schön von Ihne ...

GUNDERLOCH Was denn ...

ANNEMARIE Daß es Tote gäb ... ich mein ... daß Sie mich so in Schutz nehme ...

GUNDERLOCH Das is doch selbstverständlich! Das gehört sich doch.

ANNEMARIE Bei Ihne, da kann eim nix passiern.

GUNDERLOCH Das wolle mer hoffe.

ANNEMARIE Da fühlt man sich wohl un geborge.

GUNDERLOCH Ja? Tut ma das?

ANNEMARIE Ich mein ... wenn's emal gefährlich wär ...

GUNDERLOCH *dicht bei ihr* Wenn's gefährlich wär ...

ANNEMARIE *lacht kurz* Es is aber gar nit gefährlich ...

GUNDERLOCH Annemarie ... wenn's aber doch gefährlich wär ...

ANNEMARIE Ich fürcht mich nit ...

GUNDERLOCH Gar nit?

ANNEMARIE Nein ... bei Ihne nit ... doch ... jetzt ... e ganz klei bißje ... e winzig bißje ... weil's doch so stichedunkel is ...

GUNDERLOCH Annemarie, es brennt.

ANNEMARIE Wo denn?

GUNDERLOCH Es brennt, Mädche. Merkste nix?

ANNEMARIE Ja, ... es wird ganz rot am Himmel ...

GUNDERLOCH Ach wo, da schummert's ... aber hier, ganz in unsrer Näh ... grad auf dem Fleck zwischen uns ... da ... siehste nix?!

ANNEMARIE Ich seh's nit – aber jetzt – jetz spür ich's.

GUNDERLOCH Ma kann's noch lösche.

ANNEMARIE Es is aber kei Wasser da!

GUNDERLOCH Weit un breit kein Troppe! Was macht ma denn da?

ANNEMARIE Ei brenne lasse!!

GUNDERLOCH Und tüchtig hineinblase!! So!!! *Er faßt sie an, als wolle er in ein Feuer blasen und küßt sie auf den Mund.*

ANNEMARIE Nein so!!! *Sie macht sich los, bläst ihn an.*

GUNDERLOCH Und so! Und so! Und so!!! *Er küßt sie ab.*

ANNEMARIE *steht atemlos.*

GUNDERLOCH Jetz, jetz is es ausgebroche! Jetz bläst der Wind hinein! Jetz gibt's kei Lösche mehr!! Komm her! Komm!!

ANNEMARIE Wohin denn ... wo denn ...

GUNDERLOCH *packt sie wieder an* Hier, und da und da, und überall, dein Arm, und dein Rücke, dein Rücke, un dein Hals, dein Hals, und da die Brust, un hier die Brust, un da das alles, du schön herrlich Weibstück, das du bist, du Prachtmensch, du Herbstapfel, du Sonnemost, du Obstgeschüttel, du Nußbäumche du!! *Er rüttelt und schüttelt und drückt und preßt und wirbelt sie.*

ANNEMARIE Nicht! Nicht! Ja, ja, ja! Ja, aber bitte, bitte nicht hier, nicht hier!!

GUNDERLOCH Hast du mich lieb, he, sag's, hast du mich lieb, he, sag's, oder ich drück dich tot, hast du mich lieb?

ANNEMARIE Ja, furchtbar, furchtbar, aber nicht hier, furchtbar lieb, aber bitte, bitte nicht hier. Es guckt jemand zu, es ... komm doch, komm fort ...

GUNDERLOCH Keiner guckt zu! Un wenn einer zuguckt, dann soll er sich schäme, daß er zuguckt!! Da komm, ins Gärtche!

ANNEMARIE Nit ins Gärtche! Da is vielleicht jemand!

GUNDERLOCH *dröhnend* Is da jemand? Siehste, da is gar niemand! Der is längst entwische, wenn da jemand war. *Überschäumend* Komm, komm her, da is es warm un grün und dunkel, da hinte, in der Ligusterlaub, da hab ich als Bub die dicke grüne Raupe geholt, da hab ich als junger Mensch oft gesesse, wenn's geblitzt un gedonnert hat, un was ma sonst alles durchmacht, Herrgott, in der Hitz un in der Kält, durch all die viele Jahr, da will ich jetzt mit dir sein, noch einmal, das letztemal, das letztemal unter dene Stern und dene dampfende Weinberg in der letzt Nacht vorm Rauhreif, Annemarie!! Annemarie!! Der Weinberg guckt uns zu, sonst keiner, un der Weinberg is fröhlich drum, der lacht und juchzt un dudelt un kreischt vor Freud!!! *Er lacht laut, roh und zärtlich zugleich, schwingt sie hoch, trägt sie ins Gartendunkel.*

Die Wirtshaustür geht auf.

RINDSFUSS Hallo, Gunderloch! Ich glaub, der is heimgange.

VOGELSBERGER Ich sag ja, der wird alt, der kann nix mehr vertrage.

STENZ Die Hauptsach, daß er die Weinkist dagelasse hat.

EISMAYER Vielleicht schlägt er nur sei Wasser ab.

RINDSFUSS Sie bringe mich auf e gut Idee. *Er kommt heraus.*

STENZ Dat is ene Rückständigkeit bei Ihne, Herr Eismayer, daß ma jedesmal an die Puddeljrub laufe muß. Sie sollten e Bedürfnishäusje baue mit ene bequeme Anmarsch!

EISMAYER Aber wo soll ich's denn hinstelle? Hüwwe is de Schweinestall, un drüwwe verhunzt mer's die Aussicht.

Sie gehen über den Hof.

VOGELSBERGER *geht ins Wirthaus zurück* Ihr mit eure Konfirmandebläsjer! Ich kann die ganz Nacht saufe un muß nit eraus.

EISMAYER Hier um die Eck herum. Gewwe Sie Obacht, daß Sie nit in de Misthaufe falle!

Sie verschwinden hinter der Scheune, von wo langes und anhaltendes Plätschern erschallt.

HAHNESAND *kommt mit Löbche Bär auf den Hof* Herr Bär! Sooft ich mein

Rücke verdreh, drängele Sie sich an Fräulein Stenz heran. Ich bezeichne das als eine Geschmacklosigkeit und als ein Skandal! Gucke Sie mich nit auch noch so rohrspätzig an! Ich bin imstand un ... un ...

LÖBCHE BÄR No?

HAHNESAND ... Un red kei Wort mehr mit Ihne!

LÖBCHE BÄR Das bringe Sie ja gar nit fertig. Da sin Se in drei Tag pleite.

HAHNESAND Sie hawwe kei Gemüt und kei Bildung, merke Sie sich das!!

LÖBCHE BÄR Ihr Sorge möcht ich hawwe!

Beide gehen zurück ins Wirtshaus.

EISMAYER UND DIE WEINHÄNDLER *tauchen wieder auf.*

RINDSFUSS E schöne Nacht. Un so warm wie's noch is!

EISMAYER Es wird schon schummerisch. Mit dem erste Hahneschrei stech ich mei Sau!

STENZ *singt*

»Ist der Herbst noch warm und trocken,
Kann man auch im Freien ... sitzen.«

RINDSFUSS Hat sich ausgesesse für uns alte Knacker.

Alle mit Gelächter ins Wirtshaus ab, aus dem dann in Abständen der ›Hessedarmstädter‹ erschallt.

TEXT »Mir häwwe Beern
Un trinke geern
Un hun aach Beern
Uffs Brot zu schmeern.
Hessedammschdädder saan meer!
Unsern Großherzog, der soll lebe,
Un die Großherzogin auch danebe
Unsern großer-großer-großer Großherzog,
Der soll lebe, lebe, lebe hoch!!«

KLÄRCHEN *taucht am Gartenzaun auf* Fort, nix wie fort. Hier halt ich's nit aus, ... hier brennt's! Hier brennt's, ringsherum, da, wo sie gestande sin, un dort, in der Ligusterlaub, un am Himmel die Wolk, un die Stern, un die Weinberg, un die ganz Nacht ... Herrgott, ich richt was an!! Ich leg Feuer! Ich steck das Dorf in Flamme!! So e Nacht ... Un es kracht un knistert in alle Bäum ... Un ich bin da, un bin allein! un hab die Arm frei, un kann se nit rege ...!! Schreie möcht ich! Laut schreie! Daß alles zusammefällt! Die Weinberg zertrampele wie Maulwurfhügel, die Kelterfässer umschütte, daß alles in Most ersäuft ... Jetzt lauf ich los!! Nix wie los! Los, über die Stoppelfelder, los über die Krautäcker, über die Zäun, über die Hecke weg, bis ich nit mehr kann

... Bis ich mei Stimm nit mehr hör, bis mir die Ohre sause, bis mer das Herz zum Hals herauskommt ... Dann brech ich samme, un wenn ich Glück hab, steh ich nie mehr auf!!! *Sie rennt los, prallt fast auf* ...

JOCHEN, *der mit einem Handkoffer aus der Seitentür des Wirtshauses kommt.*

KLÄRCHEN Platz!

JOCHEN Wer da ... Annemarie?!

KLÄRCHEN Weg da! Ich renn! Ich renn! *Sie läuft fort.*

JOCHEN Wer denn ... Wer is denn das ... Das is ja ...

KLÄRCHEN *schon weit* Ho! Ich renn! Hoho! Ich renn!!

JOCHEN Klärchen!! *Rennt wie wild hinterher.*

GUNDERLOCH UND ANNEMARIE *tauchen am Zaun auf.*

GUNDERLOCH War da nit jemand? Hat da einer gerufe?

ANNEMARIE Ich weiß nit. Ich hab kei Höre un kei Sehe mehr.

GUNDERLOCH Ich seh dei Gesicht. Das hat mit geschiene in der dunkle Ligusterlaub wie en Vollmond überm Wald.

ANNEMARIE Die Nacht trägt uns hin, mir is, ich wär e Stückche Schilf oder e Hölzche im breite Rhein!

GUNDERLOCH Geb mir dei Händ! *Er küßt ihr schnell die Hände.*

ANNEMARIE *zieht sie weg* Nein! Mei schlechte Händ ...

GUNDERLOCH Das hab ich noch niemals getan.

ANNEMARIE Verzeih mir's.

GUNDERLOCH Verzeihe? Ich dank dir's! Ich dank dir's, solang ich leb.

ANNEMARIE Ich hab dich lieb wie niemand auf der Welt.

GUNDERLOCH So soll es sein und bleibe.

Sie verschwinden im Gebüsch.

GESANG *aus der Wirtschaft, im Kanon*

»Himmelherrgottsakrament,
Der Wenzel hot sich uffgehängt.
Hätt er sich nicht uffgehängt,
Da wär er heut noch da.«

KNUZIUS *erscheint in der Seitentür, zieht Babettchen mit sich.*

BABETTCHEN Nicht doch! Herr Knuzius! Was mache Sie denn! Pfui! Was soll ich denn da draus? Bleib doch im Hausgang!

KNUZIUS Die Natur! Mein Kind, die Natur! Die Nachtluft, hupp ... Der gestirnte Himmel! Das ist groß. Das ist ewig! Daran hat man sich jedenfalls zu halten. *Er kneift sie in den Popo.*

BABETTCHEN Obacht! Sie renne in de Misthaufe!

KNUZIUS Was heißt hier Misthaufe, ich liebe dich.

BABETTCHEN Gustav! Ich kann's gar nit glaube!

KNUZIUS Weib! Mach mich nit rasend! Du kennst mich nit in meiner Wut! Ich bin eine brutale Eroberernatur! Ich habe einmal eine Fürstin Pleß entjungfert! Ich lasse mir so was nicht zweimal bieten! Du mußt mir glauben!

BABETTCHEN *skeptisch* Ich will's ja glaube, es ist mir nur wege dem Klärche, du hast dich doch heut abend erst verlobt!

KNUZIUS *plötzlich unter der Wirkung der Nachtluft haltlos betrunken* Das ist mir egal. Das ist mir alles ganz egal. Mir? *Mit blödem Lachen* Mir is überhaupt alles egal. Wo ... wo war denn hier dieser Mi ... Mi ... dieser Mi ... Misthaufen ... dieser elende ...

BABETTCHEN Du trampelst ja drauf herum!

KNUZIUS Auf meiner Ehre! Er trampelt fortgesetzt auf meiner Ehre herum! Da trampelt einer auf meiner Ehre herum! Ich spür's! Ich spür's ganz deutlich!!

BABETTCHEN Gustav! Komm doch zu dir!

KNUZIUS Dieser Gunderloch!! Dieser versaute, verfaulte, verlauste, verluderte Rebstock, an dem nur noch Spinnweb un Spatzedreck hängt!

BABETTCHEN Ich glaub, es regt sich was in de Büsch!

KNUZIUS Regt sich ... regt sich was ... wo regt sich ... regt sich was ... wo ist denn der Mi ... der Misthaufen ... der Regtsichwas ...

BABETTCHEN Jetzt lauf ich in die Stub!

KNUZIUS Bleib, bleib! Du mein einziger Trost! Mein letzter Halt im Unglück!

BABETTCHEN Jetzt flennt er auch noch ...

KNUZIUS Komm näher. Komm näher. Ganz nah. Ich will es dir anvertrauen. Dir ganz allein. Sonst keinem auf dieser Welt.

BABETTCHEN Vielleicht lieber morge früh!

KNUZIUS *mit dumpfer Stimme* Ich bin schwanger.

BABETTCHEN Was!?

KNUZIUS Man hat mich überlistet. Ich kann mir selbst gar nicht mehr vorstellen, wie das passiert ist. Herrgott, mein Gedächtnis. Alles vergessen. Alles weg.

BABETTCHEN Dann wird's auch nicht so schlimm gewese sein!

KNUZIUS Man hat mir einen Schlaftrunk gegeben! Man hat mir mein Jawort abgelistet. Man will meinen alten adligen Namen kaufen. Man will meinen blühenden Nacken ins herbe Joch der Ehe zwängen!!

BABETTCHEN Also Herr Knuzius, ich will nix mehr höre! Ich laß mich von Ihre Sprüch nit eiwickele! So dumm wie's Klärche is nit jedes! Merke Sie sich das!

KNUZIUS Weib! Reiz mich nit! Mach mich nicht zum Urtier! Ich bin ein Mann! Ich habe gewaltige Instinkte! Ich habe einmal eine Fürstin Windischgrätz ... nein Pleß, Fürstin Pleß ...

BABETTCHEN Wenn's Ihne ernst is, gehe Se morge hin un mache Se die Verlobung rückgängig! Dann könne ma weiter redde!

KNUZIUS *greift nach ihr* Ich mach dich kalt, ich will deinen weißen Leib! Du Germanentocher. Du junge Eiche! Du Wunschmaid!!

BABETTCHEN *weicht ihm aus, daß er hinfällt* Das hast du dafür, wenn de mich auch noch beschimpfe willst!

KNUZIUS *wälzt sich auf dem Misthaufen* Setz mir den Fuß auf den Nacken! Gib mich dir hin!!

BABETTCHEN Das könnt Ihne so passe! E arm Mädche erst gebrauche un hinnerher sitzelasse. Auch noch im Suff! So ham mir nit gewett! Das könne Sie mit Ihrer Fürstin Freß mache, mit mir nit!! *Sie läuft fort.*

KNUZIUS *auf dem Misthaufen allein* Pleß, Fürstin Pleß! Pleß und Leinungen, verlängerte Linie. Is ja alles Schwindel. Fürstin Pleß. Die hatte lauter ... lauter so Grafenkronen da unten, in der Wäsche ... is ja alles nicht wahr. Mensch, is ja alles gelogen. Das könnte dir so passe, Mensch: Fürstin Pleß! Das war ein Weib ... Das war ... ja ... alles gelogen ... alles ... Das waren noch Zeiten ... Mensch, is alles Quatsch, alles Quatsch! Hier muß doch irgendwo mal ein Misthaufen gewesen sein. Es riecht so komisch ... Ich habe einmal eine Fürstin Pleß entjungfert ... *Er schläft ein, beginnt zu schnarchen.*

GUNDERLOCH UND ANNEMARIE *am Gartenzaun*

GUNDERLOCH Da liegt das Stückche Elend. Ma sollt's mit der Mistgawwel in die Grub scheppe!

ANNEMARIE Das wär noch zu viel Müh drum. Am beste läßt man liege, wo er liegt.

GUNDERLOCH Das wär auch meine Ansicht von der Sach, wenn ich mich nit so bösartig mit ihm in die Nessel gesetzt hätt. Ei, wo hab ich denn mei Auge gehabt? Dem Kerl hab ich mei Kind versproche?!

ANNEMARIE Nehm's ihm wieder ab.

GUNDERLOCH Das is leicht gesagt. Aber du weißt ja nit ... Du weißt ja noch gar nit, was da passiert is ...

ANNEMARIE Vielleicht weiß ich's besser als du!

GUNDERLOCH Ausgeschlosse! Das kannst du gar nit wisse! Durch mei Dummheit ist es passiert! Ach, ich Narr! Hätt ich nur vorher mit dir drüwwer gesproche!

ANNEMARIE Still ... da hör ich was komme ...

GUNDERLOCH Nix wie Störung un Ärgernis! Wolle die uns denn mit Gewalt die Nacht verderbe? Komm, wir gehn heim ...

ANNEMARIE Ich bitt dich bleib, hier im Gärtche, hinner die Buchsbäum!

GUNDERLOCH Wo uns alleweil einer stört!

ANNEMARIE Laß dich jetzt emal störn ... Vielleicht is was Gutes dabei ... Vielleicht kriegst du da die Antwort auf dei Frage, besser als sie irgendeiner gewwe kann!

GUNDERLOCH Jetz kapier ich kei Wort mehr.

ANNEMARIE Vertraust du mir?

GUNDERLOCH Auf Tod un Lebe!

ANNEMARIE Dann komm rasch hinter die Buchsbäum un schweig zu allem, was du siehst ...

Sie verschwinden.

JOCHEN UND KLÄRCHEN *kommen beide atemlos angerannt.*

JOCHEN Klärchen! Bleib doch emal stehn!!

KLÄRCHEN Halt mich doch fest, wenn du kannst.

JOCHEN Jetzt verstell ich dir de Weg!

KLÄRCHEN Ich schlag en Hacke!

JOCHEN Ich treib dich an de Zaun.

KLÄRCHEN Gepfiffe!! *Sie entweicht ihm durch die Gartenpforte, wirft sie zu.*

JOCHEN Jetzt erst recht! *Springt über den Zaun, faßt sie.*

KLÄRCHEN Loslasse! Ich beiß!

JOCHEN Ich auch!

KLÄRCHEN Ich kratz!

JOCHEN Ich auch!

KLÄRCHEN Ich ... Jochen, ich ...

JOCHEN Ich auch!!

Er küßt sie besinnungslos und lange. Dann lassen sie sich plötzlich los und sehen beide weg.

KLÄRCHEN *macht die Gartenpforte zu, kommt in den Hof.*

JOCHEN *steht am Zaun, guckt unter sich.*

KLÄRCHEN *wartet, schielt ihn an, macht ein paar Schritte weg, wartet, schielt wieder zu ihm, sieht plötzlich sein aufgekrempeltes Hosenbein, das Sacktuch ums Knie, macht einen Schritt zu ihm.*

KLÄRCHEN Ei da is ja Blut!

JOCHEN Ach so e bißje Blut. Das hat nix zu sage.

Pause

KLÄRCHEN Da liegt was. *Sie hebt Jochens Handkoffer auf, den er bei der Verfolgung weggeworfen hat.*

JOCHEN Mei Gepäck.

KLÄRCHEN Was tut denn das hier?

JOCHEN Ich wollt mit dem Frühzug verreise.

KLÄRCHEN Bis zum Frühzug is noch e halb Stund Zeit.

JOCHEN Ja.

KLÄRCHEN Da kann ma noch Kaffe koche.

JOCHEN *plötzlich auf sie los* Klärche! Treib's nit zum Äußerste! Mach mich nit rasend! *Er reißt ihr den Handkoffer weg* Ich bin imstand un könnt dir mit mei'm Gepäck de Schädel spalte!

KLÄRCHEN Jochen! Du Ries! Du Wilder!!

JOCHEN Klärche, versuch nit dein Spott mit mir zu treibe! Versuch's nit! Ich rat dir gut ... ich ... heilig Kreuz von Haxem nochenei!!! *Er rennt auf sie zu mit geschwungenen Fäusten.*

KLÄRCHEN *im Kreis fliehend* Jochen! Tu mir nix! Tu mir was! Schon mich! Mord mich! Laß mich los! Halt mich! Pack mich! Halt mich!

JOCHEN *hat sie erwischt* Klärche! Du Wildkatz! Giftschlang! Du Stechmück! Ich zerquetsch dich! Ich brech dir die Zähn aus!!

KLÄRCHEN Jochen, mach was de willst! Ich lieb dich!!

JOCHEN *hat sie an den Haaren und am Genick* Jetzt lass ich dich nit mehr los! Jetzt will ich alles wisse! Jetzt gesteh! Gesteh, oder dei letzt Glöckche hat gebimmelt! Gesteh, sag ich!!

KLÄRCHEN Jochen, ... ich krieg ja kei Luft ... Jochen, ich lieb dich!!

JOCHEN Gesteh! Der Säukerl, der Knuzius, der hat da was gesagt, wenn das wahr is, Klärche, wenn das wahr is ...

KLÄRCHEN Laß doch mei Gurgel los, ich kann ja nit redde! So! *Sie küßt ihn.*

JOCHEN Nix geküßt! Gestande!!

KLÄRCHEN Jochen! Du Narr! Du lieber geuzter Narr du! Das war doch alles geloge! Das warn doch nix wie Fizzemadende!!

JOCHEN *läßt sie los* Wahrhaftig?

KLÄRCHEN So wahr ich leb!

JOCHEN Du kriegst gar kei Kind?

KLÄRCHEN Ach wo! Von dem Spatzekopp! Ich bin doch nit verrückt! Das warn alles nur Schlich, damit er mich in Ruh läßt ohne Skandal, un daß wir en Weg finde, wie ich ihn los werd! Die Annemarie hat's mir gerate!

JOCHEN Mir fällt en Stein vom Herz!

KLÄRCHEN Mir auch!

JOCHEN Klärche, ich hätt's nit überlebt!

KLÄRCHEN Geh haam!

JOCHEN Grad hatt ich zu mir selber gesagt: En Stein um de Hals, un von der Straßebrück erunner, wo's am tiefste is!

KLÄRCHEN »Immer gelöscht und frisch gelade«, hab ich dich sage höre!

JOCHEN Ach Klärche, was ma red, is alles Blumekohl! Was ma spürt, Klärche! nur was ma spürt!

KLÄRCHEN Gespürt hab ich's immer!

JOCHEN Ich auch! Ich auch!

KLÄRCHEN Un jetzt is es Wahrheit worde!

JOCHEN Ich kann's noch gar nit fasse!

KLÄRCHEN Faß es rasch, es wird schon bald Tag!

JOCHEN *laut jubelnd* Klärche! Mei Herzgeboppeltes! Mei goldig Weinträubche!

Sie umarmen sich.

KNUZIUS *auf dem Misthaufen, schnarcht.*

KLÄRCHEN Da schnarcht einer!

JOCHEN Ach wo, das sin die Säu im Stall!

KLÄRCHEN Und was das andere angeht, mit der Jungfernschaft, da sagt die Annemarie, daß das für die Lieb gar keine Roll kann spielen, und wo man zum erstenmal ganz glücklich ist, da wär denn auch die erste wahre Jungfernschaft!

JOCHEN Da muß mei Schwester recht hawwe. Wenn ma's bedenkt, ... ich bin ja schließlich auch kei Jungfrau mehr, un steh doch vor dir, Klärche, als wär's zum erstemal!

KLÄRCHEN Zum erstemal!

JOCHEN Zum erstemal ... komm Klärche! In de Garte! In die Ligusterlaub!

KLÄRCHEN Ja, in die Ligusterlaub! Jetzt ist sie leer!

JOCHEN Natürlich ist sie leer! Wer soll denn da drin sein? Da kommt niemand hinein, als die, wo sich zum erstemal richtig un wahrhaftig liebhawwe! Komm!

KLÄRCHEN Komm!!

Er schwingt sie hoch und trägt sie ins Gartendunkel.

Der Himmel wird immer heller, die Umrisse der Weinberge beginnen sich scharf abzuheben, der Wind kommt frisch vom Fluß, kühler Tau fällt. Im Hof und im Garten herrscht noch tiefe Dämmerung.

HAHNESAND UND FRÄULEIN STENZ *kommen heraus.*

HAHNESAND Deshalb braucht ma doch nit gleich zu flenne!

FRÄULEIN STENZ Achott, achott ...

HAHNESAND Was Ihne der Bär erzählt, is all geloge! Ich hab gar kei Braut in Weisenau! Ich bin noch frei! Ich mein's ehrlich!

FRÄULEIN STENZ Achott, achott!

HAHNESAND Julia! Weine nicht!

FRÄULEIN STENZ Ach, es ist alles so erschütternd! Mein Herz! mein Busen!

HAHNESAND Mei lang Lebe: Ich liebe dich!

FRÄULEIN STENZ Jakob!

KNUZIUS *auf dem Misthaufen, rülpst im Schlaf und stöhnt.*

FRÄULEIN STENZ O weh! Gespenster! Mörder!

HAHNESAND Das warn die Ochse in ihrm Käfig, sonst nix.

FRÄULEIN STENZ Huhu! Ich fürcht mich! Ich zittere!

HAHNESAND Komm her! Ich deck dich mit meim Leib!

FRÄULEIN STENZ Schütze mich!

HAHNESAND Da, die Scheuertür is auf, schlupp enei, da sin ma sicher!

FRÄULEIN STENZ Ach nein, ach wie schrecklich, wie maßlos! Ich vergehe!

HAHNESAND Drin, in der Scheuer, im Stroh!

FRÄULEIN STENZ Sag, aus Liebe! Nur aus Liebe! Sag's!

HAHNESAND Aus Liebe, aber schnell!

FRÄULEIN STENZ O Jakob, Jakob ...

Beide ab in die Scheuer.

Ein Hahn kräht.

EISMAYER *erscheint auf dem Hof* Holla! Knecht, Mägd! Aufgestande! In die Scheuer! An die Arbeit! Bringt die Blutschüssel mit un macht heiß Wasser fertig! Alleh hopp! Depeschiert euch!

Fenster gehen auf, Lichter an, man hört lautes Gähnen, Schimpfen, Brummen, während des Folgenden schlurfen Knechte und Mägde über den Hof, noch verschlafen, ungewaschen, gehen mit Geräten in die Scheuer.

KURRLE *in Amtsuniform, erscheint hinter dem Haus, kommt auf den Hof* Gute Morge, Eismayer.

EISMAYER Ei, so früh schon aufgestande! *Er ruft* Babett! Laß die Hinkel heraus! Schließ die Gartepfort zu, daß se mir nit die Beet verscharre!

BABETTCHEN *erscheint, schließt die Gartentür, sieht Knuzius auf dem Misthaufen liegen, geht schnell hin, versucht, ihn zu wecken, er dreht sich auf die andere Seite.*

KURRLE Ihre Gäste sind wohl noch auf?

EISMAYER Ja, die könne nit genug kriege. Babett, was machst de denn am Misthaufe? Los, in die Scheuer!

BABETTCHEN *geht ab in die Scheuer.*

EISMAYER Ich laß eweil alles vorbereite, wenn die Sonn aufgeht, steche ma.

GESANG DER MÄGDE *aus der Scheuer, langgezogen und müde*

»Warum weinst du, schöne Gärtnersfrau,
Weinst du um der Veilchen dunkles Blau
Oder um die Rosen, die man bricht,
O nein, o nein, all darum wein ich nicht.«

KURRLE Die Herrschaften wollen wohl mit dem Frühzug wegfahren. Die Versteigerung ist auf sechs Uhr angesetzt. Vorher will ich sie noch vernehmen.

EISMAYER Vernehmen?

KURRLE Die Veteranen haben eine Klage eingebracht, auf Körperverletzung und Beleidigung. Ich denke damit läßt sich was machen.

EISMAYER Glaube Se nur nit, Sie könnte dene was abzappe! Die sin so dürr in ihrm Geiz wie en zehnjährige Geißbock. Ehnder gibt Ihne mei Sau e Trinkgeld, als einer von dene Krüppel.

KURRLE Wer spricht hier von Trinkgeld. Bitte recht sehr. Sind sie denn wenigstens guter Laune?

EISMAYER Schicker sin se, aber grüppig, als wenn se Essig gesoffe hätte.

KURRLE Dann muß ich wohl die Kandare ziemlich straff ziehn.

EISMAYER Das könnt nix schade. Wisse Sie was? Es gibt heutzutag kei noble Leut mehr. Als Gastwirt merkt ma's.

KURRLE Das sind die traurigen Folgen der Revolution.

EISMAYER Das ist alles, weil die uns den Dolch in de Rücke gebohrt hawwe. Darunter leide mir heut auch in der Viehzucht. Aber ma sagt ja, es soll bald wieder anders werde?

KURRLE Ja, es geht manches vor, was mancher nicht ahnt.

EISMAYER Im große ganze is mir's ja egal. Ich mein nur, es geht nit so weiter.

KURRLE Volksgesundheit, mein lieber Eismayer, Volksgesundheit. Daran fehlt's.

EISMAYER Möglich, mache Sie de Fleischbeschau selber?

KURRLE Gleich nach der Versteigerung.

EISMAYER Ich denk, mir halte's wie immer. Die Lewwerwürscht un de Blutmage schick ich gleich Ihrer Frau enüwwer.

KURRLE Alles in Ordnung! Steche Se gut.

EISMAYER Danke! Die Sau, wo ich stech, braucht kein Veterinär mehr! *Sie schütteln sich die Hände. Gejohl aus der Scheuer. Gleich darauf stürzen Fräulein Stenz, weinend, und Hahnesand, schimpfend, heraus. Babettchen und die Mägde johlend hinter ihnen her.*

BABETTCHEN Wenn ihr euch schon im Stroh versteckt, müßt ihr e bißje tiefer krawwele, daß die Stiffel nit erausgucke!

FRÄULEIN STENZ *läuft heulend ins Haus.*

HAHNESAND Was wollt ihr denn? Es is ja gar nix passiert! Halt euer boshafte Schnäwwel! E anständig Mädche beleidige, das is kei Lebensart! Ihr Dreckbauern!

KURRLE Herr, mäßigen Sie sich! Wenn Sie das sittliche Empfinden unserer unverdorbenen Bevölkerung verletzen, haben Sie sich die Folgen selbst zuzuschreiben!

EISMAYER Es gibt kei Kavalier mehr heutzutag! Hätte Sie mir was gesagt un mit de Auge geblinkert, wie sich's gehört, da hätt ich Ihne e verschwiegene Stub gewwe.

HAHNESAND Ich hab gedacht, ich wär in eme anständige Hotel, ich hab nit gewußt, daß ich in eme Absteigequartier bin.

EISMAYER Werde Se auch noch frech? Ich verklag Sie wege öffentliche Unzucht.

HAHNESAND Das könne Sie gar nit! Ich hab ehrliche Absichte! Fräulein Stenz is e anständig Mädche!

KURRLE Desto verurteilenswerter Ihr Fehltritt. Seien Se froh, wenn wir den Vater nicht benachrichtigen!

EISMAYER *zu den Mägden* Los! Glotzt nit! Habt ihr noch nie en blamierte Judd gesehe? An die Arbeit!

DIE MÄGDE *lachend ab, gleich darauf hört man aus der Scheuer singen*

»Ich hab noch nie en Judd geküßt,
Aber du, aber du, aber du!
Ich hab noch nie ins Gras gep...
Aber du, aber du, aber du!
Ju Ja Judd geküßt un Gras gep...
Un Doktor gemüßt,
Ju Ja Judd geküßt un hinne fertig,
Vorne fertig, fort!«

HAHNESAND Wir wolle über de Vorgang schweige, ich zeig mich erkenntlich.

EISMAYER Da werde ma auch kei reiche Leut davon werde. *Ab in die Scheuer*

KURRLE *sachlich* Hier die Liste der Beamtennothilfe.

HAHNESAND Gebe Se her. *Er zeichnet was ein. Mit saurem Gesicht* Das Doppelte extra für Sie.

KURRLE Rechnen Sie auf meine Diskretion, Herr Direktor.

HAHNESAND Das kann eim doch emal passiere! Da geht ma doch stillschweigend drüwwer weg! Die Leut hierzuland hawwe gar kei Schamhaftigkeit!

KURRLE Wie man sich bettet, so liegt man.

Sie gehen ins Wirtshaus.

Der Hahn kräht näher, es ist recht hell geworden, man sieht Knuzius in unruhigem Schlaf auf dem Misthaufen liegen, um ihn her summen schon die Fliegen, jetzt kommen die ersten Sonnenstrahlen übers Dach, treffen die Wipfel der Obstbäume, die Lauben und die Weinberge, die in leichtem rötlichem Dampf stehn. Aus der Ligusterlaube kommen Jochen und Klärchen, aus den Buchsbaumhecken kommen Gunderloch und Annemarie.Beide Paare bemerken einander zunächst nicht.

GUNDERLOCH Wie die Weinberg dampfe! Die Sonn holt nochemal was heraus!

ANNEMARIE Gesegnet Jahr! Da fliege noch Biene, un die Obstbäum hänge so voll, als ob's gar kei End nehme wollt.

JOCHEN Heut steigt's aus der Erd wie Knospedunst. Der reine Frühlingsherbst!

KLÄRCHEN Ma könnt glaube, der Liguster blüht nochemal, so strotze die Spätknospe!

GUNDERLOCH Gesegnet Jahr! Was da wächst, hat Bestand!

JOCHEN Die Heck schwarz von Brombeern! Das Jahr hat's in sich!

ANNEMARIE Jetzt wächst uns alles zum Glück!

KLÄRCHEN Jetzt kann uns nix mehr trenne!

Sie bemerken sich gegenseitig, kurze Pause, dann ruft ...

GUNDERLOCH Recht gute Morge wünsch ich!

JOCHEN Besser könnt er nit sein!

KLÄRCHEN Ich hab mir gedacht, daß ihr noch in der Näh steckt!

ANNEMARIE Un hast gar kei Angst gehabt!

KLÄRCHEN Angst? Vor euch? *Sie lacht.*

GUNDERLOCH Du übermütig Wiesewachtel! Geb nur acht, gleich komm ich dir!

KLÄRCHEN Da komm ich ehnder zu dir!! *Sie läuft zu ihm* Vater!

ANNEMARIE Jochen!!! *Sie läuft zu ihm.*

KLÄRCHEN *bei Gunderloch, ihn küssend* Jetzt heißt's: Respekt vor mir, denn wenn du die Annemarie heiraten darfst un ich de Jochen, da bin ich nit mehr dei Tochter, sondern dei Schwägerin!

ANNEMARIE *bei Jochen, ihn umarmend* Du Rheinbandit! Du warst immer e halb Kind von mir! Aber wenn du jetzt das Klärche heiratst, da wirst du mein leibhaftige Schwiegersohn!

GUNDERLOCH Da wird ja mei eige Enkelkind de Neffe von meiner Frau!

KLÄRCHEN Un wenn du noch e Kind kriegst, das wird de Neffe von seiner Schwester!

JOCHEN Un mein Sohn wird emal de Enkel von seiner Tante un sein eigener Cousin.

GUNDERLOCH Mir tun ja grad, als ob die Familie schon perfekt wär!

KLÄRCHEN Annemarie komm her! Sin mir perfekt oder nit?

ANNEMARIE Mir war'ns schon immer!

Sie umarmen sich.

GUNDERLOCH *zu Jochen* Na, da bleibt uns auch nix mehr anders übrig ...

JOCHEN Ich werd's Ihne danke, solang ich leb!

GUNDERLOCH Als du zu enanner zu sage.

JOCHEN Hand aufs Herz.

GUNDERLOCH Du hast mir gleich gefalle!

JOCHEN Du mir auch!

GUNDERLOCH So soll's bleibe!

JOCHEN Das is e Männerwort!

Sie schütteln sich die Hände.

GUNDERLOCH Un was wird jetzt aus meiner Versteigerung? Un was wird aus der Mitgift, wo ich da bleib!?

KLÄRCHEN Ach Vater, mach was de willst! Was dir un der Annemarie gehört, das brauch ich nit zu versorge.

JOCHEN Ich hab mei Schiff, da bin ich selbstständig, da hab ich mei Häusje druff, da kann ich e Frau drin unterhalte!

GUNDERLOCH Bist du's zufriede, Klärche?

KLÄRCHEN In eme Schlepphäusje aufm Rhein fahre, das hab ich mir immer gewünscht!

GUNDERLOCH Das muß im Blut liege, mich hat's auch immer zum Rhein un zu de Schiffer hingezoge.

ANNEMARIE Ja, zu de Schiffermädcher!

GUNDERLOCH Das macht kein Unterschied.

JOCHEN Mitgift, Erbschaft und Familiengut, das hat sich überlebt, das brauche wir heut nit mehr! Mir komme von unne ruff un schaffe's uns selber!

GUNDERLOCH Aber was en Weinberg is, das kann ma sich nit schaffe, das is viele hundert Jahr alt, das muß einer mitkriege wie sei Lung – und sei Leber!

JOCHEN Vielleicht kriegst du noch en männliche Erbe, der hat's dann!

GUNDERLOCH So Gott will, wird's.

Die Sonne ist jetzt voll aufgegangen.

KLÄRCHEN Un wenn wir auf Durchfahrt sin mit unserm Schiff, da besuche ma euch und gucke, wie die Traube stehn.

ANNEMARIE Dann nehmt ihr de Bottich auf de Buckel un helft e bißje.

JOCHEN Wie gestern abend!

KLÄRCHEN Wie gestern abend! Ja!!! Wolle Sie mal versuche, Herr Most?

JOCHEN E süß Träubche! Gleich ins Maul!!

Sie umarmen sich lachend.

GUNDERLOCH Un in der Ligusterlaub, da setze mir dann e Böwlche an, un dann feiern wir alle vier Jubiläum!

KLÄRCHEN Wenn wir wiederkomme! Im Frühjahr!

ANNEMARIE Wenn die Obstblüt aufbricht!

GUNDERLOCH Un wenn ma die Rebstöck spritze.

JOCHEN Un wenn mirs erste Tanneholz nach Holland schwemme!

KLÄRCHEN Un wenn die Erd so dampft wie heut!

ANNEMARIE Un die Spatze so kreische!

GUNDERLOCH Herrgott, die gehn mir in mei Traube!

ANNEMARIE Laß se heut! Die solle auch was Süßes hawwe!

GUNDERLOCH Meintwege! Heut soll auch der Spatz fröhlich sein! Heut soll jeder sei Fest hawwe!

KLÄRCHEN Der auch?!

Sie deutet über den Zaun auf Knuzius, der auf dem Misthaufen gerade wach wird und verständlos in die Sonne glotzt.

ALLE VIER *sehen Knuzius an und beginnen ungeheuer zu lachen.*

KNUZIUS *erhebt sich langsam. Er ist voll Mist und Stroh und schrecklich deformiert* Was denn ... Was ist denn los ...

ALLE VIER *lachen noch lauter.*

KNUZIUS *völlig verwirrt, versucht mitzulachen, dann verliert er die Contenance, kann sich kaum auf den Beinen halten, schnappt nach Luft, starrt hilflos vor sich hin.*

GUNDERLOCH Gute Morge, Herr Knuzius. Hawwe Se gut geschlafe?

KNUZIUS Geschlafe? Ich schlaf doch nie! Ich wollt nur grad emal ...

KLÄRCHEN *mit ausdrücklicher Grausamkeit* Sie wollte sich gewiß emal nach Ihrer neu Braut umgucke, Herr Knuzius!

KNUZIUS *grübelnd* Das kann alles nicht stimmen. Das ist alles ganz falsch. Entschuldigen Se mich bitte einen Moment ... *Er will sich dünnmachen.*

ANNEMARIE Ihr Braut is beim Säusteche. Die dürfe Sie jetzt nit störe!

KNUZIUS, *dem langsam ein Licht aufgeht* Was sind das alles für Redensarten!

Plötzlich schreiend Ich verlange, daß man mich ernstnimmt!!

Erneutes Gelächter

GUNDERLOCH Beruhigen Sie sich. Sie werde ernstgenomme! Ernster als Ihne lieb sei wird! Jed Wort, das Sie heut nacht gesagt hawwe, nehm ich ernst!

KNUZIUS Nacht? Pardon, was für Nacht? Ach so, gestern, gestern war eine Nacht ... aber ich weiß gar nicht, ich red doch kaum, was soll ich denn gesagt haben, im großen ganzen bin ich eine recht verschlossene Natur.

GUNDERLOCH Wie Sie das letztemal offe ware, is erauskomme, daß ich en verfaulte, verlauste Rebstock wär, un daß mei Tochter Ihne die Ehe abliste wollt!

KNUZIUS Das soll ich gesagt haben? Aber das war doch alles nur Scherz! Ich meine, wenn ich das gesagt haben sollte!! Ich gebe zu, ein gewagter Scherz, ein allzufreier Scherz! Aber bedenken Sie doch: Weinlaune! Übersprudelndes Temperament! Ich nehme alles zurück! Ich habe es ja gar nicht gesagt! Alles, was ich gestern gesagt habe, nehme ich zurück!

KLÄRCHEN Gut, ich nehme auch alles zurück! Was ich Ihne gestern gesagt hab, war auch nur Scherz! Da sin mir quitt un fertig un hawwe uns nix mehr vorzuwerfe.

KNUZIUS *setzt sich auf den Misthaufen* Meine Nerven! Meine armen zerrütteten Nerven! Wissen Sie denn nicht, was ein geistiger Arbeiter ist? Nehmen Sie doch Rücksicht! Das sind doch alles nur Witze! *Er glotzt mit offenem Mund die vier im Garten an, die ihn schonungslos auslachen und auch noch mit Fallobst bewerfen.*

In diesem Augenblick kommt ...

STUDIENASSESSOR BRUCHMÜLLER *mit einem riesigen Photographenapparat gerannt, will zur Scheuer.*

GUNDERLOCH Heda! Halt! Herr Assessor! Wohin mit Ihrm Sparregugges?

BRUCHMÜLLER *heftig zungenstoßend* Zum Säustechen! Ich hab dem Eismayer versprochen, daß ich seine Sau vorm Sterbe für die landwirtschaftliche Kreiszeitung knipsen würde!

GUNDERLOCH Die Sau wird noch en Augeblick Zeit hawwe! Hier könne Se was Besseres knipse!

BRUCHMÜLLER *richtet seinen Apparat auf Knuzius* Gewiß den neugebackenen Herrn Schwiegersohn?

KNUZIUS *hält sich die Hände vors Gesicht* Weg!! Ich bin nicht rasiert!

GUNDERLOCH Nein, den stecke mir uns lebendig ins Medaillon oder übers Bett! Hier, wo wir stehn, da richte Se emal die Lins hin, da könne Sie fürs landwirtschaftliche Kreisblatt e sensationelle Doppelhochzeit verewige!

BRUCHMÜLLER Guter Witz! Famoser Witz!!

GUNDERLOCH Witz oder Ernst, das is unser Sach! Jetzt knipse Sie!

BRUCHMÜLLER Wollen Sie nicht vor den Zaun treten?

GUNDERLOCH Das könne wir nicht! Der is zugesperrt, damit uns die Hinkel nit wegscharre! Knipse Sie uns ruhig hinterm Zaun und denke Se, Sie wärn im Zoologische Garte. E Stückelche Vieh stickt doch in jedem von uns drein!

BRUCHMÜLLER Aber bitte die Köpfe recht hoch, daß die besseren Gesichtspartien nicht hinter den Stacheldraht kommen! Bitte Herr Most, das rechte Ohr etwas tiefer! Die Hand aus der Tasche! Die Knie durchdrücken. Fräulein Gunderloch, bitte den kleinen Finger spreizen. So. Herr Gunderloch, vielleicht den Adamsapfel ein bißchen zurück.

GUNDERLOCH Zum Donnerwetter, knipse Sie, sonst hüpp ich über de Zaun un geb Ihne Adamsapfel!

BRUCHMÜLLER Gewiß doch, gewiß doch!

Er knipst. Im selben Moment ein furchtbarer quietschender Schrei, der allen in die Knochen fährt.

GUNDERLOCH Das war die Sau.

BRUCHMÜLLER Zu spät! Da komm ich ja zu spät!

KLÄRCHEN E herrlich Andenke, das wir da hawwe!

ANNEMARIE Wenn's nur nit verwackelt is!

GUNDERLOCH Die Sau is unverewigt in de Himmel der Säue gefahre.

JOCHEN Daß uns de Eismayer auch grad in die Photographie steche muß!

Fast gleichzeitig geht die Wirtshaustür auf, herauskommen: Rindsfuß, Vogelsberger, Stenz, Frau Rindsfuß, Fräulein Stenz, Hahnesand, Löbche Bär, Kurrle, der alte Raunz.

GUNDERLOCH All herbei, meine Herrschaften! Trete Sie näher, gucke Se sich die wilde Tiere an hinter ihrm Gitter! Necken und füttern is verbote, aber beiße tun ma nit!

KURRLE Soll die Versteigerung denn im Garte stattfinden?

FRAU RINDSFUSS Originell! hochoriginell!

VOGELSBERGER Da zieht's ja, was ihr für Ideen habt!

STENZ Da kriege wa kalte Füß un heiße Köpp!

RINDSFUSS Meintwege im Garte da sin mir gleich im Freie, wenn's uns wege de Preis schlecht wird.

LÖBCHE BÄR *mißtrauisch musternd* Das sieht mir hier gar nit nach Versteigerung aus.

GUNDERLOCH Herr Bär, Sie hawwe's erfaßt! Sie hawwe de richtige Menscheblick!

VOGELSBERGER Was wolle Sie denn damit sage?

GUNDERLOCH Das solle Sie höre: nix wird versteigert, nix wird verkauft, behalte wird alles, un wenn mir noch lang lebe, wird's verdoppelt!

VOGELSBERGER Da hört doch alles auf! Un dafür hawwe Sie uns extra herfahre lasse?

RINDSFUSS Halte Sie uns für Lumpensammler? Glaube Sie, mir hätte unser Zeit gestohle! Hawwe Sie uns einfach geuzt?

GUNDERLOCH Geuzt hatt ich mich selber! Aber es is noch emal gut abgange! Beinah hätt ich mir en böse Streich gespielt un meiner Tochter dazu! Merkt's euch, ihr Leut, da habt ihr was fürs Lebe! Bild sich keiner ein, er könnt die herrgottsgeschaffe Natur kommandiere! Bedingunge läßt sich die nit stelle, un ausrechne kann ma's auch nit, aber eins muß ma könne: Das Gras wachse höre, un wär's in der Weinherbstnacht! Das hab ich auf mei alte Tag noch gelernt un bin jung drüber worde.

STENZ Ne jute Spruch, verstande han ich nix!

GUNDERLOCH Un damit ihr nit das Gefühl habt, ihr wärt umsonst herkomme, so denkt euch, ihr wärt als meine liebe Gäste auf meine Hochzeit komme, zu der ich mich heut noch aufbiete laß, un auf die Hochzeit von meim Klärche mit dem Schiffer Most, das alles wolle wir heut noch gründlich feiern, dazu lad ich euch hiermit ein!

LÖBCHE BÄR Bravo! Ich hätt doch nix kaufe könne!

FRAU RINDSFUSS Wir gratulieren! Wir bringen Glück und Segen!

RINDSFUSS Aber kei Hochzeitsgeschenke.

HAHNESAND Es geht doch in eim hin. *Er stürzt sich auf Stenz* Herr Stenz, ich krieg im nächste Jahr Prokura! Ich hab ehrliche Absichte!

KURRLE Wacker, wacker!

STENZ Ich hab mei Töchterche nach den Prinzipien der Humanität erzoge. Wenn Sie Prokura kriege, hat sie freie Wahl. Die Konfession brauche Se nich zu wechsele.

HAHNESAND Abgemacht!

FRAU RINDSFUSS Julia!

FRÄULEIN STENZ *sinkt ihr in die Arme.*

VOGELSBERGER Der Stenz hat wenigstens was gesteigert!

GUNDERLOCH So is recht! All müsse sie sich kriege am Schluß, sonst is das Stück nit gut!

Die Scheuertür geht auf, Eismayer, Babettchen, Knechte und Mägde kommen heraus.

EISMAYER Die Sau hat e ganz Tonn Blut gewwe! Mir kriege e prima Metzelsupp!

GUNDERLOCH Sperr die Gartepfort auf, Eismayer, ich kauf dei Sau komplett un stift se zur Hochzeit!

EISMAYER Zu was für e Hochzeit denn?

GUNDERLOCH Unter anderem zu der von deiner Tochter mit meim verflossene Schwiegersohn. Da hinne steht er un kann's gar nit abwarte!

KNUZIUS *hat sich erholt und in Positur gesetzt* Ich bin hier das Opfer einer Camorra geworden. Aber der Finger Gottes hat es mir zum Besten gelenkt. Von Ihne, Herr Gunderloch, hab ich nie viel Gutes gehalten. Sie, Fräulein Gunderloch, sollten sich an der Charakterstärke des Fräulein Eismayer ein Beispiel nehmen, die sie mir im Gegensatz zur leichtfertigen Moral gewisser anderer hier anwesender weiblicher Personen aufs kräftigste bewiesen hat! Indem ich ohne Ansicht von Stand, Rang und Name um ihre Hand anhalte, gedenke ich nicht nur die Erfüllung persönlicher Wünsche, sondern auch die Gesundung unseres Volkes im Hinblick auf seine Tugend, Wehrhaftigkeit, Sauberkeit, Pflichttreue und Rassenreinheit zu erstreben!!

GUNDERLOCH Bravo!! *Er kommt klatschend nach vorne.*

ALLE *klatschen und umringen Knuzius lachend.*

EISMAYER Babettche, willsten?

BABETTCHEN Ja, aber saufe darf er mir nit mehr! Im nüchternen Zustand is er ja schön un gescheit!

KNUZIUS So wollen wir denn diese Stätte verlassen, mit dem erhebenden Bewußtsein, daß es noch Ideale in unserm Land gibt, noch innere Schätze, Ehre und Gewissen, Reinheit und edle Sitte!

GUNDERLOCH Un Gottseidank noch Weinberg, Stückfässer und Misthaufe!

RINDSFUSS Das is e Wort! Gunderloch, ich gratuliere Ihne!

ALLE Ich auch! Ich auch!

Allgemeines großes Drängen und Händeschütteln.

Mitten hinein ertönt der Veteranenmarsch wie im ersten Akt

»Ach was hätte ma Heidelbeern,
Wenn se nit so teuer wärn
Un so schrecklich klaa, klaa, klaa!«

GUNDERLOCH Da komme die Rechte! Als wenn se's geroche hätte!

KURRLE Sie waren zum Termin vorgeladen wegen der Schlägerei.

DIE VETERANEN *ziehen auf.*

CHINAJOCKEL Es hat sich heimlich herumgesproche, daß in der Familie

Gunderloch ein freudiges Ereignis diskreter Art eingetrete sei, un da wolle wir nit verfehle, öffentlich unser Glückwünsch dazu auszuspreche.

GUNDERLOCH Ich danke euch! Es is zwar nit das, was ihr meint, un diskret is es auch nit, aber e freudig Ereignis is es auf alle Fäll!

CHINAJOCKEL In diesem Sinn gedenke wir auch unser Klag wege der uns angetane körperliche un gemütliche Unbilde zurückzuziehe, wärn aber nit abgeneigt, uns zu einem allgemeine Versöhnungstrunk bereit finde zu lasse.

GUNDERLOCH Denn sollt ihr hawwe! Ich laß das große Jubiläumsfaß öffne, un dann wolle ma sehe, wer am beste schwimme gelernt hat! Hier im Garte, am Fuße von meine Weinberg, wolle wir trinke un esse, soviel wie jeder kann!

LÖBCHE BÄR *ist ganz vorne an die Rampe gekommen und beginnt halblaut zu singen*

»Heut gehn ma aber garnitmehr, garnitmehr,
Garnitmehr,
Heut gehn ma aber garnitmehr, garnitmehr
Haam.«

Einer nach dem anderen fällt ein.

»Bis de Vater falsche Backezähn schluckt,
Un der Mutter in de Kochtopf spuckt,
Heut gehn ma aber garnitmehr, garnitmehr
Haam.«

Manche beginnen zu tanzen, dann alle, immer lauter wird der Gesang teils ins Publikum, teils zueinander gewandt.

»Heut gehn ma aber garnitmehr,
Heut gehn ma aber garnitmehr,
Heut gehn ma aber garnitmehr, garnitmehr,
Garnitmehr,
Heut gehn ma aber garnitmehr, garnitmehr
Haam!«

SCHINDERHANNES

Schauspiel in vier Akten

Dem Gedenken an Julius Elias

Das war ein wunderlich Krieg,
da Tod und Leben rungen
das Leben behielt den Sieg,
es hat den Tod verschlungen.
Die Schrift hat verkundet das
wie ein Tod den andren fraß,
ein Spott aus dem Tod ist worden!

AUS LUTHERS OSTERLIED

PERSONEN

Johann Bückler, genannt Schinderhannes
Julchen Blasius, Tochter eines Bänkelsängers
Ihre Kameraden
Ihre Zeitgenossen

Das Stück spielt am Mittelrhein, im Hunsrück und in der Festung Mainz, zur Zeit Napoleons. Das linke Rheinufer steht unter französischer Herrschaft, auf dem rechten Rheinufer wird eine deutsche Gegenarmee gesammelt. Das Historische soll in Kostüm und Masken ebensowenig betont werden, wie es in der Sprache des Stückes und seiner Gestalten der Fall ist. Die meisten kleineren Rollen können wechselnd mit den gleichen Schauspielern besetzt werden.

ERSTER AKT

Wirtschaft ›Grüner Baum‹ an der Nahe. Frühlingsabend. Gäste hocken da und dort an den Holztischen herum, ein paar Fremde, ein paar Fuhrleute in Mantel und Hut, sonst Einheimische beim Schoppenwein, Gutspächter, Kaufleute, Handwerksmeister, Bauern, Achatschleifer, Metallarbeiter, scharf getrennt in ›bessere Leute‹ und ›Gewöhnliche‹. In der Ecke Johann Bückler und Hans Bast Benedum, in einfacher Kleidung wie reisende Warenkrämer. Sie trinken aus großen Gläsern und essen kräftig zu Abend: Schweinerippchen mit Kraut und braungebackenen Paarwecken. – Auf dem erhöhten Schänkboden steht Blasius Trommelvater, ein fahrender Bänkelsänger und Kirmesmusikant, er macht auf mehreren Instrumenten gleichzeitig eine rasselnde Musik. Handharmonika, Fußpauke, Dudelsack, Schellenspiel auf dem Rücken setzt er zur Einleitung und zum Nachspiel des Schauerliedes in Bewegung. Rechts und links von ihm stehen seine beiden Töchter, Julchen und Margaret Blasius. Margaret spielt die Melodie auf einer dünn wimmernden Geige, Julchen singt das

LIED VOM SCHINDERHANNES

JULCHEN »Im Schneppenbacher Forste,
Da geht der Teufel rumdibum,
De Hals voll schwarzer Borste,
Und bringt die arme Kaufleut um!
Das ist der Schinderhannes,
Der Lumpenhund, der Galgenstrick,
Der Schrecken jedes Mannes,
Und auch der Weiberstück!
Im Soonewald, im Soonewald
Steht manche dunkle Tann,
Darunter liegt begraben bald
Ein braver Wandersmann.
Im Schneppenbacher Forste,
Da geht der Teufel rumdibum,
Die Ank voll schwarzer Borste,
Und legt die junge Weibsleut um!«

Die Musik wird still.

BÜCKLER Bravo! Herr Wirt, en Schoppe für die Musik. So e Lied hört ma nit alle Tag. Da läuft's eim ja kalt über de Buckel!

WIRT Du bist auch lang nit mehr hier gewese, daß du das Lied nit kennst.

BÜCKLER Christi Himmelfahrt werde's drei Jahr. Ich hab alleweil rechtsrheinisch gehandelt und drunte, im Blaue Ländche.

EIN KAUFMANN Wer ist der Mann?

WIRTIN Jakob Ofenloch schreibt er sich, ein Krämer. Mit was er handelt, mußt du'n selbst frage.

BÜCKLER Mit allem, was rar und teuer is – Zunder, Schwamm, Feuerstein, Gäul, Sättel, Stiefelwichs un gute Sprüch! Brauche Sie was?

KAUFMANN E paar gute Sprüch, wenn se nix koste. Die kann eim doch der Schinderhannes nit gleich am nächste Straßekreuz wieder abnehme!

BÜCKLER Ihr mit euerm Schinderhannes! Man hört euch ja von nix mehr anders redde! *Er lacht.*

GUTSPÄCHTER Lach nit, Krämer, wenn du's nit verstehst. Mir wisse Bescheid, un bis du im nächste Flecke bist, weißt du's vielleicht noch besser!

BÜCKLER Da bin ich emal gespannt!

KAUFMANN Pack lieber dei Sach samme un mach wieder ins Rechtsrheinische nüwwer!

BÜCKLER Das könnt dir so passe, daß du die Konkurrenz los wärst!

EIN REISENDER Ei, lese Sie denn kei Zeitung? Wisse Sie nit, daß hierzuland kein Bettler unbeschädigt über die Landstraß kommt, wenn er sich nit mit dene Hundsbandite abgabemäßig konvetteriert?

EIN FUHRMANN Hört emal dem sei Nassauer Gosch! Von unsere einheimische Bandite hat noch keiner einer nie nit en Bettler oder arme Mann belästigt– nur Kaufleut, Offiziersbagage un reiche Judde.

GUTSPÄCHTER Freilich! Wo nix is, kann der Dieb nix stehle!

REISENDER Wenn ma gleich hinterrücks dementiert wird, is kei Wunder, daß die fremde Leut nix glaube.

BÜCKLER Ich glaub überhaupt nix, was ich nit seh!

GUTSPÄCHTER So? Da gucke Sie sich emal unsern hiesige Gerbermeister an! Da hinne sitzt er un hat angelaufene Brillegläser vor Gall!

GERBERMEISTER, *ein alter, kurzsichtiger Dürrhals mit weinerlicher Stimme* Spott und böse Mäuler noch owwedrei! Ihr schadefroh Gesindel, ihr dreckiges!

GUTSPÄCHTER Die letzt Nacht hat er hohe Besuch gehabt. Ausm Hauptlager, unter seiner Schlafstub eweg, hawwe se sei ganze frische Ledervorrät getrage!

BÜCKLER Un woher wißt ihr, daß es der Schinderhannes war? Gibt's nit überall Lederdieb?

GERBERMEISTER Drei schwarze Kreuz hat er mir auf die Wand gemalt! Sei Satanszeiche! Mei Frau is in Krämpf gefalle, wie sie's gesehe hat, un liegt alleweil noch drin!

BÜCKLER Herrgottstrambach nochemal!

GERBERMEISTER Mei best Rindleder war's! Tadellose Häut! Kei einzig Löchelche drin! Grad gestern hat se die französisch Monturkolonn bei mir bestellt! Als ob er's gewüßt hätt, der Säuteufel, der hundswütige, der Halsabschneider, der die arme ehrliche Handwerksleut nit lebe lasse kann von ihrm sauere Arbeitsschweiß, ihrm schwerverdiente, armselige –

BAUER RAAB Hö, hö, hö, Gerberphilipp, nehms Maul noch e bißje voller! Vier von dene Häut haste meim Nachbar als Schuldzins ausm Stall getriebe, du scheeläugiger Brillekiebitz, du geizknochiger!

EIN ACHATSCHLEIFER Für e Schnippelche Daumeleder hat mir der Schweinsmage drei geschliffene Stein abgenomme, un jetzt greint er hinner seine grindige Bockshäut her, als wär's em Bischof sein Ring!

METALLARBEITER Die Kränk soll er kriege!

GERBERMEISTER Das sind die Aufwiegler, die wo's mit dem Schinderhannes halte! Das unehrlich Volk, wo kei Geld hat un kei Sittemoral!

BAUER RAAB Was haste gesagt? Sag's noch emal!

GERBERMEISTER Ich hab ja niemand angesehe dabei!

BAUER RAAB Ob du's noch emal sagst?!

GERBERMEISTER Jetzt grad nit!

BAUER RAAB Da läßt du's bleibe. *Gelächter*

BÜCKLER *zu Benedum* Da haste's! Wo vom Schinderhannes die Red is, lernt ma die Leut kenne!

BAUER ROTKOPP Uns kleine Bauern nehme die Räuber nix ab. Das besorgt der Staat un die Kirch und die Steuer un der Fürst un der Pächter un de Kaufmann un de Zinsjudd ganz allein!

GUTSPÄCHTER Weil ihr nix druff habt, ihr Faulenzer.

ACHATSCHLEIFER Ich sag, wenn's de Schinderhannes nit gäb, da müßt er erfunde werde, damit die reiche Leut auch emal merke, wo Gott wohnt!

REISENDER Hawwe Sie denn gar kein Rechtsgefühl?

STEINBRECHER Vielleicht mehr wie Sie! Mir sin Arbeiter un lasse uns nit übers Maul fahre.

FUHRMANN Mir hawwe nix un werde nix hawwe, ob mit oder ohne Schinderhannes. Herr Wirt, noch e Kirschwasser.

KAUFMANN Weil ihr nix arbeite wollt, deshalb kommt ihr auch zu nix.

BÜCKLER Das wär mir neu, Herr Nachbar.

KAUFMANN Was denn?

BÜCKLER Das wär mir neu, daß ma durch die Arbeit zu was kommt!

GUTSPÄCHTER So? Sie sehe mir aber ganz wohlgenährt aus – sin Sie durch de Heilig Geist dazu gekomme oder hawwe Sie gestohle?

BÜCKLER Mein Vater – der hat geschafft, bis ihm die Nägel blau worde sin. Heut könnt er verrecke, wenn er kein Sohn hätt!

KAUFMANN Un de Sohn? Da sitzt er un ißt Schweinerippcher für en halbe Taler! Ei, woher könne Sie sich denn das leiste?!

BÜCKLER Das will ich Ihne sage: weil ich's nehm, wo ich's find! Und weil ich mir eher en Finger abbeiße deet, als für fremde Leut mei Knöchel krumm mache! Und weil ich drauf pfeif, versteht ihr, wie der Spatz auf die Kirschkern, wenn die Traube reif sin! *Er geht zum Gerbermeister* Wieviel Häut sin Ihne gestohle worde?

GERBERMEISTER Sechs große, un e zugeschnitte Sattelstück.

BÜCKLER Ich glaub, so viel hawwe mir noch in unsere Vorrät. Die könne Se billig kriege. Hans Bast, guck emal nach.

BENEDUM *geht hinaus.*

GERBERMEISTER Was nehme Sie pro Haut?

BÜCKLER Zwei Gulde, weil Sie's sin.

GERBERMEISTER Wenn se kein Fehler hawwe –

BÜCKLER Gucke Se selbst!

BENEDUM *kommt wieder, schleppt einen Sack herein.*

GERBERMEISTER *tastet die Häute ab* Zwei Gulde? Mach ich, mach ich!! Wolle Sie's gleich in bar?

BÜCKLER Her damit, sonst könnt mich der Preis reue!!

GERBERMEISTER *zahlt ihn aus.*

KAUFMANN *verärgert* Gehe Sie immer zwei Drittel unter de Wert?

BÜCKLER Der Mann is bestohle worde, dafür hab ich e Herz!

KAUFMANN Dann möcht ich wirklich wisse, woher Sie Ihr Fett hawwe!

BÜCKLER Das solle Sie gleich sehe! Gebe Sie obacht! *Er wirft das eben erhaltene Geld auf den Schanktisch* Wirt! Wisch emal dene Leut ihr Schuldstrich von der Tafel, samt un sonders, un mach dich bezahlt! Allez vite! Un dann e doppelt Lag für jeden in der Stub, der kei Geld im Sack hat, un für jedweden e Viertel Wurscht! Die solle auch emal was anders fresse wie alleweil Hundsfleisch un Kartoffelschale! Laßt's euch schmecke, ihr Leut!

ACHATSCHLEIFER Der Mann is richtig.

BAUER RAAB So laß ich mir en Lumpekrämer gefalle.

METALLARBEITER Er is en Protz, aber er läßt sich's was koste.

BÜCKLER Ich bin als Protz gebore! Ich hab schon als Bub die Schulkreide für Butter aufs Brot gestriche. Aber es is mir gut angeschlage, Großtun macht dick, wenn ma's richtig versteht!

WIRT Da, sauft, es kost nix, un euer Schulde sin quitt.

BÜCKLER Prost, ihr Leut!

ACHATSCHLEIFER Der Krämer Jakob Ofenloch soll lebe!

BÜCKLER Sagt lieber: Der Schinderhannes soll lebe! Dem habt ihr's heut zu verdanke!

STEINBRECHER Meinetwege de Schinderhannes! Hipp, hipp, hurra!

BAUER RAAB Prost uff de Schinderhannes! Wenn mir alleweil seintwege unsre Schulde bezahlt kriege, soll er hundert Jahr werde!

BÜCKLER Der wird mehr wie hundert! *Er trinkt.*

KAUFMANN Das is doch wirklich e Schand. Da kann ma sich ja die Gaasegicht an de Hals ärgern.

GUTSPÄCHTER So en hergelaufene Strunskopp verschandelt uns die Leut!

REISENDER Un das sehe Sie ruhig mit an?

KAUFMANN Was will ma denn mache?

GERBERMEISTER Die Häut sin gut, da läßt sich nix sage.

REISENDER Im Nassauische könnt so was überhaupt gar nit passiere. Die trinke ja auf das Wohl eines Staatsfeindes und öffentliche Straßeräubers! Das nenne ich Öl ins Feuer der Rebellion schütte! Jawohl, so nenn ich das.

KAUFMANN *zu den Arbeitern und Bauern, die mit Bückler trinken und lachen* Schämt ihr euch denn gar nit? Der Mann ist nicht von hier!

BAUER RAAB Redde Sie jemand an?

GUTSPÄCHTER Ich werd's euch eintränke! Wart nur ab, bei der nächste Weizeernt! Kei Hälmche laß ich euch durch die Finger!

BAUER ROTKOPP Das haste früher auch nit getan.

ACHATSCHLEIFER Geh, redd nit mit dene Speckhäls! Mir sin unter uns!

BÜCKLER Ich glaub, die Herrn hawwe Durscht, deshalb sin se so brummig! Die wolle auch e Lag!

GUTSPÄCHTER Mir könnte unsern Schoppe immer noch selbst bezahle, wenn mir auch kein Geldscheißer hätte, wie gewisse andere Leut!

KAUFMANN Mir deete überhaupt nit trinke mit eme hergelaufene Hund!

BENEDUM *springt auf.*

BÜCKLER *winkt ihm ab, geht langsam auf den Tisch der ›bessere Leut‹ zu* Meine Herrn, ich hab Sie genau verstande! Sie möchte sich gern die Ehr un das Vergnüge mache, auch emal mit dem Krämer Jakob Ofenloch anzustoße! Soll geschehe, freut mich ganz besonders! Hans Bast! Bring emal die Flasch!

BENEDUM *kommt mit der Flasche.*

BÜCKLER Da! Guckt euch den an! *Er streift Benedums Rock auf, daß man die nackten Arme und Schultern sieht, die von Muskeln quellen.* Glaubt ihr, so was kommt vom Mückefange?! Ihr, mit eurer ehrlich Arbeit! Ich sag euch: Der Mann hat in seim ganze Lebe noch nix getan, wozu er kei Lust gehabt hat! Versteht ihr?!

BENEDUM *grinst.*

BÜCKLER *nimmt die Flasche, gießt jedem sein Glas ein* Also prost! Wer Lust hat, soll lebe! Ihr habt doch alle Lust?! He?! *Er sieht sie herausfordernd an.*

BENEDUM *läßt seine Muskeln spielen.*

DIE BESSERE LEUT *trinken verlegen und ängstlich, zur großen Belustigung des anderen Tisches.*

BÜCKLER Das ware mir dene Herrn doch schuldig! Hab die Ehre! *Er verbeugt sich, geht zu seinem Platz.*

BAUER RAAB *zum andern Tisch hinüber* Hat's geschmeckt?!

DIE GEWÖHNLICHE LEUT *grinsen, stoßen sich an.*

KAUFMANN Wirt! Ich möchte zahle.

GUTSPÄCHTER Ich auch.

WIRT Die Herrn wolle doch nit schon aufbreche! Mir sitze doch so gemütlich beisamme! Es is doch noch nit dunkel drauß!

ARBEITER Lasse laufe, die hawwe Angst!

REISENDER Ich bin eigentlich sehr müd.

BAUER RAAB Der hats Maul zu weit aufgerisse, der muß gähne!

REISENDER Jetz is zuviel! Ich werde hier belästigt! Gleich hol ich die Polizei!

ACHATSCHLEIFER Wag dich nur nit auf die Gaß!

KAUFMANN Ich hab überhaupt nit richtig getrunke, ich hab nur so getan!

GERBERMEISTER Die Häut sin tadellos, ich verbrenn mir de Schnawwel nit!

METALLARBEITER Das is auch dei Glück.

GUTSPÄCHTER *plötzlich schreiend* Mir werde uns doch hier nit vertreibe lasse! Wo ich sitz, sitz ich!!

BAUER RAAB Bis dir de Arsch knorpelig wird!

Gelächter

GUTSPÄCHTER Das verbitt ich mir!

BAUER RAAB Ich auch!!
Gelächter

GUTSPÄCHTER Ruhe!!

STEINBRECHER Gewitterkreuzstoppenochenei! Wer will uns hier's Maul verbiete?!

KAUFMANN Niemand, du Aff!

REISENDER Bin ich hier unter bessere Leut oder nit?!

GUTSPÄCHTER Zweifle Sie dran? C'est du canaille!

ACHATSCHLEIFER Merde du roi, mir könne all Französisch!

BAUER RAAB Spucke könne mir auch! *Er tut's, trifft des Gutspächters Hosenbein.*

GUTSPÄCHTER Säuigel! Wischste's ab!!

BAUER RAAB *in aller Ruhe* Nächst Neujahr!

ACHATSCHLEIFER Wenn's Geld en Batze kost!

ALLE *schreien und lachen plötzlich durcheinander.*

BÜCKLER *steht abseits, als ginge ihn all das nichts an, und betrachtet die Musikantenmädchen, die mit ihrem Vater beim Nachtmahl sitzen. Jetzt winkt er ihnen lachend, sie stehen rasch auf, der alte Blasius beginnt, von Bückler angefeuert, in den allgemeinen Lärm hinein mächtig zu spielen, und Julchen singt, mit dem Gesicht zu Bückler, leise zuerst, dann immer lauter das ...*

WIRTSHAUSLIED

JULCHEN »Ei, wo bleibt mei Joseppche, Jöseppche, Joseppche,
Ei, wo bleibt mei Joseppche, Jöseppche so lang?
Sitzt er nit im Schifferstei,
Trinkt sei Schöppche ganz allei,
Ei, wo bleibt mei Joseppche, Jöseppche so lang?«

Unter dem Einfluß der vertrottelten Musik und des Liedes besänftigen sich die erzürnten Gemüter sehr rasch, es wird ebenso plötzlich ruhig, wie es vorher laut wurde, alle hören auf zu schimpfen, einige summen die Melodie mit, die andern wiegen die Köpfe im Takt, man setzt sich wieder, ein allgemeines »Nix für ungut« *greift um sich, der Wirt schenkt neu aus. Bückler setzt sich allein im Vordergrund an einen Tisch.*

JULCHEN *geht nach Schluß des Liedes, während Vater und Schwester noch weiterspielen, mit einem Teller einsammeln, tritt zu Bückler an den Tisch.*

BÜCKLER *nimmt ihr den Teller ab, sieht nach, was draufliegt, dann wirft er ein großes Geldstück dazu, blickt Julchen an.*

JULCHEN *bleibt stehen.*

BÜCKLER *rückt einen Stuhl her, lädt sie schweigend zum Sitzen.*

JULCHEN *setzt sich nicht, beugt sich über die Lehne* Du bist auch kein richtiger Warekrämer.

Bückler So? Wer sagt denn das?

JULCHEN Niemand. Du hast nix Händlermäßiges um die Auge.

BÜCKLER Trink e Glas gute Wein mit mir.

JULCHEN Der riecht – –

BÜCKLER Da geht eim 's Herz auf, wenn's nit schon offe is!

JULCHEN *trinkt* Prost – *Sie setzt sich.*

An andern Tischen wird leise gepfiffen, getrunken, Karten gemischt.

BÜCKLER Ihr habt sie gut sammengespielt. Jetz sin se still wie die ausgekollerte Truthähn.

JULCHEN Das sin mir gewöhnt. Wenn's rauh wird, müsse mir die Leut sanft mache. Dafür hat ma ja die Musik.

BÜCKLER Un wenn se sanft sin, müßt ihr se wild mache, he? *Er brummt* »Es ist der Schinderhannes, der Lumpenhund, der Galgenstrick –«

JULCHEN Gefällt dir das?

BÜCKLER Was du singst, gefällt mir all.

JULCHEN Mir gefällt's nit – ich sing überhaupt nit mehr lang.

BÜCKLER Warum denn?

JULCHEN Immer für andere Leut de Aff mache, das paßt mir nit.

BÜCKLER Was möchste denn sonst anfange?

JULCHEN Ich weiß nit. Vielleicht tu ich heiraten.

BÜCKLER Geh haam.

JULCHEN Wieso geh haam?

BÜCKLER Du hast nix Heiratsmäßiges um die Auge.

JULCHEN Ich glaub, mir gucke uns zuviel an de Auge ab.

BÜCKLER Oder zu wenig! Prost!

JULCHEN Prost!

Sie lachen und trinken beide.

BLASIUS TROMMELVATER *ruft* Julche, bring de Teller her, daß ich mei Nachtmahl bezahle kann!

JULCHEN Gleich komm ich! *Sie springt auf.*

BÜCKLER Aber dann kommste wieder und trinkst dein Wein aus.

JULCHEN Vielleicht –

BÜCKLER Gewiß!

JULCHEN Du weißt's ja genau! *Sie läuft weg.*

BÜCKLER *zur Wirtin, die eine neue Flasche bringt* E schö Mädche.

WIRTIN Ja, die hat e Hälsje wie süße Rahm.

BÜCKLER Komme die oft her?

WIRTIN Jetzt wohne sie ganz hier. *Flüstert ihm zu* Die geht mit dem Gendarm Adam, der will se heirate.

BÜCKLER Pfui Teufel.

WIRTIN Was haste gesagt?

BÜCKLER Nix. Bring mir en Tabak.

WIRTIN *geht grinsend.*

JULCHEN *kommt mit ihrer Schwester Margaret an den Tisch Bücklers zurück* Das is mei Schwester Gretche.

BÜCKLER E süß Böppche. Setzt euch her.

MARGARET Bist du der Krämerjakob, der auf der Lauschieder Kerb war?

BÜCKLER Der bin ich.

MARGARET Von dir hab ich erzähle höre! Du hättst siwwe Bräut, sagt ma!

BÜCKLER Ja, aber die gefalle mir all nit mehr.

MARGARET Warum, haste dir die siwwe scheppe Schwestern ausgesucht?

BÜCKLER Das nit, aber die siwwe dumme!

JULCHEN Mit dir muß ma sich vorsehe, du hast e bös Maul.

BÜCKLER Der Gendarm Adam hat e besseres.

JULCHEN Das hat dir die Wirtin gesteckt, die Babbelewig!

BÜCKLER Nein, das hab ich dir angeroche, daß du e Gendarmebraut bist.

JULCHEN Er interessiert sich für mich, aber es is noch nit fest!

BÜCKLER Da deet ich's rasch fest mache an deiner Stell, damit nix dazwische kommt! *Zu Margaret* Aber du hast noch keinen, he?

MARGARET Ich will auch kein, die sin mir all zu schlecht!

BÜCKLER Da mußt du emal zu mir komme, da bring ich dich in e Kloster.

MARGARET Das wird e schö Kloster sei, wo der Teufel die Beicht hört!

BÜCKLER *zu Julchen* Dei Schwester traut mir nix Gutes zu.

JULCHEN Du führst auch schlechte Rede. Vorhin hast du mir besser gefalle.

BÜCKLER Du mir auch.

JULCHEN Mir könne ja wieder gehe. *Sie steht auf.*

BÜCKLER *steht auch auf* Halt emal! Da hör ich was komme! *Draußen Hufgeklapper und laute Stimmen*

MARGARET Das sin die Gendarme! Da is deiner dabei. *Sie läuft zur Tür.*

BÜCKLER No, da wünsch ich dir viel Vergnüge.

JULCHEN Bleib da!

BÜCKLER Ich möcht nit störe.

JULCHEN Ich hab doch gesagt, daß es noch nit fest wär –

BÜCKLER Un ich hab dir gesagt, du sollst dich eile, daß nix dazwischekommt.

JULCHEN Ich freu mich, wenn du bleibst.

BÜCKLER Das tut mir leid –

BENEDUM, *der draußen war, kommt wieder herein* Hannes, treib die Küh haam, es hängt e Gewitter am Himmel.

JULCHEN Was sagt dein Freund?

BÜCKLER Ich glaub, unser Gaul is scheu, der hat die Kolik! *Er geht rasch mit Benedum durch die hintere Tür.*

Fast im selben Augenblick betritt durch den Haupteingang die Gendarmerie das Wirtshaus, Adam zuvorderst, vom Froschtöter geführt.

ADAM Hier is er drin, sagste?

FROSCHTÖTER Ich hab ihn selbst gesehe, sein Kumpan hat ebe noch vor der Tür gestande!

ADAM Stellt emal en Poste hinters Haus, daß er uns nit heimtückisch entwische kann! Und nehmt alle Pferd gefange, die wo ihr findt!

GENDARMEN *hinaus*

DIE GÄSTE, DER WIRT, DIE WIRTIN *umdrängen Adam* Was is los? Wen wollt ihr fange?

ADAM Wen? De Schinderhannes, de Bücklerjohann selbst! Ebe krieg ich die Nachricht, daß er am helle lichte Tag hier eigange is!

WIRTIN Hier war keiner, den ich nit kenn, außer dem Krämer, wo dem Gerberphilipp Häut verkauft hat!

ADAM *zum Gerbermeister* Zeig emal die Häut!

GERBERMEISTER Tadellos Leder! Genau wie die, wo mir gestohle worde sin.

ADAM *dreht die Häute um* Was is denn das für Brandzeiche hinne druff?

GERBERMEISTER Jessesmariajosepp, das sin ja mei eigne!

ADAM Was? Deine eigne Häut hast du dir wieder anschmiere lasse?

GERBERMEISTER Mei verdammte korzsichtige Auge, mei gottverdippelte!!

ALLE *umdrängen lachend den jammernden Gerbermeister.*

ADAM Von wem haste die bekomme?

GERBERMEISTER Jakob Ofenloch hat er geheiße, der Satan, der Höllefurz!

ADAM Das is er! Unter dem Name soll er jetz umgehn! Los! Er kann noch nit weit sein! Alles hinterdrein!

FROSCHTÖTER Mei Geld!!

ADAM Erst wenn mir'n hawwe, vorher gibt's nix!

GENDARMEN *draußen* Druff! Uff die Gäul!

ADAM Vite! Vorwärts! Hundert Gulde, wer ihn faßt!

ALLE *johlend mit ihm hinaus.*

Julchen und Margaret bleiben.

MARGARET Das war er, du, das war er!

JULCHEN *dreht einen Teller in der Hand, der auf Bücklers Platz stand, erschrickt plötzlich* Du – – da steht was!

MARGARET Zeig her! *Liest* »Mitternacht am Dollbach – verrat nix –«

JULCHEN Soll ich gehe?

MARGARET Du? Das is doch für mich!

JULCHEN Glaubst du?

MARGARET Natürlich! Du hast doch de Adam!

JULCHEN Halt's Maul! *Sie schmeißt den Teller zu Boden, daß er in tausend Stücke geht, rennt hinaus.*

MARGARET Julche – Julche –! *Läuft hinterher.*

Dollbachwald. Starkes Mondlicht durch mächtige Baumkronen. Am Wasser kauern lautlos Bückler und Iltis Jakob.

BÜCKLER *nach einer Weile* Is schon zwölf –?

ILTIS JAKOB *guckt nach den Sternen* Es fehlt noch e Viertel.

BÜCKLER Mir brenne die Füß vom Laufe – *Er zieht seine Stiefel aus, hängt die Beine in den Bach*

ILTIS JAKOB Glaubst du, daß sie komme?

BÜCKLER Wie das Wasser so hell zwische meine Fußzehe durchrisselt. Ma könnt meine, der Bach hätt kein Boden.

Langes Schweigen. Bückler starrt ins Wasser, Iltis Jakob klemmt einen Grashalm zwischen die Zähne, zirpt leise. Dann erhebt sich langsam Bückler, zieht seine Schuhe wieder an.

ILTIS JAKOB *der am Buschrand steht, winkt plötzlich mit der Hand.*

BÜCKLER He?

ILTIS JAKOB Sssst –! *Er tritt zu Bückler, beide lauschen gespannt.*

JULCHEN UND MARGARET *kommen aus dem Wald. Stehen wie gebannt im Mondlicht.*

JULCHEN Da fließt de Dollbach. *Sie geht ans Wasser.*

BÜCKLER *zu Margaret* Das is der Iltis Jakob –

MARGARET *sieht ihn an, lacht leise.*

ILTIS JAKOB Kennst mein Name schon?

MARGARET Ja. Vom Höresage.

ILTIS JAKOB Komm, mir gehn bachaufwärts. Ans Forellewehr!

MARGARET *hängt sich bei ihm ein.*

Sie gehen.

BÜCKLER *tritt hinter Julchen.*

JULCHEN *dreht sich langsam zu ihm um* Ich hab's gewußt –

BÜCKLER Was denn?

JULCHEN – daß du mich gemeint hast.

BÜCKLER Freilich.

JULCHEN Da bin ich jetzt.

BÜCKLER *nickt ernsthaft* Ja –

Ganz leise, fast wie Mückensirren, hört man die Melodie eines Liedes: »Was scheint der Mond so hell in dieser Nacht –«.

JULCHEN *lächelnd* Das is mei Schwester. Die singt.

BÜCKLER *blickt sie an* Willst bei mir bleibe?

JULCHEN *ruhig, sicher* Gern.

BÜCKLER *streckt die Hand aus* Komm –

Es wird finster.

Wiesmühl am oberen Dollbach. Ein großer verwilderter Rasenhof, von Ahorn, Tannen, Eichen gesäumt. Im Hintergrund das alte zerfallene Mühlwerk, daneben ein niedriges Haus mit verrammelten Fensterläden. Frühe Morgendämmerung. Bückler und Julchen auf der Bank vor dem Haus.

JULCHEN *dehnt sich im ersten Sonnenschauer, streckt die Hand ins Licht* Da sieht ma 's Blut durch die Haut laufe –!

BÜCKLER *streift ihre Hand mit den Fingerspitzen* Bist müd?

JULCHEN *lacht* Ich könnt in de blanke Mittag renne! *Sie faßt seine Hand* Komm, zeig her.

BÜCKLER Was denn?

JULCHEN Ob du lang lebst!

BÜCKLER Laß.

JULCHEN Warum? Das is gut, wenn man's weiß! E Zigeunerin hat mir's gezeigt; da steht alles drin, in der Hand inne!

BÜCKLER *reißt die Hand weg* Das braucht keiner zu wisse – was da drin steht.

JULCHEN Du – was is denn –? *Sie streicht leise über seine geballte Faust.*

BÜCKLER *lacht fast verlegen* Nix is. Die Leut sage, ich müßt aufs Schafott. Aber ich glaub's nit.

JULCHEN, *ohne ihn anzuschauen* Is denn so schlimm – was du treibst?

BÜCKLER *lacht frei auf* Davon versteh ich nix! Das wisse die, wo 's Gesetz mache!

JULCHEN Ich glaub, die irrn sich manchmal –

BÜCKLER Meinetwege! Ich hab se nie gefragt un werd se nit frage! Was wachse muß, schlägt aus!

JULCHEN *sieht ihn von der Seite an* Wie ich dich gestern gesehn hab, unter de Wirtshausgäst – da hab ich gedacht, der hat's knüppeldick hinter de Ohre – der lügt wie en Bürstebinder – aber ich müßt ihm doch glaube –!

BÜCKLER So. Und was denkste jetzt?

JULCHEN Gar nix. Jetzt weiß ich's ja.

BÜCKLER Was, daß ich lüg wie en Bürstebinder?

JULCHEN Nein, wie zwei Bürstebinder und en Gäulsjudd dazu!

BÜCKLER Das langt für en einzle!

JULCHEN Ja, aber ich glaub dir!

BÜCKLER Wirklich?

JULCHEN Ich glaub dir – ganz und gar – was auch die Leut sage –

BÜCKLER Du, wenn du gern willst, kannst ruhig in mei Hand gucke!

JULCHEN *zieht seine Hand auf ihre Brust* Jetz nit mehr.

Sie sitzen stumm.

JULCHEN *nach einer Weile* Horch!

BÜCKLER Was hörste?

JULCHEN Es pocht –

BÜCKLER Der Tau troppt.

JULCHEN Jetz geh ich nit mehr heim.

BÜCKLER *beugt sich über sie.*

Ein Fenster wird knarrend geöffnet, im Rahmen erscheint Gottverdippelche, ein altes Weib, und schüttet eine Schüssel Wasser. in den Hof, gähnend, schlaftrunken.

BÜCKLER, *wie das Wasser auf die Fliesen platscht* Gute Morge!!

GOTTVERDIPPELCHE *bemerkt ihn, erschrickt furchtbar* Kasper! Steh uff! Da is einer! Da is einer!!

BÜCKLER Kannst nit mehr zähle? Da sin doch zwei!!

GOTTVERDIPPELCHE *wird mutig, da sie die Frau bemerkt* Haderlump, biste auch noch frech?! Nix wie Unzucht treibe, am heilige Himmelfahrtsmorgen, in de fremde Höf, wo ma kei Erlaubnis hat?!

BÜCKLER *steht auf, dreht sich zu ihr um* Gottverdippelche, sei nit so grimmig! Du wirst doch zwei arme Landstreicher noch auf euerm Hofbänkche sitze lasse?

GOTTVERDIPPELCHE *kreischt auf, stürzt fast aus dem Fenster* Jerum, de Hannes, de Hannes, de Bücklerhannes selbig, ei Hannes, warum sagst es nit gleich – ei ich hätt's doch an der Stimm – ei gleich hol ich de – Kasper!! Kasper!! De Hannes is da, de Hannes! Kasper! Kasper! *Sie rennt krächzend ins Haus.*

JULCHEN Wer is die Hex?

BÜCKLER Ausm Kreuznacher Spinnhaus. Sie führt meim Vatter die Wirtschaft Sechsmal die Woch is se besoffe, un stehlt wie siwwe Elstern. Sonst is se tadellos!

KASPER *weißhaarig, mit zerfurchtem Greisenkopf, tritt aus der Tür, schaut geblendet ins Sonnenlicht, streckt die Hände aus* Hannes –! Biste wirklich da –!

BÜCKLER *geht auf ihn zu, nimmt ihn bei der Hand, führt ihn zu Julchen* Das is mein Vatter. Er sieht nit mehr viel, du mußt nah bei ihn gehn. Un das is mei Weib.

KASPER *sieht sie genau an, betastet sie auch* Schön is se! un dick, wo sich's gehört! Da muß was dran sein, an eme rechte Weib!

JULCHEN Das freut mich, daß du zufriede bist!

KASPER Der Hannes weiß, was er will! *Zu Bückler* Lang warste nit mehr da!

BÜCKLER Ich hatt viel Geschäfte, un bin als in de große Ödhöf abgestiege!

KASPER Meim Sohn stehn alle Höf offe aufm weite Hunsrück.

BÜCKLER Das will ich meine!

KASPER *an der Stalltür* Kätche! Kätche! Komm heraus! Mußt in die Wirtschaft laufe, Schnaps un Tabak hole!

PUDDELKÄTCHEN *ein dünnbeiniges Waisenkind, kommt aus dem Stall, bleibt zitternd stehen mit einwärtsgedrehten Füßen, schielt zu Bückler.*

BÜCKLER Was is denn, Mädche, warum fährste denn samme? Haste Angst?

PUDDELKÄTCHEN Nein – aber ich fürcht mich! *Rennt wie gehetzt weg.*

BÜCKLER Die rennt –

KASPER *nicht ohne Stolz* Die Kinder hierzuland glaube, du hättst's mit dem Teufel!

JULCHEN Gestern wär ich auch noch gelaufe wie 's böse Gewisse, wenn ich de Schinderhannes erblickt hätt!

KASPER Ja, mein Sohn hat's zu was Großes gebracht in dere kleine Welt!

GOTTVERDIPPELCHE *schreit aus dem Fenster* De Kaffee is fertig!

BÜCKLER Komm, Julche, der soll uns schmecke, auch wenn er von alte Bucheckern is! Heiß wird er ja sein!

JULCHEN Ja, und schwarz auch!

Sie gehen lachend ins Haus.

KASPER *allein auf der Schwelle, tänzelt in der Sonne* De Hannes is da!

Zwischen den Bäumen erscheinen einige Bettelkinder und Greise, von Puddelkätchen geführt, neugierig und angstvoll herglotzend.

KASPER Ja, kommt nur all bei, ja guckt un staunt alleweil, 's is wahr, 's is wahrhaftig wahr, der Hannes is komme, hat e Weib mitgebracht, so stramm wie e zweijährig Weidekuh! Un Geld hat se! Wie welke Blätter! Zehn Säck voll Taler hammer schon ins Haus geschleppt! Ich muß gleich herein, zähle! *Er geht ins Haus.*

Hinter den Büschen ein schriller Pfiff. Die Bettler und Kinder stieben auseinander, verschwinden. Gleich darauf erscheint Margaret Blasius, gefolgt von Iltis Jakob, Seibert, Zughetto, Benedum.

ILTIS JAKOB Laßt die Finger weg, sag ich euch, das is mei Mensch, da gibt's gar nix.

MARGARET So? Dei Mensch bin ich? Das deet mir passe! So weit sin mir noch lang nit!

SEIBERT Siehste, Jakob, da haste's!

ILTIS JAKOB Ich werd schon wisse, wie weit mir sin, da brauch ich niemand zu frage!

ZUGHETTO Ach was, Mensch is Mensch, un wenn de dir e Läppche um die Auge bindst, tut's dei Großmutter auch, gell Mädche? *Er versucht, Margaret unter den Rock zu greifen.*

MARGARET *kreischt, läuft ihm weg.*

BENEDUM *pocht an die Tür* Hannes, laß die Hinkel heraus, der Hahn hat schon gekrische.

BÜCKLER *kommt mit Julchen heraus, die zu Margaret tritt* Da, hört ihr die Hähn in de große Bauernhöf? Fett sin se, vom viele Hafer! Die brülle wie die Stier!

BENEDUM Meinste, mir könnte ein schnappe?

BÜCKLER Wir bräuchte sowieso en Festtagsbrate.

ILTIS JAKOB Los! Wer geht mit?

BÜCKLER Ich geh selbst, ich kenn hier die Schlich.

BENEDUM Einer muß Schmier stehn.

ZUGHETTO Das mach ich, ich kann am beste über die Finger pfeife.

BÜCKLER Drin is Quetscheschnaps. In zehn Minute sin mir wieder da. *Ab mit Zughetto*

Benedum, Iltis Jakob und Seibert gehn ins Haus.

JULCHEN UND MARGARET *bleiben allein.*

MARGARET Du, wolle mir rasch fort?

JULCHEN Warum denn?

MARGARET Ich glaub, mir sin hier nit sicher.

JULCHEN Wenn er selbst dabei is, tut dir keiner was.

MARGARET Ja, das glaub ich auch. Wenn er selber da is –

JULCHEN Ich möcht bei ihm bleibe.

MARGARET Ganz?

JULCHEN Ja, solang's geht.

MARGARET Wenn ich ihn hätt, blieb ich auch.

JULCHEN Geh heim, un sag's dem Vatter, ich hätt e Stell gefunde.

MARGARET Ja, daß ich das Geflenn höre muß un de Geigeboge auf de Kopp krieg! Ich hab's auch satt! Ich bleib überhaupt auch!

JULCHEN Ich mein, du hättst Angst?

MARGARET Vielleicht nimmt er uns alle beide –

JULCHEN *lachend, schlingt den Arm um sie* Das glaub ich nit – *Hinter den Bäumen taucht der Gendarm Adam auf mit zwei Gendarmen. Scheerer und Stämmele, zwei reiche Hofbesitzer, begleiten sie.*

SCHEERER Da wohnt sein Vatter. Aber eigentlich gehört das Haus der Gemeinde. Der Bückler junior hat sich's widerrechtlich angeeignet.

ADAM Ei, wozu bist du Gemeinderat, wenn du so was passiere läßt?

SCHEERER Mir hawwe uns als nit getraut, was zu unternehme, aus Angst vor Brandschäde! Aber jetzt, denk ich, wo die Gendarmerie hier is, könnte mir den Alte ausräuchern. Vielleicht erfährt ma dann vom Junge auch was.

ADAM Der is über alle Berg, sonst hätte mir'n schon!

Sie kommen herbei.

ADAM *bemerkt die Mädchen, die gerade ins Haus wollen, noch ohne sie zu erkennen* Halt! Stehnbleibe! Da wäre ja schon zwei Galgevögel!

JULCHEN *dreht sich herum, sieht ihn an.*

ADAM *fährt zusammen* Was tust denn du hier –?

JULCHEN Ich such hier e Stell –

ADAM So? In der alte Mühl, die nit mehr mahlt?

MARGARET Ei, weißt du's nit –

JULCHEN *winkt ihr zu schweigen.*

ADAM *zu den Gendarmen* Ihr zwei geht emal ins Haus un verhaftet alles. Das Mädche kann mitgehn. *Die Gendarmen mit Margaret ins Haus* Ihr zwei – *zu den Hofbauern* – untersucht emal die Ställ auf Schluppwinkel un Diebsgut. *Die Bauern ab. Zu Julchen* Du bleibst hier.

JULCHEN Wer hat mir hier zu befehle, wo ich bleib?!

ADAM Ich befehl ja gar nit. Aber du brauchst mir auch nit so grob zu komme.

JULCHEN Ich komm so, wie ma mir kommt!

ADAM Das is nur, weil ich nit erwarte konnt, dich hier zu treffe.

JULCHEN So, un deshalb brauchst du mich noch lang nit am Arm zu packe wie e Bettelmensch!

ADAM Julche, jetzt sag mir's doch, was du hier treibst!

JULCHEN Ich hab dir doch gesagt, ich such e Stell. – Hier wär was frei, hab ich gehört, bei eme alte Mann. Ich wollt grad hineingehn, frage!

ADAM Da bin ich ja noch recht komme.

JULCHEN Ich hab's nit mehr ausgehalte mit dem Vatter. Als nix wie Jammern un Vorwürf, daß mir kei reiche Herrn bringe!

ADAM So, un da läufste einfach weg, bei Nacht und Nebel?

JULCHEN Ja, was sollt ich denn mache –? Ich wär dann noch emal heim, mei Sach hole!

ADAM Un hast gar nit dran gedacht, erst emal en Freund zu frage –?

JULCHEN Ich hab ja kein –

ADAM Julche – Warum guckste mich denn nit an? Kannste mir nit in die Auge sehn? Julche! Magst mich nit mehr?

JULCHEN Nein, eigentlich nit. *Plötzlich dicht zu ihm* Du, geh fort! Wenn du mich gern hast, geh fort! Ruf dei Leut samme un geh! Ich komm dann später ins Dorf – un sag dir alles!

ADAM *packt ihre Hand* Jetzt will ich's wisse! Hier will ich's höre! Da sin mir allein, un später is en Lumpsack!

JULCHEN Du – ich kann jetzt nit – ich hab jetz kei Zeit – ich – laß mich los –

ADAM Julche – du kommst jetz mit! Ich bring dich hier weg! Ich helf dir! Ich sorg für dich! Ich laß dich nit mehr los, wehr dich nit! Ich kann dich auch zwinge!

JULCHEN Laß mich los! Ich ruf laut, wenn du nit aufhörst! Ich schrei! Ich – da!

Im Haus lautes Stampfen, Fluchen, eine Scheibe zerklirrt. Adam läßt Julchen los, gleich darauf erscheinen die beiden Gendarmen, schleppen Kasper und Gottverdippelche heraus, auch die Bauern tauchen aus dem Stall wieder auf.

GENDARM Drei Stück sin entwische. Bis aufs Dach hammer se getriebe, dann sin se durch die Fensterluk gesprunge!

ADAM Da is ja der Alte! Her mit ihm!

KASPER Was is denn los, wo is denn mein Sohn, mir hawwe grad Kaffee getrunke, ich seh ja gar nix, Julche, wo biste denn –?

GENDARM Was? Der kennt dich?

JULCHEN Schweig! Ich geb dir kei Antwort mehr.

ADAM Legt den Gefangenen Handschelle an!!

GOTTVERDIPPELCHE *beginnt zu schreien und zu jammern.*

ADAM Los!! Wird's bald!!

GENDARM Die alte Leut könne ja so nix mache!

ADAM *in sinnloser Wut* Handschelle!!

JULCHEN Pfui! Pfui Teufel! Du Schinder!

ADAM Still da! Handschelle hab ich gesagt!!

JULCHEN Ausspucke muß ma vor dir!!

ADAM Gleich leg ich dich auch in Eise, du schlecht Mensch!!

JULCHEN Wag's nur!!

ADAM *schreiend* Schweig!! Handschelle!!

In diesem Augenblick treten Bückler und Zughetto aus den Büschen, jeder hat einen mächtigen Hahn und eine Gans am Gürtel baumeln. Hinter ihnen Benedum, Iltis Jakob, Seibert und andere Banditen.

DIE BAUERN Der Schinderhannes! Der Bückler!! *Weichen kreuzschlagend zurück* Mei beste Staatshahne! Mei Stoppgäns!

GENDARM *schreit auf* Jesu Zuversicht, ich hab siwwe Kinner!!

JULCHEN *mit einem Sprung zu Bückler, packt seine Hand.*

ADAM *starrt sie an, steht wortlos.*

GENDARM *wankt, hält sich an seinem Kameraden.*

BÜCKLER *tritt langsam vor* Gottverdippelche, hol emal die Schnapsflasch! Dem Mann wird üwwel!

KASPER Hannes, die wolle mich in Eise schließe!

BÜCKLER Das werde die sich als noch e bißje überlege.

ADAM, *als höre und sehe er nichts, wendet sich zum Gehen.*

BÜCKLER Halt! So rasch sin mir nit fertig! Erst sag emal deine Bleisoldate, sie solle uns ihr Kanöncher abgewwe!

ADAM Ich hab hier nix mehr zu sage. Für mich is aus.

BÜCKLER *tritt zu ihm* Adam! Laß doch nit gleich de Kopp hänge! Mich hast du auch schon geschnappt! Heut is es emal umgekehrt! *Zu den Gendarmen* Los! Die Revolver raus!!

BENEDUM *nimmt sie ihnen ab.*

ERSTER GENDARM *schnallt rasch seinen Säbel ab, will ihn auch geben.*

ZUGHETTO Du, dei Brotmesser kannste ruhig behalte! So Sache hammer selbst! *Hält ihm ein langes Stehmesser unter die Nase.*

ZWEITER GENDARM Wenn's nit so rasch gange wär, wär alles anners komme.

BÜCKLER Ja, dann hätte mir dir e paar neue Öffnunge gebohrt, damit du mehr Durchzug hast, du muffiger Butzellümmel! Los, jetz!! Trab trab galopp!! Wen ich in zwei Minute noch seh, der kriegt sei eige Pistolekugel in de Hinnern!

DIE GENDARMEN *rennen.*

SEIBERT *singt*

»Laaf, was de laafe kannst,
Bis de Mittwoch früh,
Sonst haun mir krumm und lahm dich all
Un sperrn dich in de Schweinestall,
Denn da gehörst de hi!«

ILTIS JAKOB *ruft den Gendarmen nach* Halt!

DIE GENDARMEN *bleiben stehen, drehen sich um.*

ILTIS JAKOB Der zweite von links hat falsche Tritt!

DIE GENDARMEN *laufen fluchend unter dem Gejohl der Bande weiter, verschwinden. Adam folgt langsam.*

ZUGHETTO Hättst ihm's Genick umgedreht und seine Kerl die Gurgel – wär besser gewese.

BÜCKLER Ach was. Ich mag kei Leich. Jetzt packt mir emal die zwei Mistböck da hinne, die sich grad in de Stall verdrücke wolle!

BENEDUM UND SEIBERT *schleppen die reichen Bauern nach vorne.*

BÜCKLER Ihr Saubauern! Ihr habt gedacht, jetzt könnt ihr's wage, weil die Gendarme hinter mir her sin, un habt mein Vatter angewwe! Dem alte Mann gönnt ihr sei Ruh nit, der keim Spatz e Haar krümmt in seim Häusje?!

STÄMMELE Das Haus gehört nicht ihm!

BÜCKLER *brüllend* Niemand gehört's! Dem Teufel gehört's! Dem Feuer gehört's! Heut nacht brenn ich's samme mit Stump un Stiel! *Zum Kasper* Jetzt hättste doch kei ruhig Stund mehr drin, wo die Saukerl die Polizei druffgehetzt hawwe. Ich nehm dich mit in de hohe Hunsrück un such dir e neues! *Zu den Bauern* Aber ihr zwei, pumpt all eure Fässer voll, damit ihr gut lösche könnt! Wenn das Haus brennt, braucht's Gesellschaft! Ihr Dreckmäuler, ihr Knechtschinder, euch kenn ich! Mei halb Kinderzeit hab ich vor eure Hoftorn gestande, um e Krüstche Brot! Immer die selb Litanei: bei de Arme kriegt ma als noch en Notbrocke – – bei de Reiche nix wie Hundsbiß! Gestäupt bin ich worde, mit nasse Birkezweig, vor alle Leut, auf de nackte Arsch! wege e paar verlauste Pferdsdecke! No, jetzt habt ihr mir das Arschgeld bald bezahlt!

JULCHEN *tritt hinter ihn, legt ihre Hand auf seine Schultern.*

GOTTVERDIPPELCHE *erscheint in der Tür, sie ist stark betrunken* Da wär die Schnapsflasch – wenn se noch gebraucht wird.

BÜCKLER Macht euch en gute Tag! Heut nacht ziehn mir weiter. Komm, Julche! *Er geht mit ihr ins Haus.*

ZUGHETTO *nimmt Gottverdippelche die Flasche aus der Hand, dreht sie mit dem Hals zur Erde, es kommt kein Tropfen heraus* Ausgesoffe, du Schnapseul?!

GOTTVERDIPPELCHE Ich will nit selig werde – grad hat se noch gegluckert!

BENEDUM *zu Iltis Jakob* Du, brauchst e paar Stiefel?

ILTIS JAKOB *nickt, sie fallen über die reichen Bauern her, schmeißen sie um, ziehen ihnen die Stiefel aus*

ILTIS JAKOB *während die Bauern schweigend und voll verbissener Wut aufstehn* Heut abend knistert's, heut nacht gibt's Funke! Was der Hannes verspricht, das hält er!

KASPER BÜCKLER *auf der Haustreppe* Schad is, schad is um mei Häusche! Aber der Hannes kauft mir e neues, hat er gesagt! *Zu den Bettlern und Armeleut, die wieder neugierig heranschleichen* Hoch is er hinaufkomme, mein Sohn!

BAUER STÄMMELE *auf nackten Füßen forthinkend, schreit* Der kommt noch höher! Bis auf die Galgetrepp!

BENEDUM Obacht, verschluck dich nit!

Wildes Gelächter

ZWEITER AKT

Ein Jahr später: Ostersamstagabend, im Wirtshaus ›Grüner Baum‹. Trübes Licht von draußen. Der Regen prasselt gegen die Fensterscheiben. Im Ofen brennt noch Feuer. Ein paar Mäntel und Jacken sind zum Trocknen aufgehängt. Die Gaststube ist leer. – Aber von oben hört man gedämpften Lärm, die Klänge einer Ziehharmonika, Gestampfe von Tanzenden. Dann und wann helles Geschrei, Weiberkreischen. Die Tür wird aufgestoßen. Christian Zoppi, Metzgermeister, massive Erscheinung, mit Knotenstock und Ochsenziemer, tritt ein, schüttelt das Regenwasser vom Hut und von den Kleidern.

ZOPPI Holla! He! Wirtschaft! *Er lauscht nach oben, dann ruft er hinaus* Treibt die Ochse in de Stall, bind se gut fest un hängt en die Kripp voll Heu! Dann geht in die Küch un laßt euch heiße Supp gewwe un e Budellche Rote! *Er haut mit dem Stock auf den Boden* Hier steht Christian Zoppi mit siwwe Metzgerbursch, lauter nasse Köpp un leere Bäuch! Soll ma denn hier am Hungerpips verrecke?!

WIRT *steckt den Kopf aus einer Türspalte* Wer is denn da schon wieder un macht Krakeel, als ob er's in bar bezahle könnt!

ZOPPI Komm heraus, Bäumcheswirt, du wirst nit gebisse!

WIRT *kriecht hervor, sieht sich ängstlich nach allen Seiten um.*

ZOPPI Los, mach e bißje! Bring mir was zu esse! Zwanzig Meile über Land, mit ener Raß frisch gekaufter Schlachtochse – bei dem Säuwetter – das is e ander Sach, wie alleweil mitm Hosebode übers Ofebänkche gerutscht!

WIRT Ei, Zoppi, biste verrückt, daß du im Hunsrück Ochse kaufst?! Ei, treibt se doch zum Rhein herunter, so rasch wie se laufe könne!

ZOPPI Gäulsfürz! E warmes Esse will ich, un e Viertelche Quetscheschnaps! Allez vite!

WIRT *dicht bei ihm, flüsternd* Zoppi – bis du die Supp geblase hast, sin dei Ochse geschlacht, un in dei Geldkatz kannste Regenwürm un tote Maulwürf sperrn!

ZOPPI *packt ihn am Schlawittchen* Aha! Hammer dich, Bürschje?! So einer bist du?! Ich hab mir's gleich gedacht, wie ich die leere Gaststub gesehn hab! *Er deutet nach oben* Sichere Leut – he?!

WIRT Die ganze Schinderhannesband is beisamme! Auf meim Tanzboden sieht's aus, als hätte tausend Teufel durch die Dachsparrn geschi–!

ZOPPI *schüttelt ihn* So – un seit wann machst denn du Salz un Kümmel mit dene Lumpebrüder? Gibt's denn kei ehrlich Wirtschaft mehr an der Landstraß? Euch sollt ma 's Handwerk zuallererst lege – ihr Kundewirt, ihr Diebeshehler, ihr gepfefferte un geriwwelte Baldowerer!

WIRT Laß mich los, Zoppi, was kann ich denn dafür – ei, schüttel doch de Bürgermeister un de Amtmann un de Polizei, schüttel doch die Dreckbauern un die Holzknecht un die Fuhrleut – ei, schüttel doch de ganze Hunsrück durch e Sieb, un guck, ob einer drin liegebleibt, der's nit mitm Schinderhannes hält!

ZOPPI *läßt ihn los* Un deshalb will ich erst recht mei Esse un mein Quetscheschnaps!

WIRT *zieht sich schleunigst zurück* Ihr Metzger habt dickere Köpp wie all euer Ochse! Wenn du nachher auf der Nas liegst mitm verschmissene Schwelles un 'm verdrehte Genick, nachher wirst an mich denke!

ZOPPI So hurtig läuft die Flasch nit aus! Metzgerblut ist keine Buttermilch! *Er steckt die Pfeife an.*

WIRT Ich wasch mir die Händ un will's nit gewese sein! *Er verschwindet.*

ZOPPI *hinter ihm herknurrend* Wart nur, Börschje, du kriegst se, dir werd ich die Supp noch salze.

EIN METZGERBURSCH *kommt eilig herein* Da schleicht als einer um de Stall herum – un e paar Kerl stehn hinterm Haus un stecke die Köpp samme!

ZOPPI *ruhig* Der Schlag soll se treffe.

METZGERBURSCH Ich glaub, die hawwe's auf unser Ochse abgesehn! Wenn's der Schinderhannes is mit seine wilde Tiern, dann könne mir acht Mann nix mache!

ZOPPI Immer kalt Blut un warm angezoge! Mei Ochse sin hier so sicher, als wärn se schon im Schlachthaus!

METZGERBURSCH Dafür deet ich danke, wenn ich en Ochs wär!

ZOPPI Halt de Schnawwel, du vorwitziger Rotzbub! Zwei Mann ziehn auf Poste in de Stall – un wenn was los is, dann pfeift mir! Ich krieg se schon eweg! Die sollt ihr heut noch laufe sehn!

In selben Augenblick draußen laute Stimmen, Schreie und Ochsengebrüll.

ZOPPI Heilig Dippchenochenei! *Er springt auf und rennt zur Tür.*

EIN VIEHTREIBER *stürzt ihm entgegen* De Schinderhannes! De Schinderhannes!

Viehtreiber und Metzgerbursch retirieren hinter die Tische und von da durch die Küchentür hinaus – während durch die vordere Tür, mit einer schwarzen Halbmaske vorm Gesicht, Zughetto erscheint, von Seibert gefolgt.

ZOPPI *tritt ihnen entgegen* Die Händ von meine rechtmäßige Ochse, sag ich euch! Ich bin Christian Zoppi un versteh kein Spaß!

ZUGHETTO Un wenn du de goldene Domsgickel von Kölle wärst: – hier sin mir die Herrn, un du hast's Maul zu halte!

ZOPPI Mach die Gäul nit scheu, du Heckebankert! Ich redd, wann ich will!

ZUGHETTO Säukerl, soll ich dich an deine Schlappohrn über die Haustür nagele wie en totgeschlagene Uhu?! Soll ich dir de Bauchnabel in ranzig Öl backe?! Mistkäfer! Du stehts vorm Schinderhannes!

ZOPPI Geh doch heim, du mit deim ausgefranste Schnurrbart! So en struppige Geißbock is der Bückler noch lang nit! Erst mach emal den Drecklappe vom Gesicht herunter, wenn de mit mir redde willst! Ei, ich deet mich schäme, in der Karwoch als Faßenachtsnarr herumzulaufe!

SEIBERT Heilig Lewwerwurscht, der gibt dir's, Schoggo, das deet mir lange!

ZUGHETTO *reißt wütend seine Maske ab, schmeißt sie zu Boden, man sieht, daß er schwer betrunken ist* Das is mir ganz egal, die Ochse wern geschlacht, ich will heut nacht noch Lendebrate fresse, un wenn du die Häut heimtrage willst, dann mußt du se bar bezahle, merk dir's!

ZOPPI Ich sag euch: wer einem Ochs e Haar krümmt, der wird's bitter bereue! Hinter meim Vieh steht mehr wie die Metzgerzunft!

SEIBERT Geh, redd nit so geschwolle, dei Viehtreiber un dei Borsch hawwe die Hose voll, un mit dir mache mir kurze Prozeß, wenn de frech wirst!

ZOPPI Wenn du wüßt, was ich weiß – dann deetste renne wie der Has vorm Treiberläppche!

SEIBERT No – was weißt denn du? Daß der Ortsgendarm besoffe is un de Amtmann sei Gichtknolle pflastert? He? Was weißt denn du?

ZOPPI Ich weiß, daß ihr all mitenanner in fünf Minute verschwindibus wie Rauch – wenn ihr euch nit die Haar wollt schere lasse!

SEIBERT Bei dem rappelt's!

ZOPPI Ihr habt auch lang kei gestreifte Kittel mehr getrage, gell? E Zuchthaus is kein Kaninchestall, ihr Brüder!

SEIBERT *schreiend* Was du weißt, will ich wisse! Raus mit der Sprach, sonst hol ich dir die Klöß ausm Hals, un wenn's mitm lange Messer is!

ZOPPI Ich redd kei Wort mehr. *Er setzt sich an den Tisch.* Wirt! Mei Esse!

SEIBERT Mein lieber Schwan – verbrenn dir nur die Zung nit an deim Esse! Glaubst du, du könnst uns hier auf de Kopp spucke, weil du daheim auf dicke Zinsfüß läufst? Die Zeite sin vorbei, Freundche! Hier aufm Hunsrück, da ruft der Gugguug nit mehr für die reiche Leut, da hat'n annerer Wind geblase!

ZUGHETTO Un mei Großvater hat immer gesagt: Ein Scheißkerle, wer in der heilig Osternacht nit besoffe is! Ein Scheißkerle!

SEIBERT Halts Maul, Schoggo, mach dir kein Fleck ins Hemd! *Er stemmt die Arme auf den Tisch, beugt sich weit vor, daß er fast Zoppis Gesicht berührt, faucht ihn an* Was weißt du, he?!

ZOPPI Weg, Handkäsfresser, du stinkst ausm Hals!

SEIBERT Kerl, du hast dei Totehemd an! *Er schlägt nach ihm. Zoppi pariert. Gleichzeitig geht eine Seitentür auf, hinter der man die Treppe nach oben sieht. Auf der Treppe erscheint Benedum, über ihm durch eine falltürartige Bodenklappe, einige Köpfe, die herunterlugen. Die Musik von oben tönt lauter.*

STIMMEN *von oben* Wo bleibt denn 's Ochsefleisch un die frische Rindsupp? Habt ihr 's überzwerg Lochstück noch nit abgeschnitte?

ZUGHETTO Hier muß erst der Oberochs gegerbt werde, vorher is nix!

BENEDUM *kommt herunter* Die Hand von der Pistol, Seibert! Wenn der Bückler heimkommt un es liegt ein Toter in der Stub, für nix un wieder nix, nachher kriegst de die Kränk ohne Doktor! – Was is denn los?

SEIBERT Der sagt, er weiß was, aber er weiß ja gar nix!

BENEDUM Was will er wisse?

SEIBERT Er hat gedroht, er hat aus der falsch Kehl geblase – aber jetz is ihm der Adam ausgange, jetz klemmt er die Zähn samme vor Angst un Bang!

ZOPPI *zu Benedum* Wo steckt denn euer Bückler, he?!

BENEDUM Das geht dich grad nix an, Metzger, wenn's mir selber nit wisse.

ZOPPI *lacht* Der wird e sicher Schlafstub hawwe, mit schöne eiserne Vorhäng! E schwedisch Gardin, wenn das nobler is!

BENEDUM *mit einem Sprung auf ihn los* Was haste gesagt?!

ZOPPI Ei, habt ihr denn kei Ohrn!

BENEDUM Seibert, dapp en!

Sie dringen von zwei Seiten auf Zoppi ein, der, hinterm Tisch, auf die Fensterbank springt und das Fenster aufstößt

ZOPPI Ei, hört ihr denn nix, ihr Blindschleiche?!

SEIBERT *schmeißt den Tisch um, will Zoppi packen* Ich mach en kalt!

ZOPPI Ja, morge früh! *Er springt durchs offene Fenster in den Hof, ruft von draußen herein* Hört ihr denn als noch nix?! *Er verschwindet.*

SEIBERT *schreit* Wachtposte! Petronellemichel! Hinterdrein! Gebt Feuer! Legt ihn um! *Er will zum Fenster hinaus.*

BENEDUM *packt ihn an der Schulter, mit steifem Arm, wie von plötzlichem Schrecken gelähmt* Halt –

Auf der Treppe erscheint der Musikant Benzel, hinter ihm in der Bodenluke einige Frauenzimmer – er spielt auf der Ziehharmonika, sie singen kreischend: »Das war im Böhmerwald, wo meine Wiege stand, im dunklen Böhmerwald, da bin ich wohlbekannt –«.

BENEDUM Ruhe! Seid doch emal still!

BENZEL *hört auf zu spielen, die Weiber kreischen noch weiter.*

BENEDUM Ruhig! Sakrament! Ich dreh euch de Hals um, Dreckmenscher!

DIE WEIBER *verstummen, ziehn sich rasch zurück. Die Luke klappt zu, es wird sehr still.*

BENEDUM *steht mit Seibert am Fenster, sie lehnen sich weit hinaus* Hörst du was?

SEIBERT Ach wo. De Wind pfeift –

BENZEL *mit dünner Falsettstimme* Der pfeift aber komisch –

ZUGHETTO *knurrend* Angstschisser!

Jetzt geht die Wirtshaustür auf, alle starren hin, herein kommt Froschtöter, ein halbwüchsiger, etwas verwachsener Bengel, mit einem großen Sack auf dem Rücken – er geht schleifenden Schritts mitten durch die Stube, zur Schänk, wo eine Fenstertür in die Küche führt.

SEIBERT Was bringste da, Krüppel?

FROSCHTÖTER En ganze Sack voll junge Brunnefrösch, mit zarte, grüne Schenkelcher! Das fresse die Franzose gern!

ZUGHETTO Die Säu!

FROSCHTÖTER *verschwindet grinsend in die Küche.*

SEIBERT *kommt langsam nach vorne* Was hat er gesagt –? Die Franzose?! Ei, habt ihr's denn gehört? – Die Franzose – hat er gesagt –

ZUGHETTO *geht plötzlich auf die Tür los, hinter der Froschtöter verschwunden ist* Der Spitzel! Der Spürhund, der giftkrottige!

DER WIRT *streckt hastig den Kopf durchs Schiebefenster. Schreit in die Gaststube* Ich schenk nix mehr aus heut! Die Wirtschaft muß geräumt werde! *Er klappt das Fenster zu, man hört einen Schlüssel schnappen.*

ZUGHETTO *wirft sich gegen die Tür* Verflucht!

BENEDUM *immer noch am Fenster* Das is der Wind nit! Das is der Wind nit –

SEIBERT *leise* Kotz un verreck!

Jetzt hört man, immer deutlicher, aus der Ferne heranstechend, eine schrille hastende Militärmusik, gleichmäßig stampfendes Taktgeräusch, schartige Blästertöne, dünne, gelle, Pfeifen, dumpf stoßende Trommelwirbel.

BENZEL *nach einer Weile, mit zitternder Stimme* Ich glaub, die ziehn weiter.– Die komme nit her. –

Die Musik reißt ab.

SEIBERT Sie halte!

BENEDUM Schließt die Fensterläde! Macht Licht! Halt, Benzel, hiergebliebe! Jetzt wird sich nit unter die Weiberröck verkroche! Tür zu! Wenn die drowwe nix gehört hawwe, brauche se nix zu wisse. Das fehlt noch, daß alles durchenannerläuft un dem Wolf ins offene Maul rennt wie die Schaf im Dunkel!

SEIBERT Wenn mir wüßte, wo der Hannes steckt!

ZUGHETTO Warum macht er auch immer sei Extratourn, wo nix dabei herauskommt!

SEIBERT Da is noch alleweil en gute Schlag dabei herauskomme, für dich wie für die andern, alter Schlechtschwätzer!

ZUGHETTO Wenn du dich nur owwe anschmuse kannst, Lochkrawweler!

BENEDUM Ihr zwei müßt noch keppele, wenn der Henker die Schling wachst. Guckt lieber nach, ob die Wach trocke Pulver hat.

BENZEL Ihr wollt doch nit schieße, gege 's leibhaftig Militär!

BENEDUM Wolle wolle mir nit, aber müsse werde mir müsse.

BENZEL Ei, warum nehme mir nit die Bein unter de Arm un butze die

Platt, solang se warm is? Warum solle mir denn schieße, solang mir laufe könne? Ich kann ja gar nit ziele mit meim Glasaug!

BENEDUM Da kannste's als Sprengkugel in die Büchs lade. Still jetzt. Ich will emal ins Dorf, baldowern. Seibert, du hältst die Leut samme! Solang mir nit wisse, wo der Bückler steckt, solang verläßt mir keiner das Quartier!

SEIBERT Un wenn der Metzger hingange is un führt die Franzose her? Un wenn er wirklich was gewußt hat in seim hinterfotzige Klotzkopp, daß der Bückler sitzt?! Was mache mir denn, wenn se de Hannes geschnappt hawwe, un jetz komme se angerückt, kolonneweis?!

BENEDUM Soll ich's denn wisse? Frag doch nit so dumm!

ZUGHETTO Ich bin kein Hoseschisser, aber der Benzel hat recht, das beste wär, mir deete die Platt butze – en Ranke Brot un die Schnapsbuddel eigesteckt un en leere Stall gesucht oder en Heuschober – dann könne se Ostereier lege bis morge früh!

BENEDUM Un ich sag: Solang mir nit wisse, wo der Bückler steckt, verläßt mir keiner das Quartier nit! Er hat gesagt, auf alle Fälle hier beisammebleibe, bis er zurück is! Wenn mir de Dachboden besetze mit alle Gewehr, un auf jeden, der aus de Luke schießt, komme zwei, die lade – dann solle se nur anrücke, kolonneweis, dann könne se kalte Ärsch kriege, kolonneweis!

Von draußen hört man den Wachtposten, Petronellemichel, laut rufen.

PETRONELLEMICHEL Halt! Stehebleibe! Nit gerührt, Bürschje, wenn dir dei Lebe lieb is! Macht emal die Tür auf, ich hab ein! Licht her!

ZUGHETTO *reißt die Tür auf* Als herein mit em! Hier wird sauber balbiert!

PETRONELLEMICHEL *schleppt den zitternden Metzgerburschen herein* Da, guckt's euch an, das Jammerläppche!

METZGERBURSCH Tut mir nix, ich tu euch auch nix!

BENEDUM Da hammer ja Glück!

SEIBERT Ja, da hammer ganz en große Fang gemacht!

METZGERBURSCH Laßt mich doch laufe, ich kann ja nix dafür, ich hab's ja nit gewüßt, ich bin ja auch nur en arme Dreckteufel un hab nix wie mei lumpig Lebe!

PETRONELLEMICHEL Die annern sin auf un davon, der Meister vornedran, alsweg de Berg enuff, in Richtung aufs Gemeindehaus! Den hab ich grad noch gedappt, weil er über sei schlankelige Plattfüß gestolpert is!

METZGERBURSCH Der Meister, der hat's gewüßt, der hat schon gleich die große Sprüch gekloppt, mir hawwe's nit gewüßt, daß unser Ochse für die Franzose sin, so wahr ich leb, mir hawwe nix gewüßt!

SEIBERT Da haste's! Die hawwe hier schon furagiere lasse mit Vorbedacht, die mache hier Quartier, die gehn gege uns, die wolle uns ausräuchern!

BENZEL Ich heb die Händ hoch, wenn se komme: Pardon, Camarade, nix méchant, Camarade, Chocolade, Camarade – s'il vous plaît prisonnier, das is mir ganz egal!

BENEDUM Un dann e eisern Armband un ins Kittche spaziert, das is dir auch egal, he?

BENZEL Ausm Kittche kommt ma raus, ausm Grab nit!

ZUGHETTO Da is was Wahres dran.

BENZEL Siehste, Schoggo, jetzt wirste nüchtern!

PETRONELLEMICHEL Es muß was geschehn, soviel is sicher.

SEIBERT Enuff in die Dachluk, un alle Flinte gelade!

BENEDUM Aber totestill, damit se nit wisse, wo mir stehn.

METZGERBURSCH *will sich lautlos verdrücken.*

SEIBERT Halt! Der muß mit enuff!

METZGERBURSCH Was soll ich denn drowwe, was wollt ihr denn mit mir?

ZUGHETTO Wenn mir nix mehr zu fresse hawwe, wirst de durch die Fleischmaschin gedreht.

METZGERBURSCH Ach Gottche, Gottche, Gottche, wenn das mei Mutter wüßt!

SEIBERT Da deetse sage: Aus dem is doch noch was worde! Allez! *Sie steigen zum Boden hinauf, schleppen den Metzgerburschen mit.*

DER WIRT *streckt vorsichtig witternd den Kopf durchs Schiebefenster, dann kommt er ängstlich heraus, schleicht zur Tür, hinter der die Banditen verschwunden sind, dreht den Schlüssel um, legt einen Riegel vor.*

FROSCHTÖTER *erscheint aus der Küche* Sin se all owwe?

WIRT All mitenanner, jetz noch drauße vorm Haus die Leiter weg – dann hammer se sicher.

FROSCHTÖTER Dann könne se zappele drowwe wie e Bütt voll Kaulquappe! Jetz lauf ich rasch un hol die Soldate her, damit mir die Köpfpreis kriege.

WIRT Wenn der Bückler dabei wär, gäb's fünfmal soviel!

FROSCHTÖTER Der wär uns nit in die Fall geschlupft, der riecht Gift und Eise wie en alte Fuchs!

WIRT *an der Haustür* Horch! De Hund bellt! Da komme se schon!

FROSCHTÖTER Die Franzose?!

WIRT Ich weiß doch nit –

FROSCHTÖTER Rasch enaus, die Leiter umgelegt!

WIRT *läuft hinaus, draußen Stimmen und Schritte.*

WIRT *kommt rückwärts wieder zur Tür herein, ihm folgen auf dem Fuß die Bauern Raab und Rotkopp und ein paar andere Männer aus der Ortschaft: Holzknecht, Achatschleifer, Steinbrecher.*

BAUER RAAB Was machsten du da drauß, Bäumcheswirt?

WIRT Nix Genaues! Ich woollt nur emal gucke!

ACHATSCHLEIFER Ob de Rege naß is, gell? Du bist mir de Rechte!

FROSCHTÖTER *schlüpft eilig in die Küche zurück.*

HOLZKNECHT Der Osespitzel is auch dabei! Da stinkt's, wo der die Nas eneisteckt!

WIRT Was möcht ihr denn – noch so spät? Ich hab eigentlich schon geschlosse –

ACHATSCHLEIFER So, un wenn die Franzose komme, da is noch Feuer im Ofe, gell?

WIRT Die Franzose –?

STEINBRECHER Guck emal die Unschuld, das heilig Muttergöttesje!

BAUER ROTKOPP Schwätzt nit lang und macht kurze Fuffzeh! *Zum* Wirt Is der Bückler hier oder nit?

WIRT Was geht mich denn der Bückler an – ?

BAUER ROTKOPP Nit mehr wie die Schneck im Salat! Ob er da is, will ich wisse!

WIRT Sei Leut sin in der Näh, glaub ich, ihn selbst hab ich seit siwwe Tag nit gesehn, mei Hand soll verdorrn, wenn's nit wahr is!

ACHATSCHLEIFER Aus dem kriegste doch nix heraus. Ruf die Leut her, daß mir se frage könne!

WIRT Das duut kei Gut, sag ich, das duut kei Gut! Besser wär, ihr deet wieder heimgehn un deet euch nix wisse mache bis morge früh!

BAUER RAAB Ja, daß es uns morge früh der Star vom Kirschbaum pfeift! Nein, mir wolle gleich wisse, wie de Stecke schwimmt!

ACHATSCHLEIFER Ruf dem Bückler sei Leut her, mir hawwe mit'n zu redde!

WIRT Ei, ropp du doch selber der Katz e Haar ausm Schnurrbart un laß dir die Händ verkratze! *Er läuft rasch in die Küche zurück und schließt sich wieder ein.*

BAUER ROTKOPP Jetzt sin mir so klug wie vorher. *Er setzt sich.*

HOLZKNECHT Der Teufel soll in de Wald fahrn un alles zammesplittern mit Stump un Stiel! Was gehn denn uns die Franzose an un die Deutsche un de Krieg un's ganze Drumherum! Damit kann ich mei Bälg nit füttern, wenn se kreische!

BAUER RAAB Seit ich mei erste Windel beschisse hab un mei erste Krisch getan, weiß ich nix anders wie allweil Krieg und Soldate un Steuern un Abgab un Einquartierung, un Geld wo nix wert is, un Mehl, das ma nit behalte darf, un Fleisch, das ma nit bezahle kann, un für jeden, der 's Maul auftut, zwei Schutzleut un e Dutzend Richter, die's ihm wieder zubinde! Seit hier der Schinderhannes groß worde is, hat sich kein Zinstreiber mehr übers Land gewagt, un wie mir hier sitze, hat keiner mehr en halbe Kreuzer Steuern zahlt! Unser Korn hammer selbst gedrosche un unser Kartoffel selbst gefresse, un die Würscht sin billig worde, weil kein fremde Händler mehr die Preis getriebe hat!

ACHATSCHLEIFER Unser Werkmeister in der Schleiferei hat gesagt, die Bandite müßte raus, un es müßt wieder Ordnung gewwe, weil sonst kei Ausfuhr wär! Ei, was geht mich die Ausfuhr an, Ausfuhr is was für die reiche Leut, ich brauch kei Ausfuhr, ich brauch besser Esse, wenn ich schaffe soll!

STEINBRECHER Das sin unser Brotherrn, die hole 's Militär, ob deutsch oder französisch, von de Fürschte oder von der Republik, damit se mehr Profit mache un uns schlechter bezahle könne!

HOLZKNECHT Bravo! So isses auch mit der Holzschlägerei! De Fürscht von Lahnstein will sein Wald verjuxe, und mir hawwe die Händ voll Blase! Ei, hat denn der die Tanne wachse lasse un auf die Buchewurzel geregnt?!

BAUER ROTKOPP Das hilft uns all nix, wie mir schimpfe un kreische, jetz isses aus mitm starke Joseph! Ihr habt se gehört einmarschiern un haltmache vorm Gemeindehaus, so viele Füß hawwe getrappt, wie kein Kaufmann hat zähle könne, e ganz Bataillon muß es sein, wenn's nit mehr sin.

ACHATSCHLEIFER Un wenn se komme mit der ganze Rheinarmee un mehr Kanone wie Leut – solang er hier nit verrate wird, kriegt kein Teufel den Bückler zu fasse!

BAUER ROTKOPP Wer redt hier von Verrate! Wenn der Schinderhannes im Hunsrück gehetzt wird, dann hat jeder Zwiwwelkaffer noch e Schlupploch, in das er verschwinde kann! Aber ich sag, es hilft uns nix! Die graben uns das Wasser ab, bis mir vor Durscht verrecke! Der Hannes kann uns nit mehr helfe – jetz muß er sich selbst helfe, jetz kommt er ins Gedräng, und das geht auf unserm Buckel aus! Sei Leut hawwe's toll getriebe, un er hat auch selbst en schwere Sündezettel, vorigs Jahr auf Christi Himmelfahrt hat er zwei reiche Höf herunnergebrannt, die Gutsbesitzer liege alleweil dene Mainzer Generäl in de Ohrn – un jede Magistratskass, wo er hat springe lasse, un jeder Soldategaul, wo er gestohle hat, heckt e neues Regiment gege ihn! Aber wer muß de Krieg bezahle, un wer muß hungern, damit der General hier Treibjagd mache kann? Mir, un unser Weiber un Kinner, un unser Vieh und unser Wirtschaft!

BAUER RAAB So isses, bei de Generäl müsse mir zahle, un beim Schinderhannes hammer noch dazukriegt!

BAUER ROTKOPP Un trotzdem sagen ich: der Schinderhannes muß fort ausm Land, sonst geht uns die Saat verhagelt un richt sich nimmer hoch!

In der Tür erscheinen ein paar priesterartig schwarz gekleidete, aber recht armselige Gestalten, der Schullehrer Philipp Mosebach, der greise Schmied Schauwecker, ein Mann mit Stelzfuß und ein hagerer zerlumpter Bettelknabe.

MOSEBACH Christi Brudergruß, ihr rechtschaffene Männer.

ACHATSCHLEIFER Da – guck, die Sektebrüder hawwe auch Pulver geroche! Ihr kommt grad recht, ihr Prophete, uns is der Heilig Geist ausgange, vielleicht könnt en ihr wieder anzünde!

SCHMIED SCHAUWECKER Mir letzte Jünger des Täufers Melchior sin's gar nit anders gewohnt, Spott un Hohn is unser täglich Brot, das mir in Demut fresse – aber wenn de nit gleich zu uze aufhörst, du schlechter Pfälzer, du eingewanderter, du Kuckuck im Bachstelzenest, du aufgeplusterter – da sollste de alte Schmiedejockel kennelerne, wie er die Spreu vom Weizen sondert! Amen! *Er setzt sich.*

MOSEBACH Friede, Friede, verzankt euch nit wege nix, ihr Männer, wo uns der böse Feind im Nacke sitzet, all ohne Unterschied!

BAUER RAAB Wo kommt ihr denn her?

BETTELBUB Mir han in der Wachstub gesesse vom Gemeindehaus un hawwe die Auferstehung des Herrn erwartet, seit Einbruch der Dämmerstund, aber es is als nix passiert, nur der Schmiedejockel hat ein streiche lasse –

SCHMIED Saubub! Das war de Teufel, wo mir ausfahrn is!

BETTELBUB Ich hab's geroche!

STELZFUSS Schiß oder Satan, da sin die Gendarme komme von Oberstein un hawwe gesagt: Ihr müßt hier raus, hier wird Quartier gemacht, hier kommt e Regiment Chasseurs ins Ort, zu Pferd un zu Fuß, mit Reiter un Wage, wie der Pharao, wo die alte Judde verfolgt hat –

SCHMIED Hab ich gesagt: Da soll de Dollbach aufschwelle wie ein rotes Meer, un soll se verschlinge allesamt mit Roß und Waffe –!

BAUER RAAB *lacht* Das wär e Stückche!

MOSEBACH Lacht nit, ihr Männer, euch sucht der Herr mit Plage heim un schlägt euch im eigne Fleisch! Ich hab im Dunkel gestande mit meine zitternde Schaf, un hab se anrücke sehn un redde hörn mit unserer Obrigkeit auf der Mairie: sie komme her zur Straf wege der Räuberschaft un Rebellion, sie wolle de Hunsrück säubern von zuviel Kraft un Widerstand, bei uns wird zwangsmäßig ausgehobe, mir solle junge Leut stelle für die Rheinarmee – jed Haus, wo mehr wie zwei Männer hat, soll einer einrücke als Rekrut!

BAUER ROTKOPP *springt auf* Soldat werde?! Mein Schorsch? Mein Jörl?! Eher bind ich mei siwwe Taler in e Sacktuch un mach übern Rhein, mit all meine Leut!

ACHATSCHLEIFER Ja, daß dich drüwwe der Preuß un der Österreicher packt un dich erst recht in de steife Krage zwängt un unter die Pickelhaub!

STEINBRECHER Krieg spiele und blutig Verreckelches, Schlachthämmel, Kanonefutter, so muß es komme, dazu sin mir gut!

HOLZKNECHT Da hack ich mir lieber mit meim groöe Beil das Schienbein in Fetze!

BAUER RAAB Un was hat unser Maire dazu gesagt – un was hat der Schultes gemacht un der Friedensrichter un der Amtmann?!

MOSEBACH Spar meiner brüderliche Scham die Antwort, Raab. Du kennst ja die Sörtcher –

SCHMIED Gekatzebuckelt hawwe se bis auf de Erdbodden, un dem Herrn Kommandant die dreckige Stiffel abgeleckt, da hätt nit viel gefehlt!

BAUER ROTKOPP *läßt den Kopf auf die Tischplatte fallen* Hätt ma nur kei Kinner in die giftig Höllewelt gesetzt.

MOSEBACH Lasset uns beten –. *Er beginnt stockend: Schmied, Stelzfuß und Bettelbub fallen leiernd ein* »Herr, der du uns Ärmste der Armen – uns Ärmste der Armen – mit Wasser und Feuer wiedergetaufet hast – wiedergetaufet hast – laß uns das Haupt hochheben gegen alle Verfolgung der Widersacher – gegen alle Verfolgung der Widersacher – und nicht ablassen von unser Glaub und Recht – von unser Glaub und Recht –«

Wildes Hilferufen und Schreie einer Frau gellen plötzlich von oben, dann auf der Treppe und hinter der vom Wirt verriegelten Tür – es wird mit Fäusten und Füßen gegen die Tür getrommelt – man hört Schritte, Rufe, Gestampf – alles springt auf, lauscht entsetzt – einige stürzen zur Tür.

ACHATSCHLEIFER Hebt doch die Riegel hoch! De Riegel uff! So! Un de Schlüssel rum, da is ja zugeschlosse! Halt aus, Mädche, mir komme!

Die Tür geht auf, heraus stürzt Margaret Blasius, mit zerrauftem Haar und zerrissenen Kleidern, Würgmalen am Hals, Blutspuren an der Stirn, sie rennt wie besessen bis in die Mitte der Stube, schreit mit dünner heller Stimme, immer im selben Ton.

MARGARET Der bringt mich um – der bringt mich um – der bringt mich um –!

ILTIS JAKOB Aber Mädche, ich will dich doch nit umbringe, im Gegenteil, ich mach dir noch eins dazu. Das geht euch gar nichts an, wenn mir das Mädche gefällt – *Will ihr nach, wird vom Achatschleifer und Steinbrecher festgehalten* Laßt mich los! Das is mei Sach, das geht keinen was an! Laßt mich los, ihr Kaffern! *Benedum, Seibert, Zughetto und Benzel sind hinter Iltis Jakob auf der Treppe erschienen, drängen in den Raum.*

SEIBERT Ein Dreckfetze, wo jetzt hinter die Menscher hermacht! *Er packt ihn am Hals, Benedum trennt sie.*

ILTIS JAKOB *keuchend, blau im Gesicht*

MOSEBACH *tritt zu Margaret, die wie ein Tier zitternd, suchend durch die Stube läuft* Sei stille Schwester, mir schütze dich –

MARGARET *sieht sich hilflos um, von einem zum andern.*

BENEDUM Jakob, komm doch bei dich!

MARGARET *schreiend* Nein – nein – ich bleib nit hier – ich will nit – ich bleib nit mehr hier – lieber im Wald verrecke – lieber im Wald – lieber im Wald – *Sie rennt schreiend zur Tür hinaus, verschwindet im Dunkel.*

ILTIS JAKOB *will ihr nach* Halt! Stehebleibe! Wo machstn du hin!

BENEDUM Lasse laufe. Du holst se doch nit ein.

SEIBERT Totschmeiße sollt ma den! Mir annern schaffe, daß uns der Schweiß in die Auge läuft un hacke alle Betten samme un mache Brustwehr un Barrikade vor jede Fensterlus – der Louis will das Mädche knalle, hinterrücks mit Gewalt!

ILTIS JAKOB Ei, wenn sie's doch ohne Gewalt nit macht!

BAUER RAAB *spuckt aus* Wege dem Viehzeug kriege mir die Plag ins Land.

BENEDUM Das is nur weil der Bückler verschwunde is, seit mehr als e Woch. Wenn der Hannes fehlt, da sin mir wie en Bauch ohne Kopp un Knoche, ich sag's, wie's is.

ACHATSCHLEIFER Un wißt ihr gar nit, wo der Bückler stickt?

BENEDUM Wenn ich's wüßt, deet ich hier nit sitze.

BAUER RAAB Komm, Juller, mir gehn. Wenn der Bückler nit hier is, hat's ja doch kein Zweck. Die Köpp hängelasse könne mir auch daheim.

BAUER ROTKOPP Was soll ich daheim, wo die Weiber flenne.

MOSEBACH *in der Ecke, mit seinen Sektierern* Lasset uns beten – *Sie murmeln flüsternd und verworren.*

Bauern, Achatschleifer, Holzknecht und Steinbrecher stecken die Köpfe zusammen. Man hört den Wind gehen.

BENZEL Vielleicht hat er Ruch bekomme zur rechte Zeit un hat sich linkshändig über die Berg gemacht mit seim Julche!

SEIBERT Benzel, dir soll die Zung verfaule in deim kranke Rache.

BENZEL Ich sag: den hammer gesehn! Der hat sei Schäfche ins Trockne gebracht, der hat mehr Geld, wie mir wisse – drowwe in Holland läßt sich sauber lebe – weit vom Schuß – un mir könne die Köpp hinhalte!

BENEDUM Den Stinkbock hat der Bückler ausm Simmerer Turm getrage, für den hat er drei Tag Eisestäb gefeilt un e Wachkugel in de Hals bekomme!

BENZEL Das hat mit der Wurscht nix zu tun!

SEIBERT Wenn einer spricht, der sonst immer Musik macht, da soll ma gar nit hinhöre. Bei dem is der Kopp voll Würm.

BENZEL Aber die Würm, die leuchte als heller wie de andern ihr Bohnestroh! Da gibt's als Glühwürm, denk ich –!

BENEDUM Jetz is genug, Benzel. Ich will kei Wort mehr hörn!

BENZEL Auch gut. Da pfeif ich eins! *Er pfeift: »Das ist der Schinderhannes – der Lumpenhund, der Galgenstrick«.*

ZUGHETTO *summt leise den Text mit.*

Es pocht an die Tür.

ALLE *fahren auf.*

SEIBERT *packt die Pistole* Wer da?!

BÜCKLERS STIMME *draußen* Darf ma hier eintrete ohne Passierschein?

BENEDUM *springt auf, schreit* Passiert, passiert, mit Pferd und Wage!

BÜCKLER *tritt ein, lachend* Das war die richtig Antwort! Hans Bast! *Er drückt Benedum die Hand, dann wendet er sich rasch zurück* Komm herein, Julche, daß de trocke wirst! *Er sieht sich um* Es sind ja viele Leut in der Stub, aber kei schlechte Auge drunter! Guten Abend, ihr Leut! *Er grüßt nach allen Seiten.*

JULCHEN *tritt ein* Guten Abend –

BÜCKLER Komm, Julche, zieh dein Mantel aus, das platscht ja alles vor Näß! Das rechte Frühlingswetter, heut morgen hat noch die Sonne geschiene, jetzt könne mir schwimme, auf Ostern! Da, setz dich ans Feuer, un zieh auch die Stiefel aus! Seibert, leg en frische Holzklotz auf, der is ja fast verkohlt. *Er wirft seinen Mantel über einen Stuhl. Es herrscht Schweigen.* No, ihr seid recht lebhaft hier, das muß ma sage! Hat euch der saure Wein die Stimm aus der Gurgel gekratzt? Was is denn los, Benzel? Du siehst ja aus wie geschissene Äppelbrei! Hast wieder mit der Gall zu tun? Ich sag's ja, die kranke Leut könne die Märzluft nit vertrage, besonders wenn se scharf is, wie heuer! *Er geht zur Schänk*

Aha! Zugeschlosse! Der Wirt muß früh schlafe. Auch gut! Mir sin versorgt! *Er holt eine Flasche aus seinem Mantel, schüttelt sie, tut einen tiefen Zug* Das wärmt, bei dem Wetter! Wer will emal?

BENEDUM Hannes – ich hab dir was zu melde –

BÜCKLER Was denn? Ich will nit hoffe, daß einer fehlt?!

BENEDUM Das nit. Es sin alle Mann beisamme –

BÜCKLER Das is die Hauptsach. Das annern eilt nit. *Er tritt zu den Bauern* Wie steht's, Rotkopp? Habt Ihr de Mistpuddel schon aufs Feld gefahre?

BAUER ROTKOPP *starrt ihn an, antwortet nicht.*

BAUER RAAB Bückler – der will dir was melde –

BÜCKLER Ich hab schon gehört! Wird weiter nix auf sich hawwe. Möcht lieber wisse, wie bei euch das Brünnche läuft, ihr Nachbarsleut all mitenanner! *Er setzt sich rittlings auf den Tisch.*

SEIBERT *fast schreiend auf ihn zu* Hannes! Die Franzose sin im Ort!

BÜCKLER Ja – das dritte Regiment zu Fuß, un e halb Schwadron berittene Chasseurs. De Kommandant heißt Mollinet, un sein Hauptmann is en Elsässer Keibekopp, der sich einbildet, er könnt unser Sprach verstehn! *Er lacht dröhnend* Un deshalb stecken euch die Klöß im Hals, ihr Leut! Un deshalb habt ihr Eisbrocke zwische de Zähn?! Spuckt se doch aus, daß ihr wieder Luft kriegt!

ACHATSCHLEIFER Da gucken her! Der weiß schon alles!

BÜCKLER Un noch e bißje mehr, was ihr nit wißt!

HOLZKNECHT Was denn? Ziehn se wieder ab?!

STEINBRECHER Müsse mir nit Soldat werde?!

BÜCKLER Das kommt drauf an! Das wird sich weise!

SEIBERT Ihr Leut, jetz is alles wurscht un schnuppe, jetz kann's Kieselstein regne un Roßäppel schnein, jetz is de Hannes da, jetz hammer gewonne!

BAUER RAAB Sei doch still, du Krischer, laß en doch erst redde! Was is mit de Franzose, Bückler?

BÜCKLER Ich hab se schon heut mittag in Hottebach gesehn, da warn se aufmarschiert am Straßekreuz un wußte nit rechts oder links. Da hab ich's Julche in de Wald geschickt un bin emal hingange. Der Hauptmann hat e Landkart aufm Sattel gehabt – da war nix druff wie en braune Placke – als hätt der liebe Gott unsern Hunsrück vom Himmel herabgeschisse! »Wo fehlt's denn, Capitaine?« – hab ich gesagt. – »Ich bin hier Staatsförster un kenn mich e bißje aus!« Sagt der in seim wacklige Keibedeutsch: »Mir suche die Mairie von Griwwelschied, da han mir schon Furage hinbestellt un künne de Wäg nit finde!« Da hab ich se dann e Streck über Land gebracht un hab mir erzähle lasse, was ich wisse wollt!

ACHATSCHLEIFER Un was hat er verzählt, der Saumage?

BÜCKLER »Erst muß de Hunsrück gesäubert werde von Raubzeug un Bandite« – hat er gesagt – »dann kann ma Schritt vor Schritt die harte Bauernköpp weichkloppe! Die viele Fresser tun hier nit gut« – sagt er – »die Hälft muß Soldat werde, damit die ander Hälft genug zu schaffe hat un auf kei dumme Gedanke kommt!«

BAUER ROTKOPP Hätt ich dem sei schlechte Gurgel zwische de Finger!

BÜCKLER »Freilich« – sag ich – »so denke mir all in der fürstlich Beamteschaft, die Leut muß ma untehalte, sonst könnt's uns gehn wie euch sellemals, in Paris!«

ACHATSCHLEIFER Das hat gesesse!

BÜCKLER »Ja« – sagt der un guckt mich so schepp von owwe an – »euer Rheinfürschte, die wisse genau, warum se mit uns sammegehn! Dene is grad recht, wenn mir hier das faule Stroh dresche!«

BAUER RAAB Da habt ihr's! Unser Fürschte! Unser eige Land!

BÜCKLER Zum Schluß hat er mir en frisch gedruckte Zettel in die Hand gestoppt: »Da« – sagt er – »das schlage Se an auf Ihrer Försterei! Das soll e jeder lese, damit er weiß, was für Wetter gibt!« *Er zieht ein Plakat aus der Tasche, rollt es auf – klatscht es mit einem Hieb in einen hervorstehenden Nagel an der Wand* Guckt euch an, ihr Leut, es kost nix un is auch nit geloge! *Er tritt zu Julchen, die unbeweglich am Feuer sitzt, ohne ihn anzublicken.*

DIE ANDERN *umdrängen das Plakat.*

BAUER RAAB Sag's vor, Schulmeister, für die, wo nit lese könne!

MOSEBACH *liest, alle lauschen atemlos* »Fünftausend Gulden rheinische Währung auf den Kopf des Johannes Bückler, genannt Schinderhannes, tot oder lebendig, am Leib oder vom Rumpf getrennt, – setzt aus der Kommandant von Mainz und der Commissaire général der Rheinlande. Wer sich der Teilnahme oder Gemeinschaft mit seiner Bande schuldig macht, fällt unter Kriegsrecht und wird mit dem Tode bestraft. Wer seiner Sach oder Person Vorschub leistet und ihm oder seiner Bande Nahrung oder Unterschlupf gewähret, fällt unter Kriegsrecht und wird mit dem Tode bestraft, samt Verlust von Haus, Hof und Habe. Gezeichnet Jean Bon St-André, Kommandeur der Rheintruppen.«

ACHATSCHLEIFER Der is gepfeffert und gesalze, der Mainzer Jambon-Schinke!

BAUER ROTKOPP Jetzt hängt eme jedem hier in der Stub de Kopp nit fester wie en losgedrehte Hoseknopp.

Schmied Schauwecker Der Tod hat alleweil sei Sens geschliffe – und braucht nit auf de Kommandeur von Mainz zu warte. Wenn er kommt, is er da.

Benedum Un wen se nit hawwe, hänge se nit! Der Hunsrück is groß und voll dicke Wälder.

Zughetto Mir könnte auch in de Spessart mache, oder in de Odewald, wenn mir erst hier de Kopp aus der Schling draus hawwe.

Seibert Wart ab, was der Bückler sagt.

Alle *sehen zu Bückler hin, schweigen. – Der dreht ihnen den Rücken, stochert im Feuer.*

Bauer Raab Bückler – mir sin hierher komme heut nacht aus unsere Höf un Häuser, weil mir merke, wie das schlimm Wetter uffzieht von alle Seit un wie de Wald wackelt. Mir hawwe zu dir gehalte bis heutigen Tag, un hawwe nie kein Schade von dir gehabt, un du nit von uns. Jetz brandelt's an unserm eigne Gartezaun – jetz stehn die Wildsäu in unserm Acker drin – mir wern dir auch jetz kein Knüppel zwische die Füß werfe – das kannste sicher sein – aber wenns Boot e Loch hat, muß ma wisse, wie ma's zustoppt!

Bückler *antwortet nicht – er beugt sich tief übers Feuer, legt Holz auf, bläst die Glut an. Man sieht sein Gesicht nicht.*

Alle *sehen zu ihm hin, in lautloser Erwartung.*

Bückler *richtet sich langsam vom Feuer auf – packt sie mit den Augen. Ein paar Leute, die gesessen haben, heben sich unwillkürlich mit ihm hoch, wie von seiner Bewegung gebannt, starren mit offenem Mund zu ihm hin. Er spricht ruhig und klar, fast leise* Seibert, wieviel Gewehr sin beisamme?

Seibert *rasch* Stücker dreißig, un e paar Dutzend Pistole!

Bückler Die andern?

Seibert Liegen im Holzschuppe am Birkewäldche.

Bückler Die holst du bei, aber rasch! Nehm dir zehn Mann, lauft, un zieht e Postekett, vom Waldrand bis zum Gemeindehaus. Zughetto un Petronellemichel gehn mit un melde, wenn ihr steht! Ihr wart ruhig ab, bis mir stürme! Die Losung heißt: Himmelhund!

Achatschleifer Der schmeißt se naus, Kinner – der schmeißt se naus!

Bückler Aber gründlich, ihr Leut, daß sie's Wiederkomme vergesse!

Seibert *schreit* Hoch Himmelhund! *Er stürzt hinaus, mit Zughetto und Petronellemichel.*

Benedum Hannes! Sag mir, was ich mache soll!

Bückler Wart ab! Es gibt genug zu tun! Erst muß ein Rennbaum gefällt werde, daß mir gleich die Torn sprenge könne mit drei, vier

Stöß – en großer glatter Buchestamm muß es sein, wie drüwwe beim Zaun stehn!

HOLZKNECHT Den mach ich herunner, bei mir da zuckt's, wenn ich losleg! Eh daß ihr in die Händ spuckt, liegt er schon um un is die Kron ab!

Er packt sein Beil und rennt hinaus.

Man hört während des Folgenden die Axtschläge von draußen.

ALLE *drängen jetzt in wilder Erregung auf Bückler ein.*

STEINBRECHER Ich helf mit, Bückler, ich helf mit!

ACHATSCHLEIFER Der dreht de Spieß um, Kinner, der jagt die, wo ihn jage wolle! Jag se, Hannes, jag se, daß se die Schlappe verliern!

BENEDUM Die sin ja hin un kaput, eh se die Hand wende! Die sin hier fremd bei Nacht un Nebel – un mir kenne jed Schneckehaus in de Büsch!

BAUER RAAB Die solle sehn, was hier heißt: die harte Köpp weichkloppe!

BAUER ROTKOPP Un wenn se wiederkomme, doppelt un dreifach!

BÜCKLER *jetzt mit harter, wilder Stimme* Die komme nit wieder, sag ich euch! Die kriegen e Lehr für ewig und drei Tag! Wenn ich hier sauber mach, da bleibt kein Dreck unnerm Nagel!

ACHATSCHLEIFER Raus mit'n! Raus mit'n!

BÜCKLER Die schreiben mich an die Wand, als Staatsverbrecher – gut! Die solle wisse warum! Wenn die mein Kopp so teuer kaufe wolle, dann solle sie'n auch kennelerne, aber nit zu knapp! Ich will's euch weise, wie ma de Hunsrück säubert: mit dene paar Franzose is es nit geschafft! Was geht mich an, ob einer deutsch redt oder türkisch! Wer hier nit für uns ist, der is gege uns un fliegt raus!

BAUER RAAB So is es: Der Amtmann muß raus!

ACHATSCHLEIFER Heut nacht lernt er fliege, un de Bürgermeister un de Oberbutze dazu!

STEINBRECHER Un der Dreckjudd muß eraus, der de arme Leut nix mehr aufschreibe will!

ACHATSCHLEIFER Judd oder Christ, alle Kaufleut müsse raus, un alle Lohnschinder müsse raus!

BAUER RAAB Un die Pfaffe müsse raus, die nix wie fresse un unsern Kinner die Köpp vollschmuse – die Pfaffe müsse raus!

BÜCKLER Ich nehm's uff mei Wort un Hand – unser Land wird sauber – un soll sauber bleibe! Jetz heißt's nur: sammehalte!

BENEDUM Wie en Stock voll Ranke!!

SCHMIED *wuchtet plötzlich mit hochgereckten Armen auf Bückler los* Sankt Schorsch! Du Drachetöter!

MOSEBACH Der hat 's innere Licht! Der hat 's innere Licht!

ACHATSCHLEIFER Kei Wunner, wenn uns all mitenanner die Stallatern uffgeht!

SCHMIED Halts Maul, wo das geistlich Zungefeuer auf unser Köpp herabträufelt! Ihr Leut, heut fällt Ostern un Pfingste uff ein Tag!

MOSEBACH Ihr müsset glaube, Brüder, ihr müsset glaube, dann führt uns Gott in der Feuersäul!

ACHATSCHLEIFER Mir glaube alles, wenn's losgeht, mir glaube, was de willst!

SCHMIED Stimmet an das Osterlied –! *Er beginnt mit mächtiger Stimme, die Melchioriten fallen jubelnd ein*

»Das war ein wunderlich Krieg,
Da Tod und Leben rungen,
Das Leben behielt den Sieg,
Es hat den Tod verschlungen!
Die Schrift hat verkundet das,
Wie ein Tod den andern fraß:
Ein Spott aus dem Tod ist wor-den!«

ZOPPI *ist währenddessen in der Tür erschienen, haut mit dem Ochsenziemer auf den Boden* Hüh –! Ihr habt ja Stimme wie die bayrische Zuchtbulle, ihr! *Der Gesang verstummt.*

ZOPPI *zu Benedum* Ich hab euch nit verrate, was geht's mich an, mei Ochse sin bezahlt. Aber in zehn Minute wern se abgeholt, von eme Kommando Kavallerie, da könnt ihr sehe, wo ihr bleibt!

ACHATSCHLEIFER Was will denn der hier mit seim viereckige Kopp!

BENEDUM Das is der Furageur von de Franzose, en Binger Metzger!

ACHATSCHLEIFER Der kommt e bißje spät, mit seine Neuigkeite! Ich glaub, der is e bißje langsam, der!

DIE ANDERN *lachen und johlen.*

ZOPPI *wütend* Ihr habt bald ausgelacht, ihr Lumpebrüder! Wart nur, wenn se komme!

BENEDUM Der merkt als immer noch nix, der Schwelleschädel! *Neues Gelächter*

BÜCKLER Die fange mir ab, die wo die Ochse hole wolle, un dann treibe mir die Ochse vorne her beim Sturm, damit se denke, ihr Furage kommt mit Gebrüll, un dann komme mir!

MOSEBACH Hannibal! Hannibal!

ACHATSCHLEIFER Hoch Hannebampel! *Er dringt auf Zoppi ein* Alter Hannebampel!

ZOPPI Macht, was ihr wollt, ihr Affegesindel, was liegt mir dran! Ich will mei Esse jetz, un wenn ich mir's selber koche soll! *Er tritt zornwütig die verschlossene Küchentür mit dem Stiefel ein, verschwindet in die Küche.*

BÜCKLER Jetz aber kurz Gebet un lange Bratwurst! Hans Bast, sammel alle Leut in der Hauptstraß, de Rennbaum in die Mitt, wenn er fertig is! Aber macht kein Krach, seid still auf der Gaß, damit se nit zu hurtig Wind bekomme! *Zu den andern* Wer macht mit von euch?!

ACHATSCHLEIFER Da bleibt keiner zurück!

BAUER ROTKOPP Wenn der Himmel erunnerfällt, sin alle Spatze tot! Los!

BAUER RAAB Heim, un die Sense gewetzt!

BÜCKLER Halt! Es muß Leut gewwe, die de Wolf jage, un es muß Leut gewwe, wo die Schaf hüte! Wer en Hof hat oder e Häusje un e Weib un Kinner daheim, der läßt mir die Finger weg un bleibt hinne! Euch Bauern brauche mir lebendig lieber als totgeschosse! Mir wolle auch wieder Brot esse un Kuche backe!

STEINBRECHER Aber mir, mir hole all unser Kerl ebei, mit de Spitzhacke un mitm Felseklöppel!

SCHMIED Unser heiliger Glaube verbiet uns de Kampf mit Waffe un Gewehr. Aber wenn mir unser eisebeschlagene Spazierknüppel in die Hand nehme un werde angegriffe, da könne mir druffschlage, daß die Funke spritze!

BENEDUM Dran, die Mäuler gehalte un die Waffe geholt! Die Losung heißt: Himmelhund!

ILTIS JAKOB *vor Bückler* Hannes, ich bin en Dreckfetze, Hannes, en elender Dreckfetze –

BÜCKLER Los, nehm dir e paar Leut un fang das Ochsekommando – aber nur nit laut!

ILTIS JAKOB Kein Pfiff sollste höre! *Ab*

DIE ANDERN *drängen unter Benedums Führung hinaus.*

MOSEBACH Bückler, des Herrn Kraft un Sege in dei beide Händ! Wenn mir uns wiedersehn, da soll die Ostersonn scheine überm Land, un ob de Himmel voll Wolke geht!

BÜCKLER *drückt ihm die Hand.*

ALLE *eilen hinaus, verschwinden im Dunkel.*

Es wird still. Im Zimmer bleiben nur Bückler und Julchen.

BÜCKLER *steht in der Tür, sieht den Abziehenden nach. Dann blickt er sich um, saugt tief die Luft ein* Es hat aufgehört. Die Stern komme raus.

JULCHEN *bleibt unbewegt, ohne aufzublicken, wie seit ihrem Eintritt.*

BÜCKLER *dreht sich zu ihr um* Warum bist so still, Julche?

JULCHEN *schweigt.*

BÜCKLER *zieht die Tür hinter sich zu* Warum sagst gar nix?

JULCHEN *sieht ihm voll ins Gesicht. Sie ist sehr blaß, ihre Augen brennen.*

BÜCKLER Freust dich nit e bißje – wie mein Gaul jetzt rennt?

JULCHEN Nein. *Sie steht auf* Ich mag nit lüge.

BÜCKLER *tritt dicht zu ihr* Julche! Was is denn –

JULCHEN *fast lächelnd, bittend* Laß mich jetz naufgehn! Ich bin müd – sonst nix.

BÜCKLER *starrt sie an* Erst muß ich wisse, was du denkst!

JULCHEN Es is ja zu spät. Du machst ja doch, was du mache willst.

BÜCKLER Ich tu, was ich tun muß! Nix is zu spät! Grad recht is alles!

JULCHEN Du – wenn's noch Zeit is – wenn's noch rückwärts geht – dann laß es sein! Tu's nit!

BÜCKLER Eher trag ich selbst mein abgehackte Kopp nach Mainz – als daß ich hier die Zügel falle laß! *Tobend* Es wird geritte, un wenn der Gaul krepiert!

JULCHEN Jetz schreist du so laut, daß du dich selbst nit hörst! Du hast ja Blut in de Auge vor lauter Trotz!

BÜCKLER *läuft umher* Es gibt kei Zurück! Es gibt nur Vorwärts! Jetz krieg ich die Arm frei, jetz will ich se rege! Was Pferd stehle, un Kaufleut plündern, un e Kaß knacke, das kann jeder krumme Hund, solang ihm die Luft nit ausgeht! *Mit den Füßen stampfend* Ich kann was anders – un ich werd's euch zeige!

JULCHEN Warum schreist du so laut – wenn du recht hast!

BÜCKLER Mei Sach is sauber! Mei Sach is recht! Ich hab nix getan, was ich nit wieder tät! An meine Händ klebt kei Blut!

JULCHEN Heut nit! Aber morge!

BÜCKLER *starrt sie an, heiser* Morge –

JULCHEN Das is nit gut, was du mache willst! Das muß dich umschmeiße! Das geht nit ab ohne Mord –!

BÜCKLER Das is kein Mord! Das is Totschlag! Das schadt nix, im offene Kampf! Die han ja angefange! Warum komme se her?!

JULCHEN Aber du kannst es doch nit wehre! Wie willst denn du Krieg führe, gege die Welt?! Denk doch, wie mir im Weggrabe gelege sin, am Rheinufer drunte, bei der große Heerstraß – denk doch die viele tausend Huf un Räder un Kanone – das trappt un trappt, das rollt un rollt, en ganze Tag lang wie Mühlklappern an unsere Köpp vorbei – ich spür noch de Boden zittern durch mein ganze Leib, wenn ich's im Schlaf seh–!

BÜCKLER Das marschiert alles auf die ander Rheinseit! Das kommt hier nit aufwärts!!

JULCHEN Wenn's aber doch kommt, wie Hochwasser bergauf, un schlägt über dich samme?! Das kannst nit lenke! Das nit!

BÜCKLER Ich kann's! Weil ich's könne muß! Un will!

JULCHEN Du kannst doch die große Armee nit aufhalte, mit deiner Handvoll Hunsrücker?!

BÜCKLER Schweig! Das is Männersach! Das geht dich nix an!

JULCHEN Dann frag mich nit – was ich denk!

BÜCKLER Ich frag dich auch nimmermehr! Ich will nix mehr hörn! Geh nauf, bei die annern Weiber, un leg dich schlafe!

JULCHEN Nein! Jetz schickst mich nit schlafen wie en Vieh! Jetz will ich redde, jetz mußt mich zu End höre, hier, wenn sonst keiner da is, wo dir Licht macht! Die sin ja all besoffe, wenn du se anguckst! Die springe ja von der Rheinbrück, wenn du se runnerjagst! Aber dann, wenn se wach werde, dann falle se um wie morsch Holz – un dann bleibst allein, du!

BÜCKLER *steht keuchend, mit geballten Fäusten.*

JULCHEN *dicht zu ihm, fast zärtlich* Jetz is e Jahr, daß ich bei dir bin – un reut mich kein halbe Tag! Un folg dir, wohin de willst! Un wie's auch geht, un sollst kein Laut höre, wenn's hart kommt – nur jetz – glaub nur jetz, was ich seh –! *Stark* Du hebst aus der falsche Schulter, un mußt in die Knie breche! Ich spür's! Ich spür's doch! *Fast ohne Ton* Ich muß es doch spürn –

BÜCKLER Weg! Du hängst mir zu dicht auf der Haut, du zerrst mich runner! Du willst mich klein mache!

JULCHEN Das weißt du selbst – daß das nit wahr is!

BÜCKLER Weibergeheul! Scheißangst, verfluchte! Bleib mir vom Leib!

JULCHEN Dann bleib ich ganz weg, wenn du mich jetz vom Leib willst! *Sie geht zur Tür.*

BÜCKLER Halt! Da gehst nauf – in die Kammer!

JULCHEN Ich geh hin, wo ich will!

BÜCKLER Kein Schritt weiter! Du rührst die Tür nit an!

JULCHEN Jetz geh ich –!

BÜCKLER *tritt ihr in den Weg, brüllend* Du bleibst! Ich verbiet's dir! *Er hebt die Faust.*

JULCHEN Das wagst du nit. Mach Platz!

BÜCKLER Zurück!

JULCHEN Laß mich durch! Geb die Tür frei!

BÜCKLER Da! *Er packt sie bei den Schultern, schmettert sie furchtbar zu Boden.*

JULCHEN *liegt wie gefällt.*

BÜCKLER *steht regungslos, mit hängenden Armen, den Kopf tief gebeugt.*

JULCHEN *hebt sich hoch, schwer und langsam, bleibt kurz stehen, ohne Besinnung, fast wie im Traum, dann geht sie still zum Feuer, nimmt ihren Mantel, wirft ihn um ihre Schulter, geht zur Tür und verschwindet, ohne sich umzudrehn.*

BÜCKLER *gelähmt, reglos. Dann reißt er den Kopf hoch, starrt zur Tür, will rufen, schreien, bleibt ohne Laut – es scheint, als wolle er fortstürzen, ihr nach, sie heimholen, dann geht er rückwärts, wie von seinem eigenen Körper gezogen, in die äußerste Ecke des Raums, umklammert mit beiden Fäusten eine Stuhllehne.*

Von draußen hört man gedämpfte Stimmen, leis tappende Schritte, verhaltenes Geräusch, anschwellend, näherkommend. Dann erscheint in der offenen Tür ...

BENEDUM Bückler – mir stehn! Is alles bombefertig! Sechs Kerl am Rennbaum, wie die Elefante! Die Ochse sin auch am Bendel!

BÜCKLER *antwortet nicht, man hört seinen Atem.*

BENEDUM *starrt ihn an, kommt plötzlich näher* Hannes – was is denn – wird's nix, Hannes?! Soll ich retour blase!?

BÜCKLER *springt auf, reißt ihm das Gewehr aus der Hand, schwingt es hoch, stürmt hinaus.*

BENEDUM *folgt ihm brüllend* Himmelhund! Himmelhund!

Die Losung wird draußen tosend aufgenommen, dann beginnt, mit wildem Geschrei, Geflacker, Ochsengebrüll, Johlen und Singen der große Sturm. Deutlich hört man die besessenen Stimmen der Täufer »Ein Spott aus dem Tod ist worden« – *und das Lied vom Schinderhannes, auch die Marseillaise wird gebrüllt, und vereinzelte Schüsse fallen.*

CHRISTIAN ZOPPI *kommt mit einer dampfenden Schüssel aus der Küche, auf beiden Backen kauend, geht mitten durch den Raum, öffnet ein Fenster, lauscht kopfschüttelnd hinaus, stopft mächtig weiter.*

DRITTER AKT

Die Schmiede des alten Schauwecker. Der Steckbrief gegen Schinderhannes groß und deutlich an der Wand. Die Schmiede liegt vor der Ortschaft, man sieht draußen die Landstraße. Rückwärts ist die Werkstatt zu denken. Von dort sieht man den Widerschein des großen Schmiedefeuers und hört das Fauchen des Blasebalgs, Pferdestampfen und den singenden Aufschlag des Hammers auf den Amboß.

Dazu die Stimme des alten Schmiedejockel, der zur Arbeit ein geistliches Lied erschallen läßt und es durch häufige unpassende Zwischenrufe unterbricht.

SCHAUWECKER

»Freund, ich bin zufrieden,
Geh es, wie es will –«

Lang mer emal die korze dicke Krampenägel her!

»Unter meinem Dache
Leb ich froh und still!«

Naa, nit die Wanzenägel, die Krampenägel hab ich gesagt, verstehst denn du kei Deutsch, du Olwel?

»Mancher Mensch hat alles,
Was sein Herz begehrt,
Ich bin nur zufrieden –«

Ei, kannst denn du die Wanze nit von de Krampe unnerscheide? Da, halt dem Gaul sein Hinnerfuß, ich hol se selber!

»Ich bin nur zufrieden,
Das ist Goldes wert!«

Festhalte! Festhalte! Spreiz doch die Füß ausenanner! Ei der hängt ja an dem Gäulsbein erum wie en doote Raab an der Kordel!

SOLDATENWERBER *ist unterdessen von der Landstraße her in den Schuppen getreten. Man sieht draußen ein kleines Häuflein frisch angeworbener Rekruten, die auf ihn warten, recht jammervolle Gestalten.*

SOLDATENWERBER *ruft* He, Grobschmied! Wo steht denn mein Wage? Sin die Gäul eingespannt?

SCHAUWECKER *erscheint in der Tür zur Werkstatt, hemdsärmelig, mit erhitztem Gesicht* Hinnerm Haus steht er. Die Pferd saufe noch an dere Brunnetränk. Die Achs hammer gericht un e neu Deichsel eigezoge, kost fuffzeh Rheingulde.

SOLDATENWERBER Was?

SCHAUWECKER 's nächste Mal fahrt nit so hurtig und zieht die Bremse an, wenn's de Berg enunner geht.

WERBER Fünfzehn Gulde, das ist doch e bißje stark. Hast denn du gar kein vaterländische Funke im Leib?

SCHAUWECKER Wenn die Preuße bei uns Rekrute werbe wolle, dann könne se auch unsern saure Schweiß bezahle. Schlechte Lumpe sin billig, aber gut Arbeit kost gut Geld. Christi Brudergruß, und macht, daß er weiterkommt. *Ab in die Schmiede, man hört ihn wieder singen.*

WERBER Alter Mostschädel, gribbischer! *Zu den Rekruten, die noch draußen auf der Straße warten* Los, angetrete! Vorwärts, marsch! – Ei, was is denn da los, wo sin denn die annern? Das wäre doch grad noch emal soviel?

DIE REKRUTEN *schweigen verlegen.*

WERBER Schwerhackernochenei! Wo die annern sin, hab ich gefragt! Habt denn ihr's Redde verlernt, ihr Dussel? Ich hab kei Zeit zu verliere!

EIN REKRUT *tritt vor, ängstlich* Ich glaub, die sin widder heimgange.

WERBER *brüllend* Was? Mitm halbe Taler Handgeld im Säckel? Lumpebagage, saumiserablige! Ich kann doch nit hinnerherlaufe, mir müsse doch vor Nacht üwwerm Rhein drüwwe sein. Himmelhergottsakranundedjönochenei!

SCHAUWECKER *erscheint wieder in der Tür* Wenn du den Namen deines Herrn unchristlich in de Mund nemme willst, dann mach bei die Preuße enüwwer oder meinswege bei die Derke ins Affeland, aber hier unner meim Dach, da hältste de Schnawwel, sonst sollste mal erlewe, was en gerechte Zorn is! *Wieder ab*

WERBER Das is der Dank dafür, das ma hier sei bißje Lebe riskiert! Ei, laßt euch doch von de Franzose aushebe, und in die Rheinarmee stoppe, da wern euch die Auge schon aufgehe! Eins, zwei, drei, vier, fünf, sechs – es werde nit mehr! *Stampft*

Während der letzten Szene sind in einem seitlichen Fenster Benzel, der rote Fink und der Iltis Jakob erschienen, beobachten die Vorgänge. Jetzt sagt im Rücken des Werbers ...

BENZEL Sein euch die Hämmel fortgelaufe, Herr Korporal?

WERBER *fährt herum* Was seid denn ihr für Galgegesichter? Halt die Schnäwwel, wenn ihr nit gefragt seit!

BENZEL *kommt herein* Ich hab gedenkt, ihr hätt halt Verluste gehabt, wie ma's im Krieg nennt.

WERBER Geh doch haam, Verluste! So Kerle, die kann ich gar nit brauche, die wo da gleich hinnerrücks widder ausreiße. Bei uns, in der Preußisch Kriegsarmee, da werde Männer gebraucht. Männer, verstande?

BENZEL Ich hätt awwer e Glasaug, linkerseits. Mitm rechte blick ich wie e Dohl!

WERBER Das linke Auge wird beim Schieße sowieso zugekniffe. Das wär kein Fehler.

BENZEL Wie is denn die Verpflegung bei de Preuße?

WERBER Da guck! *Macht seinen Brotsack auf, zeigt eine mächtige Speckschwarte und ein Kommißbrot*

BENZEL *mit der Zunge schnalzend* Darf mer emal?

WERBER *macht den Sack wieder zu* Halt! Jeder Soldat faßt das, was ihm zusteht. Wer sich einschreibe läßt, kriegt en halbe Taler Handgeld und feldmäßig Verköstigung.

DER ROTE FINK *stotternd* Herr Wachtmeister, mir fehlt an Zah, un außerdem hab ich Plattfüß, macht das was?

WERBER Dafür gibt's Stiefeleinlage, Gottseidank.

FINK *hastig auf ihn zu* Wo kann man sich denn einschreibe?

WERBER *zieht sein Meldebuch heraus* Da. E Kreuzje genügt.

FINK *unterschreibt hastig, reicht Benzel das Buch.*

ILTIS JAKOB *ist herzugetreten, sieht sie an.*

BENZEL *zögernd zu Iltis Jakob* Beim Hannes is nix mehr zu hole. Nix wie en rote Krage. *Zieht mit dem Finger einen Kreis um den Hals* Machste mit, Iltis?

ILTIS JAKOB *spuckt aus, geht rückwärts in die Schmiede ab.*

BENZEL Der Mensch hat kei Lebensart, das is mir schon lang aufgefalle. *Er unterschreibt.*

FINK Herr Wachtmeister, könnte mir jetzt unsern Speck fasse?

WERBER Speck? Sonntags. In der Woch gibts kein Speck.

FINK Was? Un heut is erst Mittwoch, da hammer noch vier Tag zu warte! Ei, da mach ich nit mit!

WERBER Du hast unnerschriwwe, da gibt's gar nix mehr! Deserteure werden an die Wand gestellt.

BENZEL *faßt Fink am Arm* Bsst! Sei froh, wenn de ungeköppt üwwer de Rhein kommst. Drüwwe wern mer schon satt werde!

WERBER Da gibt's jeden Tag Bohnesupp mit Kartoffelstücker, so viel wie de fresse kannst. Bei de Preuße is noch keiner hungrig ins Bett gange.

FINK Das laßt sich höre.

WERBER Los jetzt, allez vite. – *Zu den Rekruten, die noch draußen angetreten stehen* Vorwärts, marsch, hinne links geradeaus um die Eck herum! Alle Mann uff den Leiterwage, der wo am Brunne steht. *Abgehend mit ihnen, von Benzel und Fink gefolgt* Un dann Trab, Trab, Galopp! Bis dunkel is, müsse wir schon auf dem rechte Rheinufer sein. *Alle ab*

ILTIS JAKOB UND SCHAUWECKER *kommen aus der Schmiede.*

ILTIS Schmiedejockel. Du hast doch immer noch was für de Hannes üwwrig gehabt! Denk doch an selbig Osternacht! Mir hawwe seit siwwe Tag nix mehr gesse als wie e paar Waldpilz un saure Schleheäppel.

SCHAUWECKER *geht zur Wand, wo der Steckbrief hängt, deutet auf eine Stelle, liest laut* »... und ihm oder seiner Bande Nahrung und Unterschlupf gewähret, fällt unter Kriegsrecht und wird mit dem Tode bestraft.«

ILTIS Den Wisch kenne mer. Der hat uns lese gelernt! Jockel – uff Ostern hammer losgeschlage, in drei Tag warn mir geschmisse – seitdem klappe die Fensterläde zu, wo sich der Hannes auch nur an der Stalltür zeigt, die Bauern treibe die Küh von der Weid, daß man sich ja kein Fadde Milch ausm Euter strulle kann, un wenn de nur die Nasenspitz ausm dicke Wald enausstreckst, da stinkt's nach Franzose und nach Gendarmefüß. Pfui Deifel!

SCHAUWECKER Wo steckt denn de Hannes jetzt?

ILTIS *geht zum Fenster, deutet hinaus* Da drüwwe im Straßegrabe, hinner dene Heckebüsch. Mir hawwe heut morgen die Franzose abrücke sehe, da han mir uns beigetraut.

SCHAUWECKER Die Franzose sin nur auf Ablösung marschiert. Die komme uff die Nacht widder.

ILTIS Freilich. Dann geht die Hetzerei widder los. Wenn ma wenigstens 'n Bisse Brot im Säckel hätt. De Hannes is jung, der muß esse. Wenn ich denk, was der früher als verbutzt hat uff en korze Awend. Säufleisch und Würscht und Gäns un Hähne, Herrgott, da wird ma ganz rappelig, wenn ma dran denkt.

SCHAUWECKER *schüttelt den Kopf langsam* Gewwe darf ich euch nix. Das is verbote. Aber gege Mundraub gibt's kei Sicherheit. Da in dem Schrank, da hab ich mein Brot drin un mein Rauchschinke. Mach doch Mundraub. Wenn ich da hinne schaffe muß, da hörn ich nix, da könnt schon passiere, daß sich einer dran vergreift. De Schlüssel steckt auch. En Melchiorit kennt kei Mißtraue und kei Menschenfurcht. *Er geh nach hinten.*

ILTIS Jockel, geh her, geb mir die Hand.

SCHAUWECKER Naa, die is voll Wageschmier. *Bleibt am Eingang der Werkstatt stehen, winkt Iltis Jakob heran* Da guck emol, dahinne, kennste den Gaul, wo da angebunde is?

ILTIS Naa, aber an dem Sattel, da hängt doch en Gendarmesäbel dran.

SCHAUWECKER Das is 'm Adam sein Brauner. Er hat sichs linke Hinnereise errunnergetrete, mir hawwe's gleich widder druff. Innerer halb Stund is er da und holt en. – Eilt euch. *Geht*

ILTIS E halb Stund is lang, wenn de Mage knurrt.

SCHAUWECKER *beginnt im Hintergrund wieder zu singen und zu hämmern.*

ILTIS *rasch zum Fenster, pfeift über die Finger, winkt. Dann rennt er zum Schrank schließt auf, holt Brot und Schinken heraus. Inzwischen kommen, fast laufend, Bückler, Benedum, Seibert, Zughetto von der Straße her. Benedum will etwas rufen, Iltis Jakob macht ein Schweigezeichen, wirft das Brot und das*

Fleisch auf den Tisch. Alle stürzen sich darüber her und beginnen wie ausgehungerte Tiere zu schlingen und zu kauen.

ILTIS *nach einer Weile mit vollem Mund* De Benzel is futsch.

SEIBERT *hochfahrend* Was? Geschnappt?

ILTIS Ach wo! Ausgewischt. Dem warn hier die Nächt zu kurz und die Täg zu mager.

BENEDUM Bei die Preuße?

ILTIS *nickt fressend.*

BENEDUM Der soll im Stehn verrecke, der Sauhund.

ZUGHETTO Seid froh, das man los sin. Der hätt am meiste gefresse vom Jockel sein Rauchschinke.

BENEDUM Un ich sag, seid froh, daß man los sin. Der hätt sich noch de Sündelohn verdient, eines Tages.

BÜCKLER Schweig. *Er hört auf zu essen, starrt den Steckbrief an. Stille. Dann sagt er leise* Laßt den Benzel in Ruh. Der is fort, und er weiß, warum.

BENEDUM Hannes –

BÜCKLER Der weiß warum, sag ich. Un jetzt sag ich euch noch was. Der preußisch Rekrutewerber kann noch kei Wegstund weit sein. Jetzt habt ihr was gesse, jetzt habt ihr widder Kraft. Lauft, was ihr könnt, rennt hinnerher un laßt euch einschreibe, un macht übern Rhein enüwwer. Es wird das letzte Loch sein, durch das einer ausschluppe kann.

BENEDUM Soldat werde? Rekrut spiele? Hannes, das kann dein Ernst nit sein.

BÜCKLER *immer noch leise, sehr eindringlich* Versteht ihr mich nit? Ich verdenks' keinem, wenn er sein Kopp unnerm Fallbeil wegzieht. Dem Benzel nit und euch erst recht nit.

BENEDUM Und du, Hannes?

BÜCKLER Ich? – ich bleib im Hunsrück, solang ich noch'n hohle Baum weiß, in dem ich verrecke kann.

BENEDUM Un da solle mir –

BÜCKLER *schreit ihn an* Halts Maul! Ihr habt hier nix mehr zu suche. Hier is aus. – Un was ich mach, das geht keiner was an.

Schweigen

ZUGHETTO *springt plötzlich auf* Obacht! *Er reißt die Pistole heraus.*

GENDARM ADAM *kommt rasch von der Seite. Er stutzt einen Augenblick, den die andern, außer Bückler, dazu benutzen, aufzuspringen und in Kampfstellung zu gehen. Bückler bleibt sitzen. Adam geht, ohne sich um die andern zu kümmern, auf ihn zu, bleibt vor ihm stehen, sieht ihm ins Gesicht.*

ADAM *drohend* Wo hast du die Frau, Bückler? Wo hast du die hingeschafft? Wo hast du die Frau?

BÜCKLER *schweigt, sieht ihn an.*

ADAM *fast schreiend* Antwort! Wo steckt se? Was hast du mit ihr gemacht?

SEIBERT *hat sein Messer gezogen.*

BENEDUM *hat die Ärmel aufgekrempelt.*

ILTIS JAKOB *hat sich mit einer Wendung hinter Adam gemacht, schaut zu Bückler hin* Hannes – solle ma?

BÜCKLER *ruhig, ohne aufzusehen* Geht naus, wart im Straßegrabe hinner der Scheun. Ich hab mit dem Mann zu redde.

DIE ANDERN *gehen zögernd.*

ZUGHETTO *im Hinausgehen* Ein Pfiff, un mir sin da un hawwen am Wickel.

BÜCKLER UND ADAM *bleiben allein.*

ADAM *geht einmal in der Stube hin und her, bleibt dann vor Bückler stehen* Bückler! Sag mir die Wahrheit! Lebt sie noch?

BÜCKLER *zuckt die Achseln.*

ADAM *in hilfloser Wut* Du Hund!

BÜCKLER *springt auf* Adam! Mir zwei, mir hawwe was auszumache, das geht keiner was an! Wenn du mich packe willst un wenn du mich unnerkriegst und legst mir die Handschelle an und schleppst mich nach Mainz bei die Franzose und streichst dirs Blutgeld ein – gut, Adam – probier's, sag ich dir! Du triffst mich nit nochemal allein, ich pfeif niemand bei, ich hätt se ja nit fortschicke brauche. Aber ich wehr mich, Adam. Leicht kriegste mich nit.

ADAM *brüllt ihn an* Wo sie steckt, will ich wisse!

BÜCKLER *auch brüllend* Fort isse! Fort, fort, fort, fort! Wenn ich wüßt, wo se steckt, wär ich längst nit mehr da!!

ADAM *verständnislos* Fort? Wohin denn?

BÜCKLER *wieder ruhig, einfach* Uff Ostern hab ich sie zuletzt gesehen – in seller Nacht. Sie is mir fortgange, damals, wie ich auf die Franzose los bin.

ADAM Das is – e paar Monat – e gut Vierteljahr is das her –

BÜCKLER Gottverdippel, das weiß ich selber, wie lang das her is. Die hat's gewüßt –

ADAM Was denn – Hannes – was denn?

BÜCKLER *vor sich hin* »Du hebst aus der falsche Schulter – du mußt in die Knie breche« – die hat's gewüßt –! *Er wendet sich ab.*

ADAM *hinter ihm* Wenn die fort ist – dann bleibt se fort. Dann kommt se nit wieder, Hannes. – Un mir zwei, mir sin jetzt quitt mitenanner.

BÜCKLER *dreht sich um, deutet mit dem Kopf auf den Steckbrief* Un das da?

ADAM Das is mir zu dreckig!

Schweigen

ADAM *geht zur Tür der Schmiedewerkstatt, ruft nach hinten* Hee, Schmiedejockel! Is mein Gaul fertig?

STIMME SCHAUWECKERS Kriegt nur noch die Hüf nachgeschmiert.

ADAM *zu Bückler zurück* Bückler – wenn mir uns wiedersehn, dann wär's vielleicht mit eme Trupp Chasseurs, un dann hätte mir kei Zeit mehr für Red un Antwort. Aber mir wär's lieber, wenn's anners käm.

BÜCKLER Wie denn?

ADAM Mach fort Hannes! Hier haste nix mehr zu hoffe.

BÜCKLER *zuckt die Achseln.*

ADAM Ich rat's dir gut, Hannes.

BÜCKLER Merci. Ich brauch kein Rat.

ADAM Dann adjeh. *Will nach rückwärts in die Werkstatt.*

ZUGHETTO *erscheint in diesem Augenblick von der Straße her – pfeift leise* Hannes!

BÜCKLER *fährt herum* Was denn?

ZUGHETTO Mir hawwe was gefunne, Hannes – das is –

MARGARET BLASIUS *erscheint hinter ihm auf der Straße* Wo – wo is er denn – *Sie sieht Bückler, stürzt auf ihn zu, umfaßt ihn mit beiden Armen, klammert sich an ihn* Hannes!

ADAM *ist auf der rückwärtigen Schwelle stehengeblieben, kommt nun einen Schritt näher. Draußen erscheinen Seibert und Benedum, stehen auf der Straße, ohne einzutreten.*

BÜCKLER Margret! Wo kommst denn du her, Mädche? Was suchst denn du hier?

MARGARET Dich such ich – dich such ich doch – seit zwei Woche sin mir hinner dir her von Ort zu Ort – un jetzt hat 's Julche nit weiter konnt.

BÜCKLER *läßt sie los, daß sie fast umfällt* Das Julche?! Wo?!

MARGARET Am Simmerbach, im Kornfeld mußt ich se liege lasse – da han schon die Wehn angefange – da bin ich gerannt un gerannt – daß ich euch noch einhol zuvor –

BÜCKLER *macht ein paar rasche Schritte, als wolle er davonrennen, bleibt plötzlich stehen, wendet sich langsam zu ihr, die Augen weit aufgerissen, das Gesicht totenblaß* Was hast du da gesagt? – Was hast du gesagt?

MARGARET Im Frühsommer, da is noch gut gange, da hat uns ein Bauer aufgenomme als Stallmädcher – aber dann wie er gemerkt hat, was mit ihr los is, da hat er uns fortgejagt. Das war die vorletzte Woch – un seitdem hammer dich gesucht im ganze Land, un immer hat 's Julche gesagt – sie muß un muß dich finde – eh daß es Kind kommt!

BÜCKLER *wirft sich plötzlich herum* Hans! Bast! Seibert! Zughetto! Her! Her! Wo, sagste? Genau!

MARGARET *hastig* Grad wo de Simmerbach in die Nah fließt, im Kornstück vom Raabebauer –

BÜCKLER *zu den andern, fast schreiend* Los! Mitte durch! Ins Korn, an die Bach, ans Flüßche nunner, fragt nit, un rennt! Wer zuerst dort ist!! *Rennt*

ZUGHETTO Hurra die Gäul! Wer zuerst dort ist!! *Sie rennen hinterher, verschwinden.*

MARGARET *läßt sich am Tisch auf die Bank sinken.*

ADAM *steht einen Augenblick zögernd – dann geht er nach hinten in die Werkstatt, aus der der Amboß dröhnt.*

Ein reifes, wogendes Kornfeld. Darüber schwimmt der Himmel in einem satten goldbraunen Abendlicht. Ein schmaler Feldweg. Zur Seite Ufergesträuch und Weidenbüsche, die den Fluß verdecken. – Vom Weg zum Kornfeld führt eine Böschung hinauf, so daß die Ähren weit über Haupthöhe ragen. Einige Bauern, darunter auch Bauer Raab, kommen langsam, abendmüde, mit geschulterten Sensen von der Arbeit.

EIN GREIS, *der ohne Sense vorausgeht* Wenn man an eme reife Kornfeld vorbeigeht, riecht man das frischbacke Brot! *Er schnuppert an den Ähren.*

EIN FELDARBEITER So reddst du auch nur, weil de nix mehr schaffe brauchst. Wenn der noch die Sens aufm Buckel schleppe müßt, da käm der gar nit auf solche Sprüch.

DER GREIS Brot! Frischbacke Brot –! Du brauchst nur in die Ähren zu beiße – un hast de Mund voll Brot –!

BAUER RAAB Hat da nit e klei Kind geschrien?

EIN BUB Das sin die Katze beim Jage! Die Feldmäus han heuer geheckt wie 's heilig Donnerwetter. In jeder Pflugscholl krawwelt e Nest voll Junge!

EIN BÄRTIGER Ungeziefer, Unkraut un Unwetter kommt alleweil mitsamme!

BAUER RAAB Und noch manch ander Plag, wo nit vom Himmel is! *Sie gehen.*

DER GREIS *trottet nach* Brot! Frischbacke Brot! *Verschwindet.*

Das Korn bewegt sich, aus den Ähren taucht Bücklers Kopf, dann sein Körper, auf dem Bauch kriechend – er blickt sich um, dann pfeift er scharf und leise zwischen den Zähnen. Aus dem Ufergebüsch erscheinen Seibert und Benedum.

BÜCKLER *in einem gedämpften Ton, als schlafe jemand nebenan – aber mit leuchtenden Augen* He! Kommt bei, rasch! Es lebt! Es hat auch Händ un Füß!

BENEDUM Was is? Bub oder Mädche?

BÜCKLER En Bub, glaub ich – ich hab noch gar nit recht geguckt –!

BENEDUM Das sieht ma doch auf de erste Blick!

BÜCKLER Komm, helf mir 's Julche beihole! Sie kann noch nit gehn, allein!

BENEDUM Das glaub ich! *Sie verschwinden.*

SEIBERT *zurückbleibend, schüttelt den Kopf* So was –! *Er lacht leise.*

BÜCKLER UND BENEDUM *kommen wieder. Sie bringen Julchen, die sie rechts und links stützen.*

JULCHEN *hält das Kind unter einem Tuch an ihre Brust gedrückt. Sie ist bleich, aber aufrecht, befreit, helläugig.*

BÜCKLER Da, setz dich an die Böschung solang! Der Zughetto is weg un holt e Boot, en breite Fischernache, da kannst drin liege, mitm Kind! Wird's gehn, bis dahin?

JULCHEN *mit fester, ruhiger Stimme* Mei Mutter hat die Sens kaum falle lasse, wie se mich kriegt hat! Macht euch kei Sorg wege mir! Ich komm schon mit!

SEIBERT Darf ma mal gucke?

BÜCKLER Aber Vorsicht, daß es keiner drückt!

JULCHEN Es schläft, glaub ich – *Sie lüpft einen Zipfel der Decke.*

BÜCKLER, BENEDUM UND SEIBERT *stellen sich auf die Zehenspitzen, schauen drunter.*

BÜCKLER *nach einer Weile* Is es nit viel zu klein –?

JULCHEN Mir hat's gelangt! Das wiegt sei vier, fünf Kilo, das!

BENEDUM Das gibt en Trotzkopp! *Zu Bückler* Das hat e Stirn wie du!

BÜCKLER Ich glaub, es regt sich!

JULCHEN *hüllt es wieder ein* Komm, schlaf, mei Bübche!

BÜCKLER Geht jetz un guckt, daß der Zughetto uns nit verfehlt! Er soll immer gut unter de Weide halte, damit er nit gesehn wird! Dann fahren wir am Ufer lang, im Schilf, bis es schummert, – un dann streiche mir ab, in der Mitte Strömung! Wenn's tagt, sin mir schon weit!

BENEDUM UND SEIBERT *verschwinden im Gebüsch.*

BÜCKLER *dreht sich zu ihr um, zögernd* Du gehst doch mit –?

JULCHEN *lacht* Kindskopp – der du bist!

BÜCKLER Trotzdem?

JULCHEN Das is doch lang vorbei –!

BÜCKLER *setzt sich neben sie* Ich bring euch durch! Ihr braucht euch nit zu sorge!

JULCHEN *streicht übers Kind* Mir sin auch nit ängstlich – mir zwei! Wo steckt die Margret?

BÜCKLER Ich weiß nit – vielleicht kommt se nach – vielleicht will sie auch im Hunsrück bleibe.

JULCHEN Un mir?

BÜCKLER Mir? Mir bleibe, wo's gut is, – wo mir lebe könne, wo's weitergeht, – wo's trifft, Julche! *Er springt auf.*
Herrgott, mir han ja soviel Platz auf der Welt!

BENEDUM *taucht aus dem Ufergebüsch* Er kommt –!

JULCHEN Ja – ich hör schon die Ruder plätschern!

BÜCKLER *blickt sich um* Da hast du gelege – drin!

JULCHEN Schad is ums schöne reife Korn. Das richt sich nimmer hoch!

BÜCKLER Ich werd's bezahle! Die sin ja noch nit weit!

BENEDUM Was willste?

BÜCKLER Obacht! *Er holt was aus der Tasche* Mein erste Steckbrief – un e Stückche Schreibkohl – das langt! Geh her! *Er schreibt rasch auf Benedums Rücken.*

SEIBERT *erscheint* Los! Mir hängen am Weidebusch!

BÜCKLER So! *Er hebt ein Stück Holz vom Boden auf, spießt den Zettel damit in die Erde, holt ein Geldstück aus der Tasche, wirft es dazu* Jetzt muß ich's noch kundmache! *Er springt auf die Böschung, legt die Hände vor den Mund, stößt einen wilden, rauhen, juchzenden, trillernden Schrei aus* Das war unser Kindsanzeige! Das han se gehört, bis Griwwelschied! Jetz rasch! *Er hebt mit Seiberts und Benedums Hilfe Julchen hoch, sie verschwinden im Flußgestrüpp.*

DIE BAUERN *kommen zurück.*

EINER *bleibt stehen* Da gibt es so Schuftkerle, die wo eim das reife Korn zuschand stampfe!

BAUER RAAB Halt emal! Was isn das? *Hebt Zettel und Geld auf.*

EIN ANDERER Geb 's dem. *Deutet auf den Bub* Der hat Komelonstund, da lernt er lese.

DER BUB *hält sich den Zettel vor die Augen, buchstabiert* »Ein breußisch Daler vor verdruckt Korn von Bickler Johann und Blasius Julchen, wo hier gelege sin mitsamt ihrm kleine Kind uff Nimmerwiedersehn.«

DER BÄRTIGE Los, hol de Kaplan bei, un laß das Feldstück weihsprenge, daß die Frucht nit schwarz wird.

DER BUB *will laufen* Soll auch de Landjäger komme?

BAUER RAAB Halt! Das Feld is mein, un das betritt kein fremde Fuß ohne mein Wille! Den Fetze Schrift, den könnt ihr ruhig zum Amtmann trage, den mag er bespürn un beschnuffle, soviel er will. Aber den Taler – den bring ich heim, un mach ihn fest auf meiner höchste Hopfestang, un trag ihn herum durchs ganze Land, bis daß ihn jeder kennt – un jedem e Licht uffgeht! *Er hebt den Taler mit beiden Händen hoch, geht langsam.*

DIE ANDERN *folgen stumm.*

DER GREIS *trottet schnuppernd nach* Brot! Frischbacke Brot – *Sie verschwinden.*

Ein Kasernenhof der kaiserlichen Truppen auf der rechten Rheinseite. Kahle Mauern, Hoftor, Kaserneneingang, Latrine. Recht sichtbar an einer der Wände hängt ein großer Steckbrief mit gemaltem Bild des Johann Bückler, genannt Schinderhannes, man sieht die Ziffer der Belohnung: 5000 Gulden, in dicker roter Schrift. Von einem außerhalb liegenden Übungsplatz her schallt eine dünne Pfeifen- und Trommelmusik, taktmäßige Exerzierschritte, Kommandorufe. Eine Reihe Rekruten in fahlen Drillichanzügen, das schirmlose Gemeinenkäppchen in die Stirn gedrückt, ist zum Strafexerzieren angetreten. Benzel und der rote Fink machen unter den auch sonst recht kläglichen Gestalten die jammervollsten und lächerlichsten Figuren. Korporal Mauschka, der Unteroffizier vom Dienst, geht vor der Front auf und ab.

KORPORAL MAUSCHKA Stillgestanden! Da gibt es immer noch ein paar ganz stockverbotene Rasselböcke unter euch, die nicht wissen, was militärisch ist! Kerls, ich will euch zeigen, was militärisch ist, bis euch das Blut in den Stiebeln steht! Nimmst du die Knochen zusammen, du krummer Hund! Bauch rein, Brust raus, Knie durch, Kinn auf die Krawatte, Arme leicht angewinkelt, Tuchfühlung, Sakrament! Von der Nasenspitze bis zu den Stiefelspitzen will ich eine gerade Linie ziehen können. Kerl, wie oft soll ich dir das noch sagen! *Er zerrt einen hin und her* Glaubt ihr vielleicht, das ist hier ein Kinderspielplatz? Das ist hier kein Kinderspielplatz! Achtung! Ganze Schwadron: Kehrt! Kehrt! Kehrt! Kehrt! Kehrt! Richt euch! *Er nimmt die Richtung* Willst du stillstehn, du Hund, willst du stillstehn? Der dritte das linke Ohr tiefer, der fünfte die Nasenspitze rauf, der letzte den Bauch rein! Kerl, du streckst ja den Nabel vor wie die schwangere Jungfrau von Buxtehude! Wer lacht da! Wenn ich hier einen erwische, der ohne Kommando lacht – dann hat er ausgelacht!

BENZEL *tritt vor* Bitte austreten zu dürfen.

KORPORAL Mensch, du willst hier austreten, mitten im Dienst?! Hast du denn keinen Funken Ehrgefühl?! An die Latrine, marsch, marsch!

BENZEL *rennt.*

KORPORAL Zurück, marsch, marsch!

BENZEL *trabt zurück.*

KORPORAL Mußt du noch immer austreten?!

BENZEL *kläglich* Es könnt sonst was passiere!

KORPORAL An die Latrine, marsch, marsch!

BENZEL *rennt wieder.*

KORPORAL Zurück, marsch, marsch!

BENZEL *trabt zurück.*

KORPORAL Mußt du noch immer austreten?!

BENZEL *keuchend* Jetz wär's nimmer nötig ...

KORPORAL Scher dich ins Glied! Jammerlappen! Euch will ich's zeigen! Solang euch nicht nachts im Traum der Angstschweiß aus allen Poren sprudelt, solang habt ihr noch keine Ahnung, was ein Soldat ist! Rührt euch! *Er geht am Glied entlang* Ihr denkt vielleicht, ich bin ein Schweinehund?! Ich bin auch ein Schweinehund. Aber nur im Dienst! Verstanden?! Außer Dienst da bin ich der beste Kerl! Da kann ich ein urgemütliches Viech sein, merkt's euch. Da kann man mit mir sogar mal einen heben, wenn man Durst hat und Geld. Das geschieht hier alles nur zu eurem Besten! Wen Gott lieb hat, den züchtigt er. Ihr sollt hier Menschen werden! Menschen muß man aus euch machen! Verstanden?! Bis jetzt seid ihr nämlich nur Rekruten. Na, das wird ja mit der Zeit mal besser werden. Außer Dienst, da freß ich ja keinen auf. Ein feiner Kerl kann ich sein – wenn ich will!

EIN LEUTNANT *kommt durch das Hoftor, hinter ihm ein Gefreiter, der Bückler, Benedum, Seibert, Zughetto – noch in Zivil – hereinführt.*

KORPORAL Achtung! Stillgestanden! *Er meldet* Korporal Mauschka mit zehn Rekruten vom dritten Bataillon beim Strafexerzieren!

LEUTNANT Danke. Lassen Sie rühren. Hier sind vier Neue, schreiben Sie die Namen auf, schicken Sie sie sofort in die Kammer zum Einkleiden.

KORPORAL Zu Befehl, Herr Leutnant!

LEUTNANT *ab*

KORPORAL *stellt die Neuen in einer Reihe auf, betrachtet sie eingehend* So, meine Herrn, ihr wollt Soldaten werden, meine Herrn, da wolln wir euch mal gleich ins Auge fassen, meine Herrn! Ihr denkt vielleicht, man kann Soldat werden, wenn man für alles andere zu dumm ist?! Da habt ihr euch aber schwer geschnitten, wenn ihr das glaubt! Der Soldat braucht vor allen Dingen zwei Sachen, und wenn er die nicht hat, dann wird er nie ein rechter Soldat: erstens Murrrks in den Knochen, zweitens Grrrips im Schädel. In der Beziehung scheint's bei euch recht flau, so was merkt unsereiner auf den ersten Blick!

SEIBERT UND ZUGHETTO *haben Benzel bemerkt, versuchen ihm Zeichen zu geben, flüstern miteinander.*

KORPORAL *fährt auf sie los* Wollt ihr die Schnäbel halten! Verfluchte Rasselböcke! Glaubt ihr vielleicht, das ist hier ein Kinderspielplatz?! *Zu Seibert, der ihn haßerfüllt ansieht* Kerl, schau mich nicht so an mit deinem Verbrechergesicht! Wie heißt du?!

SEIBERT Schmitt.

KORPORAL Schmitt? Das wär mir auch ein Name! Schmitt kann jeder heißen. Ich heiße Mauschka, so kann nicht jeder heißen! Vorname?

SEIBERT Heinerich.

KORPORAL *zu dem Gefreiten* Schreib auf: Heinerich Schmitt. Der nächste: Zuname?

ZUGHETTO Schmitt.

KORPORAL Ich hab ja gesagt, Schmitt kann jeder heißen. Seid ihr vielleicht Brüder?

ZUGHETTO Nit, daß ich wüßt.

KORPORAL Vorname?

ZUGHETTO Heinerich.

KORPORAL Auch Heinerich? Jammervoll! *Zum Gefreiten* Schreib auf: Heinerich Schmitt zwei. *Zu Benedum* Zuname?

BENEDUM Schmitt.

KORPORAL Kerl, wenn du Heinerich heißt!

BENEDUM Sie hawwe mich zu Haus als Heinz gerufe.

KORPORAL Blödsinn! Heinerich Schmitt drei! *Wendet sich drohend zu Bückler.*

BÜCKLER *mit lauter Stimme* Heinerich Schmitt vier!

KORPORAL *tritt zurück, mustert sie prüfend* Mir scheint, da ist was nicht richtig bei euch! Na, euch werden wir schon kriegen – ihr Schmitte! *Zum Gefreiten* Führ die Kerls in die Kammer, damit sie Brocken fassen! Aber sag dem Sergeanten, er soll ihnen ja nichts Neues geben! Für die krummen Hunde ist die älteste Flohkluft immer noch zu gut! Vorwärts marsch!

Der Gefreite *mit Bückler und den andern ab.*

Korporal *zu den Rekruten* Achtung! Abzählen!

Die Rekruten *zählen schreiend ab* Eins, zwei, drei, vier, fünf, sechs, sieben, acht, neun, zehn!

Korporal Eins bis acht weggetreten! Seid ihr noch nicht weg?! Seid ihr noch nicht weg?! Neun und zehn bleiben hier!

Die Rekruten verschwinden, außer neun und zehn: es sind Benzel und der rote Fink.

Korporal *stellt sich dicht vor sie hin* Ihr zwei habt gezwinkert mit den Neuen! Ihr denkt vielleicht, so was sieht man nicht?! Hier sieht man alles! Merkt's euch! Habt ihr gezwinkert?! Ja – oder nein?!

Fink Mir is grad was ins Aug gefloge!

Korporal *zu Benzel* Und du?!

Benzel Ich hab e Glasaug, linkerseits! Das annere klappert als von selbst e bißje!

Korporal Auch gut! Auch gut! Wie Sie befehlen, meine Herrn! Wie Sie befehlen! Wenn ihr kein Gedächtnis habt, da sollt ihr wenigstens Bewegung haben! Soviel ihr wollt! Soviel ihr wollt!

Korporal *geht zur Kaserne, kommt mit ein paar Schlappen zurück. Dann hebt er den linken Fuß, deutet auf seinen verdreckten, ganz mit Kot bespritzten Reiterstiefel* Ausziehn!

Benzel *zieht ihn aus.*

Korporal *zu Fink, indem er den andern Fuß hebt* Ausziehn!

Fink *zieht den andern Stiefel aus.*

Korporal In drei Minuten bin ich zurück. Dann sind die Stiefel alle beide so blank wie die gewichsten Hundsbeutel! Dort in der Ecke steht Wichszeug! Ich will mich in jedem Stiefelschaft rasieren können, wenn ich zurückkomme. Ihr wißt, was es sonst setzt! *Er lacht vor sich hin, geht dem Ausgang zu, indem er ein Lied singt, das man vom Exerzierplatz her grölen hört* »Es kommen auch Soldaten in den Himmel,
Manch anderer verliert Arm und Bein, vallera!
Denn dafür sorgt der Feldkaplan und Feldscher,
Kaplan und Feldscher,
Weil die für Leib und Seel bezahlet sein – vallera!«

Er verschwindet.

Fink *hat Wichszeug aus der Ecke geholt, den Ärmel aufgeschürzt, den Stiefel drübergestülpt, jetzt knurrt er hinter dem Korporal her.* Läus sollste kriege – un e kurz Ärmche, daß de nit kratze kannst! *Er beginnt verzweifelt zu bürsten.*

BENZEL *wiegt den schmutzigen Stiefel in der Hand, betrachtet ihn von allen Seiten, plötzlich stellt er ihn sanft und leicht auf die Erde, stößt einen leisen Pfiff aus.*

FINK *schaut auf, starrt ihn an.*

BENZEL *wiegt den Kopf hin und her, grinst sonderbar.*

FINK *macht plötzlich ein paar hüpfende Schritte auf ihn zu.*

BENZEL *steckt die Hände in die Taschen, pfeift vor sich hin.*

FINK *mit dünner, brüchiger Stimme* Du – meinste wirklich –?

BENZEL *pfeift das Schinderhanneslied.*

FINK *läßt den Stiefel fallen* Himmel-herrgott-sakrament –!

KORPORAL *kommt zurück* Na! Zeigt mal her die Pracht! *Er sieht die ungeputzten Stiefel am Boden liegen, leise* Kerl! *Lauter* Kerl! *Brüllend* Kerl!

BENZEL Ich möcht zum Hauptmann geführt werde!

KORPORAL Zum Hauptmann?!

FINK Jawohl! Ich auch!

KORPORAL Zum Hauptmann?! Seid ihr denn ganz verrückt?! Zum Hauptmann?!

BENZEL *mit heller Stimme, fast zwitschernd* Ich weiß was!

KORPORAL Mensch, wenn du krummes Geficke vor deinem Hauptmann stehst, dann hast du vergessen, ob du ein Männchen oder Weibchen bist!

FINK Der weiß doch was! Un ich weiß es auch!

BENZEL Ssst! Ich weiß was! *Er macht die Geldzählgebärde.*

KORPORAL Na, dann kommt mal mit! Aber wehe euch, wenn's nur leerer Wind ist, und ich bin dann aufgefallen bei der Kommandantur!

BENZEL *süß lächelnd* Ich weiß was –!

Sie werden in die Kaserne geführt.

BÜCKLER UND BENEDUM *kommen aus einer andern Tür, jeder hat einen Drillichanzug auf dem Arm.*

BENEDUM *deutet auf das Steckbriefplakat* Du, hast gesehn?!

BÜCKLER No, un?! Meinst du, daß ma mich danach erkenne kann? *Er lacht* So glauben die Gimpel, daß einer rumläuft alleweil, mit wütige Augedeckel un gefletschte Zähn! Zu dumm so was!

BENEDUM Ich hätt nit gedacht, daß das hier drüwwe auch gilt!

BÜCKLER Das gilt ja hier auch nix! Das is nur für de Fall der Auslieferung. Un davor sin mir sicher in der Kluft! Meinst du, ich würd se sonst anziehn – auch nur en halbe Tag?!

BENEDUM Wenn's nur keiner ausplatscht!

BÜCKLER Wenn schon! Die werde sich hier nix wisse mache! Die brauche hier jede Faust, un solche wie die gewiß *Er schüttelt die Fäuste.*

BENEDUM Ich mein als, mir passe schlecht fürs Militär.

BÜCKLER Nit schlechter als en andern Saustall auch! E Zeitlang muß es gehn, dann sehn mir weiter.

JULCHEN *erscheint am Hoftor, blickt sich suchend um.*

BÜCKLER *wirft seine Uniform auf eine Kiste, rennt zu ihr* Julche!

BENEDUM *geht.*

JULCHEN Du – sie hawwe mich angenomme, als Hilfsmagd in der Marketenderei – un 's Kind is bei der Sanitätskolonn – da is e Schwester, die's versorgt, weil es so stark wär, sagt se, un ich darf dreimal am Tag hinkomme, un kann ihm die Brust gebe, solang ich Milch hab!

BÜCKLER Da bleibe mir beisamme alle drei, fast unterm gleiche Dach.

JULCHEN Wenn's auch nur e Kasernedach is!

BÜCKLER Kasern – oder Zuchthaus! Mir hawwe ja Zeit, un komme ja wieder raus!

JULCHEN Reut's dich gar nit?

BÜCKLER Kei Spur! Kei Stäubche! Was liegt mir dran! Ich ging auch ins Bergwerk nunter! Wenn's nur weitergeht!! Wenn man nur lebe bleibt! Uns hat doch all der Tod schon an die Kehl gegriffe! Es war doch aus, Julche, un jetzt fängt's ganz unte an!

JULCHEN Un wirst wieder hochkomme, du, un wirst wieder aufsteige – un wirst nit mehr umschmeiße!

BÜCKLER Nein! Jetz heb ich nit mehr aus der falsche Schulter! Was kommt, weiß ich nit – aber es muß doch was gewwe auf der Welt, wo ma voll zupacke kann – un das werd ich finde!

JULCHEN Das wern mir finde – mir zwei – un wenn mir erst übers große Meer fahre müsse un die halbe Welt abkloppe!

BÜCKLER Un wenn mir Dreck schleppe müsse so lang, un Stein karrn, un Läus knicke, un schlechte Stiffel butze! *Er nimmt den Stiefel auf, den Fink hat fallen lassen* Ich kann auch schaffe, wenn's sein muß! Da, guck! *Er fährt drauflos* Es is ja so wurscht, was ma macht, – wenn ma nur was macht!

JULCHEN *laut lachend* Mach's nur nit zu gut, da geht ja's Leder in Fetze!

BÜCKLER Meinetwege! So, so, so und so! Hoppla! *Er schmeißt den Stiefel in die Luft, packt sie am Arm.*

JULCHEN Willst du aufhörn – aufm Kasernehof?

BÜCKLER Was heißt hier Kasernehof, ich trag noch kei Montur, ich bin hier noch privat un halber nackig! Komm! *Er reißt sie an sich.*

JULCHEN Du mußt noch viel lerne, bis de zahm wirst!

BÜCKLER Un werd wild bleibe, un wenn's im Käfig is!

JULCHEN *reißt sich los, läuft weg.*

BÜCKLER *folgt ihr lachend, winkend, bis zum Hoftor.*

Die Kasernentür geht auf, es erscheinen ein Stabsoffizier, ein Hauptmann, ein Adjutant. Dahinter eine Wache vor Gewehr, Korporal Mauschka, Benzel und Fink.

BÜCKLER *dreht sich um, bemerkt sie, sieht ihnen schweigend, unbeweglich entgegen.*

DER STABSOFFIZIER Sie sind Johann Bückler, genannt Schinderhannes.

BÜCKLER *ohne Zögern* Jawohl. Der bin ich.

DER STABSOFFIZIER Sie sind verhaftet.

BÜCKLER Nein! Das geht nit! Ich heiß hier Heinerich Schmitt un bin Rekrut!

STABSOFFIZIER Sie geben zu, daß Sie Bückler sind?

BÜCKLER Ja! Der bin ich! Warum denn nit! Aber das gilt doch hier nix! Ich bin ja Soldat! Ich gehör ja zu euch! Ihr habt mich doch angeworbe! *Er zieht seinen Werbeschein heraus, hält ihn dem Offizier hin* Der hat mir gesagt: Kannst sein, wer de willst – bei uns hat jeder Deutsche Freistatt!

STABSOFFIZIER *zum Adjutanten* Reden sie mit dem Mann! *Wendet sich ab.*

ADJUTANT Bückler – der Regimentsstab sieht sich gezwungen, Ihre Anwerbung aufheben zu müssen. Leisten Sie keinen Widerstand – Sie werden ja selbst begreifen, daß es zwecklos ist.

BÜCKLER Wieso denn – ? Ich bin doch hier nit verfolgt! Das war doch alles drüwwe, auf der ander Seit! Auf der Franzoseseit!

ADJUTANT Was bilden Sie sich denn ein? Glauben Sie, daß wir hier Rebellen und Mordbrenner beschützen? Sie gehören vors Kriegsgericht!!

BÜCKLER *tritt einen Schritt zurück, sieht ihn starr an, spricht leise* So. So seid ihr. So ...

ADJUTANT Vergessen Sie nicht, daß Sie politischer Verbrecher sind.

BÜCKLER Hier! *Er streckt beide Hände, zum Fesseln gekreuzt, vor die Brust* Bitte!

DER STABSOFFIZIER *tritt rasch zu ihm* Es tut mir leid, Bückler –

BÜCKLER Das is mir gleich. Vorwärts!

DER ADJUTANT *winkt.*

DIE WACHE *tritt vor, legt ihm Handschellen an.*

Gleichzeitig werden durchs Hoftor, schon in Eisen, von Wachen eskortiert, Benedum, Seibert und Zughetto gebracht.

BENEDUM *sieht Benzel bei den Offizieren stehen, brüllt auf, reißt sich los, will sich mit gefesselten Händen auf ihn stürzen.*

BÜCKLER *tritt ihm in den Weg* Laß den Mann ruhig gehn! Der hat uns e sauber Licht uffgesteckt, sonst nix! Jetzt wisse mir doch endlich, was politisch is!

ZUGHETTO Un jetz brauche mir nit Soldat zu spiele! Gott sei's getrommelt und gebaßgeigt!

SEIBERT Lieber de Kopp unters Fallbeil als unter euer Pickelhaub!

ZUGHETTO *beginnt wild zu singen* Ha ha hammer dich emol, hammer dich emol –

SEIBERT *fällt ein* Ha ha hammer dich emol an deim verrissene Kamisol –

BÜCKLER UND BENEDUM *beginnen stampfend zu singen* Das is der Schinderhannes, der Lumpenhund, der Galgenstrick –

SOLDATEN *kommen neugierig herzugelaufen, während die Wachmannschaft die Gefesselten anpackt.*

KORPORAL Ruhe! Stillgestanden! Abführen! Weggetreten! *Die Gefangenen, singend, laut lachend, brüllend, johlend, werden weggeschleppt.*

VIERTER AKT

Im Holzturm zu Mainz. Julchens Gefängnisraum: eine fast wohnlich eingerichtete Kammer. Tisch, Bett, und Stühle, die Wände zum Teil mit altem dunklem Holz gefüllt, mit Heiligenbildern beklebt. Ein schmales, vergittertes Fenster, weit über Kopfhöhe, in der Hinterwand. – Julchen sitzt im letzten Tageslichtschimmer, der durchs Gitter fällt, tief über eine Arbeit gebückt.
Der Schlüssel wird hörbar gedreht.

JULCHEN *fährt hoch.*

KAPLAN ÜBERWASSER *der Gefängnisgeistliche, tritt ein, schließt die Tür hinter sich.*

JULCHEN *springt auf, läuft ihm entgegen* Wo is es?! Wann darf ich hin?!

KAPLAN Gelobt sei Jesus Christus –

JULCHEN – und in Ewigkeit, Amen – is es denn gesund?!

KAPLAN Ihr Kind ist bei bester Gesundheit und befindet sich seit einer Stunde im Erdgeschoß, bei der Schließerin –

JULCHEN Hier – ? Im Holzturm – ?

KAPLAN Gewiß. Sie können es heut noch sehen.

JULCHEN *faßt seine beiden Hände* Gleich! Bitte! Gleich!

KAPLAN Ein Wort noch – *Er zögert kurz* Der Gerichtshof ist von Ihrer Unschuld überzeugt. Man wird Sie morgen freilassen.

JULCHEN *starrt ihn an* Frei? Ganz frei komm ich – ?

KAPLAN Ohne Zweifel.

JULCHEN Un er?! Was wird mit'm? Sag doch! Muß er lang sitze? Oder nur e paar Jahr? Oder gar nit? Sag doch!

KAPLAN *spricht rasch und trocken* Das Todesurteil ist heute nachmittag bestätigt worden. Es trifft außer ihm neunzehn seiner Mitgefangenen. Sein Vater ist auch dabei. Die Exekution wird morgen früh bei Sonnenaufgang stattfinden.

JULCHEN *steht schweigend, unbewegt. Dann mit fester Stimme* Da is nix mehr zu hoffen.

KAPLAN Nein. Seien Sie stark.

JULCHEN Seh ich ihn noch – ?

KAPLAN Die Gefängnisleitung hat ihm eine besondere Gnade erwirkt. Er darf die letzten Stunden allein mit Ihnen verbringen. Man wird ihm sogar die Ketten abnehmen.

JULCHEN Hier – in meiner Kammer – ? Das is gut –

KAPLAN Wenn Sie mich brauchen – oder geistlichen Beistand wünschen –

JULCHEN Wann wird er kommen?

KAPLAN Sofort.

JULCHEN Sagt ihm nit, daß ich's weiß! Bitte, sagt's ihm nit! Sonst wünsch ich nix.

KAPLAN Und wenn er mich fragt?

JULCHEN Dann lügst du!

KAPLAN Ich will's versuchen – *Er öffnet die Tür.*

Die Schließerin erscheint, führt Julchen hinunter.

KAPLAN *läuft ruhelos hin und her.*

Man hört schwere Tritte treppauf. Dann wird die Tür geöffnet, zwei Soldaten bringen Bückler herein. Er trägt das rote Hemd und die schwarzen Hosen der Verurteilten. Sein Aussehen ist unverändert: ruhig und gesund. Der Soldat nimmt ihm die Handschellen ab, verschwindet mit dem andern.

BÜCKLER *tritt sofort auf den Kaplan zu* Weiß sie's?

KAPLAN Ich glaub kaum –

BÜCKLER Du sagst ihr kei Wort! Sonst sollste was erlebe! *Droht ihm mit der Faust.*

KAPLAN *weicht zurück* Bückler, ich will nicht hoffen, daß Sie die Ihnen erwiesene Vergünstigung sofort zu Unbotmäßigkeiten benutzen!

BÜCKLER *setzt sich, lacht ihn an* Nur nit ängstlich! Ich tu dir nix. Du kannst dei Sprüchjer ruhig sage!

KAPLAN Johannes Bückler, du hast den geistlichen Beistand abgelehnt. Du willst ohne Gott zum letzten Gang schreiten.

BÜCKLER Ich will überhaupt nit. Aber ich muß!

KAPLAN *kühl* Es ist meine Pflicht, Ihnen das Heilige Buch zu überreichen.

BÜCKLER Zeig her! Will gleich emal steche! Da kommt als das narrischste Zeug heraus! *Er wirft die Bibel auf den Tisch, stellt sich davor* Eigentlich braucht man e Messer dazu. Aber's geht auch mitm Fingernagel, ausnahmsweise! *Er sticht mit dem Finger zwischen die Seiten, ohne hinzusehen. Dann nimmt er es auf, betrachtet die Stelle* Die Schrift kann ich aber nit lese! Das sin ja Buchstaben wie kahle Äppelbäume! Les vor – da, wo mein Finger is!

KAPLAN *liest* Jesus Sirach, 13, 6–7. »Denn vom Trauern kommet der Tod, und des Herzens Traurigkeit schwächet die Kräfte.«

BÜCKLER Noch emal.

KAPLAN Denn vom Trauern kommet der Tod, und des Herzens Traurigkeit schwächet die Kräfte.

BÜCKLER Denn vom Trauern kommet der Tod – Wenn das wahr is – dann sterb ich nie! *Er lacht.*

KAPLAN Gott geb dir das ewige Leben – *Er geht rasch.*

BÜCKLER *schaut sich in der Kammer um. Es wird immer dunkler. Der Holzturmwirt kommt mit einer Lampe.*

HOLZTURMWIRT *tritt ein* Bon soir, Monsieur.

BÜCKLER Guten Abend.

WIRT *rasch aufdeckend* Votre souper! Porc rôti, Pommes de terre, salade, fromage de Mayence, vin blanc du pays et des cigares.

BÜCKLER Sprech deutsch, wenn de mir was erzähle willst.

WIRT Français is Amtssprache.

BÜCKLER Richtig! Aber ich bin hier nit im Amt, alter Leichefütterer.

WIRT Halt de Schnüß, Lümpesäckel.

BÜCKLER Ach, guck emal, en Chaib! – Halt Wuljeh, was machstn da? Das Fleisch, das ich mir gewünscht hab, das schneid ich mir selber!

WIRT Défendu pour les prisonniers. Messer un Gabel ischt hier verbote.

BÜCKLER Der schöne Schweinsbrate. – Tu wenigstens tüchtig Sauce druff! So. Habt ihr kei Schwarzbrot? An eurem weiße Labbes, da verdirbt man sich ja die Zähn!

WIRT *boshaft* Monsieur est servi. Bon appétit.

BÜCKLER Dankeschön. Dadran solls nit fehle.

WIRT Salut. *Geht*

BÜCKLER *setzt sich aufs Bett.*

JULCHEN *wird von der Schließerin hereingebracht.*

BÜCKLER *springt auf* Julche!

SCHLIESSERIN *geht, schließt außen ab.*

BÜCKLER Wie geht's denn, Julche?!

JULCHEN Gut geht's – grad komm ich vom Kind! Es is ja so gewachse! Un dick is es worde!

BÜCKLER Ja, ich hab's auch gesehn, eh daß ich herkomme bin! En Mordsbrocke!

JULCHEN *betrachtet ihn* Du siehst aus, als kämste frisch ausm Hunsrück!

BÜCKLER Mir is auch nit schlecht gangen im Kittche. – Es hat mir nix gefehlt wie die Freiheit. Un jetz hawwe se mir schon die Kett abgenomme! Du – das is e gutes Zeiche, glaubste nit?

JULCHEN Ja, ich glaub auch – das hat was zu bedeute!

BÜCKLER Freilich! Sonst wärn die gar nit so nobel gege uns! Guck nur, was die alles hingestellt hawwe! Wein, un Weißbrot, un Brate!

JULCHEN Komm, setz dich, un laß dir's schmecke!

BÜCKLER Du auch, Julche, gell?

JULCHEN Mir hawwe doch lang nit mehr genachtmahlt mitenander!
Sie setzen sich.

BÜCKLER *sieht sich um* Recht e schöne Stub han se dir gewwe!

JULCHEN Ja, sie geht auch auf de Rhein herunner mit der Fensterseit! Da hör ich als morgens die Bootsleut pfeife – un nachts sieht ma die Lichter von der Schiffbrück.

BÜCKLER Ich denk als – wenn ich wieder frei käm – da möcht ich am liebste bei die Schiffer gehn. Das is e Lebe!

JULCHEN Vielleicht wird's emal –

BÜCKLER Das is alles möglich – *Er sieht sie an* Willste nix esse, Julche?

JULCHEN Du mußt anfange!

BÜCKLER Ja so.

JULCHEN Und vergeß auch de Wein nit! Prost!

BÜCKLER Prost, Julche! Sollst lebe!

JULCHEN Du auch!
Sie stoßen an.

BÜCKLER *setzt das Glas ab, sieht sie stark an.*

JULCHEN *erwidert seinen Blick, will etwas sagen, schweigt.*

BÜCKLER *nach einer Weile, mit ruhiger Stimme* Du – wenn's vorbei is – laß dir vor de Leut nix merke. Das geht niemand was an – was ma spürt. Trag de Kopp hoch, un beiß die Zähn samme. Du wirst schon durchkomme. Du bist ja noch jung.

JULCHEN *wiederholt benommen, tonlos* Ich bin ja noch jung –

BÜCKLER Warum solle mir heut kein klare Wein trinke mitenander?! Mir hawwe uns auch sonst nix vorgemacht.

JULCHEN *lächelnd* Nein, das is unser Sach nit.

BÜCKLER *lacht* Mir hawwe uns die Wahrheit alsfort an die Köpp geschmisse, un wenn se hart war wie Pflasterbrocke!

JULCHEN Un han uns gezerrt un gerisse wie Hund un Hamster, wenn's nit anders ging.

BÜCKLER Un is mancher Fetzen Haut heruntergange dabei, un mancher rote Kratz is wieder zugewachse, un is wieder ganz worde, was zerschmisse war, un hat sich alles gereckt über Tag un Dunkel –

JULCHEN Un kann doch nit ganz vorbei sein alles – un aus – un abgerisse!

BÜCKLER Nein! Es is nit zu End! Heut noch nit! Ich spür nix vom Sterbe! Hab ich kalte Haut, un Beinschwund, un Därmreiße?! Mir fällt auch kein Zahn ausm Maul, un kei Haar vom Schädel! Ich will nit wisse, was morge kommt! Heut bin ich noch da!

JULCHEN Un bist bei mir – un bleibst – bis die Sonn aufgeht!

BÜCKLER Die geht noch spät uff, im Frühling! Was hawwe mir Glück, Julche – daß kein Sommer is!

BEIDE *lachen laut auf.*

JULCHEN Horch! Sie mache Musik, drunte in der Rheinstraß –

Man hört eine ferne Drehorgel – dünn wie Spieluhrklänge – das Lied vom Schinderhannes leiern.

BÜCKLER *nach einer Weile* Das hawwe die jetz schon im Leierkaste – unser Lied!

JULCHEN Un singe's auf alle Jahrmärkt!

BÜCKLER *munter* Da wern se mich auch nit so rasch vergesse!

JULCHEN *leicht, frei* Nein, das glaub ich kaum!

BÜCKLER No, mir kann's wurscht sein. *Er lauscht* Da! Kannst es noch singe, du?!

JULCHEN Freilich.

Sie blickt ihn an, singt leise ein paar Töne mit, reißt jäh ab.

BÜCKLER *steht rasch auf, dreht sich zum Fenster* Der macht auch Schluß – drunte –

Die Musik wird still.

JULCHEN *schweigt, sitzt unbeweglich.*

BÜCKLER *geht zur Fensterwand, duckt sich zusammen, springt hoch, greift das Gitter, zieht sich mit den Armen empor, bis sein Gesicht in Fensterhöhe hängt. Dann, fast lautlos, springt er zur Erde zurück* Es kommt e Gewitter auf – es riecht nach Teer, un Rege – aber vielleicht riecht auch nur das Rheinwasser so scharf. – Weit – riecht's – da drauße –

JULCHEN *sehr leise, ohne sich zu regen* Du – komm zu mir –

BÜCKLER *geht vom Fenster zum Tisch, den Blick in sie gebannt, Schritt vor Schritt ganz langsam auf sie zu.*

JULCHEN, *wie er dicht bei ihr hält, fährt hoch wie in plötzlicher Todesangst* Nein!

BÜCKLER *frei, mächtig, leise und groß, wie Atem* Doch –! *Er nimmt sie in die Arme.*

Vor den Toren von Mainz, erste Morgendämmerung. Im Hintergrund am Frühhimmel, die Türme und Dächer der Stadt. Eine riesige Menschenmenge drängt zum Blutgerüst, das man hinter provisorisch errichteten Bretterwänden auf einem Hügel aufragen sieht. Im Vordergrund der Weg, der zu den Zuschauertribünen führt, rechts und links von Mauern und Bäumen abgegrenzt. Schutzleute und Billeteure halten das nicht zahlungsfähige Publikum von den Eingängen zur Tribüne fern. Einzelne Gruppen kommen und gehen, andere haben sich auf Mauervorsprüngen, Bänken, Zäunen, auch Baumästen feste Sehplätze gesichert. Flugblattverkäufer, Brezelweiber, Bettelbuben erfüllen die Luft mit hellem, leierndem Geschrei. Ununterbrochen, bald ferner, bald näher, tönt das Schinderhanneslied im Gekreisch der Drehorgel und im dünnen Geplärre der Kinder. Der Menschenlärm kocht in einem gleichmäßig surrenden, brodelnden Ton.

EIN SCHUTZMANN Weitergehn! Weitergehn! Hier nur kein Menschenauflauf! Zurück, wo kei Kart hat! Es gibt doch kei Sitzplätz mehr, ich hab's Ihne doch schon zehnmal gesagt! Is alles ausverkauft, da hätte Se früher komme müsse! Weitergehn! Weitergehn!

EIN FAMILIENVATER *mit Frau und Kindern* Hast du die Butterbröter eigepackt?

FRAU Ich hab se dir doch zum Spazierstock gelegt, in weiß Papier gewickelt!

FAMILIENVATER Natürlich! Bei uns muß immer was vergesse werde! Wenn ma mal en Ausflug macht, da muß ma sich ärgern!

FRAU Ich hab se dir doch zum Spazierstock gelegt!

FAMILIENVATER Ich hab doch mein Spazierstock garnit mitgenomme! Jetz hammer kei Butterbröter! Wenn's lang dauert un die Kinner kriege Hunger, dann bist du dran schuld! Es muß eim auch e jeder Ausflug verdorbe werde!

FRAU Ich hab se doch eingewickelt un hab se dir doch zum Spazierstock gelegt!

FAMILIENVATER Ei, warum soll ich denn immer die Butterbröter einstecke?! Wozu haste denn dein neue Ridikül?!

FRAU Da sin doch schon die Operngucker drin! Ich hab se dir doch zum Spazierstock gelegt!

FAMILIENVATER Jetzt hammer kei Butterbröter, wenn's lang dauert!

EIN BÄCKERWEIB *mit Korb* Bubeschenkel! Fastebrezel! Hartekuche!

BUB Babba! Hartekuche!

FAMILIENVATER Was, Geld ausgewwe für das dreckig Zeug!

FRAU Wenns Kallche doch Hunger hat!

FAMILIENVATER Da hättste die Butterbröter nit vergesse solle! Es wird nix gekauft!

BUB *fängt an zu heulen.*

FAMILIENVATER *zerrt ihn schimpfend weiter.*

EIN REISENDER *in einer Gruppe von Leuten, kommt in den Vordergrund* Also in diesem Augenblick geht die Tür auf, un herein stürzt en Haufe Räuber, vornedran der Schinderhannes! Un schießt sofort sei Pistol ab! So dicht an meim Ohr vorbei is die Kugel gepfiffe, un mein beste Freund wälzt sich in seim vergossene Blut! Ich das sehen, die Wut kriege, dem Kerl die andere Pistol aus der Hand reiße un aufn anlege –, das war alles eins! »Elender Bube!« brüll ich en an – »du bist emal an die Unrechte komme!« Und eh daß ich abdrücke konnt, da war er schon drauß un über alle Berg, mit seine ganze Bandite!

EIN ZUHÖRER Fabelhaft!

EINE FRAU Das nenn ich Geistesgegenwart!

REISENDER Ach, das is garnix! E bißje kaltes Blut un e bißje starker Wille un e bißje feste Griff un e bißje Courage un e bißje Menschekenntnis, sonst gehört da garnix dazu! Wenn ma so en Kerl nur richtig anzupacke weiß, da is der sofort erledigt!

EIN JUNGER MANN Na, na, na.

DER REISENDE Was wolle Sie, Sie unverfrorener Mensch! Sie glaube mir vielleicht nit?!

DER JUNGE MANN Ich mein doch nur –

DER REISENDE Nix hawwe Sie zu meine! Werde Sie erst emal e paar Jahr älter! Erlebe Sie erst emal was! Das is doch eine Gemeinheit sondergleichen! Dafür begibt ma sich in Gefahr!

EIN ZUHÖRER *zum jungen Mann* Wie könne Sie den Herrn denn so beleidige?

DER JUNGE MANN Ich hab doch nur –

DER REISENDE Ich weiß, was Sie hawwe! So sehn Sie mir grad aus! Am End sin Sie auch einer von dene!

EIN DICKER MANN Habt ihr gehört, der is auch so einer von dene!

EIN BUB Es sollen Kerle da sein, wo de Hannes befreie wolle!

DER REISENDE So sehen Sie mir grad aus! Da kann ja jeder komme!

DER JUNGE MANN Ich hab doch nur –

EIN GLATZKOPF Seien Sie still! Judenjunge!!

ANDERE *kommen herbeigerannt* Was isn da los? Herbei! Sie hawwe ein erwischt!

EIN SPITZBAUCH Hier is ein Spion vom Schinderhannes entlarvt worde!

EIN WEIB *schrill* Schutzmann! Schutzmann!

ANDERE Spion! Packt en! Spion!

DER REISENDE So eine Unverfrorenheit! So ein gemeiner Kerl!

SCHUTZMANN *kommt* Wo is er? Her mit em!

DER JUNGE MANN *kläglich* Ich hab doch nix wie na na na gesagt!

SCHUTZMANN Na na na na na na na! *Packt ihn, schleppt ihn fort, die Leute folgen.*

FAMILIENVATER *taucht wieder auf* Was war denn das?! Was is denn passiert?!

EIN LANGHAARIGER Da is e Komplott entlarvt worde! De Schinderhannes hätt befreit werde solle! Es warn schon Bombe gelegt un e ganz Flasch voll Salpeter hätt hochspritze solle, un es warn auch die Brunne vergift un e Weib hat Pistole im Korsett stecke gehabt, un –

FAMILIENVATER Jetz hammer wieder nix gesehn, wege euerm dreckige Hartekuche! Rasch hinnerher! *Läuft mit den Seinen der Menge nach.*

BENZEL UND DER ROTE FINK *mit knalliger Eleganz gekleidet, jeder mit einem aufgeputzten Weibsbild am Arm, drängen sich durch die Menge.*

BENZEL W[illegible] mir denn da auf die Gamaschen getreten? Das ist doch unerhört, mir einfach auf die Gamaschen zu treten!

WEIBSBILD Mit Fleckewasser geht's ja wieder runner!

BENZEL Nein, ich trage nichts Gereinigtes! Nein, das ist mir nicht gegeben.

FINK Wo sitze mir denn?

BENZEL Ganz vorne in der ersten Reih!

WEIBSBILD Vornehm! Das nenn ich vornehm!

BENZEL Mir wolle doch was hawwe für unser Geld! *Sie verschwinden auf die Tribüne.*

HERR LINKHAND UND HERR FUST *gehen vorbei.*

HERR FUST Und deshalb kann ich nur sagen: das wahrhaft Heroische ist unserer Zeit verlorengegangen!

HERR LINKHAND Daran kranken wir! Daran kranken wir!

HERR FUST Es gibt keine Größe mehr! Es gibt keine Helden mehr! Wir sind zu spät geboren, Herr Kollege.

HERR LINKHAND Daran kranken wir! Daran kranken wir!

Sie gehen weiter.

EIN HENKERSKNECHT *inmitten einer Schar von Gassenbuben und alten Vetteln* Das is ja kei richtig Hinrichtung mehr heutzutag, mit der Guillotine! Das is ja garnix, das dauert kei halbe Minut, un da is de Kopp herunner! Das kann ja jeder Gassekehrer mache, da braucht ma doch kei gelernte Scharfrichter dazu! Zu meiner Zeit, wie ich in Frankfurt Erster Scharfrichtergehilfe war, da hat ma noch was könne müsse! Da is noch alles mit der Hand gemacht worn, das war doch noch e Hinrichtung! So was, das nenn ich überhaupt kei richtig Hinrichtung nit! Das is doch kei Hinrichtung!

EINE VETTEL Geköpfteblut is Geköpfteblut, das macht kein Unnerschied, ob Hand oder Maschin!

HENKERSKNECHT Stellt euch nur dicht an de Zaun un halt eure Gulde bereit, ich bring's gleich herüwwer in eme Blechdippche, daß es besser warm bleibt!

EIN DÜRRES WEIB Glaubste wirklich, daß es was nützt?

DIE VETTEL Wie in Kowwelenz der Nikolai geköppt worden is, da hat mei Schwiegerbas e Viertelschöppche frisch Blut kriegt un hat sich eigeriwwe, un hätt noch im gleiche Jahr zweimal heirate könne, un die Kerl sin ihr nachgemacht wie die Hund hinnern Schweiß, un jetz hat se Zwilling.

EIN BENGEL Aber kein Mann!

DIE DÜRRE *zum Henkersknecht* Könnt ich nit für en halbe Gulde kriege?

HENKERSKNECHT Unnerm Gulde wird nix abgewwe! Wer das nit anlege will, der braucht kei Blut! *Geht weiter.*

FRANZÖSISCHE SOLDATEN *gehen vorbei, mit Mädchen am Arm, singen*

»Auprès de ma blonde,
comme fait bon, fait bon dormir ...«

DIE DÜRRE Da guck, die Theres läuft mit de Franzose.

DIE VETTEL Die sollt ma nit mehr grüße, die Sau!

Sie gehen.

HERR FUST UND HERR LINKHAND *treten wieder auf.*

HERR FUST Ich, wissen Sie, interessiere mich überhaupt nur für die Steinzeit! Das war eine kolossale Zeit, kann ich Ihnen sagen! Denken Sie doch: alles aus Stein! Die Waffen aus Stein, die Waschbecken aus Stein, überhaupt alles, alles aus Stein!! Das ist doch kolossal!

HERR LINKHAND So eine Zeit! So eine Zeit!

Sie gehen vorüber.

Eine Schar Hunsrückbauern, Bauer Raab voran, kommen durch die Menge, die ihnen ängstlich ausweicht. Sie tragen Bücklers Bild und seinen Korntaler auf langen Hopfenstangen.

EIN GASSENBUB Was is denn das für Prozession? Sin das die narrische Schinöser von Uewwerrix?!

EIN ANDERER Sei doch still, das sin die Hunsrücker vom Hannes, das sin alles Menschefresser!

DIE HUNSRÜCKER *stellen sich schweigend dicht an der Tribüne auf.*

EIN FLUGBLATTVERKÄUFER »Die schauerlichen Moritaten des Räuberhauptmann Schinderhannes, hochsensationell, mit bunte Bildcher für fünfzig Kreuzer, mit echte Kupferstich zwei Grosche mehr, wer will haben, wer will haben, nur noch die letzten fuffzehn Stücker, die schauerlichen Moritaten des Räuberhauptmann Schinderhannes, hochsensationell –« *Verschwindet im Gedränge.*

Jetzt kommt der Leierkastenmann, gefolgt von einer riesigen Schar Kinder, die das Lied vom Schinderhannes in allen Tonarten mitbrüllen, auf die Bühne gehinkt, er spielt wie rasend, die Leute toben und schreien. Mitten hinein er, schallt, dünn und blechern, das Totenglöckchen vom Stadttor, – alles erstarrt kurz, der Leierkasten verstummt, die Leute lauschen gebannt. Und plötzlich, leise aufschwellend, dann mächtig hochbrausend, beginnen die großen Glocken von Mainz zu läuten, Dom und Sankt Stephan, Emmeran, Quintin und Christoph, Peter und Karmeliter.

EINE SCHRILLE STIMME Was is'n das?! Läßt denn der Bischof für die wilde Tiere läute?!

EIN HUNSRÜCKER *dröhnend* Das sin die Glocketürmer, die läute heut von selbst, weil en der Strang in der Faust schuckelt!

BUBEN *kreischen* Sie komme! Sie komme!

Wildes Gedränge entsteht.

BENZEL *kommt wie ein geprügelter Hund, mit grünem Gesicht, heulend, jammernd, hysterisch jaulernd und schluchzend von der Tribüne, will durch die Menge wegrennen* Laßt mich durch! Macht Platz! Laßt mich durch! Ich kanns nit ansehn! Ich kanns nit ansehn! *Verschwindet im Gewühl.*

DAS WEIB *läuft hinter ihm her* O Gott, o Gott, er hat so ein weiches Gemüt. – *Verschwindet.*

BUBEN *klettern wie Affen an den Bäumen hinauf, kreischen* Sie komme! Sie komme! *Der Leierkastenmann beginnt wieder zu spielen.*

DER SCHUTZMANN Weitergehn! Weitergehn! Hier nur nit stehn bleibe! Hier nur kein Menschenauflauf! Weitergehn! Weitergehn!

Die Glocken stürmen und brausen.

Julchens Gefängnis im Holzturm. Bückler liegt lang ausgestreckt auf dem Lager, in ruhigem, tiefem Schlaf. Julchen sitzt aufrecht am Kopfende. Die ersten Sonnenstrahlen wachsen durchs Gitter, treffen Bücklers Gesicht.

BÜCKLER *regt sich, erwacht* Es braust –

JULCHEN Sie läute samme mit alle Kircheglocke –

BÜCKLER *richtet sich auf, wach und klar* Dann wird's Zeit –

JULCHEN Grad is die Sonn aufgange –

BÜCKLER Horch –!

Von drunten leiser Trommelwirbel, anschwellend

JULCHEN Sie komme –

BÜCKLER Das dauert noch. Mir sin ja drei Treppe hoch. Julche –

JULCHEN Ja –

BÜCKLER Das is doch komisch – daß die mit alle Glocke läute –

JULCHEN Freut's dich –?

BÜCKLER *nickt.*

JULCHEN Jetz komme se rauf!

BÜCKLER So viele Füß trappe –

JULCHEN Un so viel Eise rasselt!

BÜCKLER *springt auf, wie in freudigem Schreck* Die bringen all mei Leut mit herauf! Die kommen mich abhole – mit all meine Leut!

JULCHEN Freilich! Ich hör schon die Stimme!

BÜCKLER *starrt sie an – weicht jäh zurück wie in fassungslosem Entsetzen – in plötzlichem, furchtbarem Grauen* Neunzehn Leut – Julche – neunzehn Leut!

JULCHEN *tritt zu ihm* Geh her! *Sie streicht ihm das Haar aus der Stirn.*

Die Tür wird aufgeschlossen. – Auf der Treppe stehen deutlich sichtbar angetreten alle Mitverurteilten – Seibert, Benedum, Zughetto darunter – manche stehen aufrecht mit starken oder trotzigen Gesichtern, einige hängen fast ohnmächtig, mit leichenhafter Haut, in ihren Ketten, zwei Junge haben sich fest aneinandergeklammert – der alte Kasper Bückler steht ganz vorne mit festlichem, stolzem Lächeln. Zur Seite und hinter den Gefangenen starren Bajonette.

BÜCKLER *steht unbeweglich, betrachtet sie schweigend.*

DER SCHLIESSER *tritt zu ihm.*

BENEDUM Komm, Hannes, führ uns, mir stürme! Die Losung heißt: Himmelhund!

EINIGE DER GEFANGENEN *beginnen zwischen geschlossenen Zähnen das Schinderhanneslied zu summen, stampfen leise dazu.*

BÜCKLER *tritt einen Schritt auf sie zu, es wird still* Mit euch bin ich überall gern hingange. Aber den Gang möcht ich lieber allein mache!

BENEDUM Laß gut sein, Hannes! Viel Füß marschiere besser!

ZUGHETTO Es bläßt en frische Rheinwind, mir wern kei Koppweh kriege bis enuff!

DER SCHLIESSER Allez! Fertigmache!

BÜCKLER Nur nit hastig, Alter! Eh mir dort sin, könne die nit anfange! *Er dreht sich zu Julchen, die still, aufrecht, neben ihm steht* Julche! *Er drückt ihr kurz beide Hände, dann geht er zur Tür* Los jetzt!

KASPER BÜCKLER Ei, Hannes – weißt es schon – Hannes – fünfzehntausend Leut sin komme!

BÜCKLER *dreht sich noch einmal um, zu Julchen, strahlend, mit lachendem Gesicht* Julche! Haste's gehört, Julche! Fünfzehntausend Leut! *Er geht hinaus* Fünfzehntausend Leut! *Die Tür schließt sich hinter ihm.*

JULCHEN *steht allein, mit stillem Gesicht, wiederholt leise, ohne Bewegung* Fünfzehntausend Leut! –

Die Glocken stürmen und brausen.

KATHARINA KNIE

Ein Seiltänzerstück in vier Akten

PERSONEN Karl Knie senior, genannt Vater Knie
Katharina Knie, seine Tochter
Fritz Knie | ihre Vettern
Lorenz Knie | (Parterre-Akrobatik, Balance-Spiele)
Ignaz Scheel (Trampolin, Sprungseil, Luftarbeit)
Julius Schmittolini (Clown-Intermezzi, komisches Kunstradeln)
Bobbi, genannt Bibbo
(früher Stemm- und Kraftakte, jetzt Kasse, Kochen, Waschen)
Mario
Familie Eichel
Martin Rothacker, Landwirt
Rothackerin, seine Mutter
Membel, Gerichtsvollzieher
Dillinger, Polizeikommissär
Bloomaul, Tätowierer
Berberitzche, Zettelausträger
Musikanten, Lausbuben, Publikum

PERSONALIEN

Vater Knie ist hoch in den Sechzig, bestreitet aber noch, außer der Direktionsführung und Leitung der ganzen Truppe, einen Teil des Programms, vor allem die Hauptattraktion: Besteigung des hohen Turmseils. Katharina ist Mitte der Zwanzig (vierundzwanzig), tritt als Kugelläuferin auf und arbeitet mit Ignaz Scheel auf der Mastbaumspitze in den Matrosenspielen. Ignaz Scheel, mit Spitznamen der »schöne Nazi« gerufen, ist von athletischem Körperbau, schminkt sich und legt großen Wert auf seine Frisur (Schmalzlocke). Die Brüder Knie, Neffen des Alten, sind zweiundzwanzig und achtundzwanzig Jahre alt. Fritz Knie, dem älteren, wurde im Kriege das Bein abgeschossen, er trägt eine Holzprothese, man merkt aber kaum ein leichtes Schleppen oder Hinken in seinem Gang. Er arbeitet parterre, als Standmann oder Jongleur. Sein jüngerer Bruder, Lorenz, ist ein hübscher, salopper Bengel, der viel nach den Mädchen sieht und dem die artistische Arbeit sehr schwerfällt.
Martin Rothacker ist ein Mann von etwa vierzig Jahren, Sohn eines kleinen Bauern, später durch Familienerbschaften Großgrundbesitzer geworden. Seine Mutter, ehemals Magd, ist über siebzig Jahre alt.

SZENE

des ganzen Stückes ist der Marktplatz eines kleinen pfälzischen Städtchens, auf dem die Seiltänzertruppe Knie ihre Wandervorstellungen gibt. Die Wohn- und Transportwagen der Truppe sind so aufgefahren, daß sie den vorderen Teil der Bühne nach hinten und nach der Seite abschließen und dadurch einen besonderen Raum schaffen. In der Mitte ist zwischen den Wagen ein breiter Durchgang freigelassen, der einen vollen Ausblick auf den Platz möglich macht, aber auch durch hängende Zeltplanen ganz abgeschlossen werden kann. Die Wagen sind gleichmäßig ockerbraun gestrichen, die Fenster zum Teil durch bunte Vorhänge, Blumentöpfe, Geranienkästen belebt. Zu den Türen hinauf gelangt man durch kleine, angelehnte Leitertreppchen. Gewöhnlich sind zu den seitlichen Wagen, zu Bäumen oder Stangen starke Leinen gespannt, an denen Wäsche zum Trocknen hängt, und zwar hauptsächlich Arbeitswäsche, Trikots, bunte Hosen und so weiter. In einer Ecke des vorderen Raums ist ein kleiner

Herd eingegraben, der den Wasch- oder Suppenkessel heizt. In den anderen Ecken allerlei Gerätschaften und Gebrauchsgegenstände der Artisten. Das Ganze macht den Eindruck einer fast pedantischen Ordentlichkeit, hat nichts von der Schlamperei oder dem Dreck des Zigeunerlagers an sich. Über den Wagentüren ist der Name des Direktors, Karl Knie senior, in schönen Buchstaben aufgemalt. – Wenn der mittlere Zwischenraum frei ist, sieht man zunächst das Spielpodium der Artisten, die fest aufgebauten Geräte, das Sprungseil, das Gestänge des hohen Turmseils, die Vertäuung der Trapeze, den großen Mast für die Matrosenspiele, zu dem eine Strickleiter hinaufführt, die Spirale der Kugelläuferin. Dahinter die Holzbänke für die Zuschauer, den Standplatz für die Musik, die Absperrung mit Kasse. Noch weiter hinten und seitlich wird der Platz von großen, blühenden Kastanien gesäumt, deren Zweige zum Teil die Wagendächer überragen. Zwischen den Kastanien sind einzelne Häusergiebel sichtbar, dahinter ist das Flußufer zu denken. –

Die ersten beiden Akte spielen im Frühsommer des Inflationsjahres 1923, die übrigen ein Jahr später, um die gleiche Jahreszeit: Kastanienblüte.

Die im dritten Akt auftretende Seiltänzergruppe (Familie Eichel) und das optisch sichtbare Hintergrundspiel kann, falls es technische Schwierigkeiten ergibt, fortfallen und durch Illusion zum Ausdruck gebracht werden.

ERSTER AKT

Der Platz liegt im hellsten Sonnenschein. Die Zeltbahn ist hochgezogen, man sieht bis zum Horizont. Auch die Türen und Fenster der Wagen stehen zum Teil offen, so daß man das Innere sieht. Im Vordergrund, in der Ecke, ist Bibbo am Waschkessel beschäftigt. Mario hockt auf einer Wagendeichsel und spielt Mundharmonika. Wenn der Vorhang auf ist, sieht man

KATHARINA *hastig die letzten Sprossen der Strickleiter vom hohen Mast herunterkletternd — dann rennt sie über den Platz nach vorne, macht Bibbo ein Zeichen, springt hinter einen der seitlichen Wagen.*

IGNAZ SCHEEL *kommt zwei Sekunden später ebenfalls vom hohen Mast herunter, rennt nach vorne, wobei er sich das Bein reibt* Heee! Katherinche!! Käthche!! Katharina!! Sakraments-Schinnoos, gehschdu her!! Wart nur, wenn ich dich dapp, du Krott!

BIBBO *wäschereibend, pustet dazu im Takt wie eine Lokomotive und brummt vor sich hin, als ob sie die Bimmelbahn nachahme* Dampf e bißje, stampf e bißje, lauf e bißje, schnauf e bißje ...

IGNAZ *sieht sie mißtrauisch von der Seite an, dann fährt er auf Mario los, der noch immer spielt* Tu dein Fotzhobel weg, ma wird ja ganz rappelig von dem Gedudel! *Stößt mit dem Fuß nach ihm* Nix wie faulenze und Brot fresse, Tagdieb!

MARIO *brummt* Brutta bestia. *Steckt beleidigt die Harmonika ein, geht in den Wagen.*

BIBBO Sch-tatata, sch-tatata, dampf e bißje, stampf e bißje ...

IGNAZ *krempelt sein Hosenbein auf* Da! Das ist doch e stark Stück! Da sieht ma alle Zähne! Es kimmt auch Blut, wenn ma drückt!

BIBBO Sch-tatata, sch-tatata, drück e bißje, drück e bißje ...

IGNAZ Du, geb emal acht, dich drück ich gleich! *Geht drohend auf sie los.*

KATHARINA *schreit hinterm Wagen vor* Drück e bißje, drück e bißje, wehwehwehweh!!

IGNAZ *fährt mit offenem Mund herum — dann rennt er zum Wagen, packt eine Fuhrmannspeitsche, die am Bock hängt* Aber jetz! Aber jetz!

KATHARINA *kommt in herausfordernd harmlosem Schlenderschritt nach vorne* Möchten Sie was, Herr Scheel? Warum gucken Sie mich denn so an? Hab ich was im Auge? *Tritt dicht zu ihm, hebt ihr Lid hoch, blinzelt ihn an.*

BIBBO *lacht.*

IGNAZ *wirft die Peitsche nach ihr* Halts Maul, Plunz! Das ist doch keine Art, einen Kollegen einfach ins Bein zu beißen.

KATHARINA So, un was is denn das für Art, eine Kollegin dahin zu greife, wo du mich angetatscht hast, du Schwein!!

BIBBO Aha!

IGNAZ *stampft auf* Gar nix aha. Du bist überhaupt nit gefragt. Mit Porzellanmimösjer kann ma nit artistisch arbeite.

KATHARINA Bibbo, du kennst die Nummer, is das nötig, daß er mich da hingreift?!

BIBBO Es ist geradezu un-artistisch.

KATHARINA Da haste's, un-artistisch, jetzt weißte's, un-artistisch!

IGNAZ Ich weiß ganz genau, was artistisch ist, da brauch ich euch grad zu frage!! — Die weiß ja gar nit, wo ich hingegriffe hab.

KATHARINA *schreit dazwischen* Gezwickt hat er mich.

BIBBO Wo du hingreifst, is immer verkehrt. Außerdem kann ich mir's denke.

KATHARINA Richtig! Da war's auch!

IGNAZ Ach Quatsch! *Holt einen Taschenspiegel mit Kämmchen heraus, zieht sich die Schmalzlocke nach.*

BIBBO Sch-tatata, sch-tatata ... *Geht mit einem Bündel Wäsche ab.*

KATHARINA Von mir aus könnte mir weiter arbeite. Sin Sie fertig, Herr Scheel?

IGNAZ Du, werd mir nur nit zu frech. Dir werd ich emal ganz anders komme, merk dir's.

KATHARINA Da bin ich ja neugierig. Probier's doch.

IGNAZ An deiner Stell, da möcht ich mucksmäusjestill sein und deet mich gar nit an de Lade lege, jawohl.

KATHARINA Ich glaub, dir fehlt was? Dir ist nit gut, gell??

IGNAZ Wo warst du denn heut nacht?

KATHARINA Ich? Heut nacht?

IGNAZ Wo hast du dich denn rumgetriebe, he? Wo bist du denn herkomme, in der Früh, wie's geschummert hat?!

KATHARINA Das geht dich überhaupt nix an, merk dir's.

IGNAZ Aber de Vatter, der wird emal richtig staune, wenn er's hört! Ei, der wird e Freud hawwe, glaubste nit?

KATHARINA Es ist ja gar nit wahr! Du lügst ja!!

IGNAZ So, un was hasten du heimgeschleppt, in der Früh, was hasten du dort unterm Wage versteckelt?! Was war denn in dem Sack drinne?!

KATHARINA Du falscher Hund! Du Schlicher, der de bist!

IGNAZ Was das war, will ich wisse!!

KATHARINA Nix war's!! En Dreck war's —

IGNAZ *setzt sich, macht sich die Nägel mit einem Taschenmesser sauber* Im Krieg sellemols, in Frankreich da hawwe's die Mächer als für e Kommisbrot gemacht. Heutzutag, wos Brot e Million kost, wer weiß, was de Bäcker da bäckt!

KATHARINA Du Lump. Das nimmste zurück.

IGNAZ Ich hab ja gar nix gesagt.

KATHARINA Das is e Gemeinheit, so was!! Der Vatter schlägt dich tot!!

IGNAZ *steht auf, zuckt die Achseln* Dich vielleicht ehnder.

KATHARINA Ich bleib überhaupt nit hier, wenn das so fortgeht!!

IGNAZ *grinst* Von mir aus könnte mir weiter arbeite.

KATHARINA *brüllt ihn an* Mach dich weg!

IGNAZ *fährt zusammen* Na na na, halb so wild is auch noch richtig. Ich sag ja nix. Ich kann auch dicht halte —

KATHARINA Das is mir wurscht. Ich weiß nix. *Sie wendet sich ab, setzt sich auf die Treppe.*

MARIO *streckt den Kopf aus dem Wagen, dann kommt er sanft und höflich heraus, kauert sich neben Katharina, spielt auf der Harmonika.*

KATHARINA *lacht ihn an, wippt mit den Beinen.*

IGNAZ Schmußkopp, nabbelitanischer!

KATHARINA Du, laß den Bub gehn, oder?!

IGNAZ Schafft nix, und frißt unser Brot weg.

MARIO *setzt die Harmonika ab, höflich lächelnd* Prego–?

KATHARINA Nix. Spiel nur weiter.

MARIO *spielt.*

IGNAZ *dreht ihm verärgert den Rücken.*

JULIUS SCHMITTOLINI *der Clown, ältlich, dicklich, krummbeinig, kommt eilig von der Seite* Hammelbein! Hammelbein! *Er stößt einen Pfiff aus.*

MARIO *hört auf zu spielen. Auf den Pfiff kommen Fritz und Lorenz Knie, Bibbo und die andern herbeigelaufen.*

BIBBO Was is denn schon wieder?

JULIUS De Vatter kommt, mitm Gerichtsvollzieher. Er hat mir gewinkt, daß ich vorlaufe soll.

LORENZ Immer die Pfänderei noch owwedruff.

FRITZ Was denn, wo nix is, kann der Teufel nix hole.

KATHARINA Ob er die Maali pfänden kann?

IGNAZ Freilich, die wird abgezoge, die gibt prima Salami.

KATHARINA Dann nehm ich's un lauf in de Wald!

FRITZ Blödsinn, die Maali kann er nit nehme, die gehört zum Handwerk. Er darf nur pfände, was privat is.

IGNAZ So? Zum Handwerk gehörtse? Das wär ja noch schöner!! Nix lerne will se, noch nit emal en litterische pas espagnol! Die hat kei Spur von Talent und kein Funke Disziplin im Leib, die wird ihr Lebtag nit manegereif, die kann er ruhig pfände, nix wie fort damit!!

KATHARINA *mit den Fäusten auf ihn los* Du! Ich hau dir die Zähne erein!!

IGNAZ *ihr ausweichend* Als druff! Als druff! Die Maali wird abgezoge, das Miststück, das schandmäßige!!

FRITZ *dazwischen* Katharinche, laß die Finger von em! Wenn de kein Spaß mehr verstehst, du –

KATHARINA *geht auch auf ihn los* Ja, helf ihm nur, halt nur samme, ihr Schlappwedel, ihr Feiglappen ihr!!

LORENZ Druff Kätche, druff Kätche! Ich helf! Ich kipp en!! *Springt auf Ignaz, zerzaust ihm die Frisur. Der packt ihn mit Wutschrei um den Leib. Fritz versucht, sie auseinanderzureißen, Katharina stürzt sich kreischend ins Getümmel, alle vier raufen johlend und lachend wie die Gassenbuben.*

MARIO Oh quel malheuer, oh quel malheuer, oh brutto brutto brutto brutto . . .

JULIUS *steckt sich inzwischen eine lange, dünne Virginia mit dem Strohhalm an.*

BIBBO *ist mit wuchtigen Schritten zum Wagen gegangen, hat die große Peitsche geholt, klascht sie jetzt auf die Erde, daß der Dreck spritzt, kommandiert mit rauhem Manegebaß* Adagio! Adagio!! Sakramentsmalefizbanditengesindel miserables, scheußliches, unverdauliches . . .!!

DIE KÄMPFENDEN *lassen keuchend voneinander ab, stehen alle vier mit verlegenem Lachen sich gegenseitig anstoßend.*

JULIUS *voll ruhiger Würde* Ma sollt nit meine, daß ihr seit acht Tag kei Fleisch mehr gesse habt. *Zu Bibbo* Wo is der Überschuß von gestern abend?

BIBBO *schlägt sich auf den Bauch, langt dann ins Korsett, läßt eine Handvoll Millionenscheine sehen* Hier, Papier hält warm.

JULIUS Steck dem Vatter sei goldene Uhr dazu – er hat se durch de Hoseschlauch ins Gras rutsche lasse, wie ihn der Kerl gerichtlich angesproche hat.

BIBBO *steckt die Uhr ins Korsett* Wer hat noch was?

IGNAZ Mei Ohrring!

LORENZ Mei Halskettche mitm Omulett!

FRITZ Un wenn er dich leiblich visitiert?

BIBBO Der wird die Finger vom weibliche Geschlecht weglasse, sonst kann er was erlebe.

IGNAZ Achtung! Sie komme schon!

JULIUS Rasch ausenanner, damit wir kein komplottmäßige Eindruck mache. Tut all, als ob mir was zu tun hätte.

ALLE *zerstreuen sich, in recht ungeschickter und auffälliger Weise. Von hinten kommen Vater Knie und der Gerichtsvollzieher Membel.*

KNIE Bitte sehr, bitte sehr, mein Herr, nix wie eingetreten, immer gradaus geht de Weg um de Eck erum, ei, mache Sie doch kei Umständ, ich bin doch hier zu Haus!

MEMBEL Es is mir furchtbar peinlich, Kerr Knie, es ist mir furchtbar peinlich –

KNIE Aber was denke Sie denn, Herr Membel, uns komme Sie grad recht! Mir hawwe so selten Gelegenheit, uns emal mit gebildete Leut zu unterhalte, so was muß ma beim Schopf packe, gelleze?!

MEMBEL *ängstlich zurückweichend* Der Spediteur hätt ja nochemal e Auge zugedrückt, es is nur wege der Luschtbarkeitssteuer –

KNIE Da hört sich doch die Weltgeschicht auf! Die Luschtbarkeitssteuer!

Hat ma so was schon gehört! Wenn die da owwe gar nit mehr wisse, womit se uns de Bart abschabe solle, dann erfinde sie die Luschtbarkeit!! Ei, wo ist denn hier die Luschtbarkeit, das möcht ich gern erfahre!! Steige Sie doch emal enauf aufs hohe Seil, un gucke Sie sich die Welt über die Balancierstang an! Da stickt en heilige Ernst drin, sag ich Ihne, aber kei Luschtbarkeit. Un für die Leut, die zugucke müsse, mitm Hintern auf dene harte Holzbänk un de Kopp ins Genick gedrückt, bis ma en steife Hals kriegt, das is doch kei Luschtbarkeit, das is ungesund, jetzt wisse Se's, un dafür wird nix zahlt, kein rote Heller nit!

MEMBEL Es ist mir furchtbar peinlich, Herr Knie, es ist mir furchtbar peinlich –

KNIE No, Herr Membel, nehme Se's nit so schwer, Sie könne ja nix dafür, Sie hawwe ja auchs Papiergeld nit erfunde – gehn Sie ruhig in die Wage nei un stempeln se, was Sie wolle, ma kanns ja wieder abkratze bis zum nächste Ort!

MEMBEL Herr Knie, Sie wälze mir en Stein vom Herze – wissen Se, ich trau mir schon gar nit mehr die Brill zu putze, weil ich doch nix wie böse Gesichter seh. Awwer Sie hawwe so e Art, daß eim de Lein aufgeht!

KNIE Das is die Höflichkeit der Könige, Herr Membel, das brauche mir von Berufs wege! Wolle Sie nit e bißje Platz nehme?

MEMBEL Vielen Dank, Herr Knie, ich möcht Sie gar nit aufhalte – un denn fällt mir auch das Hinsetze so schwer, ich hab doch Krampfadern, un die ganze Wade voll harte Knippelcher!

KNIE Ei, das tut mir aber leid. Kann ma denn da gar nix dagege mache?

MEMBEL Früher bin ich zum Friseur gange, der hat mich mit Franzbranntwein geriwwe, aber heutzutag, wer kann sich denn so was leiste, wo e Viertelschöppche medizinische Alkohol anderthalb Millione kost?

KNIE Wisse Se was, Herr Membel: Wenn Sie mit der Pfändung fertig sind, da könnt ich Sie e bißje massiere. Ich hab en selbsterzeugten Ameisespiritus ausm Schwarzwald – das heißt, wenn Sie mir die Flasche nit beschlagnahme!

MEMBEL Aber wo denke Se hin, Herr Knie!

KNIE No, Dienscht is Dienscht un Schnaps is Schnaps, hawwe de Preuße gesagt! Da, gucke Se sich mei Wage an. Die drei erste sein leer, da kommt die Bagage enei – zehn Zentner Eisestäb von siwwe Meter Läng – un die ganze Stange un Dräht, da mache Se sich emal en Begriff, was das e Last is, un was mir für Transportkoschte zahle müsse. In manche Nester könne mir nur drei Tag spiele, un dann schon wieder die Spedition an de Bahnhof un an de nächste Platz!

MEMBEL Hawwe Se nit früher selbst Gäul gehalte?

KNIE Gäul? Wie en Bierbrauer! Da is kaum mehrs Kummet drüwwer gange, so Speckhäls hawwe die gehabt! – Verkauft sin se allesamt, ich konnt's nit mehr schaffe. Wisse Se, der Spediteur, dem kann ma's Geld emal schuldig bleibe – aber der Gaul schreibt eims Futter nit auf, un wenn ma's mit hundert Prozent verzinse deet!

MEMBEL Ja, ja, die Zeite, Herr Knie, die Zeite! Wer hätt denn das gedacht.

KNIE Ach hörn Se mir auf, es wird auch wieder anders kommen! Jetzt laufe die Leut ins Kino, un verderbe sich die Auge an dem halbfertige Zeug. Aber auf die Dauer, da wern se doch merke, was solide Arbeit is. Da is mein Wohnwage – hinterm Vorhang is die Bettstell von meiner Tochter, un ich schlaf auf dem Strohsack, nebem Kanoneöfche. Steige Se ein, un gucke Se sich um!

MEMBEL Es is mir furchtbar peinlich, Herr Knie – *Geht in den Wagen.*

KNIE Katharinche! Komm runner!

KATHARINA, *die gerade im Begriff war, die Strickleiter wieder hoch zu klettern, läuft zu ihm hin.*

KNIE *tätschelt sie zärtlich* No? Warste fleißig, Mädche?

KATHARINA Grad hab ich die neu Nummer mit Ignaz probiert, aber es geht noch nit richtig, es tut mir immer in de Schultern so weh!

KNIE Freilich, du hast kei Kugellager mehr im Gelenk, es is en Jammer, was die junge Leut so steif werde heutzutag! Wenn ihr mal über dreizehn seid, könnt ihr euch pensioniere lasse!

KATHARINA Aber die alte Nummern gehn wie geschmiert!

KNIE Ja, wenn mir Nachwuchs hätte, da bräuchste nit mehr zu arbeite. Kinderkriege is auch e Kunscht.

KATHARINA Wenn de Mann fehlt –

KNIE De junge Meinrad Stey hat wieder geschriwwe. Dem sei Geschäft geht tadellos, der wandert jetz in Bayern, mit sechzehn Pferd un mit mechanische Orgelmusik. Der deet mir Kompagnie biete auf halb und halb.

KATHARINA Du verträgst dich ja doch nit, Vatter, wenn de nit allein un selbständig bist. Mitm Birkeneder hat's ja auch nit gut getan. Un denn – wenn ihr euch dann trenne müßt – un ich wär mit ihm verheirat – dann müßt ich bei ihm bleibe, statt bei dir.

KNIE Un wenn ich emal tot wär – wo bleibste denn?

KATHARINA Vatter – sag so was nit.

KNIE Das kann all komme.

KATHARINA *fast heftig* Dann möcht ich erst recht nit beim Stey bleibe!!

KNIE Nono, es is ja noch nit so weit. Das wird sich all auswachse, wie de Hinkel ihr Schwänz, gell?

KATHARINA *ängstlich nach Membel schielend, der gerade aus dem Wagen kommt* Der hat was –

MEMBEL *einen Gegenstand hochhaltend* Die silberne Zuckerzang wär vielleicht nit unbedingt lebenswichtig?

KNIE Nix wie mitgenomme, unsern Zucker könnte mir auch mit de Finger esse, wenn mir ein hätte, un außerdem is se aus Nickelblech.

MEMBEL Hawwe Se unterm Wage auch noch Gepäck?

KATHARINA *rasch zu ihm hin* Nein – das is nix – nur Dreck un Lumpezeug!

KNIE Lassen doch nachgucke, Mädche, wenn er sich die Fingernägel voll Wageschmier mache will! Bei uns is nix Unrechtes nit zu finde.

MEMBEL Es is ja nur, weil ich mei Amtspflicht erfülle muß – *Er bückt sich, schaut unter den Wagen* Was is denn da in dene Säck drin?

KATHARINA Stroh, un Häcksel – zum Nachfülle für die Bettsäck! *Zu Knie* Im Dorf wird gedrosche, da hab ich's umsonst kriegt!

KNIE Bei dem Mädche is ma gut aufgehobe. Die schüttelt ein abends die Matratz auf, daß ma glaubt, ma liegt in lauter Daune.

MEMBEL Ja, da könnte mir die Untersuchung ordnungsmäßig abschließe. Hawwe Se Tinte und Feder?

KNIE Freilich. Hol's heraus, Katharinche.

KATHARINA *läuft in den Wagen.*

KNIE Das Mädchen schreibt Ihne so flink wie se Kugel läuft. Deutsch un Lateinisch un Rundschrift, un was Se wolle. In jedem größere Kaff, wo wir ware, hab ich se in die Schul geschickt, un wenn mir im Winterstandquartier liege, da besucht sie die Handelsschul, un lernt rechne un buchführe un all das Zeug. Ich denk immer, wenn ich mich doch noch emal vergrößern sollte, oder es doch noch emal in en bessere Zirkus einheirate deet – da kann ma das brauche. Bei mir, da hapert's nämlich e bißje mit der Schreiberei – denn wisse Se, was ma als Bub nit gelernt hat, das will eim nit mehr in de Finger. Mein Vatter, der hat noch drei Kreuzjer gemacht, das war kontraktsgültig, da konnt keiner nix bestreite. Und ich hab mit drei Jahr schon als Spitzemann köpflings auf der Pyramid owwe gestande – da is fürs ABC nit viel üwwrig gebliebe! Mei Mutter hat immer gesagt: Der Bub is mir schon mitm Doppelsalto ausm Leib gesprunge – der hat eher auf de Händ laufe könne wie auf de Füß – was der braucht, lernt er von selbst, da kann de Lehrer sein Stock spare. No – un so is es auch komme.

KATHARINA *kommt hastig, verstört, völlig verändert aus dem Wagen – fast mit unterdrücktem Aufschrei* Vatter! *Es ist, als wolle sie zu ihm fliehen, aber sie bleibt auf der Wagentreppe.*

KNIE *starrt sie an* Was is denn, Mädche?

KATHARINA Es komme Leut – ich hab se durchs Wagefenster gesehe –

KNIE Is dir was, Mädche – was denn für Leut – hast vielleicht nix gesse über Mittag?

KATHARINA *hat sich zusammengerissen, spricht aber noch verwirrt* Es is jemand – es is einer dabei, den ich – ich glaub, vom Amt is einer dabei –

KNIE No, das sin mir ja gewöhnt, nit wahr, Herr Membel?

KATHARINA *hat sich an den Wagen gelehnt, sie ist sehr blaß.*

KNIE *tritt zu ihr, faßt sie an den Schultern* Zeig mal die Zung, Mädche.

KATHARINA Laß doch, Vatter, es is nix.

KNIE Die Zung, hab ich gesagt.

KATHARINA Die müsse gleich da sein – man hört se ja schon!

KNIE Maul gehalten un Zung eraus! Wird's oder wird's nit?!

KATHARINA *verzweifelt* Da – ! *Streckt hilflos die Zunge heraus, Knie mustert sie sorgsam, während hinter ihm, in seinem Rücken, Martin Rothacker, Polizeikommissär Dillinger und Berberitzche auftreten.*

KATHARINA, *wie sie Rothackers ansichtig wird, schließt rasch den Mund und befreit sich mit einem Ruck vom Vater, der ihren Kopf in den Händen hielt.*

KNIE *dreht sich langsam um, den Arm um ihre Schulter legend* Guten Abend, meine Herren.

ROTHACKER *grüßt schweigend.*

KNIE Was verschafft mir die Ehre, meine Herrn? Wolle Sie reservierte Plätz löse? Soviel Sie brauche, meine Herrn! Bei uns sin nur die Zaunplätz ausverkauft, die wo kei Geld koste, un dabei sin mir doch das billigste Kunschtetablissement der Welt! Siwwehunnertfuffzigtausend Mark kost Sie der Sitz, ganz vorne bei der Musik. Im Kino zahle Se doppelt soviel! Un de Sarrasani rechnet nach Dollar – ei, der kann sich's auch leiste!

DILLINGER Sie sin Karl Knie senior, selbstschtändiger Direktor der Wandertruppe Knie?

KNIE Die Frag nimmt mich wunder, Herr Kommissär, Sie kenne mich doch schon e dutzend Jahr! Aber wenn Se's vergesse hätte: Ich bin's halt immer noch! Un werd's auch noch e bißje bleibe.

DILLINGER Sie deete besser, sich der größtmöglichste Bescheidenheit zu befleißiche, sonscht könnt ich mich veranlaßt sehe, die volle Schtrenge des Gesetzes walte zu lasse. Ich hab bei Ihne e amtliche Haussuchung durchzuführe. Jedwede Schwierischkeit, wo Sie mir mache, fällt unter Widerschtand gege die Staatsgewalt un wird mit Gefängnis bestraft.

KNIE, *dem das Blut zu Kopf steigt, tritt einen Schritt vor, beherrscht sich mühsam* Ich versteh Sie nit recht, was Sie von mir wolle – meine Herrn. So e Sprach hab ich noch nit gehört in meim Lebe, wenn ich auch stark auf die Siebzig geh un viel herumkomme bin. *Zu Membel* Könne Sie mir erkläre, was die Herrn hier zu suche hawwe?!!

DILLINGER, *der jetzt erst den Gerichtsvollzieher bemerkt* Darf ich sie auf e Wörtche bitte, Herr Kollege?

MEMBEL *tritt zu ihm, sie flüstern.*

ROTHACKER, *dem das Ganze peinlich zu sein scheint, geht wütend auf und ab.*

KATHARINA *nach einem hastigen Blick auf ihn, versteckt sich hinter dem Wagen.*

BERBERITZCHE *Gemisch von sensationslüsterner Schadenfreude und pflichtschuldiger Mitteilsamkeit, läuft zu Vater Knie* Ihr sollt gestohle hawwe, sage se, ihr wärt e Diebsgesindel, sage se, du wärscht en alter Hehler, hawwe se gesagt –

KNIE *steht eine Sekunde in ohnmächtiger Wut, dann haut er kurzentschlossen dem Buben eine Ohrfeige herunter* Lausbub, litterischer!

BERBERITZCHE *läuft kreischend* Diebsgesindel!!

KNIE *steht mit geballten Fäusten.*

ROTHACKER *ergreift plötzlich die Initative, fast brutal* Jetz wird's schon zu dumm – *Zu Knie* Ich bin der Landwirt Rothacker. Ich bin bestohle worde.

KNIE Ich bin der alte Knie – un hab mit Ihrer Sach nix zu tun.

ROTHACKER Das wird sich zeige.

KNIE Freilich! Das wird sich zeige!! Das werd ich Ihne gleich zeige!!

DILLINGER Herr Knie, ich verwarne Sie zum zweiten Male.

ROTHACKER Was wolle Se denn, wenn er unschuldig is, hat er ganz recht! Bringe Se doch emal erst ein Beweis zusamme!

KNIE *zu Dillinger* Wie komme Sie dazu, mich derart schandmäßig zu verdächtige?!

DILLINGER Wer e gut Gewisse hat, braucht sich überhaupt nit aufzurege. Ihne is ja persönlich nix nachzusage, aber auf Ihre Leut hab ich schon lang e suschpektes Auge geworfen.

MEMBEL Es handelt sich um drei Säck Hafer, von der beste Sort, drei halbe Zentnersäck!

ROTHACKER Es is mir nit wege dem lumpige Hafer zu tun, es is wege der Frechheit! Jede Nacht, die Gott geschaffe hat, geht ein Sack parti, un noch dazu ausm Privatstall, gleich nebe meim Wohnhaus.

MEMBEL Dem Herrn Rothacker gehört nämlich das Gut Wettersal, de größte Grundbesitz in der Gegend, un alle Weinberg drum herum!

ROTHACKER Das tut nix zur Sach. Ich laß mir's halt nur nit mehr gefalle.

KNIE *springt an den Wagen, reißt an der Glocke, dann auf die Mitte des Platzes, ruft laut* Bei! Geht all bei!! Da her!! Katherinche, komm auch eraus!! So – da sin se all beisamme, da stellt euch her, un jetzt paßt emal all Obacht! *Inzwischen sind alle zusammengelaufen, stehen in einer Reihe* – Hier diese Herrn verdächtige uns des Diebstahls un der gemeine Hehlerei. So was is noch nicht passiert, solang der Name Knie auf einem Wagenschild steht, un das is e gute Zeit, das sin e paar hunnert Jahr in der Weltgeschicht retour. Ei, was denke Sie denn von uns. Glaube Sie vielleicht, auf unserm Buckel könnte Sie Böckchen hüppe, weil mir fahrende Leut sin un in ordentliche Wage wohne statt in eure muffelige wackelige Mietshäuser?! Ihr sagt vielleicht, mir hätte kei ehrlich Handwerk, aber mir pfeifen euch auf euer stockfleckignahtbrüchig Ehrlichkeit, die is uns viel zu schlecht, wir hawwe unsre eigne, un von der könnt ihr kei Stäubche nit herunnerkratze! Is es so, oder is es nit so?

BIBBO So is es.

KNIE Da habt ihr vielleicht emal was von Zigeuner läute höre, oder Bettelbrüder und Strauchdieb!! Mit so was hat unsereiner nix gemein! Mir lebe für die Kunscht un sterbe für die Kunscht, un wenn mir nix zu esse hawwe, dann schnalle mir die Gürtel enger un beiße die Zähn samme un arbeite, un das geht niemand was an! Ei, da deete mir lieber auf der Landstraße verhungern, eh wir von euch e Krüstche Brot hawwe wolle, das nit aufm Seil oder in der Manege gewonne is!

FRITZ Un außerdem sin mir organisiert.

ROTHACKER *beobachtet unterdessen Katharina, wie wenn man sich besinnt, wo man jemanden schon gesehen hat. Sie ist blaß und wie abwesend.*

KNIE, *dessen erste Wut sich ausgetobt hat, bedeutend ruhiger* So, jetz gucke Se sich mei Leut an, da würd ich für jeden einzel die Hand stundenlang ins glühende Kohlefeuer halte. Das hier is mei Tochter Katharina – un das sin mei beide Brudersöhn, dene is der Vatter im Krieg an der Gripp gestorbe, der war ein ungewöhnlicher Schulreiter, da sag ich nit zuviel. Der Lorenz, der is e bißje salopp in de Knoche, un läuft mir zuviel hinner de Mädcher her, aber sonst is es en gute Bub. Dem Fritz, dem hawwe se an der Somme e Bein abgeschosse, krempel die Hos auf, Fritz, un zeig dein Holzstumpe. Sechs Zentimeter vom Oberschenkel sin weg, und deshalb is er doch bei der Kunst gebliwwe.

FRITZ Ei, von was sollt ich denn lebe? Vielleicht vom Invalidedank?

KNIE Schweig, bis de gefragt wirscht! Das is der Scheel, ein prima Luftarbeiter, der hat schon Anträg vom Stosch un vom Krone un vom Corty-Althoff gehabt, un is doch vom alte Knie nit fortgange. Das is der Julius Schmittolini, un wenn Sie emal en Hund zu dressiere hawwe, dann gewwe Se'n dem, der lernt em in acht Tag alle Stückcher. Der Mann hat noch unter meim Vatter gearbeitet, der is noch vom alte Stamm. Un das is die Witwe vom selge Strohschneider, die hat emal selber e Dutzend Wage besesse un drei, vier große Seil gespannt. Jetz hat se bei mir e Lebensstellung.

DILLINGER *auf Mario deutend* Was is denn das für einer?

KNIE Der? En Italienerbub, den hab ich bei Konstanz auf der Landstraß gefunde. Sein Vater un sein Bruder hawwe die Faschiste ins Zuchthaus gesetzt, da is er ausgerückt un wollt in Deutschland bei die Chaussee-Arbeiter gehn. Weil hier mehr Freiheit wär, hat er gesagt, – no, er hat's halt nit besser gewüßt. Aber Talent hat der Bub für zwei, der wird's emal zu was bringe, den laß ich jetzt schon allein mit'm Schirm aufs hohe Turmseil steige.

DILLINGER Der wird's gewese sein. Alle Italiener stehle.

MARIO *springt vor und stößt einen unverständlichen Wortschwall aus.*

KNIE Schtopp!! Retourbillett! Halto die Geschie! Der versteht nämlich noch kei Deutsch. Meine Herrn, jetz is die Reih an Ihne. Ziehe Se uns die Tricot ab, wenn Se könne! Ich sag kei Wort mehr. *Er stellt sich in Reih und Glied zu seinen Leuten.*

ROTHACKER Herr Kommissär, Sie ware ja vorhin so sicher, jetz bringe Sie Beweise bei oder mache Sie Schluß.

DILLINGER Ja, das is nit so einfach, wie Sie glaube, da muß ich erscht e kriminalistische Vernehmung durchführe.

ROTHACKER Blödsinn. – Hat jemand von Ihne aus meim Stall drei Säck Hafer entwendet oder nit?

JULIUS Ich möcht wisse, wozu. Mir hawwe doch längst kei Bespannung mehr.

DILLINGER Die meiste Diebstähl werde heutzutag zwecks Weiterverschleiß in Angriff genomme, un nit zur Selbstversorgung.

KNIE Was is denn los, Ignaz, hast du was zu melde?

IGNAZ, *der plötzlich zu Katharina getreten war und ihr was zuflüstern wollte* Nein. Ich nit. – Ich nit.

ROTHACKER Hat sonst jemand was zu melde? Herr Kommissär, dann mache Sie, was Sie wolle. Ich bin hier fertig.

KNIE Halt! halt, halt, halt! So hawwe mer nit gewett. Jetz will ich mei Recht hawwe!!

ROTHACKER Ich verzichte auf jede weitere Untersuchung des Falles, Herr Knie, ich glaube, daß Ihnen Unrecht getan worden ist. Mir tut das leid. Adieu. *Wendet sich rasch.*

KATHARINA *hat während der letzten Sätze in wachsender Erregung mit sich gekämpft, springt jetzt plötzlich vor, fast schreiend* Nein!!

ALLE *wie angedonnert, unbewegt. Kleine Pause*

ROTHACKER *über die Schulter weg, knapp, fast barsch* Na? Noch was?

KATHARINA *mit schwerer Zunge* Gehn Sie nicht fort, Sie.

ROTHACKER *wendet sich ihr voll zu, sieht sie an.*

KATHARINA *plötzlich wie in einem Wutanfall auf Dillinger losfahrend* Der is ja viel zu dumm, der Mensch dort!!

ROTHACKER Er hat halt falsch verdächtigt, das kann mal vorkomme. Und ich hab gesagt, daß es mir leid tut. Also. Was verlangen Sie noch?

KATHARINA *sieht ihn trotzig an* Nix. Ich bin's gewese.

KNIE *starrt mit großen Augen, mit zusammengepreßtem Mund zu ihr hin.*

ROTHACKER *macht einen Schritt auf sie zu – freundlich, fast leise* Sie wollen sagen, daß Sie meinen Hafer genommen haben?

KATHARINA, *ohne ihn anzusehen* Da war gar kei Stroh drin, in dene Säck, un auch kei Häcksel nit.

DILLINGER Komme Sie mit. Folge Sie mir.

KNIE *lacht plötzlich, fast tonlos, wie einer, dem es die Stimme verschlägt* Das sin ja all schlechte Witz – *Auf Dillinger losfahrend, der Katharina an der Schulter fassen will* Laß die Hand weg!! *Dann ganz ernst und fest Katharina anschauend* Hast du's getan – oder nit?

KATHARINA *gibt keine Antwort, sieht unter sich.*

IGNAZ *tritt vor, nicht ohne Eitelkeit und theatralische Pose* Ich hab den Hafer gestohle!

KATHARINA *zu Rothacker, hastig* Der lügt! Das macht der nur, damit er sich nachher dick tun kann.

KNIE *dreht sich plötzlich um, geht ein paar Schritte abseits.*

DILLINGER *benutzt die Gelegenheit, um wieder Katharinas Arm zu packen.*

KATHARINA *beißt ihn in die Hand.*

DILLINGER Au!! Au!! Sakrament nochemal! Das gibt vierzehn Tag!

ROTHACKER *mit unterdrücktem Lachen* Lasse Sie doch die Finger weg, wenn Sie's nit verstehe. *Sieht Katharina an* Die kenn ich doch – irgendwoher! Die hab ich doch schon emal gesehen –

KATHARINA *zuckt die Achseln.*

KNIE *fährt jäh herum, Katharina anschreiend* Ob du's getan hast – oder nit??

FRITZ *schwerfällig* Ich glaub – mir sin's all mitenander gewese.

KATHARINA Nein! Ich war's! Ganz allein!! Da hat keiner nix mit zu tun!

FRITZ *demütig* Ich hab ja nur gemeint, es wär besser so.

MEMBEL Und wenn ich höflichst frage dürft: wozu hawwe Sie's denn getan?

KATHARINA Für die Maali! Fürs Eselche! Das kann ma ja nit mehr mit ansehe!

DILLINGER Halt! Das muß ich aufschreibe. Was war das, mit seller Maali, un mit sellem Eselche?

BIBBO Sie hat halt e Eselche, das heißt Maali. So e kleines, grieselgraues. Der Vatter wollt's ja seinerzeit mit der Bespannung verkaufe, aber dann hat er's ihr doch gelasse, un der Ignaz un der Julius wollten e Nummer damit mache.

JULIUS Es wird aber nix; da kann ma eher en Hahn Eier lege lerne. Das Tier hat kein künstlerische Spiritus nit in sich.

IGNAZ Das kann nie was werde, weil's verwöhnt wird. Un wenn ma's emal schlage will, kratzt se eim die Augen aus.

KNIE Bei mir wird überhaupt kei Tier geschlage! Herrgott, hätt ich's nur nit erlaubt! Aber sie hat ja gebitt und gebettelt, was kann ma denn da mache? *Er steht in hilfloser Verzweiflung.*

BIBBO Ma konnt's auch wirklich nit mehr mit ansehn. Dem Tier stehn schon alle Rippe ausm Leib. Mir hawwe ja kaum mehr e Brot für unser eigne Mahlzeit! Das bißje Gras un die paar Brennessel, was am Wegrand wächst, davon kann so e Tier nit vegetiere.

KATHARINA Ja, un schöner wird's auch nit davon, un Triefauge kriegt's, sooft ma auch wischt, un de Ohren läßt's hänge, un die Pferd aufm Acker, die hawwe Hintern wie Mastschinke.

KNIE Un da gehts du einfach hin, un stehlst –? Mei Tochter geht einfach hin – un stehlt?!! Ei, ich jag dich vom Wage, ich schmeiß dich hinaus, ich laß dich überhaupt nit mehr auftrete, du, ich guck dich drei Tag nit an! *Wendet sich wieder ab.*

ROTHACKER Jetzt möcht ich nur eins wisse: Warum hat sie den Hafer grad bei mir geholt, wo se'n e halb Stund übern Berg trage muß? Hier ringsherum gibt's den Hafer zentnerweis in jeder offene Scheuer, warum holt se'n grad aus meim Privatstall, drei Nächt hinternander? *Er sieht sie an.*

KATHARINA *zuckt wieder die Achseln, erwidert seinen Blick ganz kurz, dann wendet sich sich ab, schweigt.*

KNIE, *der ganz blaß ist und immer mehr einen hilflosen verstörten Eindruck macht* Jetz holst du sofort den Hafer unterm Wage vor. Jetz nimmst du de Säck auf de Buckel, einer nach dem andern, un trägst se all wieder hin!!

DILLINGER Damit wär der Eigentumsdelikt noch lang nit aus der Welt geschaffe.

KATHARINA *steht unbeweglich.*

KNIE No! Wird's bald? Du holst die Säck eraus un trägst se wieder hin!!

KATHARINA *macht keine Miene dazu.*

KNIE *vor Aufregung zitternd, packt seinen Stock mit beiden Händen* Ich hab dir in meim Lebe noch kein Schlag nit gewwe!!!

ROTHACKER *legt mit einer ruhigen Bewegung die Hand auf den erhobenen Stock* Dann werde Sie's auch jetzt lieber bleibe lasse. Und was den Hafer anlangt, den soll sie mal ruhig behalte. Herr Kommissär, mir is überhaupt kein Hafer gestohle worde, das war ein Irrtum von mir. Ich hab den Hafer der Truppe Knie geschenkt. Schluß. *Er geht rasch.*

KATHARINA *schreit plötzlich hinter ihm her* Behalt dein Hafer! Ich will dein Hafer nit!

ROTHACKER *dreht sich herum, lachend* Ich hab ihn euch gewiß nit aufgedrängt.

KNIE *ganz grün vor Wut und Scham* Gleich gehst du hin un enschuldigst dich!

KATHARINA *steht wieder wie ein Bock.*

KNIE Du bittest um Verzeihung!! Du gehscht hin un bittest um Verzeihung, du –

ROTHACKER Jetz wird's aber Zeit, daß ich fortkomm! Auf Wiedersehn allerseits! *Ab*

DILLINGER Die Sach hat noch e kriminelles Nachspiel. Wege Verletzung einer Amtsperson. Alles kann ma sich doch nit gefalle lasse.

KNIE *ganz gebrochen zu Membel, wie wenn er sich an einen Fremden klammern wollte* Ich bin ja selbst dran schuld! Ich hab das Kind verzoge – ich hätt's ja wisse könne – mei eige Schuld is es –

MEMBEL Es is noch gut abgange, Herr Knie! Der hätt se auch verhafte lasse könne!

KNIE Gestohle hat se, so oder so, da hilft alles nix.

MEMBEL Was mich anlangt, da könne Sie meiner Diskretion sicher sein. Bei so was, da bin ich einfach nit dabei gewese. Nein – da war ich einfach nicht dabei.

BIBBO *schlägt ihm auf die Schulter* Herr Membel, Sie hawwe Ihrn Beruf verfehlt. Sie müßte amtlicher Leumundszeuge werde oder Staatsanwalt, oder sonst was, wozu ma Charakterköpf benötigt.

MEMBEL *lächelt selig* Auch in meim Beruf is der Takt die Seele der Musik.

BIBBO *entschieden* Auf Wiedersehn!!

MEMBEL *halb erschrocken, halb beglückt* Auf Wiedersehn! Auf Wiedersehn! *Er geht rasch. Kaum ist er fort, dringen alle auf Katharina ein, außer Vater Knie, der unbewegt, wie versunken auf demselben Platz stehenbleibt.*

LORENZ Warum haste denn nix gesagt, ich hätt die Sach schon verkassemaduckelt!

FRITZ Wie kannste denn so was mache, Katharinche, du bist ja gepickt!

LORENZ Wieso denn, die hat ganz recht, als Bub haste auch Äppel gestrenzt!

FRITZ Das is was anders.

LORENZ Das is gar nix anders.

IGNAZ Du diebisch Elster, du schlecht Atzel, die de bist, du beißt mich nit nochemal ins Bein, du!!

BIBBO Laß se doch gehn jetzt.

JULIUS Wenn der Esel wenigstens was lerne wollt.

IGNAZ Der gehört abgezoge un Salami draus gemacht, ich hab's ja immer gesagt!!

KNIE, *der immer noch wie in tiefen Gedanken dasteht, reißt sich plötzlich auf, reckt sich empor, läßt seinen Stock durch die Luft sausen, schreit* Ach was! Strafübung für die ganze Truppe, los, alle Mann ans Gerät. Arbeiten, arbeiten, wer steht noch nit, wer hippt noch nit, vite, vite, avanti, avanti, hee – hopp! hee – hopp!!

ALLE *stürzen wie aus der Pistole geschossen, fast mechanisch, mit der Präzision elektrischer Gliederpuppen, an ihre Geräte – Ignaz die Strickleiter hinauf, die Brüder Knie auf die Matte, Katharina wirft ihren Kittel ab, springt im Tricot auf die Kugel, auf der sie über die Bühne läuft, Mario ist sofort an den Musikplatz gelaufen, wo er zu spielen beginnt, Julius saust auf einem kleinen Fahrrad durch die Manege, Bibbo streut Sägemehl und Kolophonium, schleppt die ›objets‹ herbei. Bei sinkendem Vorhang alle in toller fanatischer Bewegung.*

KNIE *anfeuernd* Hee – hopp! Hee – hopp! *Er steht stockschwingend, alles dirigierend, in der Mitte.*

ZWEITER AKT

Frühe Morgendämmerung. Der Platz liegt verlassen. An den Wagen sind noch die Läden geschlossen, die Vorhänge zugezogen. Die Geräte zum Teil gegen den Tau mit Zelttuch oder Stroh zugedeckt.

BIBBO *hockt in wollenem Unterrock und Kattunjacke am Kessel, die Kaffeemühle zwischen den Knien, mahlend. Von Zeit zu Zeit bläst sie in die Glut oder schmeißt ein Scheit hinein.*

KATHARINA *kommt von der Seite auf den Zehenspitzen, die Schuhe in der Hand, daß man sie nicht hören soll. Sie hat ihre schönste Bluse an, aus farbiger Waschseide, die Haare sind frisiert und mit einem Band zusammengehalten.*

BIBBO *tut zunächst, als bemerkte sie nichts – erst wie Katharina gerade in den Wagen schleichen will, dreht sie ihr langsam den Kopf zu, sieht sie groß an.*

KATHARINA *fährt zusammen, steht einen Augenblick zögernd, dann lacht sie unsicher* Jetzt wollt ich mir grad mei Stiffel putze –

BIBBO Komisch.

KATHARINA Was denn komisch?

BIBBO Daß die über nacht so dreckig worde sin. Un erst die Strümpf! Die sin ja ganz voll frische Spritzer!

KATHARINA *läuft kurz entschlossen zu ihr hin* Wenn du de andere nix sagst, dann sag ich dir was. – Ich hab de ganze Hafer wieder hingebracht. Aber die andern, die deete mich ja doch nur uze damit!

BIBBO Weiß es der Vatter?

KATHARINA Bis jetzt noch nit. Er hat mich gar nit mehr angeguckt, seit gestern abend.

BIBBO Lassen brumme. Das hält er kein halbe Tag nit aus.

KATHARINA Ja, das glaub ich auch – *Sie gähnt.*

BIBBO Biste müd?

KATHARINA Ich hab die ganze Nacht nit schlafe könne. Un dann bin ich aufgestande, wie's noch dunkel war, ich hab doch den Weg dreimal hin un her mache müsse!

BIBBO War's denn so eilig drum?

KATHARINA Ma kann's ja doch nit behalte. Vielleicht is auch schlecht fürs Eselche, wenn's alsfort gestohlene Hafer frißt. E paar Kilo hat's schon im Bauch.

BIBBO No, die werde nix schade. Komm, gieß de Kaffee auf, ich muß Holz trage.

KATHARINA Ein Augeblick – *Sie läuft rasch hinter den Wagen, zieht ihre*

Bluse aus, wirft den Arbeitskittel über, kommt wieder vor, hängt die Bluse ans Fenster, dann macht sie sich am Kessel zu schaffen.

BIBBO *tritt mit einem Arm voll Holz zu ihr hin* Warum haste dich denn so fein gemacht – zum Sackschleppe?

KATHARINA Ich? Ei – es könnt eim doch jemand begegne.

BIBBO Wer denn?

KATHARINA No, irgend jemand.

BIBBO Ich hab schon gedacht, es wär Sonntag, un du wollst in die Meß gehn.

KATHARINA *rasch* Ja, das hab ich auch gedacht. Aber es is ja erst Freitag.

BIBBO Freilich, sonst hätt's schon geläut.

KATHARINA *ganz in Gedanken* Wenn's Sonntag wär. Aber es is ja kein Sonntag –

BIBBO *sieht sie von der Seite an* Haste'n gesehn, gestern abend? In der ersten Reih hat er gesesse.

KATHARINA Wer denn?

BIBBO De Rothacker. Un was hat er gelacht, wie der Julius vom Rad gefalle is!

KATHARINA Hat er sich wehgetan?

BIBBO Ach wo, der fällt wie e Katz. Er kann nit älter wie vierzig sein.

KATHARINA Sechzig is er. Er hat ja schon unterm Großvater gearbeitet.

BIBBO Was redst denn du vom Julius. Den Rothacker hab ich gemeint. Aber jünger is er auch nit. So um die Vierzig herum, das is das beste Alter für en Mann. Das grün Gras verdaut ma schlecht, und das alt Stroh schmeckt nach nix. Grad wenn's reif is, soll ma e Korn schneide.

KATHARINA Rasch, geb mir e bißje kalt Wasser, ich muß de Kaffee schrecke!

BIBBO Wie ich zum ersten Mal geheirat hab, da war ich siebzehn, un de Mann war zwanzig. Nach zwei Jahr is er mir durchgange mit Ahua, dem Fischweib, die hat lebendige Goldfisch gesse un schweres Geld verdient. Wie ichs zweite Mal geheirat hab, da war ich zwanzig, und de Mann war sechzig. Nach zehn Jahr is er sanft entschlafe. Un wie ichs dritte Mal geheirat hab, da war ich fünfunddreißig, un de Mann war vierzig, das war die wahre Liebe, un mir wärn auch alt worde miteinander. Aber nach zehn Jahren is ihm in Wien en Kronleuchter auf de Kopp gefalle – no, das kann jedem passiere.

KATHARINA *seufzt langgezogen* Ach ja.

BIBBO Nemm de Schöpplöffel, die werde schon wach im Wage.

KATHARINA Erst warm Wasser für de Vatter; rasch! *Sie trägt ein Gefäß mit dampfendem Wasser in den Wagen. Einzelne Wagenfenster werden von innen aufgestoßen, man hört während des Folgenden die Geräusche des Aufstehens, Gähnens, Sich-Hochrappelns und den Ablauf der morgendlichen Toilette. Der alte Julius kommt zuerst heraus – blinzelt in die aufgehende Sonne, schlendert zum Kaffeekessel.*

BIBBO Wie siehst denn du aus, du hast ja dei Gebiß vergesse!

JULIUS *erschrocken, lallt aus eingefallenen Lippen eine unverständliche Entschuldigung, läuft rasch zum Wagen zurück, langt ins Fenster, greift aus einem Wasserglas sein Gebiß heraus und läßt es sich, den Rücken zum Publikum gedreht, zwischen den Kiefern einschnappen. Dann wendet er sich um, völlig verändert, sichtlich verjüngt* Guten Morgen! *Er zeigt blendende Zähne.*

DIE BRÜDER KNIE *sind unterdessen seitlich aus einem Wagen herausgestiegen, Fritz recht munter humpelnd, Lorenz mit katzenhafter Faulheit – sie tragen kurze Hosen und haben nackte Oberkörper, beginnen sich hinterm Wagen prustend zu waschen. Dann kommen sie vor, jeder nimmt ein paar Tropfen aus einer Ölflasche auf die Hand, sie massieren sich gegenseitig die Muskeln.*

KATHARINA *kommt aus dem Wagen des Vater Knie zurück, geht zum Kessel.*

BIBBO *leise, zu ihr* Was machst du denn für e Gesicht?

KATHARINA Er hat mir gar nit Gutemorge gesagt.

BIBBO Mach, als ob de's nit merke deetst. Da, füll ihm de Kaffee ein.

IGNAZ, *den man vorher in seinem Wagen lang und anhaltend gurgeln hörte, erscheint in der Tür, wendet sich zu einer am Dach hängenden Spiegelscherbe, bearbeitet sich mit Kamm, Pomadenstange, Augenbrauenstift, Puderquaste.*

DIE BRÜDER KNIE *sind fertig geworden, kommen zum Kessel, jeder nimmt von einem Brett einen dort hängenden Aluminiumbecher herunter, läßt sich von Bibbo Kaffee einfüllen.*

IGNAZ *feuert plötzlich einen Fußtritt unter den Wagen, ins Stroh* Aufstehn! Sakrament!

MARIO *kommt aus dem Stroh gekrochem* Oh lala! *Schüttelt sich den Häcksel aus den Haaren.*

IGNAZ Da, leer mei Waschwasser aus.

MARIO *freundlich* Va bene, va bene! *Leert es dicht neben ihm, fast auf seine Füße.*

IGNAZ *stampft auf* Saubub, schandmäßiger!!

BIBBO Geh her, Mario, mit dem is morgens früh nit gut Kirsche esse. Der schläft sich die Krätz in de Hals.

IGNAZ *stampft auf, geht auch zum Kaffeekessel, nimmt seinen Becher* Da is ja wieder nix wie Satz drin. Pfui Teufel, die Brüh. Wer hat denn die aufgosse?

KATHARINA Ich, wenn de's wisse willst.

IGNAZ Ach so, der Kaffee is heut mit Hafer gekocht! Mit Eselshafer!

KATHARINA Du, fang mir nur nit mit mir an, sonst kannste was erlebe!!

IGNAZ *auf Bibbo los* Jetzt hab ich's gesehn, du hast dem Läusert e Stückche Zucker in de Becher geschmuggelt!!

BIBBO Was geht's dich an?

IGNAZ Dem schlag ich nochemal sei süß Maul in Fetze, dem Makkaronischluzzerer, dem Appelsinenlutscher, der gelb Meloneschnuut!!

MARIO Mille grazie, Signore, mille grazie!

FRITZ Ärgert mir nur de schöne Nazi nit, sonst kriegt er uns vorzeitig Falte.

LORENZ Un die Milch könnt ihm sauer werde.

IGNAZ *will heftig erwidern, sieht aber den Vater aus dem Wagen kommen, verstummt sofort* Psst! –

VATER KNIE Gute Morge!

ALLE Gute Morge, Vatter!

KATHARINA *hat rasch den Kaffee in eine schöne bauchige Porzellantasse gefüllt, auf der in großen Buchstaben, mit Blumenschrift, der Name Karl aufgemalt ist, will sie ihm hinbringen.*

KNIE *übersieht es, geht ruhig an ihr vorbei zum Kessel, nimmt einen der Aluminiumbecher vom Brett, füllt sich selbst Kaffee ein.*

KNIE Bobbi! Schneid mir e Stückche Brot herunner! Haste de Bube ihr Portion schon gewwe?

BIBBO Ja, für de ganze Tag.

KNIE Dann lauf bis mittags ins Dorf un kauf noch e neues. Morge soll's schon wieder teurer werde, hab ich gehört.

BIBBO Die Milch kann ma sowieso nit bezahle, die kost achthunderttausend, un Butter is nirgens kei aufzutreibe.

KNIE Ihr müßt wieder Speckschwarte besorge, un Schmalz auslasse.

BIBBO Gestern abend hat uns en Bauer statt Eintritt e halb Dutzend Eier gewwe, die gibt's heut mittag als Pannekuche.

KNIE Dem Mann müßt ma e Denkmal setze, aus Mandel un Rosine, damit ihn die Kinner gern hawwe. So, seid ihr all fertig?

FRITZ Fertig!

KNIE Dann kommt emal all mit, nehmt die Schubkarrn un die Schippe – wir müsse Kies hole vom Flüßjeufer un die Löcher zuschütte in der Bahn. De Anmarsch muß auch planiert werde – da sin ja Dreckpfütze, daß die Kinner drin ersaufe un de Mädcher ihr Halbschuh steckebleibe. Lorenz, lauf zu dem Neubau enüwwer un frag, ob wir de Lehmwalz leihweise hawwe könnte. Bis heut abend muß alles tadellos geschliffe sein, da will ich ein prima Parkett sehn. *Er nimmt eine Schaufel auf den Rücken, geht voraus.*

IGNAZ *leise maulend* Dazu wäre mir nicht verpflichtet. Das is kei künstlerisch Arbeit.

FRITZ Arbeit is Arbeit, dafür esse mir Brot.

IGNAZ Ach, häng dich doch uff mit deine Bolschewistesprüch.

FRITZ Du denkst vielleicht, du wärst was Besseres, he?

IGNAZ Wer was wert is, fühlt sich auch was wert.

FRITZ Für dich wollte mir sowieso schon en Dienstmann engagiere. Daß de dir nur die Finger nit dreckig machst!

IGNAZ Was Kappes. *Sie gehen, die anderen sind schon voraus, es bleiben nur Bibbo und Katharina, die das Kaffeegeschirr wegräumen und dann beginnen, aus einem großen Korb Wäsche herauszunehmen und an den Leinen aufzuhängen.*

BIBBO *summt unter der Arbeit leise die Melodie eines Liedes zwischen den Zähnen, dann und wann lauter werdend*

»An jenem Fluß, der da rauschend schoß,
Saß ein Mägdlein daran, war so schön –«

KATHARINA *arbeitet schweigend. Nach einer Weile bleibt sie plötzlich stehn* Hast du gesehn, wie er war?

BIBBO No ja, so is er halt.

KATHARINA Weißt du, mir is oft, als ob ich gar nit mehr lebe möcht.

BIBBO Wenn's eim so is, muß ma en saure Hering esse.

Singt weiter

»Und als das Mägdlein Kränzlein wand,
Kam ein Jüngling des Weges, war so schön –«

KATHARINA Hör doch auf.

BIBBO Warum denn?

KATHARINA Ich mag nit ... Das is alles so dumm!

BIBBO *sieht sie an* Das kommt davon, wenn man die Nacht nit schläft.

KATHARINA Weißt du eigentlich, wann's hier weitergeht?

BIBBO Das hängt vom Besuch ab. Morge, spätestens übermorge.

KATHARINA Ma kommt auch gar nirgends mehr zur Ruh.

BIBBO Was willst denn du zur Ruh komme? Dazu is unnerm Sargdeckel als noch Zeit genug. Schlaf nachts, is gescheiter.

KATHARINA Ma möcht sich doch auch emal umgucke, irgendwo.

BIBBO Zu lang am gleiche Platz, das tut nit gut in der Arbeit, merk dir das für später, wenn de mal selbständig bist. Da denkt ma, die Leut wisse's ja schon, un ma kennt jeden Meter Luft in der Manege, da schnickt ma sich nit mehr richtig samme, un dann gibt's Bruch. Am erste Abend vor fremde Leut – da is noch keiner falsch abgesprunge!

KATHARINA Bist du mal über de Berg enauf gange, – wo das Gut liegt?

BIBBO Woher denn? Ich hab doch de ganze Tag zu tun.

KATHARINA Da is en Garte dabei, so was hab ich noch nie gesehn. Wenn de über de Mauer guckst – der hört gar nit auf!

BIBBO Sin auch Heinzelmännncher drin?

KATHARINA Davon hab ich nix bemerkt.

BIBBO In ein wirklich feine Garte gehörn Heinzelmännncher un künstliche Reh – sonst is nix.

KATHARINA Das muß es Lebe sein! Die brauche doch gar kei Geld! Dene wächst grad alles in de Mund.

BIBBO Ja, hier gibt's viel Gemüs un en gute Wein.

KATHARINA Un was Obst!! Wenn da die Quetsche un die Äppel reif sin – da möcht ich emal hier sein!!

BIBBO Un wenn du so e Bäumche schüttelst, dann kriegste e Protokoll. Das wächst all für die annere Leut.

KATHARINA Ich möcht's ja nur angucke.

BIBBO Davon wird ma nit satt.

KATHARINA *nach einer Weile* Im Winter, in der Stadt, da gefällt mir's ja gar nit so gut. Da bin ich immer froh, wenn's warm wird, un wenn wir losziehn.

BIBBO Das is wege der Handelsschul. Da is noch niemand gern hingange.

KATHARINA Aber im Sommer denk ich an manche Ort: Wenn nur emal was passiere deet – daß ma e Zeitlang dableibe könnt!

BIBBO *spuckt rasch dreimal aus* Pfui Teufel! Sag so was nit!! Wenn das der Vatter hört!

KATHARINA *sieht sich rasch um* Er is ja nit da. –

BIBBO Sei froh, solang's überhaupt noch weitergeht!! Schwer genug hält's allweil. Nachher haste's, wenn mir heut hänge bleibe un zumache müsse – da kannste an de Fingernägel zuckele.

KATHARINA Ach was!! Mir deete doch nit stecke bleibe, mit so viel junge Leut! Das glaubste ja selbst nit!! Weiter ging's schon – un wenn mir die Wage drücke müßte bis zum nächste Ort!!

BIBBO No siehste. Jetz redste vernunftmäßig. Du erbst doch emal den ganze Betrieb, das darfste nie vergesse!

KATHARINA No ja, ... ich – hab ja auch nit gemeint, daß der Trupp was passiere sollt, oder de Wage! Ma denkt sich nur manchmal aus, daß ma selber liege bleibt – ganz allein. Ich war doch noch nie krank.

BIBBO Freu dich.

KATHARINA Ich deet mich heimlich wegschleiche – daß niemand weiß, wo ich bin – un dann deet ich mich einfach in de Grabe lege, un deet zuhöre, wie mir's in de Ohre saust – ganz egal, ob mich einer findt oder nit.

BIBBO Ja, an der Landstraß zum Gutshof da drowwe, gell?

KATHARINA Ach wo! Im Wald am liebste! Bist du oft krank gewese?

BIBBO Mehr wie genug. Aber zum Hinlege hab ich nie kei Zeit gehabt, un da is auch so vorbeigange. Höchstens beim Kinderkriege hab ich mei drei, vier Tag gelege.

KATHARINA Das is es ja – Ma hat ja nie Zeit. –

BIBBO Ich will dir mal was sage – ma braucht auch kei Zeit – wenn ma richtig bei der Sach is. Ma muß nur wisse, wo ma hingehört. Vielleicht kommt emal en Mann, der dich vom Wage wegnimmt, un wo de fester hängst als beim Vatter.

KATHARINA Sei still!

BIBBO Warum denn? Es muß so Leut gewwe, un so Leut. Ma muß nur wisse, wo ma hingehört. Da, halt die Lein fest.

KATHARINA *nimmt schweigend die Leine auf, langsam rückwärts gehend.*

BIBBO *beginnt wieder leise zu singen, dann lauter*

»Und als dreiviertel Jahr um warn,
Saß das Mägdlein am Fluß, weinte sehr – –«

KATHARINA *läßt plötzlich die Leine los, daß alles herunterfällt.*

BIBBO Was is denn, Sakrament!!

KATHARINA *antwortet nicht, sieht starr und wie gebannt auf den Platz – dort kommt jetzt Rothacker, hinter ihm ein paar Stallbuben, die Säcke schleppen.*

BIBBO *sammelt murrend die hingefallene Wäsche auf* Jetzt kann ich's all wieder ausschwenke.

ROTHACKER *zu den Buben* Da, stellt's an de Wage, un dann Trab nach Haus!

DIE BUBEN *stellen die Säcke ab, gehen.*

ROTHACKER *ohne Gruß, fast grob* So. Da is Hafer, un da is Melasse, un da sin Rüben. Das langt für e Zeitlang.

BIBBO *nimmt den Wäschekorb auf, geht zum Fluß, dicht an Rothacker vorbei, laut singend*

»– — und sie stürzt sich voll Verzweiflung in die Flu-u-ut,
Und sie stürzt sich voll Verzweiflung in die Flut, vallera!« *Ab*

ROTHACKER *macht einen Schritt auf Katharina zu.*

KATHARINA *mit einer Bewegung, als wolle sie fliehen, dann plötzlich ganz fest ihm entgegentretend* Das geht nit. Das nehm ich nit an.

ROTHACKER Es is ja gar nit für Sie. Es is für die Maali.

KATHARINA *stur* Das muß ich jetzt all wieder zurücktrage.

ROTHACKER Ich laß mir aber nix zurückschenke, verstehn Sie?

KATHARINA Ich trag's aber doch enauf.

ROTHACKER Un denn trag ich's wieder runner, un Sie wieder nauf, ja mir könnte ja nix mehr weiter tun, wie alsfort Säck hin un her schleppe! *Lacht*

KATHARINA *stampfend* Ich trag's aber doch enauf! Jetz grad!

ROTHACKER Dann nehme Sie sich wenigstens en ordentliche Schubkarrn dazu. Sie hawwe sich recht plage müsse, heut früh, am Steilweg, unter der Gartenmauer.

KATHARINA Ich? Das war ich garnit. – Hawwe Sie mich gesehn?

ROTHACKER Der Vatter is streng, was?

KATHARINA Der Vatter hat's überhaupt nit gewußt! Das hab ich frei gemacht. Wenn er mich gezwunge hätt, dann hätt ich die Säck in de Neckar geschmisse.

ROTHACKER Un wisse Sie, was Ihne dann gehört hätt? Fünfunzwanzig – Ssst! *Macht die Bewegung des Durchhauens.*

KATHARINA Von wem denn? Das wagt keiner!

ROTHACKER No, da wär ja weiter nix zu wage dabei.

KATHARINA *lacht unsicher* Ich hätt's ja gar nit getan. So was sagt man nur so.

ROTHACKER *ernsthaft* Dann könnte ma auch die Prügel zurücknehme. Wo sin denn all euer Leut?

KATHARINA Die wasche Kies aus, am Flüßje.

ROTHACKER *schaut in einen Wagen* Sauber is da drin.

KATHARINA Und schön auch! Sehn Sie die Fächer, un die Photographien!!

ROTHACKER Die Mutter Gottes hängt auch überm Bett.

KATHARINA Freilich! Der Vatter is fromm. Sonntags, da müsse mir immer in die Meß gehn.

ROTHACKER Tun Sie's gern?

KATHARINA Das kommt auf die Pfarrer an, das kann ma vorher nie wisse. Manche sin ja sehr schön – aber die meiste sin alt und fett un singe wie die Rabe.

ROTHACKER Un dann is langweilig, gell?

KATHARINA Langweilig is es nit – ich setz mich immer nahe de Fritz – der schneid heimlich Fratze un singt lauter Blödsinn statt lateinisch, er streckt auch beim Umgang hinterm Bischof die Zunge heraus. Er sagt, er glaubt überhaupt nix, er ist Proletarier – aber de Vatter darf's nit wisse.

ROTHACKER Glaube Sie auch nix?

KATHARINA Doch schon, e bißje –

ROTHACKER Das langt auch. *Schaut wieder in einen Wagen* Wenn's regnet, muß es ungemütlich sein.

KATHARINA Warum? Ich hab's gern, wenn es so troppt un trommelt, besonders nachts, da kann ma sich was denke dabei ... Un im Winter stehn mir ja unter feste Dächer. E bißje eng is es halt. *Sie beobachtet ihn von der Seite, wie er, gleichsam spürend und witternd, wie von einer seltenen Fährte angezogen, Wagen und Platz umkreist* Sind Sie auch schon viel gereist?

ROTHACKER Es geht. Zuletzt vier Jahr lang, davon hab ich genug.

KATHARINA Ach wo, das war de Krieg, das zählt nit. Ich meine, so wie wir, so »schweifen wie der Vogel zieht«, – kenne Se das Lied nit?

ROTHACKER Nein, wie geht's denn?

KATHARINA *sitzt auf der Wagendeichsel, singt leise*

»Ach, ich muß von hinnen wandern,
Schweifen wie der Vogel zieht,
Darf nicht bleiben bei den andern,
Denen hier das Glück erblüht.
Zieh nicht weiter, schöner Knabe,
Fühlst du nicht des Abschieds Schmerz –
Die Gesänge der Matrosen,
Sie zerreißen mir das Herz.–«

ROTHACKER *ernst* Sin Sie denn schon so weit herumkomme?

KATHARINA Ich hab schon sehr viel von der Welt gesehn – Nürnberg – un Donau-Eschingen – un Mainz, un Bayrisch Sulzbach!

ROTHACKER Ei, guck emal an.

KATHARINA Un einmal sin mir im Schnee steckegebliebe, das war im Schwarzwald, da hat's schon im Oktober geschneit, un einmal is der Blitz in unsern Mastbaum geschlage, un ein Zigeuner hat mitm Messer gestoche, aber der Ignaz hat ihm e Bein gestellt, un der Fritz hat ihm en Sack über de Kopf geworfe, un der Vadder hat ihm de Händ gebunde, un die Bibbo hat ihn dann abgeschimpft.

ROTHACKER Und dann?

KATHARINA Dann hawwe mirn laufe lasse.

ROTHACKER Ja, da kann ma was erlebe, so unterwegs.

KATHARINA Freilich – all die Abenteuer, un all die Gefahren – und die Geheimnisse!

ROTHACKER Was is denn das, die Geheimnisse?

KATHARINA Das ist, was ma nit laut sage darf. Wo ein Schatz verborge liegt, oder wo ma en Schädel findt, oder altes Galgeholz, das weiß der Julius alles – oder en Glückspfennig, oder wo's Hirschkäfer gibt – und wo manchem sei Wieg gestande hat –

ROTHACKER Wo sin Sie denn gebore?

KATHARINA Das ist ja so ein Geheimnis – das darf niemand erfahre.

ROTHACKER Ich sag nix weiter.

KATHARINA Mei Mutter, die hab ich gar nit gekannt. Vielleicht war sie was Großes, aber ich sag ja nix. – Da gibt es als Schloßfräulein, die heimlich Kinder kriege – un Fürsten, wo ihr Fleisch un Blut verleugne, un alles das – aber eines Tags, da kommt's heraus, – un bei meiner Windelwäsch, da war ein Tuch dabei, das war aus lauter Seide, un ganz mit Krönchen bestickt –

ROTHACKER *ernst* Hawwe Sie's noch?

KATHARINA *sieht ihn von der Seite an, beginnt laut zu lachen* Das glaubt der alles!!

ROTHACKER Gewiß! Warum denn nit?

KATHARINA *noch stärker lachend, plötzlich wild verzweifelt* Ach, geh! Sie tun ja nur so!

ROTHACKER Wer sagt denn das?

KATHARINA *springt auf, als wolle sie wegrennen* Das is ja viel zu dumm, ich – gehn Sie doch fort!

ROTHACKER Kommen Sie her un setzen Sie sich wieder.

KATHARINA *langsam zurückkommend, fast ängstlich, setzt sich wieder.*

ROTHACKER *beobachtet sie lange, mit etwas ungewissen Augen* Jetzt möcht ich nur wisse – woher ich Sie schon kenn.

KATHARINA *lächelnd* Vielleicht hat's Ihne geträumt.

ROTHACKER Nein, das glaub ich kaum. Ich träum nit viel.

KATHARINA Vielleicht sin Sie mal Chaise gefahre, im Traum?

ROTHACKER Mitm offene Dogcart fahr ich als.

KATHARINA Ja, auf der Landstraß, nach Mannheim!

ROTHACKER Halt emal – jetz hab ich was – Da hat sich e Mädche hintedrauf gehängt, wie's als die Dorfbube mache!

KATHARINA Das sin aber schon zwei Jahr her!

ROTHACKER Und ich hab mit der Peitsch nach rückwärts geschlage, un da sin Sie vor Schreck heruntergefalle un in de Grabe gerollt.

KATHARINA Ich hab mir die Knie arg aufgeschunde, un die Ellboge auch.

ROTHACKER Das kommt davon! Sie hawwe wie tot in de Brennessel gelege.

KATHARINA Ich hab mich nur so gestellt!

ROTHACKER Und wie ich abgestiege bin un hab mich über Sie gebückt, da warn Sie schon auf und davon, wie en Has in die Roggefelder nei!

KATHARINA *lachend* Da wärn Sie nit leicht mitkomme!

ROTHACKER Ich hab's erst gar nit probiert. – – Ja, das sin jetz zwei Jahr her.

KATHARINA – – Aber ich hab Sie wiedergesehn, im vorige Jahr.

ROTHACKER Wo denn?

KATHARINA Das sag ich nit.

ROTHACKER Un dies Jahr – hawwe Sie den Hafer geholt.

KATHARINA Ja, wege meim Eselche ...

ROTHACKER Freilich, wege sellem Eselche ... *Verstummt*

KATHARINA *nach einer Pause* Wie alt sin Sie eigentlich?

ROTHACKER Zweiundvierzig.

KATHARINA Un ich bin vierundzwanzig. Wenn ma's herumdreht, sin mir gleich alt!

ROTHACKER Un zusammegezählt hätte mir sechsunsechzig, das is e gut Spiel.

KATHARINA Ja, da hammer gewonne!

ROTHACKER Un wer muß zahle?

KATHARINA Alle beid – oder keiner!

BEIDE *sehen sich einen Augenblick an, beginnen dann wie Kinder, die herausplatzen, laut zu lachen. Das Lachen wird immer toller, ›sinnloser‹ – sie überhören dabei, daß Vater Knie vom Fluß herauf über den Platz gekommen ist und hinter ihnen stehenbleibt.*

KATHARINA *spürt es plötzlich, fährt mitten im Lachen herum, verstummt, springt auf und rennt wie ertappt davon.*

ROTHACKER *steht auf, immer noch mit einem jungenhaften Lachen* Gute Morge, Herr Knie! *Streckt ihm die Hand hin.*

KNIE *nimmt die Hand etwas steif* Guten Tag, Herr Rothacker. *Kleine Pause* No, hat's Ihne gefalle gestern abend, in der Vorstellung?

ROTHACKER Ei, großartig! Die junge Leut könne was, das muß man sage.

KNIE Die hab ich all selber angelernt. Wenn man en Gaul un e paar neue Trikots anschaffe könnt, da hätt ich was zu biete. En Zauberkünstler müßt ich auch engagiere.

ROTHACKER Es hat ja auch so e Menge Abwechslung.

KNIE Es müßt halt immer noch besser gehn. Wisse Sie – Sie spare mir en Gang. Ich wollt sowieso zu Ihne raufkomme, eh daß wir weiterziehn, un mich noch emal entschuldige, wege der schreckliche Geschicht, die da passiert is.

ROTHACKER Ach, das is ja schon gar nit mehr wahr. Ich hätt fast nit gewußt, wovon Sie rede.

KNIE Ja, für Sie is es kein Gegenstand, aber für mich is es die Tochter, das läßt sich nit wegschlafe, so was, das stickt wie en Wespestachel!

ROTHACKER *unvermittelt – wie von seinem eigenen Einfall überrumpelt* Sage Sie mal, Herr Knie: Möchte Sie Ihr Tochter nit hierlasse? Vielleicht als Magd, aufm Landgut?

KNIE *starrt ihn an, ohne Verstehen* Mei Tochter – als Magd? – Ich weiß nit recht, was Sie da sage wolle?! Wo de Vatter selbständig ist, un alle Großvätter selbständig warn, – wie kann denn da die Tochter diene, das gibt's doch nit!

ROTHACKER Ich hab mich vielleicht nit richtig ausgedrückt – bei uns versteht ma das anders; ich mein ja nit als Stallmagd – sondern so – damit sie was lernt – die Gutswirtschaft, un die Ökonomie, das muß ma von unneruff anfange.

KNIE Ei, wo denke Sie denn hin? – Ich brauch sie doch überhaupt, im Programm. Die deet auch gar nit bleibe, da kenne Sie unser Rass schlecht. Sie kriege kei Katz vom Haus weg, un kein Knie vom Wage! Wie sind Sie eigentlich da drauf gekomme?

ROTHACKER Ich weiß nit, es ging mir grad so durch de Kopp. – Es is ja heutzutag nit mehr so einfach, mit der Seiltänzerei.

KNIE Einfach is das nie gewese – es war schon alleweil e hartes Brot. Aber dafür weiß ma auch, was ma hat. Wer aufm Seil groß worde is, der kommt sei Lebtag nit herunner.

ROTHACKER Da gibt es wohl schon e paar Geschlechter Knie beim gleiche Handwerk?

KNIE E paar? E paar Dutzend, wär besser gesagt! Mir hawwe ein Gewerbeschein als freie Seiltänzer, der stammt ausm sechzehnte Jahrhundert.

ROTHACKER Das is allerhand.

KNIE Hawwe Sie denn gemeint, daß sie ganz hierbleibe sollt?

ROTHACKER Ich hab mir das gar nit weiter überlegt – es käm ja drauf an, wie alles wird, un ob sie sich einschafft, aber ich wollt Ihne da nix in Ihr Sach rede, Herr Knie.

KNIE Wenn ma nur wüßt, ob's jetz noch schlechter wird, in unserm Land.

ROTHACKER Was kann ma da wisse. Vielleicht wär's schon am beste, wenn emal alles richtig unner die Dampfwalze käm.

KNIE Mir wär's ja wurscht – ich bin schon mehr abgerutscht un immer ins Netz gefalle. – Aber es is e Kreuz, wenn ma alt wird, un hat für sei

Kind noch nit emal genug zu esse – das kann ma gar niemand sage, was das heißt! Im Winter hab ich noch e Sümmche auf der Sparkasse gehabt: Fort is es! Wie Dampf ausm Kessel. Un wenn ich abends de Kurs vom nächste Tag ansetze deet, da ging mir kein Mensch aufn Sitzplatz! Es is auch gar kein Kunschtsinn mehr unter de Leut, seit se kei Geld mehr hawwe. Herrgott, ich rauch Ihne da mei schlecht Tobak vor – nehme Sie mir's nit übel, ich redd sonst nie von dene Sache.

ROTHACKER Ja, ihr laßt wenigstens de Kopp nit hänge un schimpft nit auf die Judde, das findt ma selten heut.

KNIE *mit plötzlicher Heftigkeit* Das wär früher gar nit möglich gewese – daß mei Tochter sowas tut!! Un es hätt auch jetz nit vorkomme dürfe – erst recht nit!

ROTHACKER Sie müsse das nit so ernst nehme.

KNIE Nein,nein, nein, nein *Läuft umher* – Da steckt was dahinter, das krieg ich nit heraus – es stimmt was nit, es geht nit mehr zusamme, es is falsch Luft im Werkel, es – – *Bricht ab, wie erschrocken, setzt sich auf die Wagendeichsel* Da denkt ma – ma kennt so e Kind bis auf de klare Grund ... *Verstummt*

ROTHACKER *nach einer Weile* Lebt eigentlich Ihre Frau noch?

KNIE *wie in Gedanken* Woher denn? Die is mir doch gestorbe, da war ich kaum e Jahr verheirat.

ROTHACKER Woran is se denn gestorbe?

KNIE Im Kindbett. Der Doktor hat gesagt, es dauert noch e Woch, un mir mußte weiter. Dann is es auf der Fahrt losgange, mitte im Wald – drei Stund vom nächste Dorf. Sie hat sich verblut.

ROTHACKER Vorher hawwe Sie keine Kinder gehabt?

KNIE Nein – und nachher erst recht nit. Deshalb is ja auch nix mit meim Geschäft! En Seiltänzer muß e Frau hawwe, un Kinder wie die Pfifferling! Mir ware noch sechzehn Geschwister im Wage, un hawwe all vom dritte Jahr ab gearbeit.

ROTHACKER Warum wollte Sie denn nit wieder heirate?

KNIE Ach – das kann ma schwer sage. Es hat ja auch vorher lang genug gedauert, bis es richtig war – da hätt ich mir's längst leiste könne. Un dann hatt ich mich so an das Kind gewöhnt – da wär's gar nit mehr gange. Ei, da hätt ich kei Frau mit hereinredde lasse, in de schlimmste Zeite nit!

ROTHACKER Sie hawwe sie ganz allein aufgezoge?

KNIE No ja, was ma so nennt. – Ich hab ja immer e Waschfrau gehabt.

ROTHACKER Da hat sie wohl auch recht früh auftrete müsse?

KNIE Freilich. Kaum daß sie stehe konnt, wie sich's gehört. Aber sie war halt nie so richtig bei der Sach. Für die ganz große Kunscht langt's nit – da fehlt ihr was im Inwendige dafür. Bis zum Batoudesprung un zum Léotardière konnt ich's nie mit ihr bringe – vielleicht – hab ich se auch zu wenig getriezt. Mein Vatter un mein Großvatter, die hawwe's noch mitm Stock un mitm Riemen gemacht, da sin mir jeden Morgen vor der Arbeit für alle Fäll de Größ nach verdrosche worde. Geschadt hat's uns ja auch nix – aber ich hab mir dann gesagt: Was einer so nit lernt – das mache ihm die rote Strieme un die blaue Flecke auch nit geschmäcklicher!

ROTHACKER Das war ja auch richtig. Sie hat's ja auch so geschafft. Es wird doch am meiste geklatscht bei ihre Nummern.

KNIE Das is mehr wege de Haar un wege de Auge, als wege der Equilibrischtik. Wer's nit versteht, merkt's ja nit so genau. Unsereiner, der spürt das bis in die Zahnwurzel, wo de letzte Wuppdich fehlt! – Sonst hätt se ja auch längst geheirat.

ROTHACKER Was hat denn das mit der Kunst zu tun?

KNIE E ganze Menge. Sie kann doch nit einfach heirate, wen se mag – das geht nit bei unserm Stand! Es kommt nur ein erstklassiger Bankist in Frage, en selbständige Direktorsohn oder so was, da hätt se schon drei-, vierfach die Wahl gehabt. Aber sie will un will nit ...

ROTHACKER Vielleicht hat sie en andere gern – der nit vom Bau is.

KNIE Da hätt ich noch nix davon gemerkt – daß die ein gern hätt. Ich glaub, da drin is sie auch e bißje komisch. –

ROTHACKER No ja. Sie is ja noch jung.

KNIE Ja, ja, sie is ja noch jung – – ich denk auch oft, sie is noch wie e Kind, – – – un doch is was anders dahinter, Herrgott – – *fast hilflos* – das könnt ja all sein, wie's wollt – – wenn ma nur wüßt, wie's weitergeht –

ROTHACKER Wisse Sie was, Herr Knie: – Wenn's halt noch schlimmer kommt, oder wenn Sie mal irgendwo festsitze, dann schreibe Sie mir e Kart. Ich würd Sie schon heraushaue.

KNIE *schroff* Das werde Sie nit erlebe, daß ich Bettelbrief schreib.

ROTHACKER Davon hab ich auch nix gesagt, Herr Knie.

KNIE *blickt unter sich* Ich bitt Sie, vergesse Sie das. Ich wollt das gar nit sage – wirklich nicht.

ROTHACKER *kurz* Das macht ja nix. *Wendet sich halb, sieht nach der Sonne* Jetz wird's aber Zeit – ich hab noch viel zu tun heut.

KNIE *vertritt ihm fast unbewußt den Weg* Es steht nit schlecht auf die Felder, gell?

ROTHACKER Aber auch nit besonders gut. Die meiste Arbeit macht doch der Wein, un damit is dies Jahr nit viel los.

KNIE Kann ma das jetz schon wisse?

ROTHACKER Ziemlich. Die Eisheilige hawwe's aufm Kerbholz. Es hat gut angesetzt, aber 's meiste is verfrore.

KNIE Was da auch für Sorg un für Plag drin stickt.

ROTHACKER No ja, es geht viel kaputt. Voriges Jahr hatte mir den schwere Hagelschlag, da sin die Kornährn wie ausgedrosche aufm Acker gelege. Jed Jahr hat sei Mucke, das is nit anders. Un doch wächst immer noch genug.

KNIE Wenn da jetz so e Mädche die Gutswirtschaft lernt – oder vielleicht en junger Mann – un hat kei Geld un kei Erbschaft von daheim zu erwarte – da kann er doch auch nit viel damit anfange, heutzutag?

ROTHACKER Ei, sage Sie das nit! In der Landwirtschaft geht's immer weiter, un wenn alles andere im Dreck steckebleibt. Was wächst, behält sein Wert, da kommt nix auf dagege. Denke Sie mal, was heut gepflanzt wird überall, un was da noch zu verbessern is, an der Sämaschin, un an de Dungmittel, un am Viehfutter, un an allem überhaupt – wenn da einer Hand und Kopp hat, un die Auge aufmacht, un vorwärts guckt – für den is alleweil mehr Arbeit, als er leiste kann. Der Staat macht jetz Musterwirtschafte überall, un wo ma hinhört, werde junge Leut gesucht, die Schwung ins Rad bringe. Un denke Sie dann: Es kriegt einer e billig Pacht, un spart sich was, un kann sich e Stückche eige Land schaffe – auch nur e Steinwurf Acker, der ein selber gehört –, da kann eim nix mehr irrmache, da lebt und stirbt ma dafür.

KNIE Ich glaub, da muß ma auch dazu gebore sein. Unsereiner kommt überall herum, un hat überall Erd unter de Füß, un da denkt ma halt: Land is Land.

ROTHACKER Das eige Land is was anders, das würde Sie auch merke, das geht jedem so.

KNIE Gewiß, wenn schon de Großvatter im gleiche Gutshof gesesse hat –

ROTHACKER *lacht* Mein Großvater hat noch Holz geschlage aufm Schwarzwald owwe.

KNIE Hawwe Sie denn das Gut nit von kindauf besesse?

ROTHACKER Ach kei Spur! Mein Vatter hat kaum en Morgen Land gehabt, und noch nit emal e Kuh im Stall. Er hat nebeher Gäul beschlage, un Zäum und Kummet gericht. Mei Mutter hat als Magd bei ihm gedient – und nach der Heirat hat sie die Knechtsarbeit auch noch mitgenomme. Die hawwe sich gerackert von früh bis spät.

KNIE Und wie sin Sie dann zum Gut komme?

ROTHACKER Wie de Kuckuck zum Nest. Mir hawwe plötzlich geerbt. – Grad wie mein Vatter im Sterbe lag. Von entfernte Vettern, an die mir niemals gedacht hätte.

KNIE Da hat Ihrn Vatter selbst von der Erbschaft gar nix mehr gehabt?

ROTHACKER Nix wie en Grabstein. Das Gut war auch gar nit auf der Höh – Steuern un Schulde druff, un versaut wie en alter Taubenschlag. Aber damals war mei Mutter noch jung, die hat was herausgeholt, das glaubt eim keiner.

KNIE Lebt Ihre Mutter noch?

ROTHACKER Freilich! Die is nit viel älter wie Sie.

KNIE Un is auch Ihr Frau gesund?

ROTHACKER Solang mei Mutter noch lebt, brauch ich kei Frau. Sie is ja noch überall dabei un guckt de Leut auf die Arbeit. Da heißt es zupacke, was gibste, was haste!

KNIE Da wär mei Tochter in e harte Lehr komme, wenn Sie se mitgenomme hätte.

ROTHACKER Das glaub ich. *Er sieht Knie an, der mit merkwürdig abwesendem, verbohrtem Blick dasteht* Aber das gibt's ja gar nit! *Lächelt* Sie gewwe Ihr Kind nit her, Ihr Lebtag nit.

KNIE *schreit ihn fast an* Wenn ich aber muß –!!

ROTHACKER *sieht ihm ins Gesicht* Jetzt möcht ich wisse, was Sie denke, Herr Knie.

KNIE *nach einer Pause, langsam, und jedes Wort ausgrabend* Höre Sie zu. – Was ich jetzt sage – das is mir selber so neu – als wär's da vor mir aus der Erd aufgewachse. Ich glaub, es tut hier nit mehr gut mit meiner Tochter. – Es is nit wegem Geld, un wege der Lebsucht: – Was mir zum Lebe brauche, das schaff ich noch immer bei, das wär mei Sorg nit. Aber das Mädche hat mir die schnurgrad Richtung verlore – das merk ich auf Schritt und Tritt – die geht mir danebe – die läuft in krumme Schiene – – un ich kann's nit grad biege, un ob ich mir die Händ verrenk – da deet ich se fortschicke.

ROTHACKER *nach einer Weile* Wenn Sie das ernsthaft wolle, Herr Knie –

KNIE *unterbricht ihn mit einer Bewegung* Was ich will – das gehört jetz nit ander aufs Trapez. Vielleicht is es ihr Glück, wenn se hier fort kommt un e Zucht un Ziel kennelernt. Vielleicht auch nit – dann wird se schon wieder zurückfinde. Ich denk halt nur: Ma darf ihr die Chance nit wehre.

ROTHACKER Überdenke Sie's zweimal, Herr Knie. Sie könne mir morge auch noch Bescheid sage.

KNIE *fest, fast hart* Nein! Das is bedacht. Das kommt jetz nur noch auf mei Tochter an. Ich ruf se gleich her – un wenn se wirklich will – dann soll se mitgehn.

ROTHACKER Ich könnt sie als Elevin einstelle. Frei Kost un Schlafstatt, im erste Jahr ohne Gehalt.

KNIE Das is dann ihre Sach. Wenn se wirklich fort will, dann muß sie sich selbst einrichte. Noch eins: Das Mädche braucht e starke Zügelhand. Die bockt, wenn ma locker läßt.

ROTHACKER Bei meiner Mutter wird se schon Schritt gehn. Ich könnt ja auch selber fast ihr Vatter sein.

KNIE Un wenn se nit will – dann bleibt die Sach unter uns begrabe.

ROTHACKER Hand drauf.

KNIE Wie heiße Sie eigentlich – mitm Vorname?

ROTHACKER Martin. Martin Rothacker.

KNIE So. Un ich heiße Karl. *Er schüttelt ihm die Hand* Jetz hol ich se rasch. Ein Augenblick bitte. *Er läuft hinter die Wagen, man hört ihn laut rufen* Hee!! Katherinche!! Bei!!

ROTHACKER *sieht ihm gespannt nach.*

KNIE *kommt rasch zurück, Katharina an der Hand führend. Sein Blick brennt jetzt wie von einem inneren Fieber, das er gewaltsam zu unterdrücken versucht. Seine Stimme ist ganz ruhig.*

KATHARINA *steht still neben ihm, sieht Rothacker nicht an.*

KNIE So. Jetzt paß emal auf. Da der Herr hat gefragt, ob du hier bleibe willst. Jetz gleich, auf der Stell. Du könntest die Gutswirtschaft lerne, bei seiner Mutter, aufm Hof. Jetz weißt es. Jetz sag selbst, was de willst.

KATHARINA *schweigt, wirft einen kurzen fragenden Blick auf Rothacker.*

ROTHACKER Zunächst vielleicht nur, bis die schlimmste Zeit vorüber is – ich mein, bis ma sieht, wie alles wird. Sie könnte als Elevin eintrete – da is grad eine abgange.

KNIE Mir is recht – wenn du's willst. *Ganz still, aber mit einem Gesicht wie einer, der ein Gottesurteil anruft* Jetzt sag's. Ja oder Nein.

KATHARINA *nach einem kurzen Schweigen, leise, aber ganz fest* Ja –! Da bleib ich –!

KNIE *steht einen Augenblick unbewegt, dann faßt er sie bei der Hand, heftig* So. Dann komm. Dann mach rasch. Los, in de Wage, pack dei Sach samme, ich helf dir – – Flott, eh die andern komme! Das viele Redde hat kein Zweck nit. *Zu Rothacker* Ein Augenblick noch bitte, das dauert nit lang. *Er zieht sie fast mit sich in den Wagen.*

ROTHACKER *geht auf und ab, zuerst langsam, nachdenklich, dann immer rascher.*

BIBBO *kommt leise summend vom Fluß zurück, sieht ihn, bleibt vor ihm stehen, etwas spöttisch* Da wird's eim heiß, gell?

ROTHACKER *bleibt auch stehn, sieht sie an, ziemlich grob* Was wolle Sie?

BIBBO *lacht gutmütig, kommt ihm einen Schritt näher* Meine Sie's ernst, Herr?

ROTHACKER Ich glaub, Sie spinne! Gell?

BIBBO *noch näher* Wisse Sie was? Wenn Sie's nämlich wirklich ernst meine, dann könnt's vielleicht wirklich ernst werde. *Leise* Sie meint's nämlich wirklich ernst.

ROTHACKER *starrt sie an, sprachlos.*

BIBBO *ernsthaft* Aber das is e ernste Sach. Ja ja. *Sie geht weiter.*

ROTHACKER *sieht einen Augenblick hilflos hinter ihr drein, dann stampft er auf* Blödsinn!! Das is ja dummes Zeug!!

KNIE *kommt in diesem Augenblick wieder mit Katharina zur Wagentür heraus, sie trägt ein Bündel, das er ihr noch zuschnüren hilft* So, da wäre mir schon fertig – viel Sache hat se nit, aber sie wascht ja alles selber. Sobald's wieder gut Geld gibt, oder wenn die Sparkass mei Einlag aufwerte deet, da kriegste neu Wäsch geschickt, vorher muß es so gehn.

KATHARINA *sieht Bibbo, die abseits steht und mit offenem Mund die Szene, beobachtet, läuft zu ihr hin* Adieu, Bibbo! Ich geh –!

BIBBO *starrt sie eine Zeitlang an, zieht dann mit einer langsamen Bewegung wortlos ihren Kopf an sich.*

KNIE *unterdessen zu Rothacker* Da auf dem Kärtche steht mei Daueradress, sonst schreibe Se an de Komet nach Pirmasens, da kriege mir alles nachgeschickt – für de Fall, daß was los is. – Wenn's gut geht, braucht ma ja nit zu schreibe. *Er reicht ihm die Hand* Adieu.

ROTHACKER Gute Reis! Un dann, auf Wiedersehn!

BIBBO *läßt plötzlich Katharina los, geht rasch fort.*

KNIE *streckt Katharina die Hand hin* Adieu, Mädche.

KATHARINA *steht einen Augenblick wie zögernd zwischen Rothacker und Knie, antwortet nicht.*

ROTHACKER Da spann ich eweil die Gäul ein. Ich hab mein Dogcart am Fluß stehn. *Er geht.*

KATHARINA, *wie er fort ist, hastig* Adieu, Vatter.

KNIE Also. Mach's gut.

KATHARINA Ja, Vatter. – *Sie folgt Rothacker nach.*

KNIE, *dessen Gesicht keinerlei Gefühlsausdruck zeigt, ruft plötzlich laut* Halt! Halt emal! Komm noch emal her!! *Läuft ein Stück hinter ihr drein.*

KATHARINA *ist umgekehrt, kommt zurück.*

KNIE Du hast ja das Flitterleibche eingepackt – e Glück, daß mir's noch einfällt. Das kannste ja doch nit brauche, da drowwe – un ich kann mir kein neues anschaffe, wenn ich Ersatz krieg!

KATHARINA *schnürt wortlos ihr Bündel auf, man sieht, daß es ihr nahgeht. Sie holt das Flitterleibchen heraus, gibt es ihm* Es hat mich sowieso schon lang nit mehr gefreut – weil keine Pailletten dran sind.

KNIE So. Jetzt eil dich un laß ihn nit warte.

KATHARINA Ja, ich geh schon. Adieu.

KNIE Adieu.

KATHARINA *geht langsam, ihr Bündel zuschnürend.*

KNIE *bleibt stehen, bis sie fort ist, dann beginnt er, das Flitterleibchen zusammenzulegen, in immer kleinere Falten.*

KATHARINA *kommt plötzlich noch einmal zurück, atemlos rennend, prallt fast auf ihn* Ob ichs Eselche auch mitnehme darf?

KNIE Natürlich, natürlich – *Schreit sie fast an* Nix wie fort damit!!

KATHARINA Dann hol ich's gleich! *Läuft schreiend weg, mit strahlendem Gesicht* Hüh! Maali! Hü – o – üh!! *Man hört sie noch eine Weile schreien und lachen, dann wird's still.*

KNIE *steckt das Flitterleibchen weg, setzt sich dann auf eine kleine Leitertreppe am Wagen.*

MARIO *kommt gerannt, sieht sich suchend um, bemerkt Vater Knie, der, ohne von ihm Notiz zu nehmen, ganz still und schmal, mit altem Gesicht, auf der Leiter kauert. Er beobachtet ihn scheu, dann geht er ein paar Schritte zurück, winkt.*

JULIUS, FRITZ, LORENZ *kommen leise auf Zehenspitzen, starren ganz verstört zu Knie hin.*

IGNAZ *kommt etwas später, in raschem Schritt, schwitzend vor Aufregung, will losbrechen* Wißt ihr's schon?! Das is doch – –

JULIUS *unterbricht ihn durch eine energische Bewegung, weist mit dem Kopf auf Vater Knie.*

KNIE *hebt langsam den Kopf, spricht, mehr zu sich, zuerst leise, wie aufwachend* Die kommt wieder – *Mit immer stärkerem Ausdruck – wie wenn ein Gedanke allmählich Macht gewinnt* Die kommt wieder – Die kommt wieder!! *Er steht auf, reckt sich zu ganzer Größe, blickt die andern an, die immer noch schweigend zu ihm hinsehen* Was steht ihr denn da un tut nix? Was guckt ihr mich denn all so komisch an, he? Packt lieber euer Zeug. Heut nacht ziehn wir weiter. *Er kommt ein paar Schritte vor, bleibt wieder stehen, groß und gestrafft* Un was mei Tochter anlangt – da macht euch emal wege der kei Gedanke. *Mit einem sonderbaren gläubigen Lächeln* Die kommt wieder!

DIE ANDEREN *gehen schweigend auseinander. Ignaz bleibt stehen und zuckt die Achseln.*

KNIE *mit einem fast irren, fanatischen Ausdruck* Da kannste Gift drauf nehme: Die kommt wieder –!

DRITTER AKT

Ein Jahr später, am gleichen Platz, während der Abendvorstellung. Dunkle Frühlingsnacht, der Hintergrund ist durch primitive elektrische Lichtanlagen ungleich beleuchtet. Ein kleiner Scheinwerfer von oben stülpt einen Lichtkegel auf die Arena. Die Bänke der Zuschauer, spärlich besetzt, liegen im Dunkel. Manchmal sind im Streiflicht die Kastanienbäume zu erkennen, auf denen sich die Zaungäste wie Affen festgeklammert haben. Sobald die Zeltbahn heruntergelassen wird – oder vielleicht wie eine Art Vorhang zugezogen –, verschwindet der ganze Hintergrund, es bleibt nur der vordere Raum zwischen den Wagen zu sehen, der gleichsam eine Bühne für sich bildet. Dieser Raum ist durch mehrere Petroleumlampen erleuchtet, die im Halbkreis an den Wagen hängen.

Bei Beginn des Aktes ist die Zeltbahn offen, man sieht in der Arena die Familie Eichel in voller artistischer Tätigkeit, wozu die Musik, eine gemietete Dorfkapelle, mit schauerlich falsch blasendem Baß-Bombardon und schrillen Trompeten den ›Einzug der Gladiatoren‹ spielt.

Im Vordergrund die anderen Mitglieder der Truppe, Ignaz, Fritz, Lorenz, Julius, Mario. Einige schon in ›Kostüm und Maske‹, still ihren Auftritt erwartend und die Arbeit der Kollegen in der Arena beobachtend, andere mit Vorbereitungen beschäftigt, in jenem merkwürdigen Gemisch von Ruhe und Hast, das jedem künstlerischen Auftreten vorauszugehen pflegt.

Die Wagenfenster stehen zum Teil offen, im Innern brennt Kerzenlicht, es liegen da Trikots, Clownrequisiten, Ersatzgeräte bereit. Frau Eichel ist am Kessel damit beschäftigt, für ihre Familie Kartoffeln zu kochen. Der Wagen des Vater Knie ist geschlossen, die Vorhänge sind zugezogen. Einige Minuten lang stummes Spiel und laute Musik. Dann kommt – während im Hintergrund Vater Eichel das niedere Sprungseil verläßt, die Musik aufhört, das Publikum kurz applaudiert und die Kinder Eichel, nur mit Mundharmonika begleitet, mit ihren akrobatischen Darbietungen beginnen –

BIBBO *von der Seite, in einem sonderbaren Aufzug. Eine große breite Schublade hat sie als Kasse vor den Leib geschnallt, auf dem Kopf trägt sie ein Schild, auf dem das Wort »Cassa« aufgemalt ist. Sie geht zur Mitte, läßt die Zeltbahn herunter, so daß der Platz nun nicht mehr zu sehen ist und auch die Geräusche fast völlig abgedämpft werden – dann schnallt sie sich die Kasse und Schild ab, sammelt die Geldstücke in Zigarrenschachteln, die Scheine in eine Brieftasche, wobei sie halblaut vor sich hin zählt.*

BIBBO – siebenzehn achtzehn neunzehn zwanzig einundzwanzig –

IGNAZ *tritt hinzu* Pfennig oder Mark?

BIBBO Roßäppel, wenn de so dumm fragst. *Zählt weiter* – Einundzwanzig fuffzig fünfundsiebzig achtzig fünfunachtzig, sechsunachtzig – es werde nit mehr.

JULIUS, *der still in einem grotesken Clownkostüm auf einer Kiste hockt* Un mitm Zaungeld?

BIBBO Da komme kei zwei Mark samme. Lauter Bruch un Dalles. Postkarte kauft auch kein Teufel.

IGNAZ Du mußt dich nackig photographiere lasse, das ging wie warme Weck.

BIBBO Schweig. *Sie spuckt aufs Geld, murmelt rasch und wie gewohnheitsmäßig* Vaduppel dich, vaduppel dich, vaduppel dich. – *Dann steckt sie's weg* Ma sollt's nit für möglich halte: Jetz hammer Samstag – un sin de erste Abend am Platz, un es gibt wieder gut Geld im Land – un trotzdem mache mir nix.

IGNAZ Kei Wunder, wo se jetzt e Kino im Ort hawwe, mitte in de Hauptstraß.

FRITZ Das liegt nit am Kino.

IGNAZ Wodran denn sonst?

FRITZ Mir mache nix mehr, weil mir nix mehr sin. Das weißte ja selbst.

IGNAZ Un doch liegt's am Kino! Ich glaub, heut läuft mein Film hier.

FRITZ Wenn du nur endlich emal aufhöre deetst, von »deim Film« zu redde. Was geht denn uns dein Film an?!

IGNAZ Nit mehr wie de Dreck unnerm Nagel! Aber mich geht er was an –! Da kann ma noch hochkomme. Das is doch noch e Sach!

FRITZ E sauber Sach. Wenn's ernst wird, hole se en Seiltänzer oder ziehen e Pupp an Dräht übers Brückegeländer. Un dann schneide se Fratze, als hätte se sich de Hüfte ausgekugelt.

IGNAZ Dich könnt ma da freilich nit brauche, mit deim Schnappfuß.

FRITZ Mir wär's auch viel zu schmierig. *Wendet sich ab.*

JULIUS *während von draußen ein dünner bröckliger Applaus hörbar wird* Hört emal. Das soll en Applaus sein. Das is doch kein Applaus.

BIBBO *am Spalt der Zeltbahn* Un dabei arbeite de Kinner pe pe.

JULIUS Das hilft alles nix. Es müßt wieder e Mädche bei, oder e junges Weib, zum Aufpulvern.

IGNAZ Da könne mir lang warte. Der find doch an jeder was auszusetze, die kein Bart hat. No ja. An die heilig Katharina kann ma ja nit kratze, auch wenn se abgängig is.

FRITZ *mit einer raschen Bewegung zu Knies Wagen* Still!

IGNAZ Ach wo. Er hört ja nix hinner seine doppelte Polsterläden. Un da soll ma noch Spaß am Handwerk hawwe, bei derartige traurige Familienverhältnisse!!

JULIUS Ich glaub, de andern Seiltänzer geht's auch nit besser, heutzutag.

IGNAZ Aber die wisse wenigstens, warum de Dezug hält! Der Vatter merkt ja nix mehr – der denkt als, mir reite Galopp, un wenn uns de Gaul unnerm Sattel verreckt.

JULIUS Laß mir de Vatter ausm Spiel, gell?! Solang der lebt, stehts Rad nit still – un wenn er's mitm Kopp anschiebe müßt.

IGNAZ *brummt* Narre sin auch Leut. *Fährt plötzlich auf Lorenz los* Lorenz, geh mir von mein neue Trampolin herunner, mit deine dreckige Füß!

LORENZ Ich wollt ja bloß emal probiere.

IGNAZ Da hat keiner nix zu probiere. Das hat mei Geld kost.

FRITZ Du mit deim Geld. Du hast überhaupt kei Solidarität im Leib.

IGNAZ E Viertel warm Blutwurscht is mir auch lieber.

FRITZ Du bist en Burschoa, merk dir's. Du bist ein trauriger Individualischt.

IGNAZ Un du bist en Depp.

Drehen sich verärgert die Rücken.

LORENZ *an der Zeltbahn stehend, in die Arena schauend* Jetz hätt ich grad gemeint, ich deets Katharinche sehn!

BIBBO Was?! Wo denn?!

ALLE *hastig zur Zeltbahn, aufgeregt sich gegenseitig zurückdrängend.*

LORENZ Da drüwwe, das Mädche in der erste Reih, mit dem Band im Haar – – aber sie is es nit.

IGNAZ Die? Du bist ja verrückt.

LORENZ No ja. Ma kann sich doch irrn.

ALLE *sichtlich enttäuscht von der Zeltbahn weg*

LORENZ Jetz bin ich nur gespannt, ob se kommt oder nit.

FRITZ Freilich kommt se! Nur heut noch nit, – weil se's doch noch nit wisse kann. Das müßt ja en Zufall sein.

JULIUS Abwarte.

LORENZ Ma hätt doch heimlich enuff schicke solle – sie herhole.

BIBBO Blödsinn. De Vatter hat's verbote, da weiß er auch weshalb.

Von draußen Tusch der Musik, dünner Applaus, Bibbo zieht die Zeltbahn hoch, man sieht die Eichels, die sich mit zierlicher Bewegung nach allen Seiten verbeugen – dann laufen sie Hand in Hand aus der Arena – machen kehrt, laufen noch einmal zurück, wiederholen die genau eingelernte, fast tänzerische Verbeugung, kommen endgültig nach vorn, sammeln sich bei der Mutter am Kessel. Die Kinder hocken sich sofort alle ums Feuer, dicht zusammengedrängt, wie die Vögel auf der Stange.

VATER EICHEL Was gibt's denn heut?

IGNAZ Was soll's denn gewwe? Was es immer gibt. *Spuckt aus.*

FRAU EICHEL Quellkartoffel mit Schmierkäs un Brot. *Zu Ignaz* Uns is das gut genug.

IGNAZ *brummend* Natürlich, wenn mir's bezahle. Das hawwe mir nötig, siwwe Mäuler mehr zu stopfe.

BIBBO *tritt ihm auf den Fuß.*

IGNAZ Au, du Hex.

DIE EICHELS *tun, als hätten sie nichts gehört, essen stumm und eifrig.*

JULIUS *zu Bibbo* Halt mir emal die Reife zum Entrée, ich mach e Intermezzo! *Er ist plötzlich ganz verändert, von einer fast wilden drastischen Elastizität in jeder Bewegung, springt zum Kessel, nimmt der Frau Eichel eine Kartoffel aus der Schüssel* Erlaube Sie mal, bitte!

BIBBO *hat unterdessen die Zeltbahn ein Stück aufgezogen, mit einem in Kopfhöhe gehaltenen großen Reifen aus dünnem Papier verdeckt.*

JULIUS *nimmt einen Anlauf, springt Kopf voraus in die Arena, man hört das Lachen der Zuschauer.*

BIBBO *läßt den Reifen sinken, hält die Zeltbahn so, daß man die Arena überblicken kann. Die anderen treten zu ihr hin und schauen gespannt nach hinten.*

JULIUS *ist mit einem Purzelbaum draußen gelandet, wo er mitten im Rund auf der Erde sitzenbleibt, er hält die Kartoffel in die Höhe und ruft laut* Wozu hat Gott die Kartoffel erschaffe!!?? *Da es im Publikum still wird, wiederholt er – mit markierten Bewegungen, als schäle er die Kartoffel* Wozu hat Gott die Kartoffel erschaffe??!!

STIMMEN AUS DEM PUBLIKUM Zum Esse? Zum Koche – zum Esse – zum Brate – zum Esse –

JULIUS Nein, nein, nein, nein, nein –! Damit die arme Leut auch jemand hawwe, dem se die Haut abziehn könne!!

Gelächter im Publikum

BIBBO *läßt lachend die Zeltbahn sinken, während das Spiel hinten weitergeht* Was der heut wieder für Einfäll hat.

FRITZ Ma sollt's nit für möglich halte, fünfunsechzig Jahr. Jeden Abend was anneres.

BIBBO Das kommt, weil er de ganze Tag nix redd. Der spart sich alles auf Nacht.

BERBERITZCHE *kommt gelaufen* De Tätowierer wär da.

BIBBO Den brauche mir nit. Mir sin doch kei Schleppkahnschiffer.

IGNAZ Ich hab ihn bestellt.

BIBBO Ach so, du willst bei die Neckarschleimer gehn?

LORENZ In Mannheim is e Mädche, die sagt, sie traut ihm nix zu, weil er kein Anker aufm Arm hätt.

FRITZ Ja, un kei Haar auf der Brust.

LORENZ Un auch sonst e bißje wenig.

IGNAZ *eisig* So Sache hör ich überhaupt nit.

FRITZ Der Ignaz is so vornehm worde, das macht alles de Film. – Seit der für de Harry Piel über en Dachgiebel hat springe dürfe, seitdem is der Mensch so veredelt!

LORENZ Geh haam, Ignaz, du wirst dich doch nit tätowiere lasse? Das trägt ma doch heut gar nit mehr!

IGNAZ Das wirst du grad wisse, was ma trägt, du Anfänger. *Zu dem Tätowierer Bloomaul, der eben auftritt* Sie komme aber spät, höre Sie mal!

BLOOMAUL Ich hab mir als vorher die Nas e bißje begieße müsse, damit's Ihne nit so weh tut.

IGNAZ Wieso denn? Tut's denn arg weh?

BLOOMAUL Das kimmt ganz drauf an. Wenn ich nämlich gar nix getrunke hab, da fehlt mir die notwendige Wuppdizität, da schnuckelt Ihne die Stichnadel alsfort unner de Haut herum, wie so en mechanisch Drillbohrer. Aber wenn ich mei drei, vier Schöppcher Schillerkrätzer gelade hab, un noch en Gimmeldinger un noch en Bergsträßler zum Abgewöhne – dann krieg ich e feste Hand, dann mach ich nur klitsch klatsch bumm, un die Sache sitzt. De Wein geht natürlich auf Ihr Koschte, un das is als noch billiger, wie wenn Sie sich chloroformiere lasse.

IGNAZ Jetz klopp kei Sprüch un zeig dei Vorlage, allez!

BLOOMAUL *zieht ein Bündel Vorlagen heraus, gib sie ihm* Das sin die gewöhnliche, die Indianer un die Anker un die Vorname. Die nackte Mädcher un die bessere Sache hab ich extra.

LORENZ, *der dazu getreten ist* Als nix wie her, die wolle mir grad sehn!

FRITZ *über Bloomauls Schulter* Das is schön, die verschlungene Händ, wo drüwwer steht Fraternité.

IGNAZ Das is doch nix. Ich möcht schon was Besseres.

BLOOMAUL Vielleicht was Klassisches, für die Damen der Gesellschaft. *Zeigt ihm ein paar Blätter.*

IGNAZ Au, das is gut, das dicke, nackte Mädche mit dem Papagei.

BLOOMAUL Ja, das is emal was anners.

LORENZ Was steht denn da drunter?

FRITZ *buchstabierend* Zeus besucht Leda in Gestalt eines Schwanes.

IGNAZ Die Unnerschrift lasse mir weg.

BLOOMAUL Die wär sowieso nit druff komme. Das is aber was Teures, das wird sonst nur auf sogenannte Haremstöchter gemacht, die wo sich dann öffentlich sehe lasse. Ich hab nämlich auch Sulima, die Perle des Orients, tätowiert. Die war aus Dreisa bei Darmstadt. De ganze Leib voll klassische Sache, auf de Hinnerbacke de Bismarck un de Kaiser Wilhelm, un unnerm Bauchnawwel e Dampfschiff, wo drunner steht: Die Reise ins gelobte Land.

LORENZ Sin Sie auch emal mitgefahre?

BLOOMAUL Da drüwwer schweigt der Kavalier. No? Nehme Se's?

IGNAZ Ja. Ich kann mir's ja leiste.

LORENZ Von der Filmgage, gell?

IGNAZ Das geht dich gar nix an.

LORENZ *zu Bloomaul* Das is nämlich ein Star, der Herr Scheel.

FRITZ Ja, das is de Harry Piel, wenn's dem zu schwindlig wird.

BLOOMAUL Das macht mir gar nix aus. Ich hab auch schon Kapitäne tätowiert.

IGNAZ Jetz hab ich noch en kurze Auftritt am Doppeltrapez, denn bin ich fertig, da mache mir's gleich.

BLOOMAUL Ich heb inzwische noch e Schöppche, nebenan beim Biesling.

IGNAZ Aber in fünf Minute sin Sie wieder da!

BLOOMAUL Das wird grad ausgehn. Guute!! *Er geht.*

FRITZ Eigentlich komme mir jetz zuerst dran.

IGNAZ Laßt mich emal vor, seid nit so krittelisch.

FRITZ Meintwege.

LORENZ Aber daß de mir nit schreist, Ignaz, wenn der dich nachher mitm Messer kitzelt!

Ignaz Ach, geh haam. Ein Kerl wie ich!! *Ruft* Hee! Mario!!

MARIO *kommt aus einem Wagen im Trikot* Ja! Färrtiesch.

IGNAZ Färr-tiesch, färr-tiesch, wenn ich so was hör. Ferrdisch, heißt das. Der Bub lernt sei Lebtag kei Deutsch. Mario, sag emal Handkäs!

MARIO Han-gäse, Han-gäse!

IGNAZ Schon e bißje besser.

Fritz Warum denn Handkäs?

Ignaz Er hat mich gefragt, was er sage soll, wenn er e Mädche anspreche will. Da hab ich ihm gesagt, er muß ihr die Hand küsse un muß dreimal Handkäs sage, dann is alles richtig.

Mario Han-gäse, Han-gäse!

Ignaz No ja, es wird schon.

Indessen ist Julius aus der Arena zurückgekommen, ernst und müde, und ohne auf den Applaus hin seine Verbeugung zu wiederholen. Die Musik setzt draußen schmetternd wieder ein, spielt den ›Torero‹ – Ignaz und Mario haben einige Sekunden mit tiefem Ein- und Ausatmen ganz ruhig nebeneinander gestanden, jetzt gibt Ignaz ein leises Kommando: – Los! – Beide laufen mit wippenden Sprüngen, auf den Fußspitzen, und mit ›weichen Kniekehlen‹ in die Arena, verbeugen sich kurz, springen zum Trapez. Bibbo schließt hinter ihnen die Zeltbahn, die Musik wird leise.

Lorenz *zu den Eichels schauend* Wenn's nur rasch geht, ich hab schon en Mordshunger.

Fritz Daß du dir nit einfalle läßt und ißt mir was vor der Arbeit!

Lorenz Ach wo, ich bin doch kei Kind mehr.

Fritz Das wolle mir hoffe. Komm, mir ruhn noch e bißje. *Beide steigen in einen offenen Wagen, legen sich auf die Matratzen. Es bleiben außer den eifrig und stumm essenden Eichels nur Julius, Bibbo und Berberitzche auf der Bühne. Julius steht am Spalt der Zeltbahn, beobachtet, mit dem Rücken zum Publikum, die Arbeitenden draußen.*

Bibbo *zu Berberitzche, der sich die ganze Zeit über grinsend und neugierig herumgedrückt hat* Was tust denn du noch hier? Du sollst längst daheim im Bett liege.

Berberitzche Ich hab ja gar kein Bett. Ich schlaf aufm Sofa.

Bibbo Dann geh heim und leg dich aufs Sofa.

Berberitzche Ich wollt nur abwarte, ob se kimmt.

Bibbo Was reddst du da? Wer denn?

Berberitzche Euer Mädche, wo vorig Jahr hier bliwwe is! Ich war grad drowwe im Hof un hab's ihr gesagt, daß ihr da wärt un ihm auch.

Bibbo Wer hat denn dir das aufgetrage, du Läusert?

Berberitzche Ei, ich hab gedacht, ich bekäm noch was dafür! Die hörn's doch sonst gar nit so rasch, da drowwe. Sie hat e ganz weiß Nasespitz kriegt, un er hat gar nix gesagt, un hat ihr als über de Kopp gefahre.

Bibbo Er, Er. – Wer denn Er?

Berberitzche No, Er! Ihrer! De Gutsherr!

Bibbo Jetz hältste aber's Maul, gell?

BERBERITZCHE Ei, wißt ihr denn das nit? Die gehn doch mitenander – schon e halb Jahr. Er will se auch heirate, es is e Gerede im Dorf drüwwer.

BIBBO Julius – Julius – –

JULIUS *dreht sich langsam um* Ja? Was is denn? Was machsten du für Stimm?

BIBBO *zu Berberitzche* Jetz aber ab mit Sprüng!!

BERBERITZCHE Ich hab gedenkt, ich krieg noch was.

BIBBO *hebt die Hand* Gleich kriegst es doppelt un brauchst nix herauszugewwe!!

BERBERITZCHE So. Morge kleb ich kei Zettel an.

BIBBO Da läßt es bleibe. Marsch!! *Schubst ihn weg.*

BERBERITZCHE *verschwindet ohne Eile.*

FRAU EICHEL *zu den Kindern, die gerade mit Essen fertig geworden sind* Ho, jetz macht ins Bett. *Sie packt ihr Geschirr in einen Korb, folgt mit ihrem Mann den vorausgehenden Kindern* Gute Nacht mitsamme.

JULIUS UND BIBBO Gute Nacht.

DIE EICHELS *ab*

JULIUS Da hat de Vatter en gute Griff getan, mit dene! Was die all arbeite, un wie still un sauber die sin! Das is noch die richtige Seiltänzlerei.

BIBBO Haste gehört, was der Bub gesagt hat?

JULIUS Nein. War er wieder frech?

BIBBO *antwortet nicht, geht zum Wagen des Vaters, lauscht* Ob er schon wach ist?

JULIUS Ich glaub, er schläft überhaupt nit. Wenn ich als hereingeh, um ihn abzumassiere, vor seim Auftritt, da liegt er mit offene Auge un guckt nur so an de Deck.

BIBBO Ich mach jetz sein Kaffee heiß. Es is ja gleich so weit. *Geht an den Kessel.*

JULIUS Was hat denn der Bub gesagt?

BIBBO Ach nix. Geschwätz.

JULIUS Hat er was vom Katherinche gewußt?

BIBBO *dreht ihm den Rücken, gibt keine Antwort.*

JULIUS No ja. *Geht zum Wagen der Brüder Knie* Hallo! Ihr kommt gleich dran. *Zu Bibbo* Du kannst mir's doch sage.

BIBBO, *ohne aufzusehen, leise* Sie heirat.

JULIUS – Ich hab mir's gedacht.

BIBBO *fast tonlos* Ich auch.

JULIUS No, das ist doch kei Unglück.

BIBBO *sieht ihn an* Was wird denn der Vatter mache?

JULIUS Dann wird alles besser werde, glaub ich. Dann weiß er doch, wo er dran is un kann's emal abmache. So wie jetz – daß er auf jed Postamt rennt un kriegt nix, un daß er jeden Tag denkt: Heut muß se komme – un wenn's Abend wird, sagt er: Morge vielleicht – das is doch kei Lebe, das ging doch nit mehr lang!

BIBBO Er hat mich ja noch nit emal ihr Bett abziehn lasse.

JULIUS Ich sag, es is e Glück, wenn die Hängerei uffhört! Das gibt en saubere Schnitt, der blut, un der wird auch wieder heil.

BIBBO Ob er se gutwillig hergibt?

JULIUS Warum denn nit? Er hat se ja schon emal fort gelasse – un jetzt weiß er doch wozu.

BIBBO Ich weiß nit – mir is angst und bang.

JULIUS Ich glaub, du wirst alt, Böbbche.

IGNAZ *kommt aus der Arena gestürzt, ganz außer sich* Ihr Kinner, 's Katharinche kimmt!

JULIUS Psst! Nit so laut! De Vatter schläft noch.

BIBBO Wirklich? Wo denn??

IGNAZ Ich hab se vom Trapez aus auf der Straße komme sehn, ganz allein, un gehüppt is se wie so e Gäulche! Da hab ich mitte im Aufschwung »Hurra« gekrische, un da is se stehn gebliwwe un hat enuff geguckt, un da hab ich gewinkt un hab noch emal »Hurra« gekrische, un dann hab ich zum Mario gesagt: »Dreh noch e paar Dutzend Saltos, damit die Leut was zu lache hawwe, ich geh eweil ab«. Sie muß gleich da sein, sie läuft um de Platz erum!

FRITZ UND LORENZ *sind gerade aus dem Wagen gekommen, dazu getreten.*

FRITZ Wie schade, daß se so spät kommt, wo unser beste Nummern schon vorbei sin.

LORENZ Ob se wieder da bleibt?

IGNAZ Ei, mir lasse se gar nit wieder fort! Komm, mir hole rasch de Vatter!

JULIUS Halt! Bleib da! Der Vatter darf sie nit sehn, jetzt, vor seim Auftritt.

IGNAZ *sieht ihn etwas betreten an* Meinste?

JULIUS Ja, das darf nit sein.

BIBBO Ich glaub auch, es is besser.

IGNAZ Un wenn er heut emal unne bleibt?

JULIUS Das tut er ja doch nit. Er darf sie nit sehn vorher.

FRITZ Ja – es wird schon besser sein.

ALLE *schweigen einen Augenblick, als sei ein schlimmes Wort gefallen, stehen wie ratlos.*

KATHARINA *erscheint von der Seite zwischen den Wagen, noch atemlos vom*

Laufen – sie ist einfach, hübsch, nicht zu ländlich gekleidet, Rock und Bluse, mit einem farbigen Schal um die Schultern, auch in der Haartracht einfach, aber gepflegter als früher. Ihre ganze Erscheinung ist weniger kindlich, fraulicher doch nicht derber oder schwerfälliger geworden. Sie bleibt kurz stehen, einige Atemzüge lang, dann tritt sie fast zaghaft, und wie man auf heißem Boden geht, hervor. Sobald sie aber der andern ansichtig wird, verliert sie jede Beklemmung, ist ganz zu Hause, als sei sie eben erst fortgegangen, läuft, beide Hände ausgestreckt, auf die Artisten zu, die, noch unter der Einwirkung der letzten Worte, fast etwas steif, unfrei, ihr entgegensehn.

KATHARINA Ja, guten Tag. – *Sie läßt die Hände sinken.*

BIBBO *geht auf sie zu, gibt ihr die Hand* Guten Tag, Mädche!

KATHARINA *hält die Hand.*

IGNAZ Ei Katharinche, da biste ja wieder!

KATHARINA Ja – da bin ich wieder – *Lacht* Un da seid ihr auch all – all mitenander – *Hastig* Wo is denn der Vatter?

BIBBO Der kommt gleich.

KATHARINA Is er schon fertig – mit der Arbeit?

JULIUS Er geht doch immer am Schluß.

FRITZ Erst komme mir noch dran. Un de Julius macht vielleicht noch e Intermezzo.

KATHARINA Ei Fritz – dir is ja 's Trikot geplatzt – am Ärmel.

FRITZ *deckt rasch die Hand drüber.*

BIBBO Es is ja so viel zu flicke, de ganze Tag.

KATHARINA *bei Lorenz* Der Gürtel sitzt auch nit gut – so – *Richtet ihn* Da is er ja abgeschabt. Komm, mir schlage'n e bißje um.

LORENZ *lachend* Dank dir schön, Katharinche. Viel Staat kann ma doch nit mehr damit mache. Mit dem alte Zeug.

KATHARINA Habt ihr denn gar nix Neues, dies Jahr?

JULIUS Woher denn? Umsonst kriegt ma nix.

KATHARINA Es gibt doch wieder gut Geld, überall –

BIBBO Ja, in annere Leut ihr Tasche. Wo gehn se denn hin, wenn se Geld ausgewwe wolle, samstags abend? Tanze, un sich de Bäuch vollschlage, un Schluß. Un sonntags laufe se uff de Sportplatz, die Lackel, un bilde sich ein, wenn se en Fußball stoße könne oder e paar asthmatische Luftsprüng, dann mache se mehr wie mir.

JULIUS Mir sin halt nit mehr an der Reih. Da kann ma nix mache.

KATHARINA *zu Ignaz, zögernd* Mit wem gehst denn du jetz auf de Mastbaum?

IGNAZ Mitm Mario. Der is schon besser wie du.

KATHARINA No no, oho!

BIBBO *rasch* Aber de Leut sehn ihn nit so gern.

KATHARINA Habt ihr denn kein Ersatz angenomme?

JULIUS Nix, was ma so nenne könnt. Es hatte sich e paar junge Mädcher angetrage, aber der Vatter hat se all nit gewollt.

IGNAZ Dafür hawwe mir e ganze Familie, siwwe Leut mit der Mutter – damit mir ja nit zu viel verdiene!!

JULIUS De Vatter hat se umsonst ins Geschäft kriegt. Dene is noch schlechter gange wie uns. Ihr Wage war abgebrannt.

LORENZ Aber jetz sin se schon schlafe.

KATHARINA Ich bin doch froh, – daß ihr kein Ersatz gebraucht habt – –

IGNAZ Gebraucht hätte mir's schon.

BIBBO No, es is ja auch so gange.

KATHARINA *umherspürend* Aber die Arena sieht doch ganz anders aus –!

FRITZ Das macht nämlich die Beleuchtung. *Wird eifrig* Da guck emal her – was da rechts in dem kleine Wage is! Das is nämlich en Akkumulator, jawohl. Da hawwe mir jetzt immer en eigene Scheinwerfer, un sin gar nit auf die Überlandzentrale angewiese!

JULIUS Dafür hawwe mir auch de ganze Frühjahrseinnahme hinlege müsse. Es geht heut nit anders, die Leut wolle Elektrizität, sonst komme sie überhaupt nit mehr.

KATHARINA Un wenn er emal kaputt is?

FRITZ *überlegen lächelnd* So was is doch leicht repariert. Ich kann dir's genau erkläre.

KATHARINA Ja – das muß ich all sehn – Wo nur de Vatter is?!

BIBBO Der kommt erst kurz vor seim Auftritt. Das dauert noch e Weil.

IGNAZ No, un wie geht's denn dir, Mädche? Du hast ja gar nix von dir höre lasse!

KATHARINA No ja – es is mir ja gut gange, immer – Un denn hatt ich so viel zu tun!

IGNAZ Willst denn du dort bleibe – oder kommste jetz wieder zu uns?

KATHARINA Das geht ja nit – ich bin doch noch gar nit fertig, mit der Lehr. Vorigs Jahr war ich immer aufm Feld, un jetzt komm ich erst in de Garte un in de Weinberg.

BIBBO Fein biste worde – da traut ma sich gar nit anzugreife.

FRITZ Verdienst denn du schon Geld?

KATHARINA *unsicher* No ja – ich geh doch ins zweite Jahr – Viel is es ja nit, aber ...

LORENZ Da guck emal – en Ring hat se auch an!

IGNAZ Tatsächlich, en glatte, runde Goldring, ganz breit is er!! Der hat sein Wert – wenn er echt is!

KATHARINA Natürlich is er echt! Das is doch e Familienstück – *Kleine Pause* Ich werd nämlich heirate.

IGNAZ *nach kurzem Schweigen* Kreiz Spreiz un Kuckucks Schwanz nochenei! Wen den?

KATHARINA *gibt keine Antwort.*

FRITZ Frag doch nit so dumm.

IGNAZ Scheppe Dippes un zugenäht, wenn das der Vatter hört!

KATHARINA *rasch* Sagt's ihm nit, keiner! Ich wollt's ihm selbst sage, zuallererst. Deshalb hab ich auch nit mehr geschriwwe, die letzte Zeit. *Zu Bibbo* Ich hab gedacht, er kann's doch nit richtig lese allein – un ich wollt nit, daß es ihm einer vorliest ...

JULIUS *in das allgemeine Schweigen* No, Katherinche, da sin mir ja all froh, für dich.

BIBBO Haste's denn gut, drowwe?

KATHARINA Ja, furchtbar gut, – das Schaffe macht mir ja nur Spaß – es is auch immer so viel los, da kommt ma gar nit zum Nachdenke. – Un jetz is auch de Mutter besser geworde, seit ich im Haus wohn.

BIBBO War sie denn früher nit gut?

KATHARINA Gut schon – aber grob un furchtbar kurz angebunde, so was hatt ich noch nit erlebt! Die spricht kei drei, vier Wort bei der Arbeit! Un dann hat sie mir nit über de Weg getraut, sie hat immer geglaubt, ich wollt was Unrechtes, un hat alles vor mir weggeschlosse, un hat jeden Abend mei Sach nachgeguckt, ob ich nix genomme hab. Im Anfang, da wär ich bald fortgelaufe.

BIBBO *streichelt ihr die Hand* En schöne breite Ring.

KATHARINA Den hab ich erst acht Tag. Mir solle nämlich morge ins Aufgebot. Er kommt jetz gleich selber her un will mich abhole un mitm Vatter spreche. Mir hawwe extra gewart solang.

IGNAZ Un das nennt ma jetz e Elevin, heutzutag.

BIBBO Schweig!

Von draußen hört man kurzen Applaus, gleich darauf kommt Mario aus der Arena, sieht Katharina, hebt pathetisch die Arme, will laut losbrechen.

JULIUS Psst! Leise!

MARIO *leise, Katharina begeistert anstarrend* Oh lala! Oh lala!

KATHARINA *winkt ihm lächelnd zu, steht etwas beklommen.*

FRITZ Jetz müsse mir auftrete. Guckste zu, Katherinche?

KATHARINA Ja freilich. Ich bin schon gespannt – *Zu Bibbo, während Fritz und Lorenz Gladiatorenstellung einnehmen und dann in ruhiger, gesetzter Weise auftreten* Wo is denn de Vatter wirklich? Sag mir's doch!

BIBBO *indem sie hinter den Brüdern die Zeltbahn wieder zuzieht* Gleich. Ich sag dir's gleich, Mädche.

DER TÄTOWIERER BLOOMAUL *ist während der letzten Sätze, bedenklich schwankend, wieder herzugekommen, steht recht verglast vor Ignaz* So. Jetz kann's losgehe.

IGNAZ Sie sin ja wieder e Viertelstund zu lang ausgebliwwe, Sie!

BLOOMAUL Das is nur, weil Sie erst e bißje abschwitze müsse, sonst kann die Prozedur nit richtig vor sich gehe. Wolle wir anfange?

IGNAZ Allez, da in de Wage. *Zu Katharina* Den hab ich nämlich extra aus Mannheim komme lasse. *Geht mit Bloomaul in seinen Wagen. Es bleiben nur Julius, Bibbo, Katharina und Mario, der sich in einiger Entfernung auf eine Deichsel setzt und sie unentwegt anstarrt.*

JULIUS *hat inzwischen den Kaffee vom Kessel genommen, den Bibbo vorher zum Wärmen drüber gehängt hatte, geht langsam zum Wagen des Vater Knie.*

KATHARINA *plötzlich wie im Schrecken* Bibbo – jetzt hab ich's doch huste höre, im Wage dort – –!

BIBBO Ja, er schläft jetzt immer e Stündche, vor der Arbeit. Der Julius bringt ihm dann heiße Kaffee un massiert ihn.

KATHARINA *mit einer wilden Bewegung zum Wagen hin*

JULIUS *stellt sich ihr in den Weg* Halt!

KATHARINA Was is denn?!! Laß mich doch durch! Ich will doch zum Vatter!!

JULIUS Das geht jetz nit, Mädche.

BIBBO *tritt zu ihr.*

KATHARINA Wieso denn nit?!! Was is denn los?!! Sagt mir's doch – –

BIBBO Geh mal her, Mädche, un hör emal zu – *Sie faßt sie bei der Hand, gibt Julius einen Wink, der verschwindet mit dem Kaffee in den Wagen* Mitm Vatter is nit mehr so wie früher – ich hab dir ja gesagt, er muß immer sei Ruh hawwe vor der Arbeit, er legt sich aufs Bett und sperrt die Fensterläde zu un läßt die Vorhäng herunner, damit er die Musik nit hört, un da darf ihn niemand störe.

KATHARINA Seit wann is denn das?

BIBBO Es is recht plötzlich komme, es wird bald e Jahr sein.

KATHARINA Un is er auch sonst – nit mehr so wie früher?

BIBBO No, e bißje müd is er als, un manchmal redd er auch e bißje komisch Zeug samme. Aber was das Geschäft anlangt, da gibt's gar nix, da läßt er nit locker un macht noch alles alleins.

KATHARINA So. – E bißje müd is er als – *Sie wiederholt das wie abwesend.*

BIBBO Ja. Un drum is es besser, du gehst jetz wieder fort.

KATHARINA *starrt sie an* Warum denn –?

BIBBO Damit er dich nit sieht, eh daß er aufs Seil steigt.

KATHARINA – Is denn so schlimm?

BIBBO Schlimm is es gar nit, un du weißt ja, wie sicher der drowwe geht, nit anders wie aufm Erdbode auch. Aber es is doch immer e stark Stück Arbeit für so en alte Mann – un er hat dich halt lang nit mehr gesehn.

KATHARINA Denkt er denn nit sowieso, daß ich heut herkomm?

BIBBO Mir sin ja erst am Nachmittag von Bruchsal komme un hawwe erst gegen Abend im Dorf ausläute lasse. Da hätt ma gedacht, ihr habt's noch gar nit gehört da drowwe – un er hat extra verbote, daß einer naufgeht, dich hole. Sie soll von selbst komme – oder gar nit, hat er gesagt.

KATHARINA Ja – da werd ich halt wieder fortgehn –

BIBBO Du kannst ja gleich nach Schluß zurückkomme. Oder morge früh.

KATHARINA Denkt er denn – daß ich jetz wieder da bleib?

BIBBO Das weiß ma nit. Da drüwwer spricht er kei Wort.

KATHARINA Da geh ich jetzt –

BIBBO Adieu, Mädche.

KATHARINA *leise* Adieu. *Sie will gehen. In diesem Augenblick ertönt aus dem Wagen, in dem Ignaz mit dem Tätowierer verschwunden ist, ein gellendes, durchdringendes Geschrei*

IGNAZ *erscheint in der Wagentür* Au! Au! Au! Au! Sakrament un verdippelt nochemal!! Der schneidt ja bis auf die Rippe!

BLOOMAUL *gleichgültig* Sie hawwe ja nit still gehalte, Sie!

KATHARINA *ist unwillkürlich stehengeblieben, will nun weglaufen. Es ist zu spät, denn ...*

VATER KNIE *hat ebenfalls auf das Geschrei hin, fast im selben Moment, mit einem Ruck seine Wagentür aufgerissen, steht jetzt groß auf der Treppe* Was is denn da los –?! *Mitten im Wort fällt sein Blick auf Katharina, die wie gebannt im Lichtstreif der Laternen steht, zu ihm hinstarrt. Er ist, auf den ersten Blick ersichtlich, ungeheuer gealtert. Seine Haltung ist noch immer gestrafft und aufrecht, aber sein Gesicht ist gezeichnet, zergraben, durchsichtig geworden – Hände, Stirn und Augen, wie von innen verzehrt. Er steht, schon im Trikot, aber erst halb fertig, so, wie er gerade im Wagen saß, unbeweglich auf seinen kleinen Stock gestützt.*

KATHARINA *sieht wortlos, regungslos, zu ihm hin.*

Es ist totenstill geworden, man hört aus der Arena die halblauten Anfeuerungsrufe der Artisten, die ohne Musik arbeiten.

KNIE *nach minutenlangem Schweigen, ruhig und leise, fast geheimnisvoll die*

Hand hebend – als wolle er es noch stiller machen Schraubt die Lichter hoch! Macht ganz hell. Los, bewegt euch. Un zündt alle Kerzen an, die noch im Vorrat sin! Vor jedes Wagefenster muß en Wachsstock! Allez! Taghell muß es werde! *Er winkt Katharina zu* Gleich –! Gleich! *Rasch ab in den Wagen*

KATHARINA *hastig zum Wagen hin, fragt Julius, der gerade herauskommt* Was is denn? Was macht er denn drin?

JULIUS Ich weiß nit. Er hat so sei Sache drin. Wie is denn das passiert?

BIBBO Der Ignaz hat gekrische, und da is –

KATHARINA *herrscht sie an, heftig* Jetz schwätz nit, un tut, was er sagt!

BIBBO Ja – sie hat recht. *Beginnt, die Lichter hochzuschrauben.*

KNIE *kommt aus dem Wagen zurück, trägt ein kleines, silbernes Lämpchen in der Hand, tritt zu Katharina, hält es hoch* Weißt du, was das is? Das is e Notlämpche, aus der schlimm Zeit, von der Festkirch in Ulm. Das hat jetzt in meim Wage gebrannt, seit Jahr und Tag, un is kei Stund nit verlosche. Komm her, Mädche. Blas es aus. *Da Katharina zögert – dringend* Komm –!

KATHARINA *hebt sich auf die Zehenspitzen, bläst das Lämpchen, das er sehr hoch hält, aus.*

KNIE So – –. Da war schon wieder kaum en Troppe Öl mehr drauf. *Er stellt es fast zärtlich beiseite.* Ich hab's ja gewußt, daß es nit ewig brennt! Ich hab's gewußt –! *In die Luft redend, ohne sie anzusehen* Nur, daß es so rasch geht, das hätt ich nit gedacht. Das hätt auch noch e Jahr dauern könne, oder noch e Woch, oder noch zwei Jahr, oder noch e ganze Nacht – un wann's viertel schlägt – un wann's halber schlägt – un ma sieht nix, un hört nix, un denkt nur, es kommt, es kommt – Un dann schneit's eim plötzlich vom helle Himmel herunner!!

KATHARINA *wie in Todesangst* Vatter!! Seh mich doch an!!

KNIE *sich jetzt erst ihr langsam voll zuwendend* Ja, Mädche. Komm. Geh her. Un hab mir doch kei Angst! Un mach mir doch kei Sach! Mir wern doch nit heule, gell? Das wär ja noch schönner!! No komm. Geh her. *Er streichelt ihre Haare – immer leichter, freier, beschwingter werdend* Das is ja gar nit wahr. Du warst ja gar nit fort, Mädche. Du hast ja nur schlecht geschlafe – un die bös Nachteul hat gekrische, un de Holzwurm hat gebohrt, un de Wage hat im Hohlweg gestande, wo de dicke, schwere Waldnebel stickt – aber jetz wird's Tag – jetz wird's hellerlichter Tag – gell, Mädche?

KATHARINA *jetzt ganz gefaßt, sieht ihm, wie vom Glück überwältigt, ins Gesicht* Ja, Vatter! Jetz freu dich nur, Vatter!

KNIE Freilich!
»Jetz freun mir uns, jetz freun mir uns, jetz freun mir uns alle Tage –« »Ei, lach doch emal, Mädche! Lach doch emal! Jetz hammer siwwe Tag Sonntag, un Juxtag, un Wäldchestag! Jetz schmeiße mir hohle Nüß in de Luft, wie de Bellachini, un dann falle uns reife Äppel uff de Kopp –!! Jetz ziehn mir abends kei Schuh nit aus, un morgens kei Stiffel nit an, un laufe Tag un Nacht in lange Strümp un Tanzgalosche – un jetz dürfe de Kirchtürm nit mehr schlage – un die Bauern kein Dreck mehr fahre – un die Kinner kei Masern kriege – un kei Blatt vom Baum falle – so freun mir uns, gell!? *Halb singend, beinah tanzend, wie ein Kind Katharina umherziehend*

»Un dann gehn mir auf die Wies,
Un da kriege mir nasse Füß!

Un da gehn mir ins Stroh
Un da beißt uns de Floh –
Aber wo!!

Und da gehn mir ins Heu,
Un das wär uns nit neu,

Un da gehn mir in de Klee,
Un der tut uns nit weh,

Un da gehn mir auch tanze
Ins Bett bei die Wanze – –«

Herrgott Kinner! Ihr Kinner! Das Katharinche is da!! *Atemlos, strahlend, taumelnd, im Kreis herum, fast schreiend* Das Katharinche is daaa – ! *Zu Fritz und Lorenz, die gerade aus der Arena kommen* Un da stehn se un gucke se, un staune Bremsklötzer in die Luft!! Ei, ihr habt mir's ja nit glaube wolle! Ihr! Seht ihr's! Jetzt habters!! Die hat's geroche, daß mir da sin, – die hat's in der Luft geschnuppert – die hat was brause höre im Stock – un da mußt se einfach heimfliege – wie so e winderschlage Bien- wenn die Meißel schwärmt – Un mir? Mir hawwe gar nix gericht! Noch nitemal Tannereiser am Wage! Un überhaupt nix vorbereit! Un nix wie leere Händ un dumme Köpp – – halt emal! Wart emal! Ich hab ja was für dich, Mädche! Ein Augenblick! Ich hol dir was heraus! *Läuft rasch in den Wagen.*

IGNAZ *auf Katharina los* Lauf doch rasch fort. Er schnappt uns ja üwwer! Da muß was geschehn. Ma müßt ihm doch sage, daß –

KATHARINA Still jetzt! Um Gottes wille!! *Hält ihm den Mund zu.*

FRITZ *zu Julius* Die Leut werde schon unruhig, es is ja so spät. Die wolles Turmseil sehn!

JULIUS Ich geh noch emal naus. *Zwischen den Zähnen fluchend* Himmel-Herrgott – sakra-nundedieu! *Nimmt einen Anlauf, springt durch den Spalt der Zeltbahn laut lachend in die Arena.*

KNIE *erscheint wieder in der Wagentür, Katharina heranwinkend, schwingt etwas in der Hand* Da, guck! Sin da jetz vielleicht Pailletten dran oder nit?!

KATHARINA Das is ja mei altes Leibche!

KNIE Die hawwe mich noch drei Dollar kost, in Karlsruh, voriges Jahr. Das war damals noch e Vermöge! Jetz is es ja gar nix. Aber schön is es doch, nit wahr? Die hab ich auch selber druff gestickt, das hat keiner sehn dürfe, nachts heimlich, im Wage, un hab mir schön die Finger verstoche – *lacht* – un hab doch gewußt, wozu!! Das is jetz wie neu, siehste! *Wirft es ihr zu* So haste's doch hawwe wolle, gell?

KATHARINA Ja – so hatt ich mir's immer gewünscht –

KNIE Das kannste gleich anziehn, beim erste Auftritt, oder schon bei der Prob! Ei, kannsten du noch was, Mädche? Oder haste alles verlernt, bei de Bauern?

KATHARINA Ich weiß nicht recht, Vatter –

KNIE No, das wird sich weise. Gehüppt muß werde, un wenn de Teufel auf Stelze geht! Was is denn da los?! *Man hört aus der Arena unruhige Stimmen und Bewegung des Publikums, und von den Bäumen, wo die Zaungäste hängen, ertönen einzelne Pfiffe und unverständliche Zurufe, aus denen sich der Name –»Knie« allmählich immer stärker heraushebt.*

JULIUS *ist wieder erschienen, ganz aufgeregt* Die pfeife, un schmeiße mit Kuhmist! Sie hätte genug vom August, sie wollte de Knie sehn!

KNIE Das is ja großartig. Da guck emal die Rotzbube! Natürlich, die wo nix zahlt hawwe, sin am lautste!

JULIUS Soll ich hinausgehn un sage, es wär Schluß für heut?

IGNAZ *springt vor* Ich geh noch rasch aufs Seil, damit keiner sein Geld zurückverlange kann, un dann mache mir Schluß.

KNIE *sieht ihn ganz entgeistert an* Ei, was fällt denn dir ein? Wer geht hier aufs Seil un macht hier Schluß, solang der Vatter noch krawwele kann?!

IGNAZ Ich hab gedacht, du bleibst heut emal unne.

KNIE Ich? Heut? Unne bleibe? Ei, was soll denn da mei Tochter denke? Un wo bleibt denn da das ganze Renommée? Die Leut wolle de Knie sehn, un dann noch emal de Knie, un dann dich noch lang nit, merk dir's.

Hörste's, wie se kreische? *Man hört jetzt deutliche Rufe »Seiltänzer Knie! Wo bleibt der Knie!« usw.*

KNIE Als ob die nit e bißje warte könne auf die Kunscht! Rasch, Bibbo, die Bratpfann un de Spirituskocher un de Teig! *Zu Katharina* Seit's wieder billig Mehl gibt, back ich am erste Abend immer Kreppel aufm Seil, un Appelpanneküchelcher, weißte noch, wie früher, vorm Krieg, un schmeiß es de Bube auf de Platz runner. Tu viel Schmalz in die Pfann, Bibbo, die solle heut en gute Tag hawwe! Heut mache mir überhaupt alle Stückcher, die mir könne! Heut is Festvorstellung! Heut is – *In diesem Augenblick fliegt – unter noch lauterem Gejohl von draußen – eine Handvoll Kuhmist zwischen den Wagen herein* Ei, wart emal ab, ihr Bittel! Wart emal ab!! Euch will ich gleich was pfeife und schmeiße! *Er springt, während das Lärmen und Johlen im Hintergrund immer stärker wird, zu einem Wagen, an dem eine Leiter angelehnt steht, schwingt sich mit drei Sätzen aufs Wagendach, wo ihn das Scheinwerferlicht aus der Arena voll trifft, und winkt, halb drohend, halb grüßend, ins Publikum, das zum Teil klatscht, zum Teil noch lauter randaliert, dann aber, wenn er spricht, still wird. Mit einer großen Gebärde im Halbkreis beginnt er schallend zu reden.* Ihr traurige Wandervögel auf dene Kastaniebäum, die wo ihr zu schlecht seid, einem lebensgefährliche Luftkünstler eure fünfzehn Pfennig Zaungeld zu bezahle: Schäme sollt ihr euch bis tief in eure unmäßige nixnutzige Schlund hinunner, ei der muß ja ganz kratzig un trocke sein vor lauter Filz un Geiz!! Deshalb könnt ihr auch nix wie pfeife, aber auch noch nit emal so sauber wie en Spatz oder so pfiffig wie en Kanari: Wenn ma de Bäum schüttele deet, wo ihr druff sitzt, da wärn die Maikäfer noch das Beste, was runnerfällt! Un auch ihr da drunne, hinnerm Staketezaun, glaubt ihr vielleicht, ich wüßt nit, daß ihr immer fortlauft, wenn unser Mädche mitm Sammelteller kommt? Un die wo mit Kuhmist schmeiße, die will ich überhaupt nit anspreche, das wär noch viel zu viel Reklam für euch, da deet ihr euch vielleicht noch was druff einbilde! Euch sollt ma all von rechtswege die Köpp herunner mache un sollt se der hiesig Musik in die Instrumente stoppe, damit ma das falsche Blase nit so deutlich hört! Ja, bleibt nur sitze, ihr Musikantemeister, un regt euch nur nit auf, für die Taubstumme seid ihr tadellos, un auch für die lahme Gichtknoche, die lerne jas' Laufe, wenn ihr bloß zu blase anfangt! Also! Jetz bessert euch, un macht emal en flotte Walzer zum Entrée, jetz steigt der alte Knie aufs hohe Seil, un backt euch Panneküchelcher!

ZURUFE Bravo! Bravo Knie!

KNIE Bibbo! Lauf enaus un mach de Absperrung auf, daß die Bube unners Seil könne! Aber laßt mir die kleine Bube vor, ihr lange Lackel könnt hinne auch was sehn! Allez! Da sin ja noch drei Reihe Sitzplätze frei – da lauft emal, ihr Bube, un wer zuerst hinkommt, darf heut frei sitze!! Hopp! Hopp! Hurra, die Gäul! Ei, guckt emal, wie sie laufe!! Verdient habt ihr's ja nit, mit euerm Pfiffikus, aber heut habt ihr Glück, heut is überhaupt e Festvorstellung, heut mache mir nur noch prima Stückcher – de große Übergang, un de Traversierung aufm Fahrrad stehend freihändig – heut könnt ihr von mir alles hawwe, was ihr wollt– heut is nämlich bei uns e freudig Ereignis eingetrete! – un deshalb habt ihr auch e bißje warte müsse!

ZURUF De alt Knie hat e Kind kriegt! *Gelächter*

KNIE *in das Lachen einstimmend* Jawohl! Ich hab auch e Kind kriegt! Wie de Joseph, vom Heilig Geist! Un das is fertig auf de Welt komme! Das braucht nit mehr zu wachse! Ja, lacht nur, ihr Leut: Ich lach ja selber – un ich weiß auch warum! *Schlägt ein Rad, laut jauchzend.*

SCHRILLER ZURUF »Seiltänzer Knie! Wenn de fällscht, bischte hi!!«

KNIE *wieder auf den Beinen* Ja, das könnt euch so passe! Da drauf wart ihr ja bloß! Aber damit is nix!! Was en echter Seiltänzer is, stirbt im Bett!! Los jetz!! Musik! Un de Strickhalter an ihre Poschte! Allez hopp, avanti! avanti! *Springt vom Dach herab, eilig zu seiner Wagentür, ruft Katharina zu* Jetz muß ich rasch ins Kostüm. Stell dich vornehin, Mädche, daß de gut siehst! Ignaz, mach dich fertig, du gehst mit enuff, zum Übergang!

IGNAZ Jawoll. *Zieht hastig Seilschuhe an, reibt sich Hände und Schuhsohlen ein.*

KNIE *verschwindet im Wagen, während draußen die Musik auf schauerliche Weise den Donauwalzer spielt.*

ALLE – BIBBO, JULIUS, LORENZ, FRITZ *drängen, kaum daß Knie verschwunden ist, auf Ignaz ein* Du darfst en nit mitm Fahrrad versiere lasse! Das hat er seit Jahr und Tag nit mehr gemacht. Das mußte'm ausredde, drowwe! Mach doch einfach's Rad kaputt, un sag, es wär schon gewese –

KATHARINA *dazwischen* Halt!! *Fast drohend, mit einem sonderbar zwingenden Ausdruck* Du läßt ihn ganz mache, was er will – verstehst du! Da hat ihm keiner was reinzuredde hier!!

JULIUS Das hat er mehr als e Jahr nit gemacht, das kann ma nit verantworte!

BIBBO Un so außer sich wie er is!

KATHARINA Da hat keiner was zu verantworte! Keiner!

FRITZ Un wenn was passiert?

KATHARINA *ganz fest* Da passiert nix.

IGNAZ Dann streik ich. Dann geh ich nit mit enuff.

KATHARINA *fast brutal* Du gehst mit!!

IGNAZ *geduckt* Meintwege. – Es is ja dein Vatter.

KATHARINA Ja. Un ich bin sei Tochter.

DIE ANDERN *sind unwillkürlich etwas von ihr zurückgewichen, so daß sie allein im Vordergrund steht.*

IGNAZ *holt rasch unter seinem Wagen eine Schnapsflasche mit Glas hervor, gießt sich ein.*

KNIE *kommt eilig aus dem Wagen heraus, sieht, wie Ignaz das Glas ansetzen will, haut es ihm mit einer knappen Bewegung seines Stockes, wie nebenbei, vom Mund weg. Dann wirft er Katharina eine Kußhand zu, stellt sich Seite an Seite mit Ignaz parat. Er hat jetzt die ererbte historische Tracht der süddeutschen Seiltänzer angelegt: Kurze Samtmantille überm lichtblauen Trikot, Federbarett, goldener Meistergürtel. Die andern – Fritz, Lorenz, Mario, Julius, Bibbo – springen zum Eingang der Arena, reißen die Zeltbahn auf, bilden Spalier. Kurzes, tiefes Atmen, dann laufen Knie und Ignaz im gleichen Schritt hinaus, wo sie mit Zuruf und Trampeln begrüßt werden. Die Zeltbahn schließt sich hinter ihnen, die Artisten bleiben gespannt beobachtend, hinten stehen – gleich darauf sieht man Knie und Ignaz an einer Strickleiter hochklettern, nach oben verschwinden.*

KATHARINA *sitzt ganz allein im Vordergrund auf einem Wagentreppchen, ohne hinaufzusehen, mit stillem, fast abwesendem Blick.*
Nach einer Weile reißt die Musik jäh ab, unterdrückte Angstrufe aus dem Publikum, starke Bewegung unter den zuschauenden Artisten.

JULIUS *in die Arena rufend* Sitzebleibe!! Alles sitzebleibe!! Ruhe!

FRITZ *durch die hohlen Hände in scharfem Flüsterton nach oben rufend* Runnerkomme!! Runnerkomme!!

KATHARINA, *immer ohne hinzuschauen, in gleicher Haltung* Was is denn –?

BIBBO *nach rückwärts sprechend* Nix is passiert. Er ist gestrauchelt, der Ignaz hat ihn gefange. Sin schon wieder aufm Brett. *Von oben hört man jetzt die ruhige Stimme des alten Knie, ohne die Worte zu verstehen – nur einen kurzen Satz, der mit einem scharfen Kommandoton endet.*

FRITZ Er hat gesagt, es war nur Spaß, jetzt geht's erst richtig los!

JULIUS Kommt, mir gehn unters Seil.

ALLE *hinaus in die Arena. Die Musik setzt schmetternd ein.*

KATHARINA *bleibt allein, sitzt mit geschlossenen Händen, mit starkem, gesammeltem Ausdruck, unbewegt.*

Die Bühne verdunkelt sich, ohne daß der Vorhang fällt.

Man hört bei verdunkelter Bühne, gedämpft, die Musik weiterspielen – nach einigen Minuten auf fernher hallendes Kommando von oben taktmäßig aussetzen – neues Kommando – kurze atemlose Stille während der Rad-Traversierung – dann Tusch der Musik, Lärm und donnernder Applaus des Publikums. Gleich darauf – während das Geräusch der sich zerstreuenden Menge im Hintergrund verebbt – wird die Bühne wieder hell. Wenn die Bühne wieder hell ist, sieht man Katharina – immer noch in der gleichen Haltung – wie versunken, im Vordergrund. Die Lichter in der Arena sind jetzt erloschen, es ist nur noch der vordere Raum beleuchtet, der dadurch viel geschlossener, konzentrierter wirkt. Während sich die Menge in die Nacht verläuft, hört man vom Platz her Vater Knie die übliche Schlußrede halten, man unterscheidet aber kaum einige Worte, wie »Schluß« . . . »Empfehlung« . . . »Wiedersehen« . . . – Indessen erscheint . . .

ROTHACKER *von der Seite zwischen den Wagen. Er bemerkt Katharina, geht zu ihr hin.*

KATHARINA *sieht erst auf, wie er dicht bei ihr steht – fährt hoch – starrt ihn an.*

ROTHACKER *hat die Hand ausgestreckt, läßt sie, mit dem Blick auf ihr Gesicht, langsam sinken.*

KATHARINA *wie plötzlich erwachend – ergreift hastig die Hand* Komm! Rasch fort!! In de Schatte – !

ROTHACKER Was is denn – Laß dich doch ansehn. Was is denn passiert? Du hast ja gar kein Gesicht.

KATHARINA Du kannst jetz nit hier bleibe – er darf dich nit sehn, jetzt!!

ROTHACKER Weshalb?

KATHARINA Er weiß ja noch nix –!

ROTHACKER Warum sagst du's ihm nit?

KATHARINA Ich konnt nit – er hat doch jetzt erst gearbeitet!

ROTHACKER Dann bleib ich, un sag's ihm selbst.

KATHARINA *im Aufschrei* Nein!!

ROTHACKER *sieht sie kurz an, dann dreht er sich um, geht.*

KATHARINA *schwankt einen Augenblick – rast ihm nach – erreicht ihn fast schon zwischen den Wagen, klammert sich an seinen Arm, seine Schultern* Du – Bleib doch in der Näh –!! Ich komm dir gleich nach – Ich hol dich zurück!!

ROTHACKER Sagst du's ihm jetzt?

KATHARINA Ich weiß noch nit – ob ich's kann – *Leise, in großer Angst* Laß mich doch jetzt nit los – ! Bitte –

ROTHACKER Ich geh bis zum Fluß – dann komm ich wieder.

KATHARINA Dank – *Läßt die Arme sinken.*

ROTHACKER *zögert kurz, als erwarte er noch etwas, – dann geht er.*

KATHARINA *steht unbewegt, ihm nachschauend.*

KNIE *in einen weiten Mantel gehüllt, Barett und Gürtel unterm Arm tragend, kommt aus der Arena. Hinter ihm die andern. Er geht bis zur Mitte, sieht starr geradeaus, dann, mit einer herrischen Bewegung über die Schulter sprechend* Abbauen!! *Da sich keiner regt, nach einer kurzen Pause* Abbauen!! Habt ihr nit gehört? Seil runner! Stange raus! Bretter sammereiße!! Alles fertig zum Abmarsch.

JULIUS *ganz verstört* Vatter – das is doch dein Ernst nit. Mir hawwe doch hier schon für siwwe Tag die Platzpacht bezahlt!

KNIE *wendet sich ihm zu, ruhig und fest* Abbauen, hab ich gesagt. Un was ich sag, das is auch mein Ernst. Jetzt macht, daß es vorwärts geht! Ich zieh mich rasch um un lauf selbst zum Spediteur, die Gäul bestelle. Morge früh is es zu spät.

BIBBO *zu Katharina* Hast du's gehört – ?!!

KATHARINA *sich jetzt erst umwendend – zu Knie hin* Was is denn, Vatter – was is denn geschehn –?

KNIE *lächelnd* Gar nix Mädche. Nur fort müsse mir. Nix wie fort!! Wo ma einmal gestrauchelt is, da soll ma nit mehr aufseile – heißt en alter Bankistespruch. Hier is en guter Platz – aber nit für uns. *Geht zum Wagen, dreht sich noch einmal um zu ihr* Hier bist du fortgange, un hier bist du heimkomme, un jetz is rund un Schluß. Hier brauch mir nix mehr als e Handvoll Schlaf un en gute Aufbruch. *Ab in den Wagen*

ALLE *stehen einen Augenblick schweigend.*

JULIUS *plötzlich mit dem Fuß stampfend* Los! Abbauen! Habt ihr's nit gehört?!

FRITZ No Ja. Abbauen. *Schlurft langsam nach hinten.*

IGNAZ *wütend, verbissen* Also abbauen. Abbauen! Sakrament – *Packt einen Vorschlaghammer, geht rasch nach hinten. Lorenz, Mario, Julius folgen. Gleich darauf hört man die heftigen, zornigen Schläge der Hämmernden und während des folgenden die wechselnden Geräusche des Abbruchs. Es bleiben nur Bibbo und Katharina.*

BIBBO Was wird denn jetzt? Solle mir wirklich ziehn, morge –?

KATHARINA Auf alle Fäll! Hier kann er nit bleibe, das geht nit, wie's auch kommt – dann besser rasch fort.

BIBBO Un du – ?

KATHARINA *gibt keine Antwort.*

BIBBO Du mußt es ihm doch sage, jetzt.

KATHARINA Ich kann's nit ...

BIBBO Un wenn du's verschweigst – was dann? Du kannst doch nit einfach weglaufe!! Ich deet's ihm ruhig ins Gesicht sage.

KATHARINA Wie denn – ins Gesicht?! Er sieht mich ja gar nit. Guck doch sei Auge an. Die sin ja wie umgedreht! Da wird nur hell drin, was ihm inwendig aufgeht – un das kann ma nit fasse – da kommt ma gar nit hin!

KNIE *kommt wieder heraus, winkt Katharina* Da, haste schon hereingeguckt, in de Wage? Da liegt noch alles, wie du's verlasse hast! Das Bett is auch frisch bezoge – da hättst du jede Stund heimkomme könne, das ganze Jahr lang. Geh nei, schau dich um, un mach dir's bequem! Ich komm bald wieder. *Er geht.*

KATHARINA *zögernd zum Wagen, dessen Tür offen geblieben ist. Schaut hinein. Es steht noch alles wie früher – ganz genau.*

BIBBO *ist ihr gefolgt* Reut's dich?

KATHARINA *setzt sich auf die Wagentreppe* Woher denn? Ich hab ihn doch gern.

BIBBO *neben ihr hockend, streichelt ihre Beine* So dünne Knie, wie du hast. Das merkt ma jetz erst richtig, bei dene feine Strümpf. Dir sieht ma die Kinderarbeit gar nit an, in de Knoche. Unsereiner hat mit fuffzehn Jahr schon Knöchel un Ellboge kriegt wie en Sackträger.

KATHARINA Bibbo – Du hast doch auch Kinder gehabt? Gell –?

BIBBO Freilich. E starkes Dutzend.

KATHARINA Wo sin denn die all?

BIBBO Da un dort – soweit se noch lebe. Drei sin an Wurschtvergiftung gestorbe, in der gleiche Nacht. Eine is unner die Trambahn komme. Die annern sind groß.

KATHARINA Un siehst du sie nie?

BIBBO Selten emal. Ich möcht auch gar nit mehr.

KATHARINA Warum denn?

BIBBO *mit einem stumpfen, müden Gesicht* Ma kann en doch nit zur Last falle. Da hat jedes genug mit sich selbst zu schaffe.

KATHARINA Du meinst, ma kriegt se nur, damit ma se groß zieht –

BIBBO Ma kriegt se, un dann sin se da. *Sieht sie von der Seite an, beugt sich zu ihr* Is was?

KATHARINA Wie –

BIBBO No, is was – unnerwegs?

KATHARINA Noch nit – *Sieht weg* Aber ich möcht gern.

BIBBO Un worauf wartste noch?

KATHARINA Ich wollt halt erst mitm Vatter spreche. Da soll alles ganz klar sein. –

BIBBO Da hätt ich mein Vatter nit lang gefragt – sellemals ... Un er? Was sagt er denn dazu?

KATHARINA *wie aufschreckend* Du, geh jetzt! Er kommt gleich! Is da nit jemand?

BIBBO Ach wo. Das war e Fledermaus. *Steht auf* Was willste denn jetz mache, mitm Vatter?

KATHARINA Ich bleib die Nacht hier – weißt du – un paß die gute Stund ab – wenn mir ganz allein sin – un wenn ihr all schlafe seid – Dann wird's gehn, glaub ich – dann werd ich's könne!

BIBBO Hoffe mer's. *Sie geht. – Wenn sie weg ist, springt Katharina hastig auf, läuft zur Seite, wo vorher Rothacker fortging, hält Ausschau. Dann geht sie langsam, wie zögernd, zum Wagen zurück – schaut noch einmal scheu hinein, schließt die Tür. Plötzlich bemerkt sie, an der Türklinke hängend das ›Flitterleibchen‹, das ihr der Vater vorher gegeben hat. Sie packt es rasch – reißt die Tür noch einmal auf, wirft es in den Wagen, schlägt heftig zu, fährt herum.*

ROTHACKER *kommt fast im gleichen Augenblick von der andern Seite – bleibt stehen.*

KATHARINA Da – kommst du her ...

ROTHACKER Ich bin rund um de Platz gange. Da warn immer Leut. Ich wollt niemand sehn, jetzt. Wo is de Vatter?

KATHARINA Fort, ins Dorf, wege de Gäul. Er will morge schon weiter.

ROTHACKER Weiß er's denn jetzt?

KATHARINA Nein – Da war noch gar kei Zeit –

ROTHACKER Da kann ich ja wieder zum Fluß gehn, was?! Oder kann mich hinter die Bäum verstecke wie ein Strauchdieb – un kann heimlich herschleiche, wenn ich dich sehn will –!

KATHARINA Du!! Sag das nit so – ich bin doch nit schuld! Ich kann doch nix dafür!!

ROTHACKER Wer is denn in dem Wage drin?!

KATHARINA Was denkst denn du – Niemand!

ROTHACKER Mach auf. Laß ihn heraus. Ich mag kei Lauscher hinter de Fensterläde!!

KATHARINA Was denkst denn du –!! Du glaubst mir nit mehr – –

ROTHACKER Jag ihn weg, sag ich! Ich seh gar nit hin. Ich will nit wisse, wer's is. Das kann mir ja gleich sein.

KATHARINA Da! Mach auf! Un schau hinein!! Aber dann geh auch!!

ROTHACKER *steht unschlüssig, mit gesenktem Kopf. Dann blickt er sie an* Ich glaub dir doch – was du sagst –

KATHARINA Du hast ja dein grade Blick verlore – – Komm doch her! Was is denn mit dir –! *Geht zu ihm hin, streicht ihm scheu, zärtlich, nur mit den Fingerspitzen, über den Arm.*

ROTHACKER Warum hast du's ihm nit gesagt – und warum hast du's ihm nit längst geschriwwe – jetzt liegt schon e Last drauf, das kann ma nit mehr hebe!

KATHARINA Wart nur – das schmilzt schon weg. Nur Zeit braucht's.

ROTHACKER Mehr Zeit, mehr Last! Laß mich doch selbst zu ihm hin! Ich hab damals mit ihm gesproche – Mann zu Mann. So muß es wieder sein.

KATHARINA Das geht nit!

ROTHACKER Weil du's nit willst!

KATHARINA Nein! Ich will auch nit! – Weil's verkehrt is –! Du un er, das sin zwei, da gibt's kei Brück dazwische.

ROTHACKER Dann bleibst du immer halbwegs auf der anner Seit – dann kommst du nie ganz zu mir – dann hab ich dich nit!

KATHARINA Du kannst mich doch nit ganz vergrabe – es braucht doch jeder noch Luft.

ROTHACKER Da is genug Luft – für dich – un für mich. Ich hab ja auch nix anders.

KATHARINA Un was is – mit der Mutter?

ROTHACKER Ich hab se gezwunge! Die sagt kei Wort mehr wider dich.

KATHARINA Das macht's doch nit aus – un dei Land! Un dei Wirtschaft!

ROTHACKER Das is jetzt dei Sach grad so gut wie meine! Das is doch alles dein.

KATHARINA Ich will nix!! – Nur dich – –

ROTHACKER *faßt sie an, drängend, hungernd* Dann komm! Komm fort!! Komm doch fort –!!

KATHARINA Nein!!

ROTHACKER *läßt sie los, steht wie gefällt.*

KATHARINA Ich kann doch nit fort hier – *schwankend* – ich kann doch nit fliehn!! Ich darf doch nit!!

ROTHACKER Dann bleib! Bleib da!! Bleib im Dreck!!

KATHARINA *hebt beide Hände* Still –!

ROTHACKER Ich will nit mehr – kann's nit mehr!! Ganz oder gar nit – da soll alles verrecke drum!! *Packt sie wieder an* Ich laß dich nit mehr los –!!

KATHARINA *wie tot in seinen Armen* Dann mach doch – was du willst –

ROTHACKER Brauchst du mich denn? Oder mußt du wieder zurück – sag mir's doch – sag mir's doch! Ganz!!

KATHARINA Ich hab doch nix anders – wie dich – un leb doch nur bei dir

– und kann ja nit mehr fort!! Kann's nit mehr!! Ich hab doch vorher niemand so gern gehabt – wie de Vatter – un hab doch nur ihn gekannt. Un jetzt kenn ich nur dich –!

ROTHACKER *ganz ruhig, nimmt ihren Kopf in die Hände* Mach's gut jetzt. Ich geh heim un wart auf dich.

KATHARINA *ganz benommen – halb angstvoll – halb beseligt* Wirklich –!

ROTHACKER Gewiß. – Und nehm dir nur Zeit. Du kannst auch die Nacht bleibe. Und morge noch. Du mußt's ihm doch sage, allein.

KATHARINA Ich sag's ihm! – Un dann is gut, alles!!

ROTHACKER Un sagst ihm, daß ich dich halt wie er.

KATHARINA Un daß ich nur dich jetz hab – un sonst nix mehr, und nur noch dich kenn – *Stark* Ich sag's ihm! Er muß es höre!

ROTHACKER Un wirst du mir nit schwach werde –?

KATHARINA Nein!!

ROTHACKER Ich denk an dich. Ich laß dich nit los.

KATHARINA Ich dank dir – ich dank dir –

ROTHACKER *lächelnd* Psst! Das kann ich nit höre. *Macht sich rasch los, geht.*

KATHARINA *leise, daß er es nicht mehr hört* Bleib doch noch – bleib doch noch – – *Folgt ein paar Schritte, sinkt am Wagen des Vaters fast zusammen* Bleib doch – *Hockt auf der Treppe, das Gesicht auf den Knien.*

BIBBO *kommt nach einer Weile durch die Zeltbahn. Schleppt einen großen Krug und einen Korb mit Gläsern* Ja, ohne Krach geht's nit. *Setzt wuchtig den Korb auf* Das is der Schnittlauch in der Milchsupp. Das braucht ma zum Lebe. En Mann, der nit krakeelt, is en Bandwurm. Der macht's auch leise, un ma fällt vom Fleisch. Hat er arg geschimpft?

KATHARINA *sieht auf – beginnt zu lachen* Bibbo – du dick alt gequolle Dampfnudel du! Du schepp Spinatwachtel du! Du altklug dumm Roß, das de bist! *Springt auf, zerrt sie am Rock.*

BIBBO No, no, ich glaub, du hast was getrunke, he?

KATHARINA Komm doch her! Mir hawwe uns ja noch gar nit richtig Guten Tag gesagt, so – *Küßt sie ins Gesicht.*

BIBBO Die Küß hab ich auch nit mir zu verdanke!

KATHARINA Doch, Bibbo, nur dir, weil de so schön bist, un weil ich mich freu – Herrgott – es wird schon alles gut gehn, gell?

BIBBO No, was denn sonst?! Du Durchgängerin! Du Lauszippel du!! *Haut ihr auf den Hintern.*

KATHARINA Willst du aufhörn, das paßt sich nit!! Ich bin doch e Frau!!

BIBBO Deshalb kriegste dei Fäng noch immer hinnedruff, solang der Herr Gemahl kein Stacheldraht drüwwer wickelt, gell? *Haut sie wieder.*

KATHARINA Au! Ich trag doch kein Unterrock! Das spürt ma ja! Da! *Haut sie auch.*

BIBBO Bei mir mußte die Deichsel nehme, sonst dringste nit durch! Ich hab Schwiele!

IGNAZ *erscheint aus der Arena, noch den Hammer in der Hand* Wart nur. Ich helf euch gleich! *Zu den andern, die nachkommen* Die hat's geschnappt, die zwei!

KATHARINA *auf ihn zu* Ei Ignaz, heb dir doch kei Bruch! Laß dir nur den Hammer nit auf die Fußzehn falle!

IGNAZ Jetz wird se auch noch frech!! Wart, Mädche, gleich wirste geriwwelt!! *Stellt den Hammer beiseite, läuft ihr nach.*

KATHARINA Fritz! Lorenz! Mir hawwe uns ja die Händ noch gar nit gewwe! Ei lebt ihr denn noch, seid ihr denn noch beisamme! Julius!! Geb mir doch en Kuß!! *Küßt ihn.*

JULIUS Bravo.

IGNAZ Jetz will ich auch ein! Her! Halt se fest, Lorenz!

KATHARINA Nein, das gibt's nit, du ißt mir zu viel Zwiwwel! *Läuft ihm fort* Ei Mario, du bist ja so schön worde!!

MARIO *begeistert* Han-gäse!! Han-gäse!!

KATHARINA Was will er?

DIE ANDEREN *lachen.*

MARIO *küßt ihr die Hand.*

BIBBO So, jetz hockt euch her, un nehmt euch Gläser.

FRITZ *in den Krug schnuppernd* Was is denn das?

BIBBO Das is vom Vatter, er hat mir gesagt, ich soll drei Liter vom beste hole un sollt euch eweil eingieße, bis er kommt.

IGNAZ Da schlägt's Donnerstag – de Vatter und Wein!

LORENZ Das hammer nur dem Katherinche zu verdanke.

IGNAZ Un ihrm Herrn Bräutigam.

FRITZ Sei doch still.

KATHARINA Laß ihn doch, meintwege! Das könnt ihr ruhig laut sage! Jetz nur kein Geflüster mehr, un kei Geflenn, un kei Geheimnis – So wie's is, soll's gut sein, gell?

JULIUS Weiß er's denn jetz?

KATHARINA Das noch nit – aber ich sag's ihm dann, später, ich bleib ja die Nacht hier. Macht nur nit so lang, trinkt euern Wein aus un dann laßt mich recht bald allein mitm!

BIBBO *hat inzwischen eingeschenkt* Also Prost, Katherinche! Daß de's gut machst.

IGNAZ Siehste Kätche, warum muß es denn grad der Dreckbauer sein, ich hätt dich auch genomme. Aber wenn er's schon is, soll er hochlebe! Prost! Erunner mitm!!

ALLE *stoßen mit ihr an.*

FRITZ »Hoch soll er leben, hoch soll er leben –«

IGNAZ Ach wo!
»Dick soll se werde, Drilling soll se kriege, – je – des – Jahr!«

KATHARINA Drei Teufel noch emal! Da drauf trink ich nit!

IGNAZ Dann denk dir was anners! Prost!!

KATHARINA Prost –!! *Ihr Glas zerklirrt beim Anstoßen, fällt in Scherben zu Boden.*

KNIE *erscheint in diesem Augenblick hinten unter der Zeltbahn* Prost –!! Da klingst' ja schon wie bei der gräfliche Hochzeit! War das dein Glas, Mädche?

KATHARINA Ja, Vatter.

KNIE Das is recht. Glück sollste hawwe beim alte Vatter sein Wage!! No, schmeckt's, ihr Bube? Trinkt's langsam un mit Verstand, das is en Schwarzer Herrgott, das kriegt ihr nit gleich noch emal. Bibbo! Geh mal her. Da hab ich vorhin e Flasch in de Wassereimer gehängt, damit se e bißje auskühlt. Die holste jetz raus un machst de Kork auf. *Zu Katharina* Mir zwei trinke nämlich heut was Besonderes, für alle andern wär's ja zu wenig, weil's nur die eine Flasch is. Aber rieche dürft ihr auch emal dran! *Bibbo hat die Flasche gebracht, er nimmt sie ihr aus der Hand* Da guck her. Die Flasch hab ich auf mein Hochzeitstag geschenkt kriegt, vom Magistrat in Oppenheim, da hawwe mir damals e Festvorstellung gewwe. Das sin jetz fünfundzwanzig Jahr, das wär jetz schon silbern! Ich hab mir immer gedacht, ich heb se auf, bis du emal Hochzeit feierst. Aber heut is ja grad so gut, gell? – Das Etikett is schon ganz verbliche – aber die Zahl kannste noch lese, guck! – achzehnhundertsechsundneunzig! Da warst du noch gar nit auf der Welt – un noch nit emal e Setzkartöffelche!! Aber im Frankaziusbrünnche haste schon ganz owwe geschwomme, fast bei de Seerose un hast nur gewart, daß dich der richtige Vatter herausfischt! Un jetz biste da –! Prost –!! *Er nippt am Weinglas, dann reicht er es ihr, setzt sich auf einen Klotz im Vordergrund, stellt die Flasche neben sich. Es ist sehr still geworden, die andern sitzen da und dort auf Kisten oder Geräten, alle in einigem Abstand vom Vater Knie. Katharina hockt wieder auf dem Leitertreppchen am Wagen, der im Schatten liegt. Knie spricht immer zu ihr – aber ohne hinzuschauen – wie in einem seltsamen, flackernden Rausch* Siehste – jetz biste wieder daheim – un bleibst daheim – un wenn wir morge weiterziehn un übermorge noch weiter, un rollen um de ganze Welt erum, ohne fest einzustelle – da biste als noch daheim! Mei Mutter, die hat vergesse gehabt, ob se mich in Baden kriegt hat oder in Württemberg, oder schon im Hessische. Un wie ich heirate wollt, damals, da konnt ich e halb Jahr zu keim Papier nit komme, weil ich kei zuständig Heimat hätt, hat's geheiße. Ich hab gesagt: Ich bin ja im Wage zuständig, Herr Magistrat – un das genügt! Aber das wollte die aufm Amt nit wisse. En Mensch muß e Heimat hawwe, hat einer gemeint. Die hat er auch, sag ich, – un die is grad so groß, wie das Stückche Erd, was e klei Kind bedecke kann, wann's nackt auf die Welt kommt – oder wie das, wo ma zum Zudecke braucht, wenn ma dich nackt wieder neilegt. – Mehr hat keiner, wozu auch? Es langt ja grad –! Die Hauptsach is, daß einer weiß, wo er hingehört, mit Herz, Lung, Leber und Nier, un auch mit sein Kopp un mit seine Händ, un mit all seine Blutstroppe un mit Müh un Plag un Lust un Freud, mit der ganze Lebsucht. – Die Seel is e dünnes Häutche, das muß immer zart gespannt sei un aufm richtige Ton. – Un da sin mir halt beim Wage besser dran wie viele Leut auf der Welt, weil's doch e Kunscht is, wo mir treibe, un kein leere Wahn, un weil ma's schon mit auf de Welt bringt un nit erst lang zu suche braucht, nur lerne muß ma's noch emal un dann wird's immer besser un geht nie nit zurück. Mich hat emal einer gefragt: Wozu macht ihr das eigentlich? Was hat denn das fürn Sinn? – Un da hab ich retour gefragt: Wozu is denn Ihrn Großvater auf zwei Füße gange, statt auf alle vier? Da hat er geschwiege. Sehn Sie, sag ich – un deshalb is meiner halt seilgetänzelt! Das heißt nämlich nit seiltanze, wie die Leut immer sage, sondern seiltänzle, weil ma ja da drowwe nit tanzt, das wär im Kreis herum, sondern tänzelt, das is Fuß vor Fuß. So was sollt ma all wisse in unserm Beruf, aber da wird viel verlore heutzutag – durch den große Betrieb un die viel Konkurrenz. Bei so einer kleine Truppe wie mir, da geht's ja noch, da läßt sich noch manches weitersage von Mund zu Mund, wie die Kniff un die Hilfssprüch. Ma sollt halt ganz eng zusammehalte, im Stamm un in der Rass, daß ma sich nit verwischt un verzettelt. – Ich weiß noch, wie mein Großvater gestorbe is, der kam grad aus Amerika, da war er über de Niagara gange. Kinner, hat er gesagt, fahrt mir in der ganz Welt herum – aber bleibt mir daheim. Damit hat er das Seil gemeint, un de Wage. No, un wenn er heut herunnergucke deet – da drüwwen um de Mondspitz erum oder hinner der Milchstraß eraus –, da hätt er sei Freud. Aber der wird froh sei, daß er drowwe is, un wird genug gut Gesellschaft hawwe. *Er spricht immer mehr zu sich selbst – immer versunkener, abseitiger –, während einer nach dem andern, als fühlten sie, daß es an der Zeit sei, leise aufsteht und lautlos verschwindet* Ob ma im Himmel auch seiltänzle darf? Sonst möcht ich lieber gar nit enauf. Aber ich glaub, da drowwe darf ma alles. Da kriegt ma nix verbote, was ma wirklich braucht. Un da is auch kei Strickleiter mehr nötig, weil ma ja schon so hoch is, daß es höher gar nix mehr gibt! – Und da spanne mir e großes, mächtiges Seil, nein zwei, eins aus glatte Hanf un eins aus dicke, geflochtene Draht, un die binde mir an die Sternzacke fest – un dann kann ma auch mitm Kopp nach unne gehn, weil gar kein Unterschied mehr is, un rings erum nix wie Himmel – un da is auch die Waage, un die kleine Bär, un de Löwe und de Steinbock un de Wassermann, das gehört all zum Zirkus un zur Menagerie, weißt du, Mädche – ich hab oft gedacht, wann ma so nachts enauf guckt bei der Vorstellung un sieht ein aufm hohe Seil gehn: Der geht ja grad von Stern zu Stern – *er lacht leise* – un weißt du, wie sie uns früher genannt hawwe, unser Zunft – vor fünf-, sechshundert Jahr erum? Die Himmelreichmänner, hawwe se uns damals geheiße! Vielleicht hawwe se wirklich geglaubt, daß unsereins leichter nuff kommt wie andere Leut. Aber mir komme ja auch rascher runner – un wenn ma mal abrutscht un macht sein Salto ins Netz, da merkt ma, wie nah mir noch am Erdreich tänzle, un wie's zieht, un reißt – un deshalb is ma manchmal so müd, hinterher – *Gießt sich Wein ein, trinkt einen Schluck.*

IGNAZ *ist als letzter und einziger noch sitzen geblieben, starrt neugierig unbewegt zu Knie hin. Julius, der schon am Ausgang war, eilt rasch auf den Zehenspitzen zu ihm, stößt ihn zweimal an, faßt ihn am Arm, bis er schließlich auch widerwillig aufsteht und leise mitgeht. Bibbo ist unterdessen, müde wie ein Tier, an der Feuerstelle vornübergesunken und eingeschlafen.*

KATHARINA *zu Knie tretend* Bist müd, Vatter?

KNIE Nit gar zu sehr, aber ich deet mich gern e bißje längs lege – Wo sin denn die all?

KATHARINA Die sin schon schlafe. Der Wein is ausgetrunke.

KNIE Mir hawwe noch was, in der Heiratsflasch. Willste noch?

KATHARINA Dank dir, Vatter. Der is ja so schwer –

KNIE Ja, den spürt ma im Kopp – das is wie so en klare Nebel – en Nebel is es – aber doch ganz klar – das is doch komisch, gell?

KATHARINA *lacht leise* Ich spür auch schon e bißje.

KNIE *streicht ihr über den Kopf* Du Junges du! Ich geh grad in de Wage un hol mir e Deck un mach mir's e bißje leicht. Zieh mir doch derweil den Streckstuhl aus, da kann ma noch e Zeitlang drauße bleibe, bei dere schöne Nacht. *Ab in den Wagen*

KATHARINA *macht die Bank zurecht, setzt sich ans Fußende, wartet. Plötzlich sieht sie die eingeschlafene Bibbo am Feuer hocken, springt auf, rüttelt sie hoch* Rasch fort! Jetz is grad Zeit – wenn ich's jetz nit kann, kann ich's nie mehr –!

BIBBO *rappelt sich hoch, gähnend, wankt schlaftrunken ab. Vom Platz her, ziemlich weit weg, hört man Marios Mundharmonika. Katharina, wartend, summt ein paar Töne mit. Dann verstummt die Harmonika, und Katharina erschrickt plötzlich – läuft zum Wagen.*

KATHARINA Vatter – wo bleibste denn?

KNIE *kommt heraus – mit einer Decke auf dem Arm, in Hemd und Hosen* Ja Mädche, da bin ich schon. Ich hab mich grad nur gewasche. Ma legt sich doch besser schlafe mit saubere Händ. *Geht zur Bank* So, das is gut – da kann ma ganz flach liege un grad in die Höh gucke. Es is ja so warm heut nacht, da brauch ich gar kei Deck. Wenn's nit regnet, im Sommer, sollt ma eigentlich immer die ganze Nacht unterm Himmel schlafe, platt mache, nenne se's bei uns, wegem platte Erdboden. Aber die Plattmächer schlafe als am beste un zahle unserm Herrgott kei Zimmergeld. *Er streckt sich aus* Wie leicht die Luft is – Ma meint grad, sie hebt ein hoch un ma könnt frei drin segle – wie so e Wolk über de Himmel schwimmt – un wie das gut schmeckt – von dem frisch geschnitte Gras – un der Kastanieblüt – das trinkt ma all, wenn ma atmet, – wie en große, milde Wein ... *Er atmet langsam tief aus und ein* Das geht so auf und nieder – un aus un ein, un ma tut gar nix dazu – un merkt's gar nit mehr – das weiß ma gar nit mehr, wenn ma so lebt – daß der Atem geht – un daß ma gar nix Bessers zu tun hat auf der Welt als das – *Er richtet sich halb auf – atmet lange* Da saugt ma alles ein – un da haucht ma alles aus – was braucht ma denn sonst – un was will ma denn mehr – das is doch ganz leicht – so leicht – *Sinkt wieder zurück*

KATHARINA *tritt neben ihn, beugt sich hinunter* Vatter – willst du schon schlafe jetzt – oder kann ich mich noch bei dich setze – un dir was sage–?

KNIE Setz dich nur her, Mädche, un sag mir alles – sag mir nur alles – Ich bin ja ganz wach! – So wach bin ich! Mir is ja grad, als deet ich alles höre – noch eh, daß es gesproche wird –!

KATHARINA Da rück ich die Kist her – *Holt langsam eine Kiste.*

KNIE Was die Grille so laut sin, heut nacht – un wie die geige – hörste? Eine is immer zu früh – wie die Kinner in der Kirch, wenn se falsch singe – – *Er lacht leise* Hörste? Die is immer zu früh! *Zu Katharina, die noch zögernd steht* Komm, setz dich, Mädche – *Ganz leise und langsam* Das is gut, daß du hier bist – Jetz sag mir's nur.

KATHARINA Ein Augenblick – ich will noch – *Spricht nicht zu Ende, geht zu den Wagen hin, löscht im Halbkreis die Lichter aus, bis auf eines, das in der Ecke flackert.*

KNIE *während sein Gesicht schon ganz im Schatten liegt – ohne sich zu bewegen* Es wird ja so hell –! *Wiederholt leiser, mit etwas fremder Stimme, aber ganz klar* Es wird ja so hell –

KATHARINA *ist langsam wieder zu seinem Lager gekommen, setzt sich nun, ohne ihn anzusehen* Hör zu, Vatter – ich sag dir jetzt alles – grad wie's is – un tu nix bei – un laß nix weg – Vatter, du weißt es ja schon! Sonst hättst du mich längst gefragt – du weißt's schon, im Innern – un wenn du mich ansiehst, Vatter, dann mußt du auch wisse, warum – Ich bleib nit hier, Vatter – ich geh wieder fort – heut noch – oder morge – un das is nit wegen dem Mann allein. Ich hab ihn schon gekannt, eh daß ich hinkomme bin – er hat von mir nix gewußt, aber ich hatt schon zwei Jahr lang an ihn gedacht. Un deshalb is das auch mit dem Hafer passiert – nit nur wegem Eselche. Un dann is das so gekomme. Un jetz will ich auch bei ihm bleibe. Ich möcht ganz bei ihm bleibe, un nie mehr zum Wage zurück. Ich möcht auch e Kind, damit er's lebendig sieht, wie gern ich ihn hab – un weil ich mir's wünsch. – Aber damals, wie ich fort bin – da hab ich all das schon heimlich in mir gehabt – das mußt du wisse, Vatter, un schon viel früher, da hab ich's gespürt, un hab's geträumt un gesponne – un das hätt ich vorm Tod nit eingestande, und auch dir nit, Vatter – aber jetz sag ich dir alles. – Ich hab doch nie recht gewußt, wo ich hingehör – mich hat's immer gerisse!! Un manchmal denk ich, es reißt mich grad mitte durch. – Vielleicht wird's dann gut – wenn ich ganz dort hingehör – zum feste Land, un zum Mann, un zum Kind – ich hab ja kei Mutter gehabt. Nur dich, Vatter – *Sie verstummt plötzlich, neigt schief den Kopf zu ihm, verharrt schweigend – als spüre sie einen großen, stummen, rieselnden Schreck, eine ungeheure, unirdische Stille. – Lautlos, mit einer Bewegung der heimlichsten, tiefsten Scheu, faßt sie seine Hand, hebt sie ein wenig hoch. – Die Hand fällt herunter, das Licht trifft sie, sie ist wächsern. Katharina wiederholt – ohne Schrei oder Träne, ja ohne Veränderung der Stimme – mit unbewegtem, gleichsam im Lauschen, im fremdesten Staunen erstarrten Gesicht* Nur dich, Vatter. *Dann fährt sie ihm leicht über die Augen, bleibt still über ihn gebeugt. Die Stille schwingt minutenlang aus.*

VIERTER AKT

Trüber Vormittag. Kaltes Licht. Im Vordergrund noch alles unverändert. Die Zeltbahn ist abgerissen. Man sieht hinten den Platz mit den abgebauten, zum Teil schon verpackten Geräten. Vereinzelt liegen Pakete, Rucksäcke, Gepäckstücke bereit. Die Wagen sind auseinandergeschoben, so daß die Deichseln schon außerhalb des Bühnenrahmens stehen: aufbruchbereit.

BERBERITZCHE *streicht umher, neugierig, beutelüstern, bald in einen Wagen spähend, bald etwas anfassend, umdrehend, aufhebend – er läßt kleine Gegenstände wie Drahtstücke, Zigarrenstummel, Bindfäden, Schrauben in seinem Hosensack verschwinden und beknappert alles, was ihm eßbar erscheint. Dazu pfeift er zwischen den Zähnen und spuckt öfters aus.*

DIE ARTISTEN *erscheinen im Hintergrund – alle außer Bibbo –, vorzeitig vom Begräbnis zurückkommend. Sie stecken in schwarzen Anzügen, die ihnen der Gerichtsvollzieher Membel aus dem Pfandhaus geliehen hat. Einige haben nur einen schwarzen Rock, Hut oder Mantel ihrer sonstigen Kleidung zugefügt. Die Trauerbrocken schlottern ihnen am Leib oder zwängen ihre Schultern ein. Sie kommen eilig und aufgeregt, machen einen hilflosen, verstörten, etwas lächerlichen Eindruck.*

BERBERITZCHE *bemerkt sie, rennt weg.*

IGNAZ *schmeißt einen Drahtkranz, den er noch in der Hand hielt, hinter ihm her* Dreckbankert!!

LORENZ Da! Das schöne Geld! Jetz is er verboge.

IGNAZ Das is mir wurscht. Die zwei Mark fuffzig mache de Supp nit fett! Ich hätt en doch nit mehr hingetrage! Die brauche unser Kranz nit, auf ihrm lumpige Kirchhof!

MEMBEL *nachkommend* Aber, meine Herrn, beruhige Sie sich doch! Sie hätte das nit tun dürfe! Das kost schon wieder e Strafanzeige.

IGNAZ Wieso denn! Wenn der uns de Balancierstang ins Grab hätt lege lasse, wie sich's gehört, da hätte mir nit gemuckst, un hätten auch unsern Kranz nit wieder fortgenomme!

MEMBEL Das is bei uns nit landesüblich, Herr Scheel, daß ma de Leut ihr Balancierstange mit ins Grab legt. Der Pfarrer hat gesagt, es wär ein grober Unfug auf geweihter Erde, da kann ma nix mache.

IGNAZ Das geht uns nix an! Es stirbt nit alle Tage en Seiltänzer, das is was Besonderes, davon versteht er halt nix! Wenn mir de Stang schräg gelegt hätte, wär se glatt heringange!!

JULIUS *ist unterdessen als letzter in langsamem, gemessenem Schritt und in tiefem*

Schweigen nach vorn gekommen – er hat einen Zylinder auf dem Kopf, trägt schwarze Handschuhe. Auf den Armen hält er, fast wie einen Reliquienschrein die große Balancierstange des alten Knie, den Balancierschirm hat er unter die Achsel geklemmt. Er bleibt wie in sich versunken stehen und starrt geradeaus.

FRITZ Un was der zusamme salbatert hat, bei der Leichenredd, das konnt ma wirklich nit mehr mit anhöre! So en ausgequetschte Kappes, das kann er die annere Leut weismache, aber nit uns! Von wegen selig lebe und heilig sterbe! Mir wisse Bescheid! Der soll emal en Looping the Loop mache, wenn em de Mage knurrt. Da vergehn em de Sprüch.

MEMBEL Deshalb hätte Sie doch nit so laut zu schimpfe brauche. Das war ja furchtbar peinlich. Da trage Sie alles am Leib, was im Pfandhaus an schwarze Sach aufzutreibe war un mache so en Skandal! Wenn ich das gedacht hätt, wär ich gar nit mitgange.

IGNAZ Da hätte mir en Leidtragende weniger gehabt, sonst nix.

LORENZ Warum war denn der Rothacker nit dabei?

IGNAZ Was weiß denn ich, dem sin mir zu dreckig. Habt ihr die Alt gesehn? Sei Mutter?

FRITZ Freilich.

IGNAZ Ich möcht nix mit ihr zu tun hawwe. Der ihr Kinn is mit de Spitzhack ausgehaue.

FRITZ Das war aber recht von ihr, daß sie mitgange is.

IGNAZ Die wollt nur emal gucke. So alte Bauernweiber sin neugierig wie die junge Dackel.

JULIUS *wie plötzlich erwachend* Amen.

IGNAZ Wie?

ALLE *sehen zu Julius hin.*

JULIUS Schluß un Amen. Jetzt liegt de Vatter im Grab – un mir sin all hier beisamme – un da is sei Stang – und hier is sein Schirm – und dort is sein Wage – – *Er zögert einen Augenblick, dann geht er, der Eingebung folgend, rasch zum Wagen des Vaters, holt das Namenschild auf ›Halbmast‹ herunter, lehnt die Stange dagegen, steckt den Schirm darauf, macht sich den schwarzen Flor vom Ärmel und hängt ihn darüber* So. Jetz kommt emal her un hört emal all zu. Was der Pfarrer gesagt hat, das war en dünne Wind, der is zum eine Ohr reingange un zum andern wieder raus un hat noch nit emal gepfiffe. Woher soll er's denn auch wisse – wenn er sei Lebtag im Pfarrhaus hockt un Daume lutscht – da kann er vielleicht die Heilig Schrift von vorwärts un von rückwärts auswendig bawwele, un deshalb weiß er noch lang nit, wo Gott wohnt, geschweige denn, was hinne un was vorne is, oder am Ende gar von der Kunscht un vom

Wage un von de fahrende Leut, da geht ihm einfach jedweder Ahnimus ab, un das kann ma auch von niemand nit verlange, der wo's nit in sich hat wie sei Flachse oder sei Wirbelsäul. Aber unsereins – auch wenn ma nix Besonderes worde is im Handwerk, als wie ein alter Wurschtel mit scheppe Füß, un wenn ma sich nit grad sei fuffzig Jahr durchs Lebe un durchs Programm durchgewurschtelt hat, so hat ma doch die Ohren gespitzt un die Augäpfel verdreht un allerlei aufgeschnappt un eingesehe, was die annern Leut nit wisse un nit zu wisse brauche – so wenig wie de Storch weiß, warum de Frösch lebe, oder de Frosch vom Mücketanz versteht. Denn der frißt se einfach auf un denkt sich nix dabei. Un so geht's auch mit uns – nur daß mir wenig Mücke sin, un de ganze Welt voll Frösch. Ihr Kinner – wie ihr da steht un guckt –, so hab ich euch meistenteils auf die Welt komme sehe, un viel anders seid ihr nit geworde, seit ihr gezahnt habt un gekrische, un seit euch der Dumme August als still geschuckelt hat, un ihr habt en an die große Nase gepatscht un habt en manchmal über de Ärmel genäßt. Un so is es auf der Welt, daß ma bleibt, was ma is – un was eim schon bestellt is, eh daß der Vatter auf die Mutter kommt – un seht ihr, da könnt ihr laufe, so weit ihr wollt, da bleibt ihr doch immer hänge an der große heimliche Nawwelschnur, die kann kei Hebamm nit abzwicke un kein Doktor nit wegschneide. Die gängelt euch durchs Lebe, solang ihr hüppt un springt – un wenn mir emal verfalle, dann schnurrt se uns zurück, viel weiter als mir glaube, an alle Großvätter und Großmütter vorbei, un grad bis zu Adam un Eva – un dort fängt's von vorne an. Un so mir wisse, daß der Vatter jetz unterwegs is auf der schöne Reis, da laßt uns emal bedenke, wodran der überall vorbeikommt, un was er zu sehn kriegt in einer Tour wie durch en kleines, blankes Wagefensterchen. Un da sieht er de Franz Adam Knie, der war noch e Himmelreichsmann – der erste von dem mir wisse –, un dann sieht er de Otto Knie, der hat in Thüringen vorm Napoleon seilgetänzelt, un da hat ihn der vom Kriegsdienst freigelasse un hat ihm all sei Pferd wieder geschenkt, die schon militärisch requiriert worde ware! Un dann sieht er die Nina Knie, die so berühmt war wie die Mademoiselle Adeline un so schön wie die Célo Mérode, aber schon mit fünfundzwanzig Jahr de Geist hat aufgewwe müsse, infolge eines rostige Nagels in ihrer dünne Haut. Ja, damals hat ma noch gesproche von uns weit un breit im ganze Land, un wenn einer en große Sprung gemacht hat oder en neue Schwung oder en verzwickte, kitzliche Übergang, das war halt noch e Sach, die hat zum öffentliche Lebe gehört wie Kaiser, Fürscht un Bettelmann, un da war es auch e Lust zu lebe, weil ma gewußt hat, daß ma jemand is in der Welt un nit nebeher läuft, wie so en fortgejagte struppige Köter, dem schon en Fußtritt viel Ehr antut. Un was der Vatter war, der wo jetzt nit mehr is, und all sei ganzes Lebe mit all seine viele Fahrte kreuz un quer, da hat er manchen Kinnstoß einstecke müsse un manche Nas voll Blut erunner schlucke un manchen Genickschlag überdauern, denn ihn hat's schon in die böse Zeit hineingebore, wo uns immer höher zum Krage naufgestiege is, daß ma kaum noch de Kopp drüwwer halte konnt, un wo jetz überläuft un sammeschlägt und nit mehr zu wehre geht. Laßt's euch sage unner sellem Schild, wodrauf noch dem Vatter sein guter Name steht, das wird jetz bald ganz herunner falle und nit mehr Sinn un Wert behalte wie so e Stück vermorschte Bretterzaun. Denn seht ihr, was nutzt die schönste Trommel, wenn se keiner schlägt, un was is de beste Seiltänzer, wenn ihm keiner zuguckt? Das is wie e Rad ohne Achs, un wie e Brill ohne Auge, un wie e Blatt am kranke Baum, das fällt vom Stengel, un verfault in Dreck. Da wird vielleicht mancher sage: Macht mehr Reklam un lernt neue Stückcher un geht mit der Zeit wie alle annern! Aber derjenige versteht halt nix von der Sach, über die er spricht un weiß nix von Wasser un Mühl. Du kannst mit der Zeit gehn, un du, un du, und jeder einer von uns kann durchkomme un weitermache un braucht sich nit aufzuhänge. Aber mir all zusamme, un unser alte rechte Sach, das hat jetz ausgespielt un hat kei Luft un kei Quell un kei Wurzel mehr, un da gibt's nix, wie einpacke un's Maul halte un denke, daß alles wiederkommt auf dere Welt, un daß der ewige Jud nit aufhört, um die Erd zu laufe, un daß en tote Hund nit mehr is wie en tote Maulwurf. Der Vatter, der is noch grad mitte durchgange un hat nit rechts noch links geguckt, der is noch mitm Strom geschwomme, aber de Strom nit mit ihm, un hat'n grad noch getrage un uns all auf seim breite Buckel, bis zum heutige Tag. Wenn dem einer gesagt hat, es wär e größer Wunder, daß ma ohne Draht spreche un singe kann, als daß ma aufm Draht hüppe un tänzle kann – da hat er nur gelacht un hat'n Salto geschlage. Uns aber allesamt, uns stickt das Lache in der Kehl, un deshalb sin mir geliefert! Was mir heut ins Grab gelegt hawwe ohne Stang und Schirm, das war nicht der alte Knie, das war die ganze große Seiltänzerei –! Mit uns is aus – un jetz gehn mir saufe! Komm, Herzblättche, avanti! *Er springt von der Kiste herunter, auf die er im Furor der Rede gestiegen war, faßt Membel unterm Arm, marschiert mit ihm los, singend*

»Wer weiß, ob wir – uns wie-dersehn,
Am grü-nen Strand – der Spree –«

Die andern folgen.

Die Bühne bleibt einen Augenblick leer, man hört die Stimmen der Artisten verklingen. Dann erscheinen im Hintergrund zwischen den Wagen langsam nach vorn kommend, Katharina, Bibbo und die Mutter Rothackerin – Katharina ist gekleidet wie im vorigen Akt, nur mit einem schwarzen Schal um die Schultern, Bibbo in ein altmodisches dunkles Kleid gezwängt, mit schwarzem Kapotthut. Rothackerin wie eine alte Bäuerin, die sonntags zur Kirche geht. Gesicht und Hände von Arbeit und Alter verharscht. Blick und Stimme ruhig, fest, klar.

ALLE DREI *bleiben stehen, in einigem Abstand voneinander, Katharina – mit stillem, offenem Gesicht und einem Ausdruck, als sei sie allein da – in der Mitte.*

BIBBO So. Da wärn mir wieder. Hawwe Sie unser Wage schon gesehn?

ROTHACKERIN Nein.

BIBBO Ware Sie nie hier, wenn mir aufgebaut hatte?

ROTHACKERIN Nein.

BIBBO Da hawwe Sie auch de Vatter nie auftrete sehn?

ROTHACKERIN Nein.

BIBBO Schad. Da hawwe Se was versäumt. – No, jetz is zu spät.

ROTHACKERIN Ja. Jetz is er dahin.

BIBBO Un so plötzlich. Wer hätt denn das gedacht?

ROTHACKERIN Er war ja alt genug.

BIBBO Freilich. Bald so alt wie Sie.

ROTHACKERIN Ich geh ins achtzigste, dies Jahr.

BIBBO Mancher wird hundert.

ROTHACKERIN Wie's trifft.

KATHARINA Bibbo – geh jetzt weiter.

BIBBO Ja, ich muß doch ins Pfandhaus. Bin froh, wenn ich den Fetze runner hab. Hörste? Es kracht schon. Der Kapott is auch nit mein. *Zur Rothakkerin* Man war ja nit vorbereit, mir hawwe uns alles nur ausgeliehe. *Zögert einen Augenblick – dann fast leise zu Katharina* Sehn mir uns noch?

KATHARINA Nein.

BIBBO Ach so. No ja. Adieu, Mädche.

KATHARINA Geh nur. – Ich laß schon von mir höre. – *Steht wie versunken.*

BIBBO *sieht sie an, zuckt die Achseln, geht.*

ROTHACKERIN – Jetz nehm dei Sach. Mir gehn gleich. Er wartet owwe.

KATHARINA Ja – es hat lang gedauert – *Zögernd* Warum is er nit mitkomme?

ROTHACKERIN Er wollt lieber warte, daheim.

KATHARINA Warum denn?

ROTHACKERIN *sieht sie an* Er hat gedacht, er gehört nit hin.

KATHARINA Ja. Da werd ich die Sach hole.

ROTHACKERIN Is es viel?

KATHARINA Nit mehr, als in e Sacktuch geht. Er hat ja nix hinterlasse.

ROTHACKERIN Dann eil dich. *Bleibt stehen, unbewegt.*

KATHARINA *geht langsam zum Wagen, steht mit abgewandtem Gesicht.*

ROTHACKERIN, *ohne sich nach ihr umzusehen, klopft mit dem Stock auf den Boden.*

KATHARINA *öffnet langsam, lautlos die Wagentür, behält die Klinke in der Hand.*

ROTHACKERIN *klopft wieder mit dem Stock, härter.*

KATHARINA *schließt die Tür, wendet sich um, mit brennenden Augen* Nein!! Ich kann's nit. Ich tu's nit!! Ich bleib –!

ROTHACKERIN *unbewegt*

KATHARINA Ich bleib!! Ich muß doch bleibe! Guck dich doch um, wie alles steht und liegt. –Was soll denn hier werde – wo der Vatter fehlt –?

ROTHACKERIN Komm her!

KATHARINA *zu ihr hin, fast wie in Angst, dann immer stärker, freier* Mutter – du kannst mich jetzt schlage – un ich reg mich nit. – Ich weiß jetzt, was ich muß – un da gibt's nix drüwwer! Mir sin ja nit allein auf der Welt – un es hat sich ja keiner ausgesucht. – Aber ma darf nit weglaufe. Sich selbst nit – un seiner Sach nit. – Ich bleib, wo der Vatter war – un mach's zu End.

ROTHACKERIN *sieht sie an.*

KATHARINA *leise, schwer* Ich weiß, daß es schlimm is – un weiß auch, was ich ihm tu – *Den Kopf tief gesenkt, wie in Scham* Ich tu's mir ja selbst.

ROTHACKERIN *hebt langsam die Hand zu Katharinas Kopf, zieht ihn an sich küßt sie aufs Haar.*

KATHARINA *wie im Schreck, zu ihr aufsehend* Mutter – was is denn?

ROTHACKERIN Nix is. Gut is. *Läßt sie los, faßt hart ihre Hand* Jetz pack's. Un halt's auch aus, allein. Ma kann's – wenn ma muß. Ich hab auch gemußt – un gekonnt – mei Lebe lang. Un möcht nix anners, wenn alles wieder käm – *Streicht ihr kurz über die Hand* Ich geh jetz un sag's ihm. *Wendet sich.*

KATHARINA *hinter ihr* Un sag's ihm – daß es nit sein kann – auch wegen'm Kind – – un sag's ihm so – daß er's richtig weiß –

ROTHACKERIN Ich sag's ihm, un er wird's höre. Er is ja mein Sohn. *Dreht sich zu ihr um* Bleib gesund!

KATHARINA Dank! *Sieht sie an, lächelnd* Ich hätt ja doch immer in die Wurzel gehackt, aufm Weinberg!

ROTHACKERIN *leise lachend* Ich hätt's dir beigebracht – un wenn du fünf Jahr hättst lerne müsse! *Geht langsam.*

KATHARINA *läuft ihr plötzlich noch einmal nach – dicht zu ihr – streift den Ring von ihrem Finger* Da – das hätt ich beinah vergesse! *Reicht ihn ihr hin.*

ROTHACKERIN *wehrt ab mit einer ruhigen Bewegung* Der wird bei uns nit mehr gebraucht. *Sie geht.*

KATHARINA *allein, mit stillem Gesicht, fast unbewegt. Steckt den Ring in eine Seitentasche, dann sieht sie sich um. Ihr Blick fällt auf die Weinflasche und das Glas, aus dem noch der Vater getrunken hat und das noch unverändert auf einer Kiste steht, und auf das Streckbett, die Decke, die Scherben am Boden. In alltäglicher Art und ohne Hast oder Schwere beginnt sie aufzuräumen, Ordnung zu machen.*

DIE ARTISTEN *kommen zurück, man hört erregte Stimmen, und Julius singt leise, angesäuselt, vor sich hin.*

KATHARINA *läuft rasch, noch ehe sie da sind, in den Wagen des Vaters – schließt die Tür hinter sich.*

ALLE *haben wieder ihre gewöhnliche Arbeitskleidung an.*

POLIZEIKOMMISSAR DILLINGER *folgt ihnen auf dem Fuß* Zahlen, meine Herren, zahlen, meine Herren, zahlen, meine Herren!! Jetz is aus mit der Drückebergerei!! Der alte Fuchs, der hat ja siwwe Röhre am Bau gehabt, den konnt ma nie nit ausgrabe. Aber euch hat's gedappt, da macht euch nur kei Spunze vor.

FRITZ Mir hawwe doch nix, begreife Sie denn das nit? Kei Mark un kei Pfennig! Mir hawwe doch schon fürs Begräbnis grad de letzte Bodden aus der Kass gekratzt!

DILLINGER Das is ja Ihre Sach, aber hier, das is meine! *Hält ein Papier hoch* Steuerhinterziehung, Stempelkoschte, Aufwertung vom vorige Jahr un im Nichteintreibungsfalle Haft bis zu vierzehn Tag.

IGNAZ Das geht doch gar nit, mir müsse doch weiter! Wenn mir jetz nit spiele könne, sin mir fertig!!

DILLINGER Das hat mit der Wurscht nix zu tun. Bezahle Se, sonst muß ich mei Pflicht erfülle.

JULIUS *tänzelnd, völlig unberührt von allem, dicht zu Dillinger hin, singt ihm ins Ohr*

»Un das allerschönste Tierche,
Is un bleibt die Krott
Weil sie kei Gebimselbamsel,
Hinne hänge hott!«

DILLINGER Lasse Sie das. Das kann Ihne bei mir nix nütze, sell is Simulation, das kenne mir schon.

LORENZ Das Katherinche is schon fort. Die hätt uns heraushaue könne.

FRITZ Dich vielleicht, mich nit. Kein Pfennig hätt ich genomme.

LORENZ Sie hätt uns wenigstens Adieu sage könne. *Läßt sich auf einen Pakken fallen.*

BERBERITZCHE *kommt gelaufen* Die Pferd wärn da.

LORENZ *fährt wieder hoch* Was? Schon?

IGNAZ Wo komme denn die jetz her, vom Teufel denk ich.

BERBERITZCHE Das könnt stimme, de Vatter hat se noch selber bestellt.

LORENZ Halts Maul!

FRITZ Wo solle mir denn hin?

IGNAZ Ganz wurscht, nix wie fort, das is die Hauptsach!

FRITZ Ja, un dann hängste am nächste Straßekreuz, du Olwel!

IGNAZ *brüllt ihn an* Weißt du denn, wo mir hinsolle?!!

DILLINGER Ins Kittsche, meine Herrn, ins Kittche, meine Herrn.

JULIUS *singt und summt ununterbrochen weiter.*

BIBBO *plötzlich in wilder Verzweiflung auf Dillinger zuschreiend* Los! Vorwärts! Ins Armenhaus! Oder ins Zuchthaus! Oder auf der Gaß krepiere! En Strick um de Hals, un an de nächste Baum! Aber ich nehm ein mit! Ich nehm ein mit!!

DILLINGER Zurück! Hilfe!!

MARIO *stellt sich dazwischen, hebt die Arme.*

BIBBO Herrgott – Bub – *Sie läßt die gekrallten Fäuste sinken – bricht schluchzend an einem Wagenrad zusammen.*

ALLE *stehen ratlos, auch Julius ist verstummt, Dillinger hat sich ein Stück zurückgezogen, kommt nun wieder vor.*

KATHARINA *aus dem geschlossenen Wagen rufend* Anspannen!!

ALLE *fahren zusammen, schreien auf.*

JULIUS *mit leiser Stimme, ganz blaß* De Vatter –

KATHARINA *stößt ein Wagenfenster auf, erscheint im Rahmen. Sie hat ihren alten Seiltänzerkittel angelegt, eine Karte und den Stock des alten Knie in der Hand* Los! Anspannen!! Richtung Schelzinger Bahnhof, an die Laderamp! Da is die Kart mit unserer Marschroute, und mit de nächste Spiel- un Ortsverträg, Mir mache nach Dürkheim, da is e Volksfest. *Sie kommt aus der Tür des Wagens, ohne sich um die andern zu kümmern, die sie, noch völlig ohne Begreifen, anstarren – tritt zu Dillinger* Un was unser Schulde anlangt – das löst uns, fürs erste. De Rest zahle mir nächst Jahr. *Sie nimmt den breiten Goldring aus der Tasche, legt ihn ihm auf die Hand* Ja! Nehme Sie's ruhig. Das is schon richtig!

LORENZ *fast stammelnd* Es geht weiter – es geht weiter – das Katherinche führt –

FRITZ Is es wirklich wahr, Mädche – is es denn wirklich –

JULIUS *noch immer ganz benommen* De Vatter – de Vatter –

BIBBO *hat sich hochgerappelt, starrt Katharina offenen Mundes an, beginnt plötzlich in ein rauhes wildes juchzendes Gelächter auszubrechen.*

IGNAZ *losschreiend* Hurra! Hurra die Gäul!! Katharina Knie soll lebe – hoch! Hoch!! Stemmt sie doch auf die Schultern, kommt anpacke!

KATHARINA *knapp, fest* Laß die Posse, Ignaz! Guck lieber nach, ob die Bremse locker sin. Sin alle Wage geschmiert? Dann los!! An die Pferde Avanti! Avanti!

JULIUS Los, Kinner, los!! *Stürzt davon, die andern folgen.*

BIBBO *zu Katharina hin, wie besoffen vor Glück* Es geht weiter! Es geht weiter!!

KATHARINA Solang mir lebe! *Sie geht zum Wagen des Vaters, während schon die Hufe der Pferde trappen und scharren, Ketten klirren, Räder kreischen – setzt sich auf die Schwelle der offenen Wagentür, winkt Mario heran* Spiel –!

MARIO *springt neben ihr auf, kauert sich zu ihren Füßen, setzt die Harmonika an, spielt.*

Die Wagen rollen von der Bühne

DILLINGER *steht unbeweglich, mit offenen Mund, den Ring noch immer auf der flachen Hand haltend, starrt ihnen nach.*

DER HAUPTMANN VON KÖPENICK

Ein deutsches Märchen in drei Akten

»Nein«, sagte der Zwerg, »laßt uns vom Menschen reden! Etwas lebendiges ist mir lieber als alle Schätze der Welt!«

BRÜDER GRIMM, RUMPELSTILZCHEN

HAUPTGESTALTEN

Wilhelm Voigt
Friedrich Hoprecht
Frau Marie Hoprecht
Bürgermeister Obermüller
Frau Mathilde Obermüller
Adolf Wormser, Uniformschneider
Zuschneider Wabschke
Hauptmann von Schlettow
Zeitgenossen aller Art

Ort: Berlin und Umgebung
Zeit: Vor dem Ersten Weltkrieg
Der erste Akt spielt um die Jahrhundertwende, der zweite und dritte zehn Jahre später.
Die tatsächlichen Begebenheiten bilden nur den Anlaß zu diesem Stück. Stoff und Gestalten sind völlig frei behandelt.

SZENENFOLGE

ERSTER AKT

1. Szene: Uniformladen in Potsdam
2. Szene: Polizeibüro in Potsdam
3. Szene: Café National in der Friedrichstraße
4. Szene: Personalbüro der Engrosschuhfabrik ›Axolotl‹
5. Szene: Möbliertes Zimmer in Potsdam
6. Szene: Herberge zur Heimat im Berliner Norden
7. Szene: Uniformladen in Potsdam

ZWEITER AKT

8. Szene: Zuchthauskapelle in Sonnenburg
9. Szene: Bürgerliche Wohnstube in Rixdorf
10. Szene: Schlafzimmer des Bürgermeisters Obermüller in Köpenick
11. Szene: Gang vor dem Polizeibüro in Rixdorf
12. Szene: Stube mit Bett
13. Szene: Festsouper bei Dressel
14. Szene: Bürgerliche Wohnstube in Rixdorf

DRITTER AKT

15. Szene: Kleiderladen in der Kanonierstraße
16. Szene: Allee im Park von Sanssouci
17. Szene: Halle und Gang mit Abort im Schlesischen Bahnhof
18. Szene: Vorhalle mit Treppen im Rathaus zu Köpenick
19. Szene: Amtszimmer des Bürgermeisters Obermüller in Köpenick
20. Szene: Aschingers Bierquelle in der Neuen Friedrichstraße
21. Szene: Im Polizeipräsidium Alexanderplatz

ERSTER AKT

ERSTE SZENE

Personen: Adolf Wormser, sein Sohn Willy, Zuschneider Wabschke, Hauptmann von Schlettow, Wilhelm Voigt

Bei geschlossenem Vorhang erschallt, von einer marschierenden Militärkapelle gespielt, der Armeemarsch Nr. 9 – mächtig anschwellend, dann allmählich mit dem Taktschritt der abziehenden Truppe verklingend. Ferne Militärmusik begleitet die ganze Szene. Inzwischen hat sich der Vorhang gehoben: die Bühne zeigt das Innere von A. Wormsers Uniformladen in Potsdam. Im Vordergrund der Ladentisch und der Raum für die Bedienung der Kunden. Im Hintergrund die großen gläsernen Schaufenster, durch die man die Straße und gerade noch die Queue der unter Musik vorbeiziehenden Gardekompanie erblickt. Die Schaufenster sind mit einzelnen Uniformstücken, auch Helmen, Mützen, Säbeln, Lackreitstiefeln dekoriert. Komplette Offiziersuniformen stehen auf Holzpuppen ohne Kopf. In der Mitte hinten eine Doppelglastür mit Klingel. Die Glasscheiben tragen in verkehrt zu sehenden Goldbuchstaben die Aufschrift der Firma: »A. WORMSER, KGL. PREUSS. HOFLIEFERANT«. *Auf dem Ladentisch Stoffballen, Uniformknöpfe, Epauletten, Handschuhe, Feldbinden und dergleichen. An der Wand ein Bildnis der kaiserlichen Familie und die Photos höherer Offiziere mit Unterschrift. Auch ein gerahmtes Ehrendiplom und eine Aufnahme des Herrn Wormser in studentischer Couleur. Eine Seitentür führt zu Wormsers Privatkontor. Zuschneider Wabschke – klein, bucklig – steht auf einem Schemel und hilft dem Hauptmann von Schlettow in seinen neuen Uniformrock.*

V. SCHLETTOW Nee, nee, Wabschke, mit der Uniform da stimmt was nicht. Da is was nich in Ordnung. Das hab ich im Gefühl.

WABSCHKE Herr Hauptmann – mit det Jefühl, det is so ne Sache. Wenn ick mal in en Paar neie Buxen steige – selbst zujeschnitten, akkurat jenau uff jeden Hosenknopp – da hab ick ooch immer son komisches Jefiehl. Un denn komm ick hinter: det is gar keen Jefühl – det is nur de Neuheit.

V. SCHLETTOW Nee, nee, Wabschke, machense mir nichts vor. Sehnsemal, ich kann mir als Hauptmann nich jeden Tach ne neue Uniform leisten. Gardeleben kost ja sowieso 'n tollen Stiefel. Aber – wenn ich mir eine leiste, denn muß nu alles tadellos in Ordnung sein, darin bin ich komisch, was? *Er lacht.*

WABSCHKE *zieht ihm die Rockschöße herunter* Det sitzt nu alles wie de eigne Haut.

V. SCHLETTOW Sagen Sie! – *Besieht sich von allen Seiten im Spiegel* – Na ja, von vorne is ja nischt zu wollen. Aber hinten! Hinten! Sehnse sich mal die Gesäßknöppe an! Die sitzen bestimmt nich vorschriftsmäßig!

WABSCHKE Aber, Herr Hauptmann: ick sage Ihnen, wie anjewachsen! Man kennte meinen, Sie wären mit Jesäßkneppen uff de Welt jekommen!

V. SCHLETTOW Sechsenhalb Zentimeter Abstand! Sechsenhalb Zentimeter is Vorschrift! Das da sin mindestens achte, widersprechense nicht, das hab ich im Gefühl!

WABSCHKE Na, Herr Hauptmann, so jenau wird's Ihnen keener nachmessen.

V. SCHLETTOW Das hab ich im Gefühl, da is nischt dran zu klimpern. Die Gesäßknöppe werden geändert, Wabschke.

WABSCHKE Da mißten wa nu de janze Schoßfalte ufftrennen, un denn stimmt det wieder in de Tallje nich.

V. SCHLETTOW Sehnse, Wabschke, bei Ihnen merkt man auf Schritt und Tritt, daß Se nich gedient haben. Wennse beim Kommiß so viel widersprechen, denn kommense ausm Kasten gar nich raus.

WABSCHKE Deshalb hab ick mir ooch lieber 'n Puckel jezüchtet. Finger lang, und Luftklappe jeschlossen – det wär keen Sport vor meines Vaters Kleensten.

V. SCHLETTOW Das fehlt Ihnen, Wabschke, das fehlt Ihnen! Als Schneider sinse vielleicht tipptopp, aber als Mensch, da fehlt Ihnen der Schliff, der Schnick, der Benimm, die ganze bessere Haltung!

WABSCHKE Na, Herr Hauptmann, ick kann ja ooch de Knochen zusammenreißen un det Kinn uff de Krawatte dricken! *Er markiert stramme Haltung.*

V. SCHLETTOW *halb lachend, halb empört* Hörnse auf, Wabschke, hörnse auf, das kann ich gar nich sehn!!

WORMSER *kommt rasch herein. – Er ist rundlich, rosig, graublond, mit nur geringen jüdischen Rassemerkmalen* Was is denn nu wieder los. – Wabschke, lassense die Possen! Guten Tach, Herr von Schlettow, ärgernse sich nicht über den Pojazz, er is nich normal, aber 'n besseren Zuschneider findense in ganz Deutschland nich. Wabschke, haltense 'n Rand, ich sage Ihnen immer wieder, bei der nächsten Schnoddrigkeit fliegense raus. Famos sehnse aus, Herr Hauptmann! *Schüttelt ihm die Hände* Das macht der

Dienst, das macht die frische Luft, das macht des Kaisers Garde, was? Na, nu zeigense mal her, lassense sich mal bewundern, wo sitzt der Schaden, wo liegt der Hund begraben, das wolln wa gleich haben – was?

v. SCHLETTOW Ich weiß nich, Herr Wormser, mit der Uniform is was nich richtig. Ich hab son komisches Gefühl im Genick, un die Gesäßknöppe sitzen auch nich vorschriftsmäßig.

WORMSER *ruft* Willy, brings Maßbuch. Ich werde die Sache untersuchen, Herr Hauptmann, Sie sollen sich persönlich überzeugen. Glänzend steht Ihnen der Rock! Willy, mach rasch! 'n wunderschöner Stoff, was? 'n Stöffchen!! Also das Stöffchen, das kriegen von mir nur die Herren von der Garde un die kaiserlichen Prinzen. Sehnsemal – *er fährt mit den Fingerknöcheln übers Tuch* – 'n Glanz wie son frisch gewichster Pferdepopo – was?

v. SCHLETTOW *lachend* Gottvoll, Wormser! Is ja enorm! Pferdepopo –! Einfälle haben Sie!

WILLY *erscheint mit dem Maßbuch. Er ist sechzehn Jahre alt, schmal, blaß, verpickelt und ungelenk. Die jüdischen Rassemerkmale sind bei ihm stärker ausgeprägt als beim Vater.*

WORMSER Zeig her, Willy, leg's hin, schlag's auf, träum nicht, mach e bißje. Sehnse hier, Herr von Schlettow – sehnse selbst: wie steht's da schwarz auf weiß? Schoßknöpfe Abstand sechseinhalb Zentimeter. Stimmt's oder hab ich recht? Was wollense mehr.

v. SCHLETTOW Steht schon da – sitzt aber nich. Messense nur mal nach! *Während der letzten Sätze, etwa gleichzeitig mit dem Auftreten Willys, ist im Hintergrund auf der Straße ein Mann erschienen – kurz stehengeblieben, weitergegangen. Nun kommt er langsam zurück, geht bis zur Ladentür, starrt in die Scheiben.*

WORMSER Wabschke, gebense 's Zentimetermaß. Willy, halt dich grad! Ich kann nicht sehen, wie de rumstehst. Wenn du so weitermachst, kommste nie zum Militär. Was will denn der Mann an der Glastür? Willy, schau mal nach. Na, nu läuft er wieder wech. *Er mißt nach* Sehnse, Herr Hauptmann, wenn man's genau nimmt, habense recht. Also von Ihnen möcht ich erschossen werden, Sie treffen 'n Flohstich mittenmang in de Mitte. Die Knöppe sitzen um 'n halben Zentimeter zu weit.

v. SCHLETTOW Das hab ich im Gefühl. Das hab ich ja gleich gesagt. Lachense nich, Wabschke, Sie denken, das is ne Kleinigkeit. Is auch ne Kleinigkeit. Aber an den Kleinigkeiten, daran erkennt man den Soldaten. Darauf is alles aufgebaut, da steckt 'n tieferer Sinn drin, verstehnse? Genau dieselbe Sache wie mit 'n Stechschritt. Leute glauben immer, is

Schikane. Is keene Schikane, steckt auch tieferer Sinn drin, das muß man nur kapieren, verstehnse?

WORMSER Meine Rede, Herr Hauptmann, meine Rede! Was sag ich immer? Der alte Fritz, der kategorische Imperativ, und unser Exerzierreglement, das macht uns keiner nach! Das und die Klassiker, damit hammer's geschafft in der Welt! Willy, nemm die Händ aus der Tasch un halt dich grad. Schau dir 'n Herrn Hauptmann an, das is e Figur. Woher hat er die Figur? Er hat sich gradgehalten. *Die Ladenglocke ertönt* Na, das is er ja wieder!

WILHELM VOIGT *schmächtige Gestalt, mager und etwas gebückt, leicht angedeutete O-Beine, hohles Gesicht mit starken Backenknochen, grauer Schnurrbart, fahle Hautfarbe. Er trägt einen alten, aber nicht zerlumpten dunklen Anzug, Hemd ohne Kragen, steifen Hut, grobe Stiefel, in der Hand ein verschnürtes Paket. Er hält den Türgriff fest und schaut wie erstaunt in den Laden.*

WORMSER Was wollense denn? Habense was abzugeben?

VOIGT – Nee. *Er schließt die Tür, geht weiter.*

V. SCHLETTOW Was will denn der, sieht ja aus wie ne Leiche auf Urlaub.

WORMSER Ich weiß nich – vielleicht will er sich ne Gardeuniform bestellen!

V. SCHLETTOW Tadellos, Wormser! Einfach zum Piepen!

WABSCHKE *zu Wormser* Det is neemlich so, det wa mißten de janze Schoßfalte ufftrennen, an der de Gesäßkneppe anjesetzt sind, und denn stimmt det wieder in de Tallje nich.

WORMSER Also, Herr Hauptmann, wegen der paar Millimeter werdense sich den schönen Stoff nich verschnipseln lassen. Vorschrift is Vorschrift – aber damit kann Ihnen ja nu wirklich nichts passieren.

V. SCHLETTOW So, kann mir nischt? *Jovial* Na, und wenn ich nu Untern Linden Majestät begegne, und Majestät zieht Zollstöckchen aus der Tasche und mißt mir Gesäßknöppe nach – na und was dann? *Lacht*

WORMSER Was dann? Ich wer Ihnen mal was sagen: dann fragt er natürlich, von wem hamse den Rock, sagen sie: von Adolf Wormser aus Potsdam. Was, wird er rufen, von meinem lieben Wormser!! Bei dem laß ich ja selbst arbeiten. Also dann sind de Knöppe richtig, und mein Zollstock is falsch!! Hier habense 'n Orden, da die geflochtenen Achselstücke, machense so weiter, Herr Major – *sprudelnd* – Sehnse, wennse beim Wormser arbeiten lassen, da sinse schon befördert!!

V. SCHLETTOW *wiehernd* Tadellos, Wormser! Is ja enorm! Also einfach gottvoll! Von meinem lieben Wormser! Gottvoll!! *Gelächter. Die Ladenklingel ertönt.*

WORMSER Da is ja der Mensch schon wieder –

VOIGT *steht in der Ladentür, betrachtet interessiert die im Schaufenster ausgestellten Lackstiefel.*

WORMSER *geht auf ihn zu* Was wollense denn?!

VOIGT *sieht ihn an.*

WORMSER Wollense was? Was habense denn hier zu suchen?!

VOIGT Ick wollte mir nur mal erkundigen –

WORMSER Raus!! Hier wird nich gebettelt!!

VOIGT *schließt rasch die Tür, trollt sich.*

WORMSER Das wäre gelacht. Am hellen Tag in mein Geschäft! Die Kerle sin heutzutage so frech, so frech wie die Schmeißfliegen.

V. SCHLETTOW Regense sich nich auf, Wormser, lassense lieber die Gesäßknöppe versetzen.

WORMSER Erledigt, Herr von Schlettow. Erledigt. Wenn Sie wünschen – wird gemacht. Willy, helf 'n Herrn Hauptmann in sein Rock. Am Montag habense die neue Uniform – mit vorschriftsmäßigen Gesäßknöppen. Sinse nu zufrieden?

V. SCHLETTOW Danke, Herr Wormser, vielen Dank, Herr Wormser! Wenn ich mir ne neue Montur bauen lasse, denn muß nu alles tadellos in Form sein, da hab ich meine Freude dran, verstehense?
Dunkel

ZWEITE SZENE

Personen: Oberwachtmeister, Wachtmeister, Wilhelm Voigt

Polizeibüro in Potsdam. Geschlossene Fenster, muffige Luft, viel Papier, Akten- und Kassenschrank. An der Wand Kaiserbild, Verordnungstafeln, Gendarmeriesäbel und Pickelhauben an Kleiderhaken.
Oberwachtmeister und Wachtmeister sitzen einander gegenüber an Schreibtischen. Wilhelm Voigt, Hut und Paket in der Hand, steht dicht beim Oberwachtmeister hinter einer niedrigen hölzernen Schranke. Der Oberwachtmeister schreibt mit kratzender Feder, der Wachtmeister klebt Marken auf Stempelpapier.
Aus der Ferne erklingt das Potsdamer Glockenspiel.

OBERWACHTMEISTER *zieht seine Taschenuhr, kontrolliert* Zwölfe. *Er löscht ab, klappt Aktendeckel zusammen.*

VOIGT Pardong, Herr Wachtmeester, ick wollte mir nur mal erkundigen –

OBERWACHTMEISTER Erstens ist von zwölf bis zwei geschlossen, das könnense draußen an der Türe lesen. Zweitens bin ich kein »Wachtmeester«, sondern Oberwachtmeister und Reviervorsteher, das erkennt man an den Knöpfen und am Portepee.

VOIGT Na, denn vazeihn se mal, Herr Kommissär, ick warte nu schon seit halber zwelfe –

OBERWACHTMEISTER Drittens tretense mal 'n halben Schritt zurück. In einem Amtsraum hat ein Unbefugter so viel Abstand zur diensttuenden Behörde zu wahren, daß er die Aufschrift auf den Aktendeckeln mit bloßem Auge nicht erkennen kann. Da kann ja jeder kommen und uns einfach über die Schulter kucken. Habense noch nie was vom Amtsgeheimnis gehört?

VOIGT Pardong, Herr Oberwachtmeester, ick hab ja 'n kurzes Ooge, zum Lesen da brauch ick ne Brille. Und mitn Amtsjeheimniss, da mecht ick mir jarnich inkrimmenieren, bei sowat seh'ck ieberhaupt lieber wech. Ick wollte mir nur mal heflichst erkundigt haben, wie det mit meine nachjesuchte Aufenthaltserlaubnis bestellt is, ick warte ja nu schon –

OBERWACHTMEISTER Sie heißen?

VOIGT Voigt, Wilhelm.

OBERWACHTMEISTER Schlickmann, mal rasch die Personalakten U–Z. Alter?

VOIGT Sechsundvierzig Jahre.

OBERWACHTMEISTER Beruf?

VOIGT Schuster.

OBERWACHTMEISTER Geboren in?

VOIGT Klein-Pinchow.

OBERWACHTMEISTER Wo is denn das?

VOIGT Da hintenrum, bei de Wuhlheide.

OBERWACHTMEISTER Wo wohnen Sie jetzt?

VOIGT Jarnirgends.

OBERWACHTMEISTER Wieso? Sie müssen doch einen Wohnort angeben können.

VOIGT Nee, kann ick nich.

OBERWACHTMEISTER Na, wo sindse denn gemeldet?

VOIGT Och jarnirgends. Ick stehe nämlich unter Polizeiaufsicht. Deshalb bin ick ja hier, weil ick mir hier anmelden mechte, und dafor brauch ick zunechst mal de Aufenthaltserlaubnis.

OBERWACHTMEISTER Wo warense denn zuletzt gemeldet?

VOIGT Wieder jarnirgends. Ick komme gradewegs aus de Strafanstalt Plötzensee.

OBERWACHTMEISTER *hat sich in den Akten zurechtgefunden* Aha! Vorbestraft. Sogar im Wiederholungsfall. Sie sind ja 'n ganz schwerer Junge.

VOIGT Ick weeß nich, Herr Kommissär, ick werde in letzter Zeit immer leichter. Besonders seit ick aus de Plötze raus bin, da ha'ck fast nur noch Luft in de Knochen.

OBERWACHTMEISTER Quasselnse nich. Sie haben wohl auch Luft im Kopp, was? Was wollense denn hier in Potsdam?

VOIGT Arbeeten will ick.

OBERWACHTMEISTER Das kann jeder sagen. Warum habense denn früher nicht gearbeitet? Fuffzehn Jahre Zuchthaus, wegen Posturkundenfälschung!

VOIGT Det is lange her, Herr Kommissär.

OBERWACHTMEISTER Desto schlimmer, desto schlimmer! Mit achtzehn Jahren! Wie habense das denn angestellt?

VOIGT Na da war'ck n junger Dachs, Herr Kommissär. Und es hat sich ja alles in allem nur um dreihundert Märker jehandelt.

OBERWACHTMEISTER Das ist gar keine Entschuldigung.

VOIGT Ick will mir auch jarnich entschuldigen, Herr Kommissär, det war nu mal so. Ick bin da mit'n jungen Meedchen gegangen, aus de Hotelkichenbrangsche. Da war'ck janz wech von. Ick konnte ihr nie wat spendieren, vastehnse, un de Spendierer, die hamse mir einfach abjespannt.

OBERWACHTMEISTER Und da sind Sie einfach hingegangen und haben einfach die Reichspost betrügerisch ausgeplündert.

VOIGT Ick dachte, det spürense da jarnich, bei son großen Betrieb. Aber denn habense mir jeschnappt und haben mir gleich fuffzehn Jahre injespunnen. Det is doch 'n bisken ville forn junges Blut.

OBERWACHTMEISTER Darüber steht Ihnen kein Urteil zu. Das Strafmaß entspricht immer ganz genau der Schwere des Delikts.

VOIGT Meintswegen. Et is ja nu lange vorbei.

OBERWACHTMEISTER So was ist nie vorbei, merkense sich das. Was in Ihren Personalakten steht, das ist Ihnen so festgewachsen wie die Nase im Gesicht. Wer einmal auf die schiefe Bahn gerät –

VOIGT Stimmt.

OBERWACHTMEISTER Wieso »stimmt«. Was stimmt?

VOIGT Das mit de schiefe Bahn. Da hamse janz recht. Det is, wie wennse ne Laus uff ne Glasscheibe setzen. Da kannse nu krabbeln und krabbeln un rutscht ejal immer wieder runter.

OBERWACHTMEISTER Das sind so Redensarten, die kennt man. *Liest in den Akten* Nach Verbüßung Ihrer Strafe sind Sie ins Ausland gegangen.

VOIGT Jawoll, nach Böhmen und denn nach Bukarest.

OBERWACHTMEISTER Was habense denn dort getrieben?

VOIGT Da ha'ck jearbeetet.

OBERWACHTMEISTER So. Bei wem denn?

VOIGT Bein Schuhfabrikanten namens Wonkrowitz. Det war 'n Jude.

OBERWACHTMEISTER Aha! *Macht sich eine Notiz* Und warum sindse dann zurückgekommen?

VOIGT Det kann man schwer sagen, Herr Kommissär. Ick hatte mir da neemlich recht scheen rinjesetzt.

OBERWACHTMEISTER Warum sindse dann nicht bei Ihrem Juden geblieben?

VOIGT Weil ick – ick habe mir eben so sehr zu Hause jesehnt. Det war dumm von mir. Bei dem Juden, da war'ck neemlich jut unter.

OBERWACHTMEISTER Habense denn in Deutschland noch Familie?

VOIGT Nee, det heißt, haben tu'ck schon noch, ne Schwester zum Beispiel, die is verheiratet. Da trau ick mir aber mit all meine Vorstrafen aufn Puckel jarnich rauf.

OBERWACHTMEISTER Dann möcht ich nun wirklich wissen, warum Sie wieder nach Deutschland zurückgekommen sind.

VOIGT Ick sage ja, det war dumm von mir. Aber ick habe mir heimjesehnt. Da unten, da sinse alle janz anders, und da redense ooch janz anders. Und da hat nu schließlich der Mensch seine Muttersprache, und wenn er nischt hat, denn hat er die immer noch. Det glaubense jarnich, wie scheen Deutschland is, wenn man weit wech is und immer nur dran denkt. Aber ick sage ja, det war dumm von mir.

OBERWACHTMEISTER *liest in den Akten, ohne zuzuhören* Zuletzt hattense nun wieder eine Freiheitsstrafe zu verbüßen – fünfzehn Monate Gefängnis, wegen Melde- und Paßvergehen, Irreführung der Behörden und versuchter Urkundenfälschung.

VOIGT Da wollt ick mir nu de Neese aus det Jesichte reißen. Aber det hat nich jegangen.

OBERWACHTMEISTER Was redense da?

VOIGT Ick meine, wat Sie vorhin jemeint haben, sone Vorstrafe, die schleppt eener mit rum wie de Neese ins Jesicht. Als Willem Voigt, da hab ick nischt zu jewinnen in de Lotterie. Nu hab ick mir jesacht: Schluß mitn Willem Voigt, fängste als Friedrich Müller von vorne an. Det war doch jar nich so iebel.

OBERWACHTMEISTER Blödsinn. Sie sehen ja, was dabei rausgekommen ist.

VOIGT Ick hab mir halt nich ausjekannt.

OBERWACHTMEISTER Also hoffentlich kennense sich jetzt aus: was 'n Gesetz is, und was 'n Vergehen is, und was 'n Gefängnis is. Lang genug habense ja studiert.

VOIGT Jawoll, det kann ick wohl flüstern. Aber deshalb brauch ick nu jetzt meine Aufenthaltserlaubnis. Ohne der bin ick ja uffjeschmissen. Ick mechte mir hier in de Schuhfabriken vor Militärstiefel betätigen, det is neemlich meine Spezialität de Zuchstiebeln un de langen Schefte, und ins Jefängnis da habense mir ooch in de Maschinenarbeet ausjebildet.

OBERWACHTMEISTER Habense sich denn schon nach Arbeit umgesehen?

VOIGT Det mach ick 'n janzen Tach, seit ick raus bin. Ick hab mir schon 'n Paar Sohlen kaputtjeloofen. Die Jefängnisleitung hat mir ja ne Empfehlung mitjegeben – *er kramt sie aus der Tasche* – aber ick komme jarnich dazu, det ick se vorzeichen kann. Iberall wollense Meldepapiere sehn, und wenn ick in son besseres Jeschäfte fragen will, da glaubense, ick will betteln, da haunse mir gleich raus.

OBERWACHTMEISTER *hat kaum zugehört, ordnet die Akten ein* Also kommense mal wieder, wennse Arbeit haben. Dann können wir weiter sehn.

VOIGT Ick bekomm ja keene Arbeet ohne de Anmeldung. Ick muß ja nu erst mal de Aufenthaltserlaubnis –

OBERWACHTMEISTER Das schlagense sich mal ausm Kopp. Einem stellungslosen Zuchthäusler können wir hier keine Aufenthaltserlaubnis geben. Nachher denken Sie ja gar nicht mehr dran zu arbeiten und treiben sich hier rum.

VOIGT Ick muß doch arbeeten. Von wat sollt ick denn leben?

OBERWACHTMEISTER Das ist Ihre Sache. Sehnse zu, daß Sie 'n ordentlicher Mensch werden. Wenn einer arbeiten w i l l, denn kriegt er auch Arbeit.

VOIGT *schüttelt den Kopf* Nee, nee, det is nu 'n Karussell, det is nu ne Kaffeemihle. Wenn ick nich jemeldet bin, krieg ick keene Arbeet, und wenn ick keene Arbeet habe, da darf ick mir nich melden. Denn will ick wieder raus. Denn jebense mir 'n Paß mit 'n Grenzvisum, det ick rieber kann.

OBERWACHTMEISTER Dafür sind wir hier nicht zuständig.

VOIGT Se haben doch jetzt mein ganzes Vorleben da in de Hand, un wennse mir hier nich haben wollen, denn jebense doch beim Alex ein, det ick 'n Paß kriege!

OBERWACHTMEISTER Ich sage Ihnen doch, dafür sind wir nicht zuständig. Wenn Sie 'n Paß wollen, müssense sich an Ihre Heimatbehörde wenden.

VOIGT Da war'ck jrade jewesen! Aber da habense mir jar nich anjehört. Du bist bei uns abjehängt, habense jesacht. Hier kenn wa dich nich mehr, seit zwanzich Jahren biste jestrichen. Jeh mal ne Ortschaft weiter, die Heimat schämt sich deiner, habense jesacht. Na ja, sach ick, ick will ja nu hier ooch keen Denkmal jesetzt kriegen, ich will ja nur meine Zuständigkeit. Da habense mir rausjeflammt. Nee nee, da jeh'ck nich mehr hin.

OBERWACHTMEISTER Na, regense sich mal nicht auf hier.

VOIGT Ick reg mir jarnich uff, ick will nur 'n Papier haben. 'n Papier, det is doch mehr wert als de janze menschliche Konstitution, det brauch ick doch neetijer als det tägliche Brot!

OBERWACHTMEISTER *schnallt um, setzt seinen Helm auf* Jetzt machense mal 'n Punkt.

VOIGT Nee, nee ick reg mir jarnich uff, aber't muß ja nu 'n Platz geben, wo der Mensch hingehört! Wenn ick keene Meldung kriege und nich hier bleiben darf, denn will'ck wenigstens 'n Paß haben, det ick raus kann! Ick kann ja nu mit de Füße nich in de Luft baumeln, det kann ja nur'n Erhenkter!

OBERWACHTMEISTER Ich werde Ihr Gesuch um Aufenthaltserlaubnis weitergeben.

VOIGT Jebense mir lieber 'n Paß! Ick will ja wieder raus. Ick will ja nu gerne wieder raus, und ick komme ooch so bald nich wieder, da kennse janz ruhig sind, da kennse Jift druff nehmen! Ick weiß ja nu Bescheid, mir hamse jebrannt, det langt forn Rest!

OBERWACHTMEISTER Sie haben immer noch unklare Vorstellungen über die Zuständigkeitsgrenzen. Für Ihre Paßangelegenheit kommen wir hier nicht in Frage, merken Sie sich das, is gänzlich ausgeschlossen. Ihr Gesuch um Aufenthaltserlaubnis geb ich weiter, aber befürworten kann ich's nicht, dafür ist Ihr Vorleben zu fragwürdig. Wir haben genug unsichere Elemente in der Stadt. Schluß jetzt.

VOIGT Da mecht ick Ihnen 'n Vorschlag machen – da mecht'ck Ihnen vorschlagen, det se mir gleich expreß wieder in de Plötze zurick-transportieren lassen!

OBERWACHTMEISTER Raus!! Jetzt wird er auch noch frech! Scherense sich raus!!

VOIGT Na, nu nich. Ick geh ja schon. Jesegnete Mahlzeit. *Ab*

OBERWACHTMEISTER Dummer Kerl! Stiehlt mir ne Viertelstunde von mein Mittach. Zum Schluß schimpft er noch. Naja. Dem trau ich nicht übern Weg.

WACHTMEISTER Ich auch nicht, Herr Kommissär.

OBERWACHTMEISTER Ich geh jetzt essen. Um halb zwei lös ich Sie ab. Tach, Schlickmann.

Dunkel

DRITTE SZENE

Personen: Gäste und Kellner im Café National, darunter Hauptmann v. Schlettow, Dr. Jellinek, ein betrunkener Gardegrenadier, Paul Kallenberg, genannt Kalle, Wilhelm Voigt

Café National in der Friedrichstraße. Sonntag vormittag, wenig Gäste, keine Musik. Im Hintergrund, über einer breiten Portierentür, ein Schild:

ZUM BILLARD-KLUB »BONNE QUEUE«
GESCHLOSSENE VEREINIGUNG

Von dort hört man das klickernde Geräusch der Billardkugeln, dann und wann gedämpfte Rufe der Spieler.

Einige umfängliche Damen sitzen stur und gelangweilt an Marmortischen, der frühen Stunde zum Trotz, wie Soldaten, die auch bei ungünstigster Gefechtslage ihren Posten nicht verlassen.

Die Kellner lackeln müde am Büfett.

Im Vordergrund rechts sitzen Wilhelm Voigt und Paul Kallenberg, genannt Kalle. Kallenberg ist bedeutend jünger als Voigt, mit kleinem, verkniffenem Gesicht, entzündeten Augenlidern, Gefängnisblässe. Er trägt Kragen und grelle Krawatte.

KALLE Wo hastn heite Nacht jepennt?

VOIGT Bein Bahnhof Wannsee, und denn uff ne Bank im Jrienen. Wie's kalt jeworden is, bin ick bis Zoo jefahren und hab mir in Wartesaal jesotzen.

KALLE Ick hab in 'n Bett jelegen. Pickfein.

VOIGT Wieso denn? Wie hastn det jeschafft?

KALLE Ick hab ne Visite jemacht, bein Schmittchen, weeßte, den Anstaltsgeistlichen von Moabit, den mit de Plüschaugen, den wa imma det Riehr-Ei jenannt hahm. Der hat uns ma seine Adresse jejeben, det wa ihm sollten vont neie Leben und von unsere Besserung 'ne Ansichtskarte schreiben. Ick schelle so jejn achte, det Meechen macht mir uff, ick rasch 'n Stiebel in de Türspalte: und rin!! Da sitzense umn Tisch rum und labbern rote Gritze. Nu ha'ck mir an de Wand jelehnt un de Hende vort Jesichte jeschlagen und habe jeweint, det ma de Tränen nur so in de Stoppeln jekullert sind. Det kann ick neemlich jetzt prima mit meine vakiehlten Knalloogen. »Son trauliches Familienleben«, ha'ck jewimmert – »Jottachjott, wer det ooch mal hette!« Da hat er mir jleich ne Suppe jejeben, und denn noch 'n Ende Wurst mit sone mehligen Kartoffeln zu, un in sein Sohn sein Bette hat er mir jelegt, un der mußte auft Kanapee pennen. »Joachim«, hat er zu sein Sohn jesacht – »übe dir mal wieder in de christliche Nächstenliebe.« Son Schmußlappen.

VOIGT Na un denn?

KALLE Heite morjen hat's 'n Kaffe jejeben, der schmeckte bloß nach Zischorje, ne trockne Schrippe bei von letzten Mittwoch, und denn hat er mir mit seine janze Familie in Dom jechickt, weil Sonntach is. Na, ick hab mir jeschämt – Untern Linden mit sone olle Pastorenzippe und an jeder Hand ne Rotzjöhre! An de Passasche ha'ck kurz kehrt jemacht und hab mir seitwärts in die Bische jeschlagen.

VOIGT Du bist ne Nummer, Kalle.

KALLE Jewiß doch, sogar ne hohe Nummer, aber ne janz unjrade! Mensch, det mußte ooch sind heitzutage, sonst verreckste im Stehen und vahungerst vorm Telikadessenjeschäft.

EIN KELLNER *kommt, mustert die beiden mißtrauisch* Wennse hier rumsitzen, missense auch was verzehren.

VOIGT Sie Schlauer. Jrade janz jenau deswejen sitzen wa neemlich hier rum.

KALLE Der meent wol, wir ham uns hier als Preisrichter vor de Scheenheitskonkurrenz anjebaut! Nee, Scheibe! Von Kunstjenuß alleene kann der Mensch nich leben. Zwee Konjack.

VOIGT For mich nich. Ick mecht 'n heißen Kaffe.

KALLE Zwee Konjack. Willem, du bist injeladen. For 'n heißen Kaffe kannste selbst blechen.

KELLNER *geht.*

VOIGT Haste Kies?

KALLE *holt ein paar kleinere Geldstücke aus der Tasche* Det sin de letzten Morikaner.

VOIGT Un wennse abjestorben sind?

KALLE Denn kann ick immer noch mein Anzuch verkoofen. Der is noch janz schnieke.

VOIGT Mensch, mach det nicht! Bleib in Schale, Mensch!! Ick kann dir sagen, Schale is allens. Wenn de mal so rumloofst als wie icke – denn is nischt mehr zu wollen.

KALLE Wat denn, du bist ja nu ooch noch 'n janz scheener Jingling.

VOIGT In Potsdam – da ha'ck son Klamottentempel jesehn – Junge Junge! da kannste des Kaisers Rock forn blauen Lappen kaufen – mitn janzen Klimbim.

KALLE Wat meenste?

VOIGT Son Uniformjeschäft. Ick bin ma rin und wollte uff Arbeet fragen, wejen de hohen Lackstiebeln in der Auslage. Mensch – da hängt de janze Herrlichkeit uff de Stange, wie de Häute bein Lohjerber. Siehste – da ha'ck jestaunt.

KALLE Haste denn noch nie 'n Uniformladen jesehn?

VOIGT Nee; det heißt, bei de Pollacken schon – aber hierzuland is mir det nie uffjefallen. Da ha'ck mir immer jedacht: des Kaisers Rock, na, den kriste doch von der Kammer, wenn de Rekrut wirst. Un wat son Offizier is – der kriegt 'n von Kaisern selba.

KALLE Ick hab jegloobt, du wärst 'n Berlina.

VOIGT Bin'ck ooch. Heitzetage sin doch de meisten Berlina aus Posen. Ick bin schon aus de Wuhlheide.

KALLE Aba du kennst dir jar nich aus in Berlin, wat?

VOIGT Wenn ick hier rin war, denn hamse mir immer gleich hopp jenommen. Det is keen Pflaster for mir.

KALLE Heit ahmd – da jehn wa int Café Dalles. Da wern wa schon 'n Boß finden, der kesse Jungens braucht, und wenn's forne Schmiere is.

VOIGT Nee, mach ick nich. Ha'ck jenuch von. Da jehste vaschütt wie 'n oller Mülleimer. Ick jeh bei de Industrie.

KALLE Wat willstn da?

VOIGT Arbeeten.

KALLE Brrrrrrr!

VOIGT Da wird klotzig Jeld vadient. – Ick bin doch'n Jelernter.

KALLE Uff dir hamse dort grade jewartet.

VOIGT Wat de selbständlichen Handwerksmeester sind, die nemm unsereens nich an, hamse ooch janz recht. Solang se junge Jeselln kriegn mitn orntlichen Jewerbeschein, wat sollnse da mitn ollen Knastschieber. Aber de Industrie – die braucht Maschinenfutter.

KALLE Da ha'ck jarkeen Vaständnis for. Ick wer 'n Ding drehn – soon Ding – und denn ha'ck forn paar Jähreken ausjesorcht.

VOIGT Det wird nischt, Kalle. Wennste 'n Ding drehn willst, 'n richtiges großes Ding – davor mußte 'n Kopp haben, den haste nich. Det mußte janz jenau wissen, vastehste? Ick wißte schon – *verstummt, lächelt.*

KALLE Wat weeßte?

VOIGT *gibt keine Antwort, wiegt lächelnd den Kopf.*

KALLE Du weeßt ja ooch nischt.

KELLNER *kommt, stellt das Tablett mit einer Tasse Kaffee und zwei Kognaks auf den Tisch, geht.*

VOIGT *schüttelt den Kopf* Nee nee – ick probier's nochmal in sone neie Schuhfabrik.

KALLE Na, prost! *Schiebt ihm einen Kognak hin.*

VOIGT *nimmt den Kaffee* Uffn nichternen Magen kann'ck det nich vertragen. Ick bin ieberhaupt keen Alkohol jewöhnt.

KALLE Ick ooch nich, aber ick jewöhn mir dran. *Er schüttet sich mit kippender Bewegung einen Kognak hinunter, dann kramt er eine halbgerauchte Zigarette aus der Tasche, glättet sie und zündet sie an.*

VOIGT *schlürft langsam seinen Kaffee.*

BEIDE *schweigen.*

Im Hintergrund, durch die Portiere, die den Eingang zum Billardzimmer abschließt, erscheint Hauptmann von Schlettow in Zivil. Er hält noch das Billardqueue in der Hand und übergibt es dann einem nacheilenden Pikkolo. Man sieht ihm an, daß er die zivile Kleidung nicht gewohnt ist. Der Kragen ist zu hoch und scheint ihn zu drücken. Gleichzeitig mit ihm erscheint Dr. Jellinek, ein junger Assistenzarzt und Billardspieler.

V. SCHLETTOW Kommense, Jellinek, auf die Partie können wir uns getrost 'n Schnaps verpassen! 'n Gegner wie Sie findt man nich alle Tage!

JELLINEK Von Ihnen besiegt zu werden, ist keine Schande. Nee, lieber Hauptmann, da komm ich nich mit, Donnerwetternochmal!

V. SCHLETTOW *strahlend* Fein, was, die doppelte Karambolage, und denn der Rückwärtser mitm linken Effet, daß ich den noch gemacht habe, das hätt ich selbst nich geglaubt.

JELLINEK Das macht Ihnen so leicht keiner nach. Tach, Puppe, Tach, Olympia. *Er grüßt kopfnickend einige Damen* Da drüben, Schlettow, da sind wir 'n bißchen unter uns.

V. SCHLETTOW Ich muß was essen. Ich hab schon wieder Hunger. Ich sage Ihnen, ich kann 'n janzen Tach essen.

JELLINEK Freuense sich, Sie sind die Gesundheit selbst! Wenn's mehr so gäbe, dann könnten wir Ärzte einpacken. Strotzend wie 'n Baum voll Äppel, leuchtend wie ne Sonnenblume, knusprig wie ne frischgebackene Semmel! Wenn ich 'n Weib wäre, von Ihnen möcht ich 'n Kind haben.

v. SCHLETTOW Gottvoll, Doktorchen! Gottvoll sinse! *Sie setzen sich links vorne. Ein Kellner ist ihnen gefolgt* Was nehm wa denn?

JELLINEK Ich nehm 'n doppelten Allasch.

v. SCHLETTOW Mir gebense 'n Kognak mit Soda und zwei Eier im Glas!

KELLNER *geht.*

v. SCHLETTOW *ruft ihm nach* Und 'n paar Salzstangen mit Butter und ne kleene Platte Schinken!

KELLNER *über die Schulter* Roh oder gekocht?

v. SCHLETTOW Gekocht, aber nich so fett!

JELLINEK Nich so fett wie sonst bei Juden, was?

v. SCHLETTOW Gottvoll! Zum Piepen! *Sieht sich um* Eigentlich trostlos, der Ausschank. Wie 'n Bahnhof oder so was. Sagense mal, kennen Sie all diese Damens persönlich?

JELLINEK Die meisten beruflich. Ich bin doch Assistent im Frauenkloster in der Charité. Da lernt man so manches kennen, wissense.

v. SCHLETTOW *nachdenklich* Sie als Mediziner haben's doch bedeutend leichter – mit dem Anschluß ans andere Geschlecht.

JELLINEK Na, hörense mal, 'n Offizier wie Sie, der sticht doch alles aus. Jung, adlig, Garde, was wollense mehr!

v. SCHLETTOW Na ja, in Uniform, da geht's ja, da macht man Figur, das gibt 'n kolossalen Halt, da is man 'n ganz anderer Kerl. Wissense – in Staatsbürjerkluft – da komm ick mir immer vor wie ne halbe Portion ohne Mostrich.

JELLINEK *lacht.*

v. SCHLETTOW In son Lokal wie hier, da is nu mal nich anders möglich. Aber wenn in Bongkö nich de quicksten Billardfritzen von Berlin und Umgebung zu treffen wären – dann käm ich hier gar nich her.

JELLINEK Is doch ganz harmlos. Is doch keine Räuberhöhle.

v. SCHLETTOW Ja, aber – für Militär verboten – eigentlich. Sehnse – das müssense sich mal vorstellen – unsereins – Offiziersfamilie seitm Siebenjährigen Krieg, Großvater noch gewöhnlicher Linieninfantrist, janz ohne »von« vorne – da is man nu in punkto Firmenschild verdammt aufm Kasten. Offiziersberuf is dauernde öffentliche Verantwortung, hat mein oller Herr immer gepredigt – und damit hat er's bis zum Kommandierenden General gebracht. Aufn bunten Rock kein Stäubchen – das is mir Lebensaufgabe.

JELLINEK Jaja, das kann ich verstehn. Möchte auch lieber aktiv sein, statt fremden Leuten die Bauchdecke aufzuklappen.

KELLNER *kommt mit den Schnäpsen.*

v. Schlettow *versunken* Also ich hab mir beim Wormser ne neue Uniform geleistet – ich sage Ihnen – 'n Glanz wie son frischgestriegelter Rappenhals.

Jellinek *hebt sein Likörglas* Sehr zum Wohle!

v. Schlettow Wöhlchen, Prösterchen, hipp hipp hurra, möge Ihnen zum Heile gereichen!

Kellner *hat ihm inzwischen Sodawasser eingegossen, geht.*

v. Schlettow Wo bleiben denn die Eier?

Kellner Sofort. Missen erst jekocht werden.

v. Schlettow Jelegt sinse hoffentlich schon.

Eine neue Dame *kommt herein, geht langsam durchs Lokal. Sie ist blond, voluminös, noch recht jung, aber etwas quallig und mit einem leisen Stich. Kleidung Halbseide, nicht mehr neu. Sie geht, mit der Tasche schlenkernd, an einen leeren Tisch, setzt sich. Lächelnder Augengruß zwischen ihr und Jellinek*

v. Schlettow *leicht degoutiert* Die kennense auch schon wieder?

Jellinek Die? Das is doch die Plörösenmieze, ne ganz originelle Person. Hab ich Ihnen nie die Geschichte erzählt, wie die zum erstenmal – kommen se mal her, das kann ich nich so laut –

v. Schlettow *beugt sich vor, Jellinek erzählt leise, flüsternd.*

Kalle Na, Willem, woran denkste.

Voigt Icke? Ick denke jarnischt. Ick döse nur. Wenn 'ck mitm Löffel in Kaffesatz riehre, denn fällt mir immer de Kartenjule in, det war ne Tante von mir. Mensch Willem, hatse jesacht, sooft ick ihr mein Kaffesatz jebracht habe – aus dir wird mal was, da wirste dir selbst nich mehr kennen.

Kalle So weit hastet ja nu balde jebrungen.

Voigt *rätselhaft* So was is nich von de Hand zu weisen. Neenee. Und mit de Sterne – det is nu ooch son Ding. Jloobste vielleicht, die jehn uns nischt an, weil se so weit wech sind? Denn hast du keene Ahnung von.

Kalle Nee, Willem, da ha'ck nu jrade wat janz andres jedacht.

Voigt Wat denn?

Kalle Det will'ck dir sagen. Unsereens, wat so lange in Sanatorium jesessen ist, der muß sich nu erst mal aufbauen. Sonst kann er jarnischt wieder werden.

Voigt Wie meinstn det?

Kalle Det mein ick, wie'cks meine. Wer jesessen hat, muß wieder uffstehn. De Hauptsache is, daß der Mensch noch hinten hoch kann. Schau dir doch mal um! *Weist auf die umhersitzenden Damen* Kiek ma den Saftladen! Haste denn gar keen Blutdruck mehr?

VOIGT Na ja, det is schon wahr. Man mechte ja ooch mal wieder Mensch sind. – Aber – det kost ne Kleinigkeit.

KALLE Ick jloobe, zu zweit is billiger. Wieviel hastn noch?

VOIGT Zwee fuffzig, und 'n paar Fennije.

KALLE Zeig mal her. Wolln ma zählen.

Sie beugen sich über den Tisch, zählen ihre Geldstücke. Inzwischen ist die Plörösenmieze aufgestanden und an den Tisch von Schlettow und Jellinek herangeschlendert. Gleichzeitig bringt der Kellner Schlettows Essen: Eier im Glas, Schinken, Butter und Gebäck.

PLÖRÖSENMIEZE *wiegt sich ein wenig* Tachchen.

JELLINEK Na, Mieze, wie is denn?

PLÖRÖSENMIEZE Wie soll denn sind. Am Ahmd is duster, und in Zylinder brennt keen Licht.

v. SCHLETTOW *mit dem Salzfaß hantierend, sichtlich unangenehm berührt* Ganz so schlimm wird's ja nu ooch nich sein.

PLÖRÖSENMIEZE Ick bin so frei und setze mir.

v. SCHLETTOW Nee, danke. Wir sind hier geschlossene Gesellschaft. Wennse nen Schnaps wollen, schick ich Ihnen rüber.

PLÖRÖSENMIEZE *ruhig und trocken* Uff Ihrn Schnaps frei ick mir schon seit letzte Weihnachten. Essense man Ihre Eier, sonst wernse kalt. Sie ham wol 'n Sonnabendabend bei Ihre selije Großmutter verbracht. *Geht weiter*

v. SCHLETTOW *zu Jellinek* Ekliges Weib. Is mir absolut peinlich, so was. Wissense, Doktor – das Vulgäre liecht mir nich. Da kann ich gar nichts mit anfangen. *Essend* Aber Heiraten is auch nischt. Nette Mädchens haben alle kein Geld.

JELLINEK *lachend* Na, zwischen so einer und ner Erbkomtesse gibt's ja noch allerhand Zwischenstufen, nich?

v. SCHLETTOW Gewiß – wenn man bedenkt – Berlin is ja schließlich groß; aber grade in soner großen Stadt, da is man oft ganz verdammt solo.

JELLINEK Ihnen steht doch jeder Salon offen. Gehnse nich viel in Gesellschaften?

v. SCHLETTOW Eigentlich nur zu den offiziellen. Regimentsball oder so. Wissen Sie – ich bin kein leichtlebiger Mensch. Ich nehme das alles blödsinnig ernst.

JELLINEK *rauchend, uninteressiert* Das is nu mal so. Wir Deutschen machen's uns immer so schwer, nich?

v. SCHLETTOW Richtig. Das macht die Erziehung, glaub ich. Also ich hab schon im Kadettenkorps sehr viel nachgedacht. Aber was heißt das, man hat ja 'n Dienst, nich? Das geht doch über alles, da wird man wieder 'n Mensch, nich wahr? *Wieder ganz frisch* Kann Ihnen sagen, wenn man so morgens auf'n Gaul steigt und denn raus aufn Schießplatz und quer übers Gelände geprescht, und dann 'n paar Kommandos, und sone Truppe entwickelt sich haargenau, sag ich Ihnen, wie son Uhrwerk! und überhaupt der ganze Kompaniedienst, wo man jeden einzelnen wie seine Tasche kennt –

JELLINEK Ja, der Beruf ist natürlich die Hauptsache. Wenn bei uns mal ne ordentliche Bauchhöhlenschwangerschaft vorkommt, oder 'n Zwanzigpfundmyom, oder 'n glatter sauberer Kaiserschnitt – ja, da is man 'n ganz anderer Mensch, da strahlt man wie 'n Weihnachtsbaum!

V. SCHLETTOW Nee, nich mein Fall. Denn lieber zehn Stunden Griffekloppen.

JELLINEK *lacht.*

V. SCHLETTOW Kann Ihnen sagen – der Dienst – wenn ich das nicht hätte –

JELLINEK *gelangweilt* Rauchen Sie?

V. SCHLETTOW Danke, gern! *Bedient sich. Beide paffen stumm, haben sich nichts mehr zu sagen.*

PLÖRÖSENMIEZE *ist inzwischen weitergegangen und dabei in der Nähe von Voigt und Kallenberg vorbeigekommen. Die folgen ihr mit den Augen, schauen einander an, zögern eine Weile, dann ruft ...*

KALLE Sie, Frollein, kommense mal 'n bisken näher. Wissense was? Ick sage immer: Morjenstund is aller Laster Anfang.

PLÖRÖSENMIEZE *sieht ihn über die Schultern an, zeigt ihre Zähne* Du meinst wol: Müßigjang hat Jold im Munde, wat?

KALLE *scheppernd vor Vergnügen* Die is richtig! Det ha'ck ja gleich jewußt, die is goldrichtig! Na, bleib doch man, wo willste denn schon wieder hin, Mäusken?

PLÖRÖSENMIEZE Wohin? Auf Toilette.

KALLE Mußn det jleich sind?

PLÖRÖSENMIEZE Nee, eilt jarnich. Bei mir heißt's immer wie in det scheene Lied: »Is ja nich forn eignen Leib, sondern nur forn Zeitvertreib!« *Kommt an den Tisch*

KALLE Siehste siehste, det is ne erste Nummer – un de zweite folcht sogleich, wat?

VOIGT *setzt seine Stahlbrille auf.*

PLÖRÖSENMIEZE Na, Alterchen, wat kiekstn. Jefall ick dir?

VOIGT *schmunzelt – schiebt ihr mit höflich einladender Handbewegung seinen nur angetrunkenen Kognak hin.*

PLÖRÖSENMIEZE Danke, Sießa! *Sie setzt sich, trinkt* Uff dein jeehrtes Wohlerjehn!

KALLE Mensch, da haste ne Eroberung jemacht, haltse fest, solangse noch warm is. Ick hab mir jleich jedacht, Molle, wie'ck dir jesehn habe: »Dieset kleene Aas, macht forn Taler Spaß!«

PLÖRÖSENMIEZE Kusch, Kleener, vaschluck dir man nich! Bist wol 'n bisken doof, was? Unter fimf Mark pro Neese is bei mir nischt zu machen, det sag ich immer gleich, damit keene Jereiztheiten uffkommen.

KALLE Na, hör mal, Molle, det is doch 'n bisken happig, nich?

PLÖRÖSENMIEZE Wat, handeln willste? Noch dazu an Sonntachvormittag, wo'n anständijer Mensch in de Kirche jeht, oder bei die militärische Platzmusik? Scheemste dir 'n jar nich? Nee, so kannste bei mir nich in Omnibus insteijen, so nich.

VOIGT Siehste, Kalle.

KALLE Schnauze, Mensch! Misch du dir mal nich rin, det vastehste nich. Sehnse, Frollein, wir sind zwee janz armselige jeknickte Unschuldslilien, wir komm neemlich direkt aus de Plötze, da ham wa jahrelang jesessen mutterseelenalleine bei Wasser und Brot, und nu ham wa keene Menschenbrust und keen Koppkissen uff die weite Welt – Frollein, Sie ham doch 'n jutes Herze, det seh'ck Ihnen doch an. Hamse doch Mitleid mit zwee unjlickliche ausjestoßene Jlieder der menschlichen Jesellschaft.

PLÖRÖSENMIEZE Na nu flenn mal hier nich. Det hat jar keen Zweck. Da biste janz an de falsche Adresse jekommen. Du meinst wol, du bist hier bei 'n Handarbeitskränzchen wohltätijer Damen for de frierenden Negerkinder in Afrika.

KALLE An Sonntachmorjen findste ja doch keen Zavalier mit 'n dicken Portmonneh.

PLÖRÖSENMIEZE Du mit deine ejiptischen Oogen und deine Karbolschnauze kommst for mich ieberhaupt nich in Frage. Wenn ick jeh, jeh'ck mit Jroßvatern, det is mal wat andres, und det is ooch 'n feiner Mensch, mit den seine Brille kann man sich doch jebildet unterhalten, nich wahr, Ollerchen?

VOIGT *lächelt freundlich, wiegt aber bedenklich den Kopf.*

KALLE *macht ihm Zeichen, daß er jetzt reden solle.*

PLÖRÖSENMIEZE Na, wie is, Vating, bist woll in Vaein fier staubdumme Kanarienzichter?

VOIGT Vazeihnse, mein Frollein – ick hab neemlich nur noch zwee Mark fuffzich Jesamtkapital – un davon mißr ick'n paar Groschen ieberbehalten for de Penne un for de Stadtbahn.

KALLE Wat heißt hier Stadtbahn, Mensch! wennste von det Frollein kommst, denn hippste wie 'n junger Hase. Nee, Kinder, ick wer eich sagen, wat gesund is: wa nehm den seine zwee fuffzich, ick lege noch fimf Jroschen druff, denn lumpen laß ick mir nich! – un denn jehn wa zu dritt vorn scheenen breißischen Daler.

PLÖRÖSENMIEZE Ausjeschlossen. Dir nehm ick nich mit. Wenn'ck jeh, jeh ick mit Jroßvatern.

Sie tätschelt Voigts Hand. Er schmunzelt. Gleichzeitig erhebt sich draußen vorm Lokal ein ziemlicher Lärm, man hört eine betrunkene Soldatenstimme das Lied vom Reservemann grölen.

KALLE Also, Willem, det kannste nich machen, det is jejen de Vereinbarung! Det kannste nich machen, Willem, du hast doch schließlich noch 'n Funken Ehrjefiehl im Leibe.

VOIGT *bedächtig* Nee, Kalle, det mach'ck ooch nich. *Zur Plörösenmieze* Det kann'ck nich machen.

PLÖRÖSENMIEZE Jottedoch, bist du 'n Ehrenpussel!

KALLE Da wär'ck neemlich sehr beese, wär'ck da!

PLÖRÖSENMIEZE Und det wär nu ooch 'n Malheur.

EIN STARK ANGETRUNKENER GARDEGRENADIER *erscheint durch die Drehtür. Hinter ihm ein ebenfalls ziemlich beduselter Zivilist.*

DER GRENADIER *grölend*

»– und es wird nicht lang mehr dauern,
dann hat Reserve Ruh!«

DER ZIVILIST Nee, Aujust! Aujust! Komm doch bei dich! Mensch, noch biste Soldat!!

DER GRENADIER Det is mir piepewurschtejal. Morjen is um mit de zwee Jahre!! Heite is heite. Det is mir piepewurschtejal!! Oba! Zwee jroße Helle und zwee doppelte Korn!

V. SCHLETTOW Unerhört! Was fällt denn dem Kerl ein! Hier is überhaupt für Militär verboten!! 'n Mann vom dritten Garderegiment zu Fuß, 'n alter Soldat mit der Schützenschnur!

JELLINEK Seinse vernünftig, Schlettow, mischense sich nich rein, Sie sind ja hier Zivil und Privat.

V. SCHLETTOW Das kann ich nich mit ansehn, so was, das kann ich nich mit ansehn.

JELLINEK Ober, zahlen! *Aber der Ober kommt nicht.*

PLÖRÖSENMIEZE Nee, Jungens, ihr seid mir zu ausjemickert. Wenn ieberhaupt nich mehr wie 'n Taler rauskommt, denn jeh'ck lieber zum Jardedükör. *Steht auf, schlenkert an den Tisch des Grenadiers hinüber.*

DER GRENADIER Komm ma ran, sieße Schnecke – *schlägt sich auf die Brust* –, hier is Kasse, hier is Löhnung, hier sitzt die Marie! Nee, nich uffn Stuhl, setz dir man uff mein Schoß, ick hab so scheene spitze Knie! *Zieht sie auf seinen Schoß.*

DER ZIVILIST Aujust! Noch biste Soldat!

DER GRENADIER Det is mir piepewurschtejal, verstehste!

PLÖRÖSENMIEZE Mensch, du hast dir aber mächtig beschmettert!

DER GRENADIER Det jloob ick, Puppe. Is ja allens ejal. Heite lustig, morjn kaputt. *Er faßt sie an, sie quietscht.*

V. SCHLETTOW *rückt nervös auf seinem Stuhl hin und her.*

JELLINEK *legt die Hand auf seinen Arm* Ober, zahlen!

KELLNER, *ohne zu kommen* Sofort.

VOIGT Siehste, Kalle, det is nu mal nich anders. Wenn eener mit 'n bunten Fell un blanke Kneppe kommt – un denn kennten wa ooch zehn Märker uffn Tisch legen – da is nischt mehr ze wollen.

KALLE Det wär ja nu jelacht. Det wär ja nu noch scheener. Det wolln wa nu mal sehn.

VOIGT Da jibt et nischt zu sehn, Kalle. Wie de aussiehst, so wirste anjesehn.

KALLE Du valleicht, ick nich! Det laß ick mir nich jefallen! Ick nich! *In hysterischer Aufregung* Det woll wa sehn! Det woll wa sehn!

DER GRENADIER *schaukelt die Plörösenmieze auf seinen Knien, grölt*

»Jloobste denn, jloobste denn,
Du Balina Pflanze,
Jloobste denn, ick liebe dir,
Weil ick mal mit dir tanze!«

KALLE *geht zu ihm an den Tisch* Sie, Herr, nemm se mal die Finger von die Dame, die Dame is meine Braut!

PLÖRÖSENMIEZE Du hast wol 'n kleenen Webefehler, wat? Manoli linksrum, wat?

KALLE *den Grenadier anschreiend* Hörnse nich, Sie oller Bierplantscher!! Hamse nich jesehn, daß die Dame an mein Tisch jesessen is?

GRENADIER Wat will denn det kleene Kamuffel. Dem soll'ck wol mal de Eisbeene knicken.

PLÖRÖSENMIEZE Laßn doch, der hat ja Bohnen jefrühstückt.

KALLE *ballt die Faust* Mensch, ick leg dir 'n Finfmarkstick in dein demliches Jesichte, detste vier Wochen dran zu wechseln hast!

DER GRENADIER Det kannste jleich haben. *Er langt an der Plörösenmieze vorbei und haut Kalle eine Ohrfeige.*

KALLE Det sollste bießen, Mensch, det sollste bießen! *Er packt ein volles Bierglas, schüttet aus einiger Entfernung den ganzen Inhalt auf den Grenadier.*

DER GRENADIER *begossen, springt wutbrüllend auf, zieht sein Seitengewehr* Dir mach'ck kalt! Kalt machn wer'ck dir!!

KALLE *retirierend* Jetzt kommt er mit'n Keesemesser! Det laß man stecken, du Hammel, det is ja nicht geschliffen!

V. SCHLETTOW *springt auf* Jetzt geht's zu weit! Das kann ich nich mit ansehn! *Auf den Grenadier los* Was fällt Ihnen denn ein! Ich lasse Sie abführen! Kommense doch zu sich, Mensch! Sie sin Soldat!! Waffe weg!!

GRENADIER *steckt das Seitengewehr ein* Jawoll, bin'ck! Soldat bin'ck, un deshalb hast du mir ieberhaupt nischt zu sagen!

V. SCHLETTOW *scharf, ohne zu schreien* Folgen Sie mir!! Ich bin Hauptmann im ersten Garderegiment!

GRENADIER Det kann jeder sagen! For mir biste 'n deemlicher Zivilist!

V. SCHLETTOW Sie verlassen sofort das Lokal! Folgen Sie mir zur nächsten Wache! Nehmense die Knochen zusammen!

GRENADIER 'n janz deemlicher Zivilist! Jeh doch nach Hause und zieh dir um, denn kannste mir wat erzählen, so nich, Männeken, so nich!!

ZIVILIST Mach dir nich unglicklich, Mensch! Mach dir nich unglicklich!

V. SCHLETTOW Sie folgen mir! Oder ich hole die Polizei! Los! Vorwärts! *Faßt ihn an.*

GRENADIER Pfoten wech! Ick laß mir nich anriehren! Ick laß mir nich anriehren!! *Er schlägt Schlettow mitten ins Gesicht.*

V. SCHLETTOW *brüllt auf* Was?! Verfluchter – *Packt ihn, sie kämpfen, der Tisch fliegt um, die Weiber kreischen, Tumult.*

PLÖRÖSENMIEZE *am Eingang* Polizei! Polizei!

PASSANTEN *von der Straße herein* Was isn da los? Da is ne Hauerei! Jib ihm, jib ihm Saures!!

SCHUTZMANN *mit Pickelhaube, schiebt die Leute auseinander* Wollt ihr wohl! Det is doch – Laß den Soldaten los! *Stürzt sich auf Schlettow und den Grenadier, trennt sie.*

V. SCHLETTOW *blutend, mit heruntergerissenem Kragen* Nehmen Sie den Mann fest! Bringen Sie ihn auf die Wache!

SCHUTZMANN *packt ihn mit Polizeigriff* Los! Beide mitkommen!

V. SCHLETTOW Was fällt Ihnen ein! Der Mann hat mich angegriffen! Ich hab ihn nur zur Rede gestellt! Ich bin Hauptmann im ersten Garderegiment!

GRENADIER Det kann jeder sagen! Ohne Charge biste for mir 'n janz deemlicher Zivilist!!

SCHUTZMANN Vorwärts! Beide mit!

GRENADIER Da kann ja jeder kommen! Det is 'n janz jemeiner Zivilist, is det!

PASSANTEN Recht so! Laß dir man nichts jefallen. Wozu biste Soldat!

PLÖRÖSENMIEZE Der Kerl sagt, er wär Hauptmann, det is aber gar keen Hauptmann!

STIMMEN Frechheit so was! 'n Grenadier zu belästigen! Hautn aufn Deez!

SCHUTZMANN Vorwärts. Platz da, es kommen beide mit.

JELLINEK, *der sich die ganze Zeit ängstlich an seinem Tisch gehalten hat, zu dem Schutzmann* Laßn se den Herrn los, das ist 'n wirklicher Hauptmann, ich kann ihn legitimieren!

SCHUTZMANN *stur* Det hilft nichts, det war ne Hauerei, es müssen beide mit.

V. SCHLETTOW *völlig gebrochen, wird mit dem Grenadier abgeführt.*

JELLINEK Na, der kann sich gratulieren. *Ab ins Billardzimmer*

KALLE *wieder bei Voigt am Tisch, hält sich die Backe* Au weh, Mensch, aua, aua, Mensch.

VOIGT Siehste, Kalle – wat hab ick immer jesagt? Wie der Mensch aussieht, so wird er anjesehn.

KALLE Aua, aua. *Er weint.*

Dunkel

VIERTE SZENE

Personen: Prokurist Knell, Büroangestellter Hirschberg, Tippmädchen, Bürodiener, Arbeitsuchende, Wilhelm Voigt

Personalbüro der Engros-Schuhfabrik ›Axolotl‹. Reklamebilder mit dem Firmentier in verschiedensten Variationen an den Wänden: »Tragt Axolotl« – »Axolotl-Halbschuhe sind die besten! Jedes Paar 12 Mark 50!« – »Axolotl, der schicke Großstädterstiefel!« – »Fest im Lebenskampfe steht, wer auf Axolotl geht!« – »Gutachten bedeutender Wissenschaftler über die durch Axolotl wiedergewonnene Normalfußform!« – »Bequem, billig, haltbar« – und so weiter. Im Hintergrund Glastüren, durch die man reihenweise Tippmädchen an langen Bürotischen sitzen sieht und Maschinengeklapper hört. Im Vordergrund Prokurist Knell und Herr Hirschberg einander gegenüber an Schreibtischen hinter einer Holzschranke, ähnlich wie in einem Polizeibüro. Knell unterschreibt Anstellungsverträge, hinter ihm steht ein junges Mädchen, das ihm die Papiere aus Mappen zureicht und die unterschriebenen an sich nimmt. Hirschberg sitzt rechnend über Lohnlisten.

KNELL *singt, schreibend und löschend, mit monotoner Stimme und unbewegtem Gesichtsausdruck vor sich hin, nach der Melodie der ›Matchiche‹*

»Wenn meine Frau sich auszieht,
Wie die denn aussieht,
Die Beene wie zwee Kiepen,
Et is zum Piepen.«

BÜRODIENER *tritt ein, bleibt stehen, legt die Hand an die Mütze.*

KNELL »Wenn meine Frau sich auszieht,
Wie die denn aussieht,
Die Beene wie zwee Kiepen,
Et is zum Piepen.«

Er unterschreibt weiter, ohne aufzusehen.

BÜRODIENER *verharrt in strammer Haltung.*

KNELL »Wenn meine Frau sich auszieht –« *Er macht die letzte Unterschrift, klappt die Mappe zu* So. Die wären besorgt. – Hirschberg, notierense gleich für die Lohnlisten: 25 Gelernte, 12 Mädchen für die Knopfabteilung, 10 Jungens als Maschinenlehrlinge, 15 Packer neu eingestellt. Morgen früh tretense an.

DAS MÄDCHEN *mit den Mappen ab.*

KNELL Was gibt's, Krause?

BÜRODIENER Da warten noch Sticker zwanzig Arbeitsuchende, uff de Annongse fier de neie Fabrik in Tempelhof.

KNELL Gelernte?

BÜRODIENER Mehrstenteels.

KNELL 'n Dutzend kann ich noch brauchen. Lassense se reinkommen, einer nach dem andern, aber Trabtrab!

BÜRODIENER *ab*

KNELL »Wenn meine Frau sich auszieht – «

Er bricht ab. Erster Arbeitsuchender tritt ein.

KNELL Wo hamse gedient?

ARBEITSUCHENDER Beim Loiberregiment, Herr Prokurist.

KNELL Aha, Bayer. Recht so. Wann hamse gedient?

ARBEITSUCHENDER 1899 auf 1901, Herr Prokurist.

KNELL Mit welcher Charge sinse abgegangen?

ARBEITSUCHENDER Als G'freiter der Reserve, Herr Prokurist.

KNELL Gut der Mann, wie heißt der Mann, der Mann kann beschäftigt werden. Zeigense mal Ihre Papiere.

ARBEITSUCHENDER *tut's.*

KNELL *blättert sie rasch durch* In Ordnung. Morgen früh tretense an, Schuhfabrik Axolotl Tempelhof.

ARBEITSUCHENDER Zu Befehl, Herr Prokurist! *Ab*

KNELL Sehnse, Hirschberg, Sie müssen mit den Leuten nur militärisch reden, denn bekommense die knappsten und klarsten Auskünfte.

VOIGT *ist inzwischen eingetreten.*

KNELL Wo hamse gedient?

VOIGT Bei verschiedene Handwerksmeister, und denn hab ick mir in de staatliche Schuhfabrikation ausjebildet.

KNELL Ich meine, wo hamse gestanden?

VOIGT Gestanden? – Ick hab nur gesessen.

KNELL Ja, warense denn nie Soldat?

VOIGT Nee, dazu bin ich jarnich gekommen. Ick bin nämlich vorbestraft. – Det sag ich lieber gleich, als daß es nachher rauskommt. Ick denke mir, bei de Industrie, da sinse großzügig. Ick bin Spezialist in Maschinenarbeit.

KNELL Na zeigense mal ihre Papiere her.

VOIGT *nimmt ein Blatt aus einem Briefumschlag, reicht es ihm.*

KNELL *sieht sich's an* Was ist denn das? Sin doch keine Papiere.

VOIGT Der Jefängnisdirektor hat mir jesagt: wennse arbeitswillig sind, denn kriegense auf die Empfehlung mehr Arbeit, als se leisten kennen.

KNELL Sie müssen Ihre polizeiliche Anmeldung vorweisen, oder einen Paß.

VOIGT Det jebense mir nich auf de Polizei, solang ich keene Arbeit habe.

KNELL Ohne ordentliche Papiere kann ich Sie nich einstellen. Wo käm man denn da hin. Hier herrscht Ordnung! Jeder Mann muß seinen Stammrollenauszug in Ordnung haben; wennse gedient hätten, wär Ihnen das in Fleisch und Blut übergegangen.

VOIGT *ganz ruhig und trocken* Ick hab jedacht, hier wär ne Fabrik. Ick hab nich jewußt, daß det hier ne Kaserne is. *Geht*

KNELL Raus! Frecher Mensch!! Unerhört so was. Sehnse, Hirschberg, da habense's. Ich weiß genau, warum ich gediente Leute bevorzuge! Heutzutage, bei der Wühlarbeit der Sozialdemokraten – da muß man doch wissen, wen man im Haus hat! Wie soll man sich denn sonst auf seine Leute verlassen können! *Zum dritten Arbeitsuchenden, der inzwischen eingetreten ist* Wo hamse gedient??

Dunkel

FÜNFTE SZENE

Personen: v. Schlettow, sein Bursche Deltzeit, Zuschneider Wabschke

Elegant möbliertes Zimmer in Potsdam. Plüschsessel, Nippes, Photos von militärischen Feiern und Schlachtenbilder an der Wand

v. SCHLETTOW *in Hosen, Gürtel und Hemd*

DELTZEIT *sein Bursche, steht vor ihm, starrt ihn hilflos an.*

v. SCHLETTOW Und nun, mein lieber Deltzeit, danke ich Ihnen nochmals für alles. Sie waren tadellos. Es hat immer auf die Sekunde geklappt. Sie kommen jetzt in die Kompanie zurück, und Sie werden auch dort wieder Ihre Pflicht tun und die Zufriedenheit Ihres neuen Vorgesetzten erringen, das erwarte ich von Ihnen.

DELTZEIT *mit leicht ostpreußischem Tonfall* Härr Hauptmann – ich kann gar nicht begreifen –

v. SCHLETTOW *freundlich barsch* Das geht Sie auch gar nichts an. Lange Leitung, was? Sie als Bursche müßten das doch kapieren. Wenn einem Offizier so was passiert, in einem öffentlichen Lokal, da gibt's nur eine Konsequenz: Abschied einreichen. Verstanden? Daß ich keine Wechsel gefälscht habe – das werden ja auch die Kerls in der Kompanie – nich von mir glauben – *Erstarrt*

DELTZEIT Härr Hauptmann haben doch gar nichts für können. Härr Hauptmann haben doch nur –

v. SCHLETTOW Quasselnse nich, Deltzeit. Soviel Pech darf 'n Soldat nich haben, das is es. Unglück is auch 'n Versagen. Schluß jetzt.

DELTZEIT *schluckend* Härr Hauptmann warren immer so gut –

v. SCHLETTOW Stillgestanden! Nehmense sich zusammen, Deltzeit. Sie sind doch 'n Mann. *Gibt ihm die Hand* Adieu! Raus!

DELTZEIT Adieu, Härr Hauptmann. *Macht militärisch kehrt, geht.*

v. SCHLETTOW *bleibt auf der Stelle stehn, starrt vor sich hin. Es schellt. Gleich darauf erscheint Deltzeit wieder in der Tür.*

DELTZEIT Verzeihn Härr Hauptmann, wenn ich nochmal – da is der Schneider mit der neuen Uniform – soll ich ihm –

v. SCHLETTOW *beißt sich auf die Lippen* Lassense'n reinkommen. Los! Der Mann soll reinkommen!

DELTZEIT Zu Befehl, Härr Hauptmann! *Ab*

v. SCHLETTOW *gibt sich einen Ruck, fährt sich übers Haar.*

WABSCHKE *mit der neuen Uniform, in Seidenpapier geschlagen* Herr Hauptmann, da isse! Ick kann Ihnen sagen, wennse die nu anziehn, da wernse keen Jefiehl mehr haben.

v. Schlettow Zeigense mal her.

Wabschke *schält sie rasch aus dem Papier, hält sie hoch, die Gesäßknöpfe nach vorne.*

v. Schlettow *mustert sie, nimmt scharf das Augenmaß, nickt beifällig* Jetzt stimmt's, jetz is in Ordnung. Das seh ich aufn ersten Blick.

Wabschke Da ham wa 'n mächtijes Stick Arbeit mit jehabt, Herr Hauptmann. Wa mußten de Schoßfalte ufftrennen, sehnse, und denn stimmte det wieder in de Tallje nich.

v. Schlettow Gebense mal. *Nimmt den Rock, schlüpft hinein.*

Wabschke *zupft ihm die Rockzipfel zurecht* 'n Kunstwerk, Herr Hauptmann. Det is keen Rock mehr, det is 'n Stick vom Menschen. Det is de bessere Haut, sozusagen.

v. Schlettow *vorm Spiegel* Da fehlt nichts. Wirklich tadellos.

Wabschke Da reißt der Spiegel de Knochen zusammen. Man hört's orntlich knacken.

v. Schlettow *dreht sich herum, knöpft den Rock auf* So. Nu tragense das mal ins Geschäft zurück, und fragen Sie Herrn Wormser, ob er die Uniform in Kommission übernehmen will. Ich kann sie nich brauchen. Wenn er se nich loskriegt, komm ich natürlich dafür auf. Für die Differenz auch – selbstverständlich.

Wabschke Ja, wieso denn, Herr Hauptmann, Se wollen de scheene neie Uniform –

v. Schlettow *mit erzwungener Heiterkeit* Plan jeändert, Wabschke. Werde mal 'n bißchen Landwirtschaft betreiben. Hatte schon immer so was vor. Kleine Erbschaft, Kornklitsche, Pferdezucht, is ja viel besser, aus mitn bunten Rock. *Hat den Rock ausgezogen, gibt ihm ein Fünfmarkstück* So, nu packense ein.

Wabschke *schlägt die Uniform ein* Danke, Herr Hauptmann. *Nach einer kleinen Pause, während der Schlettow pfeift* Herr Hauptmann sollten sich det nich so zu Herzen nehmen.

v. Schlettow Wieso denn? Was wollense denn, ich will ja.

Wabschke Ick weiß ja nu nich – det jeht mir ooch nischt an. Ick meine nur – *fast zart, behutsam* –, det Militär is ja sehr scheen, aber es is nu wirklich nich det einzige uff de Welt. De Welt is jroß, und jeden Morjn jeht de Sonne uff. Wenn eener jung is – und jesund – und grade Knochen hat – ick meine – wenn eener 'n richtiger Mensch is, det is doch de Hauptsache, nich?

v. SCHLETTOW Na, gehnse mal. 'n schönen Gruß an Herrn Wormser.

WABSCHKE Dankscheen. *In der Tür* Ick meine, det is doch de Hauptsache, Herr Hauptmann. *Ab, mit der Uniform*

v. SCHLETTOW *allein* Vielleicht – vielleicht hat er recht – Nee, pfui! *Dunkel*

SECHSTE SZENE

Personen: Der Herbergsvater, einige Pennbrüder, darunter Buttje, Zeck, Jupp, Höllhuber, Gebweiler, Kallenberg, Wilhelm Voigt. Die Wachtpatrouille: ein Vizefeldwebel, ein Gefreiter, zwei Mann

›Herberge zur Heimat‹ im Berliner Norden, saubere Bretterwände, mit Dachpappe und Zeitungspapier abgedichtet, zweistöckige Bettstellen aus Holz und Maschendraht, Strohsäcke, Karbidlampen. Mehrere Bettstellen sind schon besetzt. Im Hintergrund sieht man Wartende vor der offenen Tür stehen.

DER HERBERGSVATER *in der Tür hinten* Sieben Stick kennen noch rin! Nur nich drängeln, das hat gar keen Zweck, laßt man, laßt man, ick darf nich mehr nehmen, wie'ck Betten habe. Wer am längsten wartet, kommt rin, die andern kann ick nich helfen, probiert man bei de Heilsarmee, da is immer noch Platz.

STIMME *draußen* Nee, da missen wa singen, denn jeh'ck lieber in Tiergarten!

VATER Nich drängeln, immer mit de Ruhe, wer an de Reihe is, kommt rin! 'n Sechser for de Bettmarke, und 'n Jroschen for de Eßmarke, wer morjen frih Suppe und Brot haben mechte.

ZECK *kommt als erster.*

VATER Tach, Zeck. Da biste ja wieder.

ZECK Tach, Oller, ick sage dir gleich, weine nich, mir siehste heite zum letztenmal.

VATER Det hab ick doch schon mal jehört, det kommt mir so bekannt vor –

ZECK Nee, Tatsache, ick hab ne Anstellung als Weltmeister im Ringkampf bei ne Jahrmarktstruppe. Morjn jeht's los. Ick hab schon fuffzig Fennije Vorschuß injenommen.

VATER Na, paß nur uff, detste keenem de Rippen quetschst, sonst fliegste wieder raus. *Zum nächsten* Nanu, wat bistn du for eener?

HÖLLHUBER *in bayrischer Gebirgstracht, mit Kniehosen und Gamsbart* Solojodler.

VATER Wat isn det?

HÖLLHUBER Solojodler, von der Stimmungskapelle Almenrausch und Edelwoaß. Aber der Schöf hot mi außighaut, weil i grauft hab.

VATER Und wat machstn jetzt?

HÖLLHUBER Jetza? Hoamagenga.

VATER Wat meent er?

ZECK Zu Hause will er jehn.

VATER Wo bistn du zu Hause?

HÖLLHUBER In Hiaglgwimpffn bei Sanktmariägschwändt.

VATER Mensch, da hastn mächtjes Ende zu tippeln, denn ruh dir man gut aus.

ZECK Und sieh man zu, detste dir nich vakiehlst, mit deine nacklichten Beene! *Haut ihm aufs Knie.*

HÖLLHUBER Willst mi net anriehrn, Bluetsau blutige!

ZECK Mensch, du kannst wol keen Spaß vastehn, wat, bist von 'n janz unziselierten Völkerstamm, wat?

VATER Zeck, inkommodier ihm nich, der Mann is jereizt, weil er so weit von Hause is. *Hat inzwischen Gebweiler und Jupp hereingelassen.*

HÖLLHUBER Saudumms Gfrett saudumms. *Setzt sich brummend abseits.*

VATER *läßt Voigt ein* Na, haste nu Arbeet jefunden?

VOIGT Nee, nischt zu wollen.

VATER Wat denn, willste keene Eßmarke?

VOIGT Danke. Hab keen Groschen mehr.

VATER Da haste eene uff Pump, du mußt doch morjn frih 'n warmen Leffel in Leib kriegen.

VOIGT Ick wer nachzahlen, sobald ick wat habe. Scheenen Dank einsweilen.

KALLENBERG *hinter Voigt* Mir ooch ne Pumpmarke, bittscheen, bittscheen.

VATER Du hast doch jrade noch 'n Jroschen in die Finger jehabt.

KALLENBERG Ja, aber der is mir wieder in Ärmel jerutscht, den brauch ick for iebermorjn.

VATER Meintswejn. Aber kommt mir nur nich zu oft. Ick muß ja ooch 'n Happen Fleesch vor de Suppe koofen, sonst schittet ihr se wieder in Milleimer.

BUTTJE *kommt herein* Toag, Voating.

VATER Sieh man, kuck, 'n Hamburjer Zimmermann, da jibt's wenigstens 'n bisken Leben in de Bude.

BUTTJE Allemoal! *Singt* »In Hamburg da bin ich gewesen –«

ZECK Mensch, sei du nur still, dir kenn ick! Det is 'n Weddingmatrose, der is von Hamburg an der Panke, der hat noch keen Troppen Salzwasser jerochen.

BUTTJE Na, und duu? Wat bistn duu?

VATER Zeck, ick warne dir. Wenn's Krakeel gibt, hol ick de Polente.

ZECK Damit kannste mir nich bange machen. Ob ick hier penne oder uff Wache, det is for mir Jacke wie Hose.

VATER Jute Nacht mitsammen, haut eich hin, um sechse heißt's raus zum Suppefassen.

ZECK Jute Nacht, Oller! Wenn ick in mein Strohsack 'n paar Bienen fange, denn heb ick se dir uff, denn kannste ne Imkerei mit ereffnen.

VATER Bei mir jibt et keene Bienen nich, die schleppst du hechstens rin in dein dreckijes Hemde. *Er geht, schließt die Tür von außen.*

ZECK So, nu woll wa mal. *Zieht eine Schnapsflasche aus der Tasche, tut einen mächtigen Zug. Die andern verteilen sich inzwischen auf die freien Betten.*

ZECK *setzt die Flasche ab, fährt auf Buttje los* Mensch, du hast dir ja zwee Decken jenommen! Wat bildstn du dir eijentlich in!

BUTTJE Ich brauch doch eine für untern Kopp, dat s-teht mir zu!

ZECK So, unter dein Butterkopp willste ne Decke haben, und der Junge da hat gar keene? *Auf Gebweiler deutend, der auf einem Unterbett sitzt* Siehste nich, wie der bibbert?

BUTTJE Wem jeht denn dat nichts an, he? Wem jeht denn dat nichts an?

ZECK *reißt Buttjens zweite Decke weg* Hier, Junge, haste ne Decke. Siehst ja aus wie Keese mit Kalk. Los, stoß dir mal 'n wahren Jakob runter! *Gibt ihm die Flasche.*

GEBWEILER *ein schmächtiger junger Bursche, trinkt einen Schluck, ohne Zeck anzusehen.*

ZECK Der hat ja noch nich mal ne Jacke an. Und janz dinne Drilchhosen, det sind ja Kommißbüchsen, wo hastn die her?

GEBWEILER *wendet sich zur Wand.*

ZECK Na nich, ick muß et ja nich wissen, det jeht mir nischt an.

BUTTJE Dir geht dat überhaupt nichts an, du ausges-puckte S-tintgräte!

ZECK Schnauze!! *Trinkt wieder.*

KALLENBERG Zeck! Kannst mir nich forn Sechser Schnaps ablassen?

ZECK Nee, ick vakoofe keen Schnaps, da mußte bei Jeroldn jehn.

KALLENBERG Denn laß mir man umsonst, mir's flau.

ZECK Ausjeschlossen. Du bist mir nich sympathisch.

KALLE Der is wohl hier der liebe Jott, is der wohl hier.

ZECK *trinkend zu den andern* Ick hab 'n preißischen Wahlspruch: suhm kwickwe, det heißt uff deitsch: jedem det Seine, mir det mehrste. Wer is hier Skatspieler?

JUPP *im Aachener Tonfall* Aech. Aech speel awwer nor um Goldstöckelcher.

ZECK Det is mein Mann, wo is der dritte?

ZWEI ANDRE *kommen dazu.*

ZECK So is recht. 't Spiel verdirbt 'n Charakter. Man ran an Speck.

Sie setzen sich im Hintergrund. Zeck mischt die Karten. Während des Folgenden in Abständen die halblauten Redensarten und Sprüche der Skatspieler »Raus mit de Mutter in die Frühlingsluft!« – »Passe!« – »Oller Mauerkopp!« – »Pikus der Waldspecht!« – »Der hat ausjelitten!« – »Bitte, wat liecht, liecht!« – »Den haste jesehn!« – »Jespielt wie ne jesengte Sau!« – »Jejn Misthaufen kannste nich anstinken!« – *und so weiter, dazu Kartenklopfen, Mischen, leises Pfeifen.*

VOIGT UND KALLE *sitzen im Vordergrund auf einer Bettstelle.*

KALLE *wickelt einen Harzerkäse und ein kleines Stück Brot aus einem Sacktuch* Wolln ma Fettlebe machen. Hier, hastn halben Harzer, knie dir rin.

VOIGT Nee, Kalle, iß man alleene. Ick hab keen Hunger.

KALLE *essend* Dir steckt wat in de Neese, Mensch, det seh'ck dir doch an. Willem, det lange Popeln hat keen Zweck. Wennste 'n Ding im Hals hast, denn hustet ma raus. Ick wer dichthalten, det weeßte.

VOIGT Wennste mitmachst, Kalle, denn wär det 'n Masseltopp. Alleene komm ick nich rin.

KALLE *rückt dicht zu ihm* Wat denn? Wo denn? Steckt Pinkepinke drin?

VOIGT In Potsdam, int Polizeirevier, da hat det Fenster keen Gitter und jeht nachn Hof, da is keene Wache nachts. Man mißte erst ieber de Mauer, det jeht zu zweit, und denn brauchste nur de Scheibe einzudricken. De Aktenschränke ham jewöhnliche Schlösser, die knackste mitn jebogenen Zimmernagel.

KALLE *enttäuscht* Wat willstn in Potsdam auft Polizeirevier? Da is doch nischt zu holen.

VOIGT Kalle, da hamse mein janzes Vorleben in de Personalakten, da brauch ick nur uffzuschlagen unter Vau. Ick wollte mir da anmelden, da hamse alles einjefordert: de Jerichtsurteile und de Zuchthausentlassung und de janzen Polizeiberichte, det brauch ick nur in Ofen zu stecken, denn is et wech.

KALLE Plemplem, Willem, wat?

VOIGT Nee, Mensch, det hab ick scharf ausbaldowert, da hamse ooch 'n janzen Schrank voll Paßjeschichten, da hamse richtige scheene Pässe hamse da ze liegen, zum Überschreiben oder Verlängern, und 'n

Dienststempel und Stempelmarken und Stempelpapier, da findste alles, watste zum Leben brauchst.

KALLE Is da ooch ne Kasse in?

VOIGT Jewiß doch, Mensch, da wird ooch ne Kasse sind, freilich is da ne Kasse, da is doch ooch 'n Jerichtsvollzieher und ne Jemeindesteuer bei.

KALLE Wenn keene Kasse is, denn mach ick nich mit.

VOIGT De Kasse, die kannste janz alleene behalten, da will ick nischt von haben als 'n Billett an de behmische Grenze, det kost nich ville.

KALLE Ick muß mir dat ieberlejen. Wenn keene Kasse is –

VOIGT Natierlich is da ne Kasse. Und 'n janzer Schrank voll Formulare. Und de janzen Personalpapiere. Da mach ick Schluß mit. Denn bin ick jestorben. Und denn mach ick rieber, da jibt et ne Menge Schuhfabriken, in Prag und in Budweis, weeßte

KALLE Wenn da ne Kasse is, denn kennt man drieber reden.

VOIGT Da wird keene Kasse sind! In Potsdam! Det is 'n reiches Nest. Is doch uff jede Polizei ne Kasse.

KALLE Man kennt ja mal rinkieken. Da kann ja nich viel passieren bei.

VOIGT Denn hätt ick 'n Paß – und denn fang ick janz von vorne an –

Von ferne hört man das Kasernensignal: »Zu Bett!«

BUTTJE Jetzt müssen de Hämmel in S-tall. *Singt auf die Melodie des Signals*

»Beim Mädchen steht der Musketier,
Und mechte noch eenmal mit ihr,
Zu spät, zu spät, zu spät.«

ZECK Laß det Jegröle sind, det stört mir bei de Kopparbeet. Nulluwehr!

Erregung bei den Spielern

BUTTJE Ich kann hier singen, wenn ich singen will! Dat hat mir kein Mensch nich zu verbieten. Wer keine Musik nich liebt, dat is 'n schlechter Mensch und soll sich de Ohren abschneiden. *Singt* »So foahren wir, so foahren wir, wohl auf der blauen Säi – «

ZECK Mensch, wennste de Musik nich halten kannst, denn heirat ne Engroswarenhausbesitzerstochter und laß dir in Jrunewald 'n Musiksalong inrichten. Hier hältste de Schnauze, sonst wer'ck dir mal de Vorderfront verschalen, oller Zimmermann.

BUTTJE Nur man tau, du hast wol lang keine Backzähne mehr geschluckt.

Er hört aber vorsichtshalber zu singen auf, nimmt die Mundharmonika aus der Tasche, klopft sie aus, spielt.

JUPP Där is bein lieben Jott, dein Nulluwähr.

ZECK Scheibe links. Schon wieder valoren. Jupp, du nimmst mich meine letzten Hosenkneppe ab. Dazu kommste nach Berlin, wat?

JUPP Du spielst wie 'n Jäck, Junge. *Mischt*

ZECK Sag ma, Mensch, wat suchste eijentlich wirklich hier in 'n Rabattentreterbatalljon? Du bist doch 'n Bergmann, warum jehste nich int schwarze Revier?

JUPP In Bärchbau, da hänn ich kein jute Ruf. Ich hanne mal 'n Obersteijer afjebaut.

ZECK Wie hastn det jemacht, erzähl ma!

JUPP Da is jarnix zu verzälle bei. Dat war so ne fiese Möpp, immer 'n Herrn Inschenier und 'n Herrn Direktor int Blasrohr jekrochen und 'n Kumpel aufn Kopp jespuckt, so einer war dat.

ZECK Die Sorte kenn wa. Na weiter.

JUPP Auf mech hat er's besonders scharf jehätt, ech ben em emmer offjefalle. Jupp, din Latern is nich jeputzt, Jupp, din Leder is nich jewasche, Jupp, din Hammer hat Rost anjesetzt. Dat hänn ich mir nu 'n paar Jahre anjehört, dann is mir dat Fädche jerisse. An 'n Montagmorjen fahr ich ein, da kömmt er mir entgege und hätt 'n Sonntag noch nich ausjeschlafe. Jupp, du hast mich nich jegrüßt, schnauzt er mich an. Nä, sag ich, dat mach ick auch näch, da biste mir viel zu fies for. Leder vom Kopp, schreit er, oder ich wer Sie zur Mäldung brenge! Da han ich min Braunkohlenspitzhack hochjenomme und hännem 'n Scheitel jezoge.

ZECK Jeschieht en janz recht, son Dreckhammel.

JUPP Och, dat war 'n janz feiner Minsch, der hat jeden Sonntag 'n steifen Kragen umjebunde.

ZECK Wat hasten jekriegt?

JUPP Dat war in Effekt, verstehste, da konnten se mir nich viel mache. Un de Jenossen han alle jut ausjesagt. Die paar Jahr han ich auf de linke Backe afjesesse. Aber in Bärchbau, da bin ich nich jut anjeschriebe seit der Zeit.

ZECK Prost, Jupp, bist 'n Aas uff de Geije, heb man een. *Gibt ihm die Flasche.*

JUPP Schippe is Trump, raus mit de wilde Katz! *Spielt aus.*

KALLE Wennste meinst, Willem, denn kenntn wa morjn uff de Nacht riebermachen. 'n Browwing hab ick ooch.

VOIGT Den laß mal zu Hause. Wo hast 'n ieberhaupt her?

KALLE Ick hab 'n besseren Herrn in de Tasche jegriffen, ick dachte, es wär 'n Portmonneh. Aber det war ooch 'n Griff. *Läßt den Revolver sehn* Siehste? Da richtige kleene Hosenknipser. Is noch jeladen.

VOIGT Da brauch wa keen Revolver zu, is ja keene Wache da. Laß den mal wech. Wenn's schief jeht, und du hast ne Waffe, denn biste verratzt.

KALLE Glaubste denn, daß de Kiste brenzelt?

VOIGT Nee, nee, da kann nischt passieren bei. Ick meine nur so. Man soll 'n lieben Gott nich in de Nase kitzeln, sonst niest er.

KALLE Wolln de Sache mal beschlafen.

VOIGT Ich kann jar nich mehr pennen, Kalle. Mir jeht det immer in Kopp rum. Un denn hör ick ooch immer –

KALLE Wat hörste?

VOIGT Trommeln. Un Glocken, weeßte. Manchmal janz hell, wie wenn 'n Glas springt. Un denn rauscht et wieder, als wennste an sone Muschel horchst.

KALLE Det kommt von Ohrenschmalz, Willem. Du mußt dir mal mitn Finger voll Spucke in de Leffel fahren.

VOIGT In Einzelzelle, da ha'ck nachts immer det Ohr an de Mauersteine jelegt. Erst war lange nichts – denn kam son janz leises rieselijes Knistern, janz von innen ausn Stein raus. Da hab ick mir jesagt: jetzt wächst er wieder.

KALLE Wer, der Bohrwurm oder dein Piepmatz in Kopp, wat?

VOIGT Der Stein, Kalle! Det verstehste nich, da biste noch zu kleen vor. Du denkst noch, wat jebaut is, dat hält, und wat fest is, det bleibt ooch fest. Nee, Mensch. Det wächst alles, 'n Stein so gut wie 'n Appelkern. Nur geht det nich so rasch, und es merkt ooch keener.

KALLE Is ja Mumpitz. Det de Bartstoppeln wachsen, det merkste, sonst merkste jarnischt.

VOIGT Unter sone große Stadt, mit all ihr Jebumms und Jemäuer, da is ja ooch noch Erde drunter, Sand, Lehm und Wasser, nich? Und in 'n Menschen sein Kopp, da sind Jedanken inne, und Wörter, und denn det Jeträumte, det wird immer mehr, det wächst alles, et weiß nur noch keener, wo det mal hin soll.

KALLE Ick wer mal drieber schlafen, valleicht weeß ick's denn morjn frih. *Er legt sich zurück, zieht sich die Stiefel aus.*

VOIGT *lacht leise* Wenn ick 'n Paß habe – und über de Grenze bin – denn mach ick einfach zu Fuß weiter. Da kommt det böhmische Riesenjebirge, det is groß.

KALLE *gähnend* Ick jeh nich mehr tippeln. Ick hab immer gleich beese Fieße. Et jeht auch uff Herbst, Willem.

VOIGT In September is immer scheen. Und in de Täler dreschen se det

Sommerjetreide aus, da wird noch handjedroschen, da haste leicht wat zu tun, forne Suppe und 'n Happen Brot.

KALLE Son Hundeleben.

VOIGT Sag det nich. Da biste frei, dafür kannste auch mal frieren, und da haste immer 'n Weg vor, und wenn et regnet, denkste, morjn is besser ... du – wenn ick erst raus bin –

DER HERBERGSVATER *öffnet plötzlich die Tür, stößt einen Pfiff aus* Kinders, macht mal det Licht aus, et hat schon längst Zapfenstreich jeblasen. Wenn Licht durch de Ritzen fällt, denn kiekt de Patrullje rin. Wenn dunkel is, jehtse vorieber, det is vor manch eenen jemietlicher. *Geht wieder.*

ZECK Mir kann de Patrullje am Abend besuchen. Piek is Trump, raus mitn Daus.

GEBWEILER, *der die ganze Zeit mit dem Gesicht zur Wand auf seiner Bettstelle gelegen hat, fährt plötzlich herum, ganz blaß. Fast schreiend, in elsässischer Mundart* Mach das Licht züe!

ZECK Wieso denn, ick hab et ja grade erst anjestochen. Ohne Latichte kann der Mensch nich Skat spielen. *Haut eine Karte aufs Brett.*

GEBWEILER *heiser verängstigt* Mach das Licht züe! Mach das Licht züe!

ZECK Zieh doch de Decke iebern Kopp, wennste nich penne kannst.

GEBWEILER *verkriecht sich unter die Decke.*

BUTTJE Son Klöhnbruder! *Steht auf, geht zu Höllhuber, der allein und mißmutig auf einer Kiste sitzt* Sag mal, du bist doch 'n Tiroler, nich wahr, die singen doch so gerne, nich?

»Tiroler sind lustig, Tiroler sind froh –«

HÖLLHUBER Loß mi aus. I bün koan Tiroler, i bün Altbayer.

BUTTJE 'n Bayer biste! Na, das is ja dasselbe. Du, hör man zu, ich kann auch wat Bayrisches, gib man acht, dat is bayrisch, hörste? *Singt auf die bekannte Schnadahüpfelmelodie*

»Mein Vata is Budiker,
Budiker bin ick,
Mein Vata proppt de Flaschen,
De Meedekens propp ick!«

Siehste, dat war bayrisch!

HÖLLHUBER *steht auf, haut ihm eine Watschen* Da host boarisch! Saukobfeter Saukobf saukobfeter! Boarisch!! *Setzt sich wutschnaubend.*

BUTTJE *weglaufend* Dat is doch 'n büsken s-tark, so watt!!

ZECK Bravo! Die hat jesessen, Junge, die heb dir man jut uff, die brauchste nich zu vakoofen! *Er lacht brüllend.*

GEBWEILER *unter der Decke wie erstickend* Mach das Licht züe! Se chumme! Se chumme!!

Es pocht an die Tür. Gleich darauf wird sie von außen geöffnet. Der Herbergsvater läßt die Patrouille ein. Totenstille im Raum

FELDWEBEL Aufstehn! Mal alles von den Betten wegtreten. *Zum Herbergsvater* Papiere in Ordnung?

VATER Det wird schon allens stimmen. Sin lauter Tippelkunden.

FELDWEBEL Wer mal 'n paar Stichproben machen.

BUTTJE *zerrt Gebweiler aus der Decke, mit peinlicher Diensteifrigkeit* Aufstehn sollste, hörste nich? Aufs-tehn, aufs-tehn!!

FELDWEBEL *zu Zeck* Paß vorzeigen!

ZECK Jottedoch, den ha'ck vasehntlich aufn Abort liejn lassen.

FELDWEBEL Machense keine Witze. Habense keinen Paß?

ZECK Ick sage ja, aufn Abort muß er liegen, drieben in 'n Strammen Hund, da kennense kieken jehn, wenn er nich rinjefallen is.

FELDWEBEL Wat hamse denn da in der Hand?

ZECK 'n tiptopes Spielchen, wollense ma kiebitzen? *Hält ihm seine Karten hin* Aba nich ausplauschen!

FELDWEBEL Kerl, ich lasse Sie gleich abführen. Habense sonstige Ausweispapiere?

ZECK *greift in seine Tasche* Woll ma sehn. Ach, sieh ma – da is ja mein Paß! *Hält ihm grinsend den Paß hin* Vazeihnse mal, da hatt ick mir jetäuscht.

FELDWEBEL *verlegen* Sie haben's grad nötig. Wenn die Sache nich in Ordnung is, kommense mit auf Wache.

ZECK Da wollt ick schon immer ma hin. Da sollt son juten Schnaps jeben.

FELDWEBEL Seinse still! Ich geb Ihnen gleich 'n Schnaps! *Studiert den Paß.*

BUTTJE *hat inzwischen von Gebweiler abgelassen, der schlotternd im Schatten neben seiner Bettstelle stehenbleibt. Jetzt drängt er sich an den Feldwebel* Hier ist mein Wanderschein, im Polizeipräsidium ges-tempelt.

FELDWEBEL *schiebt ihn beiseite, übersieht rasch die vorgehaltenen Papiere der anderen, sieht Voigt an* Was haben Sie denn da?

VOIGT *gibt ihm ein Papier* Ick hab nur 'n Entlassungsschein aus de Plötze. 'n Paß hamse mir nich ausjestellt.

FELDWEBEL *sieht den Schein* Is gut. Sehnse zu, daß Sie 'n Paß kriegen.

VOIGT Dankscheen. Ick wer's versuchen.

FELDWEBEL Das genügt für heute. Ich bitte mir aus, daß hier jetzt Ruhe herrscht.

VATER Ick wer de Lampen rausnehmen, Herr Feldwebel.

ZECK, *dem der Feldwebel seinen Paß zurückgibt* Is was nich in Ordnung, Herr Feldwebel? Det wär mir neemlich sehr unanjenehm.

FELDWEBEL Haltense 'n Rand, sonst nehme ich Sie doch noch mit. Vorwärts marsch.

DER GEFREITE *hat die ganze Zeit Gebweiler angestarrt, der unter dem Blick immer unruhiger wurde* Verzeihen Herr Feldwebel, ich habe eine Beobachtung gemacht.

FELDWEBEL Was denn? Raus damit!

GEFREITER Der Mann in der Ecke – der Mann in der Ecke, das scheint mir der Louis Gebweiler zu sein, der Deserteur, auf den ein Steckbrief ausgehängt is.

FELDWEBEL *geht auf Gebweiler zu.*

GEFREITER Er war ja bei der Sechsten, aber ich hab 'n oft im Kasernenhof gesehn.

FELDWEBEL *sieht Gebweiler scharf an* Sind sie der Deserteur Gebweiler?

GEBWEILER *gibt keine Antwort.*

FELDWEBEL Papiere vorzeigen!

GEBWEILER *rührt sich nicht.*

FELDWEBEL Kommen Sie mit.

GEBWEILER *in Todesangst* Nein, nein, ich bin das nicht --

GEFREITER Das is er, das is er! Haben Herr Feldwebel gehört, wie er spricht? *Macht ihm nach* Ich bin das nicht! Das is er!

FELDWEBEL Da ham wa ja 'n schönen Fang gemacht. Nehmt den Mann in die Mitte! *Zum Gefreiten* Ich werde Sie morgen beim Appell dem Kompanieführer vorstellen.

GEFREITER *reißt begeistert die Knochen zusammen.*

GEBWEILER Nein, nein, ich bin's nicht, ich will nicht –

FELDWEBEL Faßt 'n an!

DIE SOLDATEN *packen ihn.*

GEBWEILER *kurz aufschreiend* Mama! *Er verstummt.*

BUTTJE *lacht* Mamma hat er jerufen.

DIE ANDEREN *schweigen.*

FELDWEBEL So 'n blöder Hammel. Warum läuft er wech? Bei uns wird keiner gebissen. Die zwei Jahre sind nur gesund. Da lernt man was, und da kann man auch vorwärtskommen. Jetzt werdense dir die Hammelbeine lang ziehn, kriegst mindestens fünf Jahre Festung und wirst in die zweite Klasse des Soldatenstandes versetzt. Das hättste dir sparen können. Na, is'n Wackes, da is kein Wunder. Die Drilchhose hat er auch noch an. Diebstahl von Heeresgut, das verschärft die Sache. Im Krieg wird so einer glatt an die Wand gestellt.

ALLE *haben seine Rede schweigend angehört. Keiner regt sich.*

FELDWEBEL Na denn, vorwärts marsch! *Nicht ohne Gutmütigkeit* Faßt 'n unter, der kann ja nicht gehn alleine. Zu dumm, son Kerl. Gute Nacht *Ab. Gebweiler zwischen den beiden Soldaten unter Führung des Gefreiten voraus*

VATER Kinder, det war 'n beeser Schreck, mir is janz kalt in de Knochen. *Er nimmt die Lampen ab* Los, in de Falle, ick muß jetzt duster machen. Der arme Teifel, den hättense können loofen lassen. Is ja noch 'n Kind.

ZECK Vafluchte Lausebande. Wenn's nach mir ginge, ick würde de janzen Kasernen in de Luft sprengen, und de Zuchtheiser, und 'n Reichstach und ieberhaupt allens.

VATER Fluch nich, Zeck, Ordnung muß sind. Jetzt pennt man. *Mit den Lampen ab*

Es wird dunkel und still.

ZECK *vor sich hin* Vafluchte Lausebande.

VOIGT *im Vordergrund auf dem Bett. Leise* Kalle – Kalle –

KALLE Ja?

VOIGT Kalle, morjn uff Nacht. Du läßt mir nich im Stich, Kalle? Ick muß 'n Paß haben, Kalle, ick muß hier raus.

KALLE *schon im Halbschlaf* Wenn da ne Kasse is – *Er atmet tief.*

VOIGT Kalle – schläfste, Kalle? – Herrgott – wenn ick erst raus bin –

Dunkel

SIEBENTE SZENE

Personen: A. Wormser, Willy Wormser, Wabschke, Obermüller

Wormsers Uniformladen in Potsdam. Willy lehnt am Ladentisch und liest Zeitung. Militärmusik fern, Trommeln und Pfeifen

HERR WORMSER *kommt aus seinem Büro.*

WILLY *versucht rasch, die Zeitung wegzustecken.*

WORMSER Natürlich, da liest er wieder Zeitung. Mußte immer lesen? Zeig her, was steht drin? Ich sag ja, immer unterm Strich muß er lesen, immer unterm Strich! Les überm Strich, wenn de lesen willst! Les 'n

Kurszettel, les de Handelsnachrichten, les de Politik, intressier dich fürs praktische Leben! Was hastn da angestrichen? Gerhart Hauptmann-Premiere im Deutschen Theater, von Alfred Kerr. Was brauchste so was zu lesen, verstehste ja doch nich. Da kuckt ma mal rein, ob's 'n Erfolg war, Hervorrufe und so weiter, dann weiß man, ob man hingeht oder nicht. Grins nich so impertinent, du verstehst von so Sachen auch nich mehr wie dein Vater, bild dir das nur nich ein! Was is denn da schon wieder? *Liest* Potsdam – aufregende Verhaftung im Polizei – ziß ziß ziß ziß ziß, doch e starkes Stick. Da sinse heut nacht in unser Polizeirevier eingebrochen, ausgerechnet bei der Polizei, wollten de Kasse ausheben – ich sag ja, die Kerle sind so frech wie de Schmeißfliegen. Geschossen hamse auch, na, sie hamse wenigstens erwischt. Zwei alte Zuchthäusler natürlich – warum laßt man so Kerle überhaupt wieder raus, wennse nachher einbrechen. Da is was Interessantes – Jagdgesellschaft Seiner Majestät des Kaisers in Rominten – fabelhaft! Sechs regierende Fürstlichkeiten unter den Tischgästen – also bei so was möcht ich mal dabei sein, und wenn's als Kellner wär. Ja, unser Kaiser, der imponiert mer, der Mann hat 'n großen Zug. Da, les die Tischred, die er wieder gehalten hat – da kannste was lernen, das is Stil, das is Geist, da is Schwung drin! Was is denn, Wabschke?

WABSCHKE *ist von der Seite hereingekommen, mit Schlettows Uniform überm Arm* Ick wolltse ins Schaufenster hängen, bis wa mal einen für finden. Wozu ham wa uns nu de janze Arbeit mit de Jesäßkneppe jemacht.

WORMSER Bezahlt war se auch noch nich. Na, jetzt brauch ich wenigstens nich zu mahnen. Schade, der Schlettow – das war 'n ordentlicher Mensch. Hängense mal hin, da die Litewka kann weg, die is nich mehr Mode, die trägt ma jetzt nur noch in Silbergrau.

OBERMÜLLER *tritt ein. Er ist etwa dreißig Jahre alt, gut gewachsen, mit sichtbarer Anlage zur Korpulenz. Zwicker und blondes Schnurrbärtchen geben seinem Gesicht einen etwas besorgten Ausdruck, der auch seine Sprache und seinen Tonfall färbt. Trotzdem hat alles, was er sagt, den ernsten Klang einer wohlfundierten idealistischen Überzeugung. Er trägt die Uniform eines Einjährigen Vizefeldwebels* Guten Morgen, Herr Wormser!

WORMSER Guten Morgen, guten Morgen, Herr Einjähriger – wie war doch rasch der Name –?

OBERMÜLLER Obermüller. Doktor Obermüller aus Köpenick.

WORMSER Richtig, verzeihense, lang nich mehr gesehn, und was wird gebraucht, Herr Doktor?

OBERMÜLLER Nun, es handelt sich diesmal um –

WORMSER *unterbricht* Darf ich raten? Kann ma gratulieren, sin mer so weit? Na, na, kann ich raten? Kann ich raten??

OBERMÜLLER Allerdings. Der Bataillonsadjutant hat mir heute mitgeteilt, daß meine Ernennung zum Leutnant der Reserve soeben erfolgt ist, es kam mir etwas überraschend, ich muß nun sehen, wie ich mit der Equipierung fertig werde. Sie müssen mir da helfen, Herr Wormser –

WORMSER Gemacht, gemacht, aber das sag ich Ihnen gleich, Herr Doktor, gute Arbeit braucht gute Zeit. Sie wollen doch auch was vorstellen in Ihrem neuen Glanz. Nein, das freut mich, das freut mich aber wirklich für Sie. War doch erst Ihre zweite Übung, nich?

OBERMÜLLER Die dritte, Herr Wormser, die dritte. Ich hatte nämlich einige Schwierigkeiten mit dem Schießen, wegen meiner Kurzsichtigkeit. Aber – das hab ich nun Gott sei Dank hinter mir.

WORMSER Recht so. Muß 'n schönes Gefühl sein, wenn man auf einmal mit Herr Leutnant angeredet wird, das schmeichelt den Gehörknöchelchen. Wissen Sie, ich sage immer: vom Gefreiten aufwärts beginnt der Darwinismus. Aber der Mensch, der Mensch fängt erst beim Leutnant an, is nich so, is nich so?

OBERMÜLLER Das möchte ich nicht gerade behaupten – aber – für meine Laufbahn ist es natürlich außerordentlich wertvoll. Ich brauche die Uniform wirklich besonders eilig, Herr Wormser, ich –

WORMSER Wabschke, holense 's Maßbuch. Sie sind doch Staatsbeamter, Herr Leutnant, nich?

OBERMÜLLER Meine Mutter kommt nämlich zu Besuch, sie legt besonderen Wert drauf, sie ist ja aus einer Offiziersfamilie. Ich? Kommunalbeamter, Herr Wormser. Nun ja, ich wollte eigentlich in die Politik gehn – ich hätte mir vorgestellt, als Nationalökonom, etwa im Rahmen der Fortschrittlichen Volkspartei, für das Gemeinwohl zu wirken – vor allem schriftstellerisch – aber – dazu gehören Mittel.

WORMSER Beamter is auch immer sehr schön.

OBERMÜLLER Gewiß doch, man kann gut vorwärtskommen – ich bin jetzt schon im Köpenicker Stadtmagistrat; wenn ich Glück habe, kann ich mal Bürgermeister von Köpenick werden – *mit leisem Lächeln* –, so was ist natürlich auch eine Wirksamkeit zum Wohle des Volksganzen.

WORMSER Na, zum Reserveleutnant hamse's ja schon gebracht, das is die Hauptsache, das muß man sein heutzutage – gesellschaftlich – beruflich – in jeder Beziehung! Der Doktor ist die Visitenkarte, der Reserveoffizier ist die offene Tür, das sin die Grundlagen, das is mal so!

WABSCHKE Da beißt de Maus keen Faden ab.

WORMSER Seinse still, Wabschke, Sie sind nich gefragt. Wissense was, Herr Leutnant, da fällt mir was ein, ich hätt was für Sie – wennse's so eilig haben – schlupfense mal in den Rock rein! Der müßt Ihnen grad passen! *Nimmt Schlettows Uniform von der Stange.*

OBERMÜLLER Das ist ja ein Hauptmannsrock, so weit sind wir noch nicht, Herr Wormser! *Lacht*

WORMSER Kommt noch, kommt noch! Wir müßten nur 'n paar kleine Änderungen machen, und andere Achselstücke, denn is die Sache bong. Knöpfense mal zu, Wabschke.

WABSCHKE Sitzt, als wär er for Ihnen zujeschnitten. Nur um de Hüften 'n bisken knapp.

OBERMÜLLER Ja, ich habe etwas starke Hüften, das ist eine Berufskrankheit sozusagen, das macht die sitzende Lebensweise.

WORMSER Ich wer Ihnen mal was sagen. Die Uniform nehmense. Ne neue dauert acht Tage, drunter is nich zu machen. Und überhaupt, es kost Sie billiger, und sie is noch gar nich getragen, funkelnagelneu, ich habe se in Kommission übernommen, der Herr hat quittieren müssen – *senkt die Stimme* –, habense nichts von dem skandalösen Vorfall gehört – »cherchez la femme«, natürlich.

OBERMÜLLER Nein, danke, ich interessiere mich gar nicht für Skandalaffären. Im Munde der Öffentlichkeit werden solche Dinge doch immer entstellt.

WORMSER Meine Rede, Herr Leutnant, meine Rede! Was sag ich immer! Nur kein Klatsch, nur kein Geschwätz, die Hälfte is gelogen, die andre Hälfte geht mich nichts an. Bei uns wird so viel ins Geschäft getragen – da hör ich einfach gar nich zu. Na, schaunse mal in Spiegel, wie gefallense sich als Offizier?

OBERMÜLLER Nicht übel! Nicht übel! *Tritt etwas zurück, nimmt den Zwicker ab, besieht sich von oben bis unten* Kleider machen Leute, da ist nun doch was Wahres dran. So ne Uniform hebt entschieden – es geht ein gewisser Zauber von ihr aus –

WORMSER *macht indessen hinten ein paar Kreidestriche* Sehnse, Wabschke, hier – und da – un da – das is ne Kleinigkeit. Ja ja, da sieht ma, was ma wert is, Herr Leutnant, nich? Das Schöne is, daß man was geworden is, was nich jeder werden kann, das macht Spaß! Gebense mal de Stecknadeln, Wabschke!

OBERMÜLLER Umgekehrt, lieber Herr Wormser, grad umgekehrt! Das Große ist bei uns die Idee des Volksheeres, in dem jeder Mann den Platz einnimmt, der ihm in der sozialen Struktur der Volksgemeinschaft zukommt. Freie Bahn dem Tüchtigen! Das ist die deutsche Devise! Die Idee der individuellen Freiheit verschmilzt bei uns mit der konstitutionellen Idee zu einem entwicklungsfähigen Ganzen. Das System ist monarchisch – aber wir leben – angewandte Demokratie! Das ist meine Überzeugung!

WORMSER Sicher, sicher, das will ich meinen, bei uns is mehr Freiheit wie in soner Republik, da könnten se all was lernen von. So, jetzt is alles in Ordnung. Also mit der Uniform habense Glück gehabt, Herr Leutnant.

OBERMÜLLER Nun ja, wenn's rascher geht – ich hätte mir natürlich lieber eine neue – aber – der Eile halber –

WORMSER Sie könnense morgen fertig anziehn. Dann nehm wir gleich Offizierskoppel zum Unterschnallen, Bandelier, Degen, Mütze, Helm, wie is Ihre Koppnummer, Herr Leutnant?

OBERMÜLLER Neunundfünfzig. Ich habe einen ziemlich ausgebildeten Schädel.

WORMSER Da is auch was drin! Willy, helf 'm Herrn Leutnant in sein Rock, sei e bißje gefällig.

Militärmarsch, Blechmusik, näherkommend

WORMSER Prachtvoll, son alter Preußenmarsch, was? Das reißt ein'n hoch, das geht ein'n in de Knochen!

WABSCHKE Da kann 'n Laubfrosch Polka tanzen lernen.

WORMSER Seinse ruhig, Wabschke, Sie sind unmusikalisch. Also nochmals meinen herzlichsten Glückwunsch, Herr Leutnant, es hat mich sehr gefreut.

OBERMÜLLER Danke, danke sehr, Herr Wormser.

WORMSER Sagen wir, morgen um dieselbe Zeit is alles fertig. Is recht?

OBERMÜLLER Das ist mir sehr lieb, Herr Wormser, meine Mutter kommt nämlich morgen zu Besuch, ich habe ihr depeschiert, da möchte ich natürlich gern –

WORMSER In Uniform – freilich, selbstverständlich! Die Frau Mutter wird e Freud haben an son strammen Leutnant!

OBERMÜLLER Ja ja – meine Mutter legt nämlich großen Wert – auf Wiedersehn, auf Wiedersehn, Herr Wormser!

WORMSER Auf Wiedersehn, Herr Leutnant, auf Wiedersehn!

Komplimentiert ihn bis zur Tür.

OBERMÜLLER *ab*

WORMSER Der hat's geschafft. Was heutzutag nich alles Offizier wird! Nemm dir e Beispiel, Willy!

Dunkel, Militärmarsch, nah, mächtig

ZWEITER AKT

ACHTE SZENE

Personen: Zuchthausdirektor, Anstaltsgeistlicher, Aufseher, Sträflinge, darunter Wilhelm Voigt

Die Zuchthauskapelle in der preußischen Strafanstalt Sonnenburg. Sie gleicht einem nüchternen Vortragssaal mit erhöhtem Podium. Die einzelnen Sitze für die Sträflinge sind durch hohe Rücklehnen und gleichhohe Seitenwände voneinander getrennt, so daß jeder für sich allein in einem nach vorne offenen Holzkasten sitzt. Vergitterte Fenster. Wachen rechts und links am Ausgang. Die Aufseher sitzen abgesondert auf Stühlen.

DER ANSTALTSGEISTLICHE *steht auf dem Podium, dirigiert.*

DIE GEFANGENEN *stehend, mit Gesangbüchern in der Hand, singen den Choral*

»Bis hierher hat uns Gott geführt
In seiner großen Güte –«

DER GEISTLICHE *nach Schluß der Strophe* Genug für heute. Gesangbücher einsammeln.

DIE AUFSEHER *sammeln ein.*

GEISTLICHER An Stelle einer Predigt wird heute zur Feier des vierzigsten Jahrestages unseres großen Sieges bei Sedan der Herr Direktor persönlich eine Stunde vaterländischen Unterricht abhalten.

EIN STRÄFLING *unsichtbar* Ahh – !

GEISTLICHER Wer war das? Nun, ich will annehmen, daß dies ein Laut aufrichtiger Freude war. Ihr wißt alle, wie viele Bevorzugungen und Erleichterungen ihr der Güte eures Direktors zu verdanken habt. Benehmt euch darnach. Hinsetzen. *Er geht.*

DIE GEFANGENEN *setzen sich.*

DIREKTOR *tritt ein. Die Gefangenen springen auf. Der Direktor ist ein würdiger Herr mit langem, grauem, in der Mitte zwiegeteiltem Bart. Über dem Bart ein rundes, rosig freundliches Gesicht mit glänzender, glatter Stirn. Er trägt einen grauen Anzug mit langen Rockschößen* Guten Morgen, Leute!

DIE GEFANGENEN *brüllen* Guten Morgen, Herr Direktor!

DIREKTOR *auf dem Podium* Abzählen!

DIE GEFANGENEN *zählen auf militärische Weise ab, von 1 bis 30.*

DIREKTOR Recht so! Das klappt schon ganz vorzüglich. Eins bis sieben

Kavallerie, acht bis zwölf Artillerie, dreizehn bis vierundzwanzig Infanterie, der Rest Genietruppen, Train und Sanität. Setzt euch!

DIE GEFANGENEN *setzen sich.*

DIREKTOR Wie ihr wißt, schreiben wir heute den zweiten September. Da fällt mir übrigens ein, morgen, am dritten September, findet doch eine Entlassung statt. Wer ist das gleich?

VOIGT *steht auf.*

DIREKTOR Ah, Sie sind das, Voigt, nicht wahr?

VOIGT Jawohl, Herr Direktor.

DIREKTOR Wie lange waren Sie jetzt bei uns?

VOIGT Zehn Jahre, Herr Direktor.

DIREKTOR Weswegen sind Sie eigentlich hergekommen?

VOIGT Wegen Einbruch ins Potsdamer Polizeirevier. Ick wollte mir da –

DIREKTOR Ja, richtig. Nun, lieber Freund, Sie haben sich durch eine untadelige Führung und durch Ihre Arbeitsamkeit die Schätzung Ihrer Vorgesetzten erworben. Hoffen wir, daß – aber darüber wollen wir uns morgen noch unterhalten, nicht wahr?

VOIGT Gern, Herr Direktor.

EIN AUFSEHER *springt in diesem Moment in eine der hinteren Reihen* Hände ruff! Hände ruff! So, dich hätten wa.

DIREKTOR Was ist denn los, was soll denn das heißen?

AUFSEHER Da hinten hamse wieder jeschmuggelt. Ick habse schon de janze Zeit heimlich im Auge jehabt.

DIREKTOR *tadelnd* Das hätte ich am heutigen Tage nicht erwartet. Was haben sie denn da?

AUFSEHER Hier, 'n Viertel Kantinenwurst hat er gegen zehn Zigaretten einjetauscht, und im Ärmel hat er 'n Kassiber stecken.

DIREKTOR Einen Kassiber? Was steht denn drin?

AUFSEHER Nichts. Is nur gezeichnet.

DIREKTOR Zeigen Sie mal her.

AUFSEHER Verzeihung, Herr Direktor. Schweinerei.

DIREKTOR Schämen Sie sich. Das will ich gar nicht sehen. *Er zerknüllt den Kassiber, steckt ihn in die Tasche.* Die Zigaretten werden beschlagnahmt. Sie ahnen ja gar nicht, wie Sie mit solchem Gift Ihre Gesundheit schädigen. Ich rauche überhaupt nicht. Die Wurst mag er behalten, aber zum Essen, nicht zum Tauschhandel!

AUFSEHER *gibt dem Gefangenen die Wurst zurück* Hier, steck se in.

DIREKTOR Stecken Sie sie ein. Sie wissen, ich lege Wert darauf, daß die Anstaltsinsassen immer mit Sie angeredet werden.

AUFSEHER Pardong, Herr Direktor, det hatt ick nur verschluckt.

DIREKTOR Also wir haben uns hier zusammengefunden zur Feier des zweiten September, des Sedantags. Sechzig Millionen deutsche Herzen schlagen höher bei dem Gedanken, daß heute vor vierzig Jahren unser glorreiches Heer auf blutiger Walstatt den entscheidenden Sieg errang, der uns erst zu dem gemacht hat, was wir sind. Viele unserer Mitbürger gedenken heute in stolzer Freude eines ihrer Anverwandten, der diesen Sieg mit erringen half. Auch ich hatte, wie ihr wißt, das unvergeßliche Glück, als junger Kriegsfreiwilliger an diesem großen Tage vor dem Feind zu stehen. Dieses höchste Glück, einen Krieg fürs Vaterland mitzumachen, kann natürlich nicht jeder Generation beschieden sein. Auch diejenigen, welche in den Zwischenzeiten in friedlicher Arbeit ihrer Heimat dienen, erfüllen eine hohe Mission. Vor allem hat die segensreiche Einrichtung der allgemeinen Wehrpflicht unsrem Volke in seinem stehenden Heer eine lebendige Kraft geschaffen, die auch in Friedenszeiten unsre sittliche Festigkeit und unsre körperliche und geistige Gesundheit gewährleistet. Vielen von euch war es leider durch frühe Schicksalsschläge versagt, diesem Heer anzugehören und, Schulter an Schulter mit fröhlichen Kameraden, im Wehrverband zu stehen. Was euch dadurch an hohen Werten verlorengegangen ist, habe ich immer nach besten Kräften mich bemüht, euch hier an der Stätte neuer Erziehung und neuer Wegweisung, soweit es angängig ist, zu ersetzen. Manch einer, der vor Antritt des Strafvollzugs noch keinen Unteroffizier von einem General unterscheiden konnte, verläßt die Anstalt als ein zwar ungedienter, aber mit dem Wesen und der Disziplin unserer deutschen Armee hinlänglich vertrauter Mann. Und das wird ihn befähigen, auch im zivilen Leben, so schwer es anfangs sein mag, wieder seinen Mann zu stellen. Kommen wir wieder auf den historischen Anlaß unserer heutigen Feier zurück. Wie ihr wißt, war es mir persönlich vergönnt, an der Erstürmung der außerordentlich wichtigen Höhe 101 teilzunehmen, eine Aktion, welche zwar nicht die Entscheidung herbeiführte, aber immerhin dazu beitrug. General der Infanterie von der Tann stand mit nur drei kriegsstarken Divisionen einer Übermacht von vier feindlichen Armeekorps unter Führung des französischen Generals Boulanger gegenüber. Unterstützt wurde unsere Aktion durch die Artillerie des dritten Korps und die erste bayrische Kavalleriedivision unter Generalleutnant Fürst Donnersmarck. – Über die Stärke und Einteilung der verschiedenen Truppenverbände seid ihr euch hoffentlich noch im klaren. Wie ist die Gliederung eines Armeekorps beschaffen? – Bulcke!

BULCKE *ein langer Kerl mit riesigen Händen, leiert herunter* Ein Armeekorps besteht aus zwei Infanteriedivisionen, die Division zu je zwei Brigaden Infanterie, einer Kavallerie- und einer Artilleriebrigade. Die Brigade besteht aus –

DIREKTOR Danke, na, Sie waren Soldat, das merkt man. Aus wieviel Kompanien besteht ein kriegsstarkes Infanterieregiment? – Pudritzki!

PUDRITZKI *klein, mit sehr starkem Stoppelwuchs und polnischem Akzent* Is sich – ise sich verschiddn, Härr Drrektrr.

DIREKTOR Unsinn! Sie lernen's nie, setzen Sie sich. Wer weiß es?

VOIGT *meldet sich unter anderen.*

DIREKTOR Gut, Voigt, Sie brauchen es nicht zu sagen, ich will Ihnen eine schwerere Frage stellen. Was versteht man unter einer Kavalleriedivision?

VOIGT *klar, ohne zu stocken* Eine Kavalleriedivision ist eine selbständige Formation, welche direkt der Armee unterstellt ist und über deren Einsatz das Armeeoberkommando je nach der Lage verfügt. Sie besteht aus drei, manchmal vier Kavallerieregimentern, denen eine Abteilung berittener Feldartillerie zur Unterstützung beigegeben ist.

DIREKTOR Bravo, Voigt! Sehr gut der Voigt! Sie haben hier ordentlich aufgepaßt und auch was gelernt. Sie werden sehen, daß es Ihnen im späteren Leben einmal von Nutzen sein wird. Treten Sie mal heraus, Sie übernehmen die Führung der Sturmregimenter, es ist ja heute das letztemal, daß Sie an unserer Übung teilnehmen. Aufseher Lorenz, teilen Sie sechs Mann ein, zwei von jeder Haupttruppengattung, die Pioniere und die Etappe brauchen wir erst später, beim Vormarsch.

AUFSEHER *ziemlich barsch* Los, eins, zwei, eins, zwei, eins, zwei, raustretent

DIREKTOR Hier herauf, aufs Podium, damit alle sehen können. Bulcke, Sie markieren die bayrische Kavalleriedivision. Voigt mehr nach vorne, diese beiden stehen hinter Ihnen, die stellen das zweite und das dritte westpreußische Grenadierregiment dar. Nein, mehr rüber, hier ist eine Bodenfalte, rechts davon ein Sumpf. Die Artillerie unterhalb des Podiums in Deckung gehen, so ist's recht, ducken, ducken. Ihr tretet erst in Erscheinung, nachdem der erste Kavallerieangriff zurückgeschlagen ist. Da, wo ich stehe, ist die Hauptmacht des Feindes zu denken, und dieser Stuhl markiert die Höhe 101. Es ist elf Uhr vormittags, gradeaus im Gelände erkennen wir eine Windmühle, dahinter steigt ein weißes Wölkchen auf. Was bedeutet das, Bulcke?

BULCKE Schlecht Wetter, Herr Direktor.

DIREKTOR Aber Bulcke, von Ihnen hätte ich eine andre Antwort erwartet! Es handelt sich natürlich um das Mündungsfeuer feindlicher Artillerie.

BULCKE Verzeihung, Herr Direktor, Se hatten das letztemal jesagt, daß es um elfe an zu trippeln fing, und da hatt ick nu jemeint –

DIREKTOR Richtig, Bulcke, das macht die Sache wieder gut, ich wußte doch, daß Sie aufpassen. Ein vorübergehender leichter Strichregen hat die Sicht etwas erschwert. Aber gegen Mittag hellt es sich wieder auf. Während nun die Kavallerie in leichtem Trab in Richtung auf die Windmühle zu vorrückt – los, los – nein, mehr hier rüber, Sie kommen ja mit Ihrem rechten Flügel in Sumpfgelände! – was tun Sie da, Voigt?

VOIGT Ick halte mir bereit und lasse auf alle Fälle mal ein Regiment ausschwärmen. Das Kommando gebe ich durch meinen Stabstrompeter. *Er ahmt das betreffende Signal nach.*

DIREKTOR Bravo, Voigt! Sie erfassen die militärische Situation, als wären Sie selbst dabeigewesen. Wo haben Sie das nur her?

VOIGT Det hat 'n Preuße im Blut, Herr Direktor. *Wendet sich zu seinem Hintermann* In Gruppen rechts schwenkt – marsch! Grade – aus!! Ohne Tritt – marsch!

DIREKTOR Nanu, was is denn, wo lassen Sie denn den Mann hinmarschieren?

VOIGT Das is det zweite Regiment, Herr Direktor, det is jetzt in Reserve, da laß ick's inzwischen an de Feldkiche marschieren. Wenn die ihre Suppe drin haben, denn sindse nachher frisch.

DIREKTOR Hervorragend, Voigt! Beispielgebend! *Zu den andern* Das ist diejenige denkende Selbständigkeit des Unterführers, die im Ernstfall benötigt wird. Ein Jammer, daß es zu spät ist, Voigt! Sie sind der geborene Soldat, trotz Ihrer O-Beine. Aber jetzt setzt sich die Kavallerie in Galopp und geht zur Attacke über! Vorwärts marsch!

BULCKE UND DIE ANDEREN *stürmen los* Hurra! Hurra!

Dunkel

NEUNTE SZENE

Personen: Frau Hoprecht, Friedrich Hoprecht, Wilhelm Voigt

Die Wohnstube bei Hoprechts in Rixdorf. Bürgerliche Einrichtung mit Sofa, Spiegel, Öldruckbildern, Kalender, Gasbeleuchtung. Zwei Türen, eine zum Gang, eine zum Schlafzimmer. Frau Hoprecht, stehend, hat einen Uniformrock mit Unteroffizierstressen überm Bügel an die Schranktür gehängt, zieht die Messingknöpfe in die Knopfgabel ein und bearbeitet sie mit einem putzmittelgetränkten Lappen. Wilhelm Voigt sitzt am Tisch, Hut und verschnürtes Paket auf den Knien, vor einer Tasse Kaffee. Er ist gekleidet wie früher.

FRAU HOPRECHT Na, Willem, nu leg man dein Hut un dein Paket wech, und fühl dir 'n bißken zu Hause. Viel könn wir dir nich bieten, du mußt halt vorliebnehmen mit dem, wie's is.

VOIGT Danke, Mariechen. Der Kaffee schmeckt scheen.

FRAU HOPRECHT Haste auch Zucker jenommen? Nimm nur orntlich Zucker, et sin ja nich viele Bohnen drin, es is ja nu alles recht schwer. Friedrichens Gehalt jeht grade in die Wirtschaft rein, und mein Seifenjeschäft wirft kaum de Kosten ab, in Rixdorf sin se mit Seife sparsam, und jede Drogerie und jeder Frisör is heut ne Konkurrenz, et is ja nu leider gar kein Schutz auf Seife.

VOIGT Mariechen, nich daß de meinst, ick mechte eich zur Last fallen, nich? Ick wollte dir ja nur mal guten Tach sagen. Ick wer nu mal wieder gehn.

FRAU HOPRECHT Ausjeschlossen. Willem, das darfste mir nich antun, da wird mir mein Mann schön ausschimpfen, wird er mir, wenn ich mein einzijen Bruder gleich wieder wechlaufen lasse, daß er ihn nich mal kennenlernt.

VOIGT Da wird er nu wenig Freude von haben, glaubste nich?

FRAU HOPRECHT Willem, sag sowas nich, du kennst'n nich. Der Mann is die Güte selber, das is er, der kann keine Fliege ins Spinnweb zappeln sehn. Jewiß, auf sein Magistrat, wo er in Amt is, da kann er auch mal enerjisch werden, da is er sehr streng drin, er is nu überhaupt 'n Feind von jede Unregelmäßigkeit, das kann er nich vertragen. Aber nee, Willem, das darfste nich falsch auffassen, außern Amt is der Mann die Güte selber, der hat das Herz aufm rechten Fleck, sag ich dir!

VOIGT Ick hab mir's lange überlegt – ob ick rauf soll – ick war auch schon 'n paarmal drunten vors Haus.

FRAU HOPRECHT Siehste, Willem, et is überhaupt ne Schande, daß de früher nie den Weg zu deine Schwester jefunden hast, wer weiß, vielleicht wär denn alles anders jekommen.

VOIGT Früher – da hätt ick hier nich rinjepaßt, Marie. Ick hab mir auch nich jetraut. – Aber jetzt . . .

FRAU HOPRECHT Nee, das war nich recht, Willem, daß de dir nie hast sehn lassen. Und wenn de mal geschrieben hättest, wenn wir nur jewußt hätten, in welcher Strafanstalt daß de bist, denn hätt ick dir mal 'n Weihnachtspaket jeschickt.

VOIGT Das is scheen von dir.

FRAU HOPRECHT Na natierlich, man is doch Jeschwister. Also erkannt hätt ich dir ja nich. Det is nu auch her – wart mal, da war'ck ja noch 'n Kind! Nee, wenn ick denke, wie Mutter jestorben is ...

VOIGT Nich von Muttern, bittscheen.

FRAU HOPRECHT Nee, nee, Willem, wenn de nich willst. Ick dachte nur, du mechtest nu gern mal wat hören von.

VOIGT *schüttelt den Kopf.*

FRAU HOPRECHT Nu muß er gleich kommen, se haben heute schon um halber sechse Schluß, das heißt nur die, wat Reservisten oder Landwehr sind und morjn zum Kaisermanöver auf Übung in de Kaserne müssen. Da heißt es nämlich schon um vier früh antreten.

VOIGT Is das ne freiwillige Übung?

FRAU HOPRECHT Natürlich! Er wär ja überhaupt lieber Militäranwärter jeblieben, aber damals haben wir von Tante den Laden geerbt und dachten, da sieht mehr raus bei. Nee, wenn er nich manchmal ne Übung hätte, ich glaube, denn wär der Mann verkümmert. Das is für ihn det einzige! Sonst hat er ja nichts, mal 'n Kegelabend, mal de Pfeife, hechstens mal 'n Glas Bier, solid wie er is.

VOIGT Da hastet ja gut getroffen, Marie.

FRAU HOPRECHT Da haste recht, Willem, für den Mann, da kann ick froh für sein. Et müßte nur alles 'n bißken besser gehen, weißte, es geht ja ganz gut, es is nur alles 'n bißken schwierig.

VOIGT *sieht sich um* Jemütlich is hier ...

FRAU HOPRECHT Die Decke müßte jeweißt werden und der Boden jestrichen, und in Teppich waren de Motten drin, man hat nur kein Geld übrig.

VOIGT Mir kommt det alles vor – wie neu.

FRAU HOPRECHT Det biste nich mehr jewöhnt, Willem. So, jetzt sindse aber blank.

VOIGT Da kann er sich bei Mondschein rasieren drin, braucht er keen Spiegel mitnehmen.

FRAU HOPRECHT Et is nämlich diesmal wat Besonderes mit seine Landwehrübung, er soll Vize werden, er is nu wohl an der Reihe, aber du, sag nich, daß ick dir's jesagt habe, er macht 'n Jeheimnis mit, da is er wie 'n Kind, nur in Traum, da hat er schon von jesprochen – und hier, siehste – *sie macht den Schrank auf, zeigt einen versteckten, in Papier ge-*

wickelten Gegenstand –, da hat er sich schon 'n Portepeesäbel jekauft, den darf er sich nämlich selbst stellen, weißte, wenn er zum Feldwebel befördert wird – aber nich sagen, daß ick's weiß, da will er mir überraschen mit – da, jetzt ruftse wieder, hörste nich? Ja, ja, ick komm schon! *Man hört eine dünne Stimme, fast wie die eines Kindes, einige Male von fern nach Frau Hoprecht rufen.* Da ham wa auch so Pech mit, det is nämlich unsre Untermiete, wir ham ja noch 'n Hofzimmer, det war nu eigentlich für de Kinder jedacht – Friedrich hat es sich so jewünscht, aber ick war doch krank damals, und nu is es ja zu spät, da haben wa denn vermietet, 'n sehr ordentliches Mädchen, noch keine sechzehn Jahre, sie hat in ne Weißzeugnäherei jearbeitet, aber jetzt hatse's auf der Brust, sie liecht schon 'n dritten Monat, zahlen kannse auch nich mehr, sie is nämlich Waise, Friedrich wollte se schon int Lazarette schicken, aber denn weintse, und denn läßt er se wieder, er is ja so gut – *sie hat im Plappern das Putzzeug weggeräumt, jetzt hört man die Stimme wieder* –, ja, ja, jetzt komm ick ja, se mechte nie allein bleiben, denn kriegtse's mit der Angst, 'n Augenblick, Willem ... *Ab*

VOIGT *bleibt zuerst still sitzen, dann steht er auf, legt Hut und Paket auf den Stuhl, geht zum Schrank, besieht sich genau die dort hängende Uniform. Er studiert die Achselklappen, spricht halblaut vor sich hin* Einundzwanziger-Leibgrenadiere. Mhm. Allerhand. *Er betrachtet den Helm, der an einem Haken hängt* Infantriehelm. Mhm. *Er tastet danach, als wolle er ihn herunternehmen. In diesem Augenblick beginnt eine Wanduhr sechs zu schlagen, mit einem dünnen hellen Ton, der durch ein sonderbar leises Rasseln unterbrochen wird. Voigt fährt herum, macht einige zögernde Schritte auf die Uhr zu* Det is doch – det is ja die olle Uhr –! Nee, so was. *Er bleibt stehen, starrt die Uhr an. Inzwischen hört man das Geräusch eines Korridorschlüssels, das Klappen einer Tür, dann tritt*

HOPRECHT *ins Zimmer. Er ist jünger als Voigt, von breiter kräftiger Gestalt, mit klarem, starkem Gesicht. Einfach gekleidet*

VOIGT *sieht immer noch die Uhr an. Dann dreht er sich langsam um* Guten Tach, Herr Hoprecht...

HOPRECHT Guten Tag. Wer sind Sie denn?

VOIGT Ick bin nämlich Ihr Schwager. Der Wilhelm Voigt.

HOPRECHT Ach so. *Er überlegt einen kurzen Augenblick, dann geht er auf Voigt zu, gibt ihm die Hand* Das freut mich. Das is recht von dir, daß du mal herkommst. Komm, setz dich. Wo ist denn Marie?

VOIGT Det kranke Mädchen hat grade jerufen, da is se mal hinter.

HOPRECHT Aha. Biste schon lang hier?

VOIGT Nee, seit ne halbe Stunde. Ick wollte ja nur mal ...

HOPRECHT Da sind ja noch deine Sachen. Die tu ich mal raus.

VOIGT Ick wollte nu wieder gehn.

HOPRECHT Das gibt's nich. Wir müssen uns doch mal kennenlernen. Oder haste keine Zeit?

VOIGT Zeit hab ick jenuch.

HOPRECHT Na also. Setz dich man ruhig. Du bleibst übern Abend, das is doch klar.

VOIGT Ick weiß aber nich, ob det geht. Ich mechte nich stören.

HOPRECHT Unsinn! Erlaub mal, aber da hab ich doch recht, nich? *Er hängt Voigts Sachen vor die Tür, kommt zurück, sieht Voigt an* Ich will dir was sagen. Ich mach nämlich kein langen Sums, das kann ich nicht. Du bist der Bruder von meiner Frau, da gehörste auch zu mir. Hier biste willkommen.

VOIGT Das is 'n Wort. Ich dank dir.

HOPRECHT Nischt zu danken. *Sie setzen sich* Wie geht's dir denn jetzt, Wilhelm?

VOIGT Na, et jeht. Et muß erst wieder anfangen. Ick war jetzt zehn Jahre aus de Welt, weißte ...

HOPRECHT Das weiß ich. Seit wann biste raus?

VOIGT Seit heute morjn erst. Ick wußte nu jarnich wohin. Man kennt sich jar nirjends mehr aus nach so lange.

HOPRECHT Haste denn gar keine Bekannten mehr?

VOIGT Nee. Ick war ja früher schon mal fuffzehn Jahre drinnen, dazwischen nochmal anderthalb in Moabit, und sonst war ick ins Ausland. Ick kenne nur Leite von drinnen, weeßte, und die, die mecht ick nu lieber nich mehr kennen, weeßte.

HOPRECHT Jawohl, das versteh ich. Is auch in Ordnung, Wilhelm. Du wirst nu, wenn ick mal prophezeien darf, ganz von vorne anfangen, nich? Der Mensch kann immer wieder ganz von vorne anfangen, da is man nie zu alt für.

VOIGT Ja, det wär schon gut.

HOPRECHT Det is gut, Wilhelm. Da wern wir dir mal 'n bißken unter de Achseln fassen. Det wird schon werden.

VOIGT Ick hoffe auch. Wennse mir man lassen.

HOPRECHT Arbeit wirste schon finden. Heut sinse nich mehr so.

VOIGT Det kann sein. Aber ick meine de Behörden. Wegen 'n Aufenthalt.

HOPRECHT Das is alles halb so wild. Sin doch keene Kannibalen! Ick bin ja selbst son Stückchen Behörde, na und? Wenn man jenau hinkuckt, is auch 'n Mensch, was? *Lacht*

VOIGT *mitlachend* Vor dir ha'ck 'n mächtjen Bammel jehabt, kann'ck dir sagen.

HOPRECHT Sag mal, haste denn schon Quartier?

VOIGT Nee. Aber ick hab 'n bißken Geld, ick hab ja Spezialarbeet jemacht. In de Penne brauch ick noch nich.

HOPRECHT Spar mal dein Geld, wirste froh für sein. Jetzt bleibste zuerst mal hier, bis daß de ne Anstellung hast.

VOIGT Nee, Friedrich, det mach ick nich. Det kann ick nich annehmen.

HOPRECHT So, kannste nich? Mußte aber. Das is Regimentsbefehl, verstehste? Da gibt's keine Widerrede. Wenn de denkst, du willst das nich umsonst annehmen, da kannste ja meiner Frau mal ins Jeschäft zur Hand gehn, bis de was andres hast.

VOIGT Dafier bin ick nich raufjekommen, wirklich nich. Ick wollte nur mal wieder 'n Wort mit 'n Menschen sprechen.

HOPRECHT Glaub's schon, Wilhelm. Mir is überhaupt sehr lieb, wenn jetzt 'n Mann im Haus is, solang ich auf Übung ins Manöver geh, Marie is so leichtsinnig mit der Kasse, allens läßt se offen rumstehn, da hab mal 'n bißken 'n Auge drauf, nich?

VOIGT *schweigt einen Augenblick, dann hält er ihm die Hand hin* Weißte, Mensch, wenn's mehr so gäbe wie du, denn brauchten wa keene Zuchthäuser mehr.

HOPRECHT Na, det is wohl 'n bißken übertrieben. *Haut ihm auf die Schulter* Ick meine nur: was jewesen is, is jewesen. Jetzt stell dir man auf de Hinterbeine und halt'n Kopp oben.

VOIGT Det mach ick, Friedrich. Verlaß dir drauf. Siehste, ick hätt's nu nich mehr jeschafft alleene. Vor zehn Jahren, ja, da wollt ick noch raus, und rüber über de Berge, und so – aber jetzt – da wirste todmüde von – weißte.

HOPRECHT Ich sag ja, das wird schon werden.

VOIGT Wenn's nochmal losginge – so runter – denn wär's nämlich aus. Denn gäb's 'n Malör.

HOPRECHT Schwamm drüber, und Augen gradeaus! Die Beene jehn schon von selbst!

VOIGT Ick wer's schon schaffen, Friedrich!

FRAU HOPRECHT *kommt herein* 'n Tach, Friedrich, da biste ja. Sie war nämlich janz naßjeschwitzt, da mußt ick se umbetten. Na, nu habt ihr euch schon 'n bißken kennenjelernt. Det war doch recht, nich wahr, daß ick ihm nich habe wechjehn lassen, er wollte nämlich wieder wech, da hab ick jesagt: erst mußt en kennenlernen, er beißt ja nich.

HOPRECHT Marie, weißte was? Ich hab da mit deinem Bruder abgesprochen, der soll nu zunächst mal hierbleiben. Bis er was hat. Er kann dir ja 'n bißken zur Hand gehn, ins Jeschäft.

FRAU HOPRECHT *nicht allzu eifrig* Ja, sicher, wenn de meinst, Friedrich – ja, soll er auch hier schlafen, meinste?

HOPRECHT Natürlich! Da ham wa ja das schöne Sofa, auf dem nie einer sitzt. Is dir doch recht, Willem, was?

VOIGT Und ob! Da hängt auch de Uhr drüber, die ham wa zu Hause in Flur hängen jehabt, nich wahr, Mariechen? – Dat heißt, wenn's Marie recht is . . .

FRAU HOPRECHT Da müßt ich nu Bettwäsche rausjeben.

HOPRECHT Na, gib se man raus! Du hast ja 'n ganzen Spind voll.

FRAU HOPRECHT Jewiß doch, ick meine ja nur, ick muß se rausjeben. *Geht. In der Tür* Ick jeh mal ums Abendbrot. *Ab*

HOPRECHT *lacht* So is se nu. Ne Seele von Mensch, nur 'n bißken umständlich. Da schau mal her, Willem. Will dir mal was zeigen. *Führt ihn zum Schrank* Ich werde nämlich, wenn's klappt, diesmal zum Vizefeldwebel befördert. Is ja meine zweite freiwillige Landwehrübung. Das weiß sie aber nich, da will ich se überraschen mit, da isse nämlich wie 'n Kind, in so Sachen. Siehste, da hab ick mir schon mein Portepeesäbel jekauft, den darf man sich selbst stellen – da kuck *er öffnet die Papierhülle ein wenig, daß man den Säbelgriff sieht, schaut dabei ängstlich zur Tür* –, damit komm ich denn heim, und mit die Knöppe und Kokarden. *Schmunzelnd* Du hältst aber dicht, Willem, nich? Das darf se nich ahnen.

VOIGT Selbstverständlich. – Wenn's denn mal losjeht, denn kannste als Offiziersstellvertreter einrücken und kannst auch Feldwebelleutnant werden.

HOPRECHT Nanu, du kennst dich ja mächtig aus in der Rangordnung.

VOIGT Ick hab mir immer interessiert für, ick bin ja selbst nie zu jekommen.

HOPRECHT Schade drum. Das is doch das Beste im Leben. *Tut den Säbel weg* So, jetzt wollen wir mal rasch 'n Begrüßungsschluck nehmen, was? Wir zwei Männer unter uns. Ich hab da sone Flasche, die haben se mir im Büro zu Neujahr spendiert. Is 'n echter alter Korn.

Er holt während des Folgenden aus dem Büfett eine Flasche, die noch drei Viertel voll ist, füllt zwei kleine Gläschen.

VOIGT Hör mal, Friedrich, da hätt ick ne Frage, mit det Büro, weißte, du bist doch da aufn Magistrat, wo allens durchjeht, es is nur wejen meine

Aufenthaltserlaubnis, un damit se mir nich wieder ausweisen, oder 'n Paß verweigern, so war det nämlich immer – und denn gibt's ooch keene Arbeet, ohne de Anmeldung – ick meine, ob du da vielleicht wat machen kenntest, wenn de Papiere kommen.

HOPRECHT Das geht alles seinen Gang, Willem. Machen kannste da gar nichts. So wolln wir jetzt auch gar nicht anfangen, was? Da mußte den richtigen Weg einschlagen, denn klappt das auch. Hintenrum, das wär ein Delikt! Und was dir zusteht, das kriegste, dafür sind wir in Preußen. Also prost, Willem, aufs neue Leben! Da mach dir man keine Sorgen. Das geht alles seinen Gang!

VOIGT Na, prosit! *Sie stoßen an.*

Dunkel

ZEHNTE SZENE

Personen: Bürgermeister Obermüller, Frau Obermüller, Helmut und Irene, ihre Kinder, Fanny, das Dienstmädchen, Zuschneider Wabschke

Das eheliche Schlafzimmer des Bürgermeisters Obermüller in Köpenick. Breites Ehebett aus prätentiösem Edelholz, Nachttische, Vorhänge, Lampen, Kleiderschränke. Über dem Bett des Mannes hängt die Madonna della Sedia, über dem der Frau der Adam von Michelangelo. Eine Uhr tickt an der Wand, ein Wecker auf dem Nachttisch, beide zeigen drei Uhr fünfzehn Minuten. Ein Telefonapparat auf dem Nachttisch der Dame. Frau Obermüller, junonische Erscheinung, sitzt auf dem Bett, in Nachthemd und gestickter Nachtjacke, unter der ein Mieder den Busen trägt. Ihr Haar, der Frisurunterlagen und sonstigen Beiwerks beraubt, ist mit Haarnadeln und Spangen hochgesteckt. Sie hat den Telephonhörer am Ohr und trommelt in höchster Erregung auf den Apparat. Dazu schreit sie.

FRAU OBERMÜLLER Potsdam! Pottsdamm! Potsdam 324, Wormser!!

OBERMÜLLER *halb eingeseift, halb rasiert, im offenen Bademantel, darunter komplette wollene Unterkleidung, Sockenhalter, militärische Zugstiefel mit Sporen, stürzt aus dem Badezimmer* Hast du's, Mathilde? Wo bleibt denn Fanny?!

FRAU OBERMÜLLER Herrgott, ich kann doch nich zaubern *Drückt auf eine Klingel, die schrill ertönt* – Potsdam, Potsdam 324 – geh doch rasieren, du wirst ja noch nich mal mitm Rasieren fertig!

OBERMÜLLER Fertig fertig fertig, wie soll ich denn fertig werden, wenn überhaupt alles versagt, wo bleibt denn Fanny?

FRAU OBERMÜLLER *schellt wütend* Die Gans liegt wieder aufm Ohr. Da meldet sich niemand –

OBERMÜLLER Wenn mich der Wormser im Stich läßt, dann muß es eben mit der alten gehn, ich kann doch nicht in Unterhosen zum Kaisermanöver, ich muß doch um Punkt vier –

FANNY *das Dienstmädchen, verschlafen, im Nachtzeug* Wat soll's denn?

BEIDE Die Uniform!!

FANNY Die is noch nich jekommen!

OBERMÜLLER Die alte, zum Donnerwetter! Die alte!!!

FANNY *tranig* Die olle?

FRAU OBERMÜLLER Natürlich, machense doch, sie hängt unten im Vorplatz.

FANNY Die soll doch wech.

OBERMÜLLER *schreiend* Holen Sie sie her!!

FANNY Ick hol se doch. *Ab*

FRAU OBERMÜLLER Potsdam!! Potsdam 324! Jetzt steh nicht hier rum, wasch dir die Seife ab. Jawohl, Potsdam, endlich, hier ist Bürgermeister Obermüller, Köpenick – Bürgermeister Obermüller, Kö-pe-nick – nein, nein – nicht Spandau, wie kommense denn auf Spandau? – Köpenick!

OBERMÜLLER *entreißt ihr den Hörer* Ist dort Wormser, Uniformschneider Wormser in Potsdam – Sie haben mir für spätestens Mitternacht die neue Uniform versprochen, spätestens Mitternacht haben Sie gesagt, jetzt ist es halb vier, Sie wissen doch, daß ich um vier Uhr beim Regimentsstab sein muß, ich kann doch nicht nackt hinlaufen, wie können Sie mich nur so im Stich lassen, ich – Wie?! Is gar nich Wormser? Ja, wer is denn – wie, was, meldet sich nicht, wieso meldet sich nicht? Mitten in der Nacht? Es ist ja schon hell draußen!! Unerhört so was *läßt den Hörer sinken* – meldet sich nicht. Wormser meldet sich nicht.

FRAU OBERMÜLLER Das hätt ich dir gleich sagen können, mitten in der Nacht.

OBERMÜLLER Es is ja schon hell draußen. Ich muß doch um vier Uhr –

FANNY *mit der alten Uniform* Da is se. Ick dachte, die soll wech.

FRAU OBERMÜLLER Denken Sie nicht, helfen Sie mal meinem Mann, rasch, rasch!

OBERMÜLLER Die Hosen gehn auf alle Fälle noch, ich kann sie einfach mit Sicherheitsnadeln feststecken – *ist in die Hose gefahren* – aber der Rock! der Rock!! *Versucht, ihn anzuziehen.*

FRAU OBERMÜLLER *mit Fanny helfend, ziehend* Du bist viel zu dick geworden, du bist viel zu dick, ich sag's ja schon lange!

OBERMÜLLER Unsinn! Der Stoff ist eingegangen, ich war vor fünf Jahren genau wie heute, Herrgott, ich kann's mir doch jetzt nicht runterschneiden!! Es geht nicht – *Zieht stöhnend an der Uniform, sie geht nicht zu.*

FRAU OBERMÜLLER An so was denkt man eben früher! Da sind ja die Kinder draußen, was tut denn ihr hier, wie kommt ihr denn dazu, aufzustehn!!

HELMUT und IRENE *halbwüchsig, in langen Nachthemden, schauen herein.*

IRENE Wie soll denn 'n Mensch schlafen bei dem Radau.

HELMUT Ich dachte, ich kann mal mitn Fahrrad rasch zum Uniformschneider sausen.

OBERMÜLLER *auf die Kinder los* Unfug! Wollt ihr sofort ins Bett!

HELMUT *beleidigt* Na, ich kann's ja lassen. *Ab mit Irene*

OBERMÜLLER *in dumpfer Verzweiflung* Ich muß sofort beim Regimentsadjutanten anrufen – plötzliche Herzattacke – nein, Fieber – Bronchialkatarrh – oder doch Herz – Herz is besser –

FRAU OBERMÜLLER Fanny, gehnse raus! *Fanny murrend ab* Du rufst nicht an! Du nimmst dich zusammen, das fehlt noch, daß du jetzt einfach schlappmachst – wenn's um die Wurst geht! – *Versucht, ihm mit Gewalt die Uniform zu schließen.*

OBERMÜLLER Au, au!!

FRAU OBERMÜLLER Was denn au, ich tu dir doch nicht weh, halt doch mal still – da – *Sie behält einen Fetzen Stoff mit dem Knopf in der Hand.*

OBERMÜLLER *aufs Bett sinkend* Jetzt is alles aus –

FRAU OBERMÜLLER *wie rasend ans Telephon* Potsdam!! Potsdam 324!!!!

OBERMÜLLER *tragisch* Das hat keinen Zweck mehr. Wenn sie jetzt noch nicht – Wozu hab ich mich überhaupt gemeldet.

FRAU OBERMÜLLER Potsdam 324!!!

OBERMÜLLER Ich müßte ja gar nicht mehr. Nur du hast es gewollt.

FRAU OBERMÜLLER Ich muß aber Verbindung kriegen!! 324!!

OBERMÜLLER Aus Renommiersucht. Aus purer weiblicher Eitelkeit. Der Freundinnen wegen.

FRAU OBERMÜLLER So, jetzt bin ich wieder dran schuld.

OBERMÜLLER Im Amt bleibt so viel Wichtiges liegen –

Die Hausglocke schrillt, Frau Obermüller fährt hoch.

FRAU OBERMÜLLER Es hat geschellt!

OBERMÜLLER *völlig verstört* Geschellt – wieso geschellt – es hat doch geschellt!!

FRAU OBERMÜLLER *springt auf, arrangiert sich* Wormser!

OBERMÜLLER Es hat doch geschellt –

DIE KINDER *stürmen herein, hinter ihnen Wabschke, einen neuen Uniformrock überm Arm.*

IRENE Vater! Da isse, wir habense!!

HELMUT Nun aber rasch, Vater, mitn Auto schaffste's noch!

WABSCHKE Ich hab die Taxe gleich halten lassen, der Zähler steht schon uff siebzehn fuffzich. Von Potsdam hierher is 'n orntliches Ende. Guten Morjn die Herrschaften, wünsche wohl jeruht zu haben.

OBERMÜLLER *ist aufgesprungen, völlig verwandelt* Na, Kinder, wozu die Aufregung, ich hab ja gewußt, daß es noch klappt, Wormser wird mich doch nich im Stich lassen, nich wahr? Gebense mal her.

FRAU OBERMÜLLER *auf Wabschke losfahrend* Na hör mal! Nicht im Stich? Is ja unerhört, die Uniform war für spätestens Mitternacht versprochen, jetzt kommtse in letzter Minute!

WABSCHKE Gnädige Frau, de letzte Minute is immer de beste Minute. Wat hätte Ihr Herr Jemahl uff Mitternacht in Uniform sollen machen, da hat er doch jescheiter ins Bett jelegen.

FRAU OBERMÜLLER Glauben Sie vielleicht, wir hätten heute nacht ein Auge zugetan?

WABSCHKE Det is schade. Int Manöver wird der Herr Bürgermeister womöglich auch nich zu die nötije Bettruhe kommen. Da heißt et *singt*

»Steh ick in finstrer Mitternacht
Janz einsam auf der stillen Wacht –«

DIE KINDER *fallen ein.*

OBERMÜLLER Ruhe!! Meinen Säbel her! *Er hat die Uniform angezogen, Wabschke zieht sie noch ein wenig zurecht.*

WABSCHKE Na, wat sagense jetzt, Herr Bürgermeister. Sitzt se oder sitzt se nich?

OBERMÜLLER *schnallt unter, setzt die Mütze auf* Fanny, den Handkoffer und die Mäntel! Nein, gleich ins Auto!

FANNY *erscheint in der Tür* Nu sieht der Herr Bürjermeister aber janz echt aus. Wie 'n Offizier.

OBERMÜLLER *in bester Laune* Na, soll ich vielleicht wie 'n Briefträger aussehn? Na, Thildchen, wie is?

FRAU OBERMÜLLER In Ordnung! So kannste dich sehen lassen.

IRENE Einfach süß, Papa.

HELMUT Is der Säbel auch scharf? Haste kein' Offiziersrevolver?

OBERMÜLLER Kommt, Kinder, ihr könnt mich zum Auto begleiten. Adieu, Thildchen, auf Wiedersehn.

Frau Obermüller *küßt ihn* Und du rufst an, sobald du 'n freien Abend hast, dann gehn wir aus, ich bringe Junghansens mit, nich wahr!?

Obermüller Selbstverständlich, Thildchen. Macht's gut, Kinder. Hab ich meine Uhr? Ja – Herrgott, Geld muß ich einstecken.

Wabschke Det wär keen Fehler.

Obermüller Also adieu, fahren Sie mit, Wabschke?

Wabschke Nee, ick nehme de Stadtbahn. Viel Vagniegn, Herr Bürjermeister, Heil und Sieg! Hipp hipp, hurra!

Obermüller *mit den Kindern ab.*

Wabschke Ick kann Ihnen sagen, gnädige Frau, det war 'n Stick Arbeet. Um sechse ham wa anjefangen, un denn de janze Nacht in eine Schicht, ohne Abendbrot. Aber was tut man nich alles fürs Vaterland, nich?

Frau Obermüller Hier, nehmen Sie die alte Uniform gleich mit, sagen Sie Herrn Wormser 'n schönen Gruß, er soll sie als Anzahlung übernehmen und auf der Rechnung abziehen.

Wabschke *betrachtet die Uniform* Die macht ooch keen Belach mehr uffs Butterbrot. Der Herr Bürjermeister hat se damals schon jebraucht iebernommen.

Frau Obermüller Ach wo! Mein Mann trägt nichts Gebrauchtes. Er is nur zu dick geworden, sonst wär sie noch tadellos.

Wabschke Na, fiern Maskenball wird se vielleicht noch jehn.

Dunkel

ELFTE SZENE

Personen: Ein Polizist, ein Leutnant mit Adjutantenschärpe, Wartende, Wilhelm Voigt

Ein Gang im Rixdorfer Polizeirevier. Nackte Wand, Bank, Tür. An der Tür die Aufschrift: »Zimmer 9«. Einwohnermeldeamt Rixdorf. Etwa zehn Wartende beiderlei Geschlechts sitzen auf der Bank. Einige trommeln mit den Fingern oder räuspern sich nervös. Ein kleiner älterer Mann liest den ›Vorwärts‹. Die meisten schauen vor sich hin, schweigen – Die Tür geht auf. Alle sehen hin, der Nächstsitzende steht auf.

Der Polizist *kommt von drinnen, läßt eine Frau heraus.*

Die Frau *weinerlich nach rückwärts sprechend* Nein, das hab ick nich jewußt, daß ick 'n Besuch anmelden muß, nein, das konnt ick nich wissen, da kann ick nichts für. *Sie geht mit dem Taschentuch vor der Nase.*

DER NÄCHSTE *will eintreten.*

POLIZIST *vertritt ihm die Tür* Setzense sich hin.

DER MANN Wieso denn, ich bin doch dran.

DER POLIZIST, *ohne zu antworten, ruft in den Gang* Herr Schietrum! zum Chef.

DER MANN Ich bin aber doch dran –

POLIZIST, *ohne zu antworten* Herr Schietrum!

EIN BEAMTER *kommt mit einem Aktenbündel.*

POLIZIST Zum Chef, Herr Schietrum. *Er gibt die Tür frei.*

DER BEAMTE *geht hinein.*

POLIZIST *schließt die Tür hinter ihm, stellt sich davor.*

DER MANN Ich war doch dran.

POLIZIST Sie sollen sich hinsetzen.

DER MANN *setzt sich* Wenn man nu endlich drankommt –

POLIZIST Sie kommen dran, wennse dran sind.

ANDRER MANN, *der den ›Vorwärts‹ liest, mit sehr dünner Stimme* Erlaubense mal, das is doch 'n bißken stark. Is son Amt für die Menschen da – oder die Menschen fürs Amt?!

DER ERSTE Na ja, Sie kennen doch den schönen Spruch:

»Die mehrste Zeit des Lebens
Wartet der Soldat vajebens.«

Einige lachen.

DER ›VORWÄRTS‹-LESER Wir sind aber hier keene Soldaten, wir sind hier Staatsbürjer, bitte recht sehr! Wir haben auch noch wat anderes zu tun, als hier de Wand zu vazieren, vastehnse?

POLIZIST Wenn Sie Zeit haben fürn ›Vorwärts‹ zu lesen, denn habense auch Zeit zum Warten.

DER LESER Hörn Sie, dat jeht Sie überhaupt nichts an, jeht Sie dat. Aufn ›Vorwärts‹, da bin ick auf abonniert, jawohl, bin ick, dem les ick alle Tage, wennse's wissen wolln, und deshalb verlange ick hier trotzdem meine staatsbürjerliche Pflicht, Recht wollt ick sagen.

POLIZIST Störense hier nich, Sie sind ja noch gar nich an der Reihe.

DER LESER Nee, det jeht neemlich wirklich 'n bißken zu weit. Jetzt is eener von 'n anderes Büro da rinjegangen, jetzt erzählense sich da drin Witze.

POLIZIST *geht auf ihn zu* Was tun die da drin?

DER LESER Dat weiß ick doch nich, wat die da drin machen. Ick will nu endlich rankommen, will ick. *Guckt in die Zeitung.*

POLIZIST Hier kommt jeder dran, wenn er dran is. *Geht wieder zur Tür.*

WILHELM VOIGT *kommt von der Seite. Sehr eilig und erregt* Verzeihnse, is hier Zimmer neun?

POLIZIST Könnense nich lesen? Setzense sich hin.

VOIGT Nee, pardong, Herr Wachtmeester, ick mechte nu erst wissen, ob ick hier auch richtig bin, er hat jesagt, probiernse's mal in Zimmer neun, aber wenn et nu wieder nich stimmt – wenn dat nu wieder nich zuständig is –

POLIZIST Setzense sich hin. Sie werden's ja sehn.

VOIGT Nee, bis ick da rankomme, denn kann's ja zu spät sein, denn is allens aus! Ick steh unter Polizeiaufsicht, aber ick wohne ja bei mein Schwager, und da war ick ins Hauptrevier, da sagt er, in Rixdorf gibt's keene Polizeiaufsicht, da wernse wol ausjewiesen, det is wohl schon im Gange, aber er wußte ja nich genau, probierense mal in Zimmer neun, hat er jesagt –

POLIZIST Na, setzense sich hin.

VOIGT Wenn ick nu nich mehr rankomme – oder wenn det Zimmer neun auch wieder falsch is – denn is ja zu spät!

POLIZIST Redense nich, setzense sich hin.

VOIGT Ick bin doch da in 'n anständijes Haus, da brauchense mir doch nich ausweisen, das mißt ick nur einem sagen – der zuständig is –

POLIZIST Setzense sich hin.

VOIGT *setzt sich.*

HERR SCHIETRUM *kommt heraus, geht nägelkauend weiter.*

POLIZIST So. Der nächste. *Macht auf, geht mit dem nächsten hinein. Bewegung unter den Wartenden*

DER ›VORWÄRTS‹-LESER *mit asthmatischem Pfeifen* Det is' n Radfahrer, det is 'n richtiger Radfahrer, der! Nach unten tritt er – nach oben macht er 'n Puckel.

EINE FRAU Die haben ja Zeit.

DER LESER Ick sage, det is unsere Zeit, wat die vertrödeln, und unser Jeld is et, wat se vafressen! Mir machense arm mit ihre unjebührliche Schikanen. Ick heiße Klawonn und bin Budiker, und damit hab ick mir ehrlich hochjearbeitet, und nu machense mir die Jeschichten wegen de Konzession, warum? Det weiß man schon. Aber ick sage: denken kann ick, wat ick will, deshalb verlange ick trotzdem meine staatsbürgerliche Pflicht, Recht wollt ick sagen – *Verschluckt sich, hustet.*

POLIZIST *kommt heraus* Ruhe hier! Das stört ja drinnen!! *Er reißt plötzlich die Knochen zusammen und schaut mit starrem Blick den Gang aufwärts.*

EIN LEUTNANT MIT ADJUTANTENSCHÄRPE *kommt raschen Schrittes* Zimmer neun?

POLIZIST *stramm* Jawohl, Herr Leutnant!

LEUTNANT Machense mal den Laden zu, der Ort kriegt Einquartierung. *Geht ins Zimmer, der Polizist folgt dienstbeflissen, schließt die Tür.*

DER LESER Na, jetzt kenn wa einpacken. Nu is aus. Fürs Militär, da hamse nemlich Zeit, da hat 'n Staatsbürjer keine Existenz gegen. Wenn da son flotter Leutnant kommt – äh äh –

EIN DICKER MANN, *der bisher immer gradeaus gesehen hat, springt auf* Wat, Sie, derse nich mal de netije Brustweite haben, wollen hier wat gegens preißische Militär sagen? Sie pfeifen ja ausm letzten Loch, Sie oller Piepfritze Sie!

DER LESER Will ick ja gar nich! Ick will nur meine staatsbürgerliche –

DER POLIZIST *öffnet die Tür. Alle verstummen, schauen hin. Der Polizist hängt schweigend ein Schild an die Tür: »Heute geschlossen«. Mißt die Wartenden mit bedeutungsvollem Blick, Kopfbewegung nach dem Ausgang.*

VOIGT *im Aufschrei* Ick muß aber rin! Ick muß – Sonst is ja zu spät!!

POLIZIST *ins Zimmer zurück, schließt hart die Tür hinter sich.*

VOIGT *sinkt auf die Bank.*

DER LESER *während die andern gehn* Det jebense man auf. Heit kommense da nich mehr rin. Denn kennense gleich durchsitzen bis morjn frih. *Er geht.*

VOIGT *bleibt allein. Sitzt mit gebeugtem Rücken, wie erschlagen, unbeweglich. Nach kurzer Zeit hört man von drinnen, anschwellend …*

DIE STIMME DES OFFIZIERS … kann ich keine Rücksicht nehmen! Befehl is Befehl, darnach habense sich zu richten!!
Die Stimme schwillt wieder ab.

VOIGT *hebt den Kopf, lauscht – dann steht er auf, geht auf den Zehenspitzen an die Tür – schaut durchs Schlüsselloch.*
Dunkel

ZWÖLFTE SZENE

Personen: Das kranke Mädchen, Wilhelm Voigt

Kammer mit Bett, Fenster zum Hof, Tür zum Gang. Auf einem Stuhl neben dem Bett sitzend Voigt. Das Bett ist so gestellt, daß man die darin liegende Gestalt kaum sehen kann, – nur ihre Hand, die Voigt in der seinen hält. Überm Bett an der Wand aus Zeitschriften ausgeschnittene Farbdrucke, mit Reißnägeln befestigt. Vom Hof herauf hört man eine Männer- und eine Frauenstimme zweistimmig ein larmoyantes Lied vortragen. Mandolinenbegleitung

DAS MÄDCHEN Onkel Willem, ich hör doch was, was isn das?

VOIGT Det sind de Hofsänger. Auch Hofraben jenannt. Die singen bei Hof, weißte, und denn wirft der Kaiser 'n Groschen runter, damit se wieder aufhören.

DAS MÄDCHEN Du, ick hab auch 'n Groschen, er liecht auf mein Waschtisch unter der Zahnpulverschachtel. Wirf 'n runter!

VOIGT Wenn's dir Spaß macht –

DAS MÄDCHEN Wirf 'n runter!

VOIGT *holt den Groschen, geht zum Fenster, öffnet.*

Man hört die Stimmen der Hofsänger deutlicher

»Drum sag ich's noch einmal:
Schön ist die Jugendzeit,
Schön ist die Juu-uugend,
Sie kommt nicht mehr!«

VOIGT Da is ne olle Zeitung, da wer ick's reinwickeln. So – *Er wirft.*

DAS MÄDCHEN *sich aufrichtend* Hamse's? Hamse's jefangen?!

VOIGT Bums! Grade aufn Hartmann! Na, det gibt ja keen Loch in Kopp.

DAS MÄDCHEN *lacht, hustet.*

VOIGT *fährt herum* Willste dir zudecken, willste dir niederlegen, du kleene Krotte, nachher wirste nich jesund. *Ist hingelaufen, deckt sie zu.*

Von unten hört man die Stimme des Hofsängers, der eine Ansprache hält.

VOIGT *rasch zum Fenster, schließt es.*

DAS MÄDCHEN Warum machste denn zu, da kann man ja nichts hören.

VOIGT Jetzt singt er ja gar nich, jetzt klönt er nur. Det kann ick hier oben auch sagen. *Stellt sich in Positur* »Hochvaehrte Damen und Herren – wir, die wir auf Jesanges Flügeln durch die Lande ziehn – wir sind den Vögeln des Himmels zu vajleichen, von denen schon in de Bibel steht: sie säen nich, sie ernten nich, aber ne trockene Schrippe ernähret sie doch. Darum, verehrtes Publikum, werft uns ne milde Gabe runter, und wenn's 'n Sechser is, det vazinst sich in Himmel, da habense denn mal ne Million droben ze liegen, wennse recht lang leben und bei uns hier drunten immer tüchtig einzahlen!«

DAS MÄDCHEN Scheen machste das. Als ob de mal bei jewesen wärst.

VOIGT Na, vielleicht kennt ick's noch werden.

DAS MÄDCHEN Sag mal, Onkel Willem, biste viel rumjekommen in de Welt?

VOIGT Ja doch, mächtig! De seßhafte Lebensweise, die hat mir nie recht zujesagt. Ick war in alle finf Weltteile, weißte – und einmal, da bin ick übers böhmische Riesenjebirje jewandert. Det is groß.

DAS MÄDCHEN Herr Hoprecht war mal auf See, als Junge. Da hamse auch 'n Sturm jehabt, und 'n richtigen Neger. Aber da kann er gar nich erzählen von. Du erzählst viel besser.

VOIGT Ick hab mir's eben scheen ausjemalt im Kopp, weißte. Du, aber ins Riesenjebirje, da mußte auch mal rauf. Wenn de jetzt jesund wirst, da mußte dir doch erholen, da zahlt dir vielleicht de Kasse wat zu, un denn jehste rauf, in de Berje.

DAS MÄDCHEN Ick war mal in de Müggelberje. Da war ick aber noch klein. Det war son Ausflug mitn Waisenhaus. Ick kann mir gar nich besinnen.

VOIGT De Müggelberje, det sind ja Maulwurfshaufen, da hippt ja n' Floh rieber, wenn er 'n bißken aufgeregt is. Nee, Kind, wat sone wirklichen hohen Berje sind, det kannste dir gar nich ausdenken, So mächtig hoch is det, da biste janz nah bei de Wolken, höher als de Wolken, und manchmal, da biste wahrhaftig über de Wolken, höher als de Wolken, denk mal! Da haste droben 'n scheensten Sonnenschein – und drunten regnet's!

DAS MÄDCHEN Is über de Wolken, is da immer Sonne?

VOIGT Freilich! Die Sonne, die is doch 'n janzen Tach da, nich!? Und de Wolken, die schwappen nur so um de Erdkugel rum. Wenn de mal drüber warst, denn weißte das. Die haben mitm Himmel jar nichts zu tun, die sind nur son Dunst von unten, ausn Wasser.

DAS MÄDCHEN Is da nich kalt droben?

VOIGT Kalt? So nah bei de Sonne? Nee, Kind, da kannste, wenn de Sonne richtich hoch is, mitten in Winter im Schnee in Hemdsärmeln rumlaufen, kannste da, da merkste jarnich, daß Frost is! Du, und was da allens wächst! Hier unten, wat is da schon – 'n paar krüppelije Kiefern, 'n bißken Heidekraut und mal 'n Wacholderbusch. Det einzige is noch unser Obst in Werder. Aber da droben, da schmeckt schon de Luft, ick sage dir, wie in son Obstjeschäft. Und Blumen jibt et da, nich beim Gärtner, nee, uff jede jewöhnliche Kuhweide, so was kennste nur ausn Bilderbuch, so was haste noch nie jesehn.

DAS MÄDCHEN Wieso kommt 'n det, Onkel Willem, daß es da droben so scheen is, und hier is es doch jarnich besonders?

VOIGT Det will ick dir sagen, det hab ick mir so ausjedacht. De Erde, die is lebendig, det merkste daran, daß se sich vaändert. Und wat lebendig is, dat will rauf, dat will in de Höhe, dat will nach oben, kick man son Grashalm oder ne Setzkartoffel, oder 'n Kind, nich wahr? – Un deshalb is det so mit de Erdkruste: det Wasser, det is schwer, det lauft ab, det fällt in die Meere. Aber de richtije bessere Erde, die wächst in de Höhe, die türmt sich rauf, weißte? Hier unten, da sind wa näher bei's Meer, deshalb is hier mehr Sand oder Dreck, nich? Da droben, da is zum Beispiel ›Rosenquarz‹ oder ›Bergkristall‹. Da is eben viel scheener.

DAS MÄDCHEN Onkel Willem – da jehn wa hin zusammen! –

VOIGT Ja, Kind, det machen wa.

DAS MÄDCHEN Da nimmste mir mit, nich? Wenn de wieder raufmachst!

VOIGT Jewiß doch, det mecht ick schon gerne.

DAS MÄDCHEN Hörste? Jetzt singense wieder – Det ›Puppchen‹ is et, det is scheen!

Man hört durch die geschlossenen Scheiben sehr fern die Hofsänger den Schlager »Puppchen, du bist mein Augenstern« in raschem Tempo singen.

VOIGT Ja, det is 't ›Puppchen‹.

DAS MÄDCHEN Du, ich glaube, da komm ma nich mehr hin.

VOIGT Wat meinste?

DAS MÄDCHEN Ins Riesenjebirje. Da komm wir nich mehr hin, wir zweie.

VOIGT Na, wart man ab, Kind. Det könn wir nich wissen. *Er streichelt sie.*

DAS MÄDCHEN Du jehst nich fort, bitte –

VOIGT Nee, wo wer'ck denn. Ick muß doch auf de Wohnung passen. Vater Hoprecht is ja ins Manöver, und Marie is ins Jeschäft, da kennt ick ja jarnich wech, nich wahr?

DAS MÄDCHEN Willste mir nich wat vorlesen, bittschön?

VOIGT Gern. Hast 'n Buch, oder 'n Kalender?

DAS MÄDCHEN *kramt zwischen Bettgestell und Matratze ein Buch hervor* Da bin ich eigentlich schon zu alt für. Aber det les ich so gerne, det kann ick immer wieder hören. Frau Hoprecht lacht mir aus, wenn se's findet. Du bist doch keen Kind mehr, sagtse. Da hab ickn Kritzer mitn Fingernagel jemacht, wo ick zuletzt jestanden habe. In de ›Jeschichte von den Bremer Stadtmusikanten‹.

VOIGT Zeich mal – Grimms Märchen. *Setzt seine Brille auf.*

DAS MÄDCHEN Da bin ick eijentlich schon zu alt für.

VOIGT Det macht nichts. Ick les det auch sehr gerne, und ick bin ja nu ziemlich ausjewachsen, nich?

Es schellt.

DAS MÄDCHEN *fährt hoch* Nich wechjehn!! Bitte!!

VOIGT Na, Kind, ick muß doch, wenn et schellt. Et könnt ja wat sein.

DAS MÄDCHEN Vielleicht hat sich einer in de Etage jeirrt. Es kommt doch jetzt keiner.

VOIGT Ick bin ja gleich wieder da, Kind.

DAS MÄDCHEN *klammert sich an ihn* Et is ja gar nichts. Der is schon wieder wech! *Es schellt wieder.*

VOIGT Siehste? Ick muß mal sehn, ick mach janz rasch mach ick.

DAS MÄDCHEN Aber du läßt de Tür offen, nich? Und machst det Licht an – bitte! Es wird ja schon duster draußen – un denn wird det Fenster so blank, so weiß – wie 'n Auge –

VOIGT *zündet rasch die Gaslampe an und zieht den Vorhang vors Fenster. Es schellt heftig* So. Is jut so? Nu muß ick ma kucken.

DAS MÄDCHEN Aber de Tür offenlassen, bitte!!

VOIGT Jewiß doch. Da kannste mir hören, bis an de Flurtür. *Geht, läßt die Tür offen.*

VOIGTS STIMME Wer ist denn da?

FREMDE STIMME *draußen* Wohnt hier der polizeibeaufsichtigte Schuster Wilhelm Voigt?

VOIGT Ja. Wartense, ick mach uff. Ick bin et selber.

FREMDE STIMME Unterschreibense mal. Ich hab ne Zustellung vom Revier. *Es bleibt einen Augenblick still. Die Hofmusik hört auf.*

VOIGT *kommt zurück. Er hält ein großes Kuvert mit Amtssiegel noch uneröffnet in der Hand.*

DAS MÄDCHEN *ganz ruhig* Hast 'n Brief jekriegt, Onkel Willem?

VOIGT Nee – det is nur ne Schreiberei. *Er steckt das Kuvert ein.*

DAS MÄDCHEN Willste nich lesen?

VOIGT Det eilt nich. Det is langweilig. Ick les dir lieber vor. *Setzt sich, nimmt das Buch* Also da weiter, wo de jestanden bist. »Wie kann man da lustig sein, wenn's einem an den Kragen geht, antwortete die Katze. Weil ich nun zu Jahren komme, meine Zähne stumpf werden und ich lieber hinter dem Ofen sitze und spinne, als den ganzen Tag nach Mäusen herumzujagen, wollen sie mich ersäufen! Ich hab mich zwar noch fortgemacht, aber nun ist guter Rat teuer. Wo soll ich denn hin? – Komm mit uns, sagte der Hahn – etwas Besseres als den Tod werden wir überall finden –« *Er stockt, schaut das Mädchen an* Na, Kind? Wat is denn? – Schläfste? *Er beugt sich über sie, sie atmet tief.*

VOIGT *legt das Buch auf seine Knie – holt mit rascher Bewegung das Kuvert aus seiner Tasche, zögert einen Moment, dann bricht er es auf, liest. Gleichmäßig mit halblauter Stimme* »Ausweisung aus den Bezirken Rixdorf, Reinickendorf, Neukölln, Groß-Lichterfelde – Sie haben sich – binnen achtundvierzig Stunden – *liest stumm weiter, dann wieder halblaut* – im Nichteinhaltungsfalle erfolgt Abfuhr per Schub, im Wiederbetretungsfalle Freiheitsstrafe bis zu – *verstummt.*

DAS MÄDCHEN *nach einer Pause, plötzlich* Onkel Willem – du liest ja gar nich.

VOIGT *nimmt das Buch auf* »Komm mit, sagte der Hahn – etwas Besseres als den Tod werden wir überall finden.«

Dunkel

DREIZEHNTE SZENE

Personen: Adolf Wormser, Willy Wormser, Auguste Viktoria Wormser, Rittmeister v. Schleinitz, Major Keßler und Frau, Assessor Trumpp, Herren, Damen, Kellner

Eine erhöhte Ehrenloge im großen Festsaal bei Dressel. Strahlende Beleuchtung, elegante Dekoration, alles in Weiß und Silber, künstliche Blumen, Spiegel. Der Saal ist seitlich, tiefer gelegen zu denken.

In der Loge ein Tisch mit Sektgläsern, Flaschen in Kühlern, Desserttellern, Obst- und Kompottschalen, Aschenbechern und Likörgläsern, auch Knallbonbons, Kotillonscherzen und Blumen reichlich bedeckt. Am Tisch Herr Wormser, Willy Wormser, Herr und Frau Major Keßler, Assessor Trumpp. Wormser ist im Frack, dessen Hemdbrust bereits von Anstrengungen aller Art, Essen, Lachen, Reden, Schwitzen, stark angeknittert ist. Willy trägt Husarenuniform im elegantesten Offiziersschnitt, er ist aber nur Gefreiter und macht eine recht klägliche Figur. Herr und Frau Major Keßler: älteres gut situiertes Ehepaar, er pensioniert, in Zivil, sehr bequem, sie etwas auffällig tief dekollettiert. Trumpp: verbummelt, humorig, angerauscht. – Bei Beginn der Szene steht auf den seitlichen Stufen der Ehrenloge, wie auf einem Podium dem Saal zugewandt, Fräulein Auguste Viktoria Wormser in der Uniform eines Hauptmanns der Potsdamer Gardegrenadiere. Die Uniform spannt über ihrer wohlgerundeten Figur, etwas zu blonde Haare quellen kokett unter der Offiziersmütze hervor. Sie trägt die letzte Strophe eines Festcouplets vor. Alle lauschen verständnisinnig, Wormser scheint jedes Wort zu verschlingen.

AUGUSTE *singt zu dünner, unsichtbarer Klavierbegleitung*

»Darum, ihr Leib-husaren laßt
Euch feiern heut – als Ehrengast!
Wir ha-ben euch – bewundert viel,
In des Manövers hochgemutem Kampfesspiel.
Ihr seid – zwar nicht – die einzgen hier –

neckisch
Denn ich bin auch – ein großes Tier! –
Doch ich – bin von – der Infantrie –
Und reiten, reiten lernt ein Infanteriste nie!!«

Die Musikkapelle nimmt den Refrain auf. Allgemeines Klatschen und Bravo!

AUGUSTE *bedankt sich teils mit militärischem Grüßen, teils mit Kußhändchen nach allen Seiten, verschwindet dann, von drängenden Gratulanten herabgezogen, in den Saal.*

KESSLER *am Tisch, laut applaudierend* Bravo! Ganz famos! Wer hat denn den Text gemacht?

WORMSER *strahlend* Den Text? Den hatse selbst gedichtet, hab ich gar nichts von wissen dürfen! *Singt mit der Musik*
»Denn ich bin von der Infantrie,
und reiten, reiten lernt ein –«
Is das gut? Is das gut, was?

FRAU KESSLER Süß! Einfach puppig! Und wie reizend sie aussieht, in Uniform!

ASSESSOR Fabelhaft. Allen Respekt, Herr Wormser, Ihr Fräulein Tochter is ja perfekte Diva! Könnte glatt auftreten!

WORMSER Das hatse von Papa! Also ich hab in meiner Studikerzeit bei jeder Exkneipe was vorgetragen. Da hatten wir son Kunstmenschen bei, der sagte immer: Wormser, warum gehnse nich zum Theater, Sie hätten's dazu! Ich hab doch drei Semester Jura studiert, wir sind eigentlich Kollegen, Herr Assessor.

TRUMPP Löffele mich! *Trinkt*

AUGUSTE *kommt atemlos, in großer Fahrt.*

WORMSER Na, da isse ja! Komm her, Goldchen, das haste fein gemacht!! *Küßt sie.*

AUGUSTE Rasch mal'n Glas Sekt! Gott, is mir heiß!!

DIE ANDERN *klatschen.*

FRAU KESSLER Süß! Einfach puppig! In so'n Hauptmann könnt ich mich glatt verlieben!

KESSLER Aber, Milli! Sei doch nich so exzentrisch!

AUGUSTE *hat ein Glas Sekt heruntergestürzt, nimmt ein zweites* Nee, war ich aufgeregt! Wenn ich nich vorher schon ne halbe Flasche Schampus getrunken hätte, ich glaube, ich wär hängengeblieben wie 'n Schulkind! *Sie lacht schrill und unmotiviert.*

WORMSER Gustchen, trink mal nich so schnell, du glühst ja! Das is Temperament, nich?

AUGUSTE *setzt sich auf seinen Schoß* Papachen, du bist ja eigentlich 'n Goldkerl! Kinder, ihr seid ja alle so süß!

TRUMPP Sehr geehrt, beziehe das natürlich vor allem auf mich. Sehr zum Wohl, Fräulein Auguste!

AUGUSTE Prost, Trümppchen, sind 'n alter Filou! *Trinkt wieder*

RITTMEISTER V. SCHLEINITZ *Herrenreitertyp, schneidig-nervös, betritt die Loge.*

WORMSER Sieh da, der Herr Rittmeister, das is recht, das freut mich, tretense näher, Willy steh auf, wenn 'n Vorgesetzter kommt!!

V. SCHLEINITZ Um Gottes willen, bleiben Sie sitzen! Das hat er doch hier nich nötig! *Zu Auguste* Mein gnädiges Fräulein – oder vielmehr – Herr Kamerad – darf ich Ihnen im Namen unserer sämtlichen Herren meinen Dank und meine Bewunderung aussprechen? Schneidig habense das gemacht!

AUGUSTE Na, und wie gefall ich Ihnen als Militär, bin ich besichtigungsreif, was? *Nimmt stramme Haltung ein.*

V. SCHLEINITZ Ich habe noch nie einem Kameraden von den Gardegrenadieren die Hand geküßt. *Tut's*

DIE ANDERN *lachen.*

V. SCHLEINITZ Herr Wormser, ich möchte im Auftrag des Offizierskorps ein paar Worte sprechen, würden Sie mal ans Glas klopfen, bitte?

WORMSER Aber gern, aber reizend, Herr Rittmeister, aber wirklich reizend - *Er klopft ans Glas, ruft in den Saal* Silentium! Silentium strictissimus für Herrn Rittmeister von Schleinitz!

V. SCHLEINITZ *auf die Stufen tretend. Er spricht trotz der völligen Wirrnis seiner Sätze mit vollendeter Sicherheit und nobler Haltung* Meine Damen und Herren! Es ist mir ein Bedürfnis, nachdem soeben die Potsdamer Garde in so überaus reizender Weise, zum heutigen Kaisermanöverball der sechsten Leibhusaren, ein Fest, das dies Jahr seitens der Potsdamer Bürgerschaft, durch unseren hochverdienten Herrn Kommerzienrat Wormser wirklich aufs entzückendste arrangiert hat. In diesem Sinne meine Damen und Herren, möchte ich im Namen des Offizierskorps der sechsten Leibhusaren vor allem unsre reizende Vertreterin der Potsdamer Gardegrenadiere, aber auch sonst is es mir ein Bedürfnis, die Veranstalter des heutigen Abends, kurzum, ich bin ja kein Redner, sie leben hoch! hoch! hoch!

Tusch der Musik, Gläserklingen, Hochrufe

WORMSER Herr Rittmeister, wundervoll! Einfach blendend! Und die Ruhe, mit der Sie so was machen! Darum beneid ich Sie! Also ich würd schwitzen!

v. SCHLEINITZ Ich will ja nich in Reichstag gewählt werden – ich bin ja schließlich 'n Reiter und kein Redner, nicht?

WORMSER Prosit, prosit!

Alle stoßen mit Schleinitz an. Im Saal beginnt Tanzmusik.

AUGUSTE *zu Schleinitz* Prost, Herr Kamerad, so könnt ich doch mal 'n Liebesmahl mitmachen, was, Herrgott, ich bin ja schon ganz beschwipst!!

v. SCHLEINITZ Steht Ihnen aber entzückend, son netter kleiner Spitz.

WORMSER Auguste, ich glaube es ist Zeit, daß de dich umziehst! Es war ja sehr nett, aber wir haben doch heute kein Maskenball.

FRAU KESSLER Ausgeschlossen! Erst muß se mit mir tanzen! Kommense, Gustchen, können Sie führen?

KESSLER Milli! Sei doch nich so exzentrisch!

AUGUSTE Natürlich wird getanzt, ich tanz doch soo gerne als Herr!

WORMSER Aber nur e i n e n Walzer, dann ziehste dich um!

AUGUSTE *mit der Musik trällernd* »Wo steht denn das geschrieben, man soll nur eine lie-ben ...« *Zu Keßler* Gestatten, Herr Major! *Sie engagiert Frau Keßler, abgehend mit ihr zu Schleinitz* Darf ich Herrn Rittmeister für den nächsten Tanz vormerken? *Verschwindet im Saal.*

WORMSER *ihr nachrufend* Aber als Dame gefälligst! Erst ziehste dich um! Das Kind is heute so ausgelassen!

v. SCHLEINITZ Is doch charmant. Und wie sie das Monokel hält, als wär's angewachsen.

WORMSER Ideen hatse, das muß ich selbst sagen.

v. SCHLEINITZ Wirklich ein besonders gelungener Abend, Herr Wormser. Der Kommandeur is in bester Stimmung, hat auch schon nach Ihnen gefragt.

WORMSER Hat er gefragt? Ich wer mal hingehn. Komm, Willy, ich stell dich dem Herrn Kommandeur vor, mach rasch, entschuldigen mich die Herrn 'n Moment!

v. SCHLEINITZ Aber bitte, gern!

WORMSER *mit Willy ab*

v. SCHLEINITZ, TRUMPP UND KESSLER *bleiben allein, rücken zusammen.*

TRUMPP Na, Schleinitz, ma ran an Speck. Sie können's ja brauchen.

KESSLER Nich übel – die Kleine.

TRUMPP Rasse, Klasse – Kasse!

KESSLER Trotzdem, Schleinitz. Ich warne Neugierige. Reich heiraten macht faul, dann bleibt man an der Majorsecke kleben, wie Beispiel beweist.

v. SCHLEINITZ *mit feinem Lächeln* Schulden machen noch fauler, Herr Major.

WORMSER *kommt mit Willy zurück* Grad is er gegangen. Zu ärgerlich so was. Herr Rittmeister, ich darf damit rechnen, daß Sie mich Exzellenz empfehlen.

v. Schleinitz Selbstverständlich, werde gebührend zu rühmen wissen.

Wormser *zu Keßler* Übrigens die Damen tanzen wie toll. Auguste macht ja nur Witze, aber Ihre Frau fällt, glaub ich, 'n bißchen auf. Sie nehmen mir's nicht übel, es is meine Pflicht, Herr Major.

Kessler Ganz im Gegenteil, bin Ihnen sehr verbunden. Kommense, Schleinitz, tunse mir den Gafallen, wir wollen die Damen mal nett und leise clam heimlich um die Ecke bringen. Meine Frau ist immer gleich so exzentrisch.

v. Schleinitz Ich werd sie einfach mitten im Tanz wegengagieren.

Trumpp *zu Wormser* Und ich werde mich, wenn Sie gestatten, mal um Fräulein Tochter kümmern. *Alle drei ab in den Saal*

Wormser *zu Willy* Statt daß du dich mal 'n bißchen kümmerst. Überhaupt, wie sitzte wieder rum, schämen möcht man sich. Rauchen tuste nich, trinken tuste Selterswasser, tanzen tuste auch nich, was sollen die Leute von dir denken, 'n junger Mensch wie du, dem alles geboten wird. Vor sechs Jahren haste gedient, was biste heute noch? Gefreiter. Kein Wunder, wenn de rumsitzt wie 'n Holzbock. Sei mal 'n bißchen aufmerksam gegen Herrn Rittmeister, das gehört sich doch! Schenk ihms Glas voll, wenn er nichts mehr hat, biet ihm Obst an, gib ihm Feuer, wenn er sich ne Zigarette nimmt.

Auguste *stürzt ganz erhitzt in die Loge, fächelt sich mit der Mütze Luft zu, wirft sich auf einen Stuhl* Kompott! *Zu Willy, der aus Versehen wie vor einem echten Offizier aufgesprungen ist* Nee, nich die Pfirsiche, da die Ananas, ich kann doch Pfirsiche nich leiden, die sin immer so quabbelig. *Sie löffelt wild drauflos.*

Wormser *hastig, während auf der Treppe schon Trumpp auftaucht* Wie benimmste dich!! Is ja ne Schande! Was soll der Herr von Schleinitz denken! Hätt ich nur den Blödsinn nich erlaubt! Gib doch acht, tropp's nich auf die gute Uniform!

Auguste Gute Uniform is gut! *Zu Trumpp* Die hat er alt zurückbekommen!

Wormser Schwätz nich ausm Geschäft!!

Auguste Vom Bürgermeister von Köpenick! *Lacht*

Wormser Ne neue hätt ich ihr auch gar nich machen lassen, wennse sich so benimmt!

Auguste Ach, Kinder, ich bin in einer Stimmung, ich möchte 'n Damenregiment gründen und 'n Krieg anfangen!!

TRUMPP *hinter ihr* Unsinn, Auguste, heiraten mußte.

AUGUSTE *essend* Wen denn? Sie vielleicht? Oder Schleinitzen?

WORMSER Spott nich über Herrn von Schleinitz! Das is 'n großartiger Mensch! Der zweitbeste Reiter in der Armee, hat Majestät seinen Trakehner vorgeritten und 'n Orden gekriegt!

AUGUSTE Ich find 'n ja süß.

V. SCHLEINITZ *kommt mit Frau Keßler, der Major hinter ihnen.*

FRAU KESSLER Herr Rittmeister, das muß ich sagen, Sie tanzen wie Sie reiten.

AUGUSTE Ich hab aber auch gut geführt, nich?

FRAU KESSLER Wir zwei haben Furore gemacht!

AUGUSTE 'n bißchen Ananas gefällig? *Häuft sich und Frau Keßler Kompott mit viel Saft auf die Glasteller.*

V. SCHLEINITZ *setzt sich neben Trumpp, leise* Das war 'n Stück Arbeit, kann ich Ihnen sagen. *Nimmt eine Zigarette aus dem Etui, klopft sie nervös auf dem Handrücken.*

WILLY *reißt hastig ein Streichholz an, hält es bereit.*

V. SCHLEINITZ *übersieht es, läßt die Zigarette sinken* Gestatten die Damen, daß ich rauche?

AUGUSTE Aber natürlich, wenn Sie gestatten, daß wir Kompott essen?

ALLE *lachen.*

V. SCHLEINITZ Also – auf Gegenseitigkeit! *Nimmt die Zigarette wieder auf.*

WILLY, *dessen Streichholz ausgegangen war, reißt ein zweites an, springt mit desperatem Eifer auf, um dem Rittmeister über den Tisch weg Feuer zu geben, dabei reißt er mit einem Sektkühler sämtliche Gläser, die Kompottschüsseln und Blumenvasen um. Alles ergießt sich auf die beiden Damen. Aufschreie, Kellner stürzen herbei, Verwirrung.*

WORMSER Willy, biste verrückt! Um Gottes willen, Kellner! Kellner!

FRAU KESSLER Mein Kleid! Meine Spitzen!

KESSLER Rasch heißes Wasser herbei!

ALLE *springen auf, die Herren tupfen mit Servietten sinnlos auf den begossenen Damen herum, Willy steht erstarrt.*

TRUMPP Das macht ja nischt, das macht ja nischt, das wird ja wieder abjewischt!

AUGUSTE *lacht hysterisch.*

WORMSER Lach nicht auch noch! Die schöne Uniform! Jetzt kannse zum Trödler.

AUGUSTE Da gehört se auch hin!

Dunkel

VIERZEHNTE SZENE

Personen: Friedrich Hoprecht, Marie Hoprecht, Wilhelm Voigt

Hoprechts Wohnstube in Rixdorf. Nachmittag. Die Uhr schlägt vier.

FRAU HOPRECHT *allein, am gedeckten Kaffeetisch. Sie stülpt einen Kaffeewärmer über die Kanne.*

Von draußen hört man das Geräusch des Korridorschlüssels, dann klappt die Tür.

FRAU HOPRECHT Da is er – *Nimmt den Kaffeewärmer wieder herunter, macht einen Schritt zur Tür.*

HOPRECHT *tritt ein, in Uniform, als Unteroffizier, ohne Feldwebelabzeichen. In der einen Hand trägt er einen kleinen Handkoffer, in der anderen den Säbel, wie vorher in Packpapier eingeschlagen* Tach, Marie.

FRAU HOPRECHT *verbirgt ihre Enttäuschung* Tach, Friedrich! *Küßt ihn rasch* Schön, daß de da bist. Ick hab schon jewartet.

HOPRECHT Ja, es hat 'n bißchen gedauert.

FRAU HOPRECHT Aber der Kaffe is noch janz heiß.

HOPRECHT *in Gedanken* Das is recht.

Er geht zu seinem Schrank, stellt das Köfferchen daneben auf den Boden, dann öffnet er, stellt den eingepackten Säbel in die Schrankecke, schließt den Schrank.

FRAU HOPRECHT *beobachtet ihn betreten. Dann gießt sie Kaffee ein* Komm, Friedrich, trink 'n Kaffe. Kuchen is auch.

HOPRECHT *setzt sich* Ja, dank schön. Es is schon gar nich mehr warm draußen. *Pause* Na, was is denn, Marie? Du bist ja so still.

FRAU HOPRECHT Du, ick muß dir wat sagen. – Det Liesken is dot. Aber erschrick nich.

HOPRECHT *starrt sie an* Was – ?

FRAU HOPRECHT Reg dir nur nich auf, Friedrich. Et is ja nu nich mehr zu ändern.

HOPRECHT Was haste gesagt?

FRAU HOPRECHT Det Liesken is – aber janz leicht isse jestorben, Friedrich.

HOPRECHT So. Wann denn?

FRAU HOPRECHT Vorjestern, mitten in de Nacht. Wir dachten schon, sie hat sich jebessert, aber denn war's aus. Abends hat se 'n bißken schwer jeatmet, und denn isse einfach einjeschlafen. Der Willem hat bei ihr jesessen, die janze Zeit. Gar nich wech is er von ihr. Er sagt, in Schlaf hatse zuerst noch phantasiert; janz vergnügt warse.

HOPRECHT Son armes Ding.

FRAU HOPRECHT Jetzt is er mit zur Beerdigung. Ick konnte ja nich, wo du grade heimkommst. Das Jeschäft hab ick für ne Stunde jesperrt. – Iß doch was, Friedrich.

HOPRECHT Nee, danke – das Kommißbrot pumpt mich immer so voll. – Sonst alles in Ordnung?

FRAU HOPRECHT Ja, sonst allens. Im Jeschäft is flau.

HOPRECHT Na ja. – Du, Marie, ich muß dir übrigens auch was erzählen. Ich dachte nämlich – eigentlich – das heißt, ich war an der Reihe, von Rechts wegen. Ich hätte nun unbedingt rankommen müssen. Der Hauptmann hat selbst gesagt, er begreift es nicht.

FRAU HOPRECHT Was denn, Friedrich.

HOPRECHT Ach so. Ja, ich hätte gedacht, daß ich diesmal zum Vizefeldwebel befördert werde. Zum überzähligen natürlich, das hätte auch von Rechts wegen so sein müssen. Ich wollte dich da überraschen mit, deshalb hab ich nie was gesagt.

FRAU HOPRECHT Na und, Friedrich?

HOPRECHT *etwas gereizt* Na und? Na und! Es is eben nichts geworden. Da is sone neue Verfügung rausgekommen, irgend sone Etatverkürzung von oben herunter, genau weiß ich's selbst nicht, es hat sich keiner recht ausgekannt. Die aktiven Militäranwärter kommen zuerst, und von den Reservisten dürfen's nur soundso viele sein, das ging dann nach dem Datum des Dienstantritts, kurzum, ich war nicht dabei.

FRAU HOPRECHT Da kannst du doch aber gar nichts für, Friedrich.

HOPRECHT Natürlich kann ich nichts für. Aber darauf kommt's ja nu gar nicht an! Ich meine nur, daß so was immer nach Bestimmungen geht, nachm Papier, und nicht nachm Verdienst, nachm Menschen! Das hat unser Hauptmann auch gesagt. Na, nu kann man nichts machen.

FRAU HOPRECHT Das is aber schade. Das is nu wirklich 'n Malör.

HOPRECHT Ach was! Die Hauptsache is, daß man gesund bleibt. Ich kann auch so leben – das arme Wurm nicht. Son junges Ding – son junges –

FRAU HOPRECHT Vielleicht is so besser für se.

HOPRECHT *zuckt die Achseln* Das weiß man nicht. Das einzige, was man genau weiß, ist, daß jeder am Leben hängt.

FRAU HOPRECHT *nach einer Pause* Ich muß mal 'n Sprung ins Jeschäft runter. Jetzt kommen ja noch welche. *Sie geht zu ihm hin – nimmt plötzlich seinen Kopf* Schön is, Friedrich, daß de wieder da bist. Nich?

HOPRECHT *preßt einen Augenblick den Kopf an sie* Ja, Marie. – Es könnt ja auch mal Krieg kommen, da muß man vielleicht ganz wech.

FRAU HOPRECHT Friedrich, sag so was nich!

HOPRECHT *lacht ein wenig* Na, geh mal in dein Geschäft. Ich zieh mich um.

FRAU HOPRECHT Mach dir's bequem, Friedrich. *Ab*

HOPRECHT *bleibt noch einen Augenblick stumm sitzen, dann steht er auf, geht ins Schlafzimmer. Die Tür läßt er angelehnt. – Von draußen hört man das Geräusch des Korridorschlosses und der Flurtür. Dann tritt...*

VOIGT *ins Zimmer. Er ist blaß, seine Augen haben ein überwaches, flackriges Licht. Er trägt einen schwarzen Anzug von Hoprecht, der ihm etwas um die Gestalt schlottert. An der Tür bleibt er kurz stehen, starrt in die Stube.*

HOPRECHT *kommt aus dem Schlafzimmer; die Uniform hat er aufgeknöpft, überm Arm hält er seinen Zivilanzug, in der Hand Hausschuhe. Auch er bleibt ähnlich wie Voigt kurz in der Tür stehen. Dann geht er zu Voigt hin* Komm rein, Willem, guten Tach. Is das Begräbnis schon rum?

VOIGT Ja, det is rum. Tach, Friedrich. *Gibt ihm die Hand.*

HOPRECHT Das hätte auch keiner gedacht – daß das so rasch geht. Wir haben doch immer 'n Arzt gehabt, und alles getan.

VOIGT *fast hart* Det is nu vorbei.

HOPRECHT Stimmt. Lamentieren hat kein Zweck. Das macht se nich wieder lebendig.

VOIGT Ich hab dein schwarzen Anzuch jenommen. Meiner war zu schäbig. Du hast wohl nichts gegen. Ick zieh'n gleich aus.

HOPRECHT Das eilt ja nich. Trink mal'n Kaffee, da steht noch.

VOIGT Nee, danke. *Er geht in die Ecke hinterm Sofa, wo sein Paket liegt und sein Anzug über einem Stuhl hängt. Dann dreht er sich um – lächelt* Na und, Friedrich? Zeig mal, wo sind de großen Adlerknöppe, und de Silberkokarden?

HOPRECHT *fast flüchtig im Ton* Das hat sich zerschlagen. Das, das war 'n Irrtum von mir. Es dürfen jetzt nich mehr so viele sein, nach der neuen Etatkürzung.

VOIGT Du warst aber doch an der Reihe. Det war doch dein Recht.

HOPRECHT Na ja, eigentlich schon. Es is aber nu ne neue Verfügung raus. Reden wir nich mehr von, is nich so wichtig.

VOIGT Wichtig. Wichtig is gar nichts, dazu is de Welt zu groß. Aber richtig, richtig soll's zugehn, Was richtig is, ick meine, wat Recht is, det sollt auch Recht sein! Nich!?

HOPRECHT Recht is, was Gesetz is, Willem. Es geht ja nicht nach dem, was einer möchte, es is ja für alle da. Das is es, Willem.

VOIGT Und wenn einer kaputtjeht bei, denn is er alle. Da hilft 'n kein Recht mehr, und kein Jesetz.

HOPRECHT Wenn 'n Soldat fällt, Willem, denn fällt er eben. Gegens Letzte is kein Kraut gewachsen. – Aber bei uns kommt immer noch jeder zu Seinem.

BEIDE *haben begonnen, sich umzukleiden.*

VOIGT Amen.

HOPRECHT Was is?

VOIGT *freundlich, ohne Spott* Det haste vergessen. Sone Sätze hörn immer mit Amen auf. Der Pastor aufn Friedhof hat janz was Ähnliches jewußt.

HOPRECHT Ich versteh dich nicht.

VOIGT Is auch nich nötig. Laß dir man nicht stören. Ick zieh mir nur um – und denn jeh ick.

HOPRECHT Wohin denn?

VOIGT *zuckt die Achseln.*

HOPRECHT Ja wieso – du willst doch nich fort, Willem?

VOIGT Darnach is nich gefragt. Ick muß fort.

HOPRECHT *macht einen Schritt auf ihn zu.*

VOIGT *holt mit einer gleichsam abwehrenden Bewegung das Papier aus seiner Tasche, wirft's auf den Tisch* Lies man.

HOPRECHT *liest* Ausweisung – ja Herrgott, Willem, haste denn keine Eingabe gemacht?

VOIGT Zweie. Abschlägig beschieden. Für die erste hattense kein Interesse, für die zweite keene Zeit.

HOPRECHT *ratlos* Ja – wo willste denn hin, Willem?

VOIGT *lacht sonderbar* Jarnirgends.

HOPRECHT Mensch – du wirst mir doch keine Dummheiten machen!!

VOIGT Ausjeschlossen. Dummheiten – ausjeschlossen. Ick wer nu langsam helle.

HOPRECHT Du mußt natürlich sehn, daß du in einem andren Bezirk 'n Aufenthalt kriegst – oder du mußt um 'n Paß einkommen, bei deiner Heimatbehörde.

VOIGT Danke. Det kenn ick schon.

HOPRECHT Ja, was willste denn sonst – was willste denn anfangen?!

VOIGT Mach dir man keine Sorjn. Is nich so wichtig. *Lacht wieder leise.*

HOPRECHT Lach doch nich immer! Die Sache is doch ernst!

VOIGT Ick finde dat lustig. Dir hamse nich befördert – mir befördernse. Jedem dat Seine. Nich?

HOPRECHT Sei doch still!! Willem, du fährst aufn ganz falschen Gleis! Wenn so was is, denn, denn müssen besondere Gründe sein, das is halt 'n Unglück, Willem, was dir passiert!

VOIGT 'n Unglück? Nee. Da is kein Glück bei, und is auch kein Unglück bei. Det is janz 'n sauberes glattes Unrecht is det. Aber reg dir man nich auf, Friedrich. Et jibt mehr Unrecht auf de Welt, scheenes ausjewachsenes Unrecht. Det muß man nur wissen. Ick weiß nu.

HOPRECHT Gar nichts weißte! Pech haste! Det is es! Wenn det so wär, wie du sagst – denn gäb's ja kein Treu und Glauben mehr auf de Welt! So darfste mir nich fort, Willem. So kommste nich weiter. Du mußt das tragen – wie 'n Mann.

VOIGT Tragen – det bin ick jewohnt, Friedrich. Det macht mir nichts. Ich hab 'n breiten Puckel, da jeht 'n Packen ruff. Aber – wohin soll ick's tragen, Friedrich! Det is de Frage! Wo soll ick denn hin mit! Ick hab ja keen Aufenthalt, für mir gibt's ja keen Platz uff de Erde, da könnt ick höchstens in de Luft steigen, nich?

HOPRECHT Nich in de Luft, Willem! Zurück aufn Boden, Mensch! Wir leben in 'n Staat – und wir leben in ne Ordnung – da kannste dir nich außerhalb stellen, das darfste nich! So schwer's auch hält – da mußte dich wieder reinfügen!

VOIGT Wo rein? In Staat? In ne Ordnung? Ohne Aufenthalt? Und ohne Paß?

HOPRECHT Einmal kriegste's doch! Einmal kommste doch wieder rein!

VOIGT So – und wat soll ick drinnen? Wat hilft et mir denn? Da wer'ck noch lange kein Mensch von!

HOPRECHT 'n Mensch biste überhaupt nur, wenn du dich in ne menschliche Ordnung stellst! Leben tut auch ne Wanze!

VOIGT Richtig! Die lebt, Friedrich! Und weißte, warum se lebt? Erst kommt de Wanze, und dann de Wanzenordnung! Erst der Mensch, Friedrich! Und dann de Menschenordnung!

HOPRECHT Du willst dich nich unterordnen, das isse's! Wer 'n Mensch sein will – der muß sich unterordnen, verstanden?!

VOIGT Unterordnen. Jewiß! Aber unter wat drunter?! Det will ick janz jenau wissen! Denn muß de Ordnung richtig sein, Friedrich, det isse nich!

HOPRECHT Sie is richtig! Bei uns is richtig! Schau dir ne Truppe an, in Reih und Glied, denn merkste's! Wer da drin steht, der spürt's! Tuchfühlung mußte halten! Dann biste'n Mensch – und dann haste ne menschliche Ordnung!

VOIGT Wennse man nur keen Loch hat! Wennse man nur nich so stramm sitzt, daß de Nähte platzen! Wenn da man nur nichts passiert, Mensch!

HOPRECHT Bei uns nich! Bei uns in Deutschland, da is 'n fester Boden drunter, da is kein hohler Raum zwischen, da kann nichts passieren! Anderswo vielleicht, wo det Jebälke faul is – da vielleicht! Sagen wa mal: in Rußland zum Beispiel, da habense die Bestechlichkeit der Behörden, habense da – und denn die Muschiks, det sind nämlich Analphabeten, die wissen noch nich mal wie se heißen – und denn die Lasterhaftigkeit der höheren Kreise, und denn die Studentinnen, un det ganze schlechte Beispiel! Da kann was passieren, Willem, da is Bruch! Verstehste?! Bei uns is alles jesund, von unten auf – und was jesund is, det is auch richtig, Willem! Det is auf Fels jebaut!

VOIGT So? Und woher kommt denn det Unrecht?! Kommt det janz von selbst?

HOPRECHT Bei uns gibt's kein Unrecht! Wenigstens nicht von oben runter! Bei uns geht Recht und Ordnung über alles, das weiß jeder Deutsche!

VOIGT So? Un deine Beförderung, is det Recht und Ordnung? Und mein Aufenthalt, is det Recht und Ordnung?

HOPRECHT Du drehst alles um, Willem! Du hast doch zuerst jeschlagen, widers Recht, und denn hat's dich jetroffen! Und das mit der Beförderung, das muß eben sein! Da gibt's keine Beschwerde drüber! Die kriegen im Reichstag de Hölle heiß jemacht, wegen de Wehrvorlage und 'n Heeresetat, denn müssense 'n Etat kürzen, und denn trifft et eben mich, det is nu mal so, könnt jedem andren auch passieren! Wat is denn schon einer, gegens Ganze jenommen?! Für det Geld, wat se an Löhnung sparen, da wird vielleicht ne Kanone jebaut!

VOIGT Und denn jeht se los – un denn trifft et wieder dich! Bumbum, da liechste!

HOPRECHT Jawoll, da liech ick, wenn's man losjeht! Und denn weiß ick auch, wofür! Fürs Vaterland, und für de Heimat!!

VOIGT Mensch, ick häng an meine Heimat jenau wie du! Jenau wie jeder! Aber se sollen mir mal drin leben lassen, in de Heimat!! Denn könnt ick auch sterben für, wenn's sein muß! Wo is denn de Heimat, Mensch? In 'n Polizeibüro? Oder hier, ins Papier drinnen?! Ick seh ja gar keene Heimat mehr, vor lauter Bezirke!!

HOPRECHT Ich will's nich mehr hören, Willem! Ich darf's nich mehr hören – ich bin Soldat! Und ich bin Beamter!! Das bin ich mit Leib und Seele, da steh ick für! Ich weiß, daß bei uns das Recht über alles geht!

VOIGT Auch übern Menschen, Friedrich! Übern Menschen, mit Leib und mit Seele! Da jeht et rüber, und denn steht er nich mehr uff.

HOPRECHT Du hast nich jedient, Willem! Du kennst et nich! Wenn de wüßtest, wie unsre Offiziere sind, da mag mal so 'n junger Schnösel bei sein, jewiß – aber die andren! De richtigen, Mensch! Da jehn wir durchs Feuer für, und det machen die auch für uns, da is jeder für jeden!

VOIGT Und det Janze?! Det Janze, Friedrich, für wem is det? Wat steht hinter, Friedrich, 'n Gott oder 'n Teufel?! Nee, mir hamse zu lang jepufft, mir hamse nu wachjekriegt, da jibt's keen Pennen mehr, ick will det nu janz jenau wissen!!

HOPRECHT Ick sag dir zum letztenmal: reinfügen mußte dich! Nich mängeln gegen! Und wenn's dich zerrädert – denn mußte det Maul halten, denn jehörste doch noch zu, denn biste 'n Opfer! Und det is 'n Opfer wert!! Mehr kann ick nich sagen, Mensch! Haste denn keine innere Stimme, Willem? Wo sitzt denn bei dir det Pflichtgefühl?!

VOIGT Vorhin – aufn Friedhof – wie de Brockn aufn Sarch runterjekullert sind – da hab ick's jehört – da war se janz laut, war se –

HOPRECHT Wer? Was haste jehört?

VOIGT De innere Stimme. Da hatse jesprochen, du, und da is alles totenstill jeworden in de Welt, und da hab ick's vernommen: Mensch, hatse jesagt – einmal kneift jeder 'n Arsch zu, du auch, hatse jesagt. Und denn, denn stehste vor Gott dem Vater, stehste, der allens jeweckt hat, vor dem stehste denn, und der fragt dir ins Jesichte: Willem Voigt, wat haste jemacht mit dein Leben? Und da muß ick sagen – Fußmatte, muß ick sagen. Die hab ick jeflochten im Jefängnis, und denn sind se alle druff rumjetrampelt, muß ick sagen. Und zum Schluß haste jeröchelt und jewürcht, um det bißchen Luft, und denn war's aus. Det sagste vor Gott, Mensch. Aber der sagt zu dir: Jeh wech! sagt er! Ausweisung! sagt er! Dafür hab ick dir det Leben nich jeschenkt, sagt er! Det biste mir schuldig! Wo is et? Wat haste mit jemacht?! *Ganz ruhig* Und denn, Friedrich – und denn is et wieder nischt mit de Aufenthaltserlaubnis.

HOPRECHT Willem – du pochst an de Weltordnung – dat is ne Versündigung, Willem! Det änderste nich, Willem! Det änderste doch nich!!

VOIGT Det will ick auch nich. Det will ick nich, Friedrich. Det könnt ick ja nich, da bin ick viel zu alleine für ... Aber so knickerich, verstehste, möcht ick mal nich vor mein Schöpfer stehn. Ick will ihm nichts schuldig bleiben, verstehste? Ick wer noch was machen mit.

HOPRECHT Du pochst an de Weltordnung, Willem.

VOIGT Ausjeschlossen. Det wär ne Dummheit, det mach ick nich. Nee, Friedrich, da mach dir man keene Sorjn. Ick wer mir nur mal 'n bißken ranhalten, wer ick. Was de andern können, det kann ick noch lange. *Lacht*

HOPRECHT Willem, wat haste denn vor? Wat willste denn anfangen, Mensch! Sprich dich doch aus, Willem – also ich hab dich gewarnt!!

VOIGT *hat inzwischen sein Paket verschnürt, setzt den Hut auf* Is gut, Friedrich. Du bist 'n echter Kerl. Da, dein Anzuch hab ick übern Stuhl jehängt. Marie wird 'n klopfen. *Geht auf ihn zu, gibt ihm die Hand, die Hoprecht zögernd nimmt* Adieu, Friedrich, Dank dir für alles. *Ab*

HOPRECHT *klammert sich mit den Händen an eine Stuhllehne* Der Mensch – der Mensch is ja gefährlich!!

Dunkel

DRITTER AKT

FÜNFZEHNTE SZENE

Personen: Krakauer, Wilhelm Voigt

Krakauers Kleiderladen in der Grenadierstraße. Dumpfes fensterloses Lokal, mit Kleidungsstücken aller Art vollgestopft. Stufen zur Straße. Gemalte Schilder mit Inschriften: »Kleider machen Leute« – »Elegante Herrenkonfektion, billige Wintermäntel« – »Kostüme und Masken, Verkauf und Verleih« – »Hier werden getragene Kleider zu Höchstpreisen angekauft.« Hinterm Ladentisch Krakauer, sagenhafte Ghettogestalt, Wilhelm Voigt bedienend.

KRAKAUER Kennse haben! Kennse haben!! Ne neie, ne noble, ne extrafeine, se hängt vor de Tier im Straßenstand, da staun sich de Leite und sin geblendet vonneme solchene Glanz.

VOIGT Ick habse jesehn. Deshalb komm ick ja runter.

KRAKAUER Sally! Sal-ly! Bring de neie feine Uniform! Die is nobel, mein Herr, die is haltbar, die is auch echt!

VOIGT Ick brauchse fiern Maskenball.

KRAKAUER Ihre Sache, mein Herr, Ihre Sache! Bei uns in de Grenadierstraße kennse alles haben, da fragtse keiner wozu. *Sally mit der Uniform* Da, schaunse sich an, den Glanz, die Nobleß, das Material, das teire Tuch, de seidne Fitterung, den roten Kragen, de blanken Kneppe – isse's nich e Wunder? Ihnen gesagt: es isse Wunder. Wenn die Uniform kennt allein spazierengehn, ohne daß einer drinsteckt – ich sag Ihnen, jeder Soldat wirdse grießen, so echt isse!

VOIGT *ist einen Schritt zurückgetreten, starrt fasziniert auf die Uniform. Dann dreht er sich weg, schüttelt den Kopf* Ick weiß nich – ob ick soll.

KRAKAUER Se wissen nich? Wer ich Ihnen was sagen: Ich weiß! Ich weiß was für Sie: nehmese was andres! Missense gehn als Hauptmann? Aufn Maskenball, da will man sich amüsieren. Als Hauptmann wernse sich nich amüsieren, da wird ma se gleich erkennen, wird ma sagen: so sieht e Hauptmann nich aus. Hörense auf mich: – nehmense was Historisches. Da hätt ich de scheensten Sachen.

VOIGT Wat Historisches kann ick nu gar nich brauchen.

KRAKAUER Mein Herr; wenn man will 'n guten Eindruck machen, is immer besser: was Historisches. E römischer Feldherr, oder e Nürnberger Henker, oder e altertümlicher französischer Louis, hab ich alles auf Lager. Wollense nich? Muß es 'n Offizier sein? Se haben recht, e Offizier hat immer recht. Gehnse als Reitergeneral vom Alten Fritze, das wär was für Ihre Figur! Potsdam is Mode – Potsdam is immer sehr beliebt! War ich am Sonntag hingewesen, in Potsdam, mit mein Sally und mit seine Braut, de Lea. Wollten mer rein ins Schloß, sagt der Goy am Eingang: Se kennen nich rein, da sin Offisiere drin, da störnse, de Herren wollen so was nich sehn. Nebbich, hab ich gesagt, was soll e Jied im Schloß? Hab ich mer de historische Windmühle angesehn, is auch scheen.

VOIGT *interessiert* In Potsdam sin immer viel Offisiere, nich?

KRAKAUER Mehr wie se ungefrihstickt vertragen kennen. Na, un wie wär's mitn scheenen Pierrot, ich hätt ein in Weiß mit lila Bollen, oder 'n Maharadscha, oder 'n schicken Kaubeu oder 'n Bur mitn Schlapphut?

VOIGT Nee, nee. Ick nehmse doch. *Nimmt die Uniform vom Bügel.*

KRAKAUER Gemacht!! Das is e Wort! Recht hamse, Herr Hauptmann! 'n Offisier is doch immer das Scheenste, hab ich recht?

VOIGT Da sin aber ne Menge Flecken druff, uffn Rock.

KRAKAUER Flecken? Das sin Schampanjerflecken, riechense mal dran, das kennse noch riechen, so feine Flecken, das sin überhaupt keine Flecken, Sally, hol 'n Päckchen Fleckkugeln nebenan vom Kemnitzer, die kriegt der Herr Hauptmann umsonst zugeliefert.

VOIGT *mustert sachverständig die Uniform* Uff de eine Achselklappe fehlt ja 'n Stern! Als Hauptmann, da hab ick zwee Sterne, sonst wär's ja 'n Oberleutnant. Un de Gardelitzen sin janz verschabt an Rand.

KRAKAUER 'n Stern kennse extra haben, un de Litzen lassense sich e bißjen säumen, zu Haus von de Frau Hauptmann oder de junge Töchterlich.

VOIGT Was soll's denn kosten?

KRAKAUER Kosten? Das kann ma nich kosten nennen, Herr Hauptmann, das is e Gelegenheit, das is e freidige Iberraschung, das sin überhaupt keine Kosten, für mich sin's Unkosten, für Sie isse's e Kapitalsanlage: e Zwanzigmarkstickelchen!

VOIGT *legt die Uniform hin* Nee.

KRAKAUER Achtzehn! Siebzehn, Herr Hauptmann, siebzehn is e Wort!

VOIGT Fuffzehn. Da mißt ick aber noch ne Feldbinde zukriegen, und de Mütze und 'n paar Anschnallsporen. 'n Säbel auch, zum Unterschnallen.

KRAKAUER Herr Hauptmann! Herr Hauptmann, se bringen Jammer un Armut iber mein Haus! Redense nich, ich gebse Ihnen fir fuffzehn, weil Sie's sin, aber firn Säbel un fir de Sporen missense noch drei Mark zulegen, dafier kriegense de Fleckkugeln umsonst und de scheene Pappschachtel und ne Schnur drum, da werden noch Ihre Urenkel de Wäsche drauf trocknen. Wollense nich lieber 'n Helm? Fier zwei Mark kriegense noch 'n Helm, das is kleidsam, das sieht nach was aus.

VOIGT Nee. Danke. De Mütze tut's auch. 'n Helm rutscht immer. Habense auch 'n grauen Offiziersmantel?

KRAKAUER Nich vorrätig, kennt ich Ihnen besorgen in einem Tag.

VOIGT Ich brauch'n sofort. Ich kann nich länger warten.

KRAKAUER Dann fragense mal um de Ecke beim Kemnitzer, das is e Geschäftsfreund von mir. Was ich nich hab, hat er, und was er nich hat, hab ich, hammer uns geeinigt und machen zusammen auf zehn Prozent, kriegt keiner e Roches aufn andern. Soll ich 'n Säbel gleich zupacken?

VOIGT Zeigense mal her, hat er 'n Gardestern?

KRAKAUER Herr Hauptmann denken an alles. Bitt scheen, Herr Hauptmann: Marke I a mitn Stern.

VOIGT Is gut. Mal rasch alles einpacken. Die Fleckkugeln gleich zu.

KRAKAUER *packt mit Sally in gewohnheitsmäßiger Eile ein* Zu Befehl, Herr Hauptmann: ich legse Ihnen zusammen, Sie brauchense nich aufzebiegeln. Darf ich um Kassa bitten, Herr Hauptmann?

VOIGT Hier, hamse achtzehn Mark. Verdammt teuer Ihr Geschäft.

KRAKAUER Danke, Herr Hauptmann, wennse wieder was brauchen. Ich sag Ihnen: Se haben nich gekauft, se haben geerbt.

VOIGT So, gebense her. *Will gehen.*

KRAKAUER *vertritt ihm den Weg* Herr Hauptmann! 'n Moment, Herr Hauptmann! Wollen se nich de Frau Hauptmann was mitbringen fiern Maskenball, e hibsche Larve, 'n seidnen Domino –

VOIGT Haltense mich nicht auf! – Ich muß in Dienst! *Geht*

KRAKAUER Adjeh, Herr Hauptmann, viel Vergnügen, Herr Hauptmann!! – Auch e Hauptmann!!

Dunkel

SECHZEHNTE SZENE

Personen: Spaziergänger, Wilhelm Voigt

Allee mit Bank im herbstlichen Park von Sanssouci. Ausblick aufs Schloß. Oktobersonne. Manchmal ferne Drehorgeltöne, in der Luft verweht.

VOIGT *sitzt auf der Bank in der Sonne. Neben ihm liegen sein Hut und die verschnürte Pappschachtel. Er sitzt aufrecht mit verschränkten Armen und beobachtet die Vorübergehenden mit stiller Wachsamkeit.*

ZWEI JUNGE LEUTE *kommen von der Seite.*

DER ERSTE Du, diese langen graden Alleen machen mich immer ganz stolz.

DER ZWEITE Worauf denn?

DER ERSTE Ich weiß nicht, ich glaube, auf den menschlichen Geist, aber ich meine wohl etwas anderes. *Gehen weiter.*

EIN ALTER HERR *kommt mit steifem Stelzgang. Alle zwei Schritte bleibt er stehen, räuspert sich martialisch und spuckt aus.*

EIN ANDERER HERR *mit weißem Bart, begegnet ihm* Tag, Herr Oberst! Auch mal wieder draußen?

OBERST Tach, Herr Geheimrat. Was soll man machen. Muß doch 'n bißchen Bewegung haben.

GEHEIMRAT Jaja, ein schöner Herbst. So ein Spaziergang ist ein Stück Gesundheit.

OBERST *spuckt aus* Scheußlich. Die verdammten Bronchien.

GEHEIMRAT Sie rauchen zuviel, Herr Oberst. Nehmen Sie ein Lakritz?

OBERST Nee, danke. Süßes Zeug zum Kotzen. Ich nehme Emser Pastillen.

GEHEIMRAT Das ist auch sehr empfehlenswert. Gute Besserung, Herr Oberst.

OBERST Danke, danke. Hat keenen Zweck mehr, kratze nächstens ab. *Geht*

GEHEIMRAT Na, na, na. *Geht*

ZWEI JUNGE KINDERMÄDCHEN, *die eine schiebt einen Kinderwagen, die andre geht schlenkernd nebenher. Voraus laufen zwei sehr kleine Knaben in bunten Offiziersuniformen, der eine als kompletter Husar, der andre als Kürassier maskiert. Der Husar haut mit einem Kindersäbel Zweige von den Büschen, der Kürassier galoppiert auf einem Steckenpferd. Ein kleines Mädchen mit Haarschleife trippelt trübsinnig hinterher.*

DIE ERSTE Ich sage einfach, meine Mutter ist krank, da kann ich am Nachmittag weggehn. Aber um neun muß ich wieder zu Hause sein.

DIE ZWEITE Das is dumm. Da geht's ja erst richtig los.

DIE ERSTE Vielleicht kann ich sagen, ich habe den Zug versäumt. Walthari, willst du den Schmutz nich aufheben, das is ja Hundedreck! – Son Stuß, den Jungen Walthari zu nennen. Aber wenn ich Walter sage, macht se Krach.

DIE ZWEITE So sinse.

DIE ERSTE *deutet in den Kinderwagen* Die da heißt Fredegundis.

BEIDE *lachen.*

WALTHARI *bombardiert Voigt mit Kastanien.*

DIE ERSTE Läßt du den Mann gehn! Ungezogener Junge. Gleich setzt's ne Backpfeife.

WALTHARI *streckt ihr die Zunge heraus. Der Kürassier galoppiert johlend im Kreis.*

DIE ERSTE Warte nur, ich sag's Vatern, denn gibt's mit der Reitpeitsche.

DIE ZWEITE Ich geh nächst Jahr in ein Modehaus. Ich lerne schon drauf.

DREI JUNGE OFFIZIERE *kommen in lebhaftem Gespräch von der andern Seite.*

DER ERSTE Kriegsschule? Kriegsschule is Mumpitz, so was könnense nur in der aktiven Felddienstübung rauskriegen.

DER ZWEITE Hörnse mal, Herr, die kartographische Spezialabteilung –

DER ERSTE Mumpitz! Alles Papier! Sieht ja im Ernstfall alles ganz anders aus.

DER DRITTE Ich sage auch immer: die Herrn vom grünen Tisch – *unterbricht sich* Donnerwetter! *Sieht die Mädchen an.*

ALLE DREI *lachen leise, räuspern sich, drehen sich im Weitergehen mehrmals um, verschwinden.*

DIE MÄDCHEN *sind auch verstummt, errötet, die eine dreht sich verstohlen um, dann schaun sie sich an, brechen in erregt gackerndes Gelächter aus.*

DIE ERSTE Der Blonde! Der Blonde war schneidig!

DIE ZWEITE Nee, nee, der Blasse mit der Narbe, das war ein interessanter Mensch.

DIE ERSTE Was du immer mit den Interessanten hast.

WALTHARI *hat dem galoppierenden Kürassier ein Bein gestellt. Der fällt in den Dreck, brüllt.*

DIE MÄDCHEN *weitergehend, schimpfen und dreschen jede auf ihren Bengel ein* Wollt ihr sofort, Lausebengels, unverschämter Knabe, geschieht ihm ganz recht. Heulsuse, Waschlappen, Rotznase, jetzt kommst du hierher, ich sag's zu Hause, gib das Ding her!

DIE ERSTE *reißt das Steckenpferd an sich, legt's auf den Kinderwagen* Man sollte gar nicht mit euch spazierengehn, ihr seid es nicht wert.

Sie gehen, die heulenden Kavalleristen hinterher, auch das kleine Mädchen flennt, Geplärr aus dem Kinderwagen. Ab

ZWEI ÄLTERE OFFIZIERE *in Uniform, kommen aus der gleichen Richtung wie vorher die jungen.*

DER ERSTE Nein, Herr Kamerad, die Marokkokrise, und der Balkan, das ewige Pulverfaß. – Wenn's mal hochgeht, dann stehn wir da mit unsrer ungedienten Ersatzreserve.

DER ZWEITE Verzeihung, Herr Kamerad, Sie unken, seit ich Sie kenne. Is ja ganz ausgeschlossen, denkt doch in Europa heutzutage kein Mensch ernsthaft an Krieg.

DER ERSTE Das ist ja das Unglück, Herr Kamerad, daß keiner ernsthaft dran denkt! Man sollte daran denken – um es zu verhüten!

DER ZWEITE Ausgeschlossen, Krieg is Wahnsinn. Denkense mal an die neuen weittragenden Dinger. Da wäre ja in vierzehn Tagen alles futsch. Nee, nee, Wilhelm bleibt Friedenskaiser.

DER ERSTE Ich traue dem Frieden nicht, Herr Kamerad. Ich höre öfters donnern. Hören Sie nichts? Es liegt was in der Luft.

DER ZWEITE Das sind ja – wie nennt man das – Halluminationen.

DER ERSTE *lächelnd* So ähnlich, Herr Kamerad. So ähnlich. *Gehen weiter.*

EIN INVALIDE *humpelnd, mit Ordensband, stockert herbei, sieht Voigt an, kommt auf ihn zu.*

DER INVALIDE Aha, auch 'n Veteran, was?

VOIGT So ähnlich, Herr Kamerad. So ähnlich.

INVALIDE *kichert, tippt auf die Pappschachtel* Sind wohl 'n Neuer, stimmt's? Einzug ins Invalidenhaus, was? Miserables Essen, sag ich ihnen. Faule Versorgungskiste. Oder sinse vom Beamtenruhestandsverein? Da is besser.

VOIGT *ernsthaft* Nee nee. Ich bin im Dienst.

INVALIDE Im Dienst? *Lacht* Im Dienst is gut. Son Dienst laß ich mir gefallen. *Weitergehend* Schlechtes Essen bei uns! Miserables Essen. – Gebense acht, daß Se sich nich verkiehlen. *Ab*

DIE JUNGEN LEUTE *kommen zurück.*

DER ERSTE Die Blätter! Der rote Ahorn! Das Moos in den Rinden! –

DER ZWEITE *deklamiert* »Der reinen Wolken unverhofftes Blau!«

DER ERSTE Komm! Wir rennen zum See! *Faßt ihn um die Schulter, beide ab.*

ZWEI ALTE DAMEN *erscheinen, in Potsdamer Nationaltracht, mit schwarzen Schals und Kapotthüten.*

DIE ERSTE Man könnte sich grade noch ein bißchen setzen, eh's Abend wird.

DIE ZWEITE Es ist ja besetzt.

VOIGT *steht auf, legt militärisch grüßend die Hand an die Schläfe – nimmt seine Sachen auf.*

DIE ERSTE DAME Oh, Sie sind sehr liebenswürdig.

VOIGT *verbeugt sich, geht.*

DIE DAMEN *setzen sich.*

DIE ZWEITE Bei jungen Leuten findet man heutzutage leider solche Höflichkeit nicht mehr.

DIE ERSTE Ja, ja, die alte Schule.

Dunkel

SIEBZEHNTE SZENE

Personen: Zwei Bahnbeamte, ein Dienstmann, Wilhelm Voigt

Berlin, Schlesischer Bahnhof. Man sieht ein Stück der Halle mit Abfahrts- und Ankunftstafeln. Rechts ein Gang mit Abort. Aufschrift: »Männer«. Zwei Türen, auf der einen steht »PP«, auf der andern »WC«. Diese Tür ist mit einer automatischen Schließvorrichtung versehen. Frühe Morgenstunde. Der Bahnhof ist menschenleer.

WILHELM VOIGT *mit der Pappschachtel in der Hand, kommt durch die Halle. Geht stracks zum Abort, wirft einen Groschen in den WC-Automaten, verschwindet.*

EIN DIENSTMANN *schlendert gähnend vorbei.*

ZWEI BAHNBEAMTE *kommen von der Seite.*

DER ERSTE *zum Dienstmann* Kein Betrieb, Henke, was?

DER DIENSTMANN So früh reist keener. *Verschwindet*

DER ZWEITE *in einem Gespräch fortfahrend* Sehnsemal, ihr glaubt immer, das is ein Steckenpferd von mir, das is aber kein Steckenpferd, das hab ich mir alles genau ausgerechnet. Unser Berliner Eisenbahnkopfnetz läuft in acht Hauptrichtungen auseinander. Außerdem aber haben wir achtzehn Nebenrichtungen für die Kleinbahnen und die Vororte. Nun denkense nur mal nach: fünfzehn Hauptblockstellen für sechsundzwanzig Gleisstellungen, das ist doch viel zu wenig! Die Verwaltung überlegt sich so was immer erst hinterher, wenn mal 'n Unglück passiert is. Aber ich sage Ihnen, man müßte nur –

DER ERSTE Entschuldigen Sie mal 'n Moment; wenn ich so früh aufstehe, dann geht's immer nicht, und nachher muß ich ganz plötzlich. *Geht zum WC.*

DER ZWEITE Gewiß, gewiß. Also ich sage Ihnen, da müssense nur mal drüber nachdenken, dann kommense selbst drauf. Das elektrische System in allen Ehren, aber schließlich kann mal 'n Kurzschluß sein, und was dann? Im Grund sind wir doch immer auf menschliche Leistungen angewiesen.

DER ERSTE Besetzt. *Macht kehrt, geht rascher. Beide quer über die Bühne zurück*

DER ZWEITE Und deshalb bin ich der Ansicht, es müssen fünf neue Blockstellen her, die Anzahl der Weichensteller muß erhöht werden und die Dienststunden verkürzt. Sonst gibt's mal 'n Malör. Das hab ich dem Inspektor auch gesagt, hat er gelacht, na meinense, da wär ich still gewesen? Da kennense mich schlecht! Herr Inspektor, hab ich gesagt – Herr Inspektor, da könnte statt Ihrer der Herr Eisenbahnpräsident persönlich dastehn, dann würde ich trotzdem –

Sie verschwinden einen Augenblick nach der andern Seite, man hört die Stimme weiter, dann kommen sie zurück.

DER ERSTE Na ja, das mag ja alles stimmen, aber da dringense doch nich durch mit. *Geht rascher.*

DER ZWEITE *fast laufend mit ihm* Da dring ich nich durch mit? Da dring ich nich durch? Ich hab doch den Plan ganz genau ausgearbeitet. Fünf Blockstellen, das is doch ganz einfach, nehmen wir die Strecke Berlin–Spandau, Berlin–Stahnsdorf, Berlin–Köpenick –

DER ERSTE Donnerschlag. Immer noch besetzt. *Macht kehrt.*

DER ZWEITE Berlin–Köpenick, dann die Südstrecke und die Oststrecke, da is ja sowieso vorgesehen. Und nu möcht ich wirklich wissen, was kann das schon kosten, das fällt doch bei der Berechnung des Gesamtbauetats gar nicht ins Gewicht, das müßte nur –

DER ERSTE Ja ja, da habense recht, das is ja gar kein Zweifel. *Macht kehrt.*

DER ZWEITE Sehn Sie, sehn Sie! Aber nun hörense zu, die Hauptsache, die Personalfrage *hält ihn am Arm* 'n Augenblick noch, passense mal auf...

DER ERSTE Nu wird's aber zu bunt. *Zum WC, rasselt an der Tür* Herrgott, wer scheißt denn hier so lange!!

Die Tür geht auf.

VOIGT *in voller Hauptmannsuniform, tritt heraus.*

DER ERSTE *fährt furchtbar zusammen, steht unwillkürlich stramm.*

VOIGT *sieht ihn an, ruhig und sicher* Haben Sie gedient?

DER ERSTE Jawohl, Herr Hauptmann.

VOIGT Dann werdense auch gelernt haben, sich zu beherrschen. Wo habense gedient?

DER ERSTE Beim sechsten schlesischen Infanterieregiment Prinz Joachim Albrecht, erstes Bataillon, dritte Kompanie.

VOIGT Na wartense mal 'n Moment. *Geht ein paar Schritte in die Halle, ruft* He! Dienstmann! Kommense mal her!

DIENSTMANN *kommt gelaufen.*

VOIGT Nehmense mein Paket da raus, tragenses zur Handgepäckaufbewahrung. Marsch! Ich komme nach. *Er zieht sich Handschuhe an.*

DER DIENSTMANN *springt mit dem Paket.*

VOIGT *zum Bahnbeamten* So. Jetzt könnense austreten. 's nächste Mal nehmense sich 'n bißchen zusammen.

DER ERSTE Zu Befehl, Herr Hauptmann.

VOIGT *legt den Finger an die Mütze, geht. Dunkel*

ACHTZEHNTE SZENE

Personen: Bürgermeister Obermüller, Stadtsekretär Kutzmann, Stadtrat Rau, Stadtrat Comenius, Stadtschutzmann Kilian, Wäscherin Kähndorf, Landwirt Wendrowitz, Wilhelm Voigt, ein Gefreiter, zehn Mann

Vorhalle mit Treppenhaus im Köpenicker Rathaus. Im Hintergrund weit offenes Flügeltor zur Straße. Es regnet draußen. Drinnen herrscht tiefster Friede.

STADTSCHUTZMANN KILIAN *ein unförmig dicker Mensch, hockt in seinem kleinen offenen Wachraum rechts vom Haupteingang und liest Zeitung.*

STADTRAT RAU UND STADTRAT COMENIUS *kommen von der Seite. Beide sind damit beschäftigt, ihre Frühstücksbrote aus dem Papier zu schälen.*

COMENIUS Machen wa rasch ne kleine Frühstückspause. Das dauert noch stundenlang. Bis die Neustraßenbenennungsvorlage drankommt, sind wir längst wieder droben.

RAU Sehr richtig, wir gehn in Ratskeller und trinken ne halbe Rotspohn.

COMENIUS Ne ganze kann auch nichts schaden. Das eilt ja nicht. Der Bürgermeister is ja noch nich da.

RAU Das is auch nich sein Ressort. Das macht ja Rosencrantz. Wenn die Steuersache zur Abstimmung gelangt –

COMENIUS *essend* Kommt ja nichts raus bei. Kommt nichts raus bei der Sache. Kilian!

KILIAN Jawohl, Herr Stadtrat?

COMENIUS Wenn gefragt wird wegen Abstimmung, wir sitzen im Ratskeller, holense uns.

KILIAN Sehr wohl, Herr Stadtrat.

COMENIUS UND RAU *ab durch eine Tür, über der ein Schild steht: »Zum Ratskeller«.*

WÄSCHERIN KÄHNDORF, *ein Mädchen in dünnem Mantel, mit nassen Haaren, kommt von außen.*

KILIAN *ziemlich grob* Was wollen Sie denn schon wieder hier?

WÄSCHERIN Ich muß ja nu nochmal, wegen mein Paß, es geht ja nicht ohne.

KILIAN Hab ich Ihnen nich schon dreimal jesagt, daß hier kein Paßamt is?

WÄSCHERIN Ick brauch'n aber doch.

KILIAN Soviel Dummheit is ja militärwidrig! Pässe gibt's auf'm Landratsamt, verstehnse denn das nich? Hier is ne städtische Behörde, hier is kein Paßamt bei!!

WÄSCHERIN Da mißt ick aber mit de Bahn fahren, und soviel Freizeit hab ick ja nich, un da hab ick jedacht –

KILIAN Jedacht!! Sie haben nich zu denken, merkense sich das! Wie oft soll ich mich denn noch mit Ihnen rumärgern!

WÄSCHERIN Ick hab ja kein Heimatschein. Ick bin doch ausn Spreewald ...

KILIAN Denn scherense sich in Spreewald! Raus hier!

WÄSCHERIN *geht* Nu weiß ick wirklich nich mehr, wat ick soll machen *Ab*

KILIAN Dumme Gans. *Setzt sich wieder über seine Zeitung. Gleich darauf erscheinen ...*

BÜRGERMEISTER OBERMÜLLER UND STADTSEKRETÄR KUTZMANN *im Portal. Sie klappen ihre Regenschirme zu und schütteln sie ab.*

OBERMÜLLER *mitten im Gespräch* Lieber Kutzmann, ich stehe auf dem Standpunkt: keinem eine Extrawurst. Wieso soll grade für die Dampfwäschereibesitzer eine Bestimmung geschaffen werden, die für kleine Betriebe nicht gelten kann? Die Leute verdienen sowieso ne Menge Geld.

KUTZMANN Sehr richtig, Herr Bürgermeister, man muß nur bedenken, daß sie die Hauptsteuerzahler unsrer Stadtgemeinde repräsentieren. Diese Leute zahlen unsre Gehälter sozusagen. *Lacht*

KILIAN *ist beim Erscheinen der beiden aufgesprungen, nimmt ihnen nun diensteifrig die Regenschirme ab* Die Schirme behalt ick hier unten, Herr Bürgermeister – sonst trippelt's ins Vorzimmer, und denn gibt's 'n kleenen Bach.

OBERMÜLLER Danke, Kilian. Aber erinnern Sie mich daran, wenn ich heimgehe.

KILIAN Herr Bürgermeister werden ihn nich vergessen, da sorgt Kilian für. Die Gummischuhe auch, wenn ick bitten darf. Det macht so Tappen auf de Treppe.

OBERMÜLLER Ja, ja, dank schön. *Kilian zieht ihm die Schuhe aus* Die Herren in der Sitzung?

KILIAN Jawohl, Herr Bürgermeister.

OBERMÜLLER Herr Kutzmann. Sie schaun mal rein, bitt schön. Das macht ja Rosencrantz. Vielleicht bringen Sie mir dann mal das Protokoll rüber.

KUTZMANN Selbstverständlich, gern.

OBERMÜLLER *weitergehend mit ihm* Nein, nein, in der Wäschereisache kann ich mich Ihrer Meinung nicht anschließen. *Auf der Treppe* Extravergünstigungen für höhere Steuerzahler, das wäre eine Durchbrechung des Systems. Das ist eine Prinzipiensache, mein Lieber. Kommt gar nicht in Frage! *Beide ab*

LANDWIRT WENDROWITZ *ein kräftiger Mann im nassen Lodenmantel tritt ein* Brrrr! *Schüttelt sich* Son Sauwetter. *Tritt den Schmutz von den Stiefeln.*

KILIAN Sie, was machen Sie denn da, sehnse nich, daß da draußen 'n Fußeisen liegt?

WENDROWITZ Fußeisen? Det is was für Füchse oder Flurdiebe, wat? *Lacht*

KILIAN Wenn da jeder seine dreckigen Stiefel reintragen wollte, da hätten wir hier 'n schönen Schweinestall.

WENDROWITZ Mein lieber Freund, wat 'n richtiger Landwirt is, bei dem is der Schweinestall sauberer als bei Ihnen de Hausdiele. Det bilden se sich man nur nich ein, daß da Schmutz is, in Schweinestall.

KILIAN Das geht mir gar nichts an. Was wollense denn hier?

WENDROWITZ Na, ick will Ihnen mal besuchen, damitse 'n bißken Kurzweil haben in Ihrn Kabuff. Deshalb bin ick extra mit 'n kleenen Krümper sechzehn Kilometer über Land jefahren.

KILIAN Sind Sie Landwirt?

WENDROWITZ Det habense ooch schon jemerkt?

KILIAN Denn gehörense doch zum Kreisamt Teltow.

WENDROWITZ Ick schon, aber meine Kartoffeln, die liefere ick nach Köpenick, und da muß ick mal vorsprechen wegen de Jemeindeumsatzsteuer. Hier is de Zustellung.

KILIAN Gut. Gehnse rauf.

WENDROWITZ Wohin denn? Ick kenne mir hier nicht aus.

KILIAN Gegenüber an der Wand hängt der Lageplan. Zimmer 3b.

WENDROWITZ *betrachtet den Lageplan, ein vergilbtes Gemälde an der Wand mit umständlichen Erklärungszeichen* Nee. Det versteh ick nich. Det kommt mir vor wie Nachbar Schmudickes Krautgarten.

KILIAN Denn strengense sich 'n bißchen an. Is ja ganz einfach. Zweiter Stock links, gradeaus der Gang rechts mittendurch.

WENDROWITZ Sie, det find ick in drei Wochen nich. Können se mir nich führen?

KILIAN Dazu bin ich nicht hier. Ich hab mehr zu tun.

WENDROWITZ Det scheint mir auch so. Sie sind wohl 'n janz großer Herr hier, wat?

KILIAN *lauscht auf die Straße, von der man, kurz aufklingend, Kinderjohlen und gleich darauf taktmäßige Schritte hört* Was isn da los? Da is doch was los!

WENDROWITZ Wat soll denn sind, de Wache zieht auf.

KILIAN Hier is doch keine Wache – das is ja –

VOIGTS STIMME *von draußen* Das Ganze – halt! Front! Rrrricht euch! Augen gradee–aus! Achtung! Bajonett – pflanzt – auf! *Jedes Kommando wird vom Geräusch der scharf klappernden Ausführung begleitet.*

KILIAN Was is denn das – das is ja – das is ja Ernst?!

VOIGT *als Hauptmann, tritt ein, geht in militärisch rascher Gangart auf Kilian zu. Der springt aus seinem Wachraum, reißt die Knochen zusammen* Sind Sie die einzige Wache hier?

KILIAN Jawohl, Herr Hauptmann.

VOIGT Der Polizei-Inspektor?

KILIAN Im Amtszimmer, Stube zwölf.

VOIGT Sie hören auf mein Kommando.

KILIAN Zu Befehl, Herr Hauptmann. Soll ich Herrn Inspektor rufen?

VOIGT Zunächst nicht. Hat das Rathaus außer dem vorderen und dem rückwärtigen noch einen dritten Ausgang?

KILIAN Durchn Ratskeller, Herr Hauptmann, sonst keinen.

VOIGT Gut. *Zum Portal zurück, kommandiert nach außen* Der erste Mann bleibt am Haupteingang, der zweite besetzt das Rückportal, der dritte den Eingang zum Ratskeller. Es verläßt oder betritt kein Mensch das Rathaus ohne meine persönliche Erlaubnis, Belagerungszustand, verstanden?! Die Eingänge werden geschlossen. Die andern folgen mir, Gefreiter, lassen Sie antreten! *Zu Kilian* Sie führen mich zum Amtszimmer des Bürgermeisters.

KILIAN Zu Befehl, Herr Hauptmann!

Draußen die Stimme des Gefreiten »In Reihen gesetzt – rechts schwenkt – marsch!« *Die Soldaten erscheinen im Eingang.*

KILIAN *hat sich, so rasch die Beine seinen Leibesumfang tragen, treppauf in Marsch gesetzt.*

VOIGT Vorwärts – marsch! *Im Taktschritt treppauf voraus, der Gefreite und sechs Grenadiere folgen.*

WENDROWITZ *starrt ihnen dumm nach.*

Im Hintergrund kracht das Tor zu.

Dunkel

NEUNZEHNTE SZENE

Personen: Bürgermeister Obermüller, Frau Obermüller, Stadtkämmerer Rosencrantz, Polizei-Inspektor Steckler, Wachtmeister Kilian, Stadtrat Comenius, ein Schreiber, Wilhelm Voigt, Grenadiere

Amtszimmer des Bürgermeisters. An der Wand ein Porträt Bismarcks und eine Photographie Schopenhauers. Obermüller in einem bequemen Sessel hinterm Diplomatenschreibtisch. Ein Stadtschreiber mit Stenogrammblock, stehend daneben

OBERMÜLLER *diktiert* – können wir Ihnen daher in dieser Sache keineswegs entgegenkommen. Habense's? Entgegenkommen. Die Verwaltung einer Stadtgemeinde, deren Hauptkontingent sich aus Industriebevölkerung rekrutiert – oder nein, lassense mal, zuviel Fremdworte – deren Bevölkerungsgroßteil sich aus Industrieangestellten zusammensetzt – zusammensetzt – kann nur nach den Grundsätzen der modernen freisinnigen Sozialpolitik geleitet werden. Wir haben hier in Köpenick keine Garnison und brauchen deshalb nicht, wie andre Gemeinden, die hauptsächlich auf die Militärbehörde Rücksicht nehmen müssen – na, was is denn los?

KILIAN *steckt den Kopf herein, mit vorquellenden Augen* Herr Bürjermeister! Herr Bürjer –

OBERMÜLLER Was soll denn das heißen? Wieso können Sie hier einfach, ohne anzuklopfen –

VOIGTS STIMME *draußen* Zwei Mann vor Gewehr, der Gefreite als Ordonnanz, die andern bleiben vorläufig auf dem Gang zur Verfügung. Mal Platz hier!

Er schiebt von hinten Kilian beiseite, tritt ein. Man sieht in der Tür die beiden Soldaten und ihre aufgepflanzten Bajonette.

OBERMÜLLER *sprachlos, erhebt sich langsam von seinem Sessel.*

VOIGT Sind Sie der Bürgermeister von Köpenick?

OBERMÜLLER Allerdings.

VOIGT *zu dem Schreiber* Gehnse mal raus.

OBERMÜLLER Ja, was soll denn das –

VOIGT *hebt die linke Hand, ihn zur Ruhe weisend, dann klappt er die Hacken zusammen, legt die rechte an den Mützenschirm* Auf Allerhöchsten Befehl Seiner Majestät des Kaisers und Königs erkläre ich Sie für verhaftet. Ich habe Auftrag, Sie sofort auf die Neue Wache nach Berlin zu bringen. Machen Sie sich fertig.

OBERMÜLLER *bleich, aber einigermaßen gefaßt* Das verstehe ich nicht! Das muß doch ein Irrtum sein, wieso denn überhaupt?

VOIGT Wieso? *Weist auf die Truppe hinter sich* Genügt Ihnen das nicht?

OBERMÜLLER Ja, aber, es muß doch ein Grund vorliegen! Können Sie mir denn nicht –

VOIGT Sie werden schon wissen. Ich habe nur Befehl.

OBERMÜLLER *haut auf den Tisch* Das is aber doch stark! Ich lasse mich hier nicht einfach –

VOIGT Haben Sie gedient?

OBERMÜLLER Jawohl, ich bin Oberleutnant der Reserve.

VOIGT Dann wissen Sie doch, daß jeder Widerstand nutzlos ist. Befehl ist Befehl. Hinterher könnense sich beschweren.

OBERMÜLLER Ja, ich habe aber doch gar keine Ahnung –

VOIGT Tut mir leid. Ich auch nicht. Ich habe nur Befehl. *Winkt den beiden Grenadieren, die kommen mit festem Tritt ins Zimmer, nehmen mit aufgepflanztem Bajonett Posten rechts und links vom Schreibtisch*

OBERMÜLLER *starrt, nimmt seinen Zwicker ab, Schweiß auf der Stirn.*

VOIGT *zum Gefreiten, der hinter ihm steht* Schaunse mal nach, was der Polizei-Inspektor macht. Nebenan, Zimmer zwölf. *Zu Obermüller* Wer hat die Stadtkasse unter sich?

OBERMÜLLER Der Stadtkämmerer Rosencrantz. Ich möchte aber sehr bitten –

VOIGT Danke. *Zu Kilian* Holense den Herrn mal her.

KILIAN *diensteifrig* Der steht schon im Vorzimmer, Herr Hauptmann! *Ruft nach rückwärts* Herr Stadtkämmerer!! Reinkommen!!

ROSENCRANTZ *mit sehr hohem Stehkragen, Glatze und Schmissen* Zur Stelle, Herr Hauptmann!

VOIGT Haben Sie gedient?

ROSENCRANTZ Jawohl, Herr Hauptmann! Leutnant der Reserve im ersten nassauischen Feldartillerieregiment Nummer siebenundzwanzig Oranien.

VOIGT Danke. Leider muß ich auch Sie vorläufig in Haft nehmen und auf die Neue Wache in Berlin bringen. Sie machen sofort einen vollständigen Kassenabschluß, den ich kontrollieren werde.

ROSENCRANTZ Zu Befehl, Herr Hauptmann. Ich muß mich zu diesem Zweck in die Stadtrendantur und in den Kassenraum begeben. Bitte gehorsamst um Passiererlaubnis.

VOIGT Sie bekommen natürlich eine Wache mit.

OBERMÜLLER *hat sich wieder gesammelt* Erlauben Sie mal, Herr Stadtkämmerer, wie kommen Sie eigentlich dazu, hier ohne weiteres zu kapitulieren? Sie haben in diesem Hause ohne meinen Befehl keinen Abschluß zu machen! Noch bin ich nicht abgesetzt!

ROSENCRANTZ Aber verhaftet, verzeihen Herr Hauptmann, ich dachte wenigstens ...

OBERMÜLLER Das geht nicht so einfach! Ich verlange die Bestellung eines Vertreters! Die Stadtkasse kann nicht ohne Beschluß der Verwaltung...

VOIGT *sehr scharf* Die Verwaltung der Stadt Köpenick bin ich! Der Herr Bürgermeister ist ganz einfach mein Gefangener. *Zu Rosencrantz* Führen Sie meine Anweisung aus!

ROSENCRANTZ *mit vorwurfsvollem Blick zum Bürgermeister* Selbstverständlich, Herr Hauptmann.

VOIGT *ruft nach rückwärts* Ein Mann vor Gewehr begleitet Herrn Stadtkämmerer in die Rendantur. Ich gebe Ihnen zehn Minuten. Reicht das?

ROSENCRANTZ Ich werde mich beeilen, Herr Hauptmann.

VOIGT Danke.

ROSENCRANTZ *ab*

DER GEFREITE *ist inzwischen wieder erschienen.*

VOIGT Na, was ist mit dem Polizei-Inspektor?

DER GEFREITE Schläft, Herr Hauptmann.

VOIGT Wieso schläft er? Liegt er?

DER GEFREITE Sitzt, Herr Hauptmann, hinterm Amtstisch. Schnarcht mächtig.

VOIGT Dann wird er geweckt. Holense ihn sofort herbei.

GEFREITER *ab*

OBERMÜLLER *nun völlig konsterniert, mit zitternder Stimme* Herr Hauptmann, Ihr Vorgehen wird nicht ohne parlamentarische Folgen bleiben. Ich bin Mitglied der Fortschrittlichen Volkspartei ...

VOIGT Das interessiert mich nicht. Ich befolge nur meinen Befehl.

OBERMÜLLER Ich füge mich der Gewalt, Herr Hauptmann. Aber die Sache wird sich aufklären. Was hier vorgeht, geschieht auf Ihre Verantwortung!

VOIGT Sehr richtig. Auf meine Verantwortung. Na, endlich!!

DER POLIZEI-Inspektor *wird vom Gefreiten hereingebracht. Sein Uniformkragen steht noch offen* Das geht doch nicht! Man kann mich doch nicht einfach mit dem Bajonett ... *Sieht Voigt an, verstummt.*

VOIGT Sagen Sie mal, wie kommen Sie eigentlich dazu, im Dienst zu schlafen? Werden Sie dafür von der Stadt Köpenick bezahlt?

INSPEKTOR Nein, Herr Hauptmann.

VOIGT Das will ich auch meinen. Bringen Sie mal gefälligst Ihre Kleider in Ordnung.

INSPEKTOR *faßt nach der falschen Stelle, dann hastig zum Halskragen* Verzeihen, Herr Hauptmann.

VOIGT *milder* Na ja, Ordnung muß sein. – Was bringen denn Sie?

EIN GRENADIER *in der Tür* Meldung von der Portalwache, Herr Hauptmann: es sind nun schon mindestens tausend Leute draußen. Wache bittet um Verstärkung.

VOIGT Aha. *Zum Inspektor* Mal rasch runter auf die Straße. Sie vertreten ja hier die oberste Polizeigewalt. Sorgense mal für Ruhe und Ordnung gefälligst!

INSPEKTOR Jawohl, Herr Hauptmann! *Schleunigst ab*

VOIGT *zu Obermüller* Haben Sie einen Wunsch? Soll ich Ihnen eine kleine Stärkung bringen lassen?

OBERMÜLLER Nein, danke, ich möchte nur – wenn ich bitten darf – meine Frau benachrichtigen.

VOIGT Haben Sie Dienstwohnung?

OBERMÜLLER Ja, gleich nebenan.

VOIGT *zu Kilian* Holense mal die Frau Bürgermeister rüber. Aber trabtrab, wir bleiben nicht mehr lange. *Zu Obermüller* Bis zu ihrem Abtransport können Sie ungehindert mit Ihrer Gemahlin verkehren. Natürlich nicht ohne Bewachung.

OBERMÜLLER Besten Dank, Herr Hauptmann.

EIN GRENADIER *im Eingang*

VOIGT Na, was denn schon wieder?

GRENADIER Meldung vom Hauptposten, Herr Hauptmann: die Stadträte haben sich im Vorraum versammelt, ihre Sitzung is rum, sie wollen raus.

VOIGT Wieviel Stadträte sind's denn?

GRENADIER Achtzehn Stück, Herr Hauptmann!

VOIGT Durchlaß kann nicht gewährt werden. Wiederholen Sie meinen Befehl gefälligst!

GRENADIER Durchlaß kann nicht gewährt werden, Herr Hauptmann. *Kehrt, ab*

DER POLIZEI-INSPEKTOR *steht gleich hinter dem Grenadier, drängt sich in die Tür* Verzeihen, Herr Hauptmann – ich kann ja auch nich durch – die lassen mich ja nich auf die Straße – wie soll ich denn da –

VOIGT *ruft dem Grenadier nach* Zurück! Nehmen Sie den Herrn Polizei-Inspektor mit, lassen Sie ihn auf die Straße.

GRENADIER MIT INSPEKTOR *ab*

KILIAN *in der Tür* Die Frau Bürgermeister kommt sofort, war nur nich ganz angezogen.

VOIGT Gut – Sagense mal – wer hat denn die Paßabteilung unter sich?

KILIAN Verzeihen, Herr Hauptmann – wir haben hier leider keine Paßabteilung. Das ist nur in Kreisstädten, auf dem Landratsamt.

VOIGT *starrt ihn einen Moment an* Ach so. Ja natürlich. – Das hatte ich ganz vergessen. Na – darauf kommt's nu auch nich mehr an. *Stößt den Säbel auf die Erde.*

FRAU OBERMÜLLER *kommt hereingebraust* Um Gottes willen, was ist denn passiert – mein armer Mann – ach, Herr Hauptmann – *Sieht Voigt hilflos an.*

VOIGT *Hand an die Mütze, sehr höflich* Gnädige Frau, ich bitte vielmals um Verzeihung, ich habe den höchst unangenehmen Auftrag, Ihren Herrn Gemahl nach Berlin auf die Neue Wache zu bringen. Alles Nähere wird Ihnen Ihr Herr Gemahl wohl selbst anvertrauen.

OBERMÜLLER Es ist mir vollkommen unverständlich –

FRAU OBERMÜLLER, *ohne auf ihn zu hören* Ja, ich verstehe gar nicht – was soll er denn auf der Neuen Wache?!

VOIGT Das entzieht sich meiner Kenntnis, gnädige Frau. Es handelt sich um Unregelmäßigkeiten in der Verwaltung, soviel ich weiß.

OBERMÜLLER Ich lehne jede Verantwortung ab –

FRAU OBERMÜLLER Was?! Das ist ja entsetzlich! Da kann er ja bis heute abend gar nicht wieder zu Hause sein?

VOIGT *mit leisem Lächeln* Das glaube ich kaum, gnädige Frau.

FRAU OBERMÜLLER Aber wir haben doch heute abend Gesellschaft, wir haben doch schon alles vorbereitet –

VOIGT Wenn ich mir erlauben darf, gnädige Frau, würde ich Ihnen raten, die Gesellschaft abzusagen. Jetzt können sich die Herrschaften noch was andres vornehmen.

FRAU OBERMÜLLER Da müßte ich aber gleich telephonieren!

VOIGT Bitte sehr. Ihnen steht das Telephon zur Verfügung. Natürlich nur zum Privatgespräch.

FRAU OBERMÜLLER Ich danke Ihnen. Sie sind sehr liebenswürdig. Das ist ja zu schrecklich. Ist denn da gar nichts zu ändern?

VOIGT Leider nein, gnädige Frau. Sie wissen, wenn man als Offizier einen Befehl kriegt – es mag einem persönlich sehr wider den Strich gehen – aber dafür ist man Soldat. *Verbeugt sich.*

FRAU OBERMÜLLER Oh, vielen Dank. *Zu ihrem Mann* Du hast gehört, was der Herr Hauptmann gesagt hat. Da muß ich Junghansens anrufen!

OBERMÜLLER Mir ist es vollkommen unverständlich – ja, ruf nur an.

FRAU OBERMÜLLER *am Telephon* Was sag ich denn – ja, 518 – ich sage einfach – ja, ist dort Frau Junghans? Liebe Charlotte, ja, hier ist Mathilde, danke, gut, hören Sie, Charlotte, Sie müssen mir einen Gefallen tun, nein, nicht das Serviermädchen, wir können nämlich heute abend nicht, ja, ganz plötzlich, kann Ihnen in der Eile nicht erklären, wir müssen plötzlich nach Berlin, mein Mann und ich, weiß ich nicht, kann ein paar Tage dauern – ja, dienstlich, plötzlich, überraschend, bitte, rufen Sie doch für mich Frau Lütgebrüne an und Frau Koch und Frau Kutzmann, daß es nichts ist heute und daß ich bitte, zu – ja ja, dienstlich, vielleicht eine längere Reise, nein, danke, danke, nicht zu gratulieren, auf Wiedersehen, vielen vielen Dank *Legt den Hörer hin* Sie meint, du sollst Landrat werden – !

VOIGT *ist inzwischen mit großen Schritten auf und ab gegangen, nimmt noch während des Telephongesprächs Kilian beiseite* Kommense mal mit. *Geht mit ihm hinaus.*

Es bleiben außer Herrn und Frau Obermüller nur die beiden Soldaten mit aufgepflanzten Bajonetten.

FRAU OBERMÜLLER Ja, was ist denn, um Gottes willen. Du kannst doch nicht einfach so dasitzen!

OBERMÜLLER Was soll ich denn machen? Du siehst ja. Ich habe alles versucht. Ich lehne jede Verantwortung ab.

FRAU OBERMÜLLER Ja, weißt du denn gar nicht – das kann doch nicht stimmen, Oskar!

OBERMÜLLER Stimmen?! Das kann sich nur um eine infame Verleumdung handeln – vielleicht von seiten der Großdampfwäschereibesitzer – aber das kann ich mir auch gar nicht denken – !

FRAU OBERMÜLLER Hat dir denn der Hauptmann gar nichts gesagt?

OBERMÜLLER Wie kann er denn das! Der Mann tut nur seine Pflicht, hat einfach Befehl.

FRAU OBERMÜLLER *zu dem Wachsoldaten* Was is denn das für ein Herr Hauptmann? Is er von einem Stab? Oder Gerichtsoffizier?

DER SOLDAT *mit stark westpreußisch-polnischem Akzent* Wejß ich nich.

FRAU OBERMÜLLER Aber wenn Sie unter seinem Kommando stehen, dann müssen Sie doch wissen, wo er her ist!

DER SOLDAT Nejn, wejß nicht. Sind wirr gekommen von Schwimmschullenwache Pletzensee, hat uns Herr Hauptmann angehalten auf Straße, abkommandiert zu besonder Aktion in Köpenick. Sonst wejß nicht.

FRAU OBERMÜLLER *zu Obermüller* Ja, was hat er dir denn für Legitimation vorgezeigt?

OBERMÜLLER Legitimation? Ja, gar keine. Er ist doch Hauptmann –

FRAU OBERMÜLLER So, und du läßt dich hier einfach ohne Legitimation verhaften? Ohne Ausweis, ohne Haftbefehl? Und wenn's nun 'n Irrtum is? Wenn er vielleicht ganz jemand anderen verhaften soll?

OBERMÜLLER Das ist ja ausgeschlossen. Der Mann weiß genau, was er will.

FRAU OBERMÜLLER Aber du nicht! Leider nicht! Telephonier doch rasch mal zum Kreisamt Teltow, oder zum Landrat –

OBERMÜLLER Ja, das könnte ich wirklich, das heißt, falls man dort überhaupt im Bilde ist –

FRAU OBERMÜLLER Überleg nicht lang, telephonier! *Nimmt den Hörer.*

SOLDAT *senkt das Bajonett aufs Telephon* Nejn, das kann ich nicht lejden.

FRAU OBERMÜLLER Was können Sie nicht? Haben Sie nicht gehört, daß der Herr Hauptmann gesagt hat, ich kann telephonieren?

SOLDAT Is gewesen vorbej. Das kann ich nicht lejden.

OBERMÜLLER Da hast du's.

FRAU OBERMÜLLER *legt den Hörer hin* Tun Sie doch das Bajonett weg, das ist ja schrecklich, ich tu's doch gar nicht!

DER SOLDAT *grinst, nimmt das Bajonett wieder hoch.*

KILIAN *kommt herein, sehr wichtig.*

FRAU OBERMÜLLER Was ist, Kilian, wo ist er denn, wissen Sie was?

KILIAN Ich kann keine Auskunft geben.

OBERMÜLLER Was soll das heißen, Kilian, was ist denn das fürn Ton?! Was erlauben Sie sich?

KILIAN Ich habe Befehl, Herrn Bürgermeister und Herrn Stadtkämmerer als Gefangene nach Berlin zu bringen. Ich habe mit Gefangenen nicht zu sprechen.

OBERMÜLLER Was, Sie sollen mich – *Sinkt wieder auf den Stuhl.*

VOIGT *tritt ein* So. Ich habe zwei geschlossene Wagen requirieren lassen, Sie können im Hof einsteigen, damit kein Aufsehen entsteht. Der Wachtmeister wird den Transport führen.

OBERMÜLLER Herr Hauptmann! Haben Sie eine Legitimation?! Ich verlange, auf der Stelle Ihre Legitimation zu sehen.

VOIGT *klopft mit der Hand auf eins der Bajonette* Genügt Ihnen das nicht! – Bitte, keine Widerrede! *Freundlicher* Sie sind doch Soldat. Sie wissen doch, daß ein Kommando vor Gewehr absolute Vollmacht bedeutet.

OBERMÜLLER *zur Frau* Siehst du. *Sinkt wieder zusammen.*

FRAU OBERMÜLLER Herr Hauptmann, erlauben Sie, daß ich meinen Mann auf dieser schweren Fahrt begleite? Ich kann ihn jetzt nicht allein lassen – Sie sehen ja.

VOIGT Bitte sehr, gnädige Frau. Nur muß ich Sie bitten, kurz vor der Neuen Wache den Wagen zu verlassen. Ich habe Befehl, nur den Herrn Bürgermeister abzuliefern. Ich könnte sonst Unannehmlichkeiten haben.

FRAU OBERMÜLLER Ich danke Ihnen. Ich werde mich fertig machen.

VOIGT *zu Kilian* Begleiten Sie die Frau Bürgermeister. *Verbeugt sich.*

FRAU OBERMÜLLER *nickt ihm gnädig zu, rauscht von Kilian begleitet hinaus.*

VOIGT Herr Bürgermeister, ich möchte Ihnen ersparen, bewaffnete Grenadiere mitfahren zu lassen. Wollen Sie mir als Offizier Ihr Ehrenwort geben, keinen Fluchtversuch zu machen?

OBERMÜLLER Ich gebe Ihnen mein Ehrenwort. Ich werde –

VOIGT Danke. Das genügt.

OBERMÜLLER Ich werde Ihr korrektes Verhalten bei geeigneter Gelegenheit erwähnen.

VOIGT *Hand an die Mütze*

INSPEKTOR *mit einem Grenadier herein* Herr Hauptmann, die Ordnung ist völlig hergestellt. Meine Beamten sind Herren der Lage.

VOIGT Danke. Noch was?

INSPEKTOR Ja, verzeihen Herr Hauptmann, meine Dienststunde ist nämlich jetzt um, und wir haben nur einmal die Woche heißes Wasser, meine Frau hat zu Hause ein Bad gerichtet. Bitte, baden zu dürfen.

VOIGT Was wollense? Baden wollense?

INSPEKTOR Jawohl, Herr Hauptmann. Bitte um Badeurlaub.

VOIGT Na, wenn Sie's nötig haben – *klopft ihm auf die Schulter* Badeurlaub gewährt. *Lacht*

INSPEKTOR *ernsthaft* Danke gehorsamst, Herr Hauptmann. *Ab*

VOIGT *sieht die Soldaten an, die auch gegrinst haben, ihre Mienen erstarren sofort.*

ROSENCRANTZ *kommt herein, diensteifrig* Herr Hauptmann, melde gehorsamst, Kassenabschluß beendet. Hier sind die Kassenbücher, und hier die gesamten flüssigen Gelder. *Legt sie auf den Schreibtisch, in Kuverts und Säckchen mit Aufschriften* Viertausend und zweiundvierzig Mark fünfzig Pfennige.

VOIGT Danke. Ich nehme das Geld vorläufig in Verwahrung. Wird ja in Ordnung sein. Werde mal stichproben.

EIN GRENADIER *in der Tür* Herr Hauptmann, da is einer, der will was.

VOIGT *Geld zählend* Rein mit ihm!

COMENIUS *kommt herein* Verzeihung, Herr Hauptmann, Comenius, Stadtrat Comenius, wir hatten nämlich Sitzung und warten nun schon die ganze Zeit, ich komme als Abgesandter von achtzehn Stadträten, wir haben nämlich alle dringende Verpflichtungen außerhalb – es handelt sich ja wohl nicht – um – die Bürgerschaft – ich meine – die Sache ist doch wohl persönliche Verfehlung – oder irre ich?

VOIGT *zu Rosencrantz* Sagen Sie mal, da steht ja 4042 Mark 90 Pfennige, und was Sie da abliefern, sind nur 4042 Mark 50! Wie kommt denn das?

ROSENCRANTZ Ja, Verzeihung, Herr Hauptmann, in der Eile, wir haben alles umgedreht, es blieb trotzdem leider eine Differenz von vierzig Pfennigen, ich bitte zu –

VOIGT Na gut. Ich bin ja kein Pedant. Aber ich muß das natürlich vermerken. Sonst glaubt man womöglich, ich hätte mir vierzig Pfennige eingesteckt. *Lacht leutselig*

ROSENCRANTZ *mitlachend* Aber, Herr Hauptmann!

VOIGT *zu Comenius* Also die Herren Stadträte haben kalte Füße, was? Na, gehn Sie mal runter und sagen Sie, sie können jetzt gehn. Die Aktion ist nun sowieso beendet. *Zum Gefreiten* Für die Stadträte Durchlaß gewährt!

COMENIUS Vielen Dank, Herr Hauptmann! *Ab*

KILIAN *in Mantel und Helm* Herr Hauptmann, die Wagen sind vorgefahren, die Frau Bürgermeister sitzt schon drin.

VOIGT Dann führen Sie die beiden Herrn runter, und fahren Sie los. Sie wissen ja, Neue Wache, Berlin.

KILIAN Zu Befehl, Herr Hauptmann! Herr Hauptmann können sich auf mich verlassen. *Zu Obermüller und Rosencrantz* Vorwärts, marsch.

OBERMÜLLER UND ROSENCRANTZ *werden abgeführt. Man hört von draußen noch Kilians Stimme* »Los! Mäntel anziehen! Vorwärts!«

VOIGT Na, der hat wenigstens 'n Spaß bei. Sein' Bürjermeister führt er nich alle Tage ab. *Er steckt das Geld in die Manteltasche, ruft* Gefreiter!

DER GEFREITE *kommt, steht stramm.*

VOIGT Die Aktion in Köpenick ist beendet. In einer halben Stunde ziehen Sie die Wachen ein, marschieren zum Bahnhof, fahren nach Berlin und melden sich auf der Neuen Wache, von Köpenick zurück.

DER GEFREITE Zu Befehl, Herr Hauptmann.

VOIGT Sagen Sie Ihren Leuten: es war recht so. Es hat alles ordentlich geklappt.

DER GEFREITE Jawohl, Herr Hauptmann.

VOIGT Hier haben Sie Geld für die Rückfahrt. Vom Rest kaufen Sie in der Bahnhofswirtschaft jedem Mann ein Bier und eine Bockwurst.

DER GEFREITE Danke, Herr Hauptmann.

VOIGT Tach. *Finger an die Mütze, ab. Gefreiter und Soldaten stehen stramm. Dunkel*

ZWANZIGSTE SZENE

Personen: Nachtkellner, Scheuerfrau, Bollefahrer, zwei Bollemädchen, Chauffeur, Zeitungsjunge, Wilhelm Voigt

Aschingers Bierquelle in der Neuen Friedrichstraße. Früher Morgen. Die Gaslampe brennt noch, das Lokal ist aufgeräumt, Stühle auf den Tischen. Ein Ofen in der Ecke. An der Wand überm Ausschank gedruckte Schilder, auf dem einen steht: »Gepumpt wird nicht!«–, auf den andern, in je zwei Zeilen geteilt, der Spruch: »Ein Bier allein im Magen, das kann kein Mensch vertragen! Drum, soll das Bier bekömmlich sein, stülp einen Schnabus hinterdrein!« – Leere Flaschen, ungespülte Gläser, kalter Rauch.

Der übernächtige Kellner, ein verschwiemelter Mensch in einem schmierigen weißen Jäckchen, und die Scheuerfrau sind dabei, das Lokal flüchtig aufzuräumen. An der Seite, von Tischen verdeckt, auf einer schmalen Wandbank, liegt Wilhelm Voigt in seiner alten Kleidung, wie ein Toter hingestreckt. Man sieht von ihm zunächst nur die Stiefel.

DER KELLNER *klettert auf einen Stuhl, zieht am Kettchen den Gashahn zu. Fades Tageslicht fällt herein.*

DIE SCHEUERFRAU *kehrt Schmutz und Zigarrenstummel zusammen.*

DER KELLNER *noch auf dem Stuhl* Seit wa hier Nachtbetrieb haben, jibt et überhaupt keen Schlaf mehr. Kaum sind de letzten Hocker wech, kommen schon die Frühkutscher. Zu erben is ooch nichts bei. Wer jibt denn heute noch 'n Trinkgeld.

SCHEUERFRAU *ist beim Kehren in Voigts Nähe gekommen* Was isn mit dem?

KELLNER Dem kannste in Müll schippen. Dem Penner.

SCHEUERFRAU Der hat sich det Kinn wohl mächtig mit Jift beschüttet.

KELLNER Hier nich. Der liecht schon seit jestern abend. Über ne kleene Molle und 'n halbes Sülzkotelett is er injepennt und nich wieder hochjekommen.

SCHEUERFRAU Denn hat er sich vorher beschmettert.

KELLNER So hat er nich ausjesehn. Is halt 'n Penner. Ick wer'm 'n Bierrest in de Fresse kippen.

SCHEUERFRAU Na, laß man. Vielleicht is er krank.

KELLNER Denn soll er in de Charité. Wenn Leite kommn, muß er raus. *Draußen rollen und klingeln die Milchwagen, läuft eine Trambahn an* Na, nu jeht's schon los. Man mechte kotzen, wenn de Sonne aufjeht.

EIN BOLLEFAHRER *mit dickem, rotem Gesicht, kommt herein, hinter ihm zwei Bollemädchen in blauen Kittelschürzen, in Brusthöhe die gestickte Aufschrift: »Frische Milch!«*

DER FAHRER Fritze, meine Morjenladung. Kommt, Kinder, ick spendier euch ne heiße Wurst. *Singt*

»Glücklich ist,
Wer verfrißt,
Was nicht zu versaufen ist!«

Det is nämlich mein Wahlspruch. Det Wichtigste im Leben is de jesunde Grundlage.

DIE MÄDCHEN *lachen, setzen sich.*

DER KELLNER *hat dem Fahrer ein großes Glas voll Kognak eingeschenkt* Hier haste deine Morjnladung. Kriegen de Damen ooch 'n Kognak?

DIE MÄDCHEN Nee, nee, um Jottes willen.

DER FAHRER Wat heißt hier, um Jottes willen, seid froh, daß der liebe Jott 'n Kognak wachsen läßt: denn die wärmsten Jäckchen sind die Konjäckchen, und wer sich beizeiten fier ne warme Jacke sorcht, den jehn im Alter de Brikette nich aus.

KELLNER *bei Voigt* Los! Aufstehn! Verzehrt haste nischt, bezahlt is ooch nich! Hier is keene Penne!

DER FAHRER Kiek man, det is ja mein ausjestorbener Onkel, den se vor fuffzig Jahren in Amerika aus ne Postkutsche valoren haben! Morjn, Oller!

VOIGT *hat sich noch nicht erhoben, bewegt sich kaum.*

DER FAHRER *geht hin, singt ihn an*

»Uffn Molkenmarcht
Is eener injeschnarcht,
Ach, der arme olle miede Mann,
Kommt 'n Schutzmann her,
Piekt 'n mitn Speer,
Det er nich mehr nich mehr schnarchen kann!«

DIE MÄDCHEN *lachen.*

VOIGT *richtet sich auf. Wie betäubt*

DER FAHRER *hält ihm sein Glas hin* Hier, stärk dir man, Junge, du wächst ja zu rasch, det hält 'n bißken uff.

VOIGT *schüttelt den Kopf.*

DER KELLNER *schreit ihn an* Wat is denn nu? Nehmse wat, oder jehnse wech?!

VOIGT 'n Kaffee.

FAHRER Det is 'n Blaukreuzler, det hab ick dem gleich anjerochen, det kann mein Onkel nich sein, der hat sich totjesoffen.

Von draußen hört man die Stimme des Chauffeurs, der laut lachend mit einem andern spricht. Gleich darauf kommt er herein, hält eine Zeitung in der Hand.

CHAUFFEUR Kinder!! Kinder, det is ne Sache, wat? Sache wie 'n Boom, Sache wie ne Jaßanstalt! Ick lach mir dot, Kinder, ick hab schon keene Puste mehr. *Läßt sich lachend auf einen Stuhl fallen.*

FAHRER Wat denn, hat deine Olle 'n Kind jekriegt, oder hamse dir in Schlaf 'n neuen Piephahn anjeschraubt oder wat?

CHAUFFEUR Wat, det wißter noch nich, habter denn hier keene Morjnzeitung? Kommt man in de Stadt rin, Mensch, da is et schon an de Litfaßsäulen, und wo 'n Extrablatt rauskommt, da tretense sich de Zehn ab! Kinder, heut fangen die Jeschäfte mitn Viertelbums Vaspätung an!

FAHRER Det kenn ick ja längst, zeig's mal her, wat is denn – Wat solln da sind, der Hauptmann von –

CHAUFFEUR Köpenick! Der Hauptmann von Köpenick, also ick bin 'n Berliner, aber det is noch nich dajewesen, da hebste 'n Gaul mitn Wagen uff, da platzt dich der Kragen mitsamt de Krawatte, da laust dir der Affe, Mensch, bis de Haare wech sind!! Nee nee, ick hab in Leben nich mehr jelacht!

FAHRER *hat inzwischen gelesen, lacht auch, Kellner, Mädchen und Scheuerfrau umdrängen ihn von hinten, schauen in die Zeitung* Junge, da staun ja icke, und ick staune nie! Bravo! So is recht! Det is – jib ihm! Jib ihm Saures! Nen janzen Magistrat verhaftet, in 'n Keller jesperrt, 'n Bürgermeister in Handschellen durch de Gassen jetrieben, so muß et kommen, det is jut gegn steifen Hals – fuffzich Soldaten von Exerzierplatz wechkommandiert, ne janze Stadt umzingelt – und denn war's 'n falscher!!

SCHEUERFRAU Na, sone Jemeinheit!!

CHAUFFEUR Jemeinheit? Det is 'n janz heller Junge, det is 'n Jelehrter is det oder mindestens 'n Politischer, da sollste man sehn, was da noch nachkommt, der stellt noch die janze Welt uffn Kopp! Hörste? Schon wieder 'n Extrablatt. *Ein Zeitungsjunge rennt draußen vorbei.*

ZEITUNGSJUNGE Extrablatt!! Das Neueste vom Hauptmann von Köpenick! Extrablatt! Der Hauptmann von Köpenick nicht verhaftet!! Extrablatt! Das Neueste vom Köpenicker Kriegsschauplatz! Der Hauptmann von Köpenick zum General befördert! Extrablatt! Die Frau Bürgermeister als Mitschuldige?!! Extrablatt!! Das Neueste vom Hauptmann von Köpenick –

CHAUFFEUR Adjeh! Det muß ick lesen! *Er stürzt hinaus.*

DER FAHRER Halt, ick komm nach, det muß ick ooch haben, halt 'n fest!!

DIE MÄDCHEN *sind auf die Straße gerannt, der Kellner und die Scheuerfrau hinterher. Alle rufen und laufen hinter dem Zeitungsjungen drein, verschwinden.*

DER FAHRER *klatscht die Zeitung, die er noch in der Hand hält, vor Voigt auf den Tisch* Hier, Penne, lies man, det is besser wie 'n heeßer Kaffe. Oller Doofkopp, lachen haste woll ooch nich jelernt, haste woll jefehlt bei in de Schule! *Ab, hinter den andern her*

VOIGT *bleibt allein. Starrt erst unbeweglich auf die Zeitung, plötzlich reißt er sie an sich, liest. Seine Kiefern bewegen sich lautlos. Dann spricht er halblaut mit, immer stiller werdend* »– und so mag dieser tolle Spaßvogel, über den heute die ganze Welt lachen wird, nun schon in Sicherheit sein und die Beute seines fröhlichen Raubzuges lachend genießen ...« Ham die ne Ahnung ... *Läßt den Kopf auf die Arme sinken.*

Draußen kommen die Leute mit dem Extrablatt zurück. Durch die offene Tür hört man den Fahrer vorlesen.

FAHRER Steckbrief – Kinder, paßt uff, da kenn wa reich von werden – *Er liest, nach jeder seiner Aufzählungen schallendes Gelächter der andren* »Mager und knochig – jebeugte Kopfhaltung – schiefe Schulter – bleiches häßliches Jesichte – krankhaftes Aussehen – einjefallene Wangen – vorstehende Backenknochen – tiefliegende Oogen – schiefe knollige Nase – etwas krumme, sojenannte O-Beene – die Hände schmal und weiß –« Kinder, det paßt auf mein vastorbenen Ziehhund – bis uff de Pfoten! *Tolles Gelächter draußen*

VOIGT *sitzt unbeweglich.*

Dunkel

EINUNDZWANZIGSTE SZENE

Personen: Kommissar, Untersuchungsgefangener Stutz, Kriminal-Inspektor, Oberwachtmeister, Paß-Kommissar, Voigt, Kriminal-Direktor

Vernehmungszimmer im Berliner Polizeipräsidium. Nüchterner Raum mit Schreibtisch, Sessel, Stühlen. Der Kriminalinspektor sitzt im Sessel, der Kommissar seitlich am Tisch, der Untersuchungsgefangene Stutz, ein militärisch aussehender Hochstapler mit aufgezwirbeltem Schnurrbart, steht vor ihnen.

KOMMISSAR Also, Sie leugnen weiterhin jeden Zusammenhang mit der Tat in Köpenick?

STUTZ Ick leugne gar nichts. Ick war's nich.

KOMMISSAR Aber Sie geben doch zu, daß Sie am fraglichen Tag in Köpenick waren.

STUTZ Natürlich. Da hab ick doch meine Braut zu wohnen.

KOMMISSAR Na gut. *Mit gespielter Gleichgültigkeit, um ihn zu überrumpeln* Die Uniform hattense doch schon lange, was?

STUTZ Herr Kommissar, ick will Ihnen mal wat sagen. Wenn ick's nu wirklich jewesen wäre – so kenntense mir nich fangen! So nich! Sie nich! Mir nich!

INSPEKTOR Lassen Sie den Mann abführen, das hat ja keinen Zweck.

KOMMISSAR *drückt auf eine Klingel, Polizist erscheint* Abführen.

POLIZIST *mit Stutz ab*

INSPEKTOR Mit Überraschung kommense bei so gehauten Jungens nich weiter. Außerdem paßt er ja gar nich aufn Steckbrief.

KOMMISSAR Deshalb ist mir der Kerl ja grade verdächtig. Sie wissen, ich habe eine andre Theorie. Das war doch alles Maske. Ich bleibe dabei, wir müssen unter gedienten Soldaten oder sogar geschaßten Offizieren nachforschen. 'n anderer bringt das ja gar nicht fertig.

INSPEKTOR Wir sollten überhaupt die ganze Sache aufstecken. Dabei können wir uns höchstens blamieren.

KOMMISSAR Nee, Herr Inspektor, da kann ich nich mit. Für mich is das Prestigefrage. Wenn ich mit soner Sache betraut bin und kannse nich lösen – wozu bin ich dann kaiserlicher Polizeikommissar?

INSPEKTOR Der Kaiser is gar nich so scharf auf die Sache. Im Gegenteil! Habense den Geheimbericht nich gelesen? Gelacht hat er, wie man's ihm vorgetragen hat, und stolz war er noch drauf! Mein lieber Jago, hat er zum Präsidenten gesagt, da kann man sehen, was Disziplin heißt! Kein Volk der Erde macht uns das nach! – Da habense's.

KOMMISSAR Der hat gut lachen. Meine Karriere ist futsch, wenn ich nichts erreiche. *Es klopft* Herein!

EIN OBERWACHTMEISTER *atemlos* Wir haben ihn! Verzeihung, Herr Inspektor, ich bringe die Meldung, daß –

KOMMISSAR *ist aufgesprungen* Wen? Den Hauptmann?!

OBERWACHTMEISTER Jawohl, Herr Kommissar. Er ist soeben in der Paßabteilung verhaftet worden.

INSPEKTOR Ach was. Das ist nun die vierzigste Verhaftung.

OBERWACHTMEISTER Er hat aber schon gestanden.

INSPEKTOR Geständnisse hab ich dutzendweise liegen. *Haut auf einen Aktenstoß* Da können ruhig noch 'n paar zu.

OBERWACHTMEISTER Er hat doch das Versteck der Uniform angegeben.

KOMMISSAR Donnerwetter! Wo steckt er denn?

OBERWACHTMEISTER Drunten im Untersuchungsraum. Soll er vorgeführt werden?

KOMMISSAR Rasch, rasch!!

OBERWACHTMEISTER *ab*

INSPEKTOR Machen se sich nur keine Hoffnungen. Ausgerechnet in der Paßzentrale. Der Kerl wird doch nicht so dumm sein –

KOMMISSAR *ruhlos umherlaufend* Wie kommen die überhaupt dazu – das wär ja ein starkes Stück – is doch unser Ressort!

INSPEKTOR Das Ressort is ne Auster, in der noch kein Mensch ne Perle gefunden hat. Die dicken Würmer schnappen immer die Blinden – das is bei der Polizei nich anders wie aufm Hühnerhof. Aber es wird ja wieder nichts sein.

Es klopft.

KOMMISSAR *aufgeregt* Herrein!!

Herein tritt der Kommissar von der Paßzentrale, hinter ihm Wilhelm Voigt, ohne Fesseln, von zwei Schutzleuten flankiert. Er bleibt wie unbeteiligt, aber still und ernsthaft, in der Nähe der Tür stehen.

DER PASSKOMMISSAR *höhnisch* Meine Herrn, ich bringe Ihnen den Hauptmann von Köpenick. Sie brauchen ihn nur zu verhaften.

KOMMISSAR Der?! – So sehn Sie aus! *Setzt sich.*

INSPEKTOR Wie kommense denn darauf, daß er das sein soll?

PASSKOMMISSAR Er hat's ja selbst erklärt.

INSPEKTOR *lacht.*

KOMMISSAR Nee, nee. Dann schon eher der von vorhin.

INSPEKTOR Na, berichtense mal.

PASSKOMMISSAR Also um elf Uhr dreißig meldet sich dieser Mann in der Paßzentrale, verlangt den diensthabenden Kommissar zu sprechen, er habe eine wichtige Anzeige zu machen. Ich laß 'n reinkommen, frag ihn, was er will, da macht der Mann eine höchst merkwürdige Erklärung. Ich habe sie genau protokolliert. *Liest vor* Er sei der vorbestrafte Wilhelm Voigt und brauche unbedingt einen Paß. Wenn ich ihm verspreche, daß er später einen Paß bekommt – er sagte ausdrücklich »später« –, dann könne er mir den Hauptmann von Köpenick zur Stelle schaffen. Na, ich hab mir gedacht, versprechen kann man alles, zunächst den Mann mal zum Reden bringen.

INSPEKTOR *unterbricht ihn* Das hätten Sie nicht tun dürfen! Einfach verhaften! Wenn er was Zweckdienliches weiß, dann is es ja seine Pflicht, es anzugeben! Dafür hat er nichts zu verlangen.

PASSKOMMISSAR Ja, und dann kriegense Ihr Lebtag nichts aus ihm heraus. Das kennt man doch!

KOMMISSAR Das ist überhaupt unser Ressort, was hat 'n das mit Paßgeschichten zu tun!

PASSKOMMISSAR Bitte, ich hab mich nicht in Ihr Ressort gedrängt, Sie hätten ihn ja längst verhaften können, der Mann läuft seit vierzehn Tagen frei in Berlin herum!

INSPEKTOR Zur Sache! Zur Sache!

PASSKOMMISSAR Na ja, ich hab ihm halt 'n Paß versprochen, ich dachte, wenn ihm keiner zusteht, dann war das eben ungültig. Da sagt er: »So, den Paß werd ick denn später erheben, nu nehmse mir mal fest, ick bin et selber.« Hat er wörtlich gesagt.

INSPEKTOR Blödsinn, Interessantmacherei. Der will 'n paar Tage unter Dach, bei dem kalten Wetter.

PASSKOMMISSAR Dacht ich auch. Sie wollen der Hauptmann von Köpenick sein? sag ich zu ihm. Und wo is denn die berühmte Uniform? – Die liegt im Schlesischen Bahnhof, Handjepäckaufbewahrung, sagt er und gibt mir 'n Schein mit der Nummer. In ne große Pappschachtel wär se. Na, ich hab mal gleich hingeschickt. *Setzt sich, lächelt ironisch* Nun, was halten die Herrn von der Sache?

INSPEKTOR *zu Voigt, der unbeachtet zwischen den Schutzleuten am Eingang steht, streng und barsch* Können Sie beweisen, daß Sie der Hauptmann von Köpenick sind?

VOIGT Nee, det kann ick nich. Det mißten ja Sie kennen. Ick bin ja keen jelernter Kriminal.

KOMMISSAR Haltnse 'n Schnabel!

PASSKOMMISSAR *lacht.*

INSPEKTOR Frechheit so was. Der reine Bluff. Sie werden ja sehn, was da am Schlesischen Bahnhof – *Das Telephon schrillt. Er nimmt den Hörer ab* Hier Zimmer IB. Was?! Das ist ja – sofort, sofort herbringen, per Auto!! *Legt den Hörer hin* Sie haben die Uniform – –!

ALLE DREI *sehen sich an, schweigen.*

PASSKOMMISSAR Na, das is wohl immer noch kein Beweis?

KOMMISSAR Also wir müssen ihn sofort –

INSPEKTOR Psst! Ich übernehme selbst das Verhör. *Zum Paßkommissar* Ich danke Ihnen, Herr Kollege. Würden Sie die Güte haben, den Chef zu benachrichtigen?

PASSKOMMISSAR Gerne, ich werd mal raufgehn und werd ihn schonend vorbereiten. *Geht*

KOMMISSAR Aber tunse ja nich so, als ob das Ihr Verdienst wäre, is doch der reine Zufall.

PASSKOMMISSAR Selbstverständlich, Herr Kollege. Ich gratuliere Ihnen zu diesem ungewöhnlichen Zufall. *Ab*

INSPEKTOR *ist inzwischen auf Voigt zugegangen, hat den Polizisten ein Zeichen zum Verschwinden gegeben* Nun, mein lieber Freund, kommense mal 'n bißchen näher, setzense sich mal, sprechense sich mal in Ruhe aus, Sie haben uns doch gewiß recht viel zu erzählen – rauchen Sie?

VOIGT *erstaunt* Nee, danke.

INSPEKTOR *ruft einem der Polizisten nach* Holense mal rasch ne halbe Flasche Portwein aus der ›letzten Instanz‹. Lassense's für mich aufschreiben. *Schaut rasch in das Protokoll des Paßkommissars* Wilhelm Voigt. – Also Ihre Selbststellung, Herr Voigt, macht Ihnen alle Ehre, das will ich zunächst mal feststellen. Das Gewissen und die Reue haben Sie zu diesem Schritt getrieben, nicht?

VOIGT Det nu grade nich. Et is nur wegen 'm Paß. In Köpenick war ja keener. Und einmal muß ick zu kommen, det muß ick.

INSPEKTOR Und Sie glaubten wirklich, daß man Ihnen hier einen Paß gibt und Sie dann laufen läßt?

VOIGT Nee, nee, ick weiß schon Bescheid, mir werdense doch nich laufen lassen. Aber denn, wenn ick wieder raus bin, denn könnense mir den Paß nich mehr verweigern. Versprochen is er. Det is nu ne öffentliche Anjelegenheit.

INSPEKTOR *jovial* Da schau her. Sie sind ja ein ganz Schlauer. *Leise zum Kommissar* Mitstenographieren! *Zu Voigt* Also das müssen Sie mir nun mal erklären – mit dem Paß.

VOIGT Da is gar nichts zu erklären bei. Ick brauche 'n endlich, damit ick mal zun richtiges Leben komme. Ick hab det satt, wissense.

INSPEKTOR Wie alt sind Sie denn?

VOIGT Ick jeh ins Siebenundfuffzichste.

INSPEKTOR Aha! Und da sehen Sie einer – doch wohl unvermeidlichen Freiheitsstrafe so ruhig ins Auge?

VOIGT Warum nich? Det jeht vorüber, det bin ick jewohnt. Aber det Rumlaufen ohne Paß, und det Versteckspielen, und de janze Schinderei, det kann ick nu nich mehr mitmachen. Det kann ick nich mehr.

INSPEKTOR Aber – Sie hatten doch das Geld, über viertausend Mark, das is doch ne ganze Menge.

VOIGT *greift in die Brusttasche, holt ein Paket heraus* Da isses. Allerdings nich mehr janz vollzählig. Ick mußte ja leben, und ick hab auch 'n paar neue Stiefel jebraucht. Im janzen hab ick dreiundachtzig Mark entnommen. De Abrechnung liegt bei.

INSPEKTOR Na, sagense mal, da hättense doch weit mit reisen können!

VOIGT Und wenn's dann alle is, da steh'ck wieder da. Über de Grenze wär ick mit Jeld schon jekommen, aber denn kann ick nich mehr zurück und muß mir in fremde Erde begraben lassen. Nee, nee. 'n Paß will ick, und denn will ick meine Ruhe.

Der Polizist mit der halben Flasche Portwein.

POLIZIST Soll ich gleich aufkorken, Herr Inspektor?

INSPEKTOR Natürlich, der Voigt muß sich mal 'n bißken stärken auf den Schreck.

VOIGT Ick bin jarnich verschrocken. Ick hatte mir dat jenau so vorjestellt. Nur, daß de Herrn so freundlich mit mir sind, det bin ick nich jewohnt.

INSPEKTOR *biedermännisch* Aber mein guter Voigt, das is doch selbstverständlich, hier wird doch keiner gebissen!

VOIGT Na na.

INSPEKTOR So, trinkense mal.

VOIGT Ich trinke eigentlich nichts uffn nichternen Magen.

INSPEKTOR Wachtmeister! Ne Schinkenstulle. Trinkense nur mal, das kann Ihnen nichts schaden.

VOIGT Na, ick will ja kein Spielverderber sein. Prost, Herr Inspektor! *Trinkt*

INSPEKTOR So is recht. – Habense sich denn gar nicht mal 'n bißchen was geleistet von dem Geld?

VOIGT Doch, ick hab in 'm janz orntlichen Gasthof jewohnt. Nur de erste Nacht hab ick bei Aschingern verpennt. Da war ick todmüde, da bin ick einfach umjefallen.

INSPEKTOR Nee, ich meine, mal 'n tüchtigen Rausch, oder son richtigen großstädtischen Betrieb oder so was?

VOIGT Da mach ick mir wenig draus. *Etwas vertraulicher* Ick mechte meine Ruhe haben, und meine Freiheit, verstehnse? Det schmeckt aber gut. *Trinkt*

DER KRIMINALDIREKTOR *kommt eilig herein. Dicker älterer Herr* Wo isser? Ach – *Er starrt Voigt an.*

INSPEKTOR Jawohl, Herr Direktor, das is er! *Zwinkert ihm zu* Ein reizender Mensch, er sagt uns alles ganz offen. Ich habe ihm mal ne kleine Stärkung kommen lassen.

DIREKTOR Das is recht! *Zu Voigt, der höflich aufgestanden ist* Aber bleibense doch sitzen, mein Lieber! Setzense sich doch wieder!

VOIGT Jewiß, wenn Sie auch 'n bißchen Platz nehmen wollen –

DIREKTOR *lachend* Aber natürlich, wir wollen doch mal zusammen plaudern, nich? Trinkense doch mal!

VOIGT Ja, danke, det is ausjezeichnet. Ick trinke sonst nie, wissense, ick bin det eigentlich nich jewohnt –

DIREKTOR Na, wenn's Ihnen mal schmeckt, das is die Hauptsache.

VOIGT Prost, Herr Direktor! Det laß ick mir jefallen. *Er lacht aber nicht, bleibt immer still und gleichmäßig.*

INSPEKTOR *leise* Wir haben alles mitgeschrieben. Es handelt sich offenbar um einen Geisteskranken. *Laut zu Voigt* Na, nu erzählense mal dem Herrn Direktor, mein lieber Voigt, wie se überhaupt zu der ganzen Sache jekommen sind!

VOIGT Det is doch janz einfach. Da braucht ick nich erst zu kommen, det kam jewissermaßen zu mir.

DIREKTOR Aber wie kamense denn auf die Idee, als falscher Hauptmann son Ding zu drehn?

VOIGT Na, det weiß doch 'n Kind, daß man bei uns mitn Militär allens machen kann. Det hab ick immer jewußt.

DIREKTOR Und ausgerechnet in Köpenick! Wie kommense denn grade nach Köpenick?

VOIGT Det war das nächste uff der Bahnstrecke. Aber det war 'n Fehler von mir. Da jibt et nämlich keine Paßabteilung, in Köpenick. Wenn ick det bedacht hätte, denn wär ick nach Teltow, ins Kreisamt.

DIREKTOR Da haben die Teltower ja noch mal Dusel gehabt.

VOIGT Denn hätt ick nämlich 'n Paß, denn könntense mir nich hier bewirtschaften. *Trinkt*

DIREKTOR *sieht Voigt an* Das muß ein schöner Trottel sein, der Herr Bürgermeister Obermüller!

VOIGT Sagense det nich, Herr Direktor! Der Mann is gar nich so uneben. Det wär Ihnen jenau so ergangen – det liecht in der Natur der Sache.

DIREKTOR Na ja, schon gut. Aber sagense mal, woher hatten Sie denn das alles, das ganze militärische Kommando, das hat doch alles bis ins kleinste geklappt!

VOIGT Wissense, Herr Direktor, det is weiter nischt, sone Uniform, die macht det meiste janz von alleene. Und in Zuchthaus Sonnenburg, da ham wa in den Freizeiten immer de Felddienstordnung zu lesen jekriegt, und det Exerzierreglement. Da hatt ick mir immer sehr für interessiert.

DIREKTOR Und da hatten Sie gar nichts weiter vorbereitet? Da sind Sie einfach hingegangen und haben auf der Straße die erste beste Wache angehalten und sind damit nach Köpenick gefahren?

VOIGT Ick hab mir de Uniform angezogen – und denn hab ick mir 'n Befehl jegeben – und denn bin ick losjezogen und hab 'n ausjeführt.

DIREKTOR Glück habense gehabt, das muß man sagen.

VOIGT Det jehört zur Kriegsführung, Herr Direktor. Glück is de erste Fordernis der Feldherrngabe, hat Napoljon jesagt.

DIREKTOR An Ihnen is ja nu wirklich 'n kleener Napoleon verlorengegangen. *Schenkt ihm ein* Trinkense nur!

VOIGT Danke, danke, ick spür's schon 'n bißken. Aber det schmeckt extragewöhnlich gut. *Riecht daran* Det könnt ick mir direkt anjewöhnen.

DIREKTOR *lachend* Wenn Herr Hauptmann nur mit uns zufrieden sind.

VOIGT Det bin ick. So gut is mir noch nich jegangen uffn Amt. Sonst hamse mir immer nur einjesperrt oder rausjeschmissen.

EIN POLIZIST *in der Tür* Die Uniform ist zur Stelle.

DIREKTOR Reinbringen! Die müssen wir sehn. *Während die Pappschachtel gebracht und ausgepackt wird* Wo hattense die eigentlich her?

VOIGT Aus de Grenadierstraße, vom Kleiderjuden. Die hab ick jekauft, det is mein rechtmäßiges Eigentum!

KOMMISSAR So, da hat sich aber keiner gemeldet, trotz unserer Anschläge. Die hamse wohl umsonst jekauft, was? *Macht die Bewegung des Klauens.*

VOIGT *mit ruhiger Würde* Mein lieber Herr, ick hab in mein Leben noch keinen Mitmenschen wat wechjenommen. Ick habe immer nur mit der Behörde jekämpft.

DIREKTOR *hat die Uniform herausgenommen, hält den Rock hoch* Tatsächlich!

'n echter Garderock, von ner Potsdamer Firma. 'n tüchtiges Alter hat se aufn Puckel.

VOIGT *hebt das Glas* Aber für ihre Jahre isse noch janz tauglich, was? *Trinkt der Uniform zu.*

DIREKTOR Hörnse mal, ziehnse se mal an, wollense? Nur 'n Rock, das genügt! Den Rock und die Mütze – das möcht ich doch mal sehn!

VOIGT Gerne, wenn's Ihnen Vajnügen macht. Ich kannse nochmal anziehn. Jebense man her. *Zieht seinen Rock aus.*

DIREKTOR *leise zum Polizisten* 'n Photograph, bitte. *Laut zu Voigt* Darf ich helfen, Herr Hauptmann!

VOIGT Nee, danke, det jeht schon! *Er schlüpft in den Rock, knöpft zu, setzt die Mütze auf.*

DIREKTOR *kann sich das Lachen kaum verbeißen* Det is ja großartig. *Zu den anderen* Das fährt einen in de Knochen, da steht man von selber stramm, was?

VOIGT *legt lässig die Hand an den Mützenschirm* Danke. Lassense rühren.

DIREKTOR, INSPEKTOR UND KOMMISSAR *zusammenstehend, lachen einfach los. Auch die Polizisten grinsen.*

VOIGT *ganz ernst* Verzeihung, Herr Direktor, ick hätt ne Bitte.

DIREKTOR Natürlich, was denn, sagense's nur!

VOIGT Kann ick vielleicht mal 'n Spiegel haben? Ick habe mir nämlich noch nie in Uniform jesehen.

DIREKTOR Noch nie – is ja fabelhaft. Habense gar keene Probe gemacht vorher?

VOIGT Nee, da war keen Spiegel drin, wo ick mir umjezogen habe.

DIREKTOR Rasch, 'n Spiegel, den großen aus der Garderobe. Na, Sie werden staunen!

VOIGT Da muß ick mir nu man stärken vorher. Da drauf muß ick mir vorbereiten. *Nimmt sein Portweinglas, füllt es, trinkt.*

DIREKTOR *wischt sich die Augen* Meine Herren, das ist die schönste Stunde meiner dreißigjährigen Dienstzeit.

POLIZIST *mit dem Spiegel*

DIREKTOR Da stellense'n hin! So, Herr Hauptmann, nun schaunse sich mal an, da kriegense Respekt vor sich!

VOIGT *tritt vor den Spiegel, das Portweinglas in der Hand. Er steht mit dem Rücken zum Publikum. Direktor tritt mit den anderen beiseite, beobachtet ihn. Voigt steht zuerst ganz ruhig – dann beginnen seine Schultern zu zucken, ohne daß man einen Laut hört – dann beginnt seine Gestalt zu schüttern und zu wanken, daß der Portwein aus dem Glas schwappt – dann dreht er sich*

langsam um – lacht – lacht immer mehr, lacht übers ganze Gesicht, mit dem ganzen Körper, aus dem ganzen Wesen – lacht, bis ihm der Atem wegbleibt und die Tränen herunterlaufen. Aus diesem Lachen formt sich ein Wort – erst leise, unverständlich fast – dann immer stärker, deutlicher, endgültiger – schließlich in neuem, großem, befreitem und mächtigem Gelächter alles zusammenfassend Unmöglich!!
Dunkel

»Kommt mit«, sagte der Hahn,
»etwas Besseres als den Tod werden wir überall finden!«

BRÜDER GRIMM, DIE BREMER STADTMUSIKANTEN

DES TEUFELS GENERAL

Drama in drei Akten

PERSONEN

HARRAS, General der Flieger
LÜTTJOHANN, sein Adjutant
KORRIANKE, sein Chauffeur
FRIEDRICH EILERS, Oberst und Führer einer Kampfstaffel

HARTMANN WRITZKY HASTENTEUFFEL PFUNDTMAYER	Fliegeroffiziere

SIGBERT VON MOHRUNGEN,
Präsident des Beschaffungsamtes für Rohmetalle
BARON PFLUNGK, Attaché im Außenministerium
DR. SCHMIDT-LAUSITZ, Kulturleiter
DER MALER SCHLICK
ODERBRUCH, Ingenieur im Luftfahrtministerium
ANNE EILERS
WALTRAUT VON MOHRUNGEN, genannt Pützchen, ihre Schwester
OLIVIA GEISS, Diva
DIDDO GEISS, ihre Nichte
LYRA SCHOEPPKE, genannt die Tankstelle
OTTO, Restaurateur

FRANÇOIS HERR DETLEV	Kellner

BUDDY LAWRENCE, ein amerikanischer Journalist
ZWEI ARBEITER
EIN POLIZEIKOMMISSAR

Ort: Berlin
Zeit: Spätjahr 1941, kurz vor dem Eintritt Amerikas in den Krieg
Erster Akt: Höllenmaschine
Zweiter Akt: Galgenfrist oder Die Hand
Dritter Akt: Verdammnis
Die Handlung ist erfunden und, wie ihre Träger, nur zum Teil durch tatsächliche Ereignisse und lebende – oder tote – Personen angeregt.

ERSTER AKT

HÖLLENMASCHINE

Reserviertes Zimmer in Ottos Restaurant. Solide ›altdeutsche‹ Einrichtung. In der Mitte ein festlich gedeckter Büfettisch, zur Selbstbedienung für etwa fünfzehn Personen. Im Hintergrund, durch geraffte Portieren halb verdeckt, eine ›gemütliche‹ Ecke, mit Rauchtischchen, Klubsesseln, Likör- und Zigarrenservice. Wenn der Vorhang aufgeht, brennt noch die volle elektrische Deckenbeleuchtung, aber François und Herr Detlev, die an die Tischdekoration letzte Hand anlegen, Flaschen entkorken und Aperitifgläser füllen, beginnen eine Menge großer Kerzen in silbernen Tisch- und Wandleuchtern anzuzünden und drehen später das grelle Hauptlicht ab. Alle Fenster sind mit dicken schwarzen Vorhängen verhüllt. Ein Ventilator summt leise.

DETLEV Wie spät?

FRANÇOIS Minuit moins le quart.

DETLEV Wird ne lange Nacht geben.

FRANÇOIS Ça y est. Dicke Marie, pour nous.

DETLEV Wenn Harras mal wieder richtig auffahren läßt – Mensch – das ist noch alte Schule. Da bleibt kein Auge trocken.

FRANÇOIS Que fais-tu donc? Pas de Porto, pour Harras. Il va commencer avec un Armagnac. Double. Donne-moi le grand verre.

DETLEV Woher weißt du, Sybille?

FRANÇOIS Je le connais. Il vient de la Reichskanzlei – d'une réception officielle d'Etat. Alors – il lui faut plus fort que du Porto. C'est logique. N'est-ce pas?

DETLEV Stimmt wie ne Baßgeige. Wenn er seinem Führer ins Auge geschaut hat, dann braucht er ne innere Spülung.

FRANÇOIS *mit einem Blick über die kalten Platten* Dieu merci, que nous avons des pays occupés. C'est le confort du patron. On ne mange que des fruits ... les fruits de la victoire. Voilà: Les hors-d'oeuvres – de Norvège. Le homard – d'Ostende. Le gibier – de Pologne. Le fromage – de Hollande. Le beurre – du Danemark. Et les légumes – d'Italie. Pas de caviar – de Moscou ...

DETLEV Aber französischer Sekt. *Läßt einen Pfropfen knallen, kostet einen Schluck* Prostata. Das schmeckt besser als Ribbentrops Hausmarke.

STIMME OTTOS *von draußen* François! Le Pâté de foie gras pour Exzellenz! Die Terrine ist nicht geöffnet.

FRANÇOIS *vor sich hin, gelangweilt* Ouvrez-la vous même. J'm'en fiche. *Kostet einen Schluck Champagner* Vive la collaboration.

OTTO *erscheint aufgeregt in der Tür* Herr Detlev!! François! Wo steckt ihr denn, hier ist doch noch gar nichts los. Was soll ich denn drüben machen mit den drei Ungelernten, wo heute Reichstag war. Die ganze Bude voll großer Tiere – vier Exzellenzen, zwo Minister, ein Feldmarschall, ne Hucke Gauleiter und die bessere Creme von der Krolloper –

DETLEV Verzeihung, Herr Otto, wir sind im Dienst. General Harras hat uns ausdrücklich für seine Gesellschaft abkommandiert. François und mich. Von wegen zuverlässig. Sie wissen.

OTTO Das hat Zeit, er ist ja noch nicht mal vorgefahren, aber wo bleiben die Waldschnepfen für Herrn Jannings. Herr Jannings schreit schon!

DETLEV Laß ihn schrein. Herr Jannings kann mich, bei Mondenschein.

OTTO Unerhört. So wird man im Stich gelassen. Verraten und verkauft, und kein Ersatz zu kriegen. Was hab ich nicht alles für euch getan, die Unabkömmlichkeit, die Schwerarbeiterrationen, und alles das, wenn ihr mir jetzt in den Rücken fallt –

FRANÇOIS Doucement, Otto, doucement. Si vous avez marché pour nous – nous avons marché pour vous, n'est-ce pas? Rappelez les wagons de Bruxelles – et nos affaires à Paris – et –

OTTO Taisez-vous! – Sprich doch deutsch hier. Kannst du genau so gut. Also – wollt ihr jetzt drüben helfen – oder nicht?

FRANÇOIS Exaltiere dir nicht, Otto. Sei ein guter Bubi.

DETLEV Gib Tantchen 'n Küßchen, François!

OTTO Herr Detlev – in anderen Zeiten – würde ich Sie auf der Stelle hinauswerfen. *Schreiend, krebsrot* Auf der Stelle!

DETLEV *amüsiert* Auf der Stelle. In anderen Zeiten.

François lacht.

OTTO Still – die Herrschaften! *Man hört Stimmen von draußen – er spricht nach rückwärts durch die Tür* Willkommen zu Hause – Herr General! Herr Präsident – Herr Oberst – Herr Baron – Herr Doktor – Kompliment, meine Damen – Garderobiere! – Wollen bitte ablegen – alles vorbereitet, Herr General. Der Hummer ist schon errötet.

STIMME HARRAS' *draußen* François! 'n doppelten Armagnac.

FRANÇOIS Voilà. *Eilt mit dem vollen Glas hinaus.*

DETLEV Wir drehen besser rasch die Glühbirnen raus.

Otto Glühbirnen raus? Wozu denn?

Detlev Sie wissen doch – wenn Harry geladen hat, schießt er sie gerne runter.

Otto Lassen Sie zwei oder drei drin, damit er nicht wütend wird; sonst schießt er nach den Kerzen und trifft die Spiegel. *Läuft auf den Gang hinaus* Ganz große Ehre, Herr General, dito Vergnügen.

Detlev *einen Augenblick allein im Raum – öffnet blitzschnell eine unsichtbare Klapptüre in der Wandverschalung – schaltet einen vorbereiteten Kontakt ein – schließt die Verschalung wieder.*

Harras *tritt ein, von Otto gefolgt. Er ist in großer Galauniform, aber in Haltung und Benehmen leger, eher etwas salopp. Das geleerte Glas hält er noch in der Hand, eine Zigarette hängt im Mundwinkel. Sein kluges, trotz gelichteter Haare noch jugendliches, ja jungenhaftes Gesicht – er mag nicht älter als fünfundvierzig sein – das von Natur aus heiter ist, freimütig, liebenswürdig und ein wenig verschmitzt – scheint von einer kaum bemerkbaren nervösen Spannung erfüllt. Er sieht sich prüfend um* Na – das sieht ja ganz ordentlich aus. Fast wie in der guten alten Zeit, falls Sie sich noch erinnern, Otto.

Otto Bei uns – immer gute Zeit, Herr General. Alt oder neu. Wir sind unverändert. Man tut, was man kann. Nur mit der Mayonnaise – die vielen Eier und das Öl, wissen Sie – man darf ja nicht ganz, wie man möchte. Aber ich habe für Herrn General eine Art Sauce tatare zum Hummer angerichtet – die Herrn werden kaum einen Unterschied schmecken.

Harras Keine Sorge, Otto. Uns schmeckt alles. Wir kommen von einem Bierabend des Führers. Außerdem haben wir jetzt bei der Luftwaffe synthetische Gummizungen mit Kondensspucke eingeführt.

Otto Köstlich, Herr General. *Lacht* Immer der alte treffsichere Humor.

Harras Humorersatz, mein Lieber. Brennessel, Zichorie und Eichenlaub. – Alsdann – Hauptsache, daß der Stoff noch echt ist. *Hält sein leeres Glas hin – François füllt es wieder* Sagen Sie mal – da tickt doch was.

Otto Wie beliebt – wo tickt was, Herr General?

Harras Hoffentlich nicht in Ihrem Hirnkasten, Otto. Seien Sie mal still. Da tickt was.

Otto Ich kann nichts hören – oder doch – irgend so was – bißchen Surren –

Detlev Muß der Ventilator sein, Herr General. Oder die Heizung.

Otto Natürlich, der Ventilator. Wir müssen ja, wegen der Verdunklung, wo man kein Fenster aufmachen kann, und dann der Zigarrenrauch –

Harras Klingt anders.

OTTO Herr General müssen Ohren haben –!

HARRAS Manche Leute werden vom Fliegen taub. Bei mir das Gegenteil. Ich kann Ihnen zwanzig verschiedene Typen beim Namen nennen, wenn ich nur von ferne den Motor laufen höre – stellen Sie das mal ab.

DETLEV *stellt den Ventilator ab.*

HARRAS Tickt immer noch.

DETLEV Dann ist es die Heizung. Da wird mit Kohle gespart und denn trippelt's in den Röhren –

OTTO Also, bei uns hat noch nie etwas in den Röhren getrippelt, da muß ich doch bitten, Herr Detlev –

HARRAS *ist in der Nähe der Wandverschalung stehengeblieben* Scheint wirklich irgendwoher aus der Wand zu kommen. Vielleicht doch von den Röhren. Na, meinetwegen. Wird ja keine Höllenmaschine sein. *Leert sein Glas.*

DETLEV Sicher nicht, Herr General. *Lacht, stellt den Ventilator wieder an. Während der letzten Sätze sind im Hintergrund, zwischen Tür und Angel, einige Herren erschienen, die – erst halb zu sehen – eine große Pantomime wegen des Vortritts aufführen, den jeder dem anderen überlassen möchte. Es sind Präsident Sigbert von Mohrungen, Oberst Eilers, Baron Pflungk, Dr. Schmidt-Lausitz und Lüttjohann. Sie drücken und drängeln sich um die Schwelle herum unter gemurmelten Höflichkeiten, wie* Nach Ihnen, Herr Präsident. – Aber, mein lieber Eilers – Sie als Ehrengast. – Bitte recht sehr, Herr Doktor. – Ausgeschlossen, Militär geht vor. – Kommen Sie, Baron. – Neenee, ich bin hier zu Hause – *und so weiter.*

HARRAS *hat die Szene grinsend beobachtet* Da soll nun einer sagen, es gibt in Deutschland keine Manieren mehr. Lüttjohann! Helm ab zum Gebet! Hier sind Hummern.

LÜTTJOHANN *kleiner, jovialer, pudelartiger Gummiball in Hauptmannsuniform, durchbricht die Gruppe und stürmt im Laufschritt zum Büfett* Denn man Schluß mit die Formalitäten. 'ran an Feind. Wo stehn die Roten? *Er beginnt ohne Übergang zu essen.*

Die anderen Herren treten jetzt ohne weitere Verwicklungen ein. Präsident von Mohrungen und Baron Pflungk im Frack, Dr. Schmidt-Lausitz in Parteiuniform, Oberst Eilers in Gala mit hohen Orden. Mohrungen ist ein gut aussehender Fünfziger mit grauen Schläfen, Repräsentant der alten standesherrlichen Schwerindustrie. Der junkerlich-konservative Einschlag ist durch süddeutsche Natürlichkeit gemildert. Baron Pflungk – eleganter Windhund, mit glatten Manieren und vollkommener Charakterlosigkeit, Dr. Schmidt-Lausitz, schmalstirnig, mit blitzenden Brillengläsern und unsicht-

baren, eng zusammenstehenden Augen dahinter, schütteren blonden Haaren in ›vorschriftsmäßigem‹ Schnitt, verkniffenen Lippen, krampfhafter strammer Haltung. Oberst Eilers, nicht älter als fünfunddreißig, dunkelhaarig, hochgewachsen, wettergebräunte Züge, an sich durchschnittlich, doch von einem ungewöhnlichen Ernst geprägt, der ihm manchmal einen abwesenden, fast traurigen Ausdruck verleiht.

OTTO *etwas unsicher* Heil Hi – Guten Abend, Herr Präsident. Guten A – Heil Hitler, Herr Doktor.

HARRAS Sagen Sie ruhig: Guten Adolf, das trifft jeden Geschmack *Zu den andern* Die Herrn haben sich wohl schon miteinander bekannt gemacht – soweit sie nicht verwandt sind? Das ist Kulturleiter Dr. Schmidt-Lausitz vom Propapopogandamysterium, ich kann das Wort nie richtig aussprechen, mein alter Afrikakomplex. Schmidt-Lausitz, zum Unterschied von Schmidt-Lützelsdorff, Schmidt-Pforzheim, Schmidt-Sodbrennen und anderen Herren ohne besondere Kennzeichen.

DR. SCHMIDT-LAUSITZ Ich möchte nicht stören, Herr General. Ich sehe – dies ist eine Privatgesellschaft. Ich bin nur mitgekommen, weil ich mit Baron Pflungk und Oberst Eilers noch ein paar Einzelheiten zu besprechen hätte, wegen des morgigen Empfangs für die neutrale Auslandspresse und der Kurzwellensendung nach Amerika –

HARRAS Dazu werden Sie im Lauf der Nacht reichlich Gelegenheit haben. Bleiben Sie ruhig, Doktor, uns stört keiner. Von meinen schlechten Witzen haben Sie sowieso schon gehört. Die sind alle beim Chef in meinen Personalakten eingetragen. Könnense nachlesen.

DR. SCHMIDT-LAUSITZ *mit saurem Lächeln* Man versteht einen Scherz, Herr General, wenn er nicht zu weit geht.

HARRAS Des walte Himmler. Stärken Sie sich, meine Herren, Sie haben es nötig, nachdem Sie in der Reichskanzlei am Heiligen Gral genippt haben.

MOHRUNGEN Hier sieht's ja aus – wie in Friedenszeiten. Da wird einem direkt warm ums Herz.

LÜTTJOHANN *essend* Und in der Magengrube. Sehr zum Wohl, Herr Präsident.

HARRAS Wir haben auch nicht alle Tage Schabbes. Aber wenn Friedrich Eilers seinen großen Abend hat, da muß es Manna in der Wüste regnen – verzeihen den nichtarischen Vergleich, Dr. Lausitz. Greifen Sie zu, Eilers. Es ist kein Raub an der Volksgemeinschaft, nur ein kleiner Ausgleich. Was wir hier übriglassen, das fressen da drüben die Bonzen.

EILERS *lächelnd, ein wenig verlegen* Zuviel Ehre, Herr General. Man kann das gar nicht verlangen, hier im Hinterland. An der Front sind wir ja immer erstklassig verpflegt.

OTTO Lauter markenfreie Ware, meine Herren, reserviert für junge Helden und alte Kämpfer. Nur für die Butter muß ich Ihnen leider 'n kleines Löchlein knipsen.

MOHRUNGEN *mit einem Glas Champagner* Da merkt man erst, wie provinziell man geworden ist. Büfett, Champagner, Mitternachtspartie – ich bin so was gar nicht mehr gewohnt. Bei uns in Mannheim ist um elf alles dunkel, kein Lokal mehr auf. Und wenn ich sonst mal zu Sitzungen nach Berlin komme, muß ich immer gleich im Nachtflugzeug wieder in den Betrieb zurück.

OTTO Offiziell schließen wir auch um elfe, Herr Präsident. Haben wir alles nur Vatern zu verdanken. Seit Vater uns die Spezialerlaubnis für Privatgesellschaften verschafft hat, hat die Sache erst wieder 'n bißchen Zug bekommen. Kraft durch Freude, heißt es so richtig auch in unsrem Geschäft! *Zieht sich zurück.*

MOHRUNGEN Ich dachte, sein Vater lebt nicht mehr –

HARRAS *lachend* Wenn in Berlin von Vatern die Rede ist, lieber Präsident, so ist immer der dicke Hermann gemeint, unser Reichsmarschall mit'm Ersatzreifen um die Taille.

BARON PFLUNGK Ein schönes Zeichen seiner Popularität.

HARRAS *ironisch* Bravo, Baron. Schenk mal ein, François. Da kommen die Damen.

Frau Anne Eilers und ihre Schwester, Fräulein von Mohrungen, genannt Pützchen, kommen frisch hergerichtet von der Garderobe. Beide in Abendkleidern, Anne Eilers elegant, doch betont einfach, Pützchen betont elegant, doch ziemlich schrill. Anne ist eine schöne, hochgewachsene Frau, Mitte der Zwanzig, mit ruhigem, etwas teilnahmslosem Blick, der nur Leben und Wärme annimmt, wenn er dem ihres Mannes begegnet. Pützchen, ein paar Jahre jünger, hat eine aufreizend gute Figur und ein fast zu hübsches, puppenhaftes Gesicht mit einem Stich ins Gewöhnliche und ruhelosen, unersättlichen Augen.

HARRAS *vorstellend* Kulturleiter Dr. Schmidt-Lausitz – Frau Oberst Eilers – Fräulein von Mohrungen. Den Baron Pflungk kennen die Damen wohl schon – vom offiziellen Teil.

PÜTZCHEN Fräulein von Mohrungen – das klingt so wahnsinnig förmlich – direkt reaktionär. Nennen Sie mich doch Pützchen, wie alle.

HARRAS Trau ich mich nicht, Pützchen. Kommt mir 'n bißchen hastig vor. Wir kennen uns doch kaum ein paar Stunden.

PÜTZCHEN Das macht der Liebe kein Kind, hätte ich beinah gesagt. Prost, Harry.

MOHRUNGEN Aber Pützchen.

HARRAS Halt, junge Dame! Noch nicht trinken! Man reiße ihr den Kelch von den Lippen. François, nachfüllen. *Tritt in die Mitte, es bildet sich ein lockerer Kreis um ihn* Also – ohne weitere Schmonzes, aber von Herzen. Ich trinke auf Friedrich Eilers, auf seinen fünfzigsten Luftsieg, den wir heute feiern, auf den hundertsten, und auf seine gesunde Heimkehr. Zum Wohl, Friedrich.

ALLE Zum Wohl, Friedrich!

EILERS *heiter abwehrend* Dank – Dank – Ich komme mir vor wie'n Kriegerdenkmal.

HARRAS Biste auch. Sag du zu mir, Fritze. *Sie trinken und schütteln einander die Hand.*

DIE ANDERN *einstimmend* Auf General Harras! *Man trinkt rasch.*

EILERS Bravo! Auf unseren besten Fliegerkommandeur, General Harras.

DR. SCHMIDT-LAUSITZ *allein nachklappend* Auf den Führer!

HARRAS Prost mit'm leeren Glas. Der Führer ist Abstinenzler.

LÜTTJOHANN *schon ein wenig betrunken* François! Ein Glas Milch der frommen Denkungsart.

HARRAS Halt die Klappe, Kleener. Wenn ich mir's Maul verbrenne, brauchst du's noch lange nicht nachzumachen.

LÜTTJOHANN Verzeihung, Herr General.

MOHRUNGEN *hat den Arm um Eilers' Schulter gelegt* Ich kann ja auf meinen Schwiegersohn wirklich stolz sein.

ANNE Das können wir alle, Papa. Unser ganzes Volk.

HARRAS Habt Grund dazu. Einen besseren Mann als Eilers haben wir nicht in der Luftwaffe – möchte sagen: in der Armee.

EILERS Leicht übertrieben. Ich möchte sagen: jeder unserer Jungens gibt sein Bestes her. Wenn ich selbst auf etwas stolz bin – dann auf meine Staffel. Vier Herren haben heute das Großkreuz vom E.K. bekommen, und jeder hat es verdient.

BARON PFLUNGK *leicht anzüglich, zu Pützchen* Ist nicht auch Leutnant Hartmann bei den Ausgezeichneten? Da haben wir ja heute abend doppelten Grund zum Feiern.

PÜTZCHEN *beiläufig* Kennen Sie Hartmännchen? Netter Junge.

ANNE Warum willst du nicht zugeben, daß du mit ihm verlobt bist? Es weiß es doch jeder, du hast ja bisher nicht soviel Geheimnis draus gemacht.

PÜTZCHEN Verlobt. So 'n ekliges Wort. Ich mag das nicht, es klingt so bürgerlich, ich meine – direkt reaktionär.

HARRAS Nämlich bei der Hitlerjugend verlobt man sich nicht mehr, das hält zu lange auf. Da könnte ja einer großjährig werden, inzwischen.

LÜTTJOHANN Da heiratet man auch erst gar nicht, da hebt man gleich die Geburtenzahl. Verzeihung, Herr General.

PÜTZCHEN, *auch schon ein wenig beschwipst, mit einer gewissen Anlässigkeit, die sich zwischen Harras und Baron Pflungk noch nicht entscheiden kann* Immer nur 'n armes Hühnchen veräppeln, was? Aber so arme Hühnchen sind wir Mädels von heute längst nicht mehr. Heiraten – ganz nett, wenn's der Richtige ist. Aber denken Sie doch mal, all die Scherereien, die man damit hat, die ganzen Nachweise, Arierblut bis in die große Fußzehe der Urgroßmutter, Gesundheitszeugnis, Gebärtüchtigkeit, Bolleproduktion, und so weiter, is ja alles nötig von Rasse wegen – aber wenn man darauf warten will, mit seinem normalen Triebleben, da kann man alt und ranzig werden dabei.

MOHRUNGEN Also wie du redest, Pützchen. Findest du nicht selbst, daß es zu weit geht?

PÜTZCHEN Ach wo, so reden wir alle im BDM. Das ist das Recht der Jugend.

EILERS Und was denkst du über die Pflicht der Jugend? Ich hoffe, du weißt, was ich meine.

PÜTZCHEN Mein lieber Herr Schwager, nur keinen tierischen Ernst heute abend. Der kleene Hartmann hat mich schon genug angeödet. Hat er das alles von dir?

EILERS *mehr zu Mohrungen und Anne* Der junge Hartmann, das ist wirklich ein ganz besonderer Fall. Unermüdlich im Dienst – und geradezu tollkühn. Fast zuviel, für meinen Geschmack. Sobald es irgendwo eine dicke Suppe gibt – schon meldet er sich. Dreimal am Tag, wenn's die Maschine schafft. Manchmal könnte man glauben, er – *Er vollendet den Satz nicht.*

PÜTZCHEN *mit Pflungk plaudernd* Er sieht gut aus, Hartmännchen, das muß man ihm lassen, und überhaupt, er ist ein schneidiger Junge, drei Sportpreise, zwölf Abschüsse, Tipptopp-Gesinnung. Aber es fehlt ihm was – der richtige Zißlaweck oder so. Er tanzt nicht, denken Sie.

BARON PFLUNGK Das ist ein großer Fehler. Sie tanzen wohl sehr gern, Fräulein von Mohrungen?

PÜTZCHEN Rasend gern, wenn's keine volkhaften Reigentänze sind. Pützchen, gefälligst. *Plappernd* Als Kind hab ich Trüdchen nicht aussprechen können, und Waltraut erst recht nicht, da hab ich mich selber Pützchen genannt, das ist mir hängengeblieben – *Sie lacht selbstberauscht.*

Baron Pflungk Süß. – Darf ich Sie vielleicht mal ausführen, Pützchen – zu einem unserer diplomatischen Tanzabende, solang Sie in Berlin sind? Geschlossene Gesellschaft, natürlich –

Pützchen Ob Sie dürfen! Ich bleibe ja in Berlin, wissen Sie das nicht? Ich hab mich als Anwärterin gemeldet für den Führerinnenkurs der Reichsfrauenschaft – wo haben Sie Ihre Tanzabende? Im ›Eden‹, oder in der ›Ollen Königin‹? *Sie ziehen sich angeregt in eine der Nischen zurück.*

Mohrungen *hat Harras einen Augenblick beiseite gezogen* Sagen Sie, General – haben Sie was Neues in Erfahrung gebracht – in der bewußten Sache? Es wird morgen früh in der Sitzung zur Sprache kommen. Ich fürchte, man wird sich einmischen wollen – von seiten – Sie wissen schon – wenn wir nicht rasch eine Erklärung finden. Ich möchte nicht Stellung nehmen – bevor ich Ihre Meinung weiß –

Harras Meine Meinung. Hm. Offiziell – oder persönlich?

Mohrungen Ich denke, wir können Vertrauen zueinander haben, Herr General.

Harras Offen gesagt – ich hab noch gar keine Meinung. Oder nur – Vermutungen. Es ist eine verfluchte Geschichte. Heute nachmittag sind wieder frische Meldungen eingelaufen – unter uns, Präsident – Tragflächenbruch bei einem Dutzend fabrikneuer Maschinen. Das Material ist zur Untersuchung unterwegs. Aber ich kann mir nicht erklären vom technischen Standpunkt aus, wieso – *Leise* – Achtung. Wir sprechen uns später.

Dr. Schmidt-Lausitz *hat sich den beiden genähert* Störe ich? Oder besprechen Sie keine Berufsgeheimnisse, an einem heiteren Abend? Ich verstehe ja nichts von Technik – aber mich interessiert das kolossal – die ganze Flugzeugindustrie, und so weiter –

Harras Bei uns gibt's keine Berufsgeheimnisse, Dr. Lausitz. Da ist alles klar wie die Sonne. Der Präsident kontrolliert die Materialbeschaffung – ich kontrolliere die Herstellung unsrer Kisten – der Oberst und seine Jungens setzen sich rein und furzen damit in der Luft herum, und wenn sie fünfzig Gegener abgeschossen haben, dann hängt ihnen was zum Hals heraus, 'n Orden nämlich. Das ist der ganze Trick.

Dr. Schmidt-Lausitz Geteilte Verantwortung. Hochinteressant. Wie gesagt, ich verstehe nichts davon. Mein Ressort ist die Kultur. Totale

Mobilmachung der deutschen Seele. Sie wissen. Und Aufklärung des neutralen Auslands. Auch das ist Kampf. – Wenn auch nicht mit der Waffe.

HARRAS Ich weiß. Mehr mit'm Mundwerk. Da muß manchmal eine Art von Mut dazu gehören – den ich nicht aufbringen würde.

DR. SCHMIDT-LAUSITZ Sie schmeicheln, Herr General. *Wendet sich ab.*

LÜTTJOHANN, *der dazugetreten war, leise* Scheißkerl.

HARRAS *zwischen den Zähnen* Paß auf, Kleener. Besauf dich nicht.

LÜTTJOHANN Keine Sorge. Ich tu nur so. Bin scharf auf'm Kasten.

HARRAS *nickt ihm zu, trinkt hastig.*

FRIEDRICH EILERS UND ANNE *sind zu ihm getreten.*

ANNE Das werd ich Ihnen nie vergessen, General Harras – daß Sie ihm einen solchen Abend geben – und was Sie über ihn gesagt haben – ich meine – nicht nur die Ehre. Aber soviel Wärme und Freundschaft. Ich weiß, was es für ihn heißt. Ich glaube, so froh war er seit seiner Kindheit nicht.

EILERS Dank schön, Anne. Du hast das ganz richtig gesagt. Ich würde das gar nicht so über die Lippen bringen.

HARRAS Ja, du bist 'n alter steifer Holzbock, Fritze. Aber ich kenn dich genau. Du warst mir immer der liebste von allen, obwohl du nicht säufst. Na, mach mal ne Ausnahme. *Er schenkt ihm ein.*

EILERS *lachend* Kann ja nichts schaden – auf Urlaub.

ANNE Wenn Sie gehört hätten, wie er mir immer von Ihnen erzählt hat. Eifersüchtig hätte man werden können. Harras ist der Erste – nach dem Führer natürlich – und dann kommt lange nichts.

HARRAS Und jetzt haben Sie den ollen Harry in Fleisch und Blut kennengelernt. Kleene Enttäuschung, was? Gar keine Würde, für'n General. Und noch nicht mal Parteigenosse.

EILERS Na ja, in der Beziehung – denken wir vielleicht ein bißchen verschieden. Aber wo's drauf ankommt, da gibt's keinen Unterschied. Soldat ist Soldat.

ANNE Es ist wohl auch eine Generationsfrage. Wir sind schon halbwegs damit aufgewachsen. Uns ist das heilig. Es hat uns ja das bißchen Lebensinhalt gegeben.

HARRAS Mein Lebensinhalt – das war immer die Fliegerei. Das hab ich gemacht von der Pike auf – schon als Freiwilliger im Jahre 14 – und nu kann ich's nicht mehr bleiben lassen. Das ist fast wie mit'm Schnaps. *Trinkt* Prost Kinder! Ich bin ja so froh, daß wir heut abend beisammen sind. *Schlägt Eilers auf die Schulter* Seit die Rußlandzicke losgegangen ist, hab ich den Ollen doch nur ein einziges Mal gesehen, und das war bei ner offiziellen Stabsbesprechung. Nun setzt euch mal'n bißchen zu mir und klappt euer Innenleben auf. Wie geht's denn überhaupt – ich meine – außerdienstlich? Daheim? Was machen die Kinder?

EILERS Ich hab sie noch gar nicht gesehen, denk dir. Bin ja erst heute von der Front gekommen. Aber wie ich mich auf die nächsten acht Tage freu – das kannst du dir vorstellen.

ANNE Na, und die Buben erst! Die können's gar nicht abwarten. Der Kleine versteht's ja noch nicht ganz. Aber er kann schon sagen: Papa fliegen! Und dazu macht er so: Ssss – – !

HARRAS Schön muß das sein – wenn man heimkommt – und Kinder hat.

EILERS *etwas abwesend* Ja – wenn man heimkommt – und – *Er verstummt, starrt auf das Glas, das er in der Hand hält.*

ANNE Was hast du denn – Friedrich?

EILERS *wie erwachend* Ach – nichts. Entschuldigt, bitte. Das war nur so komisch –

HARRAS Was denn?

EILERS Ich hab mich plötzlich – da in dem Glas gesehen. Bißchen verzerrt – aber ganz genau. Mein eignes Gesicht. Komisch. Man weiß doch nie, wie man eigentlich aussieht. *Er starrt fast erschrocken vor sich hin.*

ANNE *mit etwas gezwungenem Lachen* Du – du hast'n Schwips, Friedrich.

EILERS *einstimmend, verändert, unbefangen* Ich kann nämlich wirklich nichts vertragen. Verzeihung, Harry.

HARRAS Na – iß mal was. 'n tüchtiger Happen wird dir gut tun. Besser als ne Pervetintablette, – was!

EILERS *kopfschüttelnd, lächelnd* Ja, ich glaube, ich eß mal was. *Er geht zum Büfett.*

ANNE Was hat er denn? Glauben Sie, es kommt wirklich nur von dem Gläschen Wein?

HARRAS Er soll sich mal vierundzwanzig Stunden ausschlafen. Und wenn er aufwacht – dann soll er – mit'm ersten Blick – in Ihre Augen sehn, Anne.

ANNE *drückt ihm hastig die Hand* Dank, Harry. Sie sind – Sie sind wundervoll. *Geht rasch zu Eilers.*

HARRAS *vor sich hin* Verflucht nochmal. Verflucht nochmal. *Er trinkt.*

OTTO *kommt herein, strahlend* Ganz großer Abend, Herr General. Soeben telephonische Meldung gekommen – der Herr Reichsmarschall wird persönlich erscheinen, mit ein paar Herrn von seinem Stab und den Damen von der Metropolpremiere. Wir räumen gerade die niederen Chargen weg. Zutritt nur noch vom Obergruppenführer aufwärts. Übrigens: vier jüngere Herrn sind draußen, Hauptleute und Leutnants, von der Staffel Eilers, sagen, Herr General habe sie herbeordert. Soll ich sie reinlassen?

HARRAS, *der zuerst kaum hingehört hat, elektrisiert* Aber klar! Rasch, damit sie nicht eingeschüchtert werden von all dem Brimborium. Bringen Sie sie her!

OTTO Zu Befehl, Herr General. Alles nach Wunsch? Der Sekt gut gekühlt?

HARRAS Nu mach schon, Otto.

OTTO *ab*

HARRAS Pützchen! Nehmen Sie mal die Fingerspitzen von der diplomatischen Weste weg. Es gibt ne Überraschung.

PÜTZCHEN Schon wieder 'n Toast?

HARRAS So ähnlich. François! Frische Gläser.

Herein treten, mit ihren neuen Auszeichnungen geschmückt, Hauptmann Pfundtmayer, Oberleutnant Hastenteuffel und die Leutnants Writzky und Hartmann. Pfundtmayer etwa so alt wie Harras, Typus bayrischer Kraftlackel, Hastenteuffel mehr westfälisch, scharfäugig, mit großen Händen und schwerer Zunge, Writzky ›kesser Junge‹ aus Berlin, bißchen effeminiert, aber schneidig und elegant, Hartmann sehr jung, schmal, blaß, mit hübschem, gescheitem Knabengesicht.

PFUNDTMAYER *militärisch vor Harras meldend* Hauptmann Pfundtmayer und drei Herren von der Kampfstaffel Eilers.

HARRAS *offiziell – wobei er sich das Lachen kaum verbeißen kann* Danke. Meine Herren, ich habe die Ehre, Ihnen zu Ihren Auszeichnungen zu gratulieren und Sie in unserm kleinen Kreis willkommen zu heißen.

PFUNDTMAYER *salutiert vorschriftsmäßig* Die Ehre ist auf unsrer Seite, Herr General.

HARRAS *herausplatzend* Pfundtl! Alte Rübensau! Jünger bist auch net geworden!

PFUNDTMAYER Ja – Harry – alter Distelfink hätt i beinah gesagt, ja derf ma denn zu dir noch du sagen – so a Mordsviech, was d' geworden bist.

HARRAS *zu den anderen* Wir sind nämlich Frontkameraden, von 14 bis 18 –

PFUNDTMAYER Bis 17 – Winter 17, wos' mich am Steißbein derwischt ham – so a Freid!

MOHRUNGEN Und die Herrn haben sich nie getroffen, seitdem?

HARRAS Rein per Zufall, nein. Aber ich hab schon längst drauf gelauert. *Gibt Pfundtmayer ein volles Glas* Zehn Schritte zurück, Pfundtl. Kannst du's noch?

PFUNDTMAYER I? Klar!

Er geht zehn Schritte rückwärts, Harras desgleichen, dann marschieren sie in komischer Travestie des Parademarsches mit den vollen Gläsern in der Hand aufeinander zu, immer rascher, so daß es aussieht, als müsse es zu einem Zusammenprall kommen, bei dem jeder sein Glas dem anderen ins Gesicht stoßen würde, aber im letzten Moment schwingen sie, Bauch an Bauch, die Gläser seitwärts aus und setzen sie einander an den Mund – jeder leert das Glas des andern mit einem Zug, dann machen sie kurz kehrt, so daß sie einen Augenblick Hintern an Hintern stehn, und marschieren wieder im gleichen Tempo an ihren Ausgangspunkt zurück, füllen die Gläser neu. Allgemeines Bravo und Händeklatschen

HARRAS So haben wir uns nämlich jeden Abend in der Fliegermesse begrüßt – damals, bei Cambrai und vor Verdun. Das war noch 'n Krieg.

PFUNDTMAYER Gsoffen hammer mehr, dos geb i zu. Gfressen hammer schlechter. *Tränen lachend* So a Hetz! So a Hetz! Kannst mir noch 's Glasl vom Kopf schießen, Harry? Oder traust di nimmer? *Stellt sich das wieder gefüllte Glas auf den breiten Schädel.*

HARRAS Lüttjohann! Mein Revolver.

PFUNDTMAYER *nimmt das Glas rasch herunter, trinkt* Naa, naa, den Kopf kann i net riskieren, der is noch Friedensware. *Er schüttelt sich vor Lachen.*

HASTENTEUFFEL *mit heiserer Baßstimme* Wenn Herr General schießen wollen, bitte sehr. *Stellt sich ein ganz kleines Schnapsglas auf den Kopf, nimmt stramme Haltung an.*

HARRAS Später, mein Freund. Nach der nächsten Flasche. Hab noch nicht die berühmte sichere Hand jetzt.

WRITZKY Darf ich dann vielleicht mit einer Zigarette Ziel bilden? Ich hab 'ne lange Spitze. *Er stellt sich Profil, mit einer überlangen Zigarettenspitze im Mund.*

HARRAS Ihr seid in Ordnung, Jungens. Kommt, ich mach euch bekannt. *Zu Hartmann* Sie brauche ich ja nicht vorzustellen, Leutnant Hartmann. Fühlen Sie sich hier nur – ganz wie zu Hause.

HARTMANN *etwas verlegen* Jawohl, Herr General. – Danke, Herr General. *Er steht mit Pützchen im Vordergrund, während Harras die andren umhergeleitet und sich lockere Gruppen bilden.*

PÜTZCHEN *salopp, aber freundlich und nicht ohne Stolz auf ihn* Na, Männeken? Wie fühlt man sich? Soviel Lorbeer um die junge Stirn!

HARTMANN Ich weiß nicht – ich bin noch gar nicht ganz hier. Gestern abend noch über Leningrad – und jetzt – so rasch geht das alles.

PÜTZCHEN Nu denk mal nicht dran, Kleiner, heb dir das Fronterlebnis für deine Memoiren auf, und sei ein bißl fesch. Hier biste in Berlin, bei Otto, am einzigen Ort im Deutschen Reich, wo noch was los ist. Kennst du Baron Pflungk, vom Außenministerium? Ein reizender Mensch. Er wird mich ausführen, auf einen der diplomatischen Tanzabende, außerdem fliegt er nächste Woche in besonderer Mission nach Vichy, Bern und so weiter, und er hat versprochen, daß er mir Schokolade mitbringt und 'n Kleiderstoff. Ist das nicht rasend nett?

HARTMANN Sehr erfreut.

BARON PFLUNGK *stellt sich, mit etwas gemachter Selbstironie, vor* Pflungk, Tröster der Witwen und Waisen. Aber das Ausführen kommt natürlich erst in Frage, wenn Ihr Urlaub vorüber ist, Herr Leutnant, und die junge Dame sich langweilt. Oder wollen Sie mir auch das Vergnügen machen – am nächsten Sonnabend vielleicht –

PÜTZCHEN Ach wo, er tanzt ja nicht. Und überhaupt, was wollen Sie denn, wir sind doch nicht verheiratet.

HARTMANN Ich – ich wollte meinen Urlaub eigentlich auf dem Land verbringen. Ich dachte – vielleicht am Rhein – in der Nähe vom Gutshof Mohrungen –

PÜTZCHEN Warum nicht? Hindert dich keiner.

HARTMANN Ich wußte nicht, daß du in Berlin bleiben willst. Ich dachte –

PÜTZCHEN Also mit dem Land kannst du mich jagen. Ich hab mir nie viel aus Natur gemacht. Aber heutzutage? Zappenduster, sag ich dir. Da laufense alle mit so Gesichtern rum – wie bei nem Staatsbegräbnis. Nee – leben kann man nur noch in Berlin.

BARON PFLUNGK Und das nur par occasion.

PÜTZCHEN Ja – man muß halt seine Beziehungen haben. Und die hat man, Gott sei Dank. Harry muß uns einen gemütlichen Abend geben, in seiner berühmten Propellerbar. Da soll's zugehn! Also – Geschichten hab ich gehört. *Sie wendet sich an Harras, der mit Pfundtmayer und andern der Gruppe näher gekommen ist.*

HARRAS Das scheint Sie ja wahnsinnig zu interessieren, junge Braut.

PÜTZCHEN Einmal möcht ich bei so was dabei sein. Ist es wahr, daß die Serviermädels nur Feigenblätter tragen bei euren Festivitäten? Ich komm als Serviermädel, sag ich Ihnen.

PFUNDTMAYER Dös wär a Hochgenuß an einem fleischlosen Tag.

HASTENTEUFFEL, *seine heisere Baßstimme schwillt plötzlich aus einer andren Ecke herüber, wo er mit Mohrungen, Eilers, Anne und Doktor Schmidt-Lausitz* steht – kommt er mir grad von rechts oben aus ner Wolkenbank und faßt mich in der Flanke – mit ner schweren MG.-Garbe. Ich drossele ab

– tauche unter ihm durch – habe Dusel und erwische ne andre Wolkenbank, schraub mich hoch und reiß ne Harras-Kurve – Sie wissen, fast mit'm Kopp nach unten. Darauf war er nicht vorbereitet. Drei Minuten später laß ich ihn absausen – fffffft – mit'm rauchenden Schornstein. Aber ich kann euch flüstern – der Russe, der macht uns heiß.

DR. SCHMIDT-LAUSITZ Im Einzelfall mag das stimmen. Das Gesamtergebnis jedoch, wie wir es von hier aus überblicken, heißt: technisch und moralisch unterlegen.

EILERS Wie Sie meinen, Herr Doktor. Das Gesamtergebnis kennen wir nicht so genau. Und daß wir siegen, steht außer Zweifel. Aber ich sage Ihnen, mit den Boys von der RAF ist heute auch nicht mehr zu spaßen.

DR. SCHMIDT-LAUSITZ Ein Krieg um Leben und Tod der Nation ist ja auch schließlich kein Spaß.

HARRAS Bravo, Dr. Lausitz. Hauchen Sie den Herren mal den richtigen Kampfgeist ein.

DR. SCHMIDT-LAUSITZ Das liegt mir ferne. –

LÜTTJOHANN Müssen wir unbedingt vom Geschäft sprechen, heute abend?

PFUNDTMAYER Du hast dich ja rechtzeitig zurückgezogen, Kapitän.

LÜTTJOHANN Danke, ja. *Hebt mit der linken Hand seinen rechten Arm auf, der steif ist* Aber 'n kleenes Andenken hab ich noch da drinnen, vom Londoner Blitz. Mir genügt's, für schlechtes Wetter.

PFUNDTMAYER *zu Harras* Prost, alter Landsknecht. Die Hauptsach is, daß mir noch dabei san. I hab mir immer gewünscht, daß's noch amal losgeht. Lang genug hammer eh warten müssen. Jetzt sag i mir nur: wenn's ja net z' End geht, sag i, bevor i Oberstleutnant geworden bin.

HARRAS Keine Sorge, Pfundtl. Vielleicht wirst auch noch ›Generol‹.

PFUNDTMAYER *etwas angetrunken* Generool, Generool. Du hast's geschafft, Harry. Und wammer's recht bedenkt – i war immer in der Partei – schon beim Blutmarsch am Odeonplatz, im Jahr 23, gleich links hinterm Führer hab i in der Pfützn gelegn. Und du, Harry, no, i will nix sagn.

HARRAS Sag nur, sag nur, Pfundtl, immer frisch von der Leber weg.

PFUNDTMAYER Wir alten Kämpfer, mir ham kaa Zeit gehabt für die Karriere, mir ham erst den inneren Feind liquidieren müssen. Und dann das Gschäft, und die Familie, dös war a Kreiz. I hab ins Hopfengschäft eingeheiratet, weißt, aber es hat sich net rentiert. Der Jud is in der Konkurrenz gewesen un hat uns ausgschmiert. Mei Lieber – da lernst du hassen. Nach der Machtergreifung is mir scho besser gangen – da hab ich mich auf Arisierungen verlegt. Aber jetzt – beim Kommiß? Wos bin i jetzt? A klaaner Hauptmann – mitsamt meiner niedrigen Parteinummer. Und du – du bist der Generool. Dös is a Gerechtigkeit. *Verschlagen* I maan – dös is a Gerechtigkeit.

HARRAS Also hör mal zu, mein Alter. Wenn du das meinst: ein Nazi bin ich nie gewesen. Da hast du ganz recht. Immer nur ein Flieger. Und mein Geld hab ich mir selber verdient, hab oft genug den Kragen dafür riskiert. Ich hab auch nirgends eingeheiratet, nie aus der Parteikasse gelebt, keinen Juden bestohlen und mir kein Schloß in der Uckermark gebaut. *Eigensinnig – auch schon ein bißchen betrunken* General oder Zirkusclown. Ich bin ein Flieger, sonst nix. Und wem's nicht paßt, der kann mich – *Es ist ein betretenes Schweigen entstanden.*

PFUNDTMAYER *mit offenem Mund* Ja so was.

DR. SCHMIDT-LAUSITZ Der Herr General meint: der Führer hat seinem Leben, das leidenschaftlich dem Flugwesen und der Luftwaffe gewidmet war, wieder ein Ziel verliehen und ihm die Gelegenheit gegeben, mit seinen ungewöhnlichen Fachkenntnissen dem Vaterland an leitender Stelle zu dienen.

HARRAS Siehst – da hast du gleich die offizielle Fassung. Danke für die Übersetzung, Herr Doktor. Genau so hab ich's gemeint.

DR. SCHMIDT-LAUSITZ Ich zweifle nicht daran.

HARRAS Gewiß nicht. Sie kennen mein Inneres.

DR. SCHMIDT-LAUSITZ Ich glaube es zu kennen, Herr General.

HARRAS Na denn prost. *Leert ein Weinglas voll Armagnac.*

Im Hintergrund ist während der letzten Sätze Lärm und Bewegung entstanden, und jetzt kommen, von Otto geleitet, drei Damen vom Theater hereingebraust. Olivia Geiß, Operettendiva, mit der fülligen Büste der Berufssängerin, aber schlanken, fast zierlichen Beinen; sie ist etwa vierzig, viel zu jugendlich angezogen, hochblond, und ihr immer noch hübsches, sympathisches, schon etwas schwammiges Gesicht vom Abschminken aufgerötet, sonst nicht viel hergerichtet. Lyra Schoeppke, rothaarig, mit Monokel, sehr weiß gepudert, so daß man ihr Alter nicht beurteilen kann, in einem übermäßig eng anliegenden schwarzen Seidenkleid, das ihre gute Figur scharf heraushebt. Diddo Geiß, ein sehr junges blondes Mädchen, mit einem ungemein frischen, natürlichen Gesicht und großen dunkelblauen Augen. Sie wirkt mehr wie ein Schulmädel, das zum erstenmal auf einen Ball geht. Sie trägt einen Bund frischer Veilchen am Ausschnitt.

OLIVIA Harry! Also wie ich gehört hab, daß du hier bist – da war ich nicht zu halten! Wir sind eben eingetrudelt, mit der Premierengesellschaft vom Reichsmarschall. Gib dem ollen Harry 'n Kuß von mir, hat er gesagt – aber ich weiß ja nicht, ob du Wert darauf legst?

HARRAS *hält ihr die Wange hin* Von dir – immer. Von Vatern – nur wenn ich ganz besoffen bin, das bin ich noch nicht, heute abend.

OLIVIA Na na, mir kommt vor, du kannst schon nicht mehr grade auf'n Strich gehn. Auf 'n Kreidestrich, mein ich. *Man lacht.* Hast du noch Selbstbeherrschung genug, daß ich dich meiner kleinen Nichte vorstellen kann? Für das Kind bist du nämlich eine Idealgestalt, also enttäusch sie nicht, wenn ich bitten darf. *Sie fällt in ihren angestammten Dialekt* Komm her, Diddoche, da kannste en Held kennelerne, aus der gute alte Zeit, wo die Prominente noch vorne gestande hawwe und die Statiste hinne, beim Applaus. Heutzutage sin ja alles Helde. Hinne, vorne, un in der Mitt.

HARRAS *stellt sich vor Diddo in Positur* Nicht anfassen, bitte. Der alte Herr steht unter Denkmalschutz.

DIDDO, *die ihn mit kaum verhohlener Neugier betrachtet hat – lacht ein wenig.*

HARRAS *beugt sich kurz über ihre Hand – zu Olivia* Und so etwas hältst du seit neunzehn Jahren vor mir versteckt. Das nenn ich Freundschaft! *Er hält Diddos Hand fest – während sie unter seinem interessiert forschenden Blick mehr und mehr errötet.*

BARON PFLUNGK Darf ich derweilen die Honneurs machen – *Er beginnt vorzustellen* Präsident von Mohrungen, Oberst Eilers und Gemahlin... *Er murmelt rasch die anderen Namen herunter, während die Herren sich vor Olivia und Lyra Schoeppke verbeugen und die Damen, halb leger, halb förmlich, ihnen die Hand reichen.*

PÜTZCHEN Trau dich ran, Hartmännchen, hier kannst du die berühmte Geiß kennenlernen, für die unsere Väter und Onkels in der Pubertät geschwärmt haben.

MOHRUNGEN *peinlich berührt, entschuldigend zu Olivia* Nehmen Sie sie nicht ernst, Gnädigste. Meine Tochter hat manchmal eine sonderbare Art von Humor.

OLIVIA Kenn ich. Jugend von heute. Die werden's auch noch mal billiger tun, wenn die Männer rar werden, wie nach 'm letzten Krieg. Ist der interessante Leutnant ihr Bräutigam?

MOHRUNGEN Ja, das heißt – *Ablenkend* Was war es denn für eine Premiere heute abend?

OLIVIA Die ›Lustige Witwe‹ – immer mal wieder. Er will ja nichts anderes hören, außer Wagner. Das Ganze war mehr so'ne Galaangelegenheit – aber für mich eine Art Jubiläum. Vor fünfundzwanzig Jahren hab ich sie zum erstenmal gesungen, genau auf'n Tag.

MOHRUNGEN *fasziniert* War das nicht am Stadttheater in Heidelberg? Dann hab ich Sie gesehn.

PÜTZCHEN Na, siehste.

OLIVIA Sie erinnern sich daran, Herr Präsident? – Und wie hab ich mich verändert?

MOHRUNGEN *lächelnd* Wenn ich mir eine Vorstellung anschauen darf und Sie dann wiedersehn, dann werde ich mir erlauben, Ihnen meine unmaßgebliche Meinung zu sagen. Aber ich bin überzeugt, Sie sind immer noch die beste Witwe. Unerreicht.

OLIVIA Ach, den ollen Stiefel rassele ich Ihnen runter wie ne ausgespielte Grammophonplatte. Einmal wieder was Neues ... aber dazu kommt's nicht mehr, zu meinen Lebzeiten.

LYRA Mach dich nicht älter, als du bist, Olly.

OLIVIA Warum? Der Nachwuchs will auch mal ran. Meine Kleene hier – die hat heute abend ihr Debut gehabt, mit ner neu eingelegten Sprechrolle in der Maximszene, hat der Regisseur extra für sie in den zweiten Aktschluß gezaubert, und für den Vorhang war der Allerhöchste Herr angesagt. Aber nee, nix war's.

LYRA Scheibenhonig. Wenn ich schon in ner Aufführung bin – da kracht's im Osten. Mein oller Massel.

HARRAS *zu Diddo* Wenn ich das gewußt hätte – dann wären wir alle zum zweiten Aktschluß gekommen. Wie waren Sie denn?

DIDDO Ich hab keine Ahnung, Herr General. Ich war wie in Trance. Das Herz hat mir gebubbert bis in den Hals, wie mein Stichwort kam – also zu meiner Hinrichtung wär ich leichter gegangen.

OLIVIA So ein Pech, denkt euch nur. Gespielt hat sie nämlich wie ne junge Göttin. Und in der Pause hätte sie vorgestellt werden sollen. Der Reichsmarschall war ja riesig nett zu ihr, aber das ist doch nicht dasselbe, für die Kinder. Der heilige Petrus, statt dem lieben Gott, sozusagen.

DIDDO Ich wußte ja nicht, ob er wirklich in der Loge ist, ich dachte nur: so schlecht war ich auf keiner Probe. Und dann beim zehnten Vorhang, sagt der Roisterer zu mir: Essig. An die Front abgerufen.

EILERS An die Front abgerufen? Der Führer?

OLIVIA Na, dafür lernst du jetzt unsren Harry kennen. Auch 'n großes Tier. *Sie tätschelt seine Wange.*

DIDDO Das – hab ich mir wirklich fast noch mehr gewünscht – *Lachend*

Als Kind hab ich schon immer heimlich Ihr Bild angeschaut, das bei Tante Olly auf dem Nachtkastl steht –

LYRA Aber, aber!

OLIVIA Bitte ja, da steht es, mit Blümchen. Schon ganz gelb und blaß geworden.

HARRAS *fährt sich über die Haare* Mich hätten Sie vor zwanzig Jahren kennenlernen sollen. Ich war nämlich auch mal jung.

DIDDO Vor zwanzig – da war ich noch nicht ganz auf der Welt!

OLIVIA Aber ich, prost, Harry! *Sie trinkt aus seinem Glas.*

BARON PFLUNGK François! Herr Detlev! Wollen die Damen nicht vielleicht –

PFUNDTMAYER, *der Lyra Schoeppke mit den Augen verschlingt* Ja trinkmeran, trinkmeran, dös muß gefeiert werden. So a Sau!

LYRA Wen meinen Sie damit, Herr Hauptmann?

PFUNDTMAYER Verzeihn gnä Frau – i maan – die Sau wos i hab. Den ersten Abend in Berlin – und schon – Damen vom Theater. A Sau nenn i das. *Sie lachen.*

HARRAS *zu Lüttjohann, leise* Ruf mal im Ministerium an, was los ist.

LÜTTJOHANN B'fehl. *Geht hinaus.*

LYRA Sie kommen direkt von der Front, Herr Hauptmann?

PFUNDTMAYER Dös glaubst. Gestern hammer noch tote Russen zum Nachtmahl ghabt. I hab nämlich noch nie eine Dame vom Theater direkt angerochen. Über Kümmel und Korn, wie man sagt.

PÜTZCHEN Na, beißense mal rein, Herr Hauptmann. Sie haben ja gute Zähne.

LYRA *Pützchen deutlich ignorierend* Da müssen Sie mir aber von Ihren Erlebnissen erzählen, Herr Hauptmann. Irrsinnig aufregend stell ich mir das vor – diese Zweikämpfe der Luft – Mann gegen Mann – wie die Turniere der Ritterzeit.

PFUNDTMAYER Ganz genau, ganz genau. Hast gehört, Hastenteiffi? Mir saan die Ritterzeit, du und i! *Er lacht dröhnend.*

LYRA *mitlachend* Da hab ich wohl etwas sehr Dummes gesagt –

PFUNDTMAYER Aber gnä Frau! Gnä Frau! *Er tätschelt und küßt ihre Hand.*

OTTO *kommt wieder herein* Der Herr Reichsmarschall läßt bitten – das Souper ist angerichtet. Bedaure, daß ich zum harten Dienst rufen muß – aber – kleines Douceur für die Herren: der Herr Reichsmarschall erlaubt sich, die Herren und Damen von der Staffel Eilers auf'n Gläschen Schampus einzuladen. – Er erwartet die Herrschaften postwendend.

HARRAS Na, denn man los, Jungens. Den dicken Hermann seht ihr nicht jeden Tag. Da könnt ihr euch alle 'n Stück davon abschneiden.

OTTO Kommen nicht mit, Herr General? Der Herr Reichsmarschall haben ausdrücklich –

HARRAS Bißchen später. Er wird seine Leidenschaft für mich noch ne Viertelstunde bezähmen können. Eilers – übernimmst du die Führung?

DR. SCHMIDT-LAUSITZ Dürfte ich nicht rasch vorher – auf drei Minuten – damit ich den Text der Sendung wegschicken kann – muß noch kopiert werden heut nacht –

EILERS Natürlich, Herr Doktor. *Zu Pfundtmayer* Wollen Sie mich bitte vertreten. Ich komme nach. Stellen Sie die Herren inzwischen vor.

PFUNDTMAYER *strahlend, zu Lyra* Schaun S'? A Sau muß ma ham.

PÜTZCHEN Die Herrn und Damen, bitte sehr. Das geht auf uns, Anne. Bei so was läßt Pützchen sich nicht in die Ecke stellen. Was is denn los, Männeken – oller Träumer. Schon wieder Prinz von Homburg? *Sie hängt sich bei Hartmann und Anne ein, alle ab außer Harras, Eilers, Schmidt-Lausitz, Pflungk und Mohrungen.*

OLIVIA *im Abgehen, leise, zu Harras* Harry. Ich muß dich 'n Augenblick allein sprechen.

HARRAS Nicht leicht heute abend. Dringend?

OLIVIA SOS.

HARRAS Na – vielleicht später. Sonst – hast ja meine Privatnummer.

OLIVIA Später. *Ab*

MOHRUNGEN *schaut Pützchen nach, die laut lachend und schwatzend verschwindet* Die beiden Mädels – so was von Verschiedenheit – man sollte kaum glauben, daß sie Schwestern sind. Pützchen – ich muß zugeben – manchmal bin ich ihr gar nicht ganz gewachsen. Ich konnte mich vielleicht nicht genug um ihre Erziehung kümmern. *Zu Eilers* Mama ist zu früh gestorben.

DR. SCHMIDT-LAUSITZ Ich nehme an, der BDM wird Ihnen einen Teil der Erziehungssorgen abgenommen haben.

MOHRUNGEN *etwas bitter* Ja – die – haben sie mir abgenommen.

LÜTTJOHANN *ist mittlerweile zurückgekommen, geht rasch zu Harras, flüstert ihm etwas zu.*

HARRAS *zu Eilers, der besorgt aussieht* Dicke Luft bei Moskau.

DR. SCHMIDT-LAUSITZ Es handelt sich um geringe taktische Umgruppierungen. Hauptsächlich der Witterung wegen. Wir waren im Propagandaministerium schon heute abend darüber orientiert. Der Sturm auf Moskau und Petersburg wird dadurch nicht wesentlich verzögert.

Desto wichtiger ist unsre morgige Kurzwellensendung – um jeder Gerüchtemacherei die Spitze zu bieten. Darf ich Sie jetzt auf ein paar Worte bitten, Herr Oberst?

EILERS Sowieso, Herr Doktor. Sagen Sie mir nur genau, wie ich das machen soll. Ich hab schon furchtbares Lampenfieber.

DR. SCHMIDT-LAUSITZ *lächelnd* Kein Grund, Herr Oberst. Sie sprechen einfach aus Ihrem echten Erleben heraus. Das Manuskript ist vorbereitet, Sie brauchen nur abzulesen. Wir nehmen ja alles auf Schallplatten auf –

EILERS Mir ist die Hauptsache – ob ich den Mittagszug noch erreichen kann. Sie verstehen, die Kinder. – Ich bin ein Jahr nicht zu Hause gewesen und möchte natürlich keinen Tag versäumen –

DR. SCHMIDT-LAUSITZ Das läßt sich leicht machen, Herr Oberst. *Er hat das Manuskript aus einer Aktentasche genommen* Gehen wir vielleicht in ein Nebenzimmer. – Sie verzeihen, Herr General –

HARRAS Bitte, gerne.

Nachdem Schmidt-Lausitz und Eilers sich entfernt haben, zu Lüttjohann, der mit ihm, Mohrungen und Pflungk allein bleibt Reden Sie nur frei weg. Morgen erfahren es die Herren ohnehin.

LÜTTJOHANN Soviel man im Ministerium weiß – in Rußland scheint es unter Null zu frieren. Von Bock hat kalte Füße bekommen. Er soll an der Strippe geschrien haben: Sofort zurück – sonst keine Verantwortung, und so weiter. Darauf hat sich Manitu aufs Schlachtroß geschwungen. Ich ruf nochmal an – sie erwarten neue Berichte drüben. *Ab*

BARON PFLUNGK Da werden wir bald einen Fedor von Sündenbock haben. Was halten Sie von der Sache, General?

HARRAS Fragen Se nich so tücksch, oller Sachse. Was i c h davon halte, weiß jeder Laufjunge in der Reichskanzlei.

MOHRUNGEN Im Ernst, General. Glauben Sie – daß was passieren kann? Ich meine – was Entscheidendes?

HARRAS Ist schon passiert, Präsident. Sie wissen das genau so gut wie ich.

MOHRUNGEN Sie meinen – der zunehmende Materialverbrauch –

HARRAS Ich meine: Rußland.

BARON PFLUNGK Strategisch gesprochen – wenn wir Rußland erledigt hätten –

HARRAS Haben wir aber nicht. Noch lange nicht. Ich versteh nichts von Strategie. Ich weiß nur, was es kostet – vom Standpunkt der Luftwaffe aus. Was es kostet – im günstigsten Fall. Und von dem sind wir weit entfernt.

MOHRUNGEN Glauben Sie, daß wir mit unserer Produktion nicht nachkommen können?

HARRAS Rechnen Sie sich mal aus, was der Westen in ein, zwei Jahren aufbringen kann – und wird. Nur der Blitzmilch glaubt noch, daß wir da nachkommen können – ohne Ersatzteile – mit Hopphopp-Fabrikation!

BARON PFLUNGK Überschätzen Sie nicht die Produktionskraft der westlichen Demokratien? Die sind doch psychologisch unterhöhlt. Und unsere U-Boote –

HARRAS Das muß ich schon mal irgendwo gehört haben. Kommt mir so bekannt vor. Nee – ich erinnere mich noch viel zu gut an 1918 – wenn man in seiner ausgepumpten Bruchkiste gegen so 'n Dutzend psychologisch unterhöhlter Demokraten anstinken mußte. Und mehr Wasser in der Blase als Benzin im Tank. Scheiße. *Trinkt*

MOHRUNGEN Und wie, denken Sie, kann die Sache noch gerettet werden? Sie wollen doch nicht sagen – daß – bei unserer sonstigen Position – trotz der Reserven, die wir noch im Hintergrund haben – und unsrer synthetischen Betriebsstoffe –

HARRAS *zuckt die Achseln* Fragen Sie das Außenministerium.
Weist mit dem Kopf auf Pflungk – füllt sich ein neues Glas.

BARON PFLUNGK Meiner unmaßgeblichen Meinung nach gäbe es immer noch einen politischen Ausweg – falls ein militärischer Vollsieg vorläufig nicht erreicht werden kann. Vor allen Dingen: Amerika raushalten. Japan abblasen. Im Fernen Osten Frieden vermitteln. Dann irgendwie Separatfrieden mit Rußland – selbst um den Preis unserer Einflußzonen im Balkan und in Kleinasien – sanfter Druck auf London und Kompromißlösung zwischen uns und dem Empire – bis auf weiteres.

HARRAS *lacht* Marke Ribbentrop, 1941er Spätlese. Vor Tische las man's anders. Nee Kinder, der Sektfritze hat keine Ahnung, und nischt dazugelernt. Er hat geglaubt, er kennt die Engländer, weil ihm in London ein paar versnobte Lords auf die Schulter geschlagen haben und ein paar gerissene Börsianer beim Dinner zugezwinkert. Aber wenn der England kennt, dann kenne ich den Mond. – Wenn man 'n Bulldogg mit'm Hintern gegen die Wand gepreßt hat, dann beißt er – bis er verreckt, oder du. Da gibt's nur eines: den eignen Hintern freihalten.

BARON PFLUNGK Ich glaube, Herr General – mit England sind Sie doch ein wenig im Irrtum. Als Henderson im August 1939 –

HARRAS Interessiert mich nicht. Ich zähle die Häupter meiner Lieben und sage: ab dafür. Es war einmal eine deutsche Luftwaffe. Die stärkste der Welt.

MOHRUNGEN Vielleicht hätte man den Sprung nach Osten verhindern müssen –

HARRAS Wer? Ich? Oder meine selige Großmutter? Verhindern Sie mal, hierzulande. Mehr kann kein Elefant ins Fettnäpfchen trampeln, als ich's getan habe. Ich bin zu Hermann gelaufen und hab ihm Bescheid gestochen, wie die erste Geheimorder drüben bei der Luftfahrt durchgekommen ist. Hermann hat die Nase krausgezogen und mit der Schmalzbacke gewackelt. Dann ist er hingegangen und hat's dem Halder gesagt, und der hat's dem Keitel gesagt, und der hat's dem Brauchitsch gesagt, und der hat sich im Adlerhorst hörbar geräuspert – aber schon hat der Große Geist in Teppich gebissen und Intuition gespritzt. Pfui Teufel. *Er schüttelt sich vor Ekel.*

MOHRUNGEN *betreten* Immerhin – man muß zugeben, daß er – in gewissen Fällen – sogar militärisch –

HARRAS Nichts geb ich zu. Gar nichts. Die Jungfrau von Orleans mit Schweißfüßen. Zum Kotzen. Na, prost. *Trinkt*

Von der andren Seite des Restaurants, wo die Gesellschaft des Reichsmarschalls zu denken ist, hat eine leise Grammophonmusik eingesetzt, ein Walzer aus der ›Lustigen Witwe‹ – und jetzt erscheint Pützchen in der Tür – aufgeregt.

PÜTZCHEN Baron Pflungk! Drüben wird getanzt. Er ist ja wahnsinnig nett – und gar nicht so dick, wie ich gedacht habe, mehr imposant. Nur ums Hinterquartier – da krachen die Nähte, wenn er aufsteht. Kommen Sie, Baron? Langsamer Walzer mit Seele.

BARON PFLUNGK Allemal. *Faßt sie leicht um die Taille* Ist und bleibt ja doch der schönste Tanz.

PÜTZCHEN Wenn ein Herr führen kann – *Während Pflungk mit ihr tanzend verschwindet* Sie können führen – das hab ich gleich gewußt.

MOHRUNGEN *nervös mit einer Zigarette hantierend, zu Harras, mit dem er allein geblieben ist* Sagen Sie, General – trauen Sie dem Pflungk?

HARRAS Nicht um die nächste Ecke. Weshalb auch? Wem traut man schon.

MOHRUNGEN Sind Sie nicht ein bißchen unvorsichtig?

HARRAS Sicher. Das ist meine Methode. *Steckt sich eine Zigarre an* Die wissen sowieso, was ich denke. Da sag ich's besser laut. Wenn ich mal anfange, vorsichtig zu werden, dann glauben die, ich hab die Hosen voll, und man kann mir auf'n Kopp spucken.

MOHRUNGEN Das ist ja wahr – man ist auf alle Fälle immer verdächtig –. Jeder von uns – wer nicht zur Partei gehört oder zum innersten Zirkel.

Aber vielleicht – sollte man ihnen doch nicht direkt die Gelegenheit geben – das Stichwort sozusagen –

HARRAS Gelegenheit haben die genug, wenn sie wollen. Ihre Schnüffelhunde lungern an jedem Eckstein rum. Der lausige Schmidt zum Beispiel – der Herr mit der deutschen Seele – der die Kultur vertritt, bis sie nicht mehr aufsteht –. Ich weiß doch genau, daß er inoffiziell bei der Gestapo ist und jeden Tag zwei Berichte an Himmlern schickt. Mir können die Jungens nischt vormachen. Aber wenn ich einem von denen auf die Fußspitzen steigen kann – denn tu ich's. Mit Genuß.

MOHRUNGEN Sie denken, man kann Ihnen nichts anhaben – Sie sind unentbehrlich. Aber –

HARRAS Denk ich ja gar nicht. Weiß ich, bis zum gewissen Grad. Ihnen brauche ich nicht zu sagen, daß ich mir nichts drauf einbilde – aber es ist nu mal so. Schließlich wollen die Brüder den Krieg gewinnen – das heißt – sie können gar nicht mehr zurück. Und da gibt es halt nur eine Handvoll Leute, die an der richtigen Schraube drehen können und sagen: gewußt wo. Sie haben mich gebraucht – und sie brauchen mich jetzt erst recht. Außerdem – ist es mir wurscht. *Er lehnt sich in einen Klubsessel zurück und sieht plötzlich sehr müde aus.*

MOHRUNGEN *betrachtet ihn sorgenvoll* Sind Sie wirklich so pessimistisch?

HARRAS Das meine ich jetzt nicht. Mehr das Private. Ich weiß natürlich – sie können mich jeden Tag liquidieren. Trotz meiner Unentbehrlichkeit. Für die Jungfrau ist keiner unentbehrlich – außer dem Brückner, der mit'm geladenen Revolver neben ihm sitzt, wenn er ausfährt. Aber – es ist mir wurscht. Ich riskiere mein Leben seit 'nem Vierteljahrhundert – jeden zweiten Tag, mindestens. Und – es war sehr schön, alles in allem. Genug Mädchen – genug zu trinken – ziemlich viel Fliegerei – und – 'n paar bessere Augenblicke. Was will man mehr.

MOHRUNGEN Sie reden, als wollten Sie Ihren eigenen Epilog halten.

HARRAS Warum nicht? Lieber zu früh als zu spät. Aber – wenn ich nicht mehr sagen soll, was ich denke – und nicht zu rasch saufen, damit mir kein fauler Witz rausrutscht – und vorsichtig sein – nee. Dann lohnt sich die ganze Chose überhaupt nicht mehr.

MOHRUNGEN Was lohnt sich denn überhaupt.

HARRAS *beugt sich vor, schlägt ihm leicht aufs Knie* Nun fangen Sie mal nicht auch so an, Herr Präsident. Sie – ein anständiger Mensch – ein Ehrenmann – kein halber Abenteurer und Luftikus wie ich – sondern – ein Vertreter der soliden Wertbeständigkeit. Sie müssen den Kopf oben behalten.

MOHRUNGEN Das ist es ja, General. Man versucht, einen Wert zu verfechten – sagen wir: Deutschland – oder in meinem Spezialfall – die wirtschaftliche Gesundheit unserer Industrie – und unter der Hand zerrinnt einem alles in Dunst und schlechte Luft.

HARRAS Sie sollten das nicht zu tragisch nehmen – was ich vorhin gesagt habe. Es ist immer noch eine starke Chance, daß wir den Krieg gewinnen. Man kann ziemlich viel auf die Dummheit der anderen setzen. Wo wären wir sonst.

MOHRUNGEN Gewinnen – oder verlieren. Es ist doch nicht mehr dasselbe. Ich glaube manchmal, Harras – unser Deutschland – das wir geliebt haben – das ist dahin. So oder so. Unwiederbringlich.

HARRAS Was für ein Deutschland haben wir geliebt? Das alte – mit'm steifen Kragen und Einglaszwang? oder das liberale – mit'm Schmerbauch und Wackelbeenen?

MOHRUNGEN Sicher nicht das – für das wir beide jetzt arbeiten.

HARRAS Das hätten Sie früher wissen können, Herr Präsident. Damals – als Sie und Ihresgleichen die Kerls finanziert haben.

MOHRUNGEN Man hat es sich anders gedacht. Man glaubte, man schafft sich eine Waffe gegen den Bolschewismus. Eine Waffe – in unserer Hand.

HARRAS Ja, ich weiß. Fritz Thyssen, der Zauberlehrling, oder die Starke Hand. Eine schöne Lesebuchballade für künftige Schulkinder. Man glaubt zu schieben, und man wird geschoben. Nee. Ich hab mir nie was drüber vorgemacht.

MOHRUNGEN Was ist dann eigentlich – Ihre Entschuldigung vor sich selbst? Verzeihung. Das geht zu weit.

HARRAS Das geht gar nicht zu weit. Die Frage ist ganz berechtigt – unter Freunden.

MOHRUNGEN *mit Wärme* Ich danke Ihnen für die Prämisse. *Reicht ihm die Hand.*

HARRAS *seine Hand leicht schüttelnd* Entschuldigung – gibt es keine. Das heißt – wenn ich mir eine schreiben lassen wollte, für den Oberlehrer *weist mit der Zigarre zum Himmel* – dann wäre es – wegen meiner Mutter. Aber sonst – ich bin ganz kalt in die Sache hineingestiegen, und ohne Illusionen. Ich kenne die Brüder – noch vom letzten Mal. Als die im Jahre 33 drankamen – da wußte ich genau, daß 'n kleiner Weltkrieg angerichtet wird. Na, und ich hab nun mal einen Narren dran gefressen – an der Fliegerei, meine ich. Luftkrieg ohne mich – nee, das könnt ich nicht aushalten. Daher – hab ich mir gesagt – man muß ja schließlich in der Ecke bleiben, in der man seine erste Runde angefangen hat. Man kann ja nicht gut – auf der anderen Seite.

MOHRUNGEN Natürlich nicht.

HARRAS Ist es so natürlich? Ich weiß nicht. Vielleicht – ist es mehr Gewohnheit. Bequemlichkeit – die Wiege aller Laster. Trägheitsgesetz, oder Mangel an innerer Wandlungsfähigkeit. Unter uns gesagt – hätte ich nicht ein besseres Gefühl im Leibe, wenn ich die Reichskanzlei bombardieren würde – statt den Kreml, oder den Buckingham-Palace?

MOHRUNGEN *ist blaß geworden* Aber – lieber General – um Gottes willen. Um Gottes willen.

HARRAS Erschrecken Sie nicht, Präsident. Ich tu's ja nicht. Den Zug hab ich verpaßt. Und ich hätte auch bei den andren keine wirkliche Chance gehabt. Als Stunt Flier, Luftclown, Daredevil, hätte man mich drüben Karriere machen lassen. Bestenfalls beim Film – aber nicht mehr. Die haben keine Phantasie. Und das war ja das Positive an der Sache hier – für mich wenigstens. Nirgends in der Welt hätte man mir diese Möglichkeiten gegeben – diese unbegrenzten Mittel – diese Macht. Die fünf Jahre, in denen wir die Luftwaffe flügge gemacht haben – die waren nicht verloren. Und wenn ein alter Wolf mal wieder Blut geleckt hat, dann rennt er mit'm Rudel, auf Deubel komm raus – ob einem nun die Betriebsleitung paßt oder nicht. Spanien – das war natürlich 'n kleiner Brechreiz. Aber als es richtig losging, die ersten zwei Jahre – da hatten wir was zu bieten, da war immerhin Stil drin. Die beste, exakteste, wirksamste Maschinerie, die es in der Kriegsgeschichte gegeben hat.

MOHRUNGEN Das kann man wohl von der ganzen Armee sagen; unsere Heeresmaschine ist so vollkommen durchkonstruiert – daß sie jede Belastung aushalten kann.

HARRAS Möglich. Oder auch nicht. Ich kenne Maschinen, wissen Sie. Ich bin Techniker. Ich weiß genau, wieviel auf exakte Berechnung ankommt. Und doch. Da ist ein allerletzter Winkel – der ist unberechenbar. Der heißt: Glück – Griff – Gnade – Idee – Charakter – oder sonst was. Der kommt – woanders her. Der ist außerrational.

MOHRUNGEN Sie waren immer eine Art Künstler. Das haben Sie in sich.

HARRAS Nicht ganz so schlimm. Ein kleiner Schuß davon gehört wohl auch zur Technik. Jedenfalls – man ist dabei – und man hat keine Wahl.

MOHRUNGEN *nachdenklich* Und dann sind ja doch noch – tiefere Verbundenheiten. Oder was haben Sie vorhin gemeint, als Sie sagten: Ihrer Mutter wegen.

HARRAS *lacht leise, spricht beiläufig, Rauch durch die Nase blasend* Ach – die alte Dame. Die ist 'n Kindskopp, wissen Sie. Die sitzt da drunten in Bayern, in ihrem Landhäuschen, und ist stolz auf mich. Den Spaß möcht ich ihr nicht verderben, auf die paar letzten Jahre. Orden und Ehrenzeichen, Epauletten, Generalsstreifen und so weiter – mir könnte das alles gestohlen bleiben. Ich hab mir schon als junger Mensch nichts draus gemacht. Aber die Mutter – die strahlte. Wenn ich Erfolg hatte – dann war – ganz ehrlich – mein erster Gedanke immer: das Telegramm an die Mutter –. Vermutlich hat jeder Mann irgendeine Frau wegen der er tut, was er tut. Sonst würden wir uns weniger abschuften, glauben Sie mir. Für mich hat sich nie eine bessere gefunden.

MOHRUNGEN *etwas abwesend, nickend, vor sich hin* Ja, ja – die Mütter –

HARRAS *leicht geniert* Gefühlsduselei. Damit kriegen wir unsere Karre nicht aus dem Dreck. *Steht auf, beginnt auf und ab zu gehen* Das ist eine verfluchte Geschichte, wissen Sie.

MOHRUNGEN *angespannt* Sie meinen – die Sache mit den Materialschäden?

HARRAS *nickt* Soviel wir bis jetzt wissen, handelt es sich um kleine Fehler in den Legierungen, die die Gewichtsberechnung verschieben. Aber wo die eigentliche Fehlerquelle sitzt – das ist völlig im Dunkel. Ich hätte der Sache nicht zuviel Wert beigemessen – es kann ja immer mal ein Irrtum oder Leichtsinn unterlaufen –, aber es hat sich mit einer gewissen Systematik wiederholt. Dreimal, bei drei verschiedenen Lieferungen neuer Kampfmaschinen, in einer Woche. Das geht nicht mit rechten Dingen zu.

MOHRUNGEN Glauben Sie an Sabotage? Kommunistische Umtriebe in den Fabriken?

HARRAS Möglich. Aber nicht sehr wahrscheinlich. Grade die Systematik gibt mir zu denken. Das setzt eine planmäßig geleitete Organisation voraus – wenn es kein Zufall ist –, wie sie die Untergrundleute nicht haben, soviel man davon weiß.

MOHRUNGEN Und wer hat eine solche Organisation?

HARRAS *grinst.*

MOHRUNGEN *perplex* Sie meinen – wirklich? Aber – was für Interesse sollte man dort haben –

HARRAS *zuckt die Achseln* Es ist nur Rätselraten. Ich hab keine Anhaltspunkte. Aber ich dachte schon – es sieht aus, als ob man mir eine Fallgrube schaufeln wollte. Mir persönlich. Ich trage ja die direkte Verantwortung für die Maschinen der gesamten Luftwaffe. Und es handelt sich um Materialien, die durch meine Ämter gegangen sind und von mir genehmigt sind.

MOHRUNGEN Dann müßten Sie doch auch eine gewisse Kontrollmöglichkeit haben –

HARRAS *nervös* Mein Gott, ja, sogar eine sehr gewisse. Aber das hat seine Grenzen! Ich kann ja nicht jedes Stück Aluminium abklopfen und an jeder Stahltrosse zerren. Ich kann Stichproben machen und die Arbeit der Unterämter nachprüfen. Vor allem ist es eine Personalfrage.

MOHRUNGEN Und die ist wohl etwas – kompliziert, bei dem enormen Betrieb.

HARRAS Nicht allzusehr. Man muß ein paar einzelne Leute haben, auf die man sich restlos verlassen kann.

MOHRUNGEN Haben Sie die?

HARRAS Die habe ich. Oderbruch zum Beispiel.

MOHRUNGEN Oderbruch – das ist der Chefingenieur im Materialamt, wenn ich nicht irre?

HARRAS Ja. Ich hab den Posten eigens für ihn geschaffen. Der ist unermüdlich, arbeitet Tag und Nacht – und er hat ein Auge, sag ich Ihnen, dagegen bin ich 'n blinder Hesse. Dem entgeht nichts.

MOHRUNGEN *lächelnd* Endlich ein Punkt, an dem der große Skeptiker in Ihnen verstummt.

HARRAS Sie wissen, ich trau so leicht keinem. Aber die paar Leute, mit denen man mal zusammen in einer richtigen Bredouille war – in einer abtrudelnden Maschine, wenn das Seitensteuer klemmt oder so –, die kennt man. Es sind wenig genug – ich brauch keine Hand, um sie nachzuzählen. Der kleene Lüttjohann zum Beispiel – und Korrianke, mein alter Chauffeur, und Oderbruch. Das sind die einzigen, auf die ich bauen kann. Aber da gibt's keine Zicken.

MOHRUNGEN An den Rohmaterialien kann es doch nicht liegen –

HARRAS Sicher nicht. Sie sind außer Obligo, Präsident.

MOHRUNGEN Nicht unbedingt. Unsere Leichtmetall AG. Waldhofen und Käfertal arbeitet hauptsächlich mit Legierungen. Und dann – das Kartellsystem ist eine Großmacht – aber es ist heute hundertprozentig von der Zusammenarbeit mit den Regierungsstellen abhängig, die uns Umsatz und Preise diktieren. Man kann uns ohne weiteres den Hals zudrücken.

HARRAS Das heißt, Sie müssen sich im Beschaffungsamt hundertprozentig auf den Standpunkt stellen, den man höheren Orts von Ihnen verlangt.

MOHRUNGEN Ich werde mich nie auf einen Standpunkt stellen, der nicht meiner Überzeugung entspricht.

HARRAS *schweigt einen Augenblick, schaut ihn an.*

MOHRUNGEN Ich hoffe, Sie setzen nichts anderes von mir voraus.

HARRAS Dann wäre es am besten – wenn Sie sich morgen in der Sitzung auf gar keine Frage einlassen, die –

MOHRUNGEN *unterbricht, faßt ihn am Arm* Pst. Ich glaube – es hört jemand zu.

HARRAS *gleichmütig* So. Wer denn?

MOHRUNGEN Ich hab was gesehn – auf dem Gang draußen.

HARRAS Hee! Ist da jemand?

FRANÇOIS *erscheint in der Tür* Vos ordres, mon général? Plus d'Armagnac?

HARRAS *lacht* Sie haben auch schon Nerven, Präsident. Danke. François – da steht noch 'ne volle Flasche. Aber bringen Sie mir später die Weinkarte. Wir sollten mal wechseln.

FRANÇOIS Entendu, mon général. *Ab*

MOHRUNGEN Glauben Sie nicht, daß der Franzose da rumspioniert?

HARRAS Nee, nee – die Jungens hier sind in Ordnung. Und wenn schon. Was kann er gehört haben – ich weiß ja selber nichts.

MOHRUNGEN Ein Komplott von seiten der Gestapo – das die eigene Waffe sabotiert – das will mir nicht in den Kopf, General.

HARRAS Sie meinen, die könnten meinen Skalp billiger haben? Möglich. Ich weiß es nicht. Es sind nur Vermutungen. Sehn Sie – es handelt sich ja weniger darum, ob den Brüdern meine Nase gefällt sondern –

MOHRUNGEN Ich weiß. Es geht um die Luftwaffe.

HARRAS Natürlich. Wer die Luftwaffe hat, der hat die Macht – im Fall einer Auseinandersetzung zwischen Armee und Partei. Deshalb versucht die Partei – das heißt die SS – mit allen Mitteln, die entscheidenden Positionen in ihre Klaue zu kriegen. Gelingt ihnen das, dann haben sie sozusagen den latenten deutschen Bürgerkrieg zum zweitenmal gewonnen. Und – da sind nur ein paar Köpfe, die dem entgegenstehen.

MOHRUNGEN Allerdings – die besten.

HARRAS Oder die dicksten. Wie dem auch sei – die Sache muß gestoppt werden. Es ist nämlich wirklich eine Gefahr – ich rede jetzt nicht von der Politik, sondern von unsren Jungens an der Front. Wenn die sich nicht mehr auf ihre Maschinen verlassen können –

MOHRUNGEN Was für ein Mann ist dieser Oderbruch? Wo kommt er her?

HARRAS *lacht – wendet sich an Eilers, der grade mit Anne am Arm hereinkommt* Friedrich! Was für ein Mann ist Oderbruch?

EILERS *aufleuchtend* Oderbruch? Ja, wie soll ich das ausdrücken? – Dem kann man sein Vermögen anvertrauen, ohne Quittung. Sogar Weib und Kinder.

HARRAS Bravo, Fritze, I a. Du wirst zum Dichter. *Zu Mohrungen* Er kommt aus nem guten Stall. Schlesische Katholiken, soviel ich weiß, alte Beamtenfamilie, natürlich ohne Zaster. Er hat als Monteur angefangen und ist'n halbes Dutzend Jahre mit mir geflogen, und dann mit Eilers. Und er hat eine Sachkenntnis, ein technisches Fingerspitzengefühl – das gibt's nur einmal.

MOHRUNGEN Da müssen Sie ja froh sein, ihn zu haben.

HARRAS Können Se Gift drauf nehmen. *Zu Eilers* Euch ist's wohl 'n bißchen zu laut da drüben?

ANNE *lachend* Ja – tolle Stimmung. Pützchen tanzt schon Polka mit dem Reichsmarschall.

HARRAS Kommen Sie, Präsident, wollen mal 'n Blick draufwerfen. *Im Abgehen* Ich hab den Oderbruch auf die Fährte gesetzt, und ich wette, der findet heraus, wo der Hund begraben liegt – *Er und Mohrungen verschwinden.*

ANNE *legt den Arm um ihn* Müde, Friedrich?

EILERS *zieht sie an sich* Nicht so schlimm. Ein bißchen – abgespannt.

ANNE Ich glaube, wir könnten uns bald verziehn. Meinst du nicht?

EILERS Doch – es ist nur wegen Harras. Er hat eine solche Freude an dem Abend. Bleiben wir noch ne halbe Stunde.

ANNE Aber nicht länger. *Zärtlich* Du gehörst ins Bett.

EILERS Wenn ich mit dir allein bin – dann bin ich überhaupt nicht mehr müde. Das ist – besser als schlafen. *Er küßt sie* Ich hab mich so nach dir gesehnt.

ANNE *leise* Weißt du – daß ich immer bei dir bin? Tag und Nacht?

EILERS *nickt* Ich weiß es. Das hält mich aufrecht. Ohne das – wär es manchmal – schwer zu ertragen.

ANNE Ist es sehr hart?

EILERS *setzt sich, lehnt sich zurück* Die Trennung, weißt du. Das Wegsein von zu Hause. – Sonst – der Dienst – die Kämpfe – daran ist man ja gewöhnt. Obwohl – es ist auch nichts Schönes, auf die Dauer. Ich meine – Leute umzubringen.

ANNE *streichelt seine Hand* Es muß sein. Fürs Vaterland. Für die Zukunft. Für eine bessere Welt.

EILERS Ja – es muß sein. *Lächelnd, beruhigt* Manchmal – gibt es Momente – die haben so etwas Merkwürdiges. Ganz unwirklich, weißt du – ganz verzaubert. So – daß man alles vergißt. *Er spricht tastend – wie wenn man sich an einen Traum erinnert* Im Oktober, da sind wir einmal nachts aufgestiegen, bei Vollmond – es war schon ein bißchen Schnee unten – und alles wie von Silber. Ich saß ganz allein im Führersitz – und beobachtete die Ausschläge an den Schalttafeln – wie immer. Aber ich war gleichzeitig – woanders – daheim – im Siebengebirge. Plötzlich hör ich mich selber einen Vers sagen – über den Mond –, den ich längst vergessen hatte, und nie dran gedacht – über den Mond, weißt du –

»Alt ist er wie ein Rabe,
Sah manches Land.
Mein Vater hat als Knabe
Ihn schon gekannt ...«

Ist das nicht schön?

ANNE Wunderschön.

EILERS Von Matthias Claudius, glaube ich. *Kopfschüttelnd* Komische Leute, die wir sind, komisch. Guernica – Coventry – und Matthias Claudius. Wie geht das nur zusammen.

ANNE *stark, beschwörend* Nicht fragen, Liebster. Glauben. Glauben. Weißt du noch, was du mir geschrieben hast – wie du zum erstenmal weg mußtest? – Ich weiß es auswendig – und sag es mir immer vor. »Daß nichts dich beirrt – nichts dich wankend macht. Daß du glaubst, mit jeder Faser deines Innern. An Deutschland – an dich selbst – an uns – an unsere Sendung. Wer glaubt, wird überleben. Glaube!«

EILERS Das will ich, mein Herz. Bis zum Ende.

ANNE Bis zum Sieg.

EILERS Bis zum Sieg – und zum Frieden. Frieden, Anne! Das wird ja auch wieder sein – eines Tages. *Er lacht* Denk mal – die Kinder – die werden sich das gar nicht mehr vorstellen können, was heute los ist in der Welt. Und vielleicht werden die einmal Maschinen fliegen – in denen kein MG eingebaut ist und keine Bombenluke – aber viele Fenster, und Beobachtungsgläser, und Meßapparate – um zu sehen, zu erkennen – zu erforschen – die ganze Welt zu erforschen, mit offenen Augen und leichtem, frohem Sinn – dafür – dafür macht man das alles.

ANNE *fast scheu, flüsternd* Ich liebe dich. *Sie sitzen einen Augenblick schweigend, Hand in Hand.*

Musik und Stimmenlärm sind im Hintergrund stärker angeschwollen – jetzt erscheinen auf dem Gang, Arm in Arm vorüberschlendernd, Pfundtmayer und Lyra Schoeppke, mitten im Gespräch.

PFUNDTMAYER – am Odeonplatz, glei links vom Führer in der Pfützen.

I seh noch das Gehirn von mei'm Nebenmann am Preysingpalais picken. Dös war ein gewisser Eferdinger, Lorenz.

LYRA *schauernd* Und Ihnen ist gar nichts passiert?

PFUNDTMAYER Mir passiert nix. A Sau muß ma ham. Dös – schaun S', gnä Frau – is der Blutorden. Und wenn Sie dann erscht meine Narben sehn, vom letzten Weltkrieg –

LYRA Wo waren Sie denn verwundet?

PFUNDTMAYER Unten herum, gnä Frau.

Er lacht dröhnend, wie über einen guten Witz. Lyra stimmt etwas gezwungen ein, sie verschwinden.

In der Tür erscheint Harras, rechts und links eingehängt in die Arme von Olivia und Diddo Geiß. Sie kommen, zu dritt, in einer Art Tanzschritt in den Raum und summen leise die Walzermelodie mit. Harras ist jetzt ziemlich betrunken, aber noch in gvter Form.

HARRAS Schaut's euch um, Kinder, das ist aus meiner Gesellschaft geworden: leere Gläser – abgegessene Teller – und ein glücklich liebend Paar. Die traurigen Überreste. Wer hat hier eigentlich eingeladen – der Specklöwe oder ich?

EILERS *ist aufgestanden, lächelnd* Wir werden mal drüben zum Rückzug blasen, was, Anne?

HARRAS Ja, tut mir den Gefallen und sammelt die Versprengten. Aber nicht auskneifen, Fritze. Wenn du gehst, gehe ich auch.

ANNE Er sollte wirklich bald schlafen –

HARRAS *Flaschen schüttelnd, einschenkend, mit etwas schwerer Zunge* Bitte sehr, bitte sehr. Gehn wir alle schlafen. Gehn wir schlafen.

EILERS Aber nein, Harras. Wir kommen zurück. Wir bleiben noch. Schlafen kann ich im Zug morgen.

HARRAS Du bist ein feiner Kerl, Fritze. Du bist ein feiner Kerl. *Haut ihm auf die Schulter* Ein feiner Kerl, obwohl du nicht säufst, und obwohl du so schmiedeeisern verheiratet bist –

ANNE *lachend* I am sorry, Herr General.

HARRAS Geht in Ordnung. Geht in Ordnung. Sie sind all right, Anne. Sie sind all right. Ich glaube, ich fange schon an, mich zu wiederholen. Nu macht mal, Kinder, bringt die andren zurück. Wir müssen endlich was trinken.

EILERS Komm, Anne. Wir sind gleich wieder da – mit den andren. *Er und Anne gehen, Arm in Arm.*

HARRAS *hat in einem Glas etwas gemischt – reicht es Diddo* Hier, mein Kind, versuchen Sie das mal. Das ist kein Cocktail. Das ist die christkatholisch-judogermanische Atheistenmischung. Wenn Sie das drunten haben, glauben Sie wieder an Gott.

OLIVIA Um Himmels wille, Harry, mach doch das Kind nit besoffe. Du läßt es stehn, Diddolein.

DIDDO Laß mich doch, ich weiß schon, wieviel ich vertragen kann. Prost, Herr General!

HARRAS Herr General. Aus deinem süßen Munde. Kann ich gar nicht hören. Macht mich – direkt melancholisch macht mich das. Sag Harry zu mir. Willst du?

DIDDO Unter einer Bedingung.

HARRAS Erfüllt. Welche?

DIDDO Daß sie nie mehr »mein Kind« zu mir sagen. Auch nicht Diddolein, oder Geißlein. Das macht nämlich mich melancholisch.

HARRAS Geißlein? Hab ich noch nicht gesagt.

DIDDO Sie könnten es aber sagen.

HARRAS Ganz nett – Geißlein.

DIDDO Aber Sie sollen es nicht!

HARRAS Abgemacht. Trinken wir drauf. Du nennst mich Harry, ich nenn dich Affenschmalz.

DIDDO Affenschmalz – meinetwegen. Nicht schön – aber lustig.

HARRAS Na, siehst du. Von jetzt ab werden wir beide nie mehr melancholisch sein.

DIDDO Wenigstens nicht, wenn wir so was zusammen trinken.

HARRAS Und wenn wir zusammen nüchtern sind, erst recht nicht. Die Hauptsache – daß wir zusammen sind. Und das werden wir doch, von jetzt ab – sehr oft?

DIDDO *trinkt, lacht* Ich kann ruhig ja sagen. Morgen früh haben Sie's doch vergessen.

HARRAS Mein liebes Ki – Verzeihung. Nie wieder. Mein liebes Affenschmalz. Du kennst mich nicht. Du siehst in mir einen alten vertrottelten Saufkopp. Bin ich auch. Aber wenn du glaubst, daß ich ein Wort vergessen werde, das einer von uns beiden heute abend sagt – oder – nicht sagt – dann bist du sehr im Irrtum. *Er steht nah bei ihr, beugt sich ein wenig über ihren Ausschnitt* Frische Veilchen. Hm. – Von wem hast du die?

DIDDO Von Tante Olly.

HARRAS Dann ist's gut.

DIDDO *etwas verwirrt* Ich glaube wirklich –

HARRAS Was?

DIDDO Ich glaube wirklich, ich möchte noch was von dieser christlichen Bolschewistenmischung oder wie es heißt.

HARRAS Dafür muß ich dir einen Kuß geben. *Nähert sich ihr.*

DIDDO Nein – bitte – Herr General!

HARRAS Herr General – das kostet zwei Küsse.

OLIVIA Sag mal, ihr schämt euch wohl gar nicht, hier in Anwesenheit einer alten Dame herumzupoussieren. Küssen, Harry, mit deinem Mundhauch! Wenn da ein Zündholz in die Nähe kommt, gibt's ne Explosion.

HARRAS *Diddo verfolgend* Bei mir – schon längst Explosion – ganz ohne Zündholz.

OLIVIA Diddolein – tu mir den Gefallen und laß uns einen Augenblick allein. Verstehst du? Ich hab ihm was zu sagen. Was Ernstliches! *Faßt seinen Arm.*

DIDDO *erlöst* Natürlich, Tante Olly. Ich geh hinüber und halte die anderen noch ein bißchen auf – ja?

OLIVIA Nur fünf Minuten.

HARRAS Aber – wiederkommen! Bitte!

DIDDO Vielleicht – *Läuft hinaus.*

HARRAS *ihr nachstarrend* Ganz – ganz bezaubernd. Ganz bezaubernd.

OLIVIA Du hör mal – Finger weg, gefälligst. Das ist zu schad für dich.

HARRAS Meine liebe gute Mutti. Du kennst mich. Rein väterliche Gefühle. Hand aufs Herz.

OLIVIA Dich kenn ich, alter Dachkater. Und die Mädels kenn ich erst recht. Die ist schon verknallt in dich bis über die Ohren– obwohl man sich wirklich was Schöneres denken könnte, für ein junges Blut. Aber so sind sie nun mal. Du imponierst ihr – mit deinem Nimbus und deiner Persönlichkeit – und du nutzt es schamlos aus.

HARRAS *plötzlich ganz nüchtern* Ja, du hast recht. Olly. Es ist unfair. Verdammt unfair. Ich werd mich zusammennehmen, verlaß dich drauf. Nun sprich mal. Was ist los?

OLIVIA Bist du jetzt halbwegs klar?

HARRAS Wie reiner Alkohol. Mach rasch, die kommen gleich.

OLIVIA *nah bei ihm – leise, verzweifelt* Bergmann ist raus. Seit letzter Woche. Du weißt, er war sechs Monate in Buchenwald und sie haben ihn so kaputt gemacht, daß er im Spital liegt. Polizeispital, natürlich. Aber Jenny kennt einen Chefarzt dort, der Leute totschreibt und nachts abholen läßt, es kostet zehntausend, die hat sie aufgebracht. Sie ist entschlossen, mit ihm zu fliehn. Sie sagt, wenn er nach Polen verschickt wird, bringt er sich um. Harry – du bist der einzige, der helfen kann –

HARRAS Augenblick mal. *Er nimmt ein Stück Eis aus einem Sektkühler, gießt etwas Kognak drüber und beginnt, es zu kauen* Daß er auf legale Weise rauskommt – mit Auswanderervisum oder so – ist ausgeschlossen? Auch nicht für Geld?

OLIVIA Ganz ausgeschlossen. Du weißt, wie scharf sie hinter ihm her sind.

HARRAS Ja, ich weiß. Die werden ihm nie die arische Frau verzeihen. Und schön ist sie auch noch. Und einem Nazi weggelaufen seinetwegen – nein. Er kriegt kein Ausreisevisum. Höchstens nach Litzmannstadt.

OLIVIA Ich würde nicht zu dir kommen, wenn irgendeine andere Chance wäre. Aber – *Tränen ersticken ihre Stimme.*

HARRAS *fährt flüchtig über ihr Haar* Nun sei mal ruhig. Wir werden schon was machen. Ist Jenny in Form? Ich meine – als Fliegerin. Sie hat ja bei mir gelernt.

OLIVIA Das weiß ich nicht. Aber für ihn wird sie alles tun – und alles können.

HARRAS Natürlich – eine Sache auf Leben und Tod.

OLIVIA Das ist es sowieso. – Aber um Gottes willen, Harry – ich möchte nicht, daß du dich selber –

HARRAS *schneidet ihr mit einer Handbewegung das Wort ab – geht zur Tür – pfeift ein Kavalleriesignal – ruft* Korrianke! *Grinsend zu Olivia* Unsereiner hat schließlich auch seine Bodyguard – ganz wie die anderen Gangster.

KORRIANKE *kommt im Laufschritt herein. Er ist ein viereckig gebauter, dicklicher älterer Mann – mit rotem Gesicht und Doppelkinn. Obwohl er die Uniform der Fliegertruppen trägt, sieht man ihm auf den ersten Blick den Chauffeur an. Er hat eine dünne, etwas belegte Stimme und stößt mit der Zunge an* Zur Stelle, Herr General.

HARRAS Passen Sie auf, Korriandoli. Wenn jetzt plötzlich jemand reinkommen sollte, sprechen wir über eine geplante Autotour, mit Frau Geiß und ihrer Nichte, nach Kohlhaasenbrück. Nehmen Sie mal Ihren Kalender raus. Sie wissen ja, wann ich Zeit habe. Verstanden?

KORRIANKE Ganz genau, Herr General. Kohlhaasenbrück.

HARRAS *mit gedämpfter Stimme* Erinnern Sie sich an Professor Bergmann? Samuel Bergmann – den Chirurgen?

KORRIANKE *aufleuchtend* Der uns zusammengeflickt hat, wie wir das Malheur in der Kurve hatten mit 120 km?

HARRAS Richtig. Der Zauberkünstler, der den Leuten das Herz rausnimmt wie ne Taschenuhr, repariert und wieder reinsteckt.

KORRIANKE Ohne mit der Wimper zu zucken.

HARRAS Schnauze. – Sie haben ihn ins KZ gesteckt wegen Rassenschande und sechs Monate malträtiert.

KORRIANKE Schweinerei, Herr General.

HARRAS Schnauze. – Sie erinnern sich auch an seine Frau – die blonde, die seinerzeit bei uns fliegen gelernt hat?

KORRIANKE Entzückende Person, Herr General. *Schnalzt mit den Lippen.*

HARRAS Schnauze. – Sie treffen die beiden Herrschaften in der Wohnung von Frau Geiß hier – wann?

OLIVIA *blaß, fast zitternd* Übermorgen nacht.

HARRAS Übermorgen nacht. Die genaue Zeit sage ich Ihnen noch. Sie nehmen mit: für den Professor alten Militärmantel und Mütze von mir, für die Dame Monteuranzug, Overall, Fliegerhaube. Glauben Sie, daß Sie in meinem Wagen zum Schuppen 35 durchfahren können, ohne kontrolliert zu werden?

KORRIANKE Sichere Sache, Herr General. Schuppen 35. Ohne mit der Wimper zu zucken.

HARRAS Gut, Korrianke.

Draußen werden Stimmen hörbar – es sind Pfundmayer und Lyra, die auf dem Flur herumschäkern.

HARRAS *spricht laut* Also – Kohlhaasenbrück – nächsten Sonntag.

KORRIANKE *laut* Kohlhaasenbrück, Herr General. Wenn die Damen Glück haben, können se Eislaufen. Schon recht kühl draußen, Herr General.

HARRAS Ja, besonders im Osten.

KORRIANKE Ganz meine Meinung, Herr General. *Ab*

OLIVIA *rasch* Harry – was ist Schuppen 35?

HARRAS *leise* Dort steht eine kleine Sportmaschine, immer flugbereit, mit einer genauen Richtungskarte der nächsten und sichersten Luftroute in die Schweiz. Für alle Fälle.

OLIVIA Und – Korrianke?

HARRAS Wo, glaubst du, hat der seine Vorderzähne gelassen. Den hab ich selbst im Jahre 34 aus dem KZ losgeeist.

OLIVIA Harry – du bist – *will nach seiner Hand fassen.*

HARRAS Pscht. Schon vergessen. *Leert ein großes Glas* Also – wie ist es mit Kohlhaasenbrück? Nicht zu früh, was? Sagen wir: Sonntag um zwölf.

OLIVIA Ja – wollen wir wirklich –

HARRAS Klar! Das heißt – nur wenn das Veilchen mitkommt!

OLIVIA Du alter Balzvogel, du ausgemauserter. *Beide lachen.*

Von draußen nähern sich Stimmen, Rufe, Gelächter, herein treten Pfundt-

mayer mit Lyra, dann – in kurzer Folge nacheinander – Writzky und Hastenteuffel, Hartmann, Eilers, Schmidt-Lausitz.

LYRA Allgemeiner Aufbruch drüben. Entschuldige, Olly, daß ich euer Tête-à-tête unterbreche – aber du hast jetzt genug mit deiner alten Flamme geflirtet. Kommst du mit rauf zu mir? Da ist der Roisterer mit der halben Besetzung. Bißchen Wein ist auch noch da.

OLIVIA Gott ja, die Kollegen. Ich weiß nicht – ich bin eigentlich müde. Und das Kind muß ins Bett.

LYRA *lacht* Das »Kind« hat schon zugesagt, Olly. Die kannst du doch nicht heimschicken, nach ihrer ersten Premiere. Außerdem wächst sie langsam aus den Windeln raus.

PFUNDTMAYER Können S' net noch a bisserl bleiben, gnä Frau? So an abgebrochener Abend – dös is ja ungesund. An Interruptus, hätt ich fast gesagt. I maan – wir verstehn uns, gnä Frau.

LYRA *formell* Tut mir leid, Herr Hauptmann, ich habe Gäste daheim. Aber warum wollen Sie nicht mit Ihren Freunden noch zu mir heraufkommen, wenn Sie hier Schluß machen? Sie natürlich auch, Herr General. Das wär doch reizend, oder? Wir sind sicher noch auf, bis die Morgenblätter erscheinen.

PFUNDTMAYER Angenommen, gnä Frau, angenommen. I komm. I bring a paar Flaschen mit. Krieg ist Krieg.

LYRA Das kann nie was schaden. Gott – wenn man nur 'n Kaffee hätte. Es ist gar nicht weit, Motzstraße 3, Ecke Nollendorf. Sie können unten läuten. Rasch, Olly, der Reichsmarschall bringt uns mit seinem Wagen – also, Wiedersehn allerseits, eh die Hähne krähn.

OLIVIA Wiedersehn, Harry. *Sie haucht einen Kuß auf seine Wange.*

HARRAS *hat nervös zur Tür geschaut – durch die jetzt grade Writzky und Hastenteuffel eintreten* Auf bald. Wo ist denn das Veilchen?

LYRA *im Abgehen* Wenn Sie die kleine Geiß meinen, die ist mit ein paar jungen Leutnants vorausgegangen. *Verschwindet mit Olivia.*

WRITZKY *im Eintreten, lachend* Is ja kollosiv! Und daß er es selbst erzählt, finde ich hochelegant. Kennen Herr General den neusten Göringwitz?

HARRAS Welchen?

WRITZKY Wie Göring in Himmel kommt und den Falstaff trifft, und sie wetten, wer den engeren Leibriemen tragen kann, und der liebe Gott sagt –

HARRAS Der hat 'n eisgrauen Bart.

WRITZKY Verzeihen, Herr General. An der Front sind wir immer 'n halbes Jahr zurück. Erzählt er selbst, und lacht sich schief darüber. Find ich fabelhaft.

DR. SCHMIDT-LAUSITZ Der Herr Reichsmarschall hat einen gesunden Sinn für nationalen Witz und deutschen Volksmund.

HARRAS Und für Popularität. Der ist sein bester Reklamechef. Neulich hat er eine Auswahl von fünfzehn Göringwitzen genehmigt und für das Repertoire der Kabarettkomiker freigegeben. Aber wehe, wenn einer falsch betont und zuviel Applaus hat. Schon marschiert er an die Ostfront, ohne Pelzstiebel.

DR. SCHMIDT-LAUSITZ Ja, der Herr Reichsmarschall hat ein außerordentlich feines Taktgefühl. Das ist nicht jedermann gegeben.

HARRAS Stimmt. Im Propapopogandamysterium zum Beispiel solltet ihr ne Taktschulungsstelle einrichten. Die hätte was zu tun.

PFUNDTMAYER Kennst den neuen Russenwitz, Harry? Der is gut, i hab ihn im Divisionskasino gehört und aufgeschrieben – *Er holt einen kleinen Zettel aus der Tasche, liest nach* Nur – daß i's net verpatz. Zwei russische Offiziere stoßen bei dunkler Nacht in Moskau auf der Straße zusammen, beide voll mit Wodka, der eine rülpst, der andere rülpst, der eine zieht den Revolver, schießt, der andere schießt, sie wälzen sich im Blut, Ambulanz kommt, schafft sie ab. Scho gut – ha? Wanns dann alle beide in der Ambulanz liegen, fragt der eine den andren: Sag, Genosse, warum hast du eigentlich auf mich geschossen? Ja, weißt, sagt der, dir hat's aufgestoßen, das hat so gut nach Schweinswürstl geschmeckt, da hab i gedacht, die Deutschen san da. Sagt der andere: Du hast geträumt, Bruderherz, du weißt nimmer, wie Schweinswürstl schmecken. Dös warn ka Schweinswürstl. Dös war nur a toter Volkskommissar. *Er lacht dröhnend.*

HASTENTEUFFEL, *ohne eine Miene zu verziehen, in tiefem Baß* Hahaha.

DR. SCHMIDT-LAUSITZ Echter Fronthumor.

HARRAS Ja, Humor ist eine Göttergabe. Und schlecht rationiert auf Erden. Was der eine zu viel hat, hat der andre zu wenig.

PFUNDTMAYER, *ohne die Ironie zu fühlen* Mir san Spaßvögel, Harry. Geh, sing mer an. *Stimmt an*

»Bonifazius Kiesewetter –
War ein Schweinehund von je –«

HARRAS *lachend* Ich glaube, die jüngeren Herren können das nicht mehr.

PFUNDTMAYER Macht doch nix. Lern ma's ihna – solang die Damen auf der Toilette san. Die Schoeppke – dös is a strammes Mensch.

HARRAS Und auf der Höhe der modernen Technik. Da halt dich mal ran, mein Lieber. Wir haben sie früher »die Tankstelle« genannt.

PFUNDTMAYER Die – wos? Dös is gut. Dös is an Volltreffer. *Lacht etwas verblüfft.*

EILERS Herr General – Verzeihung – Harry – sing du doch was. Ich hab immer von deinen Couplets erzählen hören – aber ich war nie dabei, wenn du in Stimmung bist.

HARRAS Bin ich in Stimmung?

EILERS Nein? Ich dachte.

HARRAS *reißt sich zusammen* Aber klar, Fritze. Natürlich. Wenn ich dich anschau, dann fliegen die Grillen weg, sektionsweise, in geschlossener Formation. Wart, ich sing dir eins. Wollen nur erst was einnehmen.

DETLEV *ist hereingekommen* Herr General haben die Weinkarte befohlen?

HARRAS Ja. Ich möchte jetzt – was Besonderes, Nicht zum Saufen, sondern zum Trinken. Zum Genießen. Zum Zelebrieren, was Nobles. Was Festliches. Eine Steigerung unseres Daseins – *Blättert in der Weinkarte herum* Da war so eine Himmelsglocke in eurem Gebetbuch – die hab ich viele Jahre nicht mehr läuten hören – aber ich erinnere mich genau – das sind Ewigkeitswerte hier. Da steht er ja. Ich glaube, es ist euer bester. Grade recht für heute. Wer weiß, wie lange noch. Quatsch. *Er liest* »1920er Lieserer Niederberg Helden, letzte Trockenbeerenauslese, Edelfäule. Naturgewächs aus dem Weingut Graf Schorlemer-Lieser.« Wie das klingt. Wie ein Oktobertag.

DETLEV Verzeihen, Herr General, der hat 'n Kreuzchen.

HARRAS Kreuzchen? Was heißt das?

DETLEV Reserviert. Unverkäuflich. Sind wohl nur noch 'n paar Pullen im Keller.

HARRAS Genau die paar Pullen haben auf uns gewartet. Reserviert? Für wen denn? Sind sie sicher, daß die nicht für mich reserviert waren?

DETLEV Wollen nachschauen, Herr General. François! Die Reservierungsliste! Die wird hier seit zwanzig Jahren für die Stammgäste geführt.

FRANÇOIS *ist mit einem kleinen Kopierheftchen hereingeeilt* Wie ist die Nummer?

DETLEV 96. *Blättert rasch in dem Heftchen* 96 – hier steht's. Reserviert für – *Er beißt sich auf die Lippen.*

HARRAS Na? raus mit der Sprache.

DETLEV Für Herrn Remarque, Herr General.

HARRAS Für Herrn – *Er schlägt sich auf den Schenkel, beginnt schallend zu lachen* Kinder – das ist der beste Witz, der mir je vorgekommen ist.

Das nenn ich deutsche Treue. Das ist konservativ. Die hebt ihr ihm wohl auf, fürs frohe Wiedersehn? *Er lacht Tränen.*

DETLEV *verlegen* Der Wein ist nie verlangt worden, Herr General. Die Reservierung gilt natürlich nicht mehr.

DR. SCHMIDT-LAUSITZ *ist näher getreten* Für Erich Maria Remarque? Den Emigranten?

HARRAS *immer mehr erheitert* Stellt euch vor – ja! Und der Junge sitzt in Amerika und muß Whisky saufen.

DETLEV Soll ich ihn kaltstellen, Herr General?

HARRAS Her damit. Kellertemperatur ist dafür grade richtig. Wollen mal auf den ollen Boni anstoßen. Mit dem hab ich manche Runde ausgeknobelt. Der konnte schlucken, sag ich euch, wie ein Pelikan. Dagegen bin ich ein müder Zaunkönig.

DR. SCHMIDT-LAUSITZ *gelb vor Wut* Die Flasche für fünfzig Mark. Da sieht man, wie es zugegangen ist, bevor wir den Stall gereinigt haben. So haben diese jüdischen Volksvergifter gepraßt – während sich unsereiner in einer Winkelredaktion abschinden mußte.

HARRAS Vielleicht haben Sie für eine bessere Redaktion zu schlecht geschrieben, Herr Doktor. Damals hat man noch auf gutes Deutsch gehalten. Und mit dem Jüdisch – das stimmt mal nicht in diesem Falle. Sie wissen ja, daß Remarque kein Jude ist.

DR. SCHMIDT-LAUSITZ Bei solchem Gesindel gibt es keinen Unterschied. *Haßerfüllt* Herr Remarque, von Ullstein! Wer mit Juden umgeht, ist selber ein Jude.

HARRAS Und wer mit dem Schwein aus einem Trog frißt, ist selbst ein Schwein.

DR. SCHMIDT-LAUSITZ *scharf* Was wollen Sie damit sagen, Herr General?

HARRAS Mehr Selbstgespräch.

PFUNDTMAYER, *der nichts begriffen hat* Du meinst: wer andern in der Nase bohrt, is selbst a Sau. Dös is a Witz. Hahaha.

WRITZKY Erinnert ihr euch noch an den Witz aus der Röhmzeit: Wer andern in die Hose faßt, ist selbst bei der SA? *Seufzend* Die Zeiten sind vorbei.

Er und Pfundtmayer lachen allein.

DR. SCHMIDT-LAUSITZ *in eine plötzlich ausgebrochene Stille, steif* Darf ich mich verabschieden. Ich habe Frühdienst. Herr General – *Verbeugt sich* – Meine Herren.

HARRAS Herr Doktor. *Verbeugt sich knapp.*

DR. SCHMIDT-LAUSITZ *geht.*

HARRAS *aufatmend – aus tiefster Brust* Gott sei Dank! Jetzt – jetzt kann ich singen, Fritze. Ich kann nämlich nicht, wenn so ein Miesnick mich immer aus'm falschen Winkel fixiert. Ich bin kein Sänger, weißt du. Aber jetzt – jetzt hab ich Lust. *In strahlender Laune* Detlev! Wo bleibt der Wein? Herr Remarque hat ne trockene Kehle! *Er räuspert sich* Ich fang mal an – mit dem prähistorischen Pilotenlied – das stammt noch aus der Grashopperzeit, ich glaube vom alten Fokker persönlich. Der Refrain geht als Kanon, da müßt ihr alle einfallen, sagen wir – der Rangliste nach. Eilers zuerst.

EILERS Um Gottes willen. Ich bin vollkommen unmusikalisch.

HARRAS Das macht nichts. Es handelt sich nicht um Musik.

Er hat eine Gitarre genommen, die an der Wand hängt, und schlägt ein paar Akkorde an, beginnt dann mit einer Art Sprechgesang.

»Der Flieger fliegt bei Tag, der Flieger fliegt bei Nacht,
Er fliegt in Sturm und Wolken, wenn es blitzt und wenn es kracht,
Er fliegt auf schöne Mädchen. Sapperlot mit Saus und Braus,
Und wenn er ne schiefe Landung macht, dann fliegt der Flieger raus.«

Refrain

»Darum Puff, darum Puff, darum Aus-Puff-Puff –
Immer schneller der Propeller,
Immer besser Herr Professer,
Darum Puff, darum Puff, darum Aus-Puff-Puff –
Fliegste runter, fliegste ruff,
Immer Puff, immer Puff.«

ALLE *fallen unter Hallo und Händeklatschen ein, man wiederholt den Refrain in gesteigertem Tempo.*

EILERS *lachend* Das ist gut. Das müssen wir im Kasino einführen – damit man mal auf andere Gedanken kommt.

HARRAS Saublöd. Aber schön. – Kinder, ich sage nur: Prost. *Detlev hat eingegossen und die Gläser verteilt.* Nehmen Sie auch ein Glas, Hartmännchen, das ist kein Alkohol. Das ist flüssige Sonne. Riecht mal erst. *Alle haben wie er das Glas gehoben und schnuppern daran.*

HARRAS *fast feierlich* Noch besser geworden. Da gibt's keine Zeit und keine Zeiten. Wißt ihr denn überhaupt, was ihr da trinkt? *Zu Eilers* Bist du mal durchs Moseltal gefahren und hast an den Hängen hinaufgeschaut – wo sich das alte Rebholz im nackten Schiefer hält? Tausend Jahre, mein Lieber. Tausend Jahre Leben, und Arbeit, und Volk. Ganz ohne Propaganda.

EILERS *leise* Auf Deutschland.

HARRAS *sein Glas hebend* Auf das Deutschland, in dem er gewachsen ist. Das echte. Das unvergängliche.

In der Tür erscheinen Anne, Pützchen, Pflungk, Mohrungen.

PÜTZCHEN Was is denn los – ist hier einer gestorben? Klingt wie ne Grabrede.

EILERS Ihr habt was versäumt. Harry hat gesungen.

HARRAS Los, Kinder – puffen wir nochmal, für die Damen.
Zweite Strophe:
»Wer weiß, ob wir uns wiedersehn, die Welt ist kugelrund,
Sah ein Knab ein Röslein stehn, wohl um die zwölfte Stund –
Nimm dir was, dann haste was, du holder Morgenstern –
Hau deiner Ollen mit der Panne auf de Pott, das ist der Tag des Herrn.«
Refrain
»Darum Puff, darum Puff, darum Aus-Puff-Puff –
Immer schneller der Propeller,
Immer besser Herr Professer –«

Die andern fallen ein, Harras – mit der Gitarre im Arm – improvisiert mit ihnen, mehr oder weniger schwankend, eine Art Maschinentanz. Alles lacht, klatscht, singt durcheinander.

PFUNDTMAYER *dazwischenrufend* Harry. Singmeran aus'm letzten Krieg – *Stimmt an.*
»Ich glaube – ich glaube –
Dort oben fliegt – ne Taube –«

HARRAS *spielt und singt, Pflungk und Pützchen tanzen, Pfundtmayer walzt mit Hastenteuffel, Writzky quäkt mit hoher Stimme nach Art eines Damenimitators. Eilers hat den Arm um Anne gelegt, nun beginnen sie auch zu tanzen, Mohrungen schaut lächelnd zu; Hartmann, allein, leert plötzlich das Glas, das er noch in der Hand hält, schenkt es sich wieder voll, leert es wieder. Harras geht jetzt in andere Schlager aus der Zeit des letzten Krieges über, die er kombiniert, verwechselt, durcheinander spielt, während Stimmung und Lärm immer höher schwellen:*
»Herr Leutnant, Herr Leutnant, Herr Leutnant, nicht so tief –
Herr Leutnant, Herr Leutnant, die Sache geht sonst schief –
Auch im Sumpf, auch im Sumpf, auch im Sumpf –
Auch in Galizien, mein süßes Miezjen –
Lebe wohl, ich muß von dannen ziehn –
Bleib mir treu, wenn dir's auch schwer fällt in Berlin –
Denn so leben, so leben die Mädels vom Chantant –
Die nehmen die Liebe nicht so tra – gisch –«

LÜTTJOHANN *ist unterdessen vom Gang her eingetreten. Er bleibt in der Tür stehn. Sein Gesicht ist ernst. Er winkt Harras mit den Augen. Harras, spielend, die Gitarre im Arm, schlendert unauffällig zu ihm hin, während die andern weitersingen und -tanzen. Dann bricht das Gitarrespiel ab.*

PÜTZCHEN *singt noch allein*
»Die nehmen die Liebe nicht so tra – gisch –«
Es wird still.

HARRAS *geht langsam durchs Zimmer, legt die Gitarre zwischen die leeren Teller und Gläser auf den Büfettisch. Dann dreht er sich um, schaut Eilers an. Es ist ganz still geworden. Selbst Pützchen, an Pflungk angelehnt, schweigt. Nach ein paar Sekunden sagt Harras, mit einer sehr ruhigen, nüchternen Stimme* Die Herren von der Staffel sind an die Front zurückbeordert. Sämtliche Urlaube sind aufgehoben. Sie melden sich marschbereit um acht Uhr dreißig im Luftfahrtministerium, Transportabteilung, und gehen mit neuen Maschinen zur Heeresgruppe Smolensk. *Er schweigt einen Augenblick, zündet sich eine Zigarette an* Da ist nichts zu machen, Kinder. Das ist uns oft passiert. Ich wollte, ich könnte mitkommen. Aber – ich werde euch bald besuchen. Sobald ich den Laden hier mal ein paar Tage sich selbst überlassen kann.

EILERS *blaß, gefaßt* Meine Herren – ich wiederhole: acht Uhr dreißig, marschbereit, im Luftfahrtministerium, Transportabteilung. Heil Hitler.

DIE OFFIZIERE *haben Haltung angenommen.*

HARTMANN *mit flammenden Augen, hebt die Hand hoch* Heil Hitler!

DIE ANDERN *wiederholen formell* Heil Hitler.

MOHRUNGEN *hat Annes Hand gefaßt, streichelt sie* Das ist der Krieg, mein Liebling. Wenn die Pflicht ruft – da gibt's kein Privatleben. Kränk dich nur nicht zu sehr, mein Herz.

EILERS *lächelnd* Die Sache hat nämlich ihr Gutes. Wenn sie uns jetzt die acht Tage kassieren – wegen einer feindlichen Offensive vermutlich, mit der wir sicher bald fertig werden, dann müssen sie uns dies Jahr Weihnachtsurlaub geben. Und Weihnachten zu Hause – das wär ja doch am schönsten. Letztes Jahr haben wir unsre Feiertage auf Nordseepatrouille verträumt. *Seine ruhige, gelassene Überlegenheit ist echt und springt auf die andern über. Die Erstarrung löst sich. Man spricht durcheinander.*

PFUNDTMAYER Und i hab gedacht, i hab a Sau. Kreizteiffi. Jetzt, wo i die Frau meines Lebens getroffen hab –

HASTENTEUFFEL Bei dir kann sich's nur um die Sau deines Lebens handeln, alter Saubär.

PFUNDTMAYER I bitt schön. Das bitt i mir aus. Da versteh i kan Spaß. I hab eh a Wut, sag i dir.

WRITZKY Ich schlage vor, wir lassen unsre Wut an den Russen aus. Nur keine gegenseitige Verstimmung.

PFUNDTMAYER A was, heit nacht wird noch grauft.

EILERS Ich meinerseits halte es für vernünftig, noch ein bißchen zu schlafen. Du nimmst mir nicht übel, Harry, wenn wir uns jetzt verabschieden –

HARRAS Gewiß nicht. Geht ruhig nach Haus, Kinder.

PÜTZCHEN *ist zu Hartmann getreten* Du scheinst dich ja direkt zu freuen, Männeken. Zum erstenmal, daß du ein menschliches Gesicht aufsetzt, heute abend.

HARTMANN *antwortet nicht.*

PFUNDTMAYER Wer nach Haus geht, is a Hund. Die Verheirateten natürlich ausgenommen.

PÜTZCHEN Das gefällt mir. Du bist ein Kämpfer. Das find ich fabelhaft heroisch. *Legt den Arm um ihn.*

HARTMANN, *ohne zu antworten, macht sich ruhig, aber bestimmt von ihr los.*

PÜTZCHEN Na, bitte. Na, denn nicht. Ich will mich nicht aufdrängen.

HARRAS Meine Herrschaften, Sie sind beurlaubt. Mit dem Rest der Nacht fängt jeder an, was er möchte. Ihr geht wohl noch zur Schoeppke hinauf?

PFUNDTMAYER Dös glaubst. Mir drahn durch bis um acht, und dann a kalte Abreibung – brrr.

HARRAS Denn man tau. Vielleicht komm ich nach. Ich muß hier noch liquidieren.

Er verabschiedet Pfundtmayer, Writzky und Hastenteuffel mit Handschlag, die drei gehen.

PÜTZCHEN Uh – jetzt wird's fad. Sollten wir nicht auch noch ein bißchen hingehen, Baron?

BARON PFLUNGK Zu Lyra? Ich weiß nicht, ob das ganz passend wäre –

MOHRUNGEN Ganz unpassend. Du kommst jetzt mit ins Hotel, Pützchen. Es ist viel zu spät für dich.

PÜTZCHEN Mein Gott – väterliche Autorität. Immer am falschen Platz. Wie gut, daß du wieder nach Mannheim mußt.

MOHRUNGEN Also, Pützchen –

PÜTZCHEN Schon recht, Alterchen. Ich komm ja. *Küßt ihn leicht auf die Stirn.*

MOHRUNGEN *strahlend* Na, siehst du. Man will doch nur dein Bestes.

BARON PFLUNGK Ich kann sie alle bringen, ich hab meinen Dienstwagen draußen.

HARRAS *bei Anne und Eilers, an der Tür* Gute Nacht, Anne. Lassen Sie bitte im Ministerium Ihre Telephonnummer zurück. Ich werde Ihnen alle Funkberichte durchsagen lassen, die wir von der Front bekommen, damit Sie immer aus erster Hand Nachricht haben, wenn er nicht schreiben kann.

ANNE Vielen, vielen Dank. Es war so schön heute abend. *Drückt seine Hand warm* Auf Wiedersehn!

EILERS Falls ich Weihnachten zu Haus sein sollte, mußt du uns besuchen, Harry. Willst du?

HARRAS Natürlich. Ich verspreche es dir.

Während der letzten Sätze haben er und Lüttjohann die Gäste hinausbegleitet und verschwinden jetzt mit ihnen zur Garderobe, von wo man noch ihre Stimmen bei der Verabschiedung hört.

PÜTZCHEN *ist einen Augenblick bei Hartmann stehengeblieben, der nicht mit hinausgegangen ist* Kommst du nicht mit? Pflungk wird dich gerne bringen.

HARTMANN Ich bin nicht müde.

PÜTZCHEN Du bist mir doch nicht böse?

HARTMANN, *ohne sie anzuschauen, schüttelt den Kopf.*

PÜTZCHEN Wir können doch gute Freunde bleiben. Warum nicht?

HARTMANN *steif* Natürlich.

PÜTZCHEN Na, dann – auf Wiedersehn. Und viel Glück. *Mit so viel Wärme, wie sie aufbringen kann* Bleib gesund, Lieber. Ich denk an dich.

HARTMANN Danke.

Sie nähert ihm ihr Gesicht und bietet ihm die Lippen, aber er beugt sich nur kurz über ihre Hand. Sie zuckt die Achseln, geht. Er richtet sich auf, dreht sich auf dem Absatz, geht langsam zum Tisch, steht abgewandt, leert ein Glas.

HARRAS *kommt mit Lüttjohann zurück* Na, Kleener, jetzt wollen wir mal ganz unter uns – *Er bemerkt Hartmann – verstummt. Beide schauen einen Augenblick zu ihm hin.*

HARTMANN *dreht sich um, zögert – nimmt Haltung an. Dann – etwas hilflos* Darf ich mich verabschieden, Herr General?

HARRAS Wollen Sie nicht noch ein bißchen bleiben, Leutnant Hartmann?

HARTMANN *unsicher* Ich möchte nicht stören, Herr General.

HARRAS Aber Sie stören hier niemanden. Ganz im Gegenteil. Ich freue mich, wenn Sie bleiben. – Wissen Sie was? Wollen Sie mir einen kleinen Gefallen tun?

HARTMANN Bitte gehorsamst, Herr General.

HARRAS Schaun Sie doch raus, wo mein Wagen steht, und lassen Sie sich von Korrianke mein Zigarettenetui geben. Ich hab noch echte. Ich kann den Kamelmist nicht riechen, den uns der Rommel aus der Wüste schickt.

HARTMANN Gerne, Herr General. *Geht*

HARRAS *schaut ihm nach. Dann zu Lüttjohann* Was ist nur los mit dem Jungen. Liebeskummer? Oder steckt mehr dahinter? Sonderbarer Kerl. Kaum über zwanzig – und redet die ganze Nacht kein Wort.

LÜTTJOHANN Vielleicht ist das nur so 'n Schweigsamer, Herr General. 'n Stiller im Lande. Davon gibt's ne ganze Menge im Deutschen Reich. Hei, wie gern ich die habe, Herr General. Denen könnt ich stundenlang mit ner Stopfnadel im Hintern piecksen. Die schweigen so vor sich hin. so tiefsinnig, so bedeutend, weil se nämlich gar nischt zu sagen haben. Denen fällt überhaupt nichts ein, und da sin se noch stolz drauf. Ich kenn die Sorte. Ich bin ja selbst von der Waterkant, da steht so 'n großer Schweiger in jedem Wellblechhäuschen rum. Das sind verschlossene Naturen. Verschlossen, wie ne leere Kassette. Det sin tiefe Menschen – so tief, wie 'n ausjepumpter Brunnen. Keen Droppen drin. Lauter hohle Borke, da wackelt der Eichboom, wenn 'n Specht mit'm Schnabel dran kloppt. Die schweigen noch im Bette, Herr General. Die schweigen sich een ab.

HARRAS *hat nachdenklich lächelnd zugehört* Is gut, Kleener. Du hast 'n helles Köppchen. *Da Hartmann wiederkommt* Jetzt laß uns mal 'n bißchen allein. Aber trink aus, vorher. Nur nichts verkommen lassen.

LÜTTJOHANN *leert sein Glas* Haben Herr General sonst noch Befehle?

HARRAS Sag draußen, man soll mir die Rechnung fertigmachen. Wir sehen uns später im Amt.

LÜTTJOHANN Allemal, Herr General. *Ab*

HARRAS *füllt sein und Hartmanns Glas, nimmt eine Zigarette aus dem Etui, bietet es Hartmann an, der ablehnt. Auch Harras zündet die Zigarette nicht an, spielt nur damit. Mehr zu sich selbst* Nein – zu diesem Wein nicht rauchen. Todsünde, hätte mein Vater gesagt. Und der hat was davon verstanden. Prost, Hartmann.

HARTMANN Danke, Herr General. *Er trinkt nicht, schaut unter sich.*

HARRAS *setzt sein Glas ab, zieht einen Stuhl für Hartmann nah zu dem seinen, beugt sich zu ihm vor* Na, Hartmann. Jetzt machen Sie mal den Mund auf. Es hat doch keinen Sinn, daß Sie da hinterm Busch herumdrücken wie ein hartleibiger Hühnerhund. Platzen Sie doch mal, Mensch! Explodieren Sie! Fluchen Sie sich aus! Sagen Sie mal »Hol's der Teufel!«

und denken Sie dabei an wen oder was Sie wollen. Kommen Sie – wir machen es zusammen eins – zwei – drei –

BEIDE Hol's der Teufel!

HARRAS Lauter.

BEIDE Hol's der Teufel!!!

HARRAS Noch lauter.

BEIDE Hol's der Teufel!!!

Hartmann, nach dem letzten Mal, leert sein Glas auf einen Zug und schmeißt es gegen die Wand.

HARRAS Bravo! Ist Ihnen jetzt wohler?

HARTMANN *schwer atmend und ganz erschrocken über sich selbst* Ein bißchen, Herr General.

HARRAS Na, sehn Sie. Man muß manchmal die Atmosphäre reinigen, damit man nicht erstickt. Ich hoffe, Sie haben dabei, in einer hinteren Hirnfalte, auch an mich gedacht. Von wegen Reinigung der Atmosphäre. Wir könnten uns dann viel besser verständigen.

HARTMANN Ich – ich verstehe nicht ganz, Herr General.

HARRAS Ach, Sie Schlauer. Sie wissen ganz gut, was ich meine. Glauben Sie, ich hätte Ihr Gesicht nicht gesehen, wenn ich die Kulturlaus angepflaumt habe? Sie finden doch meine Witze empörend, und meine politische Haltung skandalös. Oder?

HARTMANN Ich habe mir darüber kein Urteil zu erlauben.

HARRAS Aber Sie erlauben sich eins! Nur nicht kneifen, mein Junge! Ich weiß, was Sie denken – und sehn Sie, ich nehm's Ihnen noch nicht mal krumm. Denn das sind ja nicht Ihre eignen Gedanken. Das ist nur, was man in Sie hineingestopft hat. Ihre Parteierziehung, die sagt Ihnen, es ist eine Schande mit dem Harras. Aber Ihr besseres Ich, das hat seine leisen Zweifel, wie jedes bessere Ich. Und jetzt will ich Ihnen was sagen, Hartmann. Jetzt wollen wir mal den ganzen Stiebel vergessen und so tun, als ob wir Menschen wären. Ja? Vergessen Sie bitte, daß ich Ihr General bin und daß wir verschiedene Ansichten haben und aus verschiedenen Fässern abgezogen sind – denken Sie einfach, wir wären beide in Zivil, und alte Freunde, und in dieselbe dusselige Schule gegangen. Können Sie sich das für fünf Minuten vorstellen?

HARTMANN Nein, Herr General!

HARRAS *seufzend* Ein guter Anfang. – Dann will ich's anders fassen. Wenn ich jetzt irgend etwas sagen oder fragen sollte, was mich nichts angeht, oder worüber Sie nicht reden wollen – dann sagen Sie einfach: Schnauze. – Werden Sie das tun?

HARTMANN *leicht lächelnd* Ich glaube kaum, Herr General.

HARRAS Sie sind ein schwieriger Junge. Mit Ihnen kann man nur Fraktur reden. Alsdann. Was ist mit der kleinen Mohrungen? Seid ihr ernstlich verkracht – oder ist es nur eine Kiste?

HARTMANN *unbewegt, mit einer fast maskenhaften Starrheit* Es ist aus, Herr General. Fräulein von Mohrungen hat die Verlobung gelöst. Das heißt – wir waren noch nicht offiziell verlobt. Aber – der Herr Präsident war einverstanden.

HARRAS So. Hm. Warum denn?

HARTMANN *stockend, aber immer im Ton eines militärischen Rapports* Wegen einer Unklarheit in meinem Stammbaum, Herr General. Meine Familie kommt nämlich vom Rhein. Mein Vater und Großvater waren Linienoffiziere – es besteht kein Verdacht einer jüdischen Blutmischung. Aber – eine meiner Urgroßmütter scheint vom Ausland gekommen zu sein. Man hat das öfters in rheinischen Familien. Sie ist unbestimmbar. Die Papiere sind einfach nicht aufzufinden.

HARRAS *hat sich auf die Lippen gebissen, brummt vor sich hin* So so. Daran liegt's. Da läuft so ein armer Junge mit einer unbestimmbaren Urgroßmutter herum. *In aufsteigender Wut* Na, und was wissen Sie denn über die Seitensprünge der Frau Ururgroßmutter? Die hat doch sicher keinen Ariernachweis verlangt. Oder – sind Sie womöglich gar ein Abkömmling von jenem Kreuzritter Hartmann, der in Jerusalem in eine Weinfirma eingeheiratet hat?

HARTMANN *sachlich* Soweit greift die Rassenforschung nicht zurück, Herr General.

HARRAS Muß sie aber! Muß sie! Wenn schon – denn schon! Denken Sie doch – was kann da nicht alles vorgekommen sein in einer alten Familie. Vom Rhein – noch dazu. Vom Rhein. Von der großen Völkermühle. Von der Kelter Europas! *Ruhiger* Und jetzt stellen Sie sich doch mal Ihre Ahnenreihe vor – seit Christi Geburt. Da war ein römischer Feldhauptmann, ein schwarzer Kerl, braun wie ne reife Olive, der hat einem blonden Mädchen Latein beigebracht. Und dann kam ein jüdischer Gewürzhändler in die Familie, das war ein ernster Mensch, der ist noch vor der Heirat Christ geworden und hat die katholische Haustradition begründet. – Und dann kam ein griechischer Arzt dazu, oder ein keltischer Legionär, ein Graubündner Landsknecht, ein schwedischer Reiter, ein Soldat Napoleons, ein desertierter Kosak, ein Schwarzwälder Flözer, ein wandernder Müllerbursch vom Elsaß, ein dicker Schiffer aus Holland, ein Magyar, ein Pandur, ein Offizier aus

Wien, ein französischer Schauspieler, ein böhmischer Musikant – das hat alles am Rhein gelebt, gerauft, gesoffen und gesungen und Kinder gezeugt – und – und der Goethe, der kam aus demselben Topf, und der Beethoven, und der Gutenberg, und der Matthias Grünewald, und – ach was, schau im Lexikon nach. Es waren die Besten, mein Lieber! Die Besten der Welt! Und warum? Weil sich die Völker dort vermischt haben. Vermischt – wie die Wasser aus Quellen und Bächen und Flüssen, damit sie zu einem, großen, lebendigen Strom zusammenrinnen. Vom Rhein – das heißt: vom Abendland. Das ist natürlicher Adel. Das ist Rasse. Seien Sie stolz darauf, Hartmann – und hängen Sie die Papiere Ihrer Großmutter in den Abtritt. Prost.

HARTMANN *unverändert, nur etwas trauriger* Fräulein von Mohrungen ihrerseits hat Nachweis über vier Generationen. Das genügt zur Eheschließungslizenz mit Waffen-SS und für jede Parteikarriere. Darunter wird sie nicht heiraten. Sie hat Ehrgeiz. Sie möchte nicht – in der zweiten Linie stehn.

HARRAS *ausbrechend, mit rotem Gesicht* Dann seien Sie doch froh, daß Sie die Schneppe los sind! Und lassen Sie den Kopf nicht hängen – wegen so einer Gans! Verdammt noch mal. *Er haut auf den Tisch, unbeherrscht* Die ist doch nichts als ne hohle Randverzierung, und so billig wie 'n angebissener Appel. Die is doch keine Briefmarke wert. Die ist 'n Spaß für acht Tage Urlaub, bestenfalls. Der haut man den nackten Hintern mit der Reitpeitsche, damit sie 'n Andenken hat, und vergißt, wie sie heißt, eh man die Treppe runtergeht.

HARTMANN *hat den Kopf auf die Brust sinken lassen.*

HARRAS *verstummt – schaut ihn ganz erschrocken an – steht auf – tritt nah zu ihm – sehr zart* Mein Gott – Junge – hab ich dich verletzt? Das hab ich nicht gewollt. Das ist mir nur so rausgerutscht – aus Wut, verstehst du. Ich weiß – dir war es ernst mit dem Mädel. Ich respektiere das. Ich – hab das nicht so gemeint.

HARTMANN *schaut auf, sieht ihn an* Sie haben es so gemeint, Herr General. *Leise* Sie hatten recht.

HARRAS Nein. Ich war ungerecht. Ich bin zu weit gegangen – und es tut mir leid.

HARTMANN Sie hat mir gesagt, ich sei lebensuntüchtig – weil ich die Sache nicht leichtnehmen kann – und lieber ganz verzichte, als mein Gefühl zu erniedrigen. Vielleicht ist es wahr. Vielleicht bin ich fürs Leben nicht tauglich, oder nicht bestimmt. Aber fürs Sterben reicht es, Herr General.

HARRAS Sei kein Frosch, mein Junge. Mit Leben und Sterben hat das überhaupt nichts zu tun. Das war eine verkorkste Sache, von Anfang an. Ihr paßt gar nicht zusammen. Schlag sie dir aus dem Kopf, so rasch du kannst. Schluck's runter, und beiß die Zähne zusammen. Ich weiß, es schmeckt wie Rotz mit Galle, zuerst. Aber glaub mir – eine verkrachte Jugendliebe ist nicht ärger als die Masern. Es ist eine Kinderkrankheit der Phantasie, sonst nichts. Man muß durch – und man wird gesünder davon. Denk nicht mehr dran. Es gibt Besseres auf der Welt. Größeres.

HARTMANN Jawohl, Herr General. Der Tod auf dem Schlachtfeld ist groß. Und rein. Und ewig.

HARRAS *sehr ruhig* Ach Scheiße. Das sind olle Tiraden. Ich weiß – du empfindest was dabei – aber was Falsches, verstehst du? Der Tod auf dem Schlachtfeld – der stinkt, sag ich dir. Er ist ziemlich gemein, und roh, und dreckig. Hast du nicht selbst gesehen, wie sie rumliegen? Was ist da groß dran? und ewig? Er gehört zum Krieg, wie die Verdauung zum Fraß. Sonst nichts. Du sollst den Tod nicht fürchten, wenn du ein Mann bist. Du sollst nicht vor ihm ausreißen. Aber du sollst ihm trotzen, wenn du ein Mann bist – und ihm widerstehn, und ihn überlisten, und ihn hassen wie die Pest. Wer ihn anbetet – wer ihn vergöttert und verklärt – oder gar – ihn sucht – der ist kein Held. Der ist kein guter Kämpfer. Der ist ein Narr.

HARTMANN Ich weiß. Wir dürfen unser Leben nicht leichtsinnig aufs Spiel setzen. Es gehört nicht uns.

HARRAS Wem sonst, zum Donnerwetter? – Sagen Sie jetzt auf keinen Fall: dem Führer. Sonst seh ich Rot.

HARTMANN *starr* Wir müssen der Truppe unsere Kampfkraft erhalten, bis zum letzten Blutstropfen.

HARRAS *etwas hilflos* Ach du lieber Gott. Wenn ich nur einmal diesen letzten Blutstropfen nicht mehr schlucken müßte. Mir ist schon ganz übel davon. Du sollst deine dämlichen Blutstropfen beisammenhalten, verstehst du – oder wenigstens genug davon, daß du nicht abflatterst. Du sollst überleben, hörst du? Durchkommen, rauskommen, wiederkommen – und deine eigne Haut heimbringen, heil und gesund, und so zäh und weich und haltbar wie gut gegerbtes Wildleder. Schau – ich bin doch selbst ein alter Soldat. Ich versteh doch was von dem Geschäft. Und ich sage dir: jeder, der im Feld was wert sein soll, muß die Hoffnung haben und den Willen, durchzukommen. Am Ende gewinnt ja doch, wer überlebt. Wer ohne Hoffnung kämpft – der ist schon halb verloren. Und Hoffnung – das ist, daß man sich auf etwas freut. Ein junger Mensch muß sich doch freun – aufs Leben! Mit oder ohne Pützchen. – Schwamm drüber. Aber freust du dich denn nicht darauf, nach Hause zu kommen – wenn der Krieg mal aus ist?

HARTMANN Ich weiß nicht, Herr General. *Da Harras ihn fragend anschaut – nach einer Weile* Ich hab kein richtiges Zuhause, auf das ich mich freuen kann. Mein Vater ist im letzten Krieg gefallen. Drei Tage vor Schluß. Ich habe ihn nie gekannt. Ich kam erst später zur Welt. Meine Mutter hat dann wieder geheiratet – einen Kaufmann, der Geld verdiente, reich wurde – während unser Volk arm war. Ich konnte ihn niemals lieben, oder achten. Das hat mich dann auch der Mutter entfremdet. Ich habe ihn sogar gehaßt. Ich dachte immer: der nimmt jetzt alles und genießt es, was mein Vater geopfert hat. Seinem Volk geopfert. Ich hatte nie ein Zuhause, Herr General, bis –

HARRAS Hm?

HARTMANN – bis ich zur Hitler-Jugend kam. Meine Heimat war das Schulungslager. Die Ordensburg. Und dann – die Truppe. *Sein Gesicht, das für einen Augenblick weicher geworden war, hat sich wieder verschlossen. Er schaut unter sich.*

HARRAS *betrachtet ihn schweigend, füllt die Gläser. Dann beginnt er auf und ab zu gehen und langsam, leise, fast wie im Selbstgespräch, zu reden* Hören Sie mir zu, Hartmann – oder lassen Sie es bleiben, ganz wie Sie wollen. Ich sage jetzt – was mir heute nacht durch den Kopf gegangen ist – seit ich Sie sehe, Hartmann. Sie sind jung, aber Sie wissen es nicht. Vor Ihnen liegt das Leben – aber Sie wissen nicht, was das Leben ist. Sie stecken in einer Krebsschale, in einer Austernmuschel, die Sie für die Welt halten, und spüren nicht, daß draußen, um Sie her, der ungeheure Ozean rauscht. Ich aber sage Ihnen, das Leben ist schön. Die Welt ist wunderbar. Wir Menschen tun sehr viel, um sie zu versauen, und wir haben einen gewissen Erfolg damit. Aber wir kommen nicht auf – gegen das ursprüngliche Konzept. Woher das stammt – das weiß ich nicht. Ich bin kein Denker, und kein Prophet. Ich bin ein Zeitgenosse. Ein Techniker. ein Soldat. Aber ich weiß – das Konzept ist gut. Der Plan ist richtig, Der Entwurf ist grandios. Und der Sinn heißt – nicht: Macht. Nicht: Glück. Nicht: Sättigung. Sondern – die Schönheit. Oder – die Freude. Oder beides. Nennen Sie es von mir aus, wie Sie wollen – vielleicht gibt es kein Wort dafür. Es ist das, was wir in unsren besten Stunden ahnen, und besitzen. Und dafür – nur dafür – leben wir überhaupt. Hören Sie zu, Hartmann, was der alte Mann quasselt?

HARTMANN *still, einfach* Ja.

HARRAS Haben Sie je als Kind auf einer Wiese nach einem Schmetterling gejagt? Sehn Sie – da waren Sie hinter der Schönheit her. Diese kleine Wiese – mit dem verstaubten Straßengebüsch – das ist Ihre Heimat. Das – und der klare Bach, in den Sie Kiesel geworfen haben. Sind Sie nicht oft erschrocken, wenn das Ding hineinplumpste, und verschwand? Unsere Heimat, Hartmann, ist die Erinnerung. Die gute und die böse. Die Wiesen und die Tümpel der Erinnerung – daraus wir uns Bilder machen, so groß wie Himmel und Hölle. Haben Sie eine Ahnung, wovon ich rede?

HARTMANN Ja.

HARRAS Ich rede von dir, mein Junge. Von dir, und von mir. Von uns Männern, sozusagen. Männer sind eine komische Tiergattung. Von Zeit zu Zeit packt sie der große Koller, und sie müssen ihn austoben. Wir verpassen ungern eine Gelegenheit, um übern Strang zu hauen. Der Krieg – ist eine unserer ältesten Ausreden dafür. Männer sind natürlich nie ganz normal. Bei uns ist immer eine Schraube los – oder was verdreht im inneren Mechanismus. Wir murksen hier herum, als ob wir dafür bezahlt würden. Wir bauen die Oberfläche der Welt nach eignem Entwurf, und dann zerstören wir sie wieder, bis zum Souterrain – damit ein neuer Entwurf durchkommt, von dem wir keinen Dunst haben. Vielleicht der unserer Feinde. Vielleicht der des Besiegten. Der ursprüngliche Entwurf aber – nach dem es uns immer zieht – der ist schön. Er überwältigt uns, wo wir seine Zeichen sehn – auch wenn wir die Formel nicht begreifen. Warum sind Mineralien so schön? und Nordlichter? oder die Maserung in einem Stück Holz? Und was wir selber machen, voll Bosheit und Hintertücke – es hilft nichts – wenn es gelingt, ist es schön. Ein Panzerkreuzer ist schön. Und ein schwerer Bomber. Und eine Jagdmaschine – so schön wie ein Pferd im Sprung. Und eine Stahlbrücke über einen Fluß. Und ein alter wurmstichiger Bauernkasten. Ein Baum im Herbst. Und ein Gewitter. Und eine Sonnenblume. Und, manchmal, sogar ein menschliches Gesicht – Herrgott, Hartmann! Glaubst du mir nicht, daß es sich lohnt zu leben? Sehr lang zu leben? Ganz alt zu werden? *Er leert sein Glas.*

HARTMANN *hebt sein Glas bis zu den Lippen, ohne zu trinken. Er sitzt unbewegt, und es laufen Tränen über sein Gesicht.*

DETLEV *schaut herein – er hält einen Telephonapparat mit Steckanschluß in der Hand* Muß leider stören, Herr General. Sie werden verlangt. *Er schaltet den Apparat ein, legt gleichzeitig die zusammengefaltete Rechnung auf den Tisch, geht langsam zur Tür zurück.*

HARRAS *hat das Telephon aufgenommen* Hallo! Ja, Lyra, natürlich bin ich in Form. Rüberkommen? Ich weiß nicht recht. Sag mal – ist die Kleine noch da? Welche Kleine – dusselige Frage. Ja, bitte – möcht sie sprechen. *Er wartet einen Augenblick mit dem Apparat am Ohr – bringt mit der freien Hand eine Zigarette in Brand, summt nervös vor sich hin* Guten Morgen, Affenschmalz. Ja, ich habe dir was zu sagen. Ich dachte eben an die Veilchen, die du an der Brust getragen hast. Stell sie ins Wasser. Es wär zu schad, wenn sie kaputtgehn. Sie waren vorhin noch ganz frisch. Willst du? Wie? Werd ich mir pressen und aufheben, wie ein kleines Mädchen. Doch, das ist mein Ernst. Nein – ich komm noch rüber. Das gibt es nicht. Du bleibst natürlich. Also gut. Ganz sicher. In zehn Minuten. Auf Wiedersehn. *Er hängt ab – nimmt den Hörer noch einmal für eine Sekunde auf, lauscht hinein, legt ihn wieder zurück. Sein Blick gleitet zu Hartmann hinüber. Dessen Kopf ist auf die Stuhllehne gesunken. Er sieht mehr aus wie ein Toter als wie ein Schlafender. Harras geht rasch zur Tür, pfeift – ruft* Korrianke! – *Korrianke erscheint, hinter ihm Detlev und François.*

HARRAS *weist mit dem Kopf auf den schlafenden – oder erschöpften – Hartmann.*

KORRIANKE Sektleiche, Herr General?

HARRAS Nee, Übermüdung. Der Wein war vielleicht auch ein bißchen zu schwer. Bringen Sie ihn heim, Korrianke – legen Sie ihn ins Bett – sorgen Sie dafür, daß er schläft, und wenn ich komme, machen wir ihm ein ordentliches Frühstück, das ihn wieder hochbringt. Er muß um halb neun an die Front zurück.

KORRIANKE Der junge Mann sollte sich krank melden, Herr General. Der braucht ne Ausspannung.

HARRAS Das tut er nicht. Nu mach schon. Hauptsache, daß er noch 'n paar Stunden Ruhe hat. Schaffen Sie es allein?

KORRIANKE Ohne mit der Wimper zu zucken. *Er hebt Hartmann hoch, mit bärenhaften Armen, aber mit einer fast mütterlichen Umsicht, trägt ihn hinaus.*

HARRAS Nehmen Sie meinen Wagen, der ist besser gefedert. Und rufen Sie mir ein Taxi. *Er hat die Rechnung aufgenommen, schaut flüchtig darüber hin, nimmt einen großen Schein aus der Brieftasche, reicht ihn Detlev.*

DETLEV Werde sofort wechseln.

HARRAS Unsinn. Der Schnitt für euch beide.

DETLEV Das ist zuviel, Herr General. –

HARRAS Sie werden mich nicht mehr erziehen, Detlev. Wer als Verschwender geboren ist, stirbt als – naja. Ich bin zu müde für ein Bonmot. Gute Nacht.

DETLEV UND FRANÇOIS Gute Nacht, Herr General. Vielen Dank. Mille fois merci.

HARRAS *hebt noch einmal den Telephonapparat auf – lauscht hinein* Komisches Geräusch da drinnen. *Legt den Apparat wieder zurück – während er langsam hinausgeht, zur Wand lauschend.* Tickt immer noch. Na – meinetwegen. *Ab*

DETLEV UND FRANÇOIS *bleiben allein. François beginnt, die Kerzen zu löschen, pfeift leise vor sich hin.*

DETLEV *hat Harras nachgeschaut, wartet, bis man das Geräusch der abfahrenden Autos hört – dann geht er zum Telephon – wählt eine Nummer – wartet. François hört auf zu pfeifen – beobachtet ihn, an einem Glas Wein nippend, das stehengeblieben ist.*

DETLEF Hallo? Hier Detlev. Bitte Geheimstelle C, Nachtzentrale, Kommissar Degenhardt. – Jawohl, Herr Kommissar. Alles glatt abgelaufen. Aber es war ein kleines Nebengeräusch, das beinah aufgefallen wäre. Bitte sehr? Nur teilweise verständlich? Nicht meine Schuld, Herr Kommissar. Der Lärm, Sie wissen – jawohl. Zu Befehl. Pünktlich zur Stelle. *Hängt ab* Hat nur teilweise funktioniert. Technische Neuheit. Radiodiktaphon mit telephonischer Plattenübertragung. Noch nicht ausprobiert. Tickt 'n bißchen.

FRANÇOIS *leise* C'est dégoûtant.

DETLEV *fährt herum, starrt ihn an* Du, halt die Klappe und laß nur keinen falschen Triller raus. Wenn's der Otto erfährt, sollste was erleben. Der muß seine Unschuld bewahren, sonst verpatzt er alles.

FRANÇOIS C'est dégoûtant.

DETLEV *näher bei ihm, drohend* Dir hab ich in der Hand, Quadratpupe. Willste vielleicht in 'n Gefangenenlager? oder mang die Auslandsarbeiter in de Jaßfabrik? *Ruhiger* Glaubst du, ich mache das gern? Zum Kotzen is mir das. Aber – wat heißt hier Schweinehund. Hierzuland is jeder sich selbst der Nächste. Ich hab schon 1916 die Neese voll gehabt. Was willste machen, wenn einer daherkommt und hält dir ne Ansprache: »Nun, hören Sie mal zu, Mann. Sie als Kellner haben eine besondere Gelegenheit, dem Staate zu dienen.« – Und schaut dir so eiskalt ins Ooge. Da kannste nicht nein sagen, Mensch. Außerdem hab ich Familie.

FRANÇOIS Merde.

ZWEITER AKT

GALGENFRIST oder DIE HAND

Die Wohnung des Generals Harras im ›Neuen Westen‹. Geräumiges Atelier im Dachgeschoß eines modernen Hauses. Es ist im Stil der Epoche, solide und handfest, doch mit etwas abenteuerlichem Charakter eingerichtet. Wenige gut gemachte Möbel: ein langer, schmaler Zeichentisch, von allerhand technischem Material bedeckt; ein Schreibtisch mit Akten, Broschüren, Telephon. Ein offener, rotgeziegelter Kamin, ein paar bequeme Sessel und Holzstühle, viel Rauchzeug, eine Couch mit Kamelhaardecken, ein Grammophonradio. Die Wände hell gestrichen bis zur halben Höhe mit Büchergestellen verkleidet, darüber ein paar alte Lauten, eine Sammlung exotischer Schmetterlinge, eine vielfach durchlöcherte Schießscheibe, einige Holzschnitte und Tierbilder von Franz Marc. Da und dort die wilde Fratze einer afrikanischen Tanzmaske. In einer Ecke Beduinenlanzen, orientalische Flinten und Handwaffen, Bogen und Pfeile, ein arabischer Sattel, eine Negertrommel.

Ein kleiner Nebenraum, nach Art einer Werkzeug- oder Umkleidekammer an das Atelier anschließend und durch eine bewegliche Bambuswand halb abgedeckt, ist als Bar eingerichtet, deren Rahmen aus angesplitterten Propellern und allen möglichen Bruchstücken zerschossener oder abgestürzter Flugzeuge besteht. Sie ist auch innen mit phantastischem Gerümpel, Kriegs- und Reisetrophäen, Photographien von Fliegern, Mädchen und wilden Tieren vollgestopft.

Türen rechts und links vorne führen zur Küche und zum Flur.

Es ist später Nachmittag, aber noch hell, kurz vor der ersten Dämmerung. Durch die hohen Glasfenster der Rückwand sieht man den winterlich weißen, blendenden Himmel über der Stadt Berlin. Die schweren Verdunkelungsvorhänge sind zurückgezogen.

Korrianke steht reglos am Fenster, beobachtet mit einem Feldstecher die Straße drunten. Lüttjohann, rauchend, geht mit hastig nervösen Schritten im Raum auf und ab, immer bis zur gleichen Stelle und wieder zurück.

LÜTTJOHANN *nach einer Weile, bleibt stehen, schaut auf die Armbanduhr* Verdammt. Das ist nicht auszuhalten. *Stampft mit dem Fuß, geht zum Telephon, wählt eine Nummer* Hallo, Luftfahrt. Hier spricht Hauptmann Lüttjohann. Geben Sie mir Apparat 12–96. – Oderbruch? – Was Neues? – Nein, hier auch nicht. – Ich sage Ihnen doch, um zehn Uhr früh bekam ich die Order, mich in seiner Wohnung bereitzuhalten. Ohne nähere Angaben. Jetzt ist es fünf. – Jaja, Gerüchte, Gerüchte. Die ganze Weltgeschichte ist ein Gerücht. Nur daß es manchmal stimmt. Natürlich. Sobald ich was weiß. *Hängt ab* Verdammt. *Beginnt wieder auf und ab zu gehen.*

KORRIANKE *hat den Feldstecher abgesetzt und dem Gespräch gelauscht. Jetzt nimmt er ihn auf, starrt wieder auf die Straße.*

LÜTTJOHANN Lassen Sie das sein, Mensch! Es ist ganz sinnlos. Sie machen mich rasend. Das ist doch keine Regatta!

KORRIANKE *düster* Nur keine Nervenkrise, Herr Hauptmann, Sie warten seit sieben Stunden. Ick warte seit vierzehn Tagen. Da heißt es: La rue – die Ruhe.

LÜTTJOHANN Er macht mich rasend. La rue, die Ruhe. Wissen Sie, was mein alter Kommandeur immer gesagt hat? Mensch, Sie hätten Baumeister werden sollen. Ihnen fällt nichts ein.

KORRIANKE *fast schreiend* Seit vierzehn Tagen! Und et kam wie der Blitz ausm Blauen! Wir hatten 'n kleenen Ausflug vor, Kohlhaasenbrück, Wagen volljetankt und allens – plötzlich kommt er rauf, alleene, bißchen grün um die Kiemen, und sagt: Korriandoli, mal rasch die kleine Handtasche, Zahnbürste und Nachtzeug genügt, ich muß 'n paar Tage verreisen. Und keen Wort weiter. Und raus. Ick luchse runter – wat seh ick? Benz Mercedes, Modell 41, schwarze Limousine mit Luxuskarosserie, Reichsflagge, Parteiabzeichen, SS-Wimpel, rotes G wie Gustav in weißer Gösch. Da denke ich: dicke Luft, denke ich da.

LÜTTJOHANN Das haben Sie mir jetzt genau achtzehnmal erzählt. Beim neunzehnten Mal bekomme ich einen Schreikrampf! *Kramt in seinen Taschen, bringt eine leere Zigarettenschachtel zum Vorschein* Teufel. Das war die letzte. *Schmeißt die Schachtel weg.*

KORRIANKE *stockend* Herr Hauptmann – Hand aufs Herz – Glauben Sie's? oder glauben Sie's nicht?

LÜTTJOHANN Gar nichts glaub ich. Was soll ich denn glauben? Offiziell heißt es, er ist an der Ostfront, und das glaubt keener. Aber das ist noch lange kein Grund für Ihre Miesmacherei.

KORRIANKE Ick mach ja nich mies, Herr Hauptmann. Nich direkt mies. Aber im Ausland soll es in der Zeitung jewesen sein, und im britischen Radio hat es jeheißen –

LÜTTJOHANN Is ja Quatsch. Das haben seine Freunde vom Pressestammtisch in der Taverne lanciert, weil sie sich einbilden, daß ihm das hilft. Blödsinn, so was. Kann genau das Gegenteil bewirken.

KORRIANKE Ick weiß doch Bescheid. Ick war doch selber drin. Du rufst Heil Hitler, sagt einer zu mir – ick beiße die Zähne zusammen, damals hatt ick se noch. Krach, ha ick den Kolben in der Fresse. – Wenn er mir nicht rausjeholt hätte – die hätten mir Stück für Stück fertiggemacht. Ohne mit der Wimper zu zucken.

LÜTTJOHANN Das traun sie sich nicht, mit einem General. Das beginnt erst vom Hauptmann abwärts. Ich sag dir, mein Junge, er wickelt sich raus, er kommt zurück, heut noch, warum hätten sie mich sonst hierher beordert. Vielleicht um die Asche in Empfang zu nehmen? Die schikkense per Post. *Beginnt wieder hin und her zu rennen.*

KORRIANKE Der Fahrstuhl! Psst! Der Fahrstuhl geht –

Man hört durch die offene Flurtür das surrende Geräusch des Fahrstuhls. Beide lauschen.

LÜTTJOHANN Er kommt rauf.

KORRIANKE *rennt hinaus.*

Ein Mann in Zivil kommt hastig herein. Er hat den Hut tief ins Gesicht gedrückt. Korrianke dicht hinter ihm.

KORRIANKE Halt, halt, wer sind Sie denn überhaupt?

LÜTTJOHANN *Hand am Revolver* Bleiben Sie stehn. Was wollen Sie hier?

DER MANN *schlägt die Hutkrempe zurück* Hello, Cap'n. How d'you do?

LÜTTJOHANN Buddy! Das sind Sie!

LAWRENCE Ja, immer noch. Ganz gesund, nur etwas kurz mit Luft. Die hatten mir einen Schatten angehängt, aber ich habe mich verrochen.

LÜTTJOHANN Verduftet.

LAWRENCE O ja, so blöd, verduftet natürlich. Verduftet.

Wirft sich erschöpft auf einen Stuhl, beginnt zu rauchen. Er ist Mitte der Zwanzig – sein Gesicht, mit klugen, etwas betrübten Augen, wirkt sauber und klar geschnitten, obwohl es jetzt unrasiert und verstaubt ist. Spricht fließend, fast ohne Akzent.

LÜTTJOHANN Regen Sie sich ab, Korrianke, Sie kennen doch Buddy Lawrence, oder nicht? Unseren Freund von der New Yorker ›Judenpresse‹.

LAWRENCE Gewesen, Cap'n. Gewesen. Schreibverbot, seit gestern abend. Warte auf meine Ausweisung. Hoffentlich kommt sie noch recht.

LÜTTJOHANN Weil Sie die Meldung gebracht haben – über Harras?

LAWRENCE Das war nur der Schaum auf dem Bier. Mein Maß war voll. *Er lacht.*

KORRIANKE Sie – Herr – Mister – haben Sie das berichtet, daß General Harras tot wäre? Wie kommen Sie dazu? Was wissen Sie von ihm? Wo ist General Harras?

LAWRENCE Das wollte ich Sie fragen. Deshalb bin ich ja hier. In den

Mittagsblättern steht, General Harras soeben von einer Frontinspektion zurück. Gesehn hat ihn keiner. Und die Geschichte, daß er liquidiert worden sei, hatten wir aus der Front.

LÜTTJOHANN Aus der Front! Dort sinse abergläubisch. Dort hamse zuviel Zeit. Dort fressense zu viele Bohnen. Dort hockense stundenlang auf Latrine rum und drucksen Jerüchte aus. Is ja nich wahr. Kann ja nich wahr sein. Oder kann es? Kann es?

LAWRENCE *zuckt die Achseln* Ich dachte, wenn es nicht wahr ist, dann macht es wenigstens Stunk und man fragt nach ihm. Manchmal hat so was genutzt. Manchmal nicht. – *Er drückt seine halbgerauchte Zigarette aus.*

LÜTTJOHANN Was halten Sie von einem Tauschhandel, Sir? Zwo Zigaretten gegen einen Kognak.

LAWRENCE Gute Idee.

KORRIANKE Kognak Fehlanzeige, Herr Hauptmann. Besserer Stoff verdunstet, nicht nachzukriegen. Nur Schwarzwälder Kirsch, aber knorke. Neunundneunzig Prozent, Marke Totenkopf. *Schenkt ein.*

LAWRENCE Klingt der Lage entsprechend. Danke. *Trinkt* Das war höchste Zeit. Auf dem Kaiserdamm bin ich vom Bus gesprungen und zehn Blocks zickzack gelaufen. In meiner Wohnung sind sie auch schon. Aber ich wurde gewarnt.

LÜTTJOHANN Warum gehen Sie nicht auf Ihre Gesandtschaft?

LAWRENCE Stuffed shirts. Nur im Notfall. Ich habe die Wartesäle sämtlicher Berliner Bahnhöfe abgeschlafen. Es war sehr interessant. *Er gähnt.*

KORRIANKE Psst! Der Fahrstuhl!

Alle lauschen. Gleich darauf läutet die Türglocke.

LÜTTJOHANN Mensch, renn doch!

KORRIANKE Det is er nich. Er hat 'n Schlüssel mit.

LÜTTJOHANN Aaskram, verdammter. Vielleicht hat er ihn verloren.

KORRIANKE Macht er nich. Nicht im Traum.

Es läutet wieder. Korrianke geht.

LÜTTJOHANN Wäre es nicht gescheiter, Sie würden sich verflüchtigen? *Weist auf die Küchentür* Man kann nie wissen –

LAWRENCE Ausgeschlossen. Zu neugierig.

Beide starren auf die Tür. Herein tritt Schmidt-Lausitz in seiner schwarzen Parteiuniform. Er steht einen Augenblick im Türrahmen, mustert die beiden ohne Gruß. Korrianke dicht hinter ihm.

DR. SCHMIDT-LAUSITZ *nimmt seine Mütze ab, dreht sich plötzlich mit einem scharfen Ruck zu Korrinanke um, reicht ihm die Mütze* Aufhängen.

KORRIANKE *murmelt* Mit Genuß. Ohne mit der Wimper zu zucken. *Bringt die Mütze hinaus.*

DR. SCHMIDT-LAUSITZ *tritt näher, hebt kurz die Hand* Heil Hitler.

LÜTTJOHANN *grüßt militärisch.*

LAWRENCE Howdy.

DR. SCHMIDT-LAUSITZ *wendet sich zu ihm* Ich bin keineswegs überrascht, Sie hier zu finden. Wir sind über jeden Ihrer Schritte informiert.

LAWRENCE Die amerikanische Gesandtschaft desgleichen, Herr Kulturleiter.

DR. SCHMIDT-LAUSITZ Das ist sehr umsichtig gehandelt. Sollte Ihnen ein Unfall zustoßen, ein Straßenunfall zum Beispiel, so ersparen Sie dadurch den Behörden die Mühe der Nachforschung und der Identifikation.

LAWRENCE An einen Straßenunfall hatte ich dabei nicht gedacht.

DR. SCHMIDT-LAUSITZ Dann sollten Sie vorsichtiger sein. Mit Abspringen von Fahrzeugen, und so weiter. Es könnte Ihnen leicht etwas passieren.

LAWRENCE Keine Sorge. Ich bin gewohnt, auf mich aufzupassen.

DR. SCHMIDT-LAUSITZ Desto besser für Sie. *Verändert, fast freundlich* Ich nehme an, Sie sind schon um Ihr Ausreisevisum eingekommen? Als Mensch würde ich Ihnen raten, sich damit zu beeilen.

LAWRENCE Sie sind als Mensch sehr liebenswürdig, Herr Doktor. Wie Sie sehen, mache ich bereits Abschiedsbesuche. Es scheint allerdings etwas schwierig, seine Freunde zu Hause anzutreffen. Lebendig, meine ich.

DR. SCHMIDT-LAUSITZ Wenn Sie sich von General Harras verabschieden wollen – dann hätten Sie sich besser in die Adlon-Bar begeben. Es dürfte Sie interessieren, daß er auf seiner Rückfahrt dort haltgemacht hat, um den Vertretern der Auslandspresse über seine Inspektionsreise an die Ostfront zu berichten. Natürlich nur der wahrhaft neutralen Auslandspresse.

LAWRENCE Zu der zu gehören ich nicht mehr die Ehre habe.

DR. SCHMIDT-LAUSITZ Sofern Sie es für eine Ehre halten, so hatten Sie sie nie. Ich halte es für eine Ehre. – Jedenfalls ist mit diesem Presseempfang auch aller künftigen Gerüchtemacherei die Spitze abgebrochen.

LAWRENCE Vorschußdementi? Genau wie bei einer geplanten Invasion.

DR. SCHMIDT-LAUSITZ Das können Sie auffassen, wie Sie wollen. Ihr Standpunkt interessiert hier nicht mehr. *Wendet sich an Lüttjohann* General Harras wünscht seine Amtsgeschäfte unmittelbar wieder aufzunehmen. Bevor Sie ihm Bericht erstatten, möchte ich Sie auf die große Verantwortlichkeit seiner derzeitigen Untersuchungen aufmerksam machen. Sie ruht nicht nur auf ihm, sondern auch auf seinen persönlichen Mitarbeitern.

LÜTTJOHANN Verstehe.

DR. SCHMIDT-LAUSITZ Vielleicht nicht ganz. Sollten Sie zum Beispiel gewisse Beobachtungen gemacht haben, mit denen Sie den General nicht sofort behelligen möchten – so stehe ich Ihnen zu einer vertraulichen Aussprache jederzeit zur Verfügung. Sie können das vorteilhaft finden.

LÜTTJOHANN Ich finde es überflüssig.

DR. SCHMIDT-LAUSITZ Wie Sie meinen. Sie werden es sich überlegen. Ich selbst habe mit General Harras einige allgemeinere Punkte zu erörtern, sobald er eingetroffen ist.

LÜTTJOHANN Ohne Zeugen, vermutlich.

DR. SCHMIDT-LAUSITZ Ich nehme an, daß General Harras ein Gespräch unter vier Augen vorzieht. Im übrigen - was gibt's?

KORRIANKE, *der an der Tür stand, hat erregte Zeichen gemacht* Fahrstuhl! Fahrstuhl! *Kurze Stille, dann läutet die Türglocke – Korrianke geht enttäuscht. Gleich darauf hört man ihn draußen eine Art Juchzer ausstoßen, der auch ein Schmerz- oder Schreckensgebrüll sein könnte. Alle sind aufgefahren. – Dann hört man ihn schreien.* Hauptmann! Zockzock! Det isser!

LÜTTJOHANN *wischt sich den Schweiß* Heilige Seekuh – ich kann ja nich mehr loofen. *Stolpert hinaus.*

DR. SCHMIDT-LAUSITZ *mit spöttischem Blick zu Lawrence* Die Toten stehen auf. Werden Sie jetzt einen Geist sehen?

LAWRENCE Vielleicht eher einen ›Toten auf Urlaub‹.

DR. SCHMIDT-LAUSITZ Das sind wir alle. Es kommt nur auf die Befristung an. Unser Führer stellt längere und kürzere Urlaubsscheine aus.

LAWRENCE Und Gott hat dabei wohl gar keine Funktion.

DR. SCHMIDT-LAUSITZ Der darf sie unterschreiben.

LAWRENCE Fast wie der alte Hindenburg.

DR. SCHMIDT-LAUSITZ So ähnlich.

Er macht kurzen Hitlersalut, während Harras hereinkommt, mit Lüttjohann und dem strahlenden Korrianke, der Mantel, Mütze, Handtasche trägt und mit der freien Hand sofort ein großes Glas Kirschwasser einschenkt. Harras in feldgrauer Dienstuniform, scheint unverändert, nur etwas blaß, und die Lidränder gerötet, wie von Schlaflosigkeit.

HARRAS *im Eintreten* Nee, Kinder, einen Schlüssel hab ich noch nie verloren. Auch kein Feuerzeug. Auch keinen Korkzieher. Ich verliere nur Geld. Für den Schlüssel hat man sich anderwärts interessiert. *Schaut Schmidt-Lausitz an* Wenn Sie vielleicht eine Idee haben, wer auf heimliche Besuche in meiner Wohnung erpicht ist, dann sagen Sie den Betreffenden, das Schloß wird heute noch geändert.

KORRIANKE *faßt in die Hosentasche* Kleinigkeit. Patentschloß immer zur Stelle. Brauch ick nur auszuwechseln.

DR. SCHMIDT-LAUSITZ Ich weiß nicht, wovon Sie reden.

HARRAS Nicht wichtig. Das war aus ner Detektivgeschichte. Hey Buddy! What are you doing here?

LAWRENCE Looking for troubles, I guess. Too bad to see you alive. Ich hab meinen Pokergewinn von zwei Kriegsjahren gegen eine Reichsmark gewettet, daß die Gerüchte stimmen.

HARRAS *zwischen den Zähnen* Double your bet – and wait a few weeks. Sie verstehen doch englisch, Herr Doktor? Oder?

DR. SCHMIDT-LAUSITZ Selbstverständlich. Aber ich denke, in Deutschland wird deutsch gesprochen.

HARRAS That's correct. Have a drink, Buddy. You look rather worn out.

LAWRENCE I think I'd need a shave. That'll fix me up. May I use your conveniences?

HARRAS Of course. Courtesy of the Luftwaffe. *Zu Korrianke* Mr. Lawrence möchte sich rasieren. Pack meinen Kinnhobel aus und zeig ihm das Badezimmer.

LÜTTJOHANN Ich werde mir erlauben, den Schaum zu schlagen.

KORRIANKE *im Abgehen zu Lawrence* Come along, old fellow, have a good shave. Sure I speak English, and how, I worked as a truck driver in Milwaukee. Know Milwaukee? Oh boy, oh boy. *Verschwindet mit Lawrence und Lüttjohann.*

HARRAS *verändert, bleibt vor Schmidt-Lausitz stehen, starrt ihn an. Spricht leise, mühsam beherrscht* Ich kann mich nicht erinnern, daß ich Ihnen erlaubt hätte, hierherzukommen.

DR. SCHMIDT-LAUSITZ Ich habe Sie nicht um Erlaubnis gebeten, Herr General. Ich muß jedoch in Ihrem eigenen Interesse –

HARRAS Was kümmert Sie mein Interesse? Die Komödie ist vorüber, abschminken kann ich mich allein. Was wollen Sie noch?

DR. SCHMIDT-LAUSITZ Es handelt sich um ein paar Worte, dienstlicher Natur. Eine Übermittlung, zu der ich beauftragt bin.

HARRAS Befehlsübermittlung?

DR. SCHMIDT-LAUSITZ Das ist Auffassungssache.

HARRAS Dann kann ich Ihnen jetzt schon sagen, daß ich von Ihnen keine Orders entgegennehme.

DR. SCHMIDT-LAUSITZ Schade. Sie scheinen den Ernst der Lage immer noch nicht begriffen zu haben.

HARRAS Glauben Sie, ich halte das für ein Pfänderspiel? Nach vierzehn Tagen Prinz Albrecht-Straße? Bilden Sie sich ein, Sie könnten mir drohen? Dann hinken Sie nach. Damit bin ich bedient. Direkt vom Küchenchef.

DR. SCHMIDT-LAUSITZ Ihr Auftreten und Ihre körperliche Verfassung beweisen, daß Sie sich über Ihre Behandlung nicht zu beklagen haben.

HARRAS Ich soll mich wohl noch bedanken, daß ihr mir nicht das Nasenbein eingeteppert habt? Ihr würdet mir doch mit Wonne die Eier zerquetschen, genau wie all den andern – wenn ich nicht ein paar Freunde im Generalstab hätte, die Krach schlagen könnten. Und die Scheinwerfer über meiner Pritsche haben mir genügt, für ein Pröbchen. Nur glauben Sie ja nicht, ihr hättet mich kleingekriegt. So nicht, mein Junge.

DR. SCHMIDT-LAUSITZ Da Sie es vorziehen, eine deutliche Sprache anzuschlagen, darf ich wohl in der gleichen Tonart erwidern. Ich würde mich an Ihrer Stelle auf Freunde im Generalstab nicht allzusehr verlassen. Noch weniger auf die Freunde im Ausland, und auf die öffentliche Meinung. Die – lassen Sie unsere Sorge sein. Sie haben Ihre vorläufige Freilassung rein sachlichen Erwägungen zu verdanken, die ich beauftragt bin, Ihnen auseinanderzusetzen.

HARRAS Ich habe das Wort »vorläufig« zur Kenntnis genommen. Auch ohne das würde ich meinen derzeitigen Zustand nicht mit Freiheit verwechseln. *Setzt sich auf einen Stuhl, mit dem Rücken zu Schmidt-Lausitz.*

DR. SCHMIDT-LAUSITZ Ihre derzeitige Lage gibt Ihnen Gelegenheit zu einer völligen Rehabilitierung, Herr General. Allerdings ist damit eine unwiderrufliche Befristung verbunden. Die Sabotageakte in der Flugzeugproduktion, für die Sie als Leiter des technischen Amtes verantwortlich sind, müssen innerhalb von zehn Tagen endgültig aufgeklärt und abgestellt werden.

HARRAS, *ohne sich umzudrehn* Andernfalls?

DR. SCHMIDT-LAUSITZ Es gibt kein Andernfalls. Die Untersuchung, zu der die Staatspolizei Sie in Gewahrsam nehmen mußte, hat bisher keinen vollen Beweis gegen Sie erbracht. Es besteht jedoch der Verdacht, daß Sie staatsfeindliche Elemente decken oder ihnen durch bewußte Laxheit in ihrer Verfolgung Vorschub leisten. Das wäre genau so verwerflich, moralisch sogar verwerflicher als das Verbrechen selbst. Sie haben zehn Tage, um diesen Verdacht zu entkräften – durch eine restlose Aufhellung des Falles, der somit eine persönliche Existenzfrage für Sie ist. Man verspricht sich davon eine beschleunigte Erledigung, so oder so.

HARRAS Das heißt zehn Tage Galgenfrist.

DR. SCHMIDT-LAUSITZ Frist genügt. Auf den Galgen brauchen Sie sich nicht unbedingt zu kaprizieren.

HARRAS Sie meinen, es gibt auch andere Mordmethoden.

DR. SCHMIDT-LAUSITZ Das überschreitet den Rahmen einer dienstlichen Information. Ich hoffe, Sie wissen jetzt, woran Sie sind.

HARRAS *antwortet nicht, raucht.*

DR. SCHMIDT-LAUSITZ Persönlich möchte ich noch hinzufügen –

HARRAS Danke. Bekannt.

DR. SCHMIDT-LAUSITZ Sie werden es trotzdem hören. Persönlich würde ich keine zehn Tage – und keine zehn Minuten zögern, einen Menschen wie Sie unschädlich zu machen.

HARRAS Gegenseitig.

DR. SCHMIDT-LAUSITZ Das weiß ich. Ich weiß, daß Sie in mir einen Todfeind erblicken. Sie haben recht. Für uns beide ist kein Platz unter der Sonne.

HARRAS Auch nicht unter meinem Dache. Soll ich gehen?

DR. SCHMIDT-LAUSITZ Ihre Arroganz ist verfehlt. Ihr Spott trifft daneben. Ihr Spiel ist aus. Sie werden uns nicht um die Früchte unseres Kampfes betrügen. Sie haben geglaubt, Sie könnten hier den Rahm abschöpfen, um sich daran fettzuschlecken – und uns mit dem Sudel in den Sautrog schütten. Sie haben sich verrechnet. Es kommt umgekehrt.

HARRAS *gleichmütig* Möglich. Es kommt immer umgekehrt. Das Rad dreht sich, solange es rollt.

DR. SCHMIDT-LAUSITZ Für Sie wird sich das Rad nicht mehr drehen. Nicht mehr nach oben. Sie und Ihresgleichen haben lange genug auf uns herabgeschaut. Wir aber schauen nicht lange herab. Wir treten.

HARRAS Und zwar in die Weichteile. Und immer nur auf Wehrlose. Rottenweise, in geschlossener Formation, mit Genehmigung der Behörde. *Er schaut ihn an, mit einem fast erstaunt angeekelten Blick* Und so was will die Welt beherrschen. Ihr werdet euch wundern.

DR. SCHMIDT-LAUSITZ Vorläufig wundern sich die andern. Sie aber, General Harras, brauchen sich auf Ihren persönlichen Mut nichts einzubilden. Den kann jeder haben. Und was Ehre ist, das bestimmen wir. Verachten Sie uns, wenn Sie sich's leisten können. Wir zahlen zurück.

HARRAS *nimmt einen Revolver aus der Tasche, entsichert ihn.*

DR. SCHMIDT-LAUSITZ *hastig zur Tür* Ich warne Sie, General Harras! Stürzen Sie sich nicht ins Verderben!

HARRAS Keine Sorge. Ich versuche nur, meine Nerven zu kontrollieren. *Er zielt nach der Scheibe, schießt mit übergeschlagenen Beinen.*

KORRIANKE UND LÜTTJOHANN *stürzen herein.*

HARRAS Der Herr möchte gehen. Fahrstuhl.

LÜTTJOHANN *mit einem Blick auf die Scheibe* Dreiundzwanzig. Nicht übel.

HARRAS Nicht gut genug. *Schießt noch einmal.*

LÜTTJOHANN Peng. Ins Schwarze.

HARRAS All right.

DR. SCHMIDT-LAUSITZ *ohne Gruß rasch ab. Korrianke und Lüttjohann folgen. Man hört das Geräusch des Fahrstuhls.*

HARRAS *steckt den Revolver weg, nimmt das volle Glas. Seine Hand zittert ein wenig. Er schüttelt den Kopf, leert es, lehnt sich zurück. Lüttjohann und Korrianke kommen herein.*

LÜTTJOHANN Es ist ein technischer Fehler, daß hier oben die Fahrstuhltür nicht aufgeht, wenn der Lift im Keller ist. Den hätten wir gern mal abspringen lassen, unter dem Ausruf: Fallschirm wird nachjeliefert.

KORRIANKE Pech, daß ich keen Hausmeisterschlüssel habe. Ick hätt ihm 'n sanften Schups gegeben – ohne mit der Wim –

HARRAS Schnauze. Mach mal lieber das Fenster auf. Laß frische Luft rein.

KORRIANKE Vielleicht treff ich ihn noch! *Läuft rasch zum Fenster, reißt es auf, spuckt hinunter* Pech. Pech. Zuviel Wind. Schon abgetrieben.

HARRAS *müde* Da siehst du. Mit denen ist das Wetter im Bund. Dagegen kommt man nicht auf.

KORRIANKE *verändert – weiß – mit geballten Fäusten* Wenn Ihnen was passiert wäre, Herr General – ich – ich weiß nicht, was ich –

HARRAS Is gut, Korriandoli. *Geht zu ihm, steckt ihm eine Zigarette in den Mund* Hier, rauch mal eine. Immer ruhig und tief atmen, hat der Doktor gesagt, als er den Gashahn aufdrehte. Wie steht's denn hier im Bau? Sind wir schallröhrensicher?

KORRIANKE *grinst* Zwei sogenannte Telephonarbeiter sind dagewesen. Störungstrupp von der städtischen Zentrale. Hätten Se filmen sollen, wie ick die kühl anjelächelt habe. Hier keen Bedarf, hab ich gesagt. Det kleene Mikrophon, ha ick jesagt, det gewisse Elemente vor drei Wochen hier einjebaut haben, wenn Se deshalb kommen, det ham wer schon selbst wieder rausjepolkt. Da brauchen Sie Ihnen nicht zu bemühen. Wir sind jelernte Techniker. Sinse abjezogen. Ma im Amt Meldung machen, hat der eene jemurmelt.

HARRAS *lacht, haut ihm auf die Schulter* Recht so. Die sollen sich nur nicht einbilden, daß wir die alten Tricks nicht kennen. Sollen sich mal was Neues ausdenken, daß wir 'n bißchen Abwechslung haben. *Wendet sich zu Lüttjohann* Alsdann, ungeflüstert. Die Scheiße steht uns bis zum Kinn und scheint im Steigen begriffen.

LÜTTJOHANN Da werden wir wohl 'n Stückchen wachsen müssen.

HARRAS Ich habe eher das Gefühl, ich wachse unter mich. Wie waren die Kommentater im Geschäft?

LÜTTJOHANN Eisiges Schweigen überm Nebelmeer. Der Kesselring hat mit dem Chef palavert und ist durch die Korridore gestelzt, als hätt er ne Zeitbombe im Hintern. Jeder hat in die andere Richtung geschaut. Alle hatten das Visier runtergelassen. Mit Ausnahme von Oderbruch. Der hat natürlich durch die Erbsensuppe gesehen. Als die Meldung kam, General Harras an die Front abgezischt, allein, ohne Stab und so weiter, da ist er kalkweiß geworden. Wir haben gedacht, er macht schlapp. Und dann hat er fast jede Nacht durchgearbeitet – ich hab versucht mitzuhalten, aber wenn mir die Augendeckel runtergeklappt sind, hat er noch Material mit nach Hause genommen.

HARRAS Ja – er ist der Beste. Irgendein Ergebnis, bis jetzt?

LÜTTJOHANN Nichts Greifbares – was die Belegschaften anlangt. Von der technischen Seite versteh ich nicht genug.

HARRAS Neue Unfälle vorgekommen?

LÜTTJOHANN Keine Meldung mehr eingelaufen. Hat plötzlich aufgehört – seit etwa vierzehn Tagen.

HARRAS Seit etwa vierzehn Tagen. Das ist unheimlich. Das riecht nach einer ganz verteufelten Planmäßigkeit. Aber wo – wo steckt die Wurzel?

LÜTTJOHANN Hauptsache, daß Sie wieder die Tête reiten. Jetzt werden wir den Fuchs schon hetzen.

HARRAS *leise, mehr zu sich* Ich glaube – es hat keinen Zweck mehr. Ich glaube – es hat keinen Zweck. Es hat keinen Zweck.

LÜTTJOHANN *schaut ihn an – beißt sich auf die Lippe.*

KORRIANKE *hat eine lockere, weiche Wildlederjacke gebracht, die Harras mit dem Uniformrock vertauscht* Mufti, Mufti. Janz wie bei Muttern.

HARRAS Danke. Was macht unser Yank?

KORRIANKE Hat sich auf 'n Diwan zusammengerollt und pennt wie ne Holzratte. Selbst das Schießen hat er nicht gehört.

HARRAS Laß ihn schlafen, Der darf nicht mehr allein auf die Straße. Wir müssen ihn irgendwie auf die Gesandtschaft bugsieren. Er weiß zuviel.

Das Telephon läutet, Korrianke nimmt es rasch auf, bevor Harras danach reichen kann.

KORRIANKE Hier da, wer dort? Woll woll, jewiß doch. Prompt einjetroffen, was hat der alte Osterhase prophezeit? Frisch wie Oskar, gewaschen und rasiert – wie, schlafen? Kommt nich in Frage. Klar, selbstverständlich, dalli, dalli, zock-zock. *Hängt ab.*

HARRAS Wer war denn das?

KORRIANKE *strahlend* Das möchten Herr General gern wissen.

HARRAS Na sag schon. Was ist da los?

KORRIANKE Bedauerlicher Mangel an Beobachtungsgabe und Kombinationsvermögen, Herr General.

HARRAS Hör mal – willst du mit mir Blindekuh spielen?

KORRIANKE Glänzende Idee! Kalt oder heiß. Bitte gehorsamst, die Augen zu schließen und durch geblähte Nasenflügel zu atmen. Langsam vorrücken, schnüffeln, schnüffeln. Riechen Se nichts?

HARRAS Nee, was denn, hast du vielleicht 'n Limburger aufgetrieben?

KORRIANKE Herr General haben wieder mal kein Organ für das Feine. *Hält ihm eine kleine Blumenvase vors Gesicht.*

HARRAS *öffnet die Augen* Hm, Veilchen. – Das hätt ich wirklich nicht von selbst bemerkt. Ist sie da gewesen?

KORRIANKE Jeden Tag Schlag fünf nach der Probe. Ob ich Nachricht habe, ob's was Neues gibt, ob ich weiß, wo Sie sind und wann Sie wiederkommen. Manchmal hab ick 'n bißchen geschwindelt. Und denn hab ick ihr Jeschichten erzählt, von Herrn Generals Kindheit, und so weiter.

HARRAS Kindheit? Wir kennen uns doch erst seit Verdun.

KORRIANKE Is ja ganz gleich, spielt ja keene Rolle. Als Kinder warn wir alle schön. Man weiß doch, was sone junge Dame hören möchte. *Schnalzt mit den Lippen* Klasse, Herr General.

HARRAS Korrianke, du entwickelst dich ja zur Kuppelmutter.

KORRIANKE Da war nich mehr viel zu kuppeln, Herr General. So was kuppelt sich janz von alleene. *Es läutet.* Aber bitte bißchen Zartgefühl, fürn Anfang. Das kleine Fräulein hat sich furchtbar aufgeregt. *Läuft hinaus.*

LÜTTJOHANN Hier scheint Diskretion am Platze zu sein. Ich ziehe mir unter Protest in meine Vorhaut zurück.

HARRAS Mach schon, mach schon. *Trinkt rasch einen Kirsch.*

LÜTTJOHANN Odol wäre ratsamer –

HARRAS Raus!

Lüttjohann verschwindet durch die andere Tür – während Korrianke vom

Flur Diddo hereinläßt und sich hinter ihr zurückziehen will. Aber Diddo hält ihn an seiner großen Hand fest, wirft ihm plötzlich die Arme um den Hals, küßt ihn auf die Wange.

KORRIANKE *über ihren Kopf weg* Platzpatrone, Herr General. Nicht für mich persönlich gemünzt. Mein liebes Fräuleinchen, jetzt nur keine Nervenkrise. Sie wissen – wenn das Steuer verreißt und die Bremse versagt, dann heißt es, dem Schicksal ins starre Auge gesehen – ohne mit der Wi –

HARRAS Schnau –

KORRIANKE – ze! *Rasch ab*

DIDDO *halb lachend – wischt sich die Augen* Ich heule ja gar nicht. Ich will absolut nicht heulen. Ist es nicht widerlich, daß man heulen muß, wenn man sich freut?

HARRAS *geht zu ihr hin* Das nenn ich doch nicht geheult, die paar Tröpfchen Weihwasser. Das ist Familientradition. Ebenso das Küssen ungefährlicher Symbolfiguren. Ich kenn das von Tante Olly. Schmatzt sie immer noch die alten Souffleusen ab, wenn sie ganz jemand anderen meint?

DIDDO *lacht erleichtert* Manchmal auch mich – wenn grad kein ›Alterchen‹ in der Nähe ist. Als Kind hat mich das gekränkt. Jetzt kann ich's verstehn! – Sie wollte unbedingt mit raufkommen, wir waren an der U-Bahn Wittenberg verabredet. Aber ich hab sie versetzt. Hoffentlich wartet sie recht lange, eh sie nachfährt. Ich mußte ihr ja sagen – was ich von Korrianke gehört hatte. Sie – sie hat sich doch schreckliche Sorgen gemacht.

HARRAS Unfug. Was braucht sie sich aufzuregen, wenn ich mal an die Front fliege. Ich fliege doch schon ein Vierteljahrhundert in der Luft herum, und mir ist nie was passiert.

DIDDO *leise* Wir haben gefürchtet, es könnte wahr sein – was geflüstert wurde.

HARRAS Und wenn es gestimmt hätte – wäre das wirklich – so schlimm für dich?

DIDDO *senkt den Kopf* Sonst wäre ich doch nicht hier.

HARRAS *sehr ernst* Glaubst du mir, wenn ich dir sage, daß mir nie etwas Besseres widerfahren ist? Bitte, glaub mir das.

DIDDO Ich glaub es. Ich will es glauben. Ich kann mir nicht denken – was es für dich bedeuten soll. Aber für mich – ist es alles.

HARRAS Und dabei schaust du mich noch nicht einmal an.

DIDDO Nein – das ist zuviel verlangt. Aber ich möchte dich anschauen.

Ganz gründlich. Ich kenn dich ja kaum! Kannst du nicht mal woanders hinsehen? Vielleicht zum Fenster hinaus?

HARRAS *dreht sein Gesicht zum Fenster* Sonnenuntergang – wie auf Bestellung.

DIDDO Jetzt schau ich dich an.

HARRAS Immer noch?

DIDDO Immer noch. Und du kannst dich ruhig wieder herumdrehen.

HARRAS *sieht ihr ins Gesicht* Du hast dich – verändert. Du bist älter geworden. Schöner geworden.

DIDDO Weißt du, warum?

HARRAS *nickt. Macht einen Schritt auf sie zu.*

DIDDO *weicht etwas zurück.*

HARRAS Komm. *Fast ohne ihren Arm zu berühren, führt er sie zu einem Sessel, setzt sich neben ihr auf die Lehne* Ich muß dir was gestehn. Ich hab das nicht gewußt. Ich habe es gar nicht erwartet. Ich habe schlecht geträumt, in der letzten Zeit – da gehörtest du nicht mit hinein. Und vor zehn Minuten – oder sind es nur fünf? – da hatte ich einen Augenblick, in dem mir alles ganz gleich war, was noch kommen kann. Sterbender Schwan, mit Wimmerharfe. Schlimmer als Aschermittwoch. Jetzt aber – weißt du, wie mir jetzt zumut ist?

DIDDO *nimmt seine Hand* Sag's.

HARRAS Schulschwänzen! Blauer Montag! Fastnacht! Ganz große Ferien!

DIDDO *lacht* Du mußt eine Landplage gewesen sein, daheim und in der Schule! Der Korrianke hat mir erzählt!

HARRAS Ja – der war immer dabei!

DIDDO Und schon mit dreizehn hinter den Mädels her!

HARRAS Hat er auch erzählt?

DIDDO Das Ärgste hat er, glaub ich, weggelassen.

HARRAS Man sollte ihm die Schnauze vernähen.

DIDDO Er hat ja nichts Schlechtes über dich gesagt – natürlich nicht. Du weißt doch – für den bist du der liebe Gott. Und daß du ein Schwerverbrecher bist, was die Frauen anlangt, das braucht mir keiner zu erzählen. Das ist mir auch gleich. Oder nein, ich mag es sogar.

HARRAS *beugt sich über sie* Verdammt – der Kerl hat recht gehabt – ich hätte Odol saufen sollen. Ich stinke ja schon wieder nach Alkohol.

DIDDO Das gehört zu dir. So hab ich dich kennengelernt. Komm – *Nimmt seinen Kopf in die Hände, beugt ihn ganz auf ihr Gesicht. Küßt ihn auf den Mund – macht sich sofort wieder los* Wie sagt Korrianke? Platzpatrone? Ach – ich hab ja schon fast keine Angst mehr vor dir! Aber bitte – gib mir doch was zu trinken! Irgendwas. Ich glaube – mir ist sehr schwach.

HARRAS *einschenkend* Und jetzt soll mal einer herkommen und behaupten, das Leben wäre nicht schön. Vor langer Zeit – da hab ich mal zu einem jungen Menschen gesagt: man kann alles überstehn, und überall durchkommen – wenn man sich nur auf etwas freut. Das hatte ich, zwischendurch, fast vergessen.

DIDDO *trinkt mit ihm* Sich freuen. Sich richtig freuen. Vielleicht muß man das auch lernen – wie alles andere? und proben – bis man es kann? Oder sollte das nicht vom Himmel kommen? Ich weiß oft gar nicht recht, wie das ist. Wir kennen ja keine richtige Freude. Keiner von uns. Wir sind immer beklommen – beschwert. – Ich hab mich auch nicht richtig auf die Premiere gefreut. Es ist zuviel Angst in allem. – Und wenn man selbst keine hat, dann sind immer andere da, die sich ängstigen. Das kann doch nicht immer so gewesen sein? Es muß doch einmal eine Zeit gegeben haben, wo man einfach froh sein durfte, wenn man jung war? Hast du das noch erlebt?

HARRAS Ich weiß nicht recht. Ich kann mich jetzt schwer erinnern. Ich glaube, jung zu sein ist überhaupt nicht leicht. In keiner Zeit.

DIDDO Nein. Es ist eine Art Fieber. *Sie schauert ein wenig* Manchmal bin ich nur eine Windfeder, die gar kein Gewicht hat. Manchmal so schwer wie ein Stein, in einem Brunnengrund. Aber – jetzt will ich mich freuen! Ganz wahnsinnig freuen. Es ist doch keine Schande? Kein Unrecht?

HARRAS Es ist mehr als ein Recht. Es kommt – wie hast du gesagt? – vom Himmel. Ein ganzes Leben lang sollst du dich freuen, immer wieder – und lieben, und glücklich sein. Es braucht eine Welt von Freude – um all den Jammer aufzuwiegen – sonst würde ja die Erde so schwer, daß sie nicht mehr schweben kann – – Weißt du, daß wir jetzt beide schon leicht betrunken sind?

DIDDO Ach, es ist wunderbar. Es ist wunderbar, leicht betrunken zu sein. Es ist alles wunderbar. – Tante Olly, weißt du, nimmt immer alles so furchtbar tragisch – es ist ja auch tragisch, gewiß. Aber ich kann doch nichts dafür, daß ich nicht jüdisch bin. Ich darf nicht mehr lachen, ohne daß sie seufzt. Es ist, als ob sie mir's übelnimmt, mir persönlich. Denk an die armen Juden – Tag und Nacht –. Ich glaube, die Männer, die sie am meisten geliebt hat, waren alle Juden – außer natürlich –

HARRAS *lacht* Du meinst: Anwesende ausgenommen. Deshalb brauchst du nicht rot zu werden.

DIDDO Ich werd ja gar nicht rot, du Schwerverbrecher. Schau – ich kenn mich wirklich oft nicht mehr aus. Ich war doch erst zwölf, im Jahre 33. Tante Olly findet alles schlecht und andere, unter den Kollegen, finden alles gut und sagen, die schlimmen Geschichten sind nur Feindlügen – und wieder andere finden manches gut und sagen, man weiß nicht, ob was Besseres nachkommen kann – was soll man denn da denken? Sehen tut man doch überhaupt nur, was einem grade über den Weg krabbelt. Ich weiß nur eins – ich möchte raus, raus. Warum, könnt ich noch nicht einmal erklären. Aber manchmal denk ich, wenn ich genau so alt wäre, wie ich bin, und wäre jüdisch, und hätte auswandern müssen – vielleicht wäre es gar nicht so schlimm? Vielleicht wär es besser sogar? Die Welt sehen – mein Gott! New York! Einmal ganz oben auf einem Wolkenkratzer, und dann sein Taschentuch runterfallen lassen, und hinterherschauen, wie's immer kleiner wird, wie eine Schneeflocke, über all dem Verkehr! Und das Meer – und die Häfen – vielleicht China – oder Rio de Janeiro – mir wär's ganz gleich, ich könnte alles tun, Geschirr waschen, Kinder lausen, Fabrikarbeit – nur frei sein – draußen! Manchmal beneid ich die Juden – wahnsinnig. Ich meine – die draußen sind!

HARRAS *nimmt sie in die Arme* Vielleicht werden wir noch mal Ehrenjuden – wir beide. Vielleicht durchwandern wir sie noch einmal zusammen – die Welt. Vielleicht schmeißen sie uns rechtzeitig raus – weil wir so unvorschriftsmäßig glücklich sind. *Küßt sie.*

DIDDO Ich brauch die Welt nicht – wenn ich bei dir bin. Ich will heute bei dir bleiben. Immer. Komm, zieh mir die Jacke aus – so. *Wirft sie hinter sich* Ich bin doch hier zu Hause! Wenn Tante Olly sagt, ich sähe verknutscht aus, so ist mir das gänzlich piepe.

HARRAS Du bist wunderbar.

DIDDO Du bist wunderbar.

HARRAS Ach, sind wir dumm.

DIDDO Ach, sind wir dumm.

HARRAS *biegt ihr den Kopf zurück* Komm – küß mich – so –

DIDDO Ohne mit der Wimper zu zucken –

HARRAS Schnau –

DIDDO – ze. *Küßt ihn.*

HARRAS *nach einer Weile* In einem englischen Stück käme jetzt die Maid herein, um Licht zu machen und die Vorhänge zu schließen, oder es würde telephonieren.

DIDDO Telephonieren – Gott, es wird ja schon dunkel – ja, ich muß doch anrufen.

HARRAS Nein, das hab ich nicht gern.

DIDDO Ich hab's aber versprochen – mich bis heute abend zu entscheiden. Ich halte ihn ja seit vierzehn Tagen hin –

HARRAS Wen?

DIDDO Den Roisterer. Das ist doch unser neuer Regisseur. Aber das kannst du ja nicht wissen – der hat mir einen Antrag gemacht – ganz toll – eine Hauptrolle – er bildet sich ein, ich bin seine Entdeckung, verstehst du, und er kann mich durchsetzen – er hat auch selber das Stück bearbeitet – sie sagen alle, er ist ein Genie.

HARRAS *brummend* Hab ich nicht gern. Hab ich nicht gern.

DIDDO Ich hab eine unverschämte Gage gefordert, und sie haben ja gesagt, das ist das Blödsinnige. Aber da müßt ich nächste Woche nach Wien gehen, auf ein halbes Jahr, dort kommt es zuerst heraus. Er ist nämlich, glaub ich, aus Wien, der Roisterer. Oder aus Linz, ich weiß nicht genau. Jedenfalls aus der Ostmark, ich kenn mich da nicht aus.

HARRAS Ein Wiener aus Linz – der Junge wird seinen Weg machen. Ach – ist das wunderbar! Ach – ist das gut! Ich bin ja schon eifersüchtig!

DIDDO Auf den Roisterer? *Lacht* Den solltest du sehn? Der schaut ja aus – wie ein Stallhase!

HARRAS Um Gottes willen! Das hätte nicht kommen dürfen. Stallhasen sind furchtbar sexuell –! Wenn dir der Vergleich einfällt –

DIDDO Pfui! Willst du aufhören – der Roisterer – der kommt doch gar nicht in Frage.

HARRAS Das sagt man immer –

DIDDO Also wenn du nicht –

HARRAS Du, bitte – mach mir meine schöne Eifersucht nicht kaputt! Das ist mir doch so lang nicht mehr passiert – so herrlich, blödsinnig verliebt zu sein.

DIDDO Ich kann's mir aber mit dem Roisterer nicht vorstellen!

HARRAS Das sollst du auch nicht – du Racker!

DIDDO Außerdem sag ich natürlich ab. *Läuft zum Telephon* Drum wollt ich ja anrufen. Du glaubst doch nicht, daß ich jetzt wegfahre?

HARRAS *folgt ihr rasch – legt die Hand aufs Telephon. Verändert* Du – wart mal einen Augenblick. Ist das so eilig?

DIDDO Dann hab ich's hinter mir. Nur – daß ihm die andere nicht durch die Lappen geht.

HARRAS Du mußt dir das noch überlegen.

DIDDO Da ist nichts zu überlegen –

HARRAS Vielleicht doch. Von mir aus.

DIDDO *lehnt sich an ihn* Bitte, bitte, sag nicht, ich soll an meine Karriere denken. Ich pfeif drauf. Ich will nicht. Aus der Karriere könnte ja gar nichts werden, die wär ja nicht echt, wenn ich jetzt an sie denken würde. Dann wär ich ja selbst nicht echt. Laß mich hier bleiben.

HARRAS *hält sie nah, atmet in ihren Haaren. Leise* Es ist nicht wegen der Karriere. Nein, sag jetzt nichts. Du sollst mich nicht mißverstehen. Das kannst du auch nicht. Ich erkläre es dir später. Laß mir ein bißchen Zeit. Bis wann muß er es wissen?

DIDDO Vor der Vorstellung – die fängt um sieben an –

HARRAS *schaut auf die Uhr* Dann haben wir noch eine Stunde Frist. Gibst du mir die? Ohne Fragen? Und willst du mir – die Entscheidung lassen? Nur dieses eine Mal?

DIDDO *schaut ihn an* Ja.

HARRAS Danke. *Streicht über ihren Arm und ihre Hand.*

DIDDO *berührt seine Hand, in der er noch die Uhr hält – faßt sie an, während er sie wegstecken will* Was für eine komische Uhr du hast –

HARRAS Das ist keine Uhr. Das ist eine sogenannte Zeitrübe. Oder Stundenkartoffel. Sie heißt auch die Beulenpest.

DIDDO So was hab ich noch nie gesehen. Die muß ja furchtbar alt sein. Geht sie denn gut?

HARRAS Die rennt, daß man sie an der Kette halten muß. Falls sie nicht stehenbleibt. Aber dann braucht man nur so zu machen – *Er haut die Uhr gegen seinen Hinterkopf* Hast du den Klang gehört? Echtes Nickelblech. Im Notfall kann man sie als Waffe benutzen.

DIDDO Ist noch nie jemand auf die Idee gekommen, dir eine neue Uhr zu schenken?

HARRAS Jede bessere Dame. Ich könnte schon eine Sammlung haben. Aber ich habe keinen Bedarf. Das ist wohl das einzige Stück, von dem ich mich niemals trennen würde.

DIDDO Woher hast du sie?

HARRAS Es hat sie mir jemand gegeben. *Steckt die Uhr ein.*

DIDDO Du sollst nicht darüber sprechen, wenn du nicht willst.

HARRAS Es war der erste, den ich abgeschossen habe. Er hat mir schwer zu schaffen gemacht. Ich war bei ihm, als er starb. Er sagte: Souvenir – und hat mir die Uhr gegeben. Dazu hat er gegrinst, und eine Zigarette geraucht. Da wußte ich plötzlich, daß ich leben bleibe. Solang – solang ich die Uhr habe. Das ist natürlich dummes Zeug. Aberglaube. So was stimmt nur für den, den es angeht. Aber wie er so grinste, ganz ruhig, und ein bißchen listig, da mußte ich denken: der weiß es. Sterbende sehen mehr als unsereiner. Wer die Uhr hat, bleibt leben, damit er den anderen nicht vergißt. Man sollte wirklich nicht über so was sprechen. Ich habe es nie getan. Nie zuvor.

DIDDO Glaubst du nicht – du könntest mit mir – über alles sprechen?

HARRAS *geht auf und ab, bleibt vor ihr stehen, spricht rasch, leise* Du sollst wissen, wie es mit mir steht. Ich kann dich nicht beschwindeln. Mein Leben ist derzeit weniger wert als die alte Uhr. Es kann jeden Moment – stehenbleiben. Sie sind hinter mir her – und sie haben gelernt, wie man eine Treibjagd veranstaltet. Ich versuche, mich durchzuschlagen – aber ich weiß nicht, ob es glückt. Die Chancen sind gering. Immerhin – ich kann mich noch wehren. Und wenn ich es schaffe, dann hab ich's dir zu verdanken. Ich wollte dir das verschweigen. Das kommt mir jetzt – kleinlich vor. Es wäre schöner gewesen – noch ein paar Tage, oder Stunden – ganz ohne Schatten. Aber was hätte das alles für einen Sinn, zwischen uns – wenn wir nicht Vertraute würden. Verbündete. Für jetzt und immer.

DIDDO Jetzt weiß ich, daß du mich liebst. *Umarmt ihn.*

HARRAS *fast ohne Ton* Für jetzt und immer.

Bewegung draußen – Schritte, gedämpfte Stimmen – die Tür wird aufgestoßen Korrianke erscheint, hinter ihm zwei Männer, einer mit Rotkreuzbinde, die Olivia auf einer Bahre hereintragen.

KORRIANKE Hierher – auf die Couch. Vorsicht, nicht übern Teppich stolpern.

DIDDO *hat sich an Harras geklammert* Ist sie – ist sie –

KORRIANKE *rasch* Keine Sorge, kein Grund zur Klage, nichts passiert, nur kleine Zufälligkeit, wie das so vorkommt beim zarteren Geschlecht. Fading effect, technisch gesprochen.

ERSTER MANN Sie hat ja noch die Adresse angeben können, eh sie umgekippt is. Det war im Umsteigeschlauch Adolf Hitler-Platz, früher Reichskanzler-Platz.

ZWEITER MANN Mir hat se hier am Ärmel jegrapscht, und denn hat se uh jemacht, und denn war se wech.

HARRAS *Diddos Hand streichelnd* Das hab ich alles schon einmal erlebt. Vor zirka zwanzig Jahren. Das wird ihr noch passieren, wenn sie neunzig ist. *Die beiden Männer haben Olivia auf die Couch gelegt und ziehen sich zum Flur zurück, Harras steckt ihnen rasch einen Geldschein zu, während Korrianke sich um Olivia bemüht, ihr Kissen unter den Kopf schiebt und die Gelenke reibt.*

KORRIANKE Soll ich 'n Arzt anrufen?

HARRAS Nicht sofort. Ich glaube, ich kann das allein. Kümmere dich um die beiden Helden, daß sie ein Bier kriegen und eine Zigarre. Die haben schwer getragen. *Zu Diddo* Geh mal lieber auch mit raus. Sie muß dich nicht gleich erblicken. Ich ruf dich dann.

KORRIANKE *im Abgehen* Bißchen Eau de Cologne – oder besser 'n paar Tropfen Schnaps –

HARRAS Nur im Notfall. Ich weiß was Besseres. *Sobald alle draußen sind, zieht er die Uhr, dreht das Läutewerk auf, hält sie nah an Olivias Ohr, läßt den Wecker rasseln, ruft mit veränderter Stimme* Frau Geiß! Auftritt! Auftritt!

OLIVIA *schlägt die Augen auf – richtet sich empor – sieht sich abwesend um.*

HARRAS *steckt die Uhr ein, holt eine Flasche Rotwein aus der Bar.*

OLIVIA Es riecht nach Veilchen – ist die Kleine hier?

HARRAS *an einer Flasche hantierend* Vor einer Minute gekommen. Du mußt am falschen Schalter gewesen sein. Sie hat eine Stunde auf dich gewartet.

OLIVIA Erzähle mir keine Geschichten. Ich gönn's ihr ja.

HARRAS Peng. *Zieht den Korken.*

OLIVIA Das klingt gut. Da wird mir schon wohler. Ich glaube, ich hab mal wieder Dummheiten gemacht –

HARRAS *gibt ihr den Korken* Erste Hilfe. Riechsalzersatz. *Holt Gläser.*

OLIVIA Es war so voll in der U-Bahn – ich mußte die ganze Zeit stehn – und dann die Luft – es hat ja keiner mehr Seife, heutzutag.

HARRAS Ja. Das herorische Zeitalter stinkt nach schmutziger Wäsche. Trink mal. Gesundheit.

OLIVIA Und die Sorge um dich – und die Aufregung – du! Du weißt ja noch nicht, was passiert ist!

HARRAS Bergmann? Ich hatte noch keine Zeit, Korrianke zu fragen –

OLIVIA Sorg mal dafür, daß niemand reinkommt – auch die Kleine nicht. *Erschreckend* Wo ist denn meine Tasche?! Ach hier – Gott sei Dank. *Sie kramt darin.*

HARRAS *an der Tür* Alles in Ordnung. Ja, sie piepst schon wieder. Könnt ihr nicht ein bißchen Abendbrot herrichten? Irgend etwas – paar warme Würstchen oder so. Es werden noch zwei drei Leute raufkommen, denk ich.

Man hört draußen Diddo mit Korrianke und Lüttjohann lachen. Harras schließt die Tür.

OLIVIA *hat einen verschlossenen Brief aus der Tasche genommen, dreht ihn nervös hin und her.*

HARRAS Die Sache ist mir die ganze Zeit im Kopf rumgegangen – ich konnte ja nichts mehr machen, damals – mußte zu plötzlich weg. Aber jetzt werden wir das Kind schon schaukeln. Was ist denn das?

OLIVIA Zu spät.

HARRAS *nimmt den Brief – hält ihn ungeöffnet in der Hand* Wie denn?

OLIVIA Gift.

HARRAS Und – Jenny?

OLIVIA Beide zusammen. Sie wollte nicht allein bleiben. Den Brief hat mir der Lazarettarzt gebracht, der ihm rausgeholfen hatte. Es ist ein Abschied an dich.

HARRAS *setzt sich neben sie auf die Couch* Verflucht noch mal. Verflucht noch mal. Warum konnten sie mich nicht einen Tag später – Dann hätt ich's noch geschafft –

OLIVIA Es wär auch damals schon zu spät gewesen. Er wollte nicht mehr.

HARRAS Verflucht noch mal. *Knipst eine Stehlampe an, öffnet den Brief, liest rasch, reicht ihn Olivia hin.*

OLIVIA *mit schwimmenden Augen* Kannst du mir nicht – ich hab meine Brille nicht mit – du weißt doch, wie blind ich bin –

HARRAS *ohne Humor* Heulsuse. *Liest monoton*

»Mein lieber Freund –

Wenn dieser Brief Sie erreicht, habe ich den Schritt in die Freiheit getan. Dies ist der einzige Weg zur Freiheit, der mir nach dem, was ich erlebt habe, noch gangbar erscheint. Wir beschreiten ihn ruhig, ohne Schmerz. Für das, was man ein ›neues Leben‹ nennt, hätte ich keine Kraft mehr gefunden, und ich hätte zu wenig damit anfangen können, um es mit Freundesopfern erkaufen zu dürfen. Ich weiß, was Sie bereit waren, für mich zu tun. Sie haben es für andere, Unglücklichere, getan, deren Segenswünsche Sie ewig – Der Gedanke, daß es noch Menschen wie Sie –« Ich kann nicht mehr. Du weißt schon. Dank, und so weiter. *Er ist ganz blaß geworden.*

OLIVIA Du hast ihn verdient. Auch wenn es kein Erfolg war, diesmal. Auf diesen Brief darfst du stolz sein.

HARRAS Stolz. Ausgerechnet. *Wirft den Brief auf den Schreibtisch* Jetzt wollen wir mal in den Spiegel gucken und über uns selbst gerührt sein. Was wir für edle Menschen sind. So schaun wir aus. Jeder hat seinen Gewissensjuden, oder mehrere, damit er nachts schlafen kann. Aber damit kauft man sich nicht frei. Das ist Selbstbetrug. An dem, was den tausend anderen geschieht, die wir nicht kennen und denen wir nicht helfen, sind wir deshalb doch schuldig. Schuldig und verdammt, in alle Ewigkeit. Das Gemeine zulassen ist schlimmer, als es tun.

OLIVIA Aber was sollen wir denn machen? Man ist doch sowieso schon immer mit einem Fuß im Kittchen – wenn man nur so einen Brief in der Tasche hat! Sollen wir denn auch Gift nehmen?

HARRAS Das ist nicht nötig. Wir kommen alle dran, ganz von selbst. Einer nach dem andern. Sie reckt sich ja schon aus den Gräbern – himmelhoch. Siehst du sie nicht? Hast du sie nie gesehn?

OLIVIA Was – wen?

HARRAS *geht zum Fenster* Schau da hinaus. Wenn ich abends allein bin – und wenn es dunkler wird – da wächst sie dort über die Dächer. So – *Er hebt seine geschlossene Hand, entfaltet langsam alle Finger nach oben* Nur eine Hand. Fünf Finger. Aber – riesenhaft. Ungeheuer. Als könne sie eine ganze Stadt ergreifen – und hochheben – und wegschmeißen. *Er läßt den Arm sinken* Dann schrumpft sie wieder ein. Dann wächst sie wieder. Ich weiß genau, daß es die großen Scheinwerfer der Flakzentrale Funkturm sind. Fünf suchende Lichtsäulen. Sonst nichts. Aber es ist doch eine Hand. Ich weiß auch, wessen Hand. *Er starrt einen Augenblick in die Dämmerung, dreht sich um* Und jetzt wirst du sagen, überreizte Nerven. Nein, ich hab keine Nerven! Nie gehabt! –

OLIVIA *schluchzend* Mein Gott, Harry, was haben sie dir nur getan? Wenn du schon aufgibst – was soll dann aus uns werden?

HARRAS *legt ihr den Arm um die Schulter* Ich geb ja nicht auf. Im Gegenteil. Ich fang grad wieder an. Ich werd ihnen noch eins vor den Latz knallen, und wenn's in der zwölften Runde ist. Man muß nur wissen – mit wem man es zu tun hat.

OLIVIA Harry, hör mal, du solltest abhaun. Irgendwohin, ins Ausland, ganz gleich, auch wenn sie dich drüben einsperren, bis der Krieg vorüber ist. Es hat ja doch keinen Zweck mehr –

HARRAS Doch. Es hat noch einen Zweck. Da ist noch etwas – das muß ich herauskriegen. Die Wahrheit, nämlich.

OLIVIA Die weißt du doch sowieso. Nein – du bist leichtsinnig, das ist es. Dein altes Laster. Es reizt dich zu sehr, wenn's gefährlich wird. Du bist ein Genußmensch. Du willst nichts auslassen. Und grade deshalb sind sie so hinter dir her. Solang jemand wie du hier lebt und was zu sagen hat, kommen sie sich belämmert vor, und dafür wollen sie sich rächen.

HARRAS Vielleicht hast du recht. Aber ich hab hier noch was zu tun.

OLIVIA Du hast auch zuviel Erfolg bei Frauen gehabt. Das ist das Schlimmste. Bei denen ist doch alles Neid. Bettneid, vor allen Dingen. Denn in dem Punkt sind sie tief unter Minus – fast die ganze Blase. Deshalb wollen sie ja auch dauernd Krieg führen und die großen Männer markieren, lauter Krampf. Da, wo ein Mann herzeigen muß, was er wirklich wert ist, da hilft kein gestählter Körper. Und keine eiserne Energie. Das hat einer von Natur – oder gar nicht. Die Brüder kennt man doch. Erst große Töne, dann fertig, eh's angefangen hat, und nur rasch wieder »zum Dienst«. Nebbich.

HARRAS *lächelnd* Für dich ist der Wert des Mannes wohl ganz eindeutig fixiert.

OLIVIA Ist er doch auch, oder? Von den Genies vielleicht abgesehen. Aber der Goethe soll ja auch darin ganz vorzüglich gewesen sein. Vom Napoleon hört man schon weniger Gutes. Und bei unserm Adolf ist, glaub ich, überhaupt nichts da – Gott, wenn nur die Kleine nicht lauscht.

HARRAS *wieder ganz heiter – küßt sie aufs Ohr* Von dir kann sie nichts Falsches lernen. Du hast eine durchaus gesunde Geschichtsauffassung. Ach, Olly, wenn's keine Frauen gäbe, und keine Musik! Dann hätten die Ökonomisten recht. Dann wäre das Ganze nichts als ein Fabrikationsprozeß, und unser Bregen nur eine Rotationsmaschine. *Stellt das Radio an* Komm – wir wollen ein bißchen klimpern lassen, damit die Kinder sich hereingetrauen – *Es ertönt ›Siegfrieds Tod‹ aus der ›Götterdämmerung‹.* Danke, nein. *Er stellt wieder ab* Rum – rumrumrum –. Hitlersche Schicksalsmusik. Oder die unsre? Das hört man auch ohne Töne.

OLIVIA Vielleicht ist jemand gefallen – ein General oder was. Beim Fritsch haben sie das auch gespielt.

HARRAS Das muß man sich aus dem Ohr kratzen. Wart ab – hier hab ich was. *Legt eine Platte aufs Grammophon, die ziemlich heiser und scheppernd einen alten Schlager spielt*

»Sag zum Abschied –
Leise Servus –«

OLIVIA Gott – unser altes Lied – *Sie trällert ein wenig mit – legt die Hände leicht auf seine Schultern, er faßt sie um die Taille, wiegt sie ein paar Schritte im Rhythmus der Melodie.*

HARRAS Weißt du noch? Motzdiele? Russische Teestube? Taubenkasino?

OLIVIA Klingt wie's verlorene Paradies, und was für schäbige Buden. Gott, Harry, warum waren wir so zynisch. Ich meine, so frivol.

HARRAS Waren wir?

OLIVIA Wir haben uns doch geliebt, und wie! Warum haben wir nicht Ernst gemacht? Und etwas zusammen aufgebaut? Eine Familie, zum Beispiel. Dann wär man heute besser dran.

HARRAS Glaubst du? Dazu waren wir wohl nicht die richtigen Leute, keiner von beiden.

OLIVIA Warum nicht? – Ich glaub, es war Sünde. Oder Feigheit. Wir hätten es bekommen sollen, damals. Es war Sünde.

HARRAS Du wolltest doch grade die ›Jungfrau von Orleans‹ spielen –

OLIVIA Ja, das war es immer. Wie oft ist mir das passiert – ich kann's nicht mehr zählen. Ich war doch so empfänglich wie eine Feldmaus. Mich brauchte nur einer freundlich anzuniesen, wenn ich ihn gern hatte. Bis ich mich dann habe umklappen lassen. Und immer wegen so einer verfluchten Rolle! Schließlich hab ich die Kleine adoptiert – aber es ist doch kein richtiges Leben – hinterher. Da ist doch was falsch dran.

HARRAS *läßt sie los – legt die Nadel neu auf* Hör mal, Olly – vielleicht versuch ich's noch. Oder glaubst du, es ist zu spät? Bin ich zu alt für sie?

OLIVIA Das gibt es nicht. Wenn es dir wirklich ernst ist –

HARRAS So ernst ist es mir nie gewesen. Vielleicht zieh ich doch den Kopf aus der Schlinge. Es sind schon mehr Schächer vom Schafott gesprungen. Und wenn ich durchkomme – dann wirst du noch meine Schwiegermama.

OLIVIA Besser als gar nichts. Trinken wir drauf.

HARRAS *einschenkend* Trinken wir drauf. *Ruft* Kinder! Traut euch, traut euch. Seid nicht so diskret.

LÜTTJOHANN *steckt den Kopf herein* Leichte Musik und schwerer Rotwein. In Sachen des guten Geschmacks können wir uns getrost auf die ältere Generation verlassen.

HARRAS Protzen Sie nicht, Lüttel. Sie kriegen ja schon eine Glatze.

LÜTTJOHANN Und Sie, Herr General, haben immer noch keine Haare auf der Brust. *Verbeugt sich vor Olivia* Gnädige Frau –

OLIVIA Darin besteht sein Charme. Aus den Waldaffen hab ich mir nie was gemacht. *Legt die Grammophonnadel wieder auf, beginnt mit Lüttjohann zu tanzen.*

DIDDO *ist hereingekommen* Dir scheint's ja wieder gut zu gehn, Tante Olly. Wer bringt wen ins Theater, heute abend? *Trinkt aus Harras' Glas.*

KORRIANKE *in der Tür* Wird im Notfall per Schub erledigt. *Es läutet draußen.* Hier scheint Zuwachs zu kommen. *Im Abgehen* Abendbrot angerichtet, Herr General. Fräulein hat ein Genie für Stullenmachen. *Ab, zum Flur*

HARRAS Darauf kann man einen Haushalt begründen.

DIDDO Hat sie was gemerkt?

HARRAS Alles. Aber das macht nichts. So was kommt immer auf, noch bevor es wahr ist. Das gehört ins Gebiet der unerforschten Wellenübertragung.

DIDDO Desto besser. Da brauchen wir auf unsere Wellen nicht mehr aufzupassen.

HARRAS *hat sie umfaßt, ohne zu tanzen* Das würde uns auch schwerfallen. Die zwitschern wie die Eichhörnchen.

DIDDO *fast an seinem Mund ganz benommen* Seit wann zwitschern die Eichhörnchen – *Haucht ihm einen Kuß.*

HARRAS *ebenso* Ja – seit wann zwitschern die Eichhörnchen –

DIDDO Wenn du sagst, sie zwitschern, dann zwitschern sie vielleicht.

HARRAS Sie zwitschern. Verlaß dich drauf. *Sie verschwinden tanzend, hinter der Bambuswand.*

KORRIANKE *ist inzwischen in der Tür erschienen – hat Lüttjohann ein Zeichen gemacht. Der entschuldigt sich leise bei Olivia – tritt zu ihm – verläßt auf eine geflüsterte Weisung hin den Raum. Die Platte ist abgespielt, beginnt auf der Stelle zu laufen, Olivia rasch zum Grammophon, stellt es ab – während Harras und Diddo wieder erscheinen.*

HARRAS Was ist denn los? Wo ist der Lüttel?

KORRIANKE Es ist nach ihm gefragt worden, Herr General.

HARRAS *läßt Diddo los. Steht einen Augenblick starr aufgerichtet. Will zur Tür.*

LÜTTJOHANN *kommt zurück. Er ist etwas rot im Gesicht, versucht unbefangen zu erscheinen* Muß mich leider verabschieden, Herr General. Zwei Herrn mit Schmierstiefeln und harten Hüten. Ziemlich plebejische Gesellschaft – aber unwiderstehlich.

HARRAS Haben sie gesagt – was sie von dir wollen?

LÜTTJOHANN Nur gewisse Fragen beantworten. Um einem dringenden Bedürfnis abzuhelfen. Ich wollte nu ja immer mal das Columbiahaus von innen besichtigen. Ehrensäbel. Wird ein völlig einseitiges Vergnügen sein. Mein Name ist Haase und ick wees von nischt. *Er lacht verlegen – verstummt – macht Ehrenbezeigung vor Harras.*

HARRAS *erwidert. Dann reicht er ihm die Hand.*

LÜTTJOHANN *drückt die Hand schweigend. Schaut ihm kurz in die Augen. Geht. Stille*

HARRAS *geht zum Telephon. Zögert. Murmelt* Es hat keinen Sinn.

KORRIANKE *bringt ihm ein volles Glas.*

HARRAS Danke. *Stellt es unberührt auf den Tisch.*

DIDDO Können sie denn – können sie ihm etwas tun?

HARRAS *zuckt die Achseln* Die wissen, wie man trifft.

Er steht mit geballten Fäusten. Olivia hält Diddos Hand. – Stimmen, Ge-

lächter draußen. Herein treten Baron Pflungk, Präsident von Mohrungen, Pützchen. Pützchen trägt Parteiuniform, auf elegant geschneidert, mit kurzem Rock, langen Strümpfen, straffer Bluse. Sie wirkt in ihrer grellen Art und Aufmachung recht übertrieben. Die beiden Herren eher etwas verstört und atemlos, nicht nur vom Treppensteigen.

PÜTZCHEN Bitte, die Fahrstuhltür zu schließen – für die Kuhzunft. Wir haben gedacht, das Ding ist außer Betrieb. Ihr habt wohl ein Regiment verladen, hier oben! Erst wie wir den letzten Grat erklimmen – ratsch – saust er ab. *Schaut sich um* Also das ist nun die berüchtigte Räuberhöhle. Gar nicht so wüst, auf den ersten Blick.

MOHRUNGEN Verzeihen Sie den Einbruch, General – aber die Flurtür stand offen, und Pützchen war uns natürlich um eine Pferdelänge voraus. Für neun Etagen ist man ein bißchen reif geworden –

BARON PFLUNGK Sind wir unwillkommen?

HARRAS Keineswegs. Wenn's zwölf schlägt, kommen die Geister.

MOHRUNGEN *lacht unsicher – bemerkt Olivia* Wenn ich allerdings geahnt hätte, Sie hier zu treffen, gnädige Frau –

OLIVIA Dann wären Sie treppauf geflogen wie ne Rakete.

MOHRUNGEN Wie Amors Pfeil, Gnädigste.

OLIVIA Rascher geht's nicht mehr. Sie Ungetreuer, Sie wollten doch ins Theater kommen.

MOHRUNGEN Aber ich war doch! Sind denn meine Blumen nicht –

OLIVIA Ach ja, natürlich. Warum sind Sie denn nicht in meiner Garderobe erschienen?

MOHRUNGEN Unaufgefordert? Das wäre doch etwas zudringlich gewesen.

OLIVIA Sie sind ja ein Stürmischer. Halt mi zruck, halt mi zruck. Hat man mal wieder 'n Verehrer, schon traut er sich nicht.

MOHRUNGEN Was nicht ist, kann noch werden. *Küßt ihr die Hand. Sie haben sich zur Bar zurückgezogen.*

PÜTZCHEN Papa geht scharf ran an Speck. Wir sind ja hier ganz gut geteamt. Die alte Geiß, die junge Geiß, zwei harmlose Zivilisten und zwei Wehrwürdige. *Nähert sich Harras* Wie gefällt Ihnen meine neue Uniform? *Macht Ehrenbezeigung vor ihm.*

HARRAS Zu braun.

PÜTZCHEN Ach, Sie kleiner Schäker. Sie ziehen wohl Fleischfarbe vor.

BARON PFLUNGK Also, Pützchen, nun sind Sie am Ziel Ihrer Wünsche, tun Sie Ihren Gefühlen ja keinen Zwang an. *Wendet sich zu Diddo* Ich hoffe, wir stören hier nicht. Eine Junggesellenbude hat für junge Damen immer einen gewissen Reiz.

DIDDO *mit Blick auf Pützchen* Es kommt auf die jungen Damen an.

PÜTZCHEN *zu Harras* Er ist ein Kümmerer, der Pflungk. Er wird Ihnen die kleine Unschuld nicht verführen. Trockene Heringsgräte. Mit dem können Sie's aufnehmen. Wissen Sie, daß er die alte Contessa d'Aosta heiraten will und auf ganz große Karriere spekuliert? Neuer Ribbentrop, mit einem Schüßchen Papen.

HARRAS Das ist wohl jenes Schüßchen, das immer die andern trifft?

PÜTZCHEN Sie sind ja auch vom Galgen abgeschnitten. *Kneift ihm in den Arm.*

HARRAS Darf ich Ihnen etwas zu trinken anbieten?

PÜTZCHEN Ei, wie förmlich. Ja, bißchen Brennstoff kann nicht schaden. Wer ist der gut aussehende junge Mann?

LAWRENCE *ist wieder hereingekommen. Er ist rasiert, gewaschen, wirkt zehn Jahre jünger.*

HARRAS Das ist mein Freund Buddy Lawrence. Fräulein von Mohrungen.

PÜTZCHEN Amerikaner, hätt ich mir denken können. Der angelsächsische Mischtypus. Breite Schultern, schmale Hüften, Langschädel, aber nichts drin. Keine Aufklärung, meine ich. Bei Ihnen heißt es doch, der Mensch sei gleich geboren, selbst wenn er Jude ist.

LAWRENCE So heißt es. Waren Sie dort?

PÜTZCHEN Nein, aber man ist im Bilde. Haben wir alles im Kurs.

LAWRENCE Was für Kurs?

PÜTZCHEN NSRFF – Sonderschulung für vorgeschrittene Reichsfrauenschaftsführerinnenanwärterinnen.

LAWRENCE *zieht sein Notizbuch* Das müssen Sie mir buchstabieren.

PÜTZCHEN Falls ich mich entschließe, Ihnen ein Interview zu gewähren. Sind Sie ladenrein?

LAWRENCE Sie meinen – koscher? Nicht im vollen Sinne des Wortes.

PÜTZCHEN *lacht* Mir kann's gleich sein, die Zensur wird Ihnen schon auf die Finger klopfen. Was wollen Sie wissen? Schießen Sie los.

LAWRENCE *seriös* Was lernen Sie in Ihrem Kurs? Was ist das Hauptfach?

PÜTZCHEN Weltanschauung, natürlich. Besonders vom Standpunkt der fraulichen Belange. Wir hören erstklassige Autoritäten über Rassepolitik, Zuchtwahl, Geschlechtshygiene, Körper- und Seelenkultur, alles. Momentan haben wir eine Vortragsreihe: Der Schmerz im Leben der Nation. Hochinteressant.

LAWRENCE *schreibend* Ist das ein fraulicher Belang?

PÜTZCHEN Und ob. Ertüchtigung des Gefühlslebens, das muß bei den Müttern anfangen. Alles auf wissenschaftlicher Grundlage, verstehn

Sie? Biologisch, medizinisch, philosophisch. Der Schmerz bei Nietzsche. Die ethische Bedeutung des Schmerzes, von Geheimrat Sauerbruch. Abbau der Verweichlichung und des falschen Mitleids. Is ja dekadent. Also wenn ich mal ein Kind kriege, da gibt's keine Narkose, da wird hellwach durchgestanden und gebrüllt, daß die Nähte krachen.

HARRAS Da möcht ich Hebamme sein. *Kippt einen Schnaps.*

PÜTZCHEN Das könnte Ihnen so passen. *Spricht mehr zu ihm* Na, und dann sollten Sie uns mal turnen sehen, da würde Ihnen die Zunge raushängen. Lauter stramme Mädels, mit nichts als Schamhöschen bekleidet.

HARRAS Zum Abgewöhnen.

PÜTZCHEN Vorurteile, das gibt's nicht bei uns. Klassenbewußtsein, soziale Unterschiede, hat alles aufgehört. Jede deutsche Frau ist von Adel.

LAWRENCE Eine Adelsdemokratie.

PÜTZCHEN Quatsch. Eine Volksgemeinschaft.

HARRAS Und kommt Ihnen nie der Gedanke, was für ein schäbiger Schwindel das ist? Papa Mohrungen macht mit Onkel Hermanns Beteiligung noch ganz runde Milliönchen – und Ihre Schwestern Volksgenossinnen werden ihr Leben lang nichts anderes machen als Munition, damit man ihrem Bräutigam eine Salve übers Massengrab feuern kann.

PÜTZCHEN Sie reden wie ein Jude.

HARRAS Bin ich auch – honoris causa.

PÜTZCHEN Also Ihre Schnauze, die imponiert mir. Angst haben Sie wohl nie?

HARRAS Doch, Pützchen. Vor Ihnen könnt ich Angst kriegen.

PÜTZCHEN Soll das ein Kompliment sein?

HARRAS Nein. Eine Schmeichelei.

PÜTZCHEN Komisch. Alle meine Flirts fangen mit Krach an. *Gereizt zu Lawrence* Jetzt machen Sie 'n Punkt. Mehr kriegen Sie aus mir doch nicht raus. Muß hier mal erst eine Stubenbesichtigung vornehmen. *Wendet sich ab, geht im Zimmer umher.*

LAWRENCE *zu Harras, der ihm ein Glas reicht* Gräßlich. Ich fliege auf sie. Wenn sie nur nicht so einen hübchen Popo hätte. Es ist Zeit, daß ich hier rauskomme, sonst werde ich lasterhaft. Ich glaube, ich gehe jetzt.

HARRAS *leise* Kommt nicht in Frage, nicht allein. Das Haus ist bewacht. – Sind Sie all right?

LAWRENCE Komplett. Wie nach einer Ferienreise.

HARRAS Sie sehen so aus. Bei euch Burschen genügt eine Rasur und eine Runde Schlaf.

LAWRENCE Das macht das gute Gewissen und der Mangel an geistiger Belastung.

HARRAS *lacht* Beneidenswert. Kommen Sie, ich will Sie zur Aufbesserung Ihrer Geschmacksnerven mit einer jungen Frau bekanntmachen, die – die mir – also das heißt, ich werde sie heiraten.

LAWRENCE Seit wann? Gratuliere.

HARRAS Seit fünf Minuten.

LAWRENCE Dann scheint es mit meiner Wette schlecht zu stehen.

HARRAS Schreiben Sie sie ab. Sie ist verloren. Ich habe – Lebensabsichten. Ganz radikale.

LAWRENCE Glauben Sie, Sie können es durchstehen? Das muß ja hier mal verkrachen.

HARRAS Ich werde es versuchen. So oder so. *Führt ihn zu Diddo, die mit Pflungk am Fenster stand.*

PÜTZCHEN *hat sich im Raum umgeschaut* Die berühmte Propellerbar? Schneidig. Die hat er alle abgeschossen und zu Mus verarbeitet. *Kratzt an einem Metallstück.* Ist das Blut oder Rost?

MOHRUNGEN *mit Olivia aus der Bar heraustretend, etwas verlegen* Wirklich hochinteressant, all die Trophäen und Erinnerungen. Ein Stück moderner Kriegsgeschichte, sozusagen.

HARRAS Das meiste waren friedliche Bruchlandungen, Afrika, Grönland und so weiter. Der Sitz ist aus meiner alten Rumplertaube, 1915.

BARON PFLUNGK Originelle Aufmachung.

HARRAS Scheußlich, wie? Jeder Mensch hat sein angeborenes Quantum an schlechtem Geschmack. Das muß man abreagieren, um sein Gesamtniveau zu verbessern. Eine Art ästhetischer Selbstanalyse.

MOHRUNGEN Mir zu hoch.

HARRAS Ich stell mir immer vor, wie glücklich mancher moderne Architekt wäre, wenn er sich daheim auf ein Plüschsofa mit gestickten Ruhekissen fleezen dürfte, wie er's bei seinen Großeltern gewohnt war. So ähnlich ist das mit meinem Schauerkabinett.

PÜTZCHEN Also mir gefällt's. *Wippt auf dem Flugzeugsitz.*

HARRAS Freilich. Ich nenne es mein barbarisches Reservoir.

PÜTZCHEN Und wer ist der verblichene Beau in der Mitte? *Deutet auf eine bekränzte Photographie.*

HARRAS *spricht mehr zu Diddo* Mein bester Feind aus dem letzten Weltkrieg. Das Bild hat mir seine Mutter geschenkt. Ich hab sie später besucht.

PÜTZCHEN Die berühmte ritterliche Geste. Gut für die Nachrufe. Aber veraltet.

DIDDO *dreht sich hart um, geht hinaus.*

PÜTZCHEN Was hat das Blondchen, schon eiersüffig?

HARRAS Keine Ursache. Sie hilft Korrianke, damit wir was zu knabbern kriegen. Da kommt Schlick. Da lernen Sie eine Berühmtheit kennen. *Korrianke hat den Maler Schlick hereingelassen.*

MOHRUNGEN Schlick – Schlick – was hab ich nur kürzlich über ihn gelesen?

HARRAS Daß die Ausstellung seiner Bilder verboten worden ist. Gefällt dem Ersten Künstler unseres Volkes nicht. Heil, großer Pinsel. Du siehst verdurstet aus. *Füllt ein Glas.*

SCHLICK *keineswegs à la bohème, aber vernachlässigt angezogen, mit ungesunder Gesichtsfarbe und glasigem Blick, kommt etwas schwankend auf ihn zu. Er wirkt wie ein Mensch, der schon vormittags betrunken ist und dessen Zustand sich dann nicht mehr wesentlich ändert. In der Hand hält er eine Zeichenmappe, die er vor Harras auf den Tisch wirft, daß die einzelnen Blätter herausfallen* Letzte Serie. Soeben fertig geworden. *Er trinkt hastig.*

HARRAS *mit einem flüchtigen Blick auf die Blätter, rafft sie hastig zusammen* Du bist ja besoffen. Damit fällst du auf der Straße herum.

PÜTZCHEN Was Gemeines? Zeigen Sie her.

HARRAS Nicht gemein genug. Mehr abstrakt. Würde Sie langweilen.

PÜTZCHEN Nana. Wenn das keine nackten Mädchen sind. Euch Künstler kennt man doch.

SCHLICK *starrt sie an, ganz fasziniert.*

PÜTZCHEN *zieht ihre Bluse straff* Mir können Sie alles zeigen. Ich bin quasi erwachsen.

SCHLICK Die – die hat mir gefehlt. Die brauch ich. *Nimmt einen Zeichenstift aus der Tasche.* NS Blocksberg. Dazu reicht keine Phantasie.

HARRAS Nun halt schon die Klappe. Trink was, oder hau dich hin.

PÜTZCHEN *halb ärgerlich, halb geschmeichelt* Ich sitz Ihnen ein andermal. Jetzt sehn Sie doppelt. Was reizt Sie an mir – Figur oder Visage?

SCHLICK, *ohne sich von Harras unterbrechen zu lassen* Das Böse. Die Fleischwerdung des Bösen im Geschlecht. Uniform überm Körper – nackter Schoß im Gesicht.

MOHRUNGEN Das geht doch etwas zu weit. Vergessen Sie nicht, daß hier Damen sind!

SCHLICK *wendet sich zu Mohrungen, spricht klar, ohne Lallen, mit der Unbeirrbarkeit eines Menschen, der vor seiner Badewanne steht und den Fischen predigt* Das geht gar nicht zu weit. Das ist erst der Anfang. Ich muß es Ihnen erklären. Es ist von ungeheurer Bedeutung. Es handelt sich um meinen Zyklus ›Blut und Boden‹.

PÜTZCHEN Klingt vorschriftsmäßig. Malt jeder heutzutage.

SCHLICK *lacht* Ich habe die Formel entdeckt. Die Urformel. Ich bin der einzige, der sie kennt. *Spricht dozierend, unerregt* Blut fällt auf den Boden. Tropft, rinnt, spritzt, oder strömt. Der Boden schluckt es ein – wie ein Schoß den Samen. Das ist die Erzeugung des Bösen. Die Geburt allen Übels. Abels Blut floß auf den Boden – beim ersten Mord. Damit kam das Böse in die Welt. Das weiß jeder. Aber wieso hat niemand je bemerkt, daß es aus einer chemischen Verbindung kommt? Blut – und Boden. Die Formel. Die chemische Verbindung. Daraus entstehen, erstens, die Krankheiten, die Seuchen – denn all ihre bekannten Keime gehen auf einen Urkeim zurück. Dann: die bösen Triebe. Haß, Rachsucht, Neid, Grausamkeit. Dann die bösen Geister: Dämonen, Teufel, Furien, die Würger und Greifer. Dann: die verderblichen Wünsche. Die schlechten Gedanken. Sämtliche Abarten der Lüge. Auch die Giftpilze, der Tod im Mutterleib, die verkrüppelten Kinder. Die innere Verwesung, die Hoffart, die Seelenfäule, der Verrat, die Angst, der stinkende Selbstbetrug. Alles. So hat es angefangen. So geht es fort. Es gibt kein Entrinnen. Denken Sie an den befleckten Boden Rußlands. Den Leichendung. Die tödliche Befruchtung. Das kommt alles über uns. Ich habe das alles gezeichnet. *Er starrt Harras an, der die Mappe in einer Lade verschließt* Vielleicht hast du recht. Das kann wohl niemand ertragen. Vielleicht springe ich besser zum Fenster hinaus.

HARRAS Das ist deine erste gute Idee heute abend. Nebenan ist sogar ein Balkon. Da hast du sicheren Absprung.

SCHLICK *zu den andern* Warum lachen Sie nicht? Lachen Sie doch bitte. Ich bin sehr komisch. Ich bin auch ein Schweinehund, genau wie Sie, meine Herrschaften.

KORRIANKE *hat ihn auf einen Wink von Harras unterm Arm gefaßt* Saurer Hering und Käsestulle, dann vielleicht ein Glas Bier. Suff ohne Unterlage – logische Folgen. *Will ihn zur Küche führen.*

SCHLICK Nein, danke, kein Bedarf. Hier sind mir zu viele Greifer. *Macht sich los, schaut in der Luft herum, dann auf Harras* Glaubst du, dich werden sie auslassen? Weshalb grade dich? Hier sind mir zu viele – *Geht rasch, stolpert aus der Tür, Korrianke folgt.*

Beklommenes Schweigen. Selbst Pützchen scheint etwas gedämpft.

PÜTZCHEN Komische Kruke. War der immer so?

HARRAS Nicht vor 1933. Da war er noch verheiratet. Die Frau war jüdisch. Er hat sich scheiden lassen – weil er glaubte, man könne nur in Deutschland malen. Die Frau ist mit den Kindern verschollen. Und Schlick ist immer noch ›entartet‹. *Er hat mit einer nervösen Bewegung, mehr automatisch, das Radio angedreht. Jetzt schnarrt eine Stimme.*

STIMME – halten überall aus, trotz vorzeitiger Schneestürme und unerträglicher Kälte, die unsren Truppen die schwersten – *Er schaltet ab.*

OLIVIA Brrrrr. *Schüttelt sich* Ich habe vorhin was von warmen Würstchen gehört. Das wär jetzt eine Erlösung.

HARRAS Danke, Olly. Das war Schützenhilfe. Entschuldigen Sie, bitte – ich bin ein schlechter Hausherr. Darf ich Sie in die Küche bemühen? Ich hab da eine Tiroler Ecke, statt eines Speisezimmers. Nein, Baron, keine Umstände, nur ein kleiner Happen, damit wir mehr trinken können. *Zu Olivia* Ich kann wohl dir und Diddo das Haufrauliche überlassen. Wir kommen nach.

Er bleibt mit Mohrungen zurück, der ihm ein Zeichen gemacht hatte, während die andern in die Küche verschwinden, aus der man Stimmen und Geräusche hört.

MOHRUNGEN Sagen Sie – *senkt die Stimme* – kann man hier abgehört werden?

HARRAS Nur von seinem Gewissen, Herr Präsident.

MOHRUNGEN Ich weiß nicht, was Sie meinen, Herr General! Ich muß Sie ernstlich bitten, seriös zu sein. Es muß ja jeder zuerst vor seiner eigenen Türe kehren.

HARRAS Gut – kehren wir. Sie als der Ältere und als mein Gast haben den Vortritt. Fangen Sie vor der Ihren an. Vor meiner Tür hat sowieso schon die Gestapo gekehrt, wie sie wissen dürften. Und die kehrt anders rum. Den Dreck ins Haus.

MOHRUNGEN Ich kann in diesem Ton nicht mit Ihnen reden –

HARRAS Dann gehn wir was essen.

MOHRUNGEN *hält ihn am Arm* Nehmen Sie doch Vernunft an. Es geht ums Leben!

HARRAS Das ist Privatsache. Mich interessiert lediglich die Stellungnahme des Beschaffungsamtes in Sachen der Materialschäden.

MOHRUNGEN Ich konnte nicht anders handeln, General. Es ist auch – ja, es entspricht meiner Überzeugung. Die Situation – hat sich in einer Richtung entwickelt – der man sich nicht in den Weg stellen kann. Darf.

HARRAS Das heißt: Sie haben gegen mich Stellung genommen. Sie haben den Verdacht und die Verantwortung einseitig auf meine Ämter abgewälzt.

MOHRUNGEN *gequält* Ich habe nur meine Pflicht getan. Im Bereich der

Metallfabrikation sind einwandfreie Entlastungsbeweise erbracht. Alle Spuren weisen in die – gegebene Richtung.

HARRAS Meines Wissens gibt es keine Spuren, weder hier noch dort. Sondern nur eine gegebene Richtung. Nämlich – gegen mich.

MOHRUNGEN Aber was soll ich denn tun? Ich kann doch der staatlichen Untersuchung nicht in den Arm fallen – ja gewiß, ich kenne Ihren Verdacht. Er mag richtig sein – er mag aber auch falsch sein – ich weiß es nicht, Harras – und – und ich will es nicht wissen! Nein – ich will es nicht wissen! Meine Lage ist schwierig genug – ich muß es leider aussprechen – durch Ihre Schuld! *Flüsternd* Man hat einen Teil unserer Unterhaltung damals aufgenommen – Gott sei Dank nicht sehr deutlich. Aber mir bleibt nichts anderes übrig als – bitte verstehen Sie mich doch!

HARRAS *kühl, aber nicht unfreundlich* Ich verstehe durchaus, daß ein Mensch sich retten will.

MOHRUNGEN Darum dreht es sich nicht.

HARRAS Sondern –?

MOHRUNGEN Hören Sie mich eine Minute an – ohne Vorurteil. Es dreht sich um Ihre Rettung. Es gibt nur den einen Weg, und ich will alles tun, um ihn für Sie zu ebnen, ich sage ganz offen, auch in meinem eignen Interesse. Sie kennen doch Funk – schließlich hat er Humor und trinkt auch gern – ich weiß, daß er Sie irgendwie schätzt. Ich könnte eine Zusammenkunft veranlassen – ganz zwanglos, vielleicht einen Dämmerschoppen in meinem Hotel. – Er hat genug Einfluß, um das Notwendige zu vermitteln.

HARRAS Und das wäre?

MOHRUNGEN Sie müssen in die Partei eintreten. Sie müssen eine vollständig andere Stellung beziehen. Die ganze Sache muß aus der Welt geschafft werden. Sie müssen sich mit Himmler verständigen –

HARRAS – und die Luftwaffe der SS in die Hand spielen.

MOHRUNGEN Sie können es ja doch nicht verhindern! Es ist das Gebot der Stunde. Wir stehen in einem Kampf, in dem Einigkeit über alles geht – auch über irgendwelche persönlichen Bedenken, oder – Gefühlsmomente. Sie wissen, mir fällt es schwer genug. Aber wir müssen doch – wir müssen doch Deutschland vor dem Bolschewismus retten! Nicht nur Deutschland. Die Welt.

HARRAS Retten Sie, Präsident. Retten Sie feste. Retten Sie vor allem Ihre Aufsichtsratposten und Ihre Dividende. Aber ohne mich.

MOHRUNGEN Sie müssen doch einsehen, Harras – man kann nicht wider den Stachel löcken – es ist – es sind auch Ihre Ideale, um die es geht. Es geht doch um die gesamte christliche Zivilisation!

HARRAS Dann retten Sie auch die. Es rettet ja jeder etwas, heutzutage, was er nicht beweisen kann. Die Religion, die Kultur, die Demokratie, das Abendland – wohin man rotzt, ein Kreuzzug. Wenn ich nur einen treffen würde, der zugibt, daß er nichts als seine Haut retten will. Das möcht ich auch sehr gern. Aber nicht mittels Dämmerschoppen. Sollte ich ein Ideal haben, so ist es ein ganz bescheidenes geworden; mich nicht selber anspucken zu müssen. Nicht mal bei Gegenwind.

MOHRUNGEN *aufbrausend* Wollen Sie damit sagen – *nach einer Pause* – *leise* – daß ich meine Ehre preisgegeben hätte?

HARRAS Ja.

MOHRUNGEN *wendet sich ab* Man lebt doch nicht zum Spaß. Man muß doch Opfer bringen. Ich weiß – wir gehn alle vor die Hunde. Man hat keinen freien Willen mehr – *Er schluchzt.*

HARRAS Ich habe Durst. Es gibt Bier in der Küche.

MOHRUNGEN Können Sie mich denn nicht verstehen?

HARRAS Doch, Präsident. Ziemlich genau. Ich habe nichts anderes erwartet. *Geht zur Küchentür.*

PÜTZCHEN *mit einer angebissenen Frankfurter in der Hand, von Pflungk gefolgt* Friedensware, ganz ohne Hufnagel. Halt dich ran, Papa, die Geiß hält sie dir warm. Ihr könnt die Kriegslage auch mit vollem Mund besprechen. Darf ich mal Ihr Telephon benutzen? Dienstsache, natürlich.

HARRAS Aber gewiß, auch wenn es Minnedienst ist. Au. So was Blödes fällt mir sonst nicht ein. Sie drücken meinen Stil, Pützchen.

PÜTZCHEN Ja, der Krieg verdirbt die Besten.

HARRAS Kommen Sie, Präsident. *Mit Mohrungen ab in die Küche.*

BARON PFLUNGK Nun sagen Sie schon, Pützchen. Sie wollen doch gar nicht telephonieren. Warum haben Sie mir auf den Fuß getreten?

PÜTZCHEN Keine Angst, Edeling. Nicht von wegen Poussage. Es war nur ein Trick, um rauszukommen. Ich habe da was entdeckt, das will ich mir anschauen. Wird Sie auch interessieren. Tolle Sache, mein Lieber. Ich konnte vorhin nur einen Blick drauf werfen. *Sie geht zum Schreibtisch, auf dem Bergmanns Brief liegengeblieben ist, nimmt ihn auf* Passen Sie mal auf, daß niemand reinkommt. Muß ihm grade jemand gebracht haben, sonst hätt er's versteckt. Vielleicht die Geiß, die hab ich längst im Verdacht. *Liest*

BARON PFLUNGK *über ihre Schulter lesend* Von einem seiner jüdischen

Freunde, natürlich. Er soll schon ein paar davon über die Grenze geschmuggelt haben.

PÜTZCHEN Das sind ja staatsfeindliche Umtriebe! Is ja Hochverrat!

BARON PFLUNGK Geben Sie mir den Brief.

PÜTZCHEN Denke nicht daran.

BARON PFLUNGK Geben Sie mir den Brief.

PÜTZCHEN Was wollen Sie denn damit?

BARON PFLUNGK Das werden Sie sehen – *Reißt ihr den Brief aus der Hand, will ihn in den Kamin werfen, in dem Korrianke vorher Feuer gemacht hat. Er wirft aber zu kurz, und Pützchen schnappt ihn aus der Luft, bevor er fallen kann.*

PÜTZCHEN Idiot. Nicht mal werfen kann er. Nehmen Sie einen Kurs in Leichtathletik, Sie Schlappschwanz. Warum wollten Sie das tun?

BARON PFLUNGK Weil ich nicht möchte, daß Sie Dummheiten machen.

PÜTZCHEN Dummheiten?

BARON PFLUNGK Mit diesem Brief können Sie Harras vernichten –

PÜTZCHEN Na, wenn schon.

BARON PFLUNGK Es wäre eine Dummheit. Es wäre sogar gefährlich. Pützchen, Sie sind zu jung, um das zu verstehn. Wir sind nicht unbesiegbar. Im Krieg gibt es Glück und Unglück, auch für Nationalsozialisten. Es kann einmal anders kommen. Dann – dann braucht man Leute wie Harras! Dann muß man froh sein, wenn man solche Leute kennt. Gut kennt.

PÜTZCHEN Sie denken ein bißchen zu weit, Herr Baron.

BARON PFLUNGK Besser als zu kurz. Und wenn er jetzt hochgeht, verstehn Sie – dann hat man ihn wieder zu gut gekannt. Das macht es noch schlimmer!

PÜTZCHEN Für mich sind Sie eine Kackhose. Ein schlaffer Sack. Da ist der Harras ein anderer Kerl. Der hat wenigstens Mumm.

BARON PFLUNGK Was wollen Sie mit dem Brief machen?

PÜTZCHEN Das kommt drauf an. Das hängt von ihm ab. Vielleicht – vielleicht mach ich ihn ganz groß. Vielleicht laß ich ihn fallen. *Steckt den Brief in ihren Blusenausschnitt* Nebenbei gesagt, wenn mich die kleine Geiß weiter so anglubscht, werd ich ihr eine kleben. *Stimmen werden lauter, nähern sich aus der Küche. Pützchen nimmt rasch den Telephonhörer, markiert Gespräch* Also Wiedersehn im Saftladen. Bolona, Bolona. Wissen nicht, was das heißt? Bombenlose Nacht, natürlich. Traut sich so keiner her. *Hängt ab* Wie hab ich das gemacht? Soll mir die Geiß nachspielen.

BARON PFLUNGK *hastig* Ich sag Ihnen noch einmal, Sie spielen mit Dynamit. Sie wissen nicht, was Sie aufrollen können –

PÜTZCHEN Kackhose! Kackhose! *Sucht in der Bar nach Zigaretten.*

BARON PFLUNGK *auf sie einflüsternd, folgt ihr in die Bar.*

Die andern sind von der Küche zurückgekommen, teils mit Gläsern, teils rauchend. Mohrungen und Olivia, in leisem Gespräch, kommen nur bis zur Tür und verschwinden wieder. Harras kommt mit Diddo und Lawrence herein – wendet sich zum Fenster.

HARRAS Jetzt muß ich abblenden, damit wir Licht machen können.

DIDDO Wie schade. Jetzt ist es am schönsten.

HARRAS L'heure macabre. Tiefseestation.

LAWRENCE Ja – es hat etwas von einem Aquarium.

HARRAS Wenn es Abend wird, in den großen Städten, sinkt unsere Wohnung wie eine Taucherglocke. Die Luft ist Grundwasser, dämmertrüb. Glutäugige Fische schwimmen langsam vorbei. Ihr lappischer Flossenschlag wischt über die Fenster. Weiche Mäuler schlucken unsere Augäpfel und lassen sie mit schaumigen Blasen hinaufwirbeln, ins Ungewisse. Unser Gesicht ist blind geworden, man sieht mit den Fingerspitzen, hört mit der Zunge, riecht mit dem Rückenmark und atmet mit dem Hirn. Dann erwacht der heimliche Sinn. Der Ursinn. Der alle Sinne umschließt und keine Grenzen hat. Der Suaheli-Sinn. Ganz nah am Wahnsinn.

DIDDO *hat ihren Arm in den seinen gelegt* Ich hab mir immer gewünscht, eine Wahnsinnige zu spielen. Warum, weiß ich nicht –. Vielleicht könnte man dann etwas loswerden – was man in sich hat – und was sonst nicht heraus darf. Aber vielleicht gehört das nicht auf die Bühne. Kennst du den ›Danton‹, von Büchner?

HARRAS *nickt.*

DIDDO Manchmal, wenn ich allein auf der Straße gehe, dann bin ich die Lucile – meinen Camille haben sie mir umgebracht – die Revolutionshenker gehen durch die Nacht – und ich muß plötzlich aus dem Dunkel treten und rufen: Es lebe der König! So möchte ich sterben. Ist das wahnsinnig?

HARRAS *nimmt sie näher an sich, antwortet nicht.*

LAWRENCE Ich beneide die Deutschen um das Wort: Wahnsinn. Es ist ein Dichterwort. Fast ein heiliges Wort. Auch Leidenschaft. Auch Ehrfurcht. Sehnsucht. Begeisterung.

HARRAS Sie kennen unsere Sprache.

LAWRENCE *traurig* Ich liebe Deutschland.

HARRAS Glauben Sie, daß es noch wert ist, geliebt zu werden? Trotz allem?

LAWRENCE Sonst würde ich wohl nicht wagen, der Bestie meinen Kopf in den Rachen zu stecken. Morgen werde ich vielleicht in einem Camp verrotten. Des deutschen Wahnsinns wegen.

HARRAS Ich hab ihn satt. Er hat uns zu viele Windeier gelegt. Das Haus Wahnfried. Den Größenwahn. Ach, Buddy – wie man sich manchmal sehnt – nach einem simplen Volk ohne Wahn- und Aberwitz. Nach Fußballern, Monteuren, Gummikauern, Kindsköpfen. Wie man es über hat, die Wichtigkeit, die Bedeutung, den Todesrausch, das gespaltene Innenleben, den faustischen Geldbriefträger, den dämonischen Blockwart. Die Halbbildung hat uns den Unterleib mit Metaphysik erfüllt und den Kopf mit Darmgasen. Das Unverdauliche zieht uns hinab. Wir sind eine Nation verstopfter Volksschullehrer geworden, die den Rohrstock mit der Reitpeitsche vertauscht haben, um das menschliche Angesicht zu entstellen. Wolkenjäger und Schindknechte. Ein miserables Volk.

LAWRENCE Ich liebe die Deutschen.

HARRAS Ich auch. Bis zum Haß. So muß ein Schauspieler seine Rolle hassen. Lieben und hassen. Die Gestalt, zu der er verurteilt ist.

LAWRENCE Das gilt für alle Menschen

HARRAS Ja, wir spielen alle. Wir sind in Rollen versteckt und wissen ihr Ende nicht. Wir kennen noch nicht einmal ihren Charakter. Wieviel Böses lauert denn in dir selbst? Frag den Autor. Ist er verrückt? Oder ein Schwindler? Gehört er angebetet – oder ans Kreuz geschlagen?

DIDDO Und hat er uns wenigstens gute Rollen geschrieben – in einem schlechten Stück? Oder umgekehrt? Was geben wir überhaupt? Große Oper – Komödie – Trauerspiel?

HARRAS *lächelnd* Alles zusammen, glaub ich. Und vermutlich gerade den zweiten Akt. Denn der dritte wird kataraktischer sein.

LAWRENCE Vielleicht ist es nur ein Vorspiel. Eine tragische Festouvertüre.

HARRAS »Deutschland. Ein unendlicher Prolog.« *Er zieht die Vorhänge zu, schaltet Licht ein.*

OLIVIA *in der Küchentür* Kinder, um Gottes willen, ich muß ins Theater. In einer Stunde geht der Lappen hoch.

HARRAS Keine Aufregung. Mit einem Taxi schafft ihr's noch lange.

OLIVIA Aber man kriegt doch keins –

HARRAS Korrianke hat einen Freund in der Westend-Garage, der immer funktioniert. Sprung auf, marsch, marsch, Korriandoli, schaff die

Karre bei und bring die Abendblätter mit rauf. Bin gespannt, was ich an der Ostfront erlebt habe.

OLIVIA Korrianke ist ein Erzengel, ohne ihn wären wir alle verratzt. Mach dich fertig, Kleines, damit es dann kein Gewurschtel gibt. Zu schade, Präsident – *Wendet sich in den Nebenraum zurück.*

HARRAS *zu Lawrence* Wollen Sie mir einen Gefallen tun? Lassen Sie uns eine Minute allein und halten Sie uns die anderen vom Leib. Danke.

LAWRENCE *nickt, wendet sich zu Pützchen und Pflungk, die leise streitend aus der Bar kommen.*

HARRAS *nimmt seine Uhr aus der Tasche* Tu jetzt so, als ob ich dir etwas zeige. Und antworte nicht. Paß auf: vielleicht spring ich aus meiner Rolle. Vielleicht werd ich kontraktbrüchig. Vielleicht schlag ich dem Autor ein Schnippchen. Ich denke an Abhauen – durch die Luft, ohne Fahrschein.

DIDDO *nickt eifrig, tut, als lausche sie an der Uhr.*

HARRAS Wann und wie – weiß ich noch nicht. Wenn es glückt – *Unterbricht sich* Vorsicht. Sie kommen her.

DIDDO *fast ohne Ton, unterm Atem* Es muß glücken. Es muß.

HARRAS *laut* Hörst du? Sie tickt schon wieder. Sie ist noch lange nicht futsch. *Steckt die Uhr ein.*

DIDDO Die wird noch hundert – in deiner Hosentasche.

HARRAS *lachend* Falls die Naht nicht platzt.

KORRIANKE *ist in der Flurtür erschienen, hält Zeitungen in der Hand. Gleichzeitig braust Olivia herein, von Mohrungen gefolgt.*

OLIVIA Taxi vorgefahren? Das nenn ich Blitzbedienung. Also nur keine lange Abschiedsszene. Komm, Diddolein, zieh deine Jacke an

KORRIANKE Herr General –

HARRAS *schaut zu ihm hin* Wie siehst du denn aus? Was gibt's denn?

KORRIANKE Es ist etwas passiert.

MOHRUNGEN *ist zu ihm getreten* Extrablätter mit Trauerrand? Ist jemand – *Hat ihm ein Blatt aus der Hand genommen – wird bleich* Guter Gott – *Läßt das Blatt fallen.*

HARRAS, *ohne sich von der Stelle zu rühren – fast mit Gewißheit* Eilers?

PÜTZCHEN *ist zu Mohrungen gelaufen, nimmt das Blatt auf. Liest* »– tödlich verunglückt – Absturz überm Flugfeld – Unaufgeklärter Maschinendefekt –« Das ist doch nicht möglich! So etwas darf doch nicht –

MOHRUNGEN *faßt ihren Arm. Sie schweigt, schaut Harras an.*

HARRAS *zwischen den Zähnen* Durch die Zeitung. Kein Anruf. Kein Radiogramm.

PÜTZCHEN *leise, betroffen* Anne – ob sie es schon weiß?

MOHRUNGEN *ganz gebrochen* Wir müssen versuchen anzurufen –. Ich werde gleich hinfahren – mit dem nächsten Zug –

BARON PFLUNGK *lesend* »Der Führer hat Staatsbegräbnis angeordnet.« Das wird sie ein bißchen trösten.

MOHRUNGEN Ich glaube kaum.

PÜTZCHEN *streicht seine Hand. Er nickt trübselig.*

OLIVIA *mit nassen Augen* Und jetzt soll man singen. Man möchte schon lieber – selbst nicht mehr.

MOHRUNGEN *schaut sie an, hilflos* Da merkt man plötzlich – wie alt man ist. Wie alt.

PÜTZCHEN *geht unbemerkt hinaus.*

HARRAS *verändert, mit kalter Stimme* Korrianke. Nimm den großen Wagen, mach Tempo. Fahr zu Oderbruch, er ist jetzt bestimmt zu Hause. Hol ihn her. Anrufen will ich nicht. Sag ihm, er soll alles mitbringen, was er an Material zur Hand hat. Wir müssen arbeiten. Nimm den Wohnungsschlüssel mit, schick ihn rauf, eh du den Wagen parkst. Verlier keinen Augenblick.

KORRIANKE *hat Haltung angenommen, geht.*

MOHRUNGEN *zu Pflungk* Können Sie uns zum Hotel bringen, Baron? Ich muß packen. Wo ist denn Pützchen?

BARON PFLUNGK Ich weiß nicht, sie muß vorausgegangen sein.

MOHRUNGEN *ruft* Pützchen! – – Warum läuft sie jetzt weg?

BARON PFLUNGK *zuckt die Achseln* Sie hat ihre Launen. Natürlich bringe ich Sie. – Ich – ich brauche nicht zu sagen, wie tief ich mit Ihnen empfinde, Herr Präsident.

MOHRUNGEN *nickt abwesend* Ja – vielen Dank. *Sein Blick trifft Harras, wird hart* Das wird ein Nachspiel haben. Der Fall muß aufgeklärt werden. Rücksichtslos.

HARRAS *erwidert seinen Blick – verbeugt sich schweigend.*

BARON PFLUNGK *verlegen* Auf Wiedersehn, General – Dank für die Gastfreundschaft.

HARRAS Ach, bitte, nehmen Sie Mr. Lawrence mit, bis zur amerikanischen Botschaft. Das liegt auf Ihrem Wege.

BARON PFLUNGK Gern, mit Vergnügen.

HARRAS *zu Lawrence* Sagten Sie nicht, Sie hätten dort zu tun?

LAWRENCE Sie denken an alles. Leb wohl, Harry. *Streckt die Hand aus.*

HARRAS Leb wohl, Zeitgenosse. Ihre Wette wird besser. Legen Sie ein Monatsgehalt drauf.

Drückt ihm kurz die Hand. Mohrungen, Pflungk, Lawrence ab. Olivia bleibt zögernd in der Tür. Man hört den Fahrstuhl.

HARRAS *zu Diddo, ruhig und fest* Nimm an. Geh nach Wien. – Jetzt hat sich viel verändert.

DIDDO Nicht für mich. Ich bin nicht schwach. Ich will dich nicht verlassen.

HARRAS *nimmt ihre Hände* Du verläßt mich nicht, wenn du gehst. Du stehst mir bei.

DIDDO Wie kann ich dir beistehn – wenn ich fern bin?

HARRAS Grade dann. Beistand ist das, worauf man bauen kann, wenn man allein ist. Was jetzt kommt – muß ich allein abmachen.

DIDDO Wie werd ich von dir hören?

HARRAS Ich kann dich dort leichter erreichen – was auch geschieht. Hier würden sie dich bewachen. Oder – Schlimmeres. Versprichst du mir, daß du gehst?

DIDDO Ich gehe.

OLIVIA *leise* Komm jetzt, Kind.

DIDDO *reißt sich los – geht rasch mit ihr.*

HARRAS *allein in dem hellerleuchteten Raum – faßt mit einer unbewußten Bewegung nach einer Stuhllehne, krallt die Hand darum – schließt die Augen. – Wenn er sie öffnet, steht Pützchen in der Tür. – Er starrt sie an – löst die Hand* Wo kommen Sie her? Wer hat Sie hereingelassen?

PÜTZCHEN *ohne Scheu, aber nicht kokett oder frivol* Niemand. Ich hab mich im Wandschrank versteckt, bis alle weg waren. Ich muß mit Ihnen sprechen, Harras. Allein.

HARRAS Ich glaube, Sie wählen einen falschen Augenblick. Ich habe zu tun. Ich habe keine Zeit zu verplaudern.

PÜTZCHEN Halten Sie mich nicht für dümmer, als ich bin. Man verstellt sich ein bißchen, jeder von uns, auch Sie. Man übertreibt nach außen und merkt es oft selbst nicht mehr. Aber im Grunde weiß man doch Bescheid. Harry – mit Ihnen kann das nicht so weitergehen.

HARRAS Was meinen Sie damit?

PÜTZCHEN Sehn Sie, die Sache mit Eilers, die geht mir nah. Das hat mir einen Stoß gegeben. Nicht nur wegen Anne und ihrer Kinder. Er war ein feiner Kerl, wenn auch zu weich. Sie sind besser, was das Material anlangt. Man sagt ja, daß es jeden Flieger mal erwischt, das liegt im Beruf. Aber müssen Sie sich denn unbedingt selbst ruinieren? Das haben Sie nicht nötig!

HARRAS Wer sagt Ihnen das? Vielleicht hab ich es nötig. Und außerdem, Pützchen – was geht es Sie an?

PÜTZCHEN Ich kann's nicht mit ansehn. Ich mag nicht. Es gibt nicht so viele Männer auf der Welt. Richtige Männer. Sie sind ein Mann. Es ist ein Jammer um Sie. Hartmännchen zum Beispiel – das ist mir gar nicht so leicht gefallen, ich hab ihn recht gern, er ist ein lieber Junge. Aber was soll ich mit ihm anfangen? Ein lieber Junge genügt mir nicht, auch wenn er noch so brav ist. Und die andern, die sind erst recht nichts wert. Ich stell mir einen Mann vor, der's schafft, der das Rennen macht – an der Spitze der Nation. Sie könnten es schaffen, Harry, Sie müssen es schaffen.

HARRAS Was, den Ehrenvorsitz der KdF oder eine goldene Wandplakette in der Reichsfrauenschaft? Wollen Sie hier Propaganda machen? Suchen Sie sich einen Pimpf.

PÜTZCHEN Werden Sie nicht sarkastisch, ich kenn das, wir sind unter uns. Es ist nur blöder Trotz, wenn Sie nicht mitmachen. Sie sind doch kein Jude und kein Kommunist. Sie wissen selbst, daß Sie dagegen nicht aufkommen. Seien Sie doch kein Narr. Sie haben Blut, Rasse, Geist. Sie sind zum Herrschen geboren, zum Packen, zum Besitzen. Sie sind ja ganz gern ein Nazigeneral geworden, der Glanz, der Aufstieg, das hat Ihnen ja gepaßt! Warum nicht mehr? Sie könnten alle überflügeln. Sie haben das Zeug dazu!

HARRAS Schlimm genug.

PÜTZCHEN Unsinn. Schmeißen Sie den alten Krempel über Bord. Freiheit, Humanität – das ist doch Gefasel. Frei ist, wer die andern beherrscht. Es gibt nur zwei Parteien auf der Welt, die oben – die unten. Und wer unten liegt, der hat unrecht, und verdient's nicht besser. Das ist die Wirklichkeit. Sie gehören hinauf. Ganz hoch hinauf!

HARRAS *zwischen den Zähnen* »– auf den Gipfel eines hohen Berges –« Hm?

PÜTZCHEN Ja, zum Teufel, ich zeig Ihnen die Welt, man sieht sie nur von oben! Schaun Sie runter, Sie sind ja schwindelfrei! Schaun Sie sich doch die andern an: Schatten – Weichtiere – Mollusken! Und unsere Bonzen – tüchtige Kerle dabei – aber kein Format. Der Göring, ein eitler Kloß, der Milch, der Kesselring, und so weiter, ehrgeizige Halbleben, Leute wie mein Papa, eine Wachsfigur. Der Himmler hat Grütze, aber er ist kein Soldat. Wenn Sie wollen – Sie können Sie alle in die Tasche stecken. Sind Sie blutscheu? Sind Sie ein Waschlappen? Haben Sie keine Instinkte mehr? In einem Jahr können Sie der Größte sein – die Macht hinterm Führer – und jeden abkrageln, der Ihnen nicht gefällt. Macht ist Leben. Macht ist Genuß. Mensch – wenn Sie zugreifen – ich mache Sie ganz groß!!

HARRAS Sie machen mich ganz groß. Und warum, wenn ich fragen darf? Was liegt Ihnen dran? Was haben Sie davon?

PÜTZCHEN Weil ich Sie mag. Voilà. Sie wissen's ja, warum soll ich's nicht sagen. Ich mag Sie, ich hab Sie gleich gemocht. Und Pützchen kriegt, was es will. Sie brauchen nichts als die Frau, die Sie aufrüttelt, hochreißt, die Ihnen die Sporen einsetzt, damit Sie durchs Ziel schießen! Sie brauchen mich, Harry.

HARRAS *mit einem Anflug von Mitgefühl* Ich muß Sie ernüchtern, Pützchen. Sie täuschen sich. Ich bin das falsche Objekt. Suchen Sie sich ein anderes, es gibt so viele davon. Ich brauche niemanden. Und wenn ich jemanden brauche – den such ich mir selbst.

PÜTZCHEN Sie traun sich wohl nicht. Sie haben wohl Angst, sich die Zunge zu verbrennen. Spielen Sie nur kein Theater. Der gute Hirte mit dem Schäfchen im Arm – das steht Ihnen nicht. Schaun Sie mal in den Spiegel. Sie sind ein Raubtier, Sie haben Habichtsaugen, und Reißzähne wie ein Wolf. Was wollen Sie denn mit der grünen Rapunzel? Die wird Ihnen fad, eh Sie angebissen haben. Die bleibt am Weg.

HARRAS Gehen Sie jetzt fort, Pützchen. Ich warne Sie.

PÜTZCHEN Es wäre gescheiter, Sie würden sich warnen lassen, Harras. Treiben Sie's nicht zu weit. Man schmuggelt nicht ungestraft alte Juden über die Grenze. Nur um den Samariter zu markieren. Dazu hat man kein Recht, auch Sie nicht. Was zum Untergehn verurteilt ist, das muß herunter, da läßt man die Finger weg, sonst kriegt man drauf. Auf die paar Juden kommt's bei uns nicht an, die wollten lang genug das Salz der Erde sein, jetzt können sie Salz schlucken, bis ihnen der Schlund verdorrt. Wollen Sie mitfressen?

HARRAS *hat auf den Schreibtisch geschaut – starrt sie an* Was heißt das – Spitzelei? Erpressung?

PÜTZCHEN Ich sag nichts mehr. Wer nicht hören will, muß fühlen.

HARRAS *mit einem Sprung zur Wand, reißt eine schwere afrikanische Peitsche herunter, geht auf sie los* Dann hören Sie. Wenn Sie nicht auf der Stelle verschwinden – zieh ich Ihnen das Ding hier durchs Gesicht, quer durchs Gesicht, daß es gezeichnet ist, solang Sie vegetieren – *Er holt aus.*

PÜTZCHEN *mit erhobenen Armen, rasch rückwärts zur Tür – bleibt stehen* So – so einer bist du? Du Feigling. Dir werd ich's eintränken. Du gemeiner Hund. Du Verräter. *Ab – schmeißt die Tür zu.*

HARRAS *steht einen Augenblick – keuchend – dann wirft er die Peitsche weg – greift sich zum Hals, als habe er keine Luft. Geht rasch durchs Zimmer, zu einem Wandschalter, löscht alles Licht, bis es ganz dunkel ist – dann zum Fenster, zieht die Vorhänge zurück, öffnet weit. Schaut hinaus, tief atmend. Der Raum füllt sich von draußen mit einem schwachen Lichtschimmer, der etwas stärker wird. In der Mitte des schwarzen Fensters wachsen fünf bleiche, gefächerte Strahlen in die Höhe – stehen im Rahmen wie die Finger einer riesenhaft ausgespreizten Hand.*

Harras bleibt einen Moment regungslos – dann reißt er die Vorhänge zu, weicht fast taumelnd in den finsteren Raum zurück. Man sieht ihn nicht. Er scheint auf einen Sessel gesunken – oder am Boden. Seine Stimme kommt aus der Tiefe Herrgott im Himmel. Ich habe Angst. Ich habe Angst. Ich hab Angst – *Verstummt. Eine Tür geht. Harras, im Dunkel, springt hoch – schreit* Halt! Zurück!! Wer ist da –?! *Das Licht flammt auf. Harras am Schalter – den Revolver in der Hand.*

ODERBRUCH *steht in der Tür, mit einer Aktenmappe unterm Arm. Er ist ein Mann um die Vierzig, schlank, graublond, mit einfachen, klaren Zügen, ohne besondere Auffälligkeit. Er trägt die schmucklose graue Litewka der technischen Spezialtruppen. Keine Auszeichnungen. Wenn er näherkommt, bemerkt man, daß er ein klein wenig, kaum sichtbar, hinkt. Sein Sprechen ist knapp, gelassen, manchmal etwas stockend, beherrscht und bedächtig* Habe ich Sie erschreckt? Korrianke hat mir den Schlüssel mitgegeben. *Geht zum Schreibtisch, legt Schlüssel und Mappe nieder.*

HARRAS Oderbruch! Gott sei Dank, daß Sie da sind. Ich war wohl ein bißchen hysterisch. *Er lacht kurz auf, erlöst* Hatte dunkel gemacht, um Luft hereinzulassen. Man weiß nie genau, was so im Dunkel herumschleicht, heutzutage. Ich dachte immer, ich hätte keine Nerven.

ODERBRUCH Das denkt man, wenn man sie Tag und Nacht in Gewalt haben muß. Aber man soll ihnen manchmal etwas Zügel geben. Sonst werden sie hartmäulig und warnen uns nicht mehr.

HARRAS Es ist ja kein Wunder. Es ist ein bißchen stark. Sie wissen – von Eilers?

ODERBRUCH *nickt.*

HARRAS Seit wann?

ODERBRUCH Ich habe es erst durch Ihre Botschaft erfahren. Im Amt war nichts bekannt.

HARRAS Ja, man hat es vor uns geheimgehalten, aus irgendeinem vertrackten Grund – den wir herauskriegen müssen, wie so vieles. Wenn ich Ihre alte Mappe da sehe und Ihr Gesicht, dann kommt es mir schon nicht mehr ganz unlösbar vor. Ein Glück, daß Sie zu Hause waren. Aber Sie sind ja immer zu Hause. Habe ich Sie gestört?

ODERBRUCH *lächelnd* Es ist mein Donnerstag.

HARRAS Ach, wirklich. Ich hatte keinen Dunst, was für ein Tag es ist. Das tut mir leid.

ODERBRUCH Es spielt keine Rolle – in einem solchen Fall. Sonst halt ich an diesem Abend fest wie an der Seligkeit. Man braucht so eine Sache – die einen vollständig wegnimmt – von allem.

HARRAS Ich weiß, es ist Ihr einziges bekanntes Laster. Was war's heute abend?

ODERBRUCH Schubert, C-dur-Quintett mit zwei Celli. Es war gar nicht einfach, das zweite aufzutreiben. Es gibt nicht so viele Cellisten.

HARRAS Gewiß nicht viele, die sich trauen dürfen, mit Ihnen das zweite zu spielen. – Ist es nicht scheußlich – mit Eilers? Jeden andern könnt' ich eher verschmerzen.

ODERBRUCH Er war mein Freund.

HARRAS *nickt* Und wenn's noch im Kampf passiert wäre. Aber so – das ist doch Mord. Meuchelmord. – Haben Sie irgendeine Erklärung? Einen Anhaltspunkt? Weshalb gerade Eilers?

ODERBRUCH Es hätte wohl ebensogut jeden anderen treffen können. Die Staffel war mit neuen Maschinen beliefert – alle ausprobiert, alle gleichmäßig geprüft.

HARRAS Wir müssen sie alle telegraphisch zurückbeordern, zur Untersuchung. Es darf keine mehr aufsteigen.

ODERBRUCH Ich habe es schon getan, auf eigne Faust, von zu Hause.

HARRAS Das ist gut –. Wir müssen selbst in die Fabriken gehn. Wir müssen jede, die kleinste Spur aufnehmen. Aber ich weiß nicht, ob es nutzt. Da ist etwas anderes dahinter. Eilers war doch niemandem im Weg. Er war der beste Staffelführer. Er war sogar PG. Sie glauben doch nicht an Zufall?

ODERBRUCH Es gibt fatale Zufälle in der Welt.

HARRAS Fatal – im Sinne von tödlich. Von schicksalhaft. Wenn das Schicksal Amok läuft, dann macht es ganze Arbeit. Nicht nur ein Menschenleben. Auch ein Heim. Auch eine Familie. Es gibt doch kaum eine richtige Familie mehr. Das wird alles zerstört, zermörsert, von innen und außen. Man könnte heulen, wenn man sie zusammen gesehen hat. Ich hatte vor, mit ihnen Weihnachten zu feiern. Wenn's unsereinen erwischt hätte, wär es halb so schlimm. Wollen Sie einen Schnaps? *Füllt zwei Gläser.*

ODERBRUCH Danke. Erst nach der Arbeit.

HARRAS Haben Sie eigentlich nie daran gedacht, zu heiraten? Warum nicht?

ODERBRUCH Ich kann es schwer sagen. Zuerst – war es wohl materiell nicht möglich. Später – nicht mehr die rechte Zeit.

HARRAS Das wäre alles kein Grund. Wenn man wirklich will.

ODERBRUCH Sie wissen, ich war einmal zum Priester bestimmt. *Lächelnd* Vielleicht hängt mir das nach.

HARRAS Bei mir war es eher das Gegenteil. Ich wollte nichts versäumen – und jetzt kommt es mir vor, ich hätte das Beste versäumt. Man müßte die Liebe nicht fürs schöne Wetter lassen. Man müßte sie aufbauen wie ein Haus. Man müßte ein Bollwerk der Liebe aus seinem Leben machen.

ODERBRUCH Ein solches Bollwerk muß auf sicherem Grunde stehen. Auf reinem Boden.

HARRAS Das ist Ihre konservative Kinderstube. Der Onkel Fürstbischof. Oder meinen Sie's anders? *Schaut ihn fragend an, Oderbruch antwortet nicht* Mir würde ein Sportflugzeug genügen, für den Anfang, oder ein Wohnwagen. Zigeunerhochzeit. Zugvogelmenage. Wär nur die Welt nicht mit Stacheldraht versperrt –

ODERBRUCH Der läßt sich überfliegen.

HARRAS Nicht der eigne. Der unsichtbare. *Senkt die Stimme* Ich muß Ihnen etwas anvertrauen, Oderbruch. Ich habe an Flucht gedacht. Aus guten Gründen. Jetzt – hält mich der tote Eilers. Wär es dazu gekommen – dann hätt' ich Sie nicht damit belastet. So – ist mir wohler, wenn Sie es wissen. Sie haben's ja schon geahnt.

ODERBRUCH Ich danke Ihnen.

HARRAS Wissen Sie, wo ich die letzten zwei Wochen war? Oder – können Sie sich's denken?

ODERBRUCH Ich kann es mir denken.

HARRAS Dann wissen Sie auch – worum es jetzt geht. Eilers ist tot. Sie haben den Lüttjohann geholt. Ich muß der Sache auf den Grund kommen, ich muß das zu Ende bringen, was es auch kostet. Sie sind der einzige, der mir helfen kann. Sagen Sie mir die Wahrheit. Glauben Sie, wir werden sie finden? Die Wahrheit?

ODERBRUCH Sie wird ans Licht kommen – eines Tages.

HARRAS Eines Tages – – ich habe nur noch zehn.

ODERBRUCH *nimmt das Glas, das Harras vorher gefüllt hat, leert es.*

HARRAS *beobachtet ihn. Tritt näher zu ihm* Oderbruch – wissen Sie etwas, das Sie mir verheimlichen? Haben Sie einen Verdacht, eine Ahnung? Schonen Sie mich nicht – um Himmels willen, um der Wahrheit willen, schonen Sie keinen! Wissen Sie etwas?

ODERBRUCH *stellt das Glas ab* Nichts als Tatsachen.

HARRAS Die Tatsachen – – und was bedeuten sie? Was steckt dahinter?

ODERBRUCH Es wird ans Licht kommen.

HARRAS Und wenn's zu spät ist? Wenn's zappenduster wird und kein Licht mehr brennt?

ODERBRUCH Es ist nie zu spät, für die Wahrheit.

HARRAS Ihre Ruhe, Mann, die möcht ich mir wachsen lassen wie einen Bart. Ich wundere mich manchmal, daß Sie keinen tragen.

ODERBRUCH *lacht ein wenig* Das wäre zuviel Maske.

HARRAS Ja – man verbirgt sich besser hinterm nackten Gesicht.

ODERBRUCH *entschnürt seine Aktenmappe – läßt das Schloß springen* Hier ist das Ergebnis der vorläufigen Untersuchung, natürlich noch ohne Berücksichtigung der jüngsten Ereignisse.

HARRAS *haut ihm auf die Schulter* Gehn wir's an. *Er schaltet die starken Arbeitslampen ein* Ist das die Analyse der Materialproben?

ODERBRUCH *nickt* Hier Skala eins – normales Aluminiumgewicht – Wolfram – Legierungsquote – Skala zwei – Abweichungen – Verschiebungsberechnung – falscher Neigungswinkel – Skala drei –

HARRAS *murmelnd über den Tisch gebeugt*

Sirenen, anschwellend. Fernes Flakfeuer, näherkommend, Motorengebrumm

HARRAS *hebt den Kopf* Die Herren von der Themse. Wollen Sie in den Keller, Oderbruch?

ODERBRUCH *ohne aufzuschauen* Weshalb?

HARRAS Sie haben recht. Unser Feind ist hier.

BEIDE *über die Arbeit gebückt.*

DRITTER AKT

VERDAMMNIS

Spielt am letzten Tage der dem General Harras gesetzten Frist.

Technisches Büro eines Militärflughafens bei Berlin. Kalte, quadratische Konstruktion aus Stahl, Zement und Glas. Arbeitstisch mit Metallkanten. Karten, Modellskizzen, Wetterkurven an den Wänden verteilt. Kein Bild, keinerlei Ausschmückung. Eine kleine Vase mit einem verwelkten Veilchenstrauß steht auf dem Sims einer elektrischen Schalttafel. In einer Ecke ein schmales Sofa, als Feldbett hergerichtet, aber unbenutzt – daneben ein offener Handkoffer. Im Hintergrund hohe Fenster mit Ausblick auf Hangars, Schuppen, Startplätze. Das rötliche Licht eines frühen Wintermorgens fällt in den Raum, in dem noch die Lampen brennen. Harras am Arbeitstisch, angekleidet, mit offenem Waffenrock, neben ihm ein Frühstückstablett mit Thermosflasche. Der Tisch ist mit Akten, Papieren, Materialproben und Meßinstrumenten überhäuft. Korrianke am Sofa, zieht das Nachtzeug ab, verstaut es in den Koffer.

HARRAS *hat einen Briefbogen genommen, spielt mit einer Feder* Was für Datum, Korrianke?

KORRIANKE Sonnabend, 6. Dezember 1941.

HARRAS Sechster Dezember. Sankt Nikolaus. Äpfel und Nüsse für die braven Kinder. Die Rute für die schlimmen.

KORRIANKE Noch nicht mal ein Kalender in der Bruchbude. Ich werd einen besorgen.

HARRAS Lohnt nicht mehr. *Gähnt, legt die Feder hin, zündet eine Zigarette an.*

KORRIANKE Sie haben wieder nicht geschlafen, Herr General.

HARRAS Keine Zeit. Ich war nicht müde. – Sag, wann ist Eilers gefallen?

KORRIANKE Donnerstag voriger Woche. Zehn Tage her.

HARRAS Hm! Stichtag. – Wie steht es draußen?

KORRIANKE Zwei Panzerwagen vorm Hauptportal. SS-Wache, Überfallkommando. Muß in der Nacht eingerückt sein. Sie wollten mich nicht raufllassen. Aus- und Eingang nur gegen besonderen Paß.

HARRAS Dann sind wir also quasi gefangen.

KORRIANKE Nicht so ganz, Herr General.

HARRAS Nein. Nicht so ganz. Nicht so ganz. *Nimmt die Feder auf* Sechster Dezember. Äpfel und Nüsse. Zu blöd. Ich kann keine Briefe schreiben. *Erhebt sich, reckt die Arme.*

KORRIANKE *zum Tisch, schüttelt die Thermosflasche* Alle?

HARRAS Alle. – Hör mal zu, Korriandoli! Rasch, bevor jemand kommt! Für den Fall, daß es schiefgeht – laß das Kopfschütteln, natürlich kann es schiefgehn, das weißt du genau. Ohne Faxen jetzt! Für den Fall, daß mir was passiert, nimmst du Urlaub und fährst sofort nach Wien. Geld lasse ich dir genug. Nur – daß sie keine Dummheiten macht! Denk dir was aus – was Erträgliches! Du bist so ein guter Geschichtenerzähler. Verdammt, du weißt schon, was ich meine.

KORRIANKE Ich weiß es, Herr General.

HARRAS Das ist ein Freundschaftsdienst. *Das Telephon schnarrt, er nimmt den Hörer auf* Jawohl, in fünf Minuten. *Hängt ab, spricht hastig* Noch was. Hast du schon drüber nachgedacht, was du selber anfängst? Ich meine – falls ich dich nicht mehr reklamieren kann. Du bist noch nicht übers Alter, sie werden versuchen, dich in die Front zu stecken – vielleicht könntest du Druckpunkt beziehen, bei einem meiner Freunde in den besetzten Ländern. Du kennst dich ja aus. Aber Vorsicht, Alter – scharf aufpassen, Maul halten und so weiter! Die vergessen nicht. Gib ihnen keine Chance!

KORRIANKE Kommt nicht in Frage, Herr General. Im Falle eines Falles, da melde ick mir freiwillig zur Infanterie. Mitm nächsten Schub nach Osten.

HARRAS Nach Osten? Du hast wohl 'n Furz im Kopp?

KORRIANKE Wetten, daß nein, Herr General? Det Köppche vakoof ick nich – nicht für ne Kaffeebohne. Nach Osten – immer nach Osten! Da ha ick 'n mächtgen Drang nach. Im Osten, auf Posten, in finstrer Mitternacht – *Hebt die Hände.*

»Towarischtschi-Towarischtschi!« Kann ick schon.

HARRAS Du glaubst wohl, da kommst du aus der sauren Milch in den Honig? Mann – wenn du mal nur nicht drin kleben bleibst.

KORRIANKE Alter Spartakist, Herr General. Ick war doch schon 1918 in der KPD –

HARRAS Lange her. Mein Gott – 1918. Da hatte ich nur eine Idee – raus. Amerika.

KORRIANKE Da hättense man bleiben sollen, Herr General.

HARRAS Na ja. Lange her. *Das Telephon schnarrt wieder.*

HARRAS *drückt eine Klappe nieder* Im übrigen – bleibt alles wie vereinbart. Klar? Du hältst dich bereit und wartest – für alle Fälle – bis es dunkel wird.

KORRIANKE Bis zum Jüngsten Tag, Herr General.

HARRAS Solang kann es auch dauern – bis wir uns wiedersehn. Und was werden wir dann sagen, Korrianke?

KORRIANKE »Prost!« werden wir sagen. Ohne mit der Wim – ohne mit der Wimper – *Starrt ihn an, ganz erschrocken.*

HARRAS *am Telephon* Na? Was ist?

KORRIANKE Sie haben »Schnauze« vergessen.

HARRAS Verzeihung. Ich bin ein bißchen zerstreut. *Brüllt ihn an* Schnauze!

KORRIANKE *in militärischer Haltung – schluckend* Danke, Herr General! *Rasch ab*

HARRAS *am Arbeitstisch, knüllt den Briefbogen zusammen, wirft ihn in den Papierkorb. Knipst die Lampe aus. Nimmt das Telephon auf, drückt auf den Summer* Chefingenieur, bitte. – Oderbruch? Ausgeschlafen? – Na, sosolala. – Nein, nichts Wesentliches. Immer das gleiche Bild. – Ja, die Vernehmung der beiden Arbeiter. Schicken Sie mir den Kommissar herein! Oder nein, kommen Sie mit, bitte, und bleiben Sie dabei! *Er knöpft seinen Rock zu, schaut zur Tür. Herein treten Oderbruch und ein Kommissar in Zivil.*

KOMMISSAR Mor'n, Herr General! Ich hab Ihnen wunschgemäß die beiden Vögel hergebracht. Aber aus denen kriegen Sie nichts heraus, das sind Verstockte. Kreuzfragen, Scheinwerferverhör, Vertraulichkeit – zieht nich bei denen. Für die Sorte reicht unsere altmodische Polizeimethode nicht aus. Und für die neue sind wir nicht geeicht.

HARRAS Oder aber, die Vögel sind unschuldig und wissen wirklich nichts.

KOMMISSAR Dann gnade ihnen Gott. – Sind Sie im Bilde?

HARRAS Ich habe die Akten eingesehen. *Zu Oderbruch.* Sie sind doch von der verdächtigten Belegschaft?

ODERBRUCH Soweit man von verdächtig reden kann. Sie haben in einer Schicht gearbeitet, durch deren Hände nachweislich einige der Unglücksmaschinen gegangen sind. Mehr wissen wir nicht.

HARRAS Und warum hat man diese beiden herausgefischt?

KOMMISSAR Der eine ist alter SPD-Mann, unbeliebt in der Arbeitsfront, als Nörgler verschrien. Hat mehrmals Bemerkungen gemacht, zum Beispiel: Dr. Ley könne ihn und so weiter. Der andere steht im Verdacht, mit einer geheimen kommunistischen Jugendorganisation zu sympathisieren.

HARRAS Das ist nicht grade ein Beweis, daß sie in diese Affäre verwickelt sind.

KOMMISSAR Nein – nicht grade ein Beweis. Sie leugnen alles ab, natürlich. Und wenn man scharf wird, verlegen sie sich auf totale Verdunkelung.

HARRAS Wollen Sie mir einen Gefallen tun, Herr Kommissar? Lassen Sie uns mit ihnen allein sprechen. Ich halte es für möglich, daß es erfolgreicher wäre.

KOMMISSAR *zuckt die Achseln* Ich bezweifle es. Aber bitte, wie Sie wünschen, Herr General. *Wendet sich zur Tür, gibt ein Kommando.*

Eine Wache bringt die beiden Arbeiter herein, entfernt sich mit dem Kommissar. Die Verhafteten sind ungefesselt und tragen ihre eigenen Kleider, ohne Kragen und Krawatten, aber keine Sträflingstracht. Der Ältere, um die Fünfzig, hat ein knochiges, verwittertes Gesicht und angegraute Haare, der Jüngere ist mager und sehr bleich. Beide scheinen ruhig, schauen unter sich.

HARRAS *beobachtet sie einen Augenblick* Wollen Sie sich setzen?

DER ÄLTERE *ohne aufzuschauen* Danke! Wir stehen lieber.

HARRAS Sie sind schon sitzmüde, kann ich mir denken. Gehen Sie ruhig auf und ab, wenn Sie Lust haben. Ich biete Ihnen mit Absicht jetzt keine Zigarette an, das macht jeder Bulle, wenn er Sie ausquetschen will.

Aber ich könnte leichter mit Ihnen reden, wenn Sie sich entschließen würden, mich mal anzuschauen.

DER ÄLTERE *mit einem Anflug von Lächeln* Das läßt sich machen.

HARRAS Na also! Ich will Sie nämlich nicht ausquetschen. Ich bin nicht Ihr Feind. Ich halte Sie in der Sache nicht für schuldig, solange man Ihnen nichts bewiesen hat. Ich will Sie auch nicht verleiten, Kameraden zu verpfeifen und so weiter. Ich möchte Ihnen nur einen Rat geben – solang wir allein sind.

DIE ARBEITER *schauen ihn an – unbewegt.*

HARRAS Ich will vorausschicken, daß mir persönlich Ihre politische Gesinnung und Ihr Vorleben gänzlich piepe sind. Ich stehe hier nicht als Polizeimann und nicht als Regierungsvertreter. Für mich ist diese Untersuchung kein Spaß und erst recht keine Schikane. Ich habe die Verantwortung für unsere Flugzeuge und für die Sicherheit unserer Flieger, das ist alles. Es ist Sabotage vorgekommen, und ich will erreichen, daß sie aufhört, sonst nichts. Früher oder später wird sie doch entdeckt – und dann unter erschwerenden Umständen, für alle Beteiligten. Wenn Sie Vertrauen zu mir hätten – könnten wir gegenseitig unsere Lage verbessern. Ich meine das so, wie ich es sage.

DIE ARBEITER *schauen ihn an – schweigen.*

HARRAS Es ist Ihnen doch klar, daß Sie in der Scheißgasse sind. Ob mit Recht oder Unrecht, steht hier nicht zur Frage. Aber Sie wissen ja Bescheid. Wenn man jemanden verdächtigen will, findet man immer was Verdächtiges, und je weniger dabei herauskommt, desto schärfer geht man vor. Solange Sie in regulärer Untersuchungshaft sind, passiert Ihnen nichts, und wenn Sie in ein Gefängnis kämen oder sogar in ein Zuchthaus, wären Sie fein heraus. Ich will Ihnen hier nicht einreden, sich was aus den Fingern zu saugen. Aber falls Sie in irgendeiner Weise mit dieser Sache zu tun hatten, so sage ich Ihnen nur eins: Es gibt auch eine Form des Geständnisses, mit dem man niemand anderen belastet und sich selbst nicht völlig aufgibt, sondern eine unmögliche Situation zu einem vorläufigen Stillstand bringt. Das wäre vielleicht Ihre Rettung.

DIE ARBEITER *schweigen.*

HARRAS Um es noch deutlicher zu sagen: Ihre Rettung vor dem KZ – Sie wissen, was das heißt. – Ich will Sie nicht drängen. – Nehmen Sie sich Zeit! – Überlegen Sie sich gut, was Sie sagen!

DER ÄLTERE Da ist nichts zu überlegen. Wir haben nichts zu sagen.

HARRAS Dann will ich versuchen, Sie auf eine Spur zu bringen. Ist Ihnen vielleicht aufgefallen, daß – von unbekannter Seite etwa – gewisse

Materialteile zur Verarbeitung eingeliefert worden sind, ohne die militärtechnische Kontrolle zu passieren? Sie hätten sich in einem solchen Fall nur der Nachlässigkeit schuldig gemacht. Oder hatten Sie den Eindruck, daß die von Ihrer Belegschaft hergestellten Maschinen irgendwelchen unbekannten Manipulationen zugänglich waren, bevor sie weitergeleitet wurden oder nachdem sie durch die Prüfstellen gegangen sind?

DIE ARBEITER *schweigen.*

HARRAS *etwas langsamer – leise und intensiv* Die Prüfstellen selber – haben ja mit Ihnen und Ihren Arbeitskameraden nichts zu tun. Sie unterstehen der Staatspolizei. Könnten Sie sich vorstellen, daß der eigentliche Umschlagplatz für defektes Material – dort zu suchen ist? Haben Sie irgendwelche Beobachtungen gemacht?

DIE ARBEITER *unverändert.*

HARRAS *noch langsamer* Wenn Sie mir etwa eine vertrauliche Mitteilung machen können, die Sie nicht wiederholt haben möchten – so gebe ich Ihnen mein Wort, daß wir Sie nicht verraten. Das gilt auch für meinen Chefingenieur. Glauben Sie nicht, daß Sie sich auf mein Wort verlassen könnten?

DER ÄLTERE *zuckt kaum merklich die Achseln.*

HARRAS *dicht bei ihm* Das ist meine letzte Frage – und mein letzter Versuch. Ob Sie mir glauben oder nicht, ist Ihre Sache. Wenn Sie sich aussprechen wollen – so bleibt es unter uns. Wir würden uns über das, was wir offiziell zu Protokoll geben, ganz genau verständigen und es für Sie so günstig wie möglich machen. Haben Sie mir etwas zu sagen?

DER ÄLTERE Nein.

HARRAS *schaut den Jüngeren an* Sie vielleicht?

DER JÜNGERE *kneift die Lippen zusammen, schüttelt den Kopf.*

HARRAS *schaut Oderbruch an* Möchten Sie etwas hinzufügen? Oder selbst eine Frage stellen?

ODERBRUCH, *der unbeweglich im Hintergrund stand, winkt ab.*

HARRAS Dann fürchte ich, wir müssen es aufgeben. *Zögert einen Augenblick.* Es tut mir leid. Auch für Sie.

DIE ARBEITER *unverändert.*

HARRAS *geht zum Tisch, drückt auf einen Summer. Nimmt sein Zigarettenetui* Jetzt kann ich Ihnen wenigstens eine Zigarette anbieten.

DER ÄLTERE Danke! Ich rauche nicht.

DER JÜNGERE *nimmt wortlos eine Zigarette, Harras gibt ihm Feuer, er raucht gierig. Es klopft. Harras öffnet. Der Kommissar kommt herein. Hinter ihm Schmidt-Lausitz und eine SS-Wache, die in der Tür angetreten bleibt.*

KOMMISSAR Was hab ich Ihnen gesagt, Herr General? Die Zeit hätten Sie sich sparen können, oder?

DR. SCHMIDT-LAUSITZ *zu Harras* Irgendein Ergebnis, Herr General? Haben Sie Protokoll aufgenommen?

HARRAS Nein. Es fiel keine Äußerung, die sich gelohnt hätte.

DR. SCHMIDT-LAUSITZ Haben Sie einen persönlichen Eindruck gewonnen?

HARRAS Ich würde annehmen, daß die Leute mit der Sache nichts zu tun haben.

DR. SCHMIDT-LAUSITZ Möglich. Das wird sich zeigen. *Zum Kommissar* Sie können die Entlassungspapiere ausstellen.

KOMMISSAR Das heißt, die Häftlinge kehren nicht mehr ins Untersuchungsgefängnis zurück?

DR. SCHMIDT-LAUSITZ Nein. Man hält es für überflüssig. *Schaut die Arbeiter an, wartet etwas.*

DIE ARBEITER *blicken unter sich. Der Jüngere raucht.*

DR. SCHMIDT-LAUSITZ *winkt der SS-Wache* Sie übernehmen die Gefangenen. Sie werden auf unbestimmte Zeit in Schutzhaft überstellt. Mit besonderer Anweisung. Halten Sie sie zum Abtransport bereit!

SS-WACHE *tritt einen Schritt vor.*

DER JÜNGERE *läßt seine Zigarette fallen, tritt sie aus. Wankt ein wenig. Sein Kopf hängt auf der Brust. Der Ältere schaut ihn an.*

DR. SCHMIDT-LAUSITZ *hat sie beobachtet. Tritt zu dem Jüngeren* Haben Sie vielleicht etwas auszusagen?

DER JÜNGERE *hebt den Kopf. Er ist sehr blaß. Unter dem Blick des Älteren strafft er sich – steht reglos. – Langes Schweigen*

DR. SCHMIDT-LAUSITZ Abführen! *SS-Wachen mit den beiden Arbeitern ab. Der Kommissar folgt.*

DR. SCHMIDT-LAUSITZ *schließt die Tür hinter ihnen.*

HARRAS *hat sich abgewandt, ist zum Fenster getreten, schaut hinaus.*

ODERBRUCH *unverändert – am Arbeitstisch*

DR. SCHMIDT-LAUSITZ Damit wäre dieser Teil der Untersuchung wohl zum Abschluß gelangt. Wenigstens – soweit es in Ihre Sparte fällt. Sind Sie mit den Materialprüfungen zu einer Lösung gekommen?

HARRAS *über die Schulter* Sie gehen weiter.

DR. SCHMIDT-LAUSITZ Nicht unbegrenzt, denke ich. Ich habe Auftrag, Ihnen eine schriftliche Order zu übergeben.

HARRAS *streckt die Hand aus, ohne das Fenster zu verlassen. Schmidt-Lausitz geht langsam zu ihm hin, händigt ihm ein Schriftstück aus. Harras schaut kurz hinein, wendet sich zu Oderbruch* Untersuchungsausschuß erwartet abschließenden Bericht – bis sieben Uhr heute abend. *Steckt das Schriftstück in die Tasche, schaut wieder hinaus.*

DR. SCHMIDT-LAUSITZ Ich werde mich zur genannten Zeit einfinden, um den Bericht zu übernehmen und an höhere Stelle weiterzuleiten. Ich möchte Sie inzwischen in Ihrer Arbeit nicht stören –

HARRAS *gespannt hinunterschauend – ohne auf ihn zu achten* Da ist sie. ME 41 – 1304.

ODERBRUCH *tritt zu ihm. Beide schauen hinaus.*

DR. SCHMIDT-LAUSITZ *folgt ihren Blicken* Was ist das für eine Maschine – die man da übers Gelände rollt?

ODERBRUCH Es ist die Schwestermaschine des Apparats, in dem Eilers verunglückt ist. Das war ME 41 – 1303. Sie ist durch den gleichen Herstellungsprozeß gegangen und mit derselben Auslieferung abgesandt worden, aber zu einer anderen Front. Wir hatten einige Mühe, sie ungeflogen zurückzubekommen. Ihre Kontrollpapiere waren in Ordnung.

DR. SCHMIDT-LAUSITZ Und – sie ist in Ordnung?

ODERBRUCH Das wissen wir noch nicht. Am Boden ist überhaupt keine Unregelmäßigkeit festzustellen. Wir wollen sie in der Luft ausprobieren. Vielleicht ist sie intakt.

DR. SCHMIDT-LAUSITZ Wie läßt sich das ausprobieren – ohne Gefahr?

ODERBRUCH Nicht ganz ohne Gefahr. Aber mit Fallschirm.

HARRAS *zu Schmidt-Lausitz, spöttisch* Wollen Sie einen Probeflug mit mir riskieren?

DR. SCHMIDT-LAUSITZ Danke, nein. Dazu würde ich mir einen weniger tollkühnen Piloten wünschen.

HARRAS Sie fürchten wohl, ich könnte mit Ihnen in die Hölle fliegen.

DR. SCHMIDT-LAUSITZ Es könnte Sie reizen, den Teufel auf eine Partie Poker zu fordern. In der Hoffnung, ihn auszubluffen.

HARRAS Sie haben immer noch eine zu hohe Meinung von mir.

DR. SCHMIDT-LAUSITZ Ihren Verdiensten entsprechend. – Was gibt's? *Ein Wachoffizier ist eingetreten, geht zu Schmidt-Lausitz, macht eine leise Meldung.* Dagegen scheint nichts einzuwenden. *Zu Harras* Ein Leutnant Hartmann von der Staffel Eilers möchte Sie sehen. Er ist wegen Verwundung beurlaubt. Wollen Sie ihn empfangen?

HARRAS Hartmann – ach, Hartmann! Natürlich – gerne. *Zu Oderbruch* Wir können im Augenblick sowieso nicht viel tun. Ich rufe Sie an, wenn ich den Bericht aufgesetzt habe.

Schmidt-Lausitz und Oderbruch ab. Fast gleichzeitig tritt Hartmann ein, bleibt an der Tür stehen, macht Ehrenbezeigung mit der Linken. Sein rechter Arm hängt in einer schwarzen Schlinge.

HARRAS *verändert – gleichsam erfrischt* Hartmann – kommen Sie rein, lassen Sie sich beaugapfeln! Ich freue mich wirklich, Sie zu sehen – und schon wieder hopphopp! Hatte gehört, daß es Sie erwischt hat. Wo denn, genau?

HARTMANN Im Nordsektor, zwischen Schlüsselburg und der Küste. Ich habe die Maschine noch zurückgebracht.

HARRAS Bravo. Ich hab aber Ihre Verwundung gemeint.

HARTMANN Die ist unbedeutend, obwohl ich nicht weiß, ob ich wieder flugfähig werde. MG-Durchschuß durchs Ellenbogengelenk.

HARRAS Ganz ähnlich wie bei Lüttjohann. Aber bei dem gab es Splitterkomplikationen, drum ist der Arm steif geblieben.

HARTMANN Wie geht es Hauptmann Lüttjohann?

HARRAS Er ist derzeit abkommandiert. – Setzen Sie sich doch! Seit wann sind Sie aus dem Karboltempel entlassen?

HARTMANN Seit zwei Tagen. Ich habe versucht, Herrn Generals Privatnummer anzurufen. Dann sagte man mir im Amt, daß Herr General hier draußen mit einer Spezialarbeit beschäftigt ist. Ich hoffe Herrn General nicht zu stören –

HARRAS Mensch, lassen Sie die dritte Person fallen, sonst verwandle ich mich vor Ihren Augen in den gestärkten Willem aus der Siegesallee.

HARTMANN Ich dachte, ich könnte Herrn General – ich könnte Sie um eine Beschäftigung bitten, Herr General. Für leichten Dienst fühle ich mich schon wieder verwendbar. Ich bin nämlich Linkshänder, Herr General.

HARRAS *lacht* Unbezähmbar. Sie würden wohl noch mit den Fußzehen Dienst machen. *Schaut ihn an* Sie sollten sich Zeit nehmen, Hartmann. Ein paar Wochen richtige Ausspannung wäre gescheiter. Sie sehen nicht gerade blühend aus. Bißchen durchsichtig geworden. Noch schmäler. Noch ernster.

HARTMANN Ich weiß nicht, Herr General. Mir ist nicht nach Ausspannung zumute. Ich glaube, ich würde mich rascher erholen, wenn ich was zu tun hätte.

HARRAS Keine Ruhe im Leib, wie?

HARTMANN Ruhe – die müßte man wohl vor allem – in der Seele haben.

HARRAS Immer noch Liebeskummer?

HARTMANN *lächelt – unberührt* Nein, Herr General. – Das ist merkwürdig. – Das hab ich fast vergessen.

HARRAS Jetzt könnt' ich sagen: Was hab ich Ihnen gesagt? Ich sag's aber nicht.

HARTMANN *wieder ernst* Damals – habe ich noch nicht gewußt – *Zögert.*

HARRAS *schweigt – wartet.*

HARTMANN Ich war damals – ich fühlte mich – ganz fest gewappnet – wie wenn man in einer Rüstung steckt. Ich wußte noch nicht, was man in ein paar Wochen erfahren kann. In einer Stunde sogar.

HARRAS Sie meinen jetzt nicht die Verwundung.

HARTMANN Nein. Das war eher eine Erlösung – für den Augenblick. Darf ich etwas fragen, Herr General?

HARRAS *nickt – wartet.*

HARTMANN Es ist – nicht ganz einfach –. Ich muß erst erklären – haben Sie wirklich etwas Zeit für mich, Herr General?

HARRAS Ich wüßte momentan nichts Besseres mit meiner Zeit zu tun. – Das ist die Wahrheit, Hartmann.

HARTMANN Mag sein, daß es immer so war, und ich habe es nur nicht gesehen. Nicht sehen wollen. Mag sein, daß es erst durch den Krieg so gekommen ist. *Er spricht rasch, hastig, wie jemand, der etwas loswerden muß, was er sich selbst nicht eingestehen möchte* Es ist alles wahr, was man hört. Es gibt keine Greuelgerüchte. Ich hab es, mit eignen Augen, gesehn. Und es sind dieselben – dieselben Jungens – dieselben, die mit mir in der Hitlerjugend gelebt haben, geschwärmt und gesungen, von Idealen geredet, von Opfer und Einsatz, von der Pflicht, von der Sauberkeit. Ich hatte einen Schulfreund – er hätte keiner Fliege was zuleid getan – oder hat er sich nur verstellt? Er war eher schüchtern – empfindlich. In Lodz hab ich ihn wiedergetroffen, wir warteten dort auf Transport. – Ich wußte nicht, daß er beim Vertilgungskommando war. Er nahm mich mit, er sagte, es wird eine Hetz geben, er stammt aus Bayern, dort sagt man so. Sie haben auf Wehrlose geschossen – nur zum Spaß. Sie haben gelacht, wenn die vor Angst gewimmert haben. Sie – ich kann es nicht aussprechen, Herr General. Das hat doch nichts mehr mit Krieg zu tun. Nichts mit dem Ziel – nichts mit der Idee. Dafür gibt es doch keine Rechtfertigung. Das ist doch einfach – schändlich! Und ich frage mich – Herr General – wird jeder so, wenn man ihn läßt? Könnte man selbst so werden? Gibt es dagegen denn keinen Schutz?

HARRAS Die Menschheit hat immer wieder versucht – Jahrtausende lang – einen Schutz aufzurichten – gegen sich selbst. Aber es scheint, er läßt sich in weniger als einem Menschenalter einreißen. Er muß nicht sehr stark gewesen sein. – Ich weiß, das ist keine Antwort. Sie haben auch noch nicht gefragt – was Sie fragen wollten.

HARTMANN In der Ordensburg haben sie uns gesagt, wir seien die Kreuzritter einer neuen Zeit. Die alte, die christliche, habe ihre zweitausend Jahre gehabt. Die neue sollte nach unseren Plänen gezimmert werden. Ein Reich der Kraft und Herrlichkeit auf dieser Welt. Ich habe das alles geglaubt. Es hat mich begeistert. Aber wie soll etwas Neues werden, etwas Starkes und Gutes, wenn es damit anfängt, daß man das Niedrigste und Gemeinste in den Menschen entfesselt? Wie soll man die neue Zeit ertragen – wenn sie mit nichts als Mord beginnt?

HARRAS Neue Zeit. Ich glaube – das ist auch so etwas, was es gar nicht gibt. Die Zeit – sie ist immer die gleiche. Groß – unberührbar. Ohne Anfang und Ende. Wo aber ein Mensch sich erneuert – da wird die Welt neu geschaffen.

HARTMANN Ich will Sie jetzt fragen, Herr General. Sie haben mir damals – vieles gesagt, es ist mir gefolgt, die ganzen Wochen – aber mehr wie eine Melodie – die nicht die volle Antwort gibt – oder deren Sinn man nicht ganz erfaßt. Es hat etwas gefehlt. Vielleicht werden Sie mich auslachen. Glauben Sie an Gott?

HARRAS *nach einer langen Pause* Ich weiß es nicht. Er ist mir nicht begegnet. Aber das lag an mir. Ich wollte ihm nicht begegnen. Er hätte mich – vor Entscheidungen gestellt – denen ich ausweichen wollte. Ich habe an das Erdenkbare und an das Erkennbare geglaubt. An das, was man prüfen, entdecken, finden kann. Aber die größte Findung aller Zeiten habe ich nicht erkannt. Sie heißt Gott. In vielerlei Gestalten – immer Gott. Er ist eine Erfindung der menschlichen Seele. Oder besser – ein Fund. Ein offenbartes Wissen. Drum ist es wahr. Alle Erfindungen der Menschenseele werden wahr. Der Mensch träumt nichts, was nicht ist und war und sein wird. Wenn er Gott geträumt hat – dann gibt es Gott. Ich kenne ihn nicht. Aber ich kenne den Teufel. Den hab ich gesehen – Aug in Auge. Drum weiß ich, daß es Gott geben muß. Mir hat er sein Angesicht verhüllt. Dir wird er begegnen.

HARTMANN Haben Sie je gebetet?

HARRAS Ich glaube ja. Wenn ich sehr glücklich war.

HARTMANN Dann muß er Ihnen doch begegnet sein. Die meisten beten nur, wenn sie Angst haben.

HARRAS Ich weiß es nicht. Ich habe seine Hand nicht ergriffen. Ich habe – die andere gewählt. Du aber – wenn du mich fragst – du darfst ihm vertrauen.

HARTMANN Es ist sehr schwer.

HARRAS Es war wohl immer schwer – für jeden, der gefragt hat. Für euch ist es am schwersten. Wir hatten es kinderleicht dagegen, in unserer Jugend. Ihr seid in den Tag geboren, mit dem das Recht zerbrach. Aber glauben Sie mir – es gibt ein Recht. Es gibt einen Ausgleich. Vielleicht nicht für den einzelnen. Vielleicht nicht an der Oberfläche des Lebens – jedoch im Kern. Die Welt nimmt ihren Lauf, das Bestimmte erfüllt sich. Es wird keine Schuld erlassen. Es schlüpft kein Aal durchs Netz. Und auf den großen Fischzug folgt das große Fest. Glauben Sie, Hartmann – glauben Sie getrost an das göttliche Recht! Es wird Sie nicht betrügen.

HARTMANN Ich möchte in Ihrer Nähe bleiben, Herr General. Auch wenn Sie keine Zeit für mich haben. Wenn ich nur – eine kleine Hilfsarbeit für Sie tun darf. Können Sie mich nicht in Ihrem Amt beschäftigen? Ich habe ein wenig technische Vorbildung gehabt.

HARRAS In meiner Nähe – das – wird nicht ganz leicht sein. Aber – ich kann etwas versuchen. *Geht zum Telephon, drückt den Summer* Chefingenieur! – Oderbruch? – Sie wollten doch schon lange einen zuverlässigen Mitarbeiter. Hier ist ein junger Offizier, der nicht mehr felddienstfähig ist. Ja, er versteht was. Fühlen Sie ihm auf den Zahn! Ich schick ihn rüber. Wenn er was taugt, kann er auf Probe bleiben. *Hängt ab* Melden Sie sich beim Chefingenieur! Zimmer 9.

HARTMANN Ich danke Ihnen, Herr General. Für alles.

HARRAS Ich danke Ihnen für Ihren Besuch, Hartmann. Ich glaube – Sie haben mir mehr gesagt, als ich Ihnen sagen konnte. Jetzt muß ich arbeiten. Wir sehn uns später. *Gibt ihm die Hand. Hartmann geht.*

HARRAS *tritt zum Fenster – schaut hinaus. Murmelt* ME 41 – 1304 – *Auf dem Gang draußen werden Stimmen laut. Schritte und Rufe. Harras dreht sich um, schaut zur Tür. Die Tür wird geöffnet. Eine Frau steht im Eingang. Sie ist ganz in Schwarz gekleidet, trägt einen schwarzen Schleier vorm Gesicht. Ein Offizier versucht, ihr den Weg zu vertreten.*

OFFIZIER Halt! Zurückbleiben! Ich muß darauf bestehen, Ihren Passierschein –

DIE FRAU *schlägt ihren Schleier zurück* Ich bin Frau Eilers.

OFFIZIER Oh – Verzeihung, Frau Oberst – *Zieht sich zurück.*

HARRAS *geht mit ausgestreckten Händen auf sie zu* Anne – ! – Wie gut, daß Sie zu mir kommen! – Das war mir fast das Ärgste, in all den Tagen – daß ich noch nicht einmal Zeit hatte, Ihnen die Hand zu drücken.

ANNE Ich will Ihre Hand nicht haben. *Sie steht regungslos – mit hocherhobenem Kopf und starrem, fast erloschenem Gesicht.*

HARRAS *schaut sie an. Läßt die Hände sinken. Nach einer Weile* Warum sind Sie gekommen?

ANNE *hart, klanglos* Ich fordere Rechenschaft.

HARRAS Von mir?

ANNE Eilers ist nicht gefallen. Er ist ermordet worden. Sie sind sein Mörder.

HARRAS *schwer – nach Worten suchend* Anne – ich weiß, wie hart es Sie getroffen hat. – Es ist ein furchtbares Unglück. – Es hätte vielleicht – vermieden werden können. Aber nicht durch mich. Glauben Sie wirklich, ich hätte meine Pflicht versäumt? Hat man Ihnen eingeredet, ich hätte versagt? Oder – Ärgeres? – Ja – ich trage technisch die Verantwortung. Wie schwer ich daran trage – brauche ich nicht zu sagen. Was gegen ihn geschah – geschieht auch gegen mich. Und ich weiß jetzt noch nicht, ob es wirklich ein Verbrechen war – oder ein böser, mörderischer Zufall.

ANNE Der Zufall mordet nicht. Ich weiß nicht, wovon Sie reden. Ich habe mit niemandem gesprochen, seit es geschah. Aber ich habe meine Augen nicht mehr zugetan. Sie sind mir aufgegangen. *Sie schaut ihn an – mit brennenden Augen.*

HARRAS Was werfen Sie mir vor, Anne? Was hab ich getan?

ANNE Nichts haben Sie getan. Man tut nichts ohne Glauben. Sie haben nicht geglaubt, woran Eilers glaubte. Und dennoch haben Sie ihn dafür sterben lassen. Sinnlos sterben. Sie haben zugeschaut, und ihn nicht gerettet. Das ist die Schuld, für die es kein Verzeihen gibt.

HARRAS Hätte ich ihn retten können – durch einen falschen Glauben? Konnten Sie ihn retten? Haben Sie es versucht? Oder auch nur – daran gedacht?

ANNE Ich habe nicht gedacht – solange Eilers lebte. Ich mußte mit ihm glauben. Ich mußte mit meinem Herzen bei ihm stehn. Jetzt weiß ich, daß er den falschen Tod gestorben ist. Umsonst, vergeblich, ohne Auferstehn. Sie aber, Harras, Sie haben es immer gewußt. Sie hätten ihn retten können – wenn für nichts anderes, dann für einen besseren Tod. Sie haben ihn wissend in den falschen Tod geschickt. Sie tun es täglich neu mit tausend anderen. Ihr Krieg ist Mord. Sein Krieg war Opfer.

HARRAS Es war der gleiche Krieg. Es wird der gleiche Tod sein.

ANNE Sie haben in Tod und Leben nichts mit ihm gemein. Friedrich Eilers wäre nie in einen Krieg gegangen, von dessen Recht er nicht durchdrungen war. Nie hätte er einen Menschen getötet, ohne zu glauben, daß er es für die gerechte Sache tut. Sie töten ohne Recht und Glauben, für eine Sache, die Sie hassen und verachten. Sie sind ein Mörder. Eilers war ein Held.

HARRAS Dann ist jeder ein Held, der nicht weiß, wofür er stirbt. Dann ist jeder ein Mörder, der die Welt nicht ändern kann. Jeder, der auf Erden lebt.

ANNE Nur der, der weiß, und nicht bekennt.

HARRAS Was weiß ein Mensch? Was kann ein Mensch denn wissen? *Er wendet sich ab.*

ANNE *tritt hinter ihn – spricht in sein Ohr* Glauben Sie, daß dieser Krieg gerecht ist? Sie wissen, daß er ungerecht ist. Warum lassen Sie ihn geschehn? Warum bekennen Sie nicht? Glauben Sie, daß unsere Führung gut ist? Sie wissen, daß sie verderblich ist. Warum lassen Sie die Menschen ins Verderben gehn? Warum schauen Sie zu? Sie haben Mut gespielt, mit Spott und lauem Zweifel. Was soll ein Mut, der nicht bekennen will? Was soll ein Glaube, den man nicht lebt? Was ist die Überzeugung, der man nicht Zeugnis steht – Blutzeugnis, in der Not? Sie sind an allen Morden schuldig, die geschehn. Sie tragen Tod im Leibe.

HARRAS *dreht sich zu ihr um* Warum sind Sie gekommen?

ANNE *fast flüsternd* Weil er Sie geliebt hat. Sein Blut schreit nach dem Ihren.

HARRAS Das ist doch Wahnsinn, Anne. Das ist doch Wahnsinn. Sehn Sie denn nicht, was auf der Welt geschieht? Die Völker sind wieder im Aufbruch – im Treiben – im Wandern – wohin? Kann ich das Ende sehn? Kann ich sie aufhalten? Ihre Richtung ändern? Meine Schultern gegen eine Lawine stemmen? Eine Sturmflut wenden – mit meiner Hand? Was kann denn der einzelne tun, Anne – in einer Welt, die ihm den Donner ihres fürchterlichen Ablaufs – und seines eignen rettungslosen Mitgerissenseins – mit jedem Herzschlag in die Ohren dröhnt? Wer bin ich denn – daß ich es ändern sollte?

ANNE *schweigt.*

HARRAS *fast im Aufschrei* W e r b i n i c h d e n n –?! Bin ich denn mehr als ein Mensch? Kann ich mehr wissen – mehr tun – mehr leiden als ein Mensch? Ich bin doch – ich bin doch kein Gott!! *Er starrt in die Höhe. Es ist, als werde er zusammenbrechen.*

ANNE *unberührt* Ein Gott ist Mensch geworden, um leiden zu können – wie ein Mensch. Und um den leidenden Geschöpfen seinen Trost zu geben. Sie aber dürfen seinen Namen nicht nennen. Auch das haben Sie verwirkt. Auch daran glauben Sie nicht.

HARRAS *wieder gefaßt – dicht zu ihr* Und wer sind Sie, Anne? Sie kommen als der Schwarze Engel aus der Tiefe. Aus dem Totenreich. Und fordern Rechenschaft. Und klagen an – und richten. – Sie haben einen Schmerz erlitten, ohne Linderung. Ein Schicksal ohne Trost. – Aber wissen Sie nicht, daß jeder selbst an seinem Schicksal baut? Können Sie denn selbst vor Ihrem Richter stehn – und sagen: das Gute hab ich geglaubt, das Böse nicht gewußt? Wie konntet ihr je an eine Sache glauben, deren Schlechtigkeit uns an jeder Straßenecke in die Augen springt? Wie durftet ihr von Idealen reden, wenn ihr die Visagen derer seht, die sie vertreten? Die hier nicht wissen – die wollen es nicht wissen – und die dennoch glauben, die machen sich was vor.

ANNE *ruhig – traurig* Wir haben geglaubt. Wir mußten glauben – sonst hätten wir nicht gelebt. Wir haben gewußt, was vorging. Aber wir hatten es in Kauf zu nehmen. Eilers hat schwer genug damit gerungen. Wir dachten, daß alles Neue in Blut und Schmerz geboren wird. Daß es die harte Schale ist, die es zu durchbrechen und abzustreifen gilt. Wir hatten Beispiele – wir suchten Parallelen. Menschen wurden geopfert – Ketzer verbrannt – unschuldige Kinder getötet – Scheußliches begangen – in Zeiten der Erhebung – der Eröffnung neuer Welten – der großen Revolution. Und doch mußten die sich darüber wegsetzen, die daran glaubten und Zukunft daraus machten. So glaubten wir. Das ist – vorbei. Jetzt ist mir nichts geblieben.

HARRAS Die alle, die Sie als Beispiel suchten, Anne – die haben sich eine Gestalt des Menschen – eine Form des Menschenlebens – vorgestellt, die ihnen besser und wertvoller erschien als das, was sie zerstörten. – Die aber, die unsere Welt zerstören, verachten den Menschen. Das ist ihr einziger Glaube. Nichts anderes stellen sie sich vor. Sie sind das böse Mittel und der böse Zweck. Die Menschen sind eine niederträchtige, ekelhafte, dumme, feige Bande. Also behandle sie entsprechend! Züchtige, brenne und schlachte sie! Das ist ihr Glaube. Und sie haben recht. Uns hoffnungslos verkommenes, armseliges, erbärmliches Gesindel.

ANNE Eilers war nicht erbärmlich. Eilers ist tot.

HARRAS Was werden Sie von mir sagen – wenn ich tot bin?

ANNE Nichts. *Schlägt den Schleier vors Gesicht – geht.*

HARRAS Nichts. Geht in Ordnung. *Langsam zum Fenster – schaut hinaus.*

Kurzes Dunkel

Ferne Trommelmusik bis zur Aufblendung der letzten Szene.
Der gleiche Raum. Rötlicher Lichtschein von draußen, wie bei Beginn des Aktes, doch tiefer, wärmer – abendlich. Die Trommelmusik geht noch eine Minute weiter. Fanfaren blasen den Präsentiermarsch.

Harras am Fenster – wie vorher.
Oderbruch steht am Tisch, liest ein Schriftstück.

HARRAS Warum blasen sie?

ODERBRUCH Ersatz rückt aus. Junge Truppen.

HARRAS Ein Vorzug der Lage: daß ich denen nicht die Aufpulverungsrede halten muß. Das hab ich hinter mir. Haben Sie das Ding durchgelesen? Korrekt?

ODERBRUCH Es scheint nichts zu fehlen – was bekannt ist.

HARRAS Mit anderen Worten: alles fehlt. Leere Blätter. – Sie müssen gegenzeichnen.

ODERBRUCH Sie haben selbst noch nicht unterzeichnet. *Taucht eine Feder ein.*

HARRAS Noch nicht. – Ich kann mich von diesem Fenster nicht losreißen. *Öffnet einen Spalt* Bescheidene Aussicht. Sandkiefern – flache Erde – und eine dünne Zuckerstreu von gefrorenem Schnee. Reif auf den Hangardächern. Klarheit. Selbst im Dunst ist Klarheit. Frische Luft. Sie schmeckt ein wenig nach Auspuffgasen. Auch nach Schmieröl und Kiefernborke. Eine kalte Landschaft. Mehr ein Gelände. Totales Arbeitsgelände. Das ist es. Laßt uns in die Berge gehn, zu Jagd und Spiel. In die milden Hügel zur Liebe. Ans Meer zum Träumen. Zur Arbeit – hierher. Wo Plan und Ergebnis einander decken. Landschaft und Konstruktion. So könnte ich mir den Hades denken. Geplante Unterwelt, Stahl, Zement, Aluminium, Gummi, Kautschuk, Rabitz, haltbares Material, solide Bauart. Nicht kunstvoll – auch nicht künstlich. Aber – gut konstruiert. Exakt und großzügig. Erregend und beruhigend zugleich, wie die Lösung einer geometrischen Aufgabe. Verdammt nüchtern – und äußerst phantastisch. Brummend, schnurrend, schütternd von Phantasie. Ist die Form einer Fuge nüchtern? Abstrakt? Kalt? Doch bestimmt nicht leblos. Und wenn der Bach sie macht, bekommt sie himmlische Schwingen. *Schließt das Fenster* Jetzt wird es fröstelig.

ODERBRUCH *steht an derselben Stelle, schaut ihn unverwandt an.*

HARRAS *geht zum Tisch* Soll ich das nun unterschreiben? Ich kann es ja tun. Ich kann's auch bleiben lassen. Es ist ganz gleich. Es ändert nichts an der Lage. Das einzige, was mir jetzt ziemlich sicher scheint, steht nicht drin.

ODERBRUCH *mit beherrschter Spannung* Was ist das?

HARRAS *schaut ihn an – zögert einen Moment* Ich bin fast sicher – daß die Brüder selbst nicht wissen, woran sie sind. In dem Punkt hatte ich einen falschen Verdacht. Oder – einen ungenügenden. *Zögert wieder, mit einem forschenden Blick auf Oderbruch* Mir scheint – die Gestapo tappt im Dunkel – genau wie wir. Und man hat es bis zum letzten Moment – genau bis zu diesem – darauf angelegt, daß ich wirklich etwas herausbringen könnte, was die Sache klärt. Nur darauf warten sie noch. Sonst – brauchten sie nicht zu warten. Der Fall gegen mich ist fertig. Dafür haben sie anderes Material. Man hat sie gut beliefert. Aber sie geben mir die Chance des letzten Augenblicks – der Rehabilitierung auf des Messers Schneide – nur in der Hoffnung, etwas zu erfahren, was niemand weiß. Leider kann ich keinen Gebrauch davon machen. Es geschieht kein Wunder. Schauen Sie her. *Er zieht mit einer raschen Bewegung eine Schublade auf, nimmt einen Revolver heraus. Grinst* Schmidt-Lausitz hat ihn mir hereingezaubert! Es ist mein eigener, ich hatte ihn abgeben müssen. Taktvolle Aufforderung zum Tanz. Gentleman-Abgang. Aber den Gefallen werde ich ihnen nicht tun. Das Gute ist, daß der Hund sich jetzt nicht mehr hereintraut. Er hat auch Grund. Es könnte ihm schlecht bekommen. Und wenn er zehn Bullen vorschickt, müssen fünf dran glauben. Hier ist kein Taubenschlag. *Steckt den Revolver ein.*

ODERBRUCH *schaut ihm zu – feuchtet seine Lippen.*

HARRAS An sich – wär's mir wurscht. Nur – ich bin nicht ganz fertig. Es ist ein widerwärtiges Gefühl, aus einem ungemachten Zimmer auszuziehn. Ohne abzuschließen. Der Schlüssel ist verlegt – und nicht zu finden. Dabei fühlt man, er ist ganz nah – man stolpert fast darüber – man könnt ihn greifen – aber man sieht ihn nicht. *Mit einer plötzlichen Wendung zu ihm hin* Oderbruch – ich weiß es – ich bin ganz dicht an der Lösung. Hautnah. Auf Armeslänge. Ich spüre es – ahne es – mit all meinen Nerven. Es ist nur ein Gedanke – der dazwischensteht.

ODERBRUCH Warum denken Sie ihn nicht, General Harras?

HARRAS *sieht ihn lange an. Beide sind totenblaß geworden. Dann spricht er – leise, gefaßt* Oderbruch. Wenn ich Ihnen jetzt einen Schwur leiste. Einen heiligen Schwur. Nicht bei meiner Ehre. Nicht als General, Offizier, Soldat. Sondern als der – den Sie kennen. Mit dem Sie ein Dutzend Jahre geflogen sind. Und als ein Mensch in seiner letzten Stunde. Ich schwöre Ihnen, daß nie etwas über diese Schwelle, aus diesen vier Wänden dringen wird – was einer von uns jetzt redet. Oderbruch – wollen Sie sprechen?

ODERBRUCH *schweigt.*

HARRAS *dicht bei ihm* Die Wahrheit, Oderbruch! Die Wahrheit! *Starrt ihm in die Augen.*

ODERBRUCH *erwidert seinen Blick – nickt kurz*

HARRAS Sie – Oderbruch?

ODERBRUCH *fast tonlos* Wir.

HARRAS *atmet tief – wischt sich den Schweiß vom Gesicht. Nach einer Pause – ruhig* Wer seid ihr? Wer sind die andern?

ODERBRUCH Wir haben keine Namen.

HARRAS Wollen Sie mir auch jetzt nicht vertrauen? Wer seid ihr?

ODERBRUCH Ich habe es gesagt. Wir kämpfen – unbekannt – ungenannt. Wir wissen voneinander – und kennen uns kaum. Wir haben keine Namen. Nur ein Ziel! Und einen Feind.

HARRAS War Eilers der Feind? Ich dachte, – er war Ihr Freund.

ODERBRUCH Ich hatte keinen besseren. Außer Ihnen, General Harras.

HARRAS Und warum trefft ihr uns, – aus dem Dunkel, aus dem Hinterhalt? Warum trefft ihr uns – anstatt des Feindes?

ODERBRUCH Der Feind – ist unfaßbar. Er steht überall – mitten in unsrem Volk – mitten in unseren Reihen. Wir selbst haben uns ihm ausgeliefert, damals, als der alte Marschall starb. Jetzt bleibt uns nur noch eins: wir müssen die Waffe zerbrechen, mit der er siegen kann – auch wenn es uns selber trifft. Denn wenn er siegt, Harras, – wenn Hitler diesen Krieg gewinnt, – dann ist Deutschland verloren. Dann ist die Welt verloren.

HARRAS Haben Sie bedacht, was Niederlage heißt? Fremdherrschaft? Neue Gewalt – und neue Unterjochung?

ODERBRUCH Das dauert nicht. Es wachsen Kinder heran, neue Geschlechter, die werden frei sein. Was aber uns unterjocht, jetzt, hier und heute, – was uns alle zu Knechten macht, und schlimmer: zu Gehilfen, zu Mithelfern des Verbrechens, das täglich unter unseren Augen geschieht, auch wenn wir sie schließen, das, Harras, – das wird dauern, über unser Leben und unser Grab hinaus, – es sei denn, wir tilgen die Schuld, mit unsrer eigenen Hand.

HARRAS Die Schuld tilgen – durch neue Schuld? *Plötzlich fast schreiend* Durch Blutschuld? Mord? Brudermord?! *Wieder gefaßt* Glaubt ihr, daß Kain die Welt besser machte, als er den Abel erschlug? *Wendet sich ab.*

ODERBRUCH *schwer mit sich ringend, stockend* Hören Sie mich an, Harras. Ich habe den Mord nicht gewollt. Ich hätte es nie für möglich gehalten, daß flugkranke Maschinen zum Einsatz kommen, ohne überprüft zu werden –

HARRAS Von wem? Da kennen Sie die Brüder schlecht. Denen kommt es doch nur auf die Meldung an, daß die Quote erfüllt ist. Sie mußten das wissen, Oderbruch.

ODERBRUCH Wir wollten die Kampfkraft schwächen, der sinnlosen Schlächterei ein Ziel setzen, weil es keinen anderen Weg gibt, um Deutschland zu befreien. Wir wollten die Waffe entschärfen, – nicht den Mann töten, der sie führt. In der Nacht, in der ich von Eilers' Tod erfuhr, wollte ich Schluß machen, mit mir selbst. Ich lebe nur noch, weil ich nicht aufgeben darf zu kämpfen. Für Deutschland, Harras.

HARRAS Sie denken zu kurz. Eine alte Freundin hat mir gesagt: eher schneide ich meine Wolljacken in Fetzen und verbrenne sie, als daß ich ein Stück für Hitlers Winterhilfe gebe. Weißt du nicht, habe ich sie gefragt, daß das Mord bedeutet, – solang ein Soldat in Rußland erfrieren kann?

ODERBRUCH Dann müssen wir auch diese Schuld auf uns nehmen. Reinigung, – das ist unser Gesetz, und unser Urteil. Es ist mit Blut geschrieben.

HARRAS Mit Freundesblut.

ODERBRUCH Auch mit dem eignen.

HARRAS *nach einer Pause* Sagen Sie mir alles, Oderbruch. Helfen Sie mir, es zu verstehn! Wie kamen Sie dazu? Sie waren unpolitisch. Sie liebten Technik. Sie machten Musik. Was hat Sie gepackt?

ODERBRUCH Was jeden packen müßte. Scham.

HARRAS Weichen Sie mir nicht aus, Oderbruch! Speisen Sie mich nicht ab – mit einem Wort! Sagen Sie mir alles! Wie kam es dazu?

ODERBRUCH Da ist nicht viel zu sagen. Wie kam es dazu? Sie kennen meine Geschichte. Familie – Tradition – Karriere – das brach zusammen, als ich jung war. Ich wurde Werkstudent, Monteur, es ging hinauf, ein Unfall warf mich zurück, es ging hinunter, es war immer sehr schwer – bis das Übel siegte. Dann ging es mir besser. *Lächelnd* Als unser Staat zum Teufel ging, wurde ich Staatsangestellter. So ging es Tausenden in Hitlers Reich. Es ist die Laufbahn eines der Seinen.

HARRAS Und – was geschah?

ODERBRUCH Nichts – was ich erzählen kann. Kein persönlicher Grund. Keine – menschliche Erklärung. Mir starb kein Bruder im KZ. Ich liebte keine Jüdin. Kein Freund wurde mir aus dem Land gejagt. Ich kannte keinen, der am 30. Juni fiel. Doch eines Tages – habe ich mich geschämt, daß ich ein Deutscher bin. Seitdem – kann ich nicht mehr ruhen, bis – *leise* – bis es zu Ende ist.

HARRAS Und die andern?

ODERBRUCH Manche kamen aus Scham. Andre aus Wut, aus Haß. Einige, weil sie ihre Heimat, viele, weil sie ihre Arbeit liebten und ihr Werk oder die Idee der Freiheit und die Freiheit ihrer Brüder. Aber alle – auch die unversöhnlich hassen – sind gekommen, weil sie etwas mehr lieben als sich selbst. Und es ist keiner mit uns, der nicht von selber kam.

HARRAS Wie viele?

ODERBRUCH Ich weiß es nicht. Wir haben keine Mittel, sie zu zählen. Wir werden weniger, statt mehr. Viele verschwinden, die nicht wiederkommen. Die beiden Männer, die heut vor Ihnen standen – ich hatte sie nie zuvor gesehn. Sie kannten mich nicht. Aber ich wußte – sie gehören zu uns.

HARRAS *lauscht schweigend – mit verschlossenem Gesicht.*

ODERBRUCH Unsre Namen – haben wir vergessen. Da waren solche dabei mit jahrhundertealtem Wappenglanz. Andere, die nur auf Lohnzetteln stehn. Das zählt nicht mehr. Für eine Weltstunde – sind wir gleich geworden. Klassenlos. Die Stunde dauert nicht. Das wissen wir. Aber sie ist ein Zeichen. Für alle Zeit.

HARRAS *knapp, fast herrisch* Was ist die Losung? Nicht »für alle Zeit«. Jetzt, hier, im Augenblick. Wie steht die Schlacht? Was ist das nächste Ziel?

ODERBRUCH Zerstörung. Eine bittere Losung. Die einzige, die uns bleibt. Wir können nicht haltmachen vor denen, die wir lieben. Wir dürfen nicht fragen, Harras, wo eines Mannes Herz schlägt. Nur, wo er steht. Wir machen nicht halt vor uns selbst. Wir werden alle fallen.

HARRAS Das heißt – es ist umsonst. Sinnlose Hekatomben.

ODERBRUCH Nicht sinnlos. Nicht umsonst. Wir wissen, wofür.

HARRAS Was nutzt das, wenn ihr verfault? Was ändert das, wenn ihr verscharrt seid? Gemartert – verbrannt – und vergessen?

ODERBRUCH *nach einem Schweigen* Gregor der Große wurde einst gefragt, ob das Erleiden der Marter ein Verdienst um den Himmel sei, für jeden, dem es widerfährt. Nein, sagte Gregor. Die Marter allein ist nichts. Wer aber weiß, wofür er leidet – dessen Zeugnis ist stärker als der Tod. Wir wissen, wofür.

HARRAS *lauernd, gefährlich* Und du glaubst – ich werde mich mitschlachten lassen? Ich – der nicht weiß, wofür? Der ich allein bin? Der nicht von selber kam? Soll ich die Hände falten – wenn's ums Leben geht? *Wendet sich ab – geht zum Fenster.*

ODERBRUCH *leise* Es geht um die Seele, Harras. Auch um die Ihre.

HARRAS *fährt herum* Und wenn ich keine hätte? Und wenn ich sie – zum zweitenmal verkaufen will? Wer sagt Ihnen, daß ich euch nicht verrate, um meine Haut zu retten? Wer sagt Ihnen das?

ODERBRUCH Sie haben einen Schwur geleistet, General Harras.

HARRAS *geht auf ihn zu* Dies ist die Stunde des Wortbruchs, der Tag des Meineids. Die Zeit der falschen Schwüre. Was kostet die Treue –? Und was ist ihr Lohn? Soll ich dein Leben schonen – weil du das meine opferst? Vielleicht habe ich ein großes Bedürfnis, noch zu leben? Vielleicht braucht mich jemand? Vielleicht wartet jemand auf mich? Wer bist du, daß du glaubst, ich nehme dein Urteil an – ohne mich zu wehren? Wie darfst du es wagen, mir zu vertrauen und dich in meine Hand zu geben? Dich – und all die andern?

ODERBRUCH Weil Sie in dieser Stunde einer der Unsren sind. Man verrät nicht – woran man glaubt.

HARRAS *nach einer Pause – einfach* Das war die Unterschrift. Ich akzeptiere. Schade drum. Das physische Herz hätte es noch ein paar Jahrzehnte geschafft. *Er geht zum Telephon, drückt den Summer.*

ODERBRUCH *lehnt am Tisch – bleich – wie erschöpft.*

HARRAS Wachkommando! Dr. Schmidt-Lausitz, bitte! Hier spricht Harras. Die Sache, auf deren Erledigung Sie warten, wird in zehn Minuten abgeschlossen sein. Sie können den Bericht dann übernehmen. *Legt das Telephon nieder – nimmt es noch einmal auf* Büro des Chefingenieurs! Sagen Sie Leutnant Hartmann, er möchte herüberkommen! *Hängt ab, wendet sich zu Oderbruch – gelassen, fast verträumt* Sagen Sie mir noch eines, Oderbruch! Falls Sie es sagen können. Was ist es, das ihr mehr liebt als euch selbst? Woran ihr glaubt, worauf ihr hofft – so sehr, daß ihr dem Nero trotzt und seinen Gladiatoren? Ist es des Himmels Gnade? Ist es das Recht auf Erden?

ODERBRUCH Beides, in einem. Es ist das Ewige Recht.

HARRAS Was ist das Ewige Recht?

ODERBRUCH Recht ist das unerbittlich waltende Gesetz – dem Geist, Natur und Leben unterworfen sind. Wenn es erfüllt wird – heißt es Freiheit.

HARRAS Ich danke Ihnen. Ich weiß jetzt genug. Aber ich will Ihnen – etwas hinterlassen, Oderbruch. Kleines Testament, sozusagen. Was Sie wollen, ist recht. Was Sie tun, ist falsch. Glaubt ihr, man kann einen schlechten Baum fällen, indem man die Krone schlägt? Ihr müßt die Wurzel treffen! Die Wurzel, Oderbruch! Und die heißt nicht Friedrich Eilers. Sie heißt: Adolf Hitler. — Mehr brauche ich nicht zu sagen.

ODERBRUCH Nein, General Harras. Mehr brauchen Sie nicht zu sagen.

HARRAS Dann ist es gut. *Er nimmt die Feder, unterzeichnet den Bericht.*

Reicht sie Oderbruch Hier. Es ist besser, wir haben das in Ordnung. Besser für Sie. *Während Oderbruch unterschreibt* Ich muß noch – ich muß Sie noch um Verzeihung bitten, Oderbruch. Für eine Sekunde – eine böse Sekunde – habe ich an Ihnen gezweifelt. Jetzt ist mir leichter. *Er drückt ihm kurz die Hand, geht zu einem Wandhaken, an dem sein Fliegermantel und seine alte Sturmkappe hängen – zieht sich an.*

ODERBRUCH Was wollen Sie tun?

HARRAS *grinst* Abgehn. Auf meine Weise.

ODERBRUCH Was wollen Sie tun, General Harras? Was haben Sie vor?

HARRAS Haben Sie mal was von einem Gottesurteil gehört?

ODERBRUCH Was meinen Sie damit?

HARRAS Ein Experiment. Ich habe immer gerne experimentiert.

ODERBRUCH Sie wissen – daß alle Ausgänge besetzt sind?

HARRAS Außer dem einen.

ODERBRUCH Das ist der direkte, von diesem Raum aufs Flugfeld. Aber dort sind die Posten.

HARRAS Die schrecken mich nicht.

ODERBRUCH Was wollen Sie tun, Harras?

HARRAS *lächelt, fast heiter, steckt eine Zigarette an.*

ODERBRUCH *in einer plötzlichen Aufwallung* General Harras – wenn Sie noch zehn Minuten warten – bis es ganz dunkel ist – dann können wir von hier zum Schuppen 35 durchkommen, ohne gesehen zu werden. Ich könnte Ihnen helfen, die Maschine zu starten, die dort steht. Ich wickle mich dann schon heraus. Wenn wir rasch machen – können Sie durchkommen.

HARRAS *gleichmütig, ein bißchen ironisch* Ich denke, das Urteil ist mit Blut geschrieben. *Wendet sich zu einer kleinen Tür neben dem Fenster.*

ODERBRUCH *vertritt ihm die Tür* Ich habe immer gehofft – daß es zu dieser Aussprache kommen wird. Sie hat – viel geändert. Es ist nicht Ihr Tod, Harras, auf den es ankommt. Wenn Sie im Ausland wären – auf unserer Seite – Sie könnten – vieles gutmachen, verstehen Sie? Sie könnten lebend mehr nutzen – wenn Sie wollen, General Harras – ich sage Ihnen eine Adresse in der Schweiz –

HARRAS *schüttelt den Kopf, unbeirrt* Zu spät, mein Freund. Für so was – bin ich nicht mehr gut. Wer auf Erden des Teufels General wurde und ihm die Bahn gebombt hat – der muß ihm auch Quartier in der Hölle machen. Fallen Sie jetzt nicht um, Oderbruch! Haltet eure Waffen sauber und trefft die Wurzel, eh ihr die Krone schlagt! *Beugt sich zu ihm – mit einem leisen Lachen* Im übrigen hockt Korrianke im Schuppen 35.

Startbereit. Der Weg ist mir immer noch offen – falls er mir einfällt. Aber – Begnadigung? Nee. Kann ich nicht verwenden. *Es klopft.* Wer da?

HARTMANN *tritt ein* Sie haben mich rufen lassen, Herr General?

HARRAS Ja, Hartmann, mein Junge. Gut, daß ich Sie noch sehe. Ich muß verreisen, auf unbestimmte Zeit. Und ich möchte, daß Sie mit Oderbruch zusammenbleiben. Er wird Ihnen dann alles Nähere erklären. Alles, Oderbruch! *Zögert einen Moment – als falle ihm etwas ein* Sagen Sie, Hartmann – haben Sie eine Uhr?

HARTMANN Ja – eine Armbanduhr – mit Leuchtziffern.

HARRAS Tauschen wir! Nehmen Sie die, statt dessen! *Nimmt ihm die Armbanduhr vom linken Handgelenk – holt die alte, verbeulte aus seiner Tasche* Kein guter Tausch, für Sie. Aber – haltbar. Wenn sie stehenbleibt, hauen Sie sie gegen den Hinterkopp! Sehn Sie: so. Dann läuft sie wieder. Verlieren Sie sie nicht! *Drückt ihm die Uhr in die Hand* Souvenir. *Wendet sich, geht zu der kleinen Seitentür, öffnet einen Spalt, schaut in die Dämmerung* Hm! Leichter Nordwest. Riecht nach Salzwasser. Gutes Ausflugswetter – für die RAF. Duckt die Köpfe, Kinder – und laßt euch nicht erwischen! *Er geht rasch. Oderbruch fast laufend zum Fenster – starrt hinaus.*

HARTMANN *folgt ihm zum Fenster* Fliegt er an die Front?

ODERBRUCH *bleich – wie beschwörend* Schuppen 35 –

HARTMANN Wo ist Schuppen 35?

ODERBRUCH *reißt das Fenster auf – vorgebeugt* Er geht nicht hin – er – geht den andren Weg.

HARTMANN Was ist das für eine Maschine, zu der er geht?

ODERBRUCH *fast mechanisch* ME 41 – 1304 –

Drunten laute Haltrufe. Gegenrufe. Die Stimme des Harras, in einem kurzen wilden Auflachen. Das Gebrüll eines Motors.

ODERBRUCH Er steigt – er steigt auf –

Der Lärm des Motors wird stärker, übertönt Rufe, Geschrei und ein paar einzelne Schüsse.

ODERBRUCH Die gehn in die Luft – die erwischen ihn nicht – er steigt – er kommt durch. *Er und Hartmann dicht beieinander – weit vorgebeugt – schauen nach oben.*

HARTMANN Da –

Packt Oderbruchs Arm. Dann schlägt er die Hände vors Gesicht.

Der Lärm des Motors ist plötzlich verstummt. Stille.

ODERBRUCH *nach einer Pause – beginnt leise* Vater unser, der du bist im Himmel ...

HARTMANN *fällt flüsternd ein.*

ODERBRUCH *hörbar* – und vergib uns unsere Schuld, wie auch wir vergeben unseren Schuldigern –

Die Tür ist aufgegangen – auf lautlosen Sohlen tritt Schmidt-Lausitz ein – geht rasch zum Telephon.

DR. SCHMIDT-LAUSITZ Hauptquartier? Reibungslos abgewickelt. General Harras soeben in Erfüllung seiner Pflicht tödlich verunglückt. Beim Ausprobieren einer Kampfmaschine. Jawohl. Staatsbegräbnis.

NACHWORT

Von Gerhard F. Hering

Das Drama adressiert sich an Zuschauer und Leser. Oft auch umgekehrt, an Leser und Zuschauer. So lagen wiederholt Texte von Szenarien in den Fenstern der Buchhändler, lange bevor sie (wie Kerr gesagt haben würde) »verbrettert« wurden. Dagegen gab es andere Zeiten, in denen erst der Erfolg von der Bühne her dazu ermutigte, die mit der Hand, später mit der Maschine geschriebenen Rollenbücher nunmehr gedruckt vor ein Leserpublikum zu bringen. Wir, in diesem Lande und weithin in Europa wie jenseits der Ozeane, sind seit einigem eingetreten in eine neue Epoche des »Theaters für Leser«. Ein Zusammenhang, in den auch dieses Buch gehört, das »Meisterdramen« Zuckmayers sammelt.

Das Lesen, so hat Goethe gemeint, sei eine Kunst und er begänne nun sie zu lernen. Wie alt wohl mochte er angesichts dieser Einsicht gewesen sein? – Dreiundachtzig. –

Das Lesen von Dramen, von Theaterstücken, ist innerhalb solcher Kunst eine besonders sich differenzierende. Man hat es mit zweierlei, gleichwichtigem – gleichgewichtigem zu tun. Mit dem Hin und Wider der Sätze, wie der Autor sie auf seine Unterredner verteilt. Mit den Angaben darüber, in welchen Lebenslagen, zu welchen Tagesstunden, in welchen Jahreszeiten, an welchen Erdenorten, ob in Hütten, ob in Palästen, ob in kühlen Sommernächten oder glühendem Wüstenbrand, sie, seine Personen, ihre Worte wechseln. Orts- und Zeitbestimmungen also, belehnt seit langem mit dem Terminus »Szenen-Anweisung«. Über die Rede der Alten und der Jungen, der Liebenden und der Hassenden, der Trauernden oder der Fröhlichen aller »Dialoge« hinaus, reicht in sie, die Anweisungen zur Szene, hinein, oder vermag doch zu reichen: Poesie. Dies jedenfalls ein mögliches Kriterium von Größe der Dramen und ihrer Verfasser. So auch der Größe Zuckmayers.

Die Szenen-Anweisung Lessings, in seinem Gefolge diejenigen von Goethe und Schiller; die Szenen-Anweisungen Shakespeares, der ihrer aller Meister war und aller Nachkommenden Meister blieb: wie karg. In der Art etwa von: Heide, Meer; Kreidefelsen; Lustschloß; Wald; Bürgerstube; Markt- und so fort ins Unerschöpfbare. Die Szenen-Anweisung bei Ibsen; welche und wieviele Details! Beginnend beim subtilen Steckbrief aller seiner dramatis personae bis in die Nuancen von Kostüm, Gebärde und Sprechstil. In Ibsens Folge: die szenischen Anweisungen der deutschen Naturalisten und ihres bis heut unbezweifelbar gebliebenen Ersten, Gerhart Hauptmann. In seine Schule ging, aus seiner Schule kommt seit und mit dem »Fröhlichen Weinberg«, Carl Zuckmayer.

Am Anfang sahs mit ihm und sah er eher anders aus: expressionistisch. So mit dem Bilderwirbel seines Beginns: »Kreuzweg«. Vier Akte, uraufgeführt am 10. Dezember 1920, in der Regie von Zuckmayers Landsmann Ludwig Berger, unter der Intendanz des (werterer Schätzung längst bedürftigen) Leopold Jessner, im damals »Preußischen Staatstheater« am Gendarmenmarkt zu Berlin, in Schinkels glorreichem Hause, das jetzt, auch jetzt noch in Schutt und Asche liegt. Uraufgeführt mit Darstellern wie Johanna Hofer, Annemarie Seidel, Dagny Servaes, Arthur Krausneck, Lothar Müthel. Eine Suite von Namen, deren hier gleich eingangs gedacht sei, zu erhellen, wie sehr und in welchen Maßen die Bühnenwege von Zuckmayers Meisterdramen, als habe eine wunderbare Fortuna sie überglänzt, gebunden waren an und sich vermählten mit den großen Schauspielern (und Regisseuren) seiner Jahre von Stück zu Stück.

»Kreuzweg« hielt sich auf der Szene nur drei Abende. Aber, Bergers kühne Inszenierung inthronisierte dennoch den Autor Zuckmayer und stellte ihn im vielstimmigen, im wie sichs gehört gegenstimmigen Chorus der Berliner Kritik in das visionäre Licht, in die visionär erkannte Erbfolge dessen, an den gleich erinnert werden soll: »Eine Bedingung des guten, des besten Dramas scheint mir erfüllt: man langweilt sich nicht, keinen Augenblick. Es ist fortwährend Bewegung, mindestens eine wie im »Käthchen von Heilbronn«. Sogar die Intrigantin Kunigunde, durchwachsen von einem elbischen Wesen Gerhart Hauptmanns, taucht auf. Was aus den Sturzbächen wunderbar melodeiender Verse greifbar hervortritt, ist ein Drama, sind Dramen der Erlösung: Erlösung durch Revolution, durch Liebe, durch Tod. Wutruf und Blutgesang schallen vom Tal, aus der tausendköpfigen Schar erwachter Sklaven empor zum Joch, daß man hier an die »Weber« und »Florian Geyer« denkt, wie anderswo an den »Narr in Christo Emanuel Quint« und »Pippa« und die »Versunkene Glocke«. Aber es spricht für Hauptmann, für seine Lebenskraft, daß eine der leuchtendsten Verheißungen des Nachwuchses voll ist von seinen Gesichtern und Figuren, und sein wohltätiger Einfluß hilft erklären, warum es in den zwei Dutzend abgerissener, jagender unsubstantieller Auftritte keine Phrase gibt.«

Soweit ein Beispiel der (wie man sieht gar nicht so »zersetzenden«) Berliner Theaterkritik der Zwanziger Jahre. Es stammt von Siegfried Jacobsohn. Und hier, was beim selben Anlaß Jacobsohns Schüler, Herbert Ihering, intuitiv, vorausahnend, vorwegnehmend äußerte: »›Kreuzweg‹ führt durch Hölle zum Himmel. Aber er könnte trotzdem nicht ›Himmel und Hölle‹ heißen, sondern im ergreifendsten, im letzten Sinne: ›Erde‹. Erde als Kraft, die die Menschen bindet. Erde als Kraft, die die Menschen erhöht.«

Ihering, indem er dergleichen mit dem Spürsinn eines Rutengängers, eines Quellenfinders (Eigenschaften, unabdingbare der kritischen Existenz), Ihering, indem er dergleichen, als erster, als einziger, definierte, durfte eben diesen Gedanken übernehmen in seine Kritik der Uraufführung von Zuckmayers Lustspiel »Der fröhliche Weinberg«, Berlin, Theater am Schiffbauerdamm (22. Dezember 1925): »›Erde als Kraft, die die Menschen bindet. Erde als Kraft, die die Menschen erhöht‹, war ein Motiv des ›Kreuzweg‹; ist, ins Komödienhafte gewandt, das Motiv des ›Fröhlichen Weinberg‹. Weinlese, Keilerei, Verlobungen. Abend, Nacht und Morgen. Einfache Gliederung nach Tageszeiten. Luft und Sprache des ›Datterich‹, aber voller, jungenhafter, ländlicher. Eine dichterisch gesehene Welt durch Possenmittel zur Wirkung gebracht. Dichterisch: Das ist die Atmosphäre des Stückes, seine heimliche Melodie, der Gesang der Erde. Dichterisch: Das ist das Gefühl der Lebensbeherrschung, das Glück des Daseins – bis an die Grenze, wo die Nebenerscheinungen, die Nebenbegriffe beginnen.«

Zwischen »Kreuzweg« und »Fröhlichem Weinberg« liegt, für nur eine Vorstellung – und zum ersten Mal verbunden mit dem Namen Heinz Hilpert als einem Regisseur auch künftiger Uraufführungen Carl Zuckmayers – ein weiteres »expressionistisches« Szenengebilde: »Pankraz erwacht« (später betitelt »Kiktahan oder die Hinterwäldler«) uraufgeführt in der »Jungen Bühne« des »Deutschen Theaters« Berlin, im Februar 1925. Die faszinierende Spanne zwischen diesem Stück (dessen einmalige Aufführung das Genie des Menschendarstellers Rudolf Forster enthüllte und ihn mit einem Schlag in die erste Reihe der deutschen Schauspieler brachte), diesen alle zeitgenössischen Theater-Freunde und Feinde erregenden Sprung aus den fabulösen Urwäldern des Pankraz in den fröhlichen Weinberg von Nackenheim, aus einem Utopia ins heimatlich Rheinhessische, erdenhaft somit Umzirkte, hat die Berliner Kritik nicht ohne Verwunderung gebucht. So etwa Felix Holländer: »Es war ein stürmischer Erfolg. In der Tat – Zuckmayer hat mit großartigem Gelächter den ganzen expressionistischen Schwindel an den Nagel gehängt«. Er konnte, er durfte es, da er in dem Jahrviert zwischen »Kreuzweg« und »Weinberg« Besitz ergriffen hatte von der Praxis der Bühne als Dramaturg, als Adept der Regie. Dies bei Max Reinhardt. Im Umgang zugleich mit Heinz Hilpert, seinem Freunde von damals bis heut; im Umgang auch mit den beiden befreundet sich befehdenden Berthold, dem Viertel und dem Brecht.

»Leuchtend« hatte Jacobsohn den frühen Zuckmayer genannt, leuchtend im Nachwuchs des deutschen Theaters der frühen zwanziger Jahre. Und er hatte hinzugefügt: »Ein dreiundzwanzigjähriger Dichter, der keine Ahnen hätte, wäre eine Abnormität und keine Hoffnung.«

Was, wenn wir das Sextett der hier versammelten Dramen als eine Summe nehmen, als Spiegelungen von Menschen für Menschen, was eigentlich ergreift uns denn. Es ergreift uns Zuckmayers Treue zu den Ahnherren, die auch Ahn-Jünglinge hätten sein können und waren. So die Treue zum heimatlich Nächsten, zu Georg Büchner. Was da als Lied, als Lied des Volkes, die Szene durchweht, ein Hauch von Süße, von Innigem und Zartem, ein Brodem von Derbem bis ins Grobianische und Obszöne: Geist, alles in allem, von Büchners Geist. Was schließlich den Menschenreigen anbetrifft, quer durch dieses Sextett und vermehrbar auch um den Menschenreigen der hier nicht versammelten Dramen: Bildnergriffe in der Gefolgschaft von Gerhart Hauptmanns magischem Bildnervermögen. Ein Sinn für die Kreaturen innerhalb der Skala von den Mächtigen zu den Erniedrigten, den Heiligen zu den Sündern. Eine große Habe unserer dramatischen Literatur, als stolzes Schiff schwer zu rammen von der leicht impotenten Säuerlichkeit jüngerer bundesdeutscher Ponyträger, die erheblich weiter hinten sind, als sie sich nach vorn gebärden. Wo nämlich, so bliebe zu fragen, wären denn die Menschen, die diese gruppierten Tuttiquanti greiflich und unvergeßbar geformt, faszinierend auf die Szene geführt hätten. Wo denn, wo?
Gleichviel: mit dem werten Gerhart Hauptmann, dem Zuckmayer im Jahre 1926 erstmals in dessen Sommerresidenz auf Hiddensee begegnet war und dessen nachgelassenes Bruchstück »Herbert Engelmann« er, angeregt von Frau Margarete Hauptmann für die Uraufführung am Burgtheater, Frühling 1952 hatte vollenden dürfen, mit dem Meister der dramatischen Szene, Gerhart Hauptmann, teilt der Meister Carl Zuckmayer in seinen wesentlichen Szenarien den Sinn für ein Seltenes: die deutsche Wirklichkeit. Eine Wirklichkeit (Realität) verschiedenster Jahrhunderte, aus dem Balladesk-Mythischen (»Der Schelm von Bergen«) bis ins Erregend-Zeitgenössische (»Des Teufels General«; »Das kalte Licht«; »Die Uhr schlägt eins«). Daß er, der Szenenmeister C. Z. in all dergleichen bühnenfähigen Geweben, wo immer auch sie im Definierbar-Historischen angesiedelt wären, sich die Freiheit nimmt, in seinen Traum zu fliegen und Reales eher nur zu ritzen wie die Schwalbe das Wasser streift: erstes, königliches Recht des Dichters, sofern er auch ein Träumer sein darf – und ist.
Was alles nicht ausschlösse einen Sinn für das Historisch-Konkrete, die soziologisch bestimmbare Situation zu einer geschichtlichen Stunde, sie ereigne sich, wann auch immer. So gesehen, wäre der soziale Appell des »Schinderhannes«, das Mitleiden mit den Erniedrigten und Beleidigten, eine vox humana wiederum aus Büchners Brüderschaft, der des »Hessischen Landboten« und des »Woyzzeck«; eine vox humana zugleich aus der Gefährten-

schaft des »Florian Geyer« und der gepeinigten »Weber«, des Rheinhessen ergreifend-ergriffener Zuruf in ein Schlesisches hin, das es für uns heut nicht mehr gibt und falls man hierzulande endlich daran gehen wollte, realpolitisch zu denken, für uns, die Deutschen, nie mehr geben wird.
Mit Büchner, mit Hauptmann, teilt Zuckmayer etwas, was auf den gegenwärtigen Märkten leider nur in einem sogenannten landsmannschaftlichen Fanatismus, darum hektisch und nationalistisch verhandelt und verbraucht wird: den Sinn für die teuren Worte, Muttererde; Vaterland. Er darf es. Denn *er* ist ein Weltbürger. Wozu dieses Wort verpflichtet, hat Zuckmayer durch sein Leben, seit der Emigration anno 39 tätig beglaubigt. Dabei, so schreibt er dem Verfasser dieses Nachwortes, »habe ich die Zeit von 1933–1938 … glücklicherweise noch nicht als ›Emigration‹ empfunden, da ich seit 1926 in Henndorf bei Salzburg, mehr als in Berlin zu Hause war. Bin auch in dieser Zeit manchmal noch, wenn auch unter Gefahr meines Kragens, nach Deutschland gekommen, um den Kontakt mit den Freunden aufrecht zu halten. Jedoch ging der Ausbürgerung von 1939 bereits im Jahr 1933 das Verbot meiner Stücke und Bücher durch Jöbbels in Deutschland voraus.« Zuckmayer, ein Weltbürger, auch indem er Kontinente im Sinne des Wortes durchmaß, wie er wandernd einst die deutsche Heimat durchmessen hatte. Ein Bürger der Welt darin schließlich, daß er mit den Händen, ein Farmer, sein und der Seinen Leben erhielt, wie er es als Werkstudent erhalten, errungen. Will sagen: auch an den Glaubwürdigkeiten der puren Existenz sollen und wollen wir unsere Dichter messen; nicht nur an den Papieren, mit denen sie rascheln, wenn die Fluten sich verlaufen haben (und die Freiheit erneut mißbraucht werden kann).
Vom »Fröhlichen Weinberg« (1925) über den »Schinderhannes« (1927) zur »Katharina Knie« (1928) –: Wege im heimatlich Süddeutschen, Sprachmelodie aus dessen Leib, Herz und Gemüt. Im deutschen Märchen »Der Hauptmann von Köpenick« (1931), seinem zweiten überwältigenden Bühnenerfolg nach dem »Fröhlichen Weinberg«, mit Werner Krauss, nach der 100. Aufführung mit Max Adalbert, inszeniert von Heinz Hilpert am Deutschen Theater zu Berlin, mit diesem deutschen Märchen, das soviel Kritik, soviel Satire enthält wie in der Guirlande von Märchen der Weltliteratur so manches, springt der Nackenheimer (dem die Heimatgemeinde erst 1952, indem sie ihn zu ihrem Ehrenbürger macht, das fürchterliche crimen vergibt, im »Weinberg« nackenheimerische Namen aus dem bürgerlichen Alltag furchtlos und wörtlich übernommen zu haben ins Gedicht), mit dem »Hauptmann von Köpenick« springt »Zuck« nach Berlin und in dessen unsterbliche Mundart. Er darf es. Durch wieviele Jahre nicht hat er dort gelebt, gearbeitet und

– schrittweise auch das – sich gefunden. Von dieses Dichters *Auge*, darum verwies der Eingang hier auf szenische Anweisungen und deren Poesie, kann der Leser, vom Zuschauer des verwirklicht Gelesenen zu schweigen, sich überzeugen von Fall zu Fall, von Auftritt zu Auftritt. Von dieses Dichters *Ohr* sich zu überzeugen, dazu, allerdings gehört schon ein in die Kunst des Lesens, in die Kunst des Hörens, Eingeübterer. Selten jedenfalls – und nur vergleichbar wiederum mit Gerhart Hauptmann, der seines heimatlich Schlesischen so mächtig war wie des später erst angeeigneten Fontanisch-Märkischen (im »Biberpelz«, im »Roten Hahn«) – von dieses Dichters intuitiv hörendem Ohr, das intuitiv Gehörte intuitiv »verlautbarend«, zeugt dieses Märchen »Der Hauptmann von Köpenick«. Kaum zu denken übrigens, daß ein anderer den Erfolg gerade dieser Uraufführung hätte besiegeln können als Hilpert, der Berliner, Zuckmayers kongenialer Regisseur.

Im »Hauptmann von Köpenick« reiht Zuckmayer sich ein in die an Ringen nicht eben reiche Kette der deutschen Komödie. Sie hebt an mit Lessings unverwelklicher »Minna«; sie führt über Kleists »Zerbrochnen Krug« und, (man halte, auch wenn man ein Gegner Wagners wäre, zu Gnaden) »Die Meistersinger« zu Hauptmanns »Biberpelz« und »Rotem Hahn«; sie führt über das Bessere von Sternheim, hierhin; weiteres bliebe zu erwarten. Gäbe es bei uns, was die französischen Nachbarn eine »Literatur« nennen, gäbe es, dazu, in beiden Fällen, ihr verwandt, eine (von den Ausnahmen abzusehende, produktive) Kritik, Zuckmayer hätte längst, außer daß man ihn um der Nachfolge zu Hauptmann willen rügte, mit einem anderen im Geist und in den Sinnen, in der prangenden Liebe zum Leben, in dem strotzenden Vermögen es zu beschwören und zu gestalten, verglichen werden dürfen: maître Pagnol. Dessen Meisterschaft der Komödie, dessen Meisterschaft auch der gefühlig-durchfühlten Liebesszenen, dessen dröhnender Breughelscher Sinn fürs Saufen, fürs Leben als ein Lieben und fürs Sterben noch als einen heiteren Abschied, hätte man längst erkennen sollen, wird man eines Tages erkennen als mit Zuck dioskurisch. Deutsche Wirklichkeit im »Köpenick«; deutsche Wirklichkeit im dritten von Zuckmayers absoluten Bühnenerfolgen, dem dreiaktigen Drama »Des Teufels General«. Mit ihm kehrte er (nachdem das Schauspiel »Der Schelm von Bergen« 1934 in Wien uraufgeführt worden, die sich vorbereitende Uraufführung des »Bellman« mit Paula Wessely durch den Einmarsch Hitlers im März 1938 in Wien jäh abgebrochen worden war), mit »Des Teufels General«, uraufgeführt am Schauspielhaus Zürich am 12. Dezember 1946, in der Regie Heinz Hilperts und mit dem Titelhelden Gustav Knuth, kehrte Zuckmayer nach Jahren des Verbanntseins auf die deutschen Bühnen zurück, und sein Publikum grüßte ihn so stürmisch wie

beim Beginn, geläutert aber und von den Leiden gezeichnet wie es *damals* nicht nur schien sondern war; deutsche Wirklichkeit in »Des Teufels General«. – Wo und wann immer später einmal darüber nachgedacht werden sollte, darüber nachgedacht werden wird, kraft welchen imaginativen Vermögens es einem Dichter außerhalb, weit, weit außerhalb der von ihm beschworenen Schreckensszenen möglich gewesen sei, eine schauderhafte Wirklichkeit nachzubilden, fast wie aufs Tüpfelchen getreu, hier ist das Exemplum. Nicht zuletzt aus dergleichen dürfte sich der un-heimliche Erfolg dieses Szenariums auf deutschen Bühnen erklären. Käme nicht noch, so bitter wie notwendig es zu sagen, ein weiteres hinzu: das Verliebtsein der Deutschen in die Uniformen wie schon beim »Hauptmann von Köpenick«. –
In dieser Sammlung findet der Leser zum ersten Mal verändert die Oderbruch-Szene, deretwegen Zuckmayer das Stück ja eine Zeitlang gesperrt hatte. Erübrige sich ein Vergleich mit der ursprünglichen Fassung; dies ist kein Nachwort eines Philologen (der die Philologie allerdings gelernt hat und darum achtet); dies ist was von Augenblick zu Augenblick sich äußern wollte, wo man liebt und verehrt, jenen nämlich, der diese Texte hier geschrieben hat.
Abgesang: Finale dieses Sextetts: »Der Gesang im Feuerofen«, uraufgeführt am 3. November 1950 in Göttingen, wiederum durch Heinz Hilpert. Kein schöneres Beispiel einer Collaboration zwischen Regisseur und Dichter. Bleibe aber wiederum an künftige Zuckmayer-Seminaristen und Dissertanten verwiesen, worin nun sich, in der An- oder Abwesenheit der mythologischen Figuren, die Urfassung der »Gesammelten Werke« von derjenigen dieses Lesebuchs unterscheide. Zur Sache selbst: sie zeigt Zuckmayer, indem er sich für die Fakten an eine Zeitungsnotiz bindet, auf dem Wege und in der Nachfolge unseres ersten Dramatikers, der zugleich unser erster Kritiker war: Gotthold Ephraim Lessing. Dieser bereits war von der Meinung gewesen, daß es Fakten gäbe, Wirklichkeiten, zwingend deshalb, weil der Dichter sie nicht besser zu erfinden vermöge. Daß es sich, apropos und außerdem, in diesem ein uralt biblisches Mysterium, eben den »Gesang im Feuerofen«, in seinem Titel führenden Drama nach dem Politikum »Des Teufels General«, erneut – und wie verschwistert – um die szenische Verwirklichung eines bis auf diesen Tag im Hegelschen Sinne unaufgehobenen, unerledigten Problems, die tragische Beziehung zwischen den Franzosen und den Deutschen handele, hat der Leser inzwischen gewiß bemerkt. So, eigentlich, endet der Dichter in diesen Zusammenhängen fragend.
Ruhm und Größe der Kunstwerke, die ihren Weg, den schweren, durch die Zeiten und den stumpfen Sinn der Menschen zu nehmen haben, abgelöst von

den Existenzen derer, die sie bewirkten und hervorriefen –: Ruhm und Größe wesentlicher Werke beruhen darin, daß sie den sich wandelnden Generationen der Menschen, den aufeinander folgenden Zeit-Genossen, die plötzlich eben nicht mehr Genossen einer Zeit sondern einer Vergangenheit wären, eine sich wandelnde Miene weisen. »Der Hauptmann von Köpenick« in der dahinsiechenden Weimarer Republik anno 31. Welch ein Pro, welch ein Contra; welch ein Verstehen, welch ein Sich-Bornieren.

Wie anders die Reaktionen, die Argumente zumal der Interpreten im Jahre 1964. Wie wiederum verschieden von diesen – und bei Publikum und Presse ins Enthusiastische gesteigert das Echo dieser Berliner Inszenierung in New York. Potenziertes endlich: noch einmal der Regisseur der Uraufführung, Heinz Hilpert, Ende 1964 mit einer seit 1931 von ihm nicht mehr wiederholten neuen Inszenierung des »Hauptmann von Köpenick«; einer kargen Summe, einer leuchtenden Essenz. Und was, plötzlich, war da geschehen? Unwichtig das Schicksal der Uniform, die parallele Handlung zur Misere und zur trügerischen Glorie des Schusters Voigt. Wichtig, was seinen Weg, den gierigen nach der Berechtigung zeichnete, hier anwesend sein zu dürfen, einen Ort zu haben, ein »Gib mir, worauf ich stehe!« Und das wäre denn gewesen, was? In Zuckmayer, dem Dichter, Kafka der Dichter; und beiden gemeinsam die unlösbare Frage: Wo sind, wo bleiben wir; wo treiben wir hin.

URAUFFÜHRUNGSDATEN DER DRAMEN

DER FRÖHLICHE WEINBERG

Theater am Schiffbauerdamm, Berlin, 22. Dezember 1925 (Regie: Reinhard Bruck)

SCHINDERHANNES

Lessingtheater, Berlin, 13. Oktober 1927 (Regie: Reinhard Bruck)

KATHARINA KNIE

Lessingtheater, Berlin, 20. Dezember 1928 (Regie: Karl Heinz Martin)

DER HAUPTMANN VON KÖPENICK

Deutsches Theater, Berlin, 5. März 1931 (Regie: Heinz Hilpert)

DES TEUFELS GENERAL

Schauspielhaus, Zürich, 12. Dezember 1946 (Regie: Heinz Hilpert)